Folgenbeseitigung und Folgenersatz als negatorische Leistungsansprüche

Europäische Hochschulschriften

European University Studies

Publications Universitaires Européennes

Reihe II **Rechtswissenschaft**

Series II Law

Série II Droit

Band/Volume **5696**

Katharina Henzler

Folgenbeseitigung und Folgenersatz als negatorische Leistungsansprüche

PL ACADEMIC RESEARCH

Bibliografische Information der Deutschen Nationalbibliothek
Die Deutsche Nationalbibliothek verzeichnet diese Publikation in der Deutschen Nationalbibliografie; detaillierte bibliografische Daten sind im Internet über http://dnb.d-nb.de abrufbar.

Zugl.: Erlangen-Nürnberg, Univ., Diss., 2013

D 29 (n 2)

ISSN 0531-7312
ISBN 978-3-631-65632-7 (Print)
E-ISBN 978-3-653-04880-3 (E-Book)
DOI 10.3726/ 978-3-653-04880-3

PL Academic Research ist ein Imprint der Peter Lang GmbH.
Peter Lang – Frankfurt am Main · Bern · Bruxelles · New York · Oxford · Warszawa · Wien

Diese Publikation wurde begutachtet.

www.peterlang.com

Gliederung

1. Teil: Einleitung

Der Folgenbeseitigungsanspruch gewährt Beseitigung einer rechtswidrigen Beeinträchtigung in natura[1]; dies ist, kurz zusammengefasst, der Inhalt dieses staatshaftungsrechtlichen Instituts. Auf eine Geldzahlung soll er hingegen gerade nicht gerichtet sein; dies sei der Amtshaftung sowie den verschiedenen aufopferungsrechtlichen Ansprüchen vorbehalten.

Diese Grundsätze schienen im Jahr 1999 durch eine Entscheidung des VGH München[2] schlagartig über Bord geworfen zu sein: Nunmehr sollte auch Geldersatz als Anspruchsziel in Frage kommen. Näher besehen ist diese Entscheidung allerdings keine radikale Neuerung. Vielmehr stellte bereits eine Reihe von Entscheidungen des Bundesverwaltungsgerichts infrage, dass der Folgenbeseitigungsanspruch nur tatsächliche Wiederherstellung gewährt, und auch die Literatur diskutierte diese Frage anhaltend und kontrovers. Zudem war auch nach dieser Entscheidung allgemein anerkannt, dass sich aus dem Folgenbeseitigungsanspruch auch ein Anspruch auf Geldersatz ergibt; vielmehr blieb und bleibt das Thema umstritten. Teils widersprüchliche, teils unentschiedene Gerichtsentscheidungen ergänzen eine nur zaghafte Behandlung des Themas in der Literatur, die sich ebenfalls bislang für keine eindeutige Richtung entscheiden kann.

Die scheinbar richtungweisende Entscheidung des VGH München blieb daher nur ein weiterer Beitrag unter vielen in der Diskussion zu dem Thema „Folgenbeseitigung und Geldersatz“. Allerdings lenkte sie erneut den Blick auf das Thema und darauf, dass die Diskussion über die Rechtsgrundlagen des Folgenbeseitigungsanspruchs ebenfalls noch nicht abgeschlossen ist. Aus dieser Perspektive

---

1 BVerwGE 69, 366(371) – Bardepot; BVerwG DVBl. 1963, S. 23(25); BVerwG DVBl. 1963, S. 677(678) sowie DVBl 1979, S. 852(852); BVerwG DVBl. 2001, S. 727(732); VGH Kassel, NJW 1989, S. 1500(1500); VG Würzburg NVwZ 1983, S. 239(241); VG Dessau v. 09.12.2004, Az. 2 A 208/03; BK-Dagtoglou (25. EL), Art. 34 GG, Rn 66; Köckerbauer JuS 1988, S. 782(782, 785); Schenke, JuS 1990, S. 370(371); Schloer, JA 1992, S. 39(41); Ossenbühl, S. 301; Brüning, JuS 2003, S. 2(2); Beljin/Micker, JuS 2003, S. 970(973); Pietzko, S. 33; Bumke, JuS 2005, S. 22(24); Detterbeck/Windthorst/Sproll § 12, Rn 52; Kopp/Schenke, § 113 VwGO, Rn 80; Maurer, Verwaltungsrecht, § 30, Rn 1; Wolff/Bachof/Stober/Kluth Band 1, § 52 Rn 19, 27; Eyermann/Fröhler 3.A. § 80 VwGO, Rn 56; Posser/Wolff/Decker, § 113 VwGO, Rn 47; Redeker/v. Oertzen, § 113 VwGO, Rn 20f.

2 VGH München, NVwZ 1999, S. 1237f.

zeigt sich die Bedeutsamkeit einer näheren Untersuchung der Frage, ob sich aus dem Folgenbeseitigungsanspruch auch ein Geldersatzanspruch ergeben kann.

Die Frage nach der Existenz eines solchen Anspruchs ist bei näherer Betrachtung ein sensibles Thema, das meistens nur mit Zurückhaltung behandelt wird. Wenn das Thema überhaupt näher angesprochen wird, wird der Anspruch meistens abgelehnt. In der Regel dominiert eine reine Wiederholung der bisherigen Rechtsprechung, ohne dass neue Gesichtspunkte hinzugefügt werden.

Die Problematik des Folgenersatzanspruchs wurde offenkundig als Fälle auftraten, in denen die naturale Wiederherstellung durch Folgenbeseitigung nicht möglich oder dem Staat unzumutbar war. Hier hätte auf Ansprüche aus Amtshaftung oder enteignungsgleichem Eingriff zurückgegriffen werden können, die zwar auf Geld gerichtet sind, aber erhebliche Beschränkungen im Vergleich zum Folgenbeseitigungsanspruch aufweisen, der verschuldensunabhängig ist und bei Eingriffen in jedes – grundrechtliche wie einfachrechtliche – Rechtsgut gewährt wird. Aus dieser Perspektive erschien es widersprüchlich, einem Bürger im Ergebnis den Ersatz versagen zu müssen, wenn die Folgenbeseitigung unmöglich ist, es zugleich aber am Verschulden des Amtsträgers fehlte oder ein anderes Rechtsgut als das Eigentum betroffen war, da in diesen Fällen Ansprüche aus Amtshaftung oder enteignungsgleichem Eingriff ausgeschlossen sind.

Vor diesem Hintergrund muss als Hypothese davon ausgegangen werden, dass dieser Zustand eine Lücke im Folgenbeseitigungsanspruch bildet. Es soll untersucht werden, ob diese Lücke durch einen Folgenersatzanspruch geschlossen werden kann. Gegenstand der folgenden Untersuchung ist daher die Frage, ob der Folgenbeseitigungsanspruch als umfassender Anspruch des Bürgers gegen den Staat auf Wiederherstellung der verletzten Rechtssphäre begriffen werden kann. Bei einer derart umfassenden Anspruchsnatur wird jedoch eine bloß naturale Wiederherstellung nicht ausreichend sein. Es bedürfte einer Ergänzung um einen Geldersatzanspruch, der nicht den faktischen Beschränkungen einer naturalen Wiederherstellung unterliegt und somit umfassenden Schutz gewähren könnte. Die unterschiedlichen Anspruchsinhalte ergänzten sich so zu einem umfassenden Wiederherstellungsanspruch.

Die nähere Erschließung dieser Fragen beginnt mit einer Betrachtung des Folgenbeseitigungsanspruchs. Zunächst wird seine historische Entwicklung kurz dargestellt, mit besonderem Augenmerk auf der Unterscheidung zwischen naturaler Wiederherstellung und Geldersatz.

Dem schließt sich die Untersuchung der verschiedenen Begründungsansätze für den Folgenersatzanspruch an. Da die Dogmatik negatorischer Grundrechtswirkungen bereits umfassend ausgearbeitet ist und hierzu eine Fülle an Literatur und Rechtsprechung vorliegt, fokussiert die Arbeit auf die Aspekte, die für die dogmatische Grundlegung des Folgenbeseitigungsaspruchs relevant sind. Dazu gehört insbesondere die Frage, ob der Rechtsgrund für die Wiederherstellung auch ergänzend den Folgenersatzanspruch tragen kann.

Anschließend wird dargelegt werden, ob der Folgenbeseitigungsanspruch inhaltlich umfassend sein muss. Soweit dies der Fall ist, ist er durch einen tatbestandlich identischen Folgenersatzanspruch zu ergänzen. Der Folgenersatzanspruch könnte daher auch als ein weiterer, anderer Inhalt des Folgenbeseitigungsanspruchs angesehen werden.

Ein weiterer Schwerpunkt liegt anschließend auf der Frage, ob Geldersatz die vorliegende Rechtsverletzung überhaupt beseitigen kann, also aus der negatorischen Grundrechtsfunktion ableitbar ist. Nur soweit dies der Fall ist, können Folgenbeseitigung und Folgenersatz sich ergänzen und stellen nicht lediglich ein aliud zueinander dar.

Weiter ist zu untersuchen, wie sich der kompensatorische und der tatsächlich wiederherstellende Bestandteil der Folgenbeseitigung zueinander verhalten. Sind sie jeweils alternativ oder ist eine Komponente vorrangig? In diesem Rahmen ist der Frage nachzugehen, ob der Bürger ein Wahlrecht zwischen tatsächlicher Wiederherstellung und Geldersatz hat.

Abschließend ist zu untersuchen, welchen Umfang der Geldersatzanspruch hat, wie er zu berechnen ist und wie er korrekt zu benennen ist.

Insgesamt sollen der Folgenbeseitigungsanspruch und der Folgenersatzanspruch gerade nicht fallgruppenorientiert untersucht werden, wie dies in andere Arbeiten geschehen ist[3]. Vielmehr werden sie abstrakt, von konkreten Einzelfällen unabhängig, betrachtet. Der Folgenbeseitigungsanspruch als eine verfassungsrechtlich determinierte Rechtsfigur soll durch die Arbeit eine hinreichend klare dogmatische Struktur erhalten, die ihn zutreffend definiert und ausgestaltet. Dies geschieht auch unabhängig von der dogmatischen Fortentwicklung durch die Rechtsprechung, die lediglich von Fall zu Fall erfolgen kann. Die Untersuchung kann damit über die stets kasuistische dogmatische Fortentwicklung durch die Rechtsprechung hinausweisen.

3 Beispielsweise Pietzko S. 49.

2. Teil: die Entwicklung von „Folgenersatz" und Folgenbeseitigung

Vor der Suche nach einer Grundlage für den Folgenersatzanspruch ist zunächst seine Entwicklung in Rechtsprechung und Literatur darzustellen. Bereits hierbei zeigen sich erste Streitpunkte sowie dass die Entwicklung des Folgenersatzanspruchs und des Folgenbeseitigungsanspruchs untrennbar miteinander verbunden ist.

A Folgenersatz für einen nicht erfüllbaren Folgenbeseitigungsanspruch

Der Folgenersatzanspruch ist ein zugleich altes und neues Phänomen.

Bereits in den ersten Jahren nach Entwicklung des Folgenbeseitigungsanspruchs, noch vor einer richtungweisenden Entscheidung des Bundesverwaltungsgerichts, war umstritten, welchen Inhalt er haben soll: allein Wiederherstellung oder auch Geldzahlung?

Nach dem heutigen Stand von Rechtsprechung und Literatur ist der Folgenbeseitigungsanspruch allerdings lediglich darauf gerichtet, die von der Behörde veranlassten tatsächlichen Folgen rückgängig zu machen[4]. Die Rechtsfolgen des Folgenbeseitigungsanspruchs werden daher üblicherweise dergestalt definiert, dass er nur einen Anspruch auf naturale Wiederherstellung des status quo ante vermittle, wobei hypothetischer Folgen, die sich nach dem Eingriff entwickeln, nicht erfasst seien[5]. Es handele sich um einen „gleichsam verkürzten Anspruch

---

4 Gerhardt in: Schoch/Schmidt-Aßmann/Pietzner, Vorbemerkung § 113, Rn 9; ähnlich Eyermann/Schmidt, § 113 VwGO, Rn 30.

5 S. oben Nachweise in Fn. 1; BVerwGE 69, 366(371) – Bardepot; 94, 100(119); BVerwG DVBl. 1963, S. 23(25); BVerwG DVBl. 1963, S. 677(678) sowie DVBl. 1968, S. 641(644); DVBl. 1979, S. 852(852); BVerwGE 82, 76(95) = NJW 1989, S. 2272(2277) – Transzendentale Meditation; BVerwG DVBl. 2001, S. 726(732); VGH Kassel, NJW 1989, S. 1500(1500); OVG Lüneburg, NJW 1992, S. 192(195); VG Würzburg, NVwZ 1983, S. 239(241); Betonung des ursprünglichen Zustands bei Bender, Rn 219, 221; Köckerbauer, JuS 1988, S. 782(785); Schenke, JuS 1990, S. 370(371); Kopp/Schenke, § 113 VwGO, Rn 80; Posser/Wolff/Decker, VwGO, § 113 Rn 47; MüKo/Papier, § 839 Rn 85; Brüning, JuS 2003, S. 2(2); M. Faber, NVwZ 2003, S. 159(160); Ossenbühl, S. 301; Hoffmann, Abwehranspruch, S. 92; Sproll, JuS 1996, S. 313(313); zusammenfassend auch Schoch, VerwArch. 79(1988), S. 1(23 mwN in Fn 134); Sodan/Ziekow, Grundkurs, § 89 Rn 7; Redeker/v. Oertzen, § 113 VwGO, Rn 20f.

auf Naturalrestitution gem. § 249 BGB“[6]. Häufig wird auch angeführt, er ziele auf Restitution, nicht auf Kompensation[7]. Insgesamt gewährt der Folgenbeseitigungsanspruch danach allein tatsächliche Wiederherstellung[8], einen Geldersatz nur dann, wenn die rechtswidrigen Folgen gerade in einem Geldverlust bestehen[9].

Näher begründet wird diese Beschränkung zumeist nicht, sondern vielmehr darauf verwiesen, dass ein Anspruch auf Geldersatz im geltenden Recht keine Grundlage finde[10]. Die Annahme, der Folgenbeseitigungsanspruch gewähre nur tatsächliche Restitution, ist daher im Wesentlichen historisch bedingt.

Um das Verhältnis von Folgenbeseitigung und Geldersatz näher untersuchen zu können, ist daher ein Blick auf die Entwicklung des Folgenbeseitigungsanspruchs und des Folgenersatzanspruchs unabdingbar. Hierbei muss insbesondere untersucht werden, wie es zur Begrenzung auf die naturale Wiederherstellung kam. Während aber beim Folgenbeseitigungsanspruch lediglich die Rechtsgrundlage umstritten ist, wird bereits die Gebotenheit des Folgenersatzanspruchs infrage gestellt. Nachfolgend sollen daher zunächst die Begründungsansätze für einen Folgenersatzanspruch dargestellt werden, aber zugleich auch die wesentlichen Argumente, die ihm entgegengehalten werden.

6 Statt vieler Weyreuther, Gutachten B, S. 20; Ossenbühl S. 302 und Wolff/Bachof/Stober/Kluth, Band 1, § 52 Rn 19, 27ff; MüKo/Papier, § 839 Rn 81; ähnlich Wallerath, DÖV 1987, S. 505(513).

7 Köckerbauer, JuS 1988, S. 782(785); Masing, DÖV 1999, S. 574(575); Brugger, JuS 1999, S. 625(626); Höfling, VVDStRL 61(2001), S. 260(274); Schoch, DV 34(2001), S. 261(271); M. Faber, NVwZ 2003, S. 159(160): kein Schadensersatzanspruch; Hain, VerwArch. 2004, S. 498(498).

8 BVerwGE 28, 155(165); BVerwG DVBl. 1979, S. 852(855); VG Würzburg, NVwZ 1983, S. 239(241).

9 Statt vieler BVerwGE 69, S. 366(371) – Bardepot; VGH München, DÖV 2001, S. 1052(1053); Bettermann, DÖV 1955, S. 528(529); Köckerbauer, JuS 1988, S. 782(785); Schoch, VerwArch. 79(1988), S. 1(47); Sodan/Ziekow, Grundkurs, § 89 Rn 7; Eyermann/Schmidt, § 113 VwGO, Rn 30.

10 Dazu auch Böß, Vergleich, S. 106.

I) Die frühe Entwicklung des Folgenersatzanspruchs

1) Begründung des Folgenbeseitigungsanspruchs durch Bachof

Erstmals untersucht und in dogmatischer Hinsicht entwickelt wurde der Folgenbeseitigungsanspruch in der Habilitationsschrift von *Bachof*[11].

Dabei gestaltete er ihn keineswegs so strikt als reinen Wiederherstellungsanspruch aus, wie dies in der Folgezeit geschah. Zunächst bezeichnete er ihn in den einleitenden Sätzen der Arbeit als einen Anspruch, der sich bereits seinem Wesen nach als ein Verlangen auf Schadloshaltung qualifiziere[12]. Dies schließt zwar Geldersatz nicht begriffsnotwendig ein, enthält jedoch Anklänge an die zivilrechtlichen Schadensersatzansprüche, die eine Kompensation in Geld zulassen. Weiter bezeichnet er den Folgenbeseitigungsanspruch explizit als einen Entschädigungsanspruch[13]; auch dies ließe einen Geldersatzcharakter erwarten. Jedoch stehe bei der Folgenbeseitigung „im Vordergrund weniger der Gedanke eines vermögensrechtlichen Ausgleichs als vielmehr einer unmittelbaren Abwehr und Beseitigung der Beeinträchtigungen der Freiheit des Einzelnen"[14]. Hieraus leiten manche Autoren ab, dass zwar die Restitution in natura im Vordergrund stünde, aber dennoch Raum für eine finanzielle Kompensation bleibe, der Folgenbeseitigungsanspruch also seinem Rechtscharakter nach auch Entschädigungsanspruch sei[15]. Später revidierte *Bachof* die Bezeichnung als Entschädigungsanspruch und die Einordnung als Kompensationsanspruch jedoch ausdrücklich. Dies habe aber keine inhaltliche, sondern nur eine terminologische Änderung zur Folge, da der Arbeit ein zu weit verstandener Schadensbegriff zugrunde gelegen habe[16]. Der Arbeit habe von vorneherein die Vorstellung der Restitution und nicht der

11 Bachof, Die verwaltungsgerichtliche Klage auf Vornahme einer Amtshandlung zugleich eine Untersuchung über den öffentlich-rechtlichen Folgenbeseitigungsanspruch nach Aufhebung eines rechtswidrigen Verwaltungsakts, Tübingen 1951.

12 Bachof S. 114.

13 Nachweis aus Bachof, S. 117ff, insbes. S. 126: „speziellerer Entschädigungsanspruch für den Fall der vor Rechtskraft erfolgten Vollziehung eines Verwaltungsakts", wobei allerdings angemerkt werden muss, das Bachof diese Begriffe „Entschädigung" und „Schadensersatz" aufgrund von ihm gesehener fehlender dogmatischer Trennschärfe zwischen beiden Begriffen synonym verwendet, S. 115: „Dem geltenden Recht kann keine begrifflich scharfe Trennung zwischen Schadensersatz und Entschädigung entnommen werden."

14 Bachof S. 129.

15 Franke, VerwArch 57(1966), S. 357(359).

16 Bachof (2.A.), Vorwort S. XIV.

Kompensation zugrunde gelegen[17]. Damit beschränkte *Bachof* den Folgenbeseitigungsanspruch auf die naturale Wiederherstellung. Über diese terminologischen Feinheiten hinaus deutete er jedoch auch bereits die Gewährung eines Geldersatzes bei Unmöglichkeit an, wie folgendes Beispiel zeigt: Könne der zu Unrecht in Anspruch genommene Kraftwagen infolge seines Untergangs nicht mehr herausgegeben werden, müsse ein gleichwertiger Wagen geliefert oder, nach Wahl des Gläubigers, in entsprechender Anwendung von § 249 Satz 2 BGB Geldersatz geleistet werden[18].

2) Festlegung auf naturale Wiederherstellung als Anspruchsinhalt

a) Beschränkung des Folgenbeseitigungsanspruchs auf die Naturalrestitution

Infolge der Arbeit von *Bachof* wurde der Folgenbeseitigungsanspruch breit diskutiert[19]. Hierbei beschränkten sich Rechtsprechung und Literatur jedoch recht schnell darauf, dass nur die tatsächliche Wiederherstellung geschuldet ist. Insbesondere die Abhandlung von *Bettermann* aus dem Jahr 1955[20] wurde bedeutsam; ihr schloss sich später auch explizit das Bundesverwaltungsgericht an[21]. Dieses vertrat von Beginn an die Auffassung, dass der Folgenbeseitigungsanspruch nur auf Naturalrestitution gerichtet sei[22]. Es folgte insoweit weiten Teilen der Literatur[23] und lehnte Geldersatz als Anspruchsinhalt ab. Dies kann auch darauf

17 Bachof (2.A.), Vorwort S. XV.

18 Bachof S. 130.

19 Bettermann, DÖV 1955, S. 528ff; ders. MDR 1957, S. 130ff; Scheuner, DÖV 1955, S. 545ff, insbesondere 549f; Dürig, JZ 1955, S. 521(524); Menger, VerwArch 49(1958), S. 73(74, 84); ders. VerwArch 50(1959), S. 77(91ff); Eyermann/Fröhler (3.A.), § 80 VwGO, Rn 55ff; Obermayer, JuS 1963, S. 110ff.

20 Bettermann, DÖV 1955, S. 528ff.

21 BVerwGE 69, 366(369 und 371); das dort zitierte Urteil BVerwG DVBl. 1959, 580 nimmt indes nicht Bezug auf die Ansicht von Bettermann, sondern nimmt lediglich – kurz – Stellung zu der Frage der Revisibilität des Folgenbeseitigungsanspruchs, wobei diese Frage zunächst offen gelassen wurde, da der Folgenbeseitigungsanspruch hier nicht entscheidungserheblich war; BVerwG DVBl. 1971, 858.

22 So bei BVerwGE 28, 155(165); BVerwG DVBl. 1963, S. 23(25) und DVBl. 1963, S. 677(678) sowie DVBl 1979, S. 852(852, 855).

23 Scheuner, DÖV 1955, S. 545(549f); Bettermann, DÖV 1955, S. 528(535); ders. MDR 1957, S. 130(131); Obermayer, JuS 1963, S. 110(113); Schleeh, AöR 92(1976), S. 58(62, 79); Ossenbühl, S. 301: „Der Folgenbeseitigungsanspruch ist ein Wiederherstellungsanspruch, kein Entschädigungsanspruch. Als Störungsbeseitigungsanspruch ist er auf Restitution, nicht auf Kompensation gerichtet."

beruhen, dass der Folgenbeseitigungsanspruch in dieser Ausprägung dem negatorischen Beseitigungsanspruch des Zivilrechts nachgebildet war, der keinen Schadensersatz und daher auch keinen Geldersatzanspruch beinhaltet[24].

Andere Autoren sahen den Folgenbeseitigungsanspruch hingegen als umfassenden Wiedergutmachungsanspruch an[25], der auch auf Geldersatz gerichtet sein konnte und insofern dem Folgenersatzanspruch ähnlich war. Hiernach hatte der Folgenbeseitigungsanspruch Entschädigungscharakter[26], wie auch zunächst von *Bachof* angedacht. Diese Ansätze sahen sich jedoch heftiger Kritik ausgesetzt und konnten sich nicht durchsetzen.

b) Unzulänglichkeiten der naturalen Wiederherstellung – die „Folgenersatzsituation"

Die Beschränkung auf die naturale Wiederherstellung wurde jedoch dann problematisch, wenn sie unmöglich war oder der Bürger die rechtswidrige Situation mit zu verantworten hatte[27]. Nach der Rechtsprechung sollte dann der Folgenbeseitigungsanspruch ausscheiden; im Fall des Mitverschuldens ergab es sich daraus, dass die einheitliche Verpflichtung zur Wiederherstellung unteilbar ist. Dies sah man jedoch vielfach als ungerecht und als Lücke im Rechtsschutz an. Aus diesem Grund wurde ein Geldersatzanspruch, der in die Lücke eines ausgeschlossenen Folgenbeseitigungsanspruchs treten könnte, bereits zu diesem Zeitpunkt erörtert[28], wenn auch noch nicht unter dem Begriff des „Folgenersatzanspruchs".

---

24 Dies betont Schleeh, AöR 92(1976), S. 58(79), der einen Geldersatz als Bestandteil eines Schadensersatzanspruchs nur bei Verschulden gewähren will.

25 Menger, VerwArch. 50(1959), S. 77(91f).

26 Menger, VerwArch. 50(1959), S. 77(91f); Eyermann/Fröhler (3.A.), § 80 VwGO, Rn 54, 55, 57; K. Redeker, DVBl. 1963, S. 509(510 und 511); etwas weniger deutlich Heidenhain, Amtshaftung und Entschädigung, S. 145: Folgenbeseitigung und Entschädigung auf derselben Rechtsgrundlage.

27 Dies sieht auch Schleeh, AöR 92(1976), S. 58(97). Hier wird das Problem aber durch eine Verweisung auf eine Amtshaftung gelöst (s. Schleeh, AöR 92(1976), S. 58(97, deutlicher noch S. 98)).

28 Obermayer, JuS 1963, S. 110(114); Janssen, DVBl. 1967, S. 190(191); bejahend auch Eyermann/Fröhler 3.A. § 80 Rn. 57. Bei diesen erfolgt eine Stellungnahme, dass die Ansicht Bettermanns insofern zu eng sei, weshalb hier durchaus angenommen werden kann, dass Eyermann/Fröhler den Anspruch auf Geldausgleich bereits als Bestandteil des Folgenbeseitigungsanspruchs ansahen und nicht etwa als einen bloßen Verweis auf die daneben möglichen Amtshaftungs- und Entschädigungsansprüche aus enteignungsgleichem Eingriff. Diskutiert wurde auch ein Verweis auf die Amtshaftungs- und Entschädigungsansprüche, s. oben Fn 25.

Bis auf wenige Stimmen in der Literatur blieb die überwiegende Auffassung jedoch dabei, dass der Folgenbeseitigungsanspruch allein auf die naturale Wiederherstellung gerichtet ist. Es kam zudem auch nicht zu gerichtlichen Entscheidungen über Situationen, in denen die Folgenbeseitigung ausgeschlossen ist. Infolgedessen beschäftigte sich die Literatur nur am Rande mit einer Erweiterung des Folgenbeseitigungsanspruchs um Geldersatz; auch lag das Augenmerk hier – wenn überhaupt – meist nur darauf, ob bei Unerfüllbarkeit der naturalen Folgenbeseitigung eine Ersatzpflicht besteht.

3) *Der Wandelungsgedanke nach Weyreuther*

Schon bald wurde jedoch die allgemeine Festlegung auf rein naturale Wiederherstellung ausdrücklich infrage gestellt. Am bedeutendsten wurde hier der Ansatz von *Weyreuther* aus seinem Gutachten B zum 47. Deutschen Juristentag. *Weyreuther* setzte sich intensiv mit der Frage auseinander, ob und in welchen Fällen sich aus dem Folgenbeseitigungsanspruch auch eine Geldzahlungspflicht begründen lässt[29]. Dabei entwickelte er erstmalig den Folgenersatzanspruch in der Form, wie er auch hier untersucht wird, nämlich als Surrogat für einen nicht durchsetzbaren Folgenbeseitigungsanspruch[30].

Weyreuther ging davon aus, dass es sich beim Folgenersatzanspruch um einen gewandelten Folgenbeseitigungsanspruch handelt, der entsteht, wenn der Folgenbeseitigungsanspruch unerfüllbar ist[31]. Grund für einen solchen Anspruchswandel soll die dem „Unterlassungsanspruch innewohnende Tendenz zur Werterhaltung“ sein[32]. Bereits den Unterlassungsanspruch sieht *Weyreuther* als einen „labiler Anspruch“ an; diese Labilität ergebe sich aus der allgemeinen Rechtslehre und sei kein Spezifikum des Zivil- oder des öffentlichen Rechts. Charakteristisch ist hier die Figur der Wandelung: Der Folgenersatzanspruch entsteht nur aus einem nicht erfüllbaren Folgenbeseitigungsanspruch, er kann keinesfalls parallel bestehen, was ein Wahlrecht zwischen beiden Ansprüchen von vorneherein ausschließt. Daher ging *Weyreuther* auch nicht davon aus, dass beide Ansprüche latent bestehen und sich jeweils erst bei Eintritt eines bestimmten Ereignisses aktualisieren.

29 Weyreuther, Gutachten B, S. 135ff.
30 Weyreuther, Gutachten B, S. 146 und 174f.
31 Weyreuther, Gutachten B, S. 135ff; 145.
32 Weyreuther, Gutachten B, S. 143.

Zustimmung fand diese Ansicht nur vereinzelt, am häufigsten in der unmittelbar folgenden monographischen Literatur[33]. Diese schloss sich *Weyreuthers* Begründungsvariante zum Teil auch nur sehr indirekt an. So bejahte *Schmidt-Aßmann* für Beseitigungsansprüche die vertraute Form der „Umwandlung in einen Entschädigungsanspruch"[34], wobei der Entschädigungsanspruch inhaltlich dem Folgenersatzanspruch entspricht.

An dem von *Weyreuther* gewählten Modell wurde jedoch bereits die Wandelung des Unterlassungs- in den Folgenbeseitigungsanspruch kritisiert. Es sei unklar, worauf die Wandelung beruhe[35]. Diese begründet jedoch *Rösslein* damit, dass bereits die Naturalrestitution nur eine möglichst angenäherte Ersatzleistung sei[36]. Dies lege nahe, dass die Wandelung sich aus dem Ersatzcharakter rechtfertigen lasse, der bereits beim Folgenbeseitigungsanspruch vorhanden ist. Es bestünde kein sachlicher Grund, jemanden zu benachteiligen, wenn die naturale Wiederherstellung unmöglich ist[37].

4) Folgenersatz – eine bloße Randerscheinung

Insgesamt diskutierte die Literatur den Folgenersatzanspruch in der folgenden Zeit nicht intensiv, sondern erwähnte ihn meist nur am Rande[38]. Auch frühere Ansätze, einen dem enteignungsgleichen Anspruch ähnlichen

---

33 Spanner, DVBl. 1968, S. 618(624); Böß, Vergleich, S. 105ff, insbes. 110; Rösslein, Folgenbeseitigungsanspruch, S. 1ff; Morlok, DV 25(1992), S. 371(379); später auch Hösch, DÖV 1999, S. 192(194).

34 Schmidt-Aßmann in: Maunz/Dürig (42. EL), Art. 19 IV GG, Rn 285.

35 Rupp, JA 1979, S. 506(509); T. Schneider, Folgenbeseitigung im Verwaltungsrecht, S. 62; ähnlich Bender, Rn 182.

36 Rösslein, Folgenbeseitigungsanspruch, S. 44.

37 Böß, Vergleich, S. 110.

38 Beispielsweise bejahend Spanner, DVBl. 1968, S. 618(624); Grave, NJW 1972, S. 972(973); Haueisen, DVBl. 1973, S. 739(743); v. Mangoldt, DVBl. 1974, S. 825(826); Eyermann/Fröhler 3.A. § 80 VwGO, Rn 57; Engelhardt, NVwZ 1985, S. 621(622); Fiedler, NVwZ 1986, S. 969(977); Wallerath, DÖV 1987, S. 505ff, insbesondere S. 515; Maaß, BayVBl. 1987, S. 520(526); Schoch, VerwArch 79(1988), S. 1(51 Fn. 315); tendenziell auch ders. Jura 1993, S. 478(485f); T. Schneider, Folgenbeseitigung im Verwaltungsrecht, S. 193f; dem zustimmend Schatzschneider, NVwZ 1995, S. 1196(1196); Sass, Entschädigungserfordernis, S. 82ff; eher neutral Papier, DÖV 1972, S. 845(846, Fn. 6); vorsichtig Brugger, JuS 1999, S. 625(629).

„Folgenentschädigungsanspruch“ zu etablieren[39], wurden nicht weiterverfolgt[40]. In der Diskussion blieben einzig die von Weyreuther vorgezeichneten Fälle[41], in denen die Folgenbeseitigung aus verschiedenen Gründen unerfüllbar ist[42].

Sie gingen auch in § 4 Abs. 2 des Staatshaftungsgesetzes vom 26. Juni 1981[43] ein, das letztlich jedoch vom Bundesverfassungsgericht aufgehoben wurde. Nach § 4 Abs. 1 StHG hatte der Bürger sogar ein Wahlrecht zwischen dem Anspruch auf Geldersatz und der Restitution in natura. Die Körperschaft, der die rechtswidrigen Folgen zuzurechnen waren, konnte jedoch die Wahl des Geldersatzes ablehnen, soweit dem Geschädigten die tatsächliche Beseitigung zumutbar war.

Auch nach dem Staatshaftungsgesetz zeigten sich zwar Tendenzen, auch Geldersatz als Inhalt des Folgenbeseitigungsanspruchs anzuerkennen oder ihn der Naturalrestitution anzunähern[44]. Die meisten Autoren warfen die Frage nach einem Geldersatz jedoch lediglich auf, ohne eindeutig Stellung zu beziehen[45], oder sie sprachen sich ohne vertiefte Argumentation für oder gegen einen solchen aus[46].

---

39 Franke, S. 1ff; ders. VerwArch. 57(1966), S. 357ff. Hierbei handelte es sich um einen Anspruch, der in einer Situation, in der ein Folgenbeseitigungsanspruch entsteht, unabhängig davon als Entschädigungsanspruch entsteht (Franke VerwArch 57(1966), S. 357(358)). Er weist aber nicht dieselben Tatbestandsvoraussetzungen wie ein Folgenbeseitigungsanspruch auf. S. dazu auch Janssen, DVBl. 1967, S. 190(191). Dem Anspruch wurde aber vorgeworfen, es handele sich um einen verkappten Aufopferungsanspruch, so bei Weyreuther, Gutachten B, S. 136.

40 Auch wenn das VG Köln v. 20.1.2009, 14 K 5406/06, einen „Folgenentschädigungsanspruch“ annimmt, der „sich nach den Grundsätzen der Entschädigung wegen eines enteignungsgleichen Eingriffs beurteilt“, allerdings ohne Bezug auf Franke und auch offenbar an die aktuelle Entwicklung des Folgenersatzanspruchs anknüpfend.

41 Bachof, DÖV 1971, S. 859(861); Grave, NJW 1972, S. 972(973); Haueisen, DVBl. 1973, S. 739(743); v. Mangoldt, DVBl. 1974, S. 825(826); Pietzko, S. 476f, 547ff beschäftigen sich nur mit dieser Variante und sprechen die anderen, insbesondere die von *Franke*, wenn überhaupt nur ablehnend an.

42 Weyreuther, Gutachten B, S. 146 und 174f. So bereits früher für den „allgemeinen Wiedergutmachungsanspruch“ Menger, GS W. Jellinek, S. 347(359). Wegen Unmöglichkeit angesprochen bei Fiedler, NVwZ 1986, S. 969(976) und Maaß, BayVBl. 1987, S. 520(526).

43 BGBl. I S. 553.

44 Fiedler, NVwZ 1986, 969(977); Wallerath, DÖV 1987, S. 505ff, insbesondere S. 515; Bender, VBlBW 1985, S. 201(202) spricht nur von einem „Ersatzanspruch“.

45 Grave, DVBl. 1972, S. 231(232); Haueisen, DVBl. 1973, S. 739(740); Gallwas, Faktische Beeinträchtigungen, S. 133: „... liegt die Erwägung nahe...“.

46 Inzidente Anerkennung bei Heinz/Schmitt, NVwZ 1992, S. 513(520); Ablehnung mit Argumenten bei Pietzko, S. 550f.

Die monographische Literatur behandelte den Folgenersatzanspruch vorwiegend nur als Annex zur allgemeinen Untersuchung des Folgenbeseitigungsanspruchs[47].

Soweit die Gewährung von Geldersatz im Falle der Folgenbeseitigung überhaupt diskutiert wurde, wurde dies tendenziell aus den Grundrechten abgeleitet[48]. Vereinzelt wurde die Möglichkeit von Geldersatz auch anderweitig begründet, beispielsweise bei *Rüfner*[49]. Er meinte, ein Folgenersatzanspruch könne nicht auf die Erwägung gestützt werden, dass eine Grundrechtsverletzung durch einen Ausgleichsanspruch kompensiert werden müsse. Vielmehr lasse sich aus Art. 34 GG sowie dem Rechtsstaatsprinzip folgern, dass das Grundgesetz einen umfassenden Schutz des Bürgers gegen die öffentliche Gewalt fordere. Dies sei nur möglich, wenn über die Abwehr belastender rechtswidriger Eingriffe hinaus nicht nur Restitution, sondern auch Kompensation gewährt wird[50].

Damit deutete sich zwar in der Literatur die allmähliche Aufgabe des Dogmas an, dass im Rahmen der Folgenbeseitigung Geldersatz ausgeschlossen ist[51]. Insgesamt blieb der Inhalt des Folgenbeseitigungsanspruchs jedoch dogmatisch weitgehend ungeklärt, insbesondere im Hinblick auf Geldersatz[52]. Nach der herrschenden Meinung in der Literatur[53] und insbesondere der Rechtsprechung[54] gewährte der Folgenbeseitigungsanspruch nach wie vor lediglich tatsächliche Wiederherstellung und keinesfalls Geldzahlung.

47 T. Schneider, Folgenbeseitigung im Verwaltungsrecht, S. 193f; Pietzko, S. 550f.

48 Engelhardt, NVwZ 1985, S. 621(622); Schoch, VerwArch. 79(1988), S. 1(51 Fn. 315); tendenziell auch ders. Jura 1993, S. 478(485f); Morlok, DV 25(1992), S. 371(379); Fiedler, NVwZ 1986, S. 969(977) – auch ein Teilausgleich in Geld möglich?.

49 Rüfner in: Erichsen/Ehlers (12.A), § 49 Rn 23.

50 Rüfner in: Erichsen/Ehlers (12.A), § 49, Rn 23.

51 So bei Grave, DVBl. 1972, S. 231(232); Haueisen, DVBl. 1973, S. 739(740); Wallerath, DÖV 1987, S. 505ff(515); Bender, VBlBW 1985, S. 201(202); Engelhardt, NVwZ 1985, S. 621(622); Fiedler, NVwZ 1986, 969(977); Schoch, VerwArch. 79(1988), S. 1(51 Fn. 315); Rüfner in: Erichsen/Ehlers (12.A), § 49 Rn 23.

52 Dies illustrierend Schoch, VerwArch 79(1988), 1(44f), der sich anschließend auch intensiver mit der Thematik auseinandersetzt sowie Fiedler, NVwZ 1986, 969(974); Köckerbauer, JuS 1988, 782(782); Schoch, Jura 1993, 478(481); Rüfner in: Erichsen/Ehlers (12.A.), § 49, Rn 20.

53 Vgl. dazu nur Kopp, VwGO, 6. Auflage 1984, § 113, Rn 41, 42; Wolff/Bachof, Verwaltungsrecht I, 9. Auflage 1974, S. 478f.

54 BVerwG NJW 1973, 1854.

II) Vorsichtige Anerkennung des Folgenersatzanspruchs

1) Ergänzender Folgenersatz bei Mitverschulden

Zu einer rechtlichen Wendung, was den Folgenersatzanspruchs anbelangt, kam es erst 1989 mit einer Entscheidung des Bundesverwaltungsgerichts[55]. Es hatte zu entscheiden, ob und wie ein Mitverschulden des Bürgers analog § 254 BGB beim Folgenbeseitigungsanspruch berücksichtigt werden kann. Das Bundesverwaltungsgericht blieb zwar dabei, dass ein mitwirkendes Verschulden zu berücksichtigen sei, wich aber dennoch von der bisherigen Regel ab, dass in diesem Fall der Folgenbeseitigungsanspruch dieser gänzlich zu versagen sei. Es nahm nämlich eine differenzierende Wertung vor: Der Rechtsgedanke des § 254 BGB könne auch dadurch zur Geltung gebracht werden, dass ein entsprechend des Mitverschuldens gekürzter Geldersatzanspruch gewährt wird[56]. Diesen sprach das Bundesverwaltungsgericht zwar noch nicht selbst zu, es rügte aber, dass das Berufungsgericht ihn nicht in Betracht gezogen habe. Diesbezüglich statuiert die Entscheidung im vorletzten Satz, dass „der erörterte Ausgleichsanspruch Teil des Anspruchs auf Folgenbeseitigung" sei[57]. Allerdings stützt das Bundesverwaltungsgericht den Geldersatzanspruch nicht auf dogmatische Erwägungen, sondern begründet dies einzelfall- und interessenorientiert.

Auch nachfolgend erwähnt das Bundesverwaltungsgericht[58] in einem obiter dictum, dass es keinen ernsthaften Zweifeln unterliege, „dass die Grundsätze des materiellen Rechtsstaates, zu denen auch die Grundrechte gehören, bei rechtswidrigem Handeln eine Sanktion verlangen, die sich nicht nur in der Zahlung einer Entschädigung erschöpfen kann."[59] Insofern wird der Folgenersatzanspruch vor allem dadurch begründet, dass es eine Lücke im Rechtsschutz hinterlasse, wenn die Folgen einer rechtswidrigen Handlung bestehen blieben; dies widerspräche dem Rechtsstaatsprinzip aus Art. 20 GG.

2) Gewährung von Geldersatz durch den VGH München

Im Jahr 1998 gewährte der VGH München erstmalig einen Geldausgleich anstelle naturaler Restitution; zugrunde lag eine Situation, in der das Gericht die

---

55 BVerwGE 82, 24 ff = NJW 1989, S. 2484ff.

56 BVerwG NJW 1989, S. 2484(2485): „Das Berufungsgericht hat die Möglichkeit eines finanziellen Ausgleichs von vorneherein aus dem Kreis seiner Überlegungen ausgeschlossen. Bereits dies begründet den Erfolg der Revision."

57 BVerwG NJW 1989, S. 2484(2486).

58 BVerwGE 94, 100ff.

59 BVerwGE 94, 100(103).

Folgenbeseitigung für unzumutbar hielt[60]. In der Literatur rief die Entscheidung jedoch nur wenig Resonanz hervor[61].

Der VGH München berief sich dabei explizit darauf, dass die Wandelung des Folgenbeseitigungsanspruchs in einen Anspruch auf Geldentschädigung in der Rechtsprechung des Bundesverwaltungsgerichts geklärt sei[62]. Auch wenn das Bundesverwaltungsgericht bislang bei Mitverschulden des Bürgers einen Geldersatz in Betracht gezogen hat, trage dies ebenfalls einen Folgenersatzanspruch bei Unzumutbarkeit[63]. Der VGH leitete sowohl den Ausschluss der naturalen Wiederherstellung als auch die ersatzweise Gewährung des Geldersatzes aus einer Analogie zu § 251 BGB her[64]. Alternativ wird auch angenommen, es handele sich um einen allgemeinen Rechtsgedanken, der auch in § 251 BGB zum Ausdruck komme[65]. Zugleich wurde aber die Wandlung des Folgenbeseitigungsanspruchs in einen Folgenersatzanspruch als Ausnahme bezeichnet, was die Auswirkungen der Entscheidung durchaus relativiert.

Die Entscheidung ist ein Indiz dafür, dass sich die Auffassung zum Inhalt des Folgenbeseitigungsanspruchs gewandelt hatte. Er war nicht mehr strikt auf die naturale Wiederherstellung gerichtet; ein erster Schritt in Richtung eines Folgenersatzanspruchs war getan.

---

60 VGH München, Urteil vom 27.10.1998, NVwZ 1999, S. 1237f.

61 So gab es nur drei Aufsätze, die sich im Schwerpunkt mit den Folgen dieser Entscheidung beschäftigten, nämlich die von Franckenstein, NVwZ 1999, S.158f, Erbguth, JuS 2000, S. 336ff und Hain, VerwArch 2004, S. 498ff. Insbesondere in der Flut der Literatur zum Folgenbeseitigungsanspruch erscheint diese Reaktion spärlich.

62 VGH München, NVwZ 1999, S. 1237(1237).

63 Ossenbühl, S. 323; allgemeiner Schenke, JuS 1990, S. 370(376): alle Fälle, in denen Naturalrestitution unmöglich ist.

64 VGH München, NVwZ 1999, S. 1237(1237, 1238); ebenso BVerwG, NJW 1989, S. 2584(2485); Grave, DVBl. 1972, S. 231(232); Seidel in: Seidel/Reimer/Möstl AT S. S. 78, 79; wenn auch ablehnend, diskutiert auch Pietzko, S. 547 den Folgenersatzanspruch unter dieser Begründung.

65 Gerhardt in: Schoch/Schmidt-Aßmann/Pietzner, Vorbem. § 113 VwGO, Rn 9 gibt eine weitergehende Begründung: Die ersatzweise Gewährung eines Geldanspruchs bei Nichterfüllbarkeit des Folgenbeseitigungsanspruchs ließe sich als Ausprägung eines allgemeinen Rechtsgedankens (§ 74 Abs. 2 S. 3 VwVfG, § 251 Abs. 1 BGB) entwickeln, entspräche der Flexibilität auf der Rechtsfolgenseite und würde sich in das bestehende Anspruchsgefüge einfügen. Es könne keinen Unterschied machen, ob der Betroffene in Vollzug einer rechtswidrigen Anordnung selbst ein Unternehmen mit der Durchführung beauftrage und bezahle oder ob dies die Behörde nach Beitreibung der voraussichtlichen Ersatzvornahmekosten getan habe.

Allerdings beschränkte sich das Urteil des VGH München – wie auch die vorangegangenen Untersuchungen – auf Geldersatz als Surrogat für einen unerfüllbaren Folgenbeseitigungsanspruch.

3) Erneute Diskussionen zur Folgenersatzsituation

Damit gab es in der Rechtsprechung ein erstes, eindeutiges Bekenntnis zum Folgenersatzanspruch. Zu untersuchen ist daher, wie die Entscheidung in der Literatur und der nachfolgenden Rechtsprechung aufgenommen wurde.

a) Fortdauernde Ablehnung des Folgenersatzanspruchs

Es traf zum Teil auf lebhaften Widerspruch sowohl in der Rechtsprechung als auch in der Literatur, dass der VGH München den Folgenersatzanspruch zuerkannt hatte.

Am häufigsten wurde hiergegen vorgebracht, dass der Inhalt des Folgenersatzanspruchs bereits durch die Amtshaftungsansprüche, den enteignungsgleichen Eingriff und aufopferungsgleichen Eingriff abgedeckt werde[66]. *Hain*[67] weitet hierzu den enteignungsgleichen Eingriff hinsichtlich der erfassten Rechtsgüter aus, so dass er auch die gegenwärtig vorhandenen Lücken erfasst. Zudem weist er den Anspruch dem Verwaltungsrechtsweg zu[68]. Danach bestehe, so *Hain*, keine Notwendigkeit mehr für einen Folgenersatzanspruch. Mit dieser Argumentation lehnte auch – noch vor der Entscheidung des VGH München – das OVG Münster mit Urteil vom 30.11.1992[69] einen Folgenersatzanspruch ab. Die Entscheidung des OVG Münster betraf jedoch die Unzumutbarkeit der Folgenbeseitigung und so gab das Gericht auch an, dass in Fällen des Mitverschuldens ein finanzieller Ausgleich flexiblere Lösungen je nach den konkreten Verantwortungsanteilen ermögliche. Für diese Fälle sprach es sich nicht gegen einen Geldausgleich aus[70].

Kritik erhob sich auch gegen die analoge Anwendung von § 251 BGB, die der VGH München vorgenommen hatte. Das Gericht habe bei der Wahl dieser

---

66 VG Dessau v. 09.12.2004, Az. 2 A 208/03; Kopp/Schenke, § 113 VwGO, Rn 89; Külpmann, Enteignende Eingriffe, S. 257; J.P. Schneider, S. 178; Haack, DVBl. 2010, S. 1475(1475ff).

67 Hain, VerwArch. 2004, S. 498(506, 508f).

68 Hain, VerwArch. 2004, S. 498 (506, 508f) und was den Rechtsweg betrifft S. 511. Ebenso beurteilen dies Steinberg/Lubberger, Aufopferung – Enteignung und Staatshaftung, S. 386; Rüfner in: Erichsen/Ehlers (12.A.), § 49, Rn 29f; J.P. Schneider, S. 178.

69 OVG Münster, NVwZ 1994, S. 795ff; ebenso später VG Dessau v. 09.12.2004, Az. 2 A 208/03.

70 OVG Münster, NVwZ 1994, S. 795(796); skeptisch auch Schmitt-Kammler, JuS 1995, S. 473(478).

Begründung die Anwendbarkeit des § 251 BGB im öffentlichen Recht nicht dargelegt[71]. Zudem folge auch aus dem Umstand, dass es ähnliche Regelungen im öffentlichen Recht gebe (§ 17 Abs. 4 S. 2 FStG a.F., und § 74 Abs. 2 S. 3 VwVfG), noch nicht deren analoge Anwendbarkeit, da es sich um spezialgesetzliche Regelungen handele[72].

Häufiger wird der Folgenersatzanspruch allerdings ohne eine nähere Begründung abgelehnt[73].

b) Erweiterung des grundrechtlichen Folgenbeseitigungsanspruchs um Folgenersatz

Die monographische Literatur nach dem Urteil des VGH München berurteilte den Folgenersatzanspruch durchaus auch positiv[74]. *Grzeszick* spricht sich explizit für einen Folgenersatzanspruch in Geld aus[75], *Röder* entwickelt einen grundrechtlichen „status negativus compensationis“, der auch einen Folgenersatzanspruch enthalten kann[76] und mit dem enteignungsgleichen Eingriff identisch sein soll[77].

Häufig lautet die Begründung, dass aufgrund der Abwehrfunktion der Grundrechte ein Folgenersatzanspruch erforderlich sei[78]. Der Folgenbeseitigungsanspruch sei aus den Grundrechten abzuleiten. Hierbei sei ein bloß tatsächlich

---

71 Pietzko, S. 550f. So auch bereits zum Mitverschulden und dem daraus folgenden Geldersatzanspruch Schenke, JuS 1990, S. 370ff, dessen Ablehnung sich eher auf die Berücksichtigung des Mitverschuldens an sich bezieht, den Geldersatzanspruch hingegen fast positiv anerkennt.

72 Pietzko, S. 551.

73 Bethge/Detterbeck, Jura 1991, S. 550(553); Maurer, Verwaltungsrecht, § 30, Rn 17 – Maurer verweist für die Geldentschädigung auf die allgemeinen Entschädigungsansprüche und zitiert in Rn 18 nur das Urteil BVerwGE 82,24ff; des weiteren MüKo/Papier, § 839 BGB, Rn 86; zurückhaltend VGH München BayVBl. 1990, S. 627(628); Stangl, JA 1997, S. 138(140).

74 Eine Ausnahme bildet insofern nur Gromitsaris, S. 257f.

75 Grzeszick, S. 359, 362f; angedeutet *ders.* in: Epping/Hillgruber, Art. 34 GG, Rn 47.1.

76 Röder, S. 265ff.

77 Röder, S. 269–275. Auf S. 287 macht er noch einmal deutlich, dass er eigentlich nicht den Folgenersatzanspruch behandelt, sondern ein – wenn auch sehr ähnliches – aliud entwickeln will.

78 Schoch, DV 34(2001), S. 261(274, 290); T. Schneider, Folgenbeseitigung im Verwaltungsrecht, S. 194; Schatzschneider, NVwZ 1995, S. 1196; Sproll, JuS 1996, S. 313(320); ansatzweise Isensee in: HStR IX, § 191, Rn 146; Grzeszick, S. 362ff, 371; Höfling, VVDStRL 61(2001), S. 260(272f); Wolff/Bachof/Stober/Kluth, Band 1, § 52, Rn 39; ebenfalls ansatzweise Detterbeck/Windthorst/Sproll, § 12, Rn 51(„dieses „Substitut“ erscheint schon verfassungsrechtlich geboten(…)“).

wiederherstellender Ansatz nicht ausreichend, weshalb der Folgenbeseitigungsanspruch um Geldersatz erweitert werden müsse. Ohne einen solchen bestehe ein erhebliches Rechtsschutzdefizit, wenn der Staat nur noch aus der verschuldensabhängigen Amtshaftung herangezogen werden könne[79]. Es sei dem Bürger nicht zumutbar, dass das Risiko der Durchführung von Primärrechtsschutz nur auf ihn verlagert werde[80]. Hiernach wird der Folgenersatzanspruch im Ergebnis auf die gleiche Rechtsgrundlage gestützt wie der Folgenbeseitigungsanspruch[81], nämlich auf den negatorischen Gehalt der Grundrechte. Eine Wandelung des Folgenbeseitigungsanspruchs, wie von *Weyreuther* angedacht, wird weder diskutiert noch angenommen; vielmehr existieren nach den oben dargelegten Ansätzen beide Ansprüche eher parallel.

Dieser grundrechtliche Herleitungsansatz wird gerade in jüngster Zeit am häufigsten vertreten. Dies steht auch im Kontext der gegenwärtigen Diskussion darüber, ob aus den Grundrechten eine Kompensationsfunktion oder gar das Staatshaftungsrecht an sich abgeleitet werden kann[82]. Nach dieser Auffassung sind die staatshaftungsrechtlichen Ansprüche ein Bestandteil der negatorischen Grundrechtsfunktion. Da den Grundrechten auch eine Wertkomponente zukomme, müsse der negatorische Grundrechtsschutz auch einen Schadensersatzanspruch umfassen, wenn die gängigen Unterlassungs- und Beseitigungsansprüche nicht ausreichen[83]. Eine vermittelnde Auffassung lehnt zwar eine Wertkomponente immaterieller Grundrechte ab, bejaht aber einen kompensatorischen Gehalt der Grundrechte[84]. Der Folgenersatzanspruch wäre hiernach Bestandteil einer solchen grundrechtlichen Wertkomponente.

Neben der grundrechtlichen Begründung zeigen sich aber auch zwei weitere Tendenzen: einmal einen Folgenersatzanspruch apodiktisch anzunehmen, ohne sich konkret zu einer Begründung dieses Anspruchs zu äußern[85], oder auch, diese

---

79 Schatzschneider, NVwZ 1995, S. 1196; T. Schneider, Folgenbeseitigung im Verwaltungsrecht, S. 194; Grzeszick S. 263; Unterreitmeier, DVBl. 2005, S. 1235(1238); ähnlich Ossenbühl, S. 286, 292f, 298ff.

80 T. Schneider, Folgenbeseitigung im Verwaltungsrecht, S. 194.

81 Brüning, JuS 2003, S. 2(3); so im Ergebnis auch im Rahmen eines „Anspruchs auf Bewältigung hoheitlicher Unrechtslasten" Sproll, JuS 1996, S. 313(320).

82 Sproll, JuS 1996, S. 313(319); Höfling, VVDStRL 61(2001), S. 260ff; Grzeszick, Rechte und Ansprüche, insbes. S. 340ff; Röder, Der status negativus compensationis, S. 150ff; hierfür auch aus vordergründlich europarechtlichen Gründen Stelkens, DÖV 2006, S. 770(773).

83 Grzeszick, S. 362ff.

84 Röder, S. 259ff, 265ff, 265ff.

85 Hufen, § 28, Rn 11, der nur mit einem Satz erwähnt, dass bei Unmöglichkeit oder Unzumutbarkeit der Restitution „gegebenenfalls" ein Anspruch auf Entschädigung

Frage schlicht offen zu lassen. So spricht sich *Franckenstein*[86] nicht explizit für einen Folgenersatzanspruch aus, argumentiert aber auch nicht dagegen. Dies lässt vermuten, dass er die Entwicklung für zutreffend hält. *Erbguth*[87] kritisiert zwar das Urteil des VGH München, allerdings beschränkt sich seine Kritik auf die Unzumutbarkeit als Ausschlusskriterium, wohingegen er dem Folgenersatzanspruch scheinbar zustimmt[88]. Bisweilen wird der Folgenersatzanspruch sogar mit bloßer „Billigkeit" begründet[89].

c) Ausweichende Behandlung in Rechtsprechung und Kommentarliteratur

Die nachfolgende Rechtsprechung bejahte den Folgenersatzanspruch tendenziell, ohne ihn allerdings tatsächlich zuzuerkennen. So wird der Folgenersatzanspruch zwar in den betreffenden Entscheidungen durchaus angesprochen, jedoch war er durchweg nicht entscheidungserheblich[90]. Nur selten wurde er vollständig abgelehnt[91].

Als symptomatisch für diese Position der Rechtsprechung kann dabei eine Passage in einem Urteil des VGH Kassel angeführt werden:

> „Abgesehen von dem speziellen Fall, dass den Inhaber eines Folgenbeseitigungsanspruchs eine erhebliche Mitverantwortung für die Störung seines Eigentums trifft und deshalb an die Stelle des Folgenbeseitigungsanspruchs ein Entschädigungsanspruch analog § 251 BGB tritt (…), ist ein solches Rechtsinstitut in der Rechtsprechung nicht anerkannt und in der Literatur umstritten (…). Diese Frage bedarf hier keiner abschließenden Entscheidung. Denn ein Folgenentschädigungsanspruch wird überhaupt nur für die Situation erörtert, dass ein Folgenbeseitigungsanspruch „an sich" besteht, die Rechtsbeeinträchtigung

---

in Geld besteht; ebenso Sodan/Ziekow, Grundkurs, § 89 Rn 8, 9; Bumke, JuS 2005, S. 22(25) beispielsweise plädiert allgemein für einen Folgenersatzanspruch bei Unzumutbarkeit und Mitverschulden, „um die Billigkeit des Ergebnisses gegenüber dem Betroffenen zu wahren"; Rüfner in: Erichsen/Ehlers (12.A.), § 49, Rn 23: notwendig, um Schutzlücke zu füllen; Gromitsaris, S. 257f.

86 Franckenstein, NVwZ 1999, S. 158(159).

87 Erbguth, JuS 2000, S. 336ff.

88 Erbguth, JuS 2000, S. 336(338): „Als Ausblick lässt sich die Erwartung formulieren, dass die Ergänzung des herkömmlichen Folgenbeseitigungsanspruchs durch einen Folgenentschädigungsanspruch ansteht…".

89 Bumke, JuS 2005, S. 22(25).

90 Offen lassend BVerwGE 94, 100(117); VG Frankfurt a.M. v. 22.11.2001, 15 E 3262/98, BeckRS 2002 20975; VGH Kassel v. 20.2.2006, 7 UZ 1979/05, BeckRS 2006, 22340; VGH München v. 11.04.2006, Az. 4 BV 04.198; VG Freiburg (Breisgau) v. 26.11.2008, Az. 4 K 717/06; VG Köln v. 20.1.2009, 14 K 5406/06.

91 VG Dessau v. 09.12.2004, Az. 2 A 208/03; OVG Lüneburg v. 12.12.2008, 8 PA 105/08.

aber aus rechtlichen oder tatsächlichen Gründen nicht beseitigt werden kann, aber nicht für den Fall, dass Rechtsschutzmöglichkeiten, die das Bau- und Immissionsschutzrecht sowie das private Nachbarrecht zur Verfügung stellen, nicht ergriffen werden."[92]

Hier wird der Folgenersatzanspruch aufgeworfen, als umstritten dargestellt und seine Voraussetzungen werden dargelegt. Anschließend begründet das Gericht, warum er selbst dann nicht gegeben wäre, wenn man ihn grundsätzlich bejaht. Eine eindeutige Position muss es wegen der fehlenden Entscheidungsrelevanz nicht beziehen, nutzt aber die Gelegenheit, um in einem *obiter dictum* Zweifel am Folgenersatzanspruch zu äußern.

Ebenso hat das Bundesverwaltungsgericht bereits in einer Entscheidung vom 21.9.2000[93] den Folgenersatz mit folgenden Worten vorsichtig verneint: der „verschuldensunabhängige Folgenbeseitigungsanspruch kann nur auf die Wiederherstellung des durch einen rechtswidrigen hoheitlichen Eingriff veränderten rechtmäßigen Zustandes gerichtet sein, der im Zeitpunkt des Eingriffs bestand. Er ermöglicht keinen Ausgleich für Schäden, die durch rechtswidriges Verwaltungshandeln (…) verursacht worden sind"[94]. Weiter wird ausgeführt, der Folgenbeseitigungsanspruch könne mangels gesetzlicher Vorschriften nicht zu einem über die reine Wiederherstellung hinausgehenden Erfolg führen, namentlich zu keiner verkappten Verurteilung zum Schadensersatz in Geld[95]. Im entschiedenen Fall war die Folgenbeseitigung nicht möglich, da bereits eine irreversible Gesundheitsbeeinträchtigung als rechtswidrige Folge eingetreten war. Aber ein Folgenersatzanspruch wäre dennoch möglich gewesen, auch wenn die eigentlich geschuldete Folgenbeseitigung untergegangen war. Dieses Urteil lässt zwei verschiedene Schlüsse zu: Einmal, dass das Bundesverwaltungsgericht die Entwicklung des Folgenersatzanspruchs für verfehlt hielt, oder dass es ihn nur für diesen konkreten Fall verneinte. Da es ihn überhaupt nicht erwähnte, erscheint es naheliegender, dass sich dies nur aus den Besonderheiten des Einzelfalls ergab. Jedenfalls zeigt die Entscheidung, dass der Folgenersatzanspruch keineswegs ein fester Bestandteil des Staatshaftungsrechts ist. Vielmehr erscheint sogar fraglich, ob das Gericht, das ihn erstmals zum Gegenstand einer Entscheidung machte, überhaupt noch an ihm festhält.

Zudem scheint die Rechtsprechung dazu zu neigen, den Folgenersatzanspruch nur bei Ausschluss der Folgenbeseitigung wegen Unzumutbarkeit zu gewähren.

---

92 VGH Kassel v. 26.3.2003, BeckRS 2005, 26646.
93 BVerwG, DVBl. 2001, S. 726ff.
94 BVerwG, DVBl. 2001, S. 726(727).
95 BVerwG, DVBl. 2001, S. 726(732).

Ob er auch bei Mitverschulden oder Unmöglichkeit gewährt werden kann, wird seltener diskutiert[96]. Explizit ausgeschlossen wurde er aber nur für die Situation, dass die Beeinträchtigung des subjektiven Rechts weggefallen war und aus diesem Grund keine Folgenbeseitigung geschuldet ist[97]. Insgesamt handelt es sich um Fallgestaltungen, in denen der Folgenersatzanspruch einen nicht erfüllbaren Folgenbeseitigungsanspruch ersetzen soll, sei es dass die Wiederherstellung unmöglich ist oder dem verpflichteten Hoheitsträger unzumutbar sein soll[98], oder weil dem berechtigten Bürger ein Mitverschulden an der Entstehung der rechtswidrigen Situation zur Last gelegt wurde[99].

In der allgemeinen Literatur zum Folgenbeseitigungsanspruch wird hingegen vorsichtig auf die Möglichkeit einer Geldentschädigung hingewiesen, ohne sich generell für einen Folgenersatzanspruch auszusprechen[100]. Uneingeschränkt bejaht wird er allerdings selten.

---

96 Nur Unzumutbarkeit in VG Frankfurt a.M. v. 22.11.2001, 15 E 3262/98, BeckRS 2002 20975; VGH Kassel v. 20.2.2006, 7 UZ 1979/05, BeckRS 2006, 22340; Erwähnung nur für den Fall des Mitverschuldens hingegen in VGH Kassel v. 26.03.2003, BeckRS 2005, 26646.

97 VG Frankfurt a.M. v. 22.11.2001, 15 E 3262/98, BeckRS 2002 20975.

98 VGH München, NVwZ 1999, S. 1237(1238); VG Frankfurt a.M. v. 22.11.2001, 15 E 3262/98, BeckRS 2002 20975.

99 BVerwG, NJW 1989, S. 2484ff; VG Dessau v. 09.12.2004, Az. 2 A 208/03.

100 Ossenbühl S. 307, wohingegen noch auf S. 302 bemerkt wird, dass der Folgenbeseitigungsanspruch in der Rechtsfolge niemals auf Geldersatz gerichtet sein könne, aber im gleichen Satz der Hinweis auf die Ausgleichszahlung bei Mitverschulden erfolgt, ohne Stellungnahme hingegen die Erwähnung auf S. 320, positiv anklingend hingegen die Stellungnahme im Rahmen der Unzumutbarkeit auf S. 322; MüKo/Papier, § 839 BGB, Rn 86 für Geldersatz analog zu § 251 BGB, aber nur bei Mitverschulden, ansonsten wird ein Folgenersatz abgelehnt; ebenso begrenzt Sachs/Bonk, Art. 34 GG, Rn 45; Soergel/Klein, Anh. § 839 BGB, Rn 255, 256; Eyermann/Schmidt, § 113 VwGO, Rn 30; Gromitsaris, S. 257f, der sich gegen eine negatorische Kompensierungsfunktion der Grundrechte ausspricht, aber dennoch ohne weitere Begründung in den genannten Fallgruppen einen Folgenersatzanspruch annimmt; Brüning, JuS 2003, S. 2(3); Beljin/Micker, JuS 2003, S. 970(973); Ramsauer, Rn 25.25: „gekürzter Entschädigungsanspruch"; Ipsen, Verwaltungsrecht, Rn 1353; Sodan/Ziekow, Grundkurs, § 89 Rn 8, 9; unentschieden Hösch, DÖV 1999, S. 192(195): spricht von Geldersatz, aber zugleich von einem „Entschädigungsanspruch" und führt Tatbestandsmerkmale des Anspruchs aus enteignungsgleichem Eingriff an; sehr inkonsistent Erbguth, Allg. Verwaltungsrecht, § 41, Rn 10f, der bei einem Ausschluss wegen Unzumutbarkeit von einem „Folgenentschädigungsanspruch" spricht, bei Mitverschulden von einem Folgenausgleichsanspruch; durchaus bejahend aber Grzeszick in: Epping/Hillgruber, Art. 34, Rn 47.1.

Andere Vertreter der Literatur erkennen zwar den Folgenersatzanspruch grundsätzlich an, lehnen es aber trotzdem ab, den Folgenbeseitigungsanspruch über die reine Wiederherstellung hinaus[101] zu erweitern. Diese Auffassung ist allerdings in sich widersprüchlich.

d) Zwischenergebnis

Damit ist der Folgenersatzanspruch noch nicht vollständig anerkannt; die Reaktionen der Literatur auf das Urteil waren durchaus geteilt. Die typische „Folgenersatzsituation" – dass der bisherige Folgenbeseitigungsanspruch nicht geeignet ist, die Folgen rechtswidrigen Verwaltungshandelns stets vollständig zu beseitigen – wurde zwar als problematisch anerkannt, wie die oben dargestellten Reaktionen auf das Urteil zeigen. Der Versuch, dies zu bewältigen, mündete jedoch nicht stets in die Anerkennung des Folgenersatzanspruchs.

B Zusammenfassung

Es zeigt sich, dass der Folgenersatzanspruch trotz vielfältiger Ansätze in Rechtsprechung und Literatur nach wie vor umstritten und wenig konturiert ist.

Insgesamt werden verschiedene, uneinheitliche Begründungsansätze vertreten. Teilweise werden auch Einwände gegen den Folgenersatzanspruch vorgebracht. Häufig wird auch formelhaft an der bisherigen Definition des Inhalts des Folgenbeseitigungsanspruchs festgehalten, nach der er nur auf Wiederherstellung in natura gerichtet ist. An anderer Stelle werden sowohl ein „Schadensersatzanspruch" als auch die bloße Möglichkeit einer Gelderstattung strikt ausgeschlossen. Andererseits findet sich auch häufig die widersprüchliche Aussage, der Folgenbeseitigungsanspruch sei auf tatsächliche Wiederherstellung gerichtet, dennoch könne in Ausnahmefällen Geldersatz gewährt werden. Die strikte Beschränkung auf die naturale Wiederherstellung bleibt aber ausdrücklich bestehen – dies steht im Widerspruch zu der Aussage, es könne auch Geldersatz gewährt werden. Nur Wenige erweitern den Anspruchsinhalt des Folgenbeseitigungsanspruchs dahingehend, dass er sowohl tatsächliche Wiederherstellung als auch Geldersatz beinhalten kann und erkennen damit den Folgenersatzanspruch an.

---

101 Sproll, JuS 1996, S. 219(223), der sich noch weiter in Widerspruch setzt, indem er den Folgenbeseitigungsanspruch zunächst auf „Restitution durch Beseitigung der Unrechtslast und nicht auf Kompensation durch Entschädigungs- und Schadensersatzleistungen" begrenzt, in einer Fußnote aber davon spricht, dass „in der Literatur mit guten Gründen eine Ausweitung des Folgenbeseitigungsanspruchs" gefordert wird, s. S. 224 und Fn. 56; ähnlich Erbguth, VVDStRL 61(2001), S. 221(226). Grundsätzlich ablehnend äußert sich Kopp/Schenke, § 113 VwGO, Rn 89.

In einem späteren Urteil des Bundesverwaltungsgerichts[102] könnte sogar ein Anzeichen für eine Abkehr im Verhältnis zur eigenen Rechtsprechung von 1989 sowie der Entscheidung des VGH München gesehen werden[103]. So führt es aus, der Folgenbeseitigungsanspruch könne mangels gesetzlicher Vorschriften nicht zu einem über die reine Wiederherstellung hinausgehenden Erfolg führen, namentlich zu keiner verkappten Verurteilung zum Schadensersatz in Geld[104].

Es gibt daher noch erheblichen Klärungsbedarf hinsichtlich des Anspruchsinhalts der Folgenbeseitigung – insbesondere, was die Frage des Folgenersatzes anbelangt.

Nicht zuletzt aber können die nur spärlichen und meist vorsichtigen Äußerungen zum Folgenersatzanspruch in der Literatur auch darauf zurückgeführt werden, dass es nur wenige gerichtliche Entscheidungen gibt, die sich widersprechen und zum Teil auch schlicht ausweichend sind. Ohne eine klare Linie in der Rechtsprechung, die jedoch „reale Fälle" benötigt und keine theoretischen Probleme lösen kann, wird es wohl bei dieser vorsichtigen Behandlung bleiben.

---

102 BVerwG DVBl. 2001, S. 726ff.

103 BVerwG DVBl. 2001, S. 726(727): Der „verschuldensunabhängige Folgenbeseitigungsanspruch kann nur auf die Wiederherstellung des durch einen rechtswidrigen hoheitlichen Eingriff veränderten rechtmäßigen Zustandes gerichtet sein, der im Zeitpunkt des Eingriffs bestand. Er ermöglicht keinen Ausgleich für Schäden, die durch rechtswidriges Verwaltungshandeln (...) verursacht worden ist".

104 BVerwG DVBl. 2001, S. 726(732).

3. Teil: Dogmatische Herleitung des Folgenersatzanspruchs

Zunächst ist zu untersuchen, auf welche Rechtsgrundlage der Folgenersatzanspruch gestützt werden kann; wobei als Prämisse davon auszugehen ist, dass er eine Lücke im Schutz durch den Folgenbeseitigungsanspruch ausfüllen soll. Erst anschließend kann auf die Einwände gegen ihn eingegangen werden, da sich auch diese je nach dogmatischer Begründung unterscheiden.

Anschließend wird sich klären lassen, inwiefern der Folgenbeseitigungsanspruch nach wie vor allein auf die naturale Wiederherstellung gerichtet ist, ob er durch einen Geldersatzanspruch, also einen Folgenersatzanspruch zu ergänzen ist. Möglich wäre aber auch, dass der Folgenersatzanspruch einen eigenständigen Anspruch darstellt.

A Folgenersatz als Anspruchsinhalt des Folgenbeseitigungsanspruchs

Dabei stellt sich vorab die Frage, ob der Folgenersatz überhaupt den Anspruchsinhalt des Folgenbeseitigungsanspruchs betrifft. Nur dann ist es nämlich erforderlich, die Rechtsgrundlage des Folgenbeseitigungsanspruchs zu klären, um hieraus den Folgenersatzanspruch herzuleiten.

Der Folgenersatzanspruch wird bislang vor allem als eine Folge wahrgenommen, die eintritt, wenn ein Folgenbeseitigungsanspruch nicht erfüllbar ist. Damit setzt er prinzipiell voraus, dass der Tatbestand des Folgenbeseitigungsanspruchs erfüllt ist. Dass der Folgenbeseitigungsanspruch aus besonderen Gründen unerfüllbar ist, muss hinzukommen; insofern bestehen nahezu deckungsgleiche Voraussetzungen. Der Folgenersatzanspruch ist also über den Folgenbeseitigungsanspruch hinaus tatbestandlich erweitert, weshalb er als eine Variante dessen angesehen werden könnte. Andererseits ist es aufgrund des abweichenden Inhalts und erweiterter Voraussetzungen auch möglich, ihn als einen eigenständigen Anspruch einzuordnen, obwohl er in einer ähnlichen Situation wie der Folgenbeseitigungsanspruch entsteht[105]. Die parallelen Anspruchsvoraussetzungen legen zwar nahe, dass es sich im Ergebnis um einen bloß erweiterten Anspruchsinhalt handelt, zwingend ist dieser Schluss indes nicht.

---

105 So beispielsweise Schloer, JA 1992, S. 39(41), der allerdings insofern auf eine vereinzelt entschiedene Entscheidung des Bundesverwaltungsgerichts zu einem Schadensausgleich bei Subventionsschaden abstellt.

Diese Frage kann aber erst entschieden werden, wenn feststeht, ob und wie der Folgenersatzanspruch dogmatisch begründet werden kann. Auch nach Rechtsprechung und Literatur stehen beide Ansprüche in einem engen Zusammenhang. Daher bietet es sich an, von der Hypothese eines einheitlichen Anspruchs mit verschiedenen möglichen Rechtsfolgen auszugehen.

Insofern kann der Folgenersatzanspruch nicht isoliert betrachtet werden, sondern es ist vielmehr zu untersuchen, ob es möglich und notwendig ist, den Folgenbeseitigungsanspruch um Geldersatz zu erweitern.

B Die Diskussion über die dogmatische Herleitung des Folgenbeseitigungsanspruchs

Bei dem allgemeinen[106] Folgenbeseitigungsanspruch handelt es sich jedoch keinesfalls um einen unumstrittenen Anspruch; vielmehr ist seine Ableitung nach wie vor ungeklärt[107].

Diesbezüglich werden im Wesentlichen drei Ansätze vertreten: früher leitete man den Folgenbeseitigungsanspruch primär einer Analogie bestimmter zivilrechtlicher Normen her. Eine andere Auffassung verweist auf das Rechtsstaatsprinzip bzw. genauer das Prinzip der Gesetzesmäßigkeit der Verwaltung und eine dritte Ansicht leitet den Folgenbeseitigungsanspruch aus den Freiheitsgrundrechten her. Zudem findet sich eine Verknüpfung der verschiedenen Begründungsansätze und bisweilen klingt auch eine Begründung aus der Rechtsschutzgarantie des Art. 19 Abs. 4 GG an[108].

I) Auswirkungen der dogmatischen Begründung auf den Anspruchsinhalt

Teilweise wird explizit ausgeführt, dass der Inhalt des Folgenbeseitigungsanspruchs nicht genau bestimmt werden kann, ohne dass man seine dogmatische Grundlage näher betrachtet[109].

---

106 So ist der Folgenbeseitigungsanspruch in einzelnen Spezialgebieten einfachgesetzlich normiert, insbesondere im Bereich der Verwaltungsvollstreckung in Art. 39 BayVwZVG.

107 So BVerwGE 94, 100(103); Köckerbauer, JuS 1988, S. 782(782); Brugger, JuS 1999, S. 625(625); Höfling, VVDStRL 61(2001), S. 260(271); Bumke, JuS 2005, S. 22(22); Grzeszick S. 109; Maurer, Verwaltungsrecht, § 30, Rn 5.

108 BVerwGE 94, 100(114); Bachof (2.A.) Vorwort S. XIV.

109 Schleeh, AöR 92(1976), S. 58(62); Rupp, JA 1979, S. 506(508); Ossenbühl, NJW 1983, S. 1(1); M. Redeker, DÖV 1987, S. 194(195); Maaß, BayVBl. 1987, S. 520(521,

Die historische Entwicklung des Folgenbeseitigungsanspruchs ist dabei davon geprägt, dass die Rechtsprechung ihn zunächst aus einem praktischen Bedürfnis heraus gewährte, ohne dies näher dogmatisch zu begründen[110]. Begründet lag dies in den Unzulänglichkeiten der bestehenden Haftungsansprüche[111], die nur eine Geldzahlung, aber keine naturale Beseitigung gewährten[112]. Daher sprach das Preußische Oberverwaltungsgericht zunächst einen Vollzugsfolgenbeseitigungsanspruch zu, ohne dass eine dogmatische Auseinandersetzung mit der Begründung dieses Anspruchs erfolgte[113]. Auch in der Nachkriegszeit verfuhren die Verwaltungsgerichte entsprechend[114]. Trotz der Arbeit von *Bachof*[115], die die dogmatische Grundlage im Wesentlichen im Rechtsstaatsprinzip fand[116], ließ die Rechtsprechung die Ableitung des Anspruchs entweder offen oder stützte ihn gleich auf mehrere Begründungen[117].

---

523); Schoch, VerwArch. 79(1988), S. 1(46, 50); ders., Jura 1993, S. 478(480); Köckerbauer, JuS 1988, S. 782(784); Kraft, BayVBl. 1992, S. 456(457); Grzeszick, S. 110, 360; Röder, S. 201; M. Faber, NVwZ 2003, S. 159(162); Rüfner in: Erichsen/Ehlers (12.A), § 49 Rn 21; Steinberg/Lubberger, Aufopferung – Enteignung und Staatshaftung, S. 377; Soergel/Klein, Anh. § 839 BGB, Rn 244; allgemeiner Gromitsaris, S. 268: „Haftungsgründe haben nicht lediglich Darstellungswert. Ihnen kommt insofern normativer Wert zu, als sie einen Bedarf an Schaffung oder Änderung zum Ausdruck bringen."; aA Heintzen, VerwArch. 81(1990), S. 532(535): „eine reine Doktorfrage, an der sich nichts entscheidet."

110 Beispielsweise bei Rupp, DVBl. 1958, S. 113(119) für eine noch prozessual verstandene Beseitigungsklage: „Der Staatsbürger muss ein Recht zur Verteidigung haben, verletzt die öffentliche Hand durch ein bestimmtes Verwaltungshandeln seine Rechtssphäre, …"; s. auch die bei Bachof, S. 107ff zitierten Urteile aus den Jahren 1948 und 1949; Steinberg/Lubberger, Aufopferung – Enteignung und Staatshaftung, S. 375; dazu auch Röder, S. 201.

111 MüKo/Papier, § 839 BGB, Rn 81; Steinberg/Lubberger, Aufopferung – Enteignung und Staatshaftung, S. 376; Schoch, DV 34(2001), S. 261(264).

112 Vgl. Schoch, DV 34(2001), S. 261(263f); Bryde in: v. Münch/Kunig, Art. 34 GG, Rn 8; dieses Argument klingt auch bei Hain, VerwArch. 2004, S. 498(504) an.

113 S hierzu die Nachweise bei Röder, S. 201, Fn 287.

114 VG Stuttgart, DVBl. 1950, S. 792ff; VG München, DVBl. 1950, S. 795ff.

115 Bachof, Die verwaltungsgerichtliche Klage auf Vornahme einer Amtshandlung zugleich eine Untersuchung über den öffentlich-rechtlichen Folgenbeseitigungsanspruch nach Aufhebung eines rechtswidrigen Verwaltungsakts, Tübingen 1951.

116 Bachof, S. 128.

117 BGH NJW 1989, S. 2272(2277) sowie, sich dieser Aussage ausdrücklich anschließend OVG Lüneburg, NJW 1992, S. 192(195); explizit offen gelassen mit Verweis auf den unumstrittenen Stand der Rechtsprechung BVerwGE 94, 100(103f); VGH München BayVBl. 1999, 436(436); VGH München BayVBl.1984, S. 272(274).

Grundlage für die Entwicklung des Folgenbeseitigungsanspruchs solle eine gerichtliche Notkompetenz sein, die die Konkretisierung durch den Gesetzgeber ersetze[118].

Der Folgenbeseitigungsanspruch wurde mithin aufgrund eines praktischen Bedürfnisses entwickelt. Seine dogmatische Grundlage aber wurde und wird von der Rechtsprechung offenbar als irrelevant angesehen; er erscheint fast als ein Billigkeitsanspruch. Folgerichtig bezeichnet insbesondere das Bundesverwaltungsgericht den Folgenbeseitigungsanspruch zwischenzeitlich als Gewohnheitsrecht[119]; auch die Literatur nimmt dies zunehmend an[120]. Hiermit umschiffen sie geschickt die Frage der dogmatischen Grundlage, um einen als notwendig erachteten Anspruch bejahen zu können. Bezüglich der Rechtsgrundlage steht die Diskussion vielmehr still, was sicher auch darauf beruht, dass die Rechtsprechung entsprechende Überlegungen vermeidet. So wird beispielsweise postuliert, es handele sich um eine „reine Doktorfrage, an der sich nichts entscheidet"[121]. Aus diesem Grund ist jedoch nach wie vor nicht geklärt, aus welcher dogmatischen Grundlage sich der Folgenbeseitigungsanspruch ergibt.

Wie die verschiedenen Äußerungen zeigen, ist aber ebenso wenig geklärt, welche Auswirkungen die dogmatische Begründung überhaupt hat.

II) Auswirkungen der verschiedenen Herleitungsansätze

Es sind somit zunächst die dogmatischen Herleitungsansätze für den Folgenbeseitigungsanspruch zu untersuchen, und welche Auswirkungen sie auf den Inhalt des Anspruchs haben.

---

118 Schoch/Schmidt-Aßmann/Pietzner, Vorbemerkung § 113 VwGO, Rn 11; ähnlich Zuleeg, DVBl. 1973, S. 509(519): richterrechtliche Herkunft, da im Grundgesetz kein Ansatzpunkt für eine solche Regelung existiere; Krebs, FS Menger, S. 191(206f).

119 BVerwGE 94, 100(103); VGH München BayVBl. 1984, S. 272(274); VGH Mannheim DVBl. 1984, S. 881(881); VG Frankfurt a.M. NJW 1987, S. 2248(2248); VGH Kassel, NVwZ 1989, S. 266(267); OVG Münster DÖV 1983, S. 1020(1021); VGH Kassel v. 20.2.2006, BeckRS 2006, 22340.

120 Stangl, JA 1997, S. 138(138); Pietzko, S. 48: die „gewohnheitsrechtliche Geltung des Folgenbeseitigungsanspruchs steht außer Zweifel"; dies. statuiert auf S. 55, dass der Folgenbeseitigungsanspruch nur, was die Frage seiner Existenz angeht, bereits Gewohnheitsrecht sei; v. Danwitz in: v. Mangoldt/Klein/Starck, Art. 34 GG, Rn 25; Ipsen, Verwaltungsrecht, Rn 1337.

121 Heintzen, VerwArch. 81(1990), S. 532(535).

1) *Die zivilrechtlichen Ansätze*

Anfangs wurde der Folgenbeseitigungsanspruch aus zivilrechtlichen Normen hergeleitet[122], sei es mittels einer Analogie oder durch die Anwendung allgemeiner Rechtsgedanken.

Einer der wichtigsten Vertreter dieser Auffassung ist *Bettermann*. Er begründete den Folgenbeseitigungsanspruch schon früh in Anlehnung an das Zivilrecht als quasinegatorischen Beseitigungsanspruch[123]. Demzufolge soll die zivilrechtliche Rechtsprechung zum quasinegatorischen Beseitigungsanspruch aus § 1004 BGB analog auf das öffentliche Recht übertragen werden[124]. Die Folgenbeseitigung sei Bestandteil einer Störungsbeseitigung, zu der in erster Linie das Unterlassen gegenwärtiger sowie zukünftiger Beeinträchtigungen gehöre[125]. Gegenstand der Beseitigung seien dann nicht nur der rechtswidrige Verwaltungsakt und die Folgen seiner Vollziehung, sondern auch die Folgen sonstiger rechtswidriger Amtshandlungen; der Folgenbeseitigungsanspruch sei als wiederherstellender Beseitigungsanspruch zu begreifen[126]. Aus dieser Besonderheit ergebe sich auch, dass er entfalle, wenn die Wiederherstellung zur Störungsbeseitigung entweder nicht mehr nötig oder nicht mehr möglich sei, während sich der deliktische Wiederherstellungsanspruch durch Unmöglichkeit oder Unzumutbarkeit nach § 251 BGB in einen Geldanspruch verwandele[127]. Als Quintessenz sah *Bettermann* die

---

122 Bettermann, DÖV 1955, S. 528(534f); im prozessualen Gewande der „Beseitigungsklage gegen bestehende Eingriffe" Rupp, DVBl. 1958, S. 113(118); tendenziell Ringe, DVBl. 1958, S. 378(381); ähnlich Bender JuS 1962, S. 178(184) - Analogie zur Ehrenschutzrechtsprechung nach § 1004 BGB; Ule, DVBl. 1959, S. 583(583); Schleeh, AöR 92(1976), S. 58(80); für den Widerrufsanspruch hinsichtlich ehrverletzender Äußerungen Frotscher, JuS 1978, S. 505(509); Robbers, JuS 1988, S. 723(724); neuerdings wohl auch VGH Kassel NJW 1988, 1683, hier allerdings bezüglich eines Widerrufsanspruchs bei einer ehrverletzenden Behauptung durch einen Hoheitsträger, der gar nicht explizit als Folgenbeseitigungsanspruch gekennzeichnet wurde, sondern als ein Widerrufsanspruch aus § 1004 BGB analog; in einer vergleichbaren Fallgestaltung OVG Münster NJW 1983, S. 2402(2403); OVG Koblenz DVBl. 1992, S. 449(450); VGH München BayVBl. 1990, S. 627(628) stützt den Folgenbeseitigungsanspruch noch auf § 1004 BGB analog.

123 Bettermann, DÖV 1955, S. 528(534f); er hat diese Ansicht aber später selbst in seinem Grundrechtslehrbuch aufgegeben, s. Bettermann in: Bettermann/Nipperdey/Scheuner, Grundrechte III/2 S. 804.

124 Bettermann, DÖV 1955, S. 528(535).

125 Bettermann, MDR 1957, S. 130(131).

126 Bettermann, DÖV 1955, S. 528(535).

127 Bettermann, DÖV 1955, S. 528(535).

folgende Aussage: „Wenn der Staat oder ein anderer Träger öffentlicher Gewalt in deren Ausübung jemanden in seiner Rechtsstellung widerrechtlich beeinträchtigt, so hat er die Beeinträchtigung zu beseitigen und weitere Beeinträchtigungen zu unterlassen; zur Beseitigung gehört die Wiederherstellung des vor der Beeinträchtigung bestehenden Zustandes, soweit dies möglich ist."[128]

Diese zivilrechtliche Ableitung wurde allerdings als zu eng angesehen und von den Gerichten auch nicht angewendet[129]. Zudem wurden wegen der Besonderheiten hoheitlicher Rechtsverletzungen Zweifel an der Vergleichbarkeit der Sachverhalte geäußert[130].

Gegen eine zivilrechtliche Ableitung spricht auch, dass sich selbst *Bettermann* als ihr maßgeblicher Protagonist später einer anderen Begründung zuwandte, nämlich dem Rechtsstaatsprinzip[131]. Insoweit dürfte diese Ableitung als nur noch historisch anzusehen sein.

Die weitestreichende Bedeutung haben zivilrechtliche Normen allerdings dann, wenn im Rahmen der grundrechtlichen Ableitung des Folgenbeseitigungsanspruchs sein Inhalt näher zu bestimmen ist. Hier wird nämlich bisweilen auf zivilrechtliche Normen zurückgegriffen[132]. Besonders deutlich zeigt sich dies daran, dass auch der VGH München den Folgenersatzanspruch aus einer Analogie zu § 251 BGB begründete.

Eine Ableitung aus einer Analogie zu den zivilrechtlichen Regelungen würde für den Inhalt des Folgenbeseitigungsanspruchs bedeuten, dass auch dieser dem Analogieschluss unterläge. Es gälten somit primär die zivilrechtlichen Regeln. Schon aufgrund der Rechtsfolge des § 1004 BGB wäre der Anspruchsinhalt nicht auf die Beseitigung der rechtswidrigen Folgen zur Wiederherstellung des status quo ante gerichtet, sondern vielmehr auf die Beseitigung der Beeinträchtigung für die Zukunft[133]. Dies entspricht wiederum mehr der Unterlassung denn der

---

128 Bettermann, DÖV 1955, S. 528(536); ders. MDR 1957, S. 130(131).

129 Schleeh, AöR 92(1976), S. 58(67); ebenso Schoch, Jura 1993, S. 478(480): „ein aus § 1004 BGB analog abzuleitender negatorischer Beseitigungsanspruch zielt lediglich auf die Beseitigung gegenwärtiger und die Unterlassung fortdauernder Beeinträchtigungen. (…) Die umfassende rechtsdogmatische Fundierung des FBA muss jedoch weiter als das durch § 1004 BGB positivierte Konzept reichen und auch die Beseitigung von Folgen einer störenden hoheitlichen Einwirkung, u.U. die Eliminierung der Störungsquelle, einbeziehen."

130 Hoffmann, Abwehranspruch, S. 37.

131 Bettermann in: Bettermann/Nipperdey/Scheuner, Grundrechte III/2 S. 804.

132 S. dazu unten 4) b).

133 BGHZ 28, 110(113); Palandt/Bassenge, § 1004 BGB, Rn 28, 33; Staudinger/Gursky, § 1004 BGB, Rn 144; MüKo/Baldus, § 1004 BGB, Rn 103 mit weiteren Beispielen

Wiederherstellung. Wenn man diese dogmatische Ableitung ernst nimmt, müsste somit die anerkannte Rechtsfolge des Folgenbeseitigungsanspruchs wesentlich modifiziert werden. Würde man hingegen die Rechtsfolgen so weit ausdehnen, dass sie auch den bisherigen Tatbestand des Folgenbeseitigungsanspruchs erfassen, wäre die Anlehnung an § 1004 BGB hingegen zweifelhaft. Hinzu kommt, dass selbst bei unmittelbarer Anwendung des § 1004 BGB problematisch ist, ob der Anspruch nur die Beseitigung der Einwirkung oder auch die der Einwirkungsquelle erfasst[134].

Zudem wird ein Geldersatzanspruch aus § 1004 BGB grundsätzlich ausgeschlossen. Geldersatz kann nur aufgrund der verschuldensabhängigen deliktischen Haftung des § 823 Abs. 1 BGB[135] oder im engen Rahmen des § 906 Abs. 2 S. 2 BGB gewährt werden[136]. Letzterer ist jedoch in der Ausgestaltung mehr dem enteignungsgleichen Anspruch angenähert. Dies würde schlussendlich eine doppelte Verweisung vom öffentlichen Recht ins Zivilrecht und von dort wieder ins öffentliche Recht bewirken.

Im Ergebnis wäre es problematisch, bei einer zivilrechtlichen Ableitung einen eigenständigen Folgenersatzanspruch zu begründen.

2) Das Rechtsstaatsprinzip und seine Unterprinzipien als Begründungsmöglichkeiten

Häufiger wird der Folgenbeseitigungsanspruch aus dem Rechtsstaatsprinzip bzw. dem Prinzip der Gesetzesmäßigkeit der Verwaltung hergeleitet[137]. Nach dieser Auffassung verstößt es gegen das Rechtsstaatsprinzip, den rechtswidrigen Zustand beizubehalten[138].

---

aus der Rechtsprechung, in denen dieses Prinzip zum Teil auch im Zivilrecht aufgeweicht wurde; ebenso v. Mangoldt, DVBl. 1974, S. 825(827); Schoch, Jura 1993, S. 478(480).

134 Skeptisch, aber dies offen lassend BGHZ 28, 110(113).

135 Palandt/Bassenge, § 1004 BGB, Rn 49; Baur/Stürner, § 12 Rn 20f; Staudinger/Gursky, § 1004 BGB, Rn 137ff; MüKo/Baldus, § 1004 BGB, Rn 103.

136 Palandt/Bassenge, § 1004 BGB, Rn 49.

137 Beispielsweise BVerwGE 69, 366(370); tendenziell 94, 100(103); VGH Mannheim, VBlBW. 1988, S. 102(103); VG Dessau v. 09.12.2004, Az. 2 A 208/03; Obermayer, JuS 1963, S. 110(113); im weitesten Sinne auch Menger, GS Jelinek S. 347ff; später auch Bettermann, in: Bettermann/Nipperdey/Scheuner, Grundrechte III/2 S. 804, der einen entsprechenden Ansatzpunkt Bachofs zunächst heftig kritisiert hatte, vgl. Bettermann, DÖV 1955, S. 528(531f); Wallerath, DÖV 1987, S. 505(512); neuerdings auch Sachs/Bonk, Art. 34 GG, Rn 45; tendenziell auch Enders, DV 30(1997), S. 30(38).

138 Obermayer, JuS 1963, S. 110(113).

Auch *Bachof* stellte in seiner Untersuchung des Folgenbeseitigungsanspruchs nahezu vollständig auf eine Ableitung aus dem Rechtsstaatsprinzip ab. Die Behörde vollziehe nämlich den Verwaltungsakt „auf die bewusst in Kauf genommene Gefahr hin, dass der Verwaltungsakt und damit die durch ihn herbeigeführte Schädigung rechtswidrig sei“[139]. Werde aber der Verwaltungsakt wegen Rechtswidrigkeit aufgehoben, so beseitige dies auch die Erkenntnis der Behörde über die Rechtswidrigkeit, die den Grund der vorläufigen Vollziehbarkeit bildet. Es sei unerträglich, dürfte die Behörde die unbeabsichtigt geschaffene Rechtswidrigkeit nunmehr in voller Kenntnis derselben bestehen lassen[140]. Daher habe sie für die Folgen der Rechtswidrigkeit einzustehen, d.h. den entstandenen Schaden wieder zu beheben. Die vorläufige Vollziehbarkeit beinhalte stillschweigend die Verpflichtung zur Beseitigung der Folgen im Falle der späteren Aufhebung, sonst wäre sie mit dem Grundsatz der Gesetzesmäßigkeit der Verwaltung unvereinbar[141]. Es entspreche einem zwingenden rechtsstaatlichen Erfordernis, dass die Behörde eine Folge, die sie gewollt habe, nach Erweis ihrer Rechtswidrigkeit beseitige[142]. Im Vorwort zur 2. Auflage seiner Habilitationsschrift stützt *Bachof* den Folgenbeseitigungsanspruch zudem ergänzend auf Art. 19 Abs. 4 GG, das Erfordernis effektiven Rechtsschutzes[143].

Diesen Ansatz vertrat teilweise auch das Bundesverwaltungsgericht, allerdings ist die Rechtsprechung insoweit nicht ganz konsistent. Klar ist nur der Ausgangspunkt der Rechtsprechung, dass der Folgenbeseitigungsanspruch dem Verfassungsrecht zu entnehmen sei[144]. Hierbei schwankt sie zwischen einer grundrechtlichen Herleitung und einer Herleitung aus dem Rechtsstaatsprinzip, ohne sich für einen der beiden Ansätze eindeutig zu entscheiden.

Dient nach dieser Auffassung der Folgenbeseitigungsanspruch dazu, objektiv die Integrität der Rechtsordnung durchzusetzen, wäre keine Folgenbeseitigung erforderlich, wenn die Rechtsordnung wiederhergestellt ist, d.h. „rechtmäßige“ Zustände bestehen. Allerdings könnte auch eine nachträgliche Legalisierung diesen Zweck erfüllen. Zudem wäre es auch unbeachtlich, ob und wie weit der

---

139 Bachof S. 126.

140 Bachof S. 127.

141 Bachof S. 128.

142 Bachof S. 132.

143 Bachof (2.A.) Vorwort S. XIV. Die Begründung durch das Rechtstaatsprinzip wird um die „Freiheit von ungesetzlichem Zwang“ modifiziert, und insoweit mit den Freiheitsgrundrechten verbunden, s. S. XIV.

144 So bereits BVerwG DVBl. 1971, S. 858(859).

einzelne Bürger tatsächlich betroffen ist. Der Anspruch wäre damit auch hinsichtlich seiner Rechtsfolge deutlich objektiviert.

Die Verankerung des Folgenbeseitigungsanspruchs im Rechtsstaatsprinzip würde dazu führen, dass er pekuniäre Sanktionen anordnet, um die Gesetzesmäßigkeit der Verwaltung durchzusetzen[145], obwohl es sich um ein bloß objektivrechtliches Institut handelt. Im Mittelpunkt stünden nicht die individuellen Rechte des Betroffenen, sondern der abstrakte Zweck, „Recht und Ordnung" wiederherzustellen.

3) Die Herleitung aus den Grundrechten

Mittlerweile überwiegend wird der Folgenbeseitigungsanspruch aus der negatorischen Funktion der Grundrechte hergeleitet[146]. Dies wird damit begründet, dass die Existenz des Folgenbeseitigungsanspruchs für einen wirksamen, „effektiven" Grundrechtsschutz des Bürgers unabdingbar sei[147].

---

145 Stelkens, DÖV 2006, S.770(771).

146 Beispielsweise BVerwG DVBl. 1971, S. 858(859); BVerwG DVBl. 1974, S. 239(239); inzident in BVerwG NJW 1997, S. 1996(1999) – Folgenbeseitigungsanspruch als Folge einer Verletzung der Forschungsfreiheit; VGH Kassel NVwZ-RR 1994, S. 515(519); Weyreuther, Gutachten B, S. 78ff; Böß, Vergleich, S. 22, 61; v. Mangoldt, DVBl. 1974, S. 825(829ff); Bender, VBlBW 1985, S. 201(202); Schwabe, Probleme der Grundrechtsdogmatik, S. 198; Fiedler, NVwZ 1986, S. 969(971f); M. Redeker, DÖV 1987, S. 194(196, 197); Schoch, VerwArch. 79(1988), S. 1(36); ders. Jura 1993, S. 478(481); Köckerbauer, JuS 1988, S. 782(783); Schenke, JuS 1990, S. 370(372); ders. DVBl. 1990, S. 328(330); Bethge/Detterbeck, Jura 1991, S. 550(552); Bethge, VVDStRL 57(1998), S. 7(11); T. Schneider, Folgenbeseitigung im Verwaltungsrecht, S. 79; Ossenbühl, S. 298f; Brüning, JuS 2003, S. 2(2); M. Faber, NVwZ 2003, S. 159(161); Maurer, Verwaltungsrecht § 30 Rn 5, 6; ders. FS Dürig, S. 293(315); Kopp/Schenke, § 113 VwGO, Rn 81; Baumeister, S. 31; A. Ehlers, Grundlagen und Leitprinzipien, S. 94; Grzeszick, S. 186ff, 221ff, 340ff; ders. in Epping/Hillgruber, Art. 34 GG, Rn 43; Papier in HStR VIII (3.A.), § 180 Rn 79; ders. JuS 1985, S. 184(186); ders. tendenziell in MüKo, § 839 Rn 83; allgemein Sachs, Verfassungsrecht II, A4 Rn 16; ders., HGR II, § 39 Rn 51; allgemein für die Annahme eines Reaktionsanspruchs aus den Grundrechten Zuleeg, DVBl. 1976, S. 509(514).

147 Schoch, DV 34(2001), S. 261ff: „Effektuierung des Primärrechtsschutzes"; insbesondere Höfling, VVDStRL 61(2001), S. 260(271f, 274); ähnlich Röder, S. 344: „Um eine effektive Sicherung des *status negativus* zu gewährleisten, muss er anspruchsbewehrt sein."; M. Redeker, DÖV 1987, S. 194(196, 198); Unterreitmeier, DVBl. 2005, S. 1235(1238); Bleckmann, Staatsrecht II, § 11 Rn 22; A. Ehlers, Grundlagen und Leitprinzipien, S. 94; Wasmuth, FS Rehbinder, S. 777(809); Sproll, JuS 1996, 219(221). Diese Argumentationsfigur wurde auch in der Frühzeit der Gemeinschaftsrechtlichen

Den Folgenbeseitigungsanspruch aus verletzten subjektiv- öffentlichen Rechten des Bürgers herzuleiten klang bereits an, als sich die Diskussion zum Folgenbeseitigungsanspruch erst entwickelte. So begründete das VG Stuttgart in den 1940er Jahren einen Folgenbeseitigungsanspruch damit, dass die Pflicht, die Folgen des rechtswidrigen, vollzogenen Verwaltungsakts rückgängig zu machen, aus der Verletzung der Rechte des Bürgers folge[148]. Zugleich führte es an, dass das gefundene Ergebnis auch rechtsstaatlichen Anforderungen entspreche[149]. Damit waren bereits damals die beiden heutzutage am häufigsten vertretenen Begründungsmöglichkeiten angesprochen.

Weiter wird auch bei Herleitung des Folgenbeseitigungsanspruchs aus den Grundrechten näher differenziert. Nach einer Auffassung, die sich *Weyreuther* anschließt[150], ist der Folgenbeseitigungsanspruch ein gewandelter grundrechtlicher Unterlassungsanspruch, der nur bei dessen Unerfüllbarkeit entsteht. Die rechtswidrige tatsächliche Lage sei eine Folge der Verletzung der grundrechtlichen Unterlassungspflicht, weshalb unmittelbar aus dem negatorischen Gehalt des Grundrechts sowohl der Unterlassungsanspruch als auch ein Wiederherstellungsanspruch folgten. Beide stellten sich daher als einheitlicher grundrechtlicher Abwehranspruch dar[151]. Die dogmatische Begründung des Folgenbeseitigungsanspruchs trägt hier auch unmittelbar den Folgenersatzanspruch, da sich dieser aus einer weiteren Wandelung eines unerfüllbaren Folgenbeseitigungsanspruchs ergibt. Nach einer anderen Auffassung steht der Folgenbeseitigungsanspruch auf einer Ebene mit dem Unterlassungsanspruch[152]. Der Folgenbeseitigungsanspruch entstehe direkt aus den negatorischen Grundrechten, ohne dass zuvor ein konkreter Unterlassungsanspruch untergegangen sein müsse. In jedem Fall sei die

---

Staatshaftung verwendet: „Die Staatshaftung wurde zur Durchsetzung der vollen Wirksamkeit des Unionsrechts instrumentalisiert", so Gromitsaris S. 38.

148 VG Stuttgart Urt. v. 30.4.1948, zitiert bei Bachof S. 109.

149 VG Stuttgart Urt. v. 30.4.1948, zitiert bei Bachof S. 109.

150 Weyreuther, Gutachten B, S. 78ff; v. Mangoldt, DVBl. 1974, S. 825(829); Böß, Vergleich, S. 67; Hösch, DÖV 1999, S. 192(194); Brüning, JuS 2003, S. 2(2); Rüfner in: Erichsen/Ehlers (12.A.), § 49 Rn 22; Maurer, Verwaltungsrecht, § 30 Rn 6; angedeutet auch bei Ossenbühl, S. 299 und 300; inzident Schmidt-Aßmann in: Maunz/Dürig (42.EL), Art. 19 IV, Rn 285.

151 VGH Kassel NVwZ-RR 1994, S. 515(515, 519).

152 Schoch, VerwArch. 79(1988), S. 1(36): Beseitigung als Mittel der Erfüllung der Unterlassungspflicht; ders. Jura 1993, S. 478(481); Grzeszick, S. 359; ebenfalls bei Ossenbühl, S. 299; tendenziell auch bei VGH Kassel NVwZ-RR 1994, S. 515(515, 519).

negatorische Funktion der Grundrechte grundlegend; sie beinhalte die Rechtsmacht, fremde Einwirkungen auszuschließen[153].

Unterschieden werden kann auch danach, ob der Folgenbeseitigungsanspruch aus dem gesamten status negativus, begründet durch alle freiheitsschützenden Grundrechte, abgeleitet wird[154], oder aus dem jeweils konkret verletzten Grundrecht[155]. Zumeist wird der Folgenbeseitigungsanspruch schlicht aus „den Grundrechten" hergeleitet, ohne näher zu differenzieren[156].

Darüber hinaus wird sogar angenommen, es gebe ein ungeschriebenes Grundrecht auf Beseitigung individuellen Staatsunrechts, das hinter den Prozessrechten der Art. 19 Abs. 4, 93 Abs. 1 Nr. 4a GG stehe[157]. Hier wird der Folgenbeseitigungsanspruch durch eine Gesamtauslegung der Grundrechte als ein eigenes Grundrecht begründet, ähnlich dem Allgemeinen Persönlichkeitsrecht.

Im Ergebnis wird der Folgenbeseitigungsanspruch zwar am häufigsten aus den Grundrechten hergeleitet, näher besehen gibt es jedoch auch hier Unterschiede im Detail. Dies zeigt, dass selbst innerhalb dieser Auffassung der genaue Haftungsgrund für den Folgenbeseitigungsanspruch nicht letztlich geklärt ist.

Auswirkungen auf den Inhalt des Folgenbeseitigungsanspruchs hätte die Herleitung aus den Grundrechten insofern, als hiernach der Anspruch individuellen Grundrechtsschutz bezweckt und nicht objektiven Prinzipien dient. Die Rechtsfolgen haben sich daran zu auszurichten, dass nicht die objektiv rechtmäßige

---

153 Stern, Staatsrecht III/1, § 66, S. 673; Fiedler, NVwZ 1986, S. 969(971f); ähnlich Henke, DÖV 1984, S. 1(3).

154 Rupp, Grundfragen, S. 259; Rösslein, Folgenbeseitigungsanspruch, S. 75ff; Schoch, VerwArch. 79(1988), S. 1(34ff, insbes. 37); anders ders. Jura 1993, S. 478(481): Institut aus status negativus, konkreter Anspruch aus jeweils verletztem Grundrecht; Schenke, JuS 1990, S. 370(372f); M. Faber, NVwZ 2003, S. 159(161). Hiergegen wird jedoch eingewandt, dass die Gesamtheit der Freiheitsgrundrechte, also ein gemeinsames Substrat, zu allgemein ist, und zudem der Zuschnitt der einzelnen Grundrechte und wann hier ein Eingriff vorliegt, also der Schutzbereich des jeweiligen Grundrechts außer Acht gelassen wird, so Röder S. 211.

155 So explizit BVerwG DVBl. 1974, 239: „[Das öffentliche Recht] gewährt ebenfalls Abwehr- und (Folgen-) Beseitigungsansprüche, die in dem jeweils angegriffenen Rechtsgut und seinem öffentlich-rechtlichen Schutz ihre Grundlage finden, also, soweit es sich bei diesem Rechtsgut um das Eigentum handelt, Ansprüche „aus Eigentum" sind."; Fiedler, NVwZ 1986, S. 969(972); Schoch, Jura 1993, S. 478(481); Bleckmann, Staatsrecht II, § 11 Rn 21; Grzeszick, S. 360; ähnlich Röder, S. 210ff, 211, 215; dazu Ossenbühl, S. 295.

156 Vermittelnd insoweit Schoch, Jura 1993, S. 478(481), der beide Varianten kombiniert.

157 Rupp, JZ 2005, S. 157(158ff).

Lage wiederhergestellt werden soll, sondern die verletzten subjektiven Rechte des Bürgers. Der Anspruch ist auch durch objektivrechtliche Erwägungen oder solche des Gemeinwohls weniger leicht einzuschränken wie wenn er dazu dient, die Integrität der Rechtsordnung wiederherzustellen. Die Fokussierung auf die Rechtsverletzung bedeutet auch, dass individuelle Besonderheiten des betroffenen Bürgers stärker zu berücksichtigen sind. Denkbar ist beispielsweise, dass zwar eine objektive Rechtsverletzung vorliegt, diese jedoch beim Bürger keine konkreten Nachteile bewirkt. Bei einem rein objektiven Verständnis könnte dies nicht ausreichend berücksichtigt werden.

4) Kombinierte Begründungskonzepte

Neben den bislang dargestellten Ableitungen aus einem einzelnen Rechtsprinzip gibt es auch vermittelnde Auffassungen, die die bisherigen Ansätze kombinieren oder ergänzen.

a) Grundrechtliche Ableitung und weitere verfassungsrechtliche Normen

Die Rechtsprechung greift häufig auf eine Kombination aus den Grundrechten und dem Rechtsstaatsprinzip zurück[158], also auf die beiden am häufigsten vertretenen Ansätze. Ergänzend hierzu werden bisweilen noch Art. 19 Abs. 4 GG sowie Art. 34 GG herangezogen, „um die Notwendigkeit eines Rechtsinstituts der Folgenbeseitigung in allgemeiner Weise zu belegen“[159].

Bei einer solchen Ableitung wären konkrete Folgerungen für den Anspruchsinhalt besonders schwer zu ziehen. Bei zwei gleichwertigen, aber unterschiedlichen Zwecken könnte es zu einem Zielkonflikt kommen, da der Inhalt aus zwei Blickwinkeln zu bestimmen wäre. Hier stünde neben der subjektiven Sichtweise des Grundrechtsträgers die objektive Perspektive der Rechtsstaatlichkeit. Gerade bei objektiven und subjektiven Zielen zugleich drängt es sich auf, dass

158 VGH Mannheim, NJW 1986, 340(340); BVerwGE 82, 76(95) = NJW 1989, S. 2272(2277) – Transzendentale Meditation; VGH Kassel NJW 1989, S. 1500(1500); OVG Lüneburg, NJW 1992, S. 192(195); VGH München NVwZ 1999, S. 1237(1237); VG Frankfurt a.M. NJW 1987, S. 2248(2248); Bachof (2.A.) Vorwort S. XIV; Eyermann, § 113 Rn 28; Maaß, BayVBl. 1987, S. 520(524); Steinberg/Lubberger, Aufopferung – Enteignung und Staatshaftung, S. 377. Die Begründung durch das Rechtstaatsprinzip wird um die „Freiheit von ungesetzlichem Zwang“ modifiziert, und insoweit mit den Freiheitsgrundrechten verbunden, s. S. XIV; ebenso Hoffmann, Abwehranspruch, S. 64, 79; Sproll, JuS 1996, 219(221); Sommermann in: v. Mangoldt/Klein/Starck, Art. 20 Abs. 3 GG, Rn 271.

159 Fiedler, NVwZ 1986, S. 969(971); auch v. Mangoldt, DVBl. 1974, S. 825(829f).

innere Widersprüche entstehen können. Hinzu kommt, dass die Grenzen des Anspruchs so weit gezogen werden müssten, um im Zweifel beiden Zielen gerecht werden zu können, dass der Anspruch schwammig werden könnte. Die Folge wäre eine weitere Unsicherheit hinsichtlich seines Anspruchsinhalts.

b) Kombination mit Analogien zum einfachen Gesetzesrecht

Vereinzelt wird auch angenommen, dass der Folgenbeseitigungsanspruch zwar grundsätzlich aus den Grundrechten abgeleitet werden könne, diese aber nicht hinreichend konkret seien, um den Anspruch letztlich zu begründen. Daher wollen ihn die Vertreter dieser Auffassung durch einen Rückgriff auf einfachgesetzliche Normen des Zivilrechts und des sonstigen Staatshaftungsrechts näher ausgestalten, um ihm dadurch letztlich Anspruchsqualität verleihen zu können[160]. Ebenso wird gefordert, ihn durch Richterrecht auf der einfachgesetzlichen Ebene zu ergänzen[161].

Hier wird also auf Normen des einfachen Rechts zurückgegriffen, um die grundrechtliche Begründung zu ergänzen, die nicht ausreichend sei.

Dies würde hinsichtlich des Inhalts dazu führen, dass ebenso wie bei einer vollständigen Analogie zum Zivilrecht für die Frage des Anspruchsinhalts auf zivilrechtliche Wertungen zurückzugreifen wäre. Insbesondere müsste man die Regelungen aus § 906 Abs. 2 S. 2 BGB bzw. unmittelbar die der öffentlichrechtlichen Aufopferungshaftung anwenden. Ohne eine Konkretisierung, auf welche Normen zurückgegriffen werden soll, besteht zudem die Gefahr, dass der Folgenbeseitigungsanspruch inhaltlich beliebig wird. Schließlich besteht eine Vielzahl an potentiellen haftungsausfüllenden Normen, die für jede Frage eine andere Lösung bereithalten.

---

160 Beispielsweise Pietzko, S. 119ff, 135, 544 durch ergänzende Heranziehung des § 1004 BGB; Brugger, JuS 1999, S. 625(630ff); angedeutet auch bei Fiedler, NVwZ 1986, S. 969(971): „Es kann die verfassungsrechtliche Begründung des FBA keineswegs durch Heranziehung zivilrechtlicher Normen ersetzt werden. Allerdings kann die Bezugnahme auf einzelne zivilrechtliche Normen dazu dienen, den Gedanken der Folgenbeseitigung weiter abzustützen, und zwar in allgemeiner Weise im Sinne einer Begründung übergreifender rechtssystematischer Zusammenhänge.“; ebenfalls für eine grundrechtliche Motivation bei einfachrechtlicher Konkretisierung Hain, VerwArch. 2004, S. 498(512); Laubinger, VerwArch. 80(1989), S. 261(292).

161 Wallerath, DÖV 1987, S. 505(513); T. Schneider, Folgenbeseitigung im Verwaltungsrecht, S. 80; Maurer, Verwaltungsrecht, § 30, Rn 5 sieht eine solche als gegeben an.

III) Zwischenergebnis

Es hat sich somit gezeigt, dass sich die verschiedenen Begründungen des Folgenbeseitigungsanspruchs durchaus auf den Anspruchsinhalt auswirken.

Eine Entscheidung zwischen den verschiedenen Ansätzen ist daher unerlässlich. Erst anschließend kann eine Auseinandersetzung mit dem Inhalt des Folgenbeseitigungsanspruchs und einer potentiellen Ergänzung durch den Folgenersatzanspruch erfolgen. Dabei soll der Folgenbeseitigungsanspruch in seiner gegenwärtigen Form Grundlage der Untersuchung sein; zu fragen ist nur, auf welche Rechtsgrundlage er gestützt werden kann und welche Folgen sich daraus für den Inhalt ergeben, insbesondere im Hinblick auf Geldersatz. Der Tatbestand des Folgenbeseitigungsanspruchs oder Fragen seiner materiellen Einordnung oder prozessualen Geltendmachung sollen hingegen nicht diskutiert werden.

Dabei soll die Untersuchung, anders als dies bisher in der Rechtsprechung geschehen ist, zunächst unabhängig von dem Inhalt des Folgenbeseitigungsanspruchs nach einer Rechtsgrundlage für einen Anspruch suchen, der Wiederherstellung nach rechtswidrigem staatlichem Handeln gewährt. Der Schwerpunkt soll darauf liegen, ob dies auf die Abwehrfunktion der Grundrechte gestützt werden kann.

In einem zweiten Schritt ist auf der Grundlage dieser Rechtsgrundlage zu fragen, ob der bisherige Inhalt des Folgenbeseitigungsanspruchs ausreichend ist, um den von ihm verfolgten Zweck zu erfüllen. Anschließend werden die Argumente diskutiert, die gegen eine Gewährung von Geld als mögliche Rechtsfolgenerweiterung vorgebracht werden.

C Das Rechtsstaatsprinzip als Rechtsgrundlage

Fraglich ist, ob das Rechtsstaatsprinzip den Folgenbeseitigungsanspruchs zu begründen vermag.

Es besagt allgemein, dass das staatliche und gesellschaftliche Leben nach Maßgabe des Rechts gestaltet werden soll[162]. Nach dem in ihm enthaltenen Unterprinzip der Gesetzesmäßigkeit der Verwaltung ist das staatliche Handeln an Gesetz und Recht gebunden[163]. Dieser Vorrang der Gesetze gilt uneingeschränkt und erfasst jegliches staatliche Handeln, so dass es keinen rechtsfreien Raum gibt[164]. Es

---

162 Schmidt-Aßmann, HStR II (3.A.), § 26, Rn 21.

163 Schnapp in: v. Münch/Kunig, Art. 20 GG, Rn 27; Sommermann in: v. Mangoldt/Klein/Starck, Art. 20 Abs. 3 GG, Rn 227, Rn 261ff.

164 Maurer, Staatsrecht I, § 8 Rn 13.

wird hier angenommen, dass das Prinzip der Gesetzesmäßigkeit der Verwaltung nur unvollkommen erfüllt würde, wenn sich seine Bedeutung auf Unterlassungspflichten beschränkte und es keine Aussagen über die Folgen eines Verstoßes, nämlich die Beseitigung des Verstoßes und seiner Folgen, enthielte[165].

Der Folgenbeseitigungsanspruch entsteht nach dieser Auffassung, wenn die Verwaltung rechtswidrig handelt und dadurch ein rechtswidriger Zustand entsteht. Sein Inhalt ist darauf gerichtet, diese rechtswidrigen Folgen zu beseitigen. Insofern verwirklicht er das Rechtsstaatsprinzip in der Ausprägung des Prinzips der Gesetzesmäßigkeit der Verwaltung und könnte daher in der Tat hierauf gestützt werden.

Die Herleitung aus dem Rechtsstaatsprinzip wird jedoch auch kritisiert. Häufig wird hiergegen angeführt, dass es sich dabei nur um ein objektiv-rechtliches Prinzip handele[166]. Aus der Existenz des Gesetzesmäßigkeitsprinzips ergebe sich noch nicht, dass seine Verletzung durch einen subjektiven Folgenbeseitigungsanspruch sanktioniert sei[167]. Zwar verstoße es gegen den Grundsatz der Gesetzesmäßigkeit der Verwaltung, den Betroffenen in einem von der Verwaltung bewirkten rechtswidrigen Zustand zu belassen[168]. Man müsse aber unterscheiden zwischen der objektiven Begründung eines Rechtsinstituts und subjektiven Rechten des Einzelnen[169]. Daher wird teilweise auch eine Beseitigungspflicht aus

165 Baumeister, S. 12.

166 M. Redeker, DÖV 1987, S. 194(196); Schoch, VerwArch. 79(1988), S. 1(34); ders., Jura 1993, S. 478(481); Schenke, DVBl. 1990, S. 328(330); Bethge/Detterbeck, Jura 1991, S. 550(552); Kraft, BayVBl. 1992, S. 456(457); Kopp/Schenke, § 113 VwGO, Rn 81; Stern, Staatsrecht III/1, § 66, S. 675; Grzeszick, S. 62 allgemein für grundrechtliche Verletzungsreaktionsansprüche.

167 Bettermann, DÖV 1955, S. 528(531); Weyreuther, Gutachten B, S. 28ff; Schoch, VerwArch. 79(1988), S. 1(34); ders. Jura 1993, S. 478(481); Schenke, JuS 1990, S. 370(372); ders. DVBl. 1990, S. 328(330); Kopp/Schenke, § 113 VwGO, Rn 81; Hoffmann, Abwehranspruch, S. 64; Stern, Staatsrecht III/1, § 66, S. 675; Grzeszick, S. 63; ähnlich Röder, S. 208: allgemeinster Sollensbegriff.

168 Weyreuther, Gutachten B, S. 28f; Fiedler, NVwZ 1986, S. 969(971).

169 Dazu Fiedler, NVwZ 1986, S. 969(971): „Denn es macht (…) einen Unterschied, ob ein Rechtsinstitut lediglich mit der Verfassung in Einklang steht oder ob behauptet wird, eine spezifische Ausgestaltung sei so und nicht anders vom Grundgesetz gefordert."; ähnlich Brugger, JuS 1999, S. 625(628); eine solche – durch andere Prinzipien einschränkbare – Beseitigungspflicht aus dem Rechtsstaatsprinzip postuliert auch Baumeister, S. 13f, allerdings lehnt er einen korrespondierenden Anspruch des Bürgers aus dem Rechtsstaatsprinzip auf S. 15 ab; ähnlich auch Weyreuther, Gutachten B, S. 34 für die Herleitung aus Treu und Glauben.

dem Rechtsstaatsprinzip abgeleitet, zugleich jedoch ein Anspruch des Bürgers auf die Einhaltung dieser Pflicht abgelehnt.

Doch selbst an einer solchen Beseitigungspflicht wird andererseits gezweifelt. So gebe es auch keine Pflicht zur Aufhebung rechtswidriger begünstigender Verwaltungsakte, sondern dies ist nach § 48 VwVfG sogar eingeschränkt[170].

Dem Einwand, es handele sich um ein bloß objektives Prinzip, kann dabei zugestimmt werden. Wie bei allen objektiv-rechtlichen Regelungen könnten subjektive Rechte nur mit Hilfe der Schutznormtheorie begründet werden; die fragliche Norm muss dazu dienen, zumindest auch Individualinteressen zu schützen. Ein solcher Gehalt kann dem Rechtsstaatsprinzip jedoch nicht beigelegt werden, denn dann läge im Ergebnis ein allgemeiner Gesetzesvollziehungsanspruch vor[171].

Darüber hinaus wird das Rechtsstaatsprinzip als eine lex imperfecta angesehen, weshalb es die Begründung eines subjektiv-öffentlichen Rechts wie des Folgenbeseitigungsanspruchs nicht leisten könne[172]. Dieses Argument erscheint jedoch zweifelhaft. Eine lex imperfecta wird dadurch definiert, dass sich um unvollendete Gesetzesvorschriften handelt, die der Straf- oder Einziehungsbestimmung noch entbehren[173]. Ihr fehlen sanktionierende Rechtsfolgen. Dann kann aber nicht mit dem Hinweis darauf, dass es sich bei einer Norm um eine lex imperfecta handelt, die Herleitung subjektiver Rechte abgelehnt werden. Vielmehr führt erst die sachbezogene Ablehnung subjektiver Rechte dazu, dass es sich bei einer Norm um eine lex imperfecta handelt. Es liegt daher ein Zirkelschluss vor, wenn gegen die Begründung des Folgenbeseitigungsanspruchs aus dem Rechtsstaatsprinzip eingewandt wird, dass dieses lediglich eine lex imperfecta sei.

Gegen eine Herleitung aus dem Rechtsstaatsprinzip spricht weiter, dass sich die Grundrechte, insbesondere Art. 2 Abs. 1 GG, als Ausprägungen des Prinzips der Gesetzesmäßigkeit der Verwaltung darstellen[174]. Sie sind somit Spezialnormen

---

170 Schenke, JuS 1990, S. 370(372).

171 Ebenso Baumeister, S. 15.

172 Bettermann, DÖV 1955, S. 528(531); Weyreuther, Gutachten B, S. 28f; M. Redeker, DÖV 1987, S. 194(195f); Schoch, VerwArch. 79(1988), S. 1(34, 50); Kraft, BayVBl. 1992, S. 456(457); Röder, S. 207; allgemein auch zum Genehmigungsanspruch aus einem Verbot mit Genehmigungsverbot Breuer, FG 25 Jahre BVerwG, S. 89(108); ähnlich Schenke, JuS 1990, S. 370(372): zu unbestimmt; Stern, Staatsrecht III/1, § 66, S. 675.

173 So zitiert bei Stern, Staatsrecht III/1, § 64, S. 440.

174 Statt vieler Weyreuther, Gutachten B, S. 33; Maurer, FS Dürig, S. 293(315); Schenke, JuS 1990, S. 370(372); Röder, S. 207; Jarass/Pieroth, Art. 20 GG, Rn 30a; Schmidt-Aßmann, HStR II (3.A.), § 26, Rn 7; Dreier/Schulze-Fielitz, Art. 20 GG (Rechtsstaat), Rn 39; Huster/Rux in: Epping/Hillgruber, Art. 20 GG, Rn 136.

gegenüber dem Rechtsstaatsprinzip. Wenn dieses aber bereits auf Verfassungsebene durch speziellere subjektivrechtliche Regelungen konkretisiert wird, spricht dies dafür, dass ihm auch keine ungeschriebenen subjektiven Rechte entnommen werden können. Vielmehr sind diese erkennbar gerade außerhalb des Rechtsstaatsprinzips angesiedelt. Daher wird in diesen spezieller geregelten Teilbereichen ein Rückgriff auf das allgemeine Rechtsstaatsprinzip sogar als unzulässig angesehen[175].

Im Ergebnis kann damit der Folgenbeseitigungsanspruch nicht aus dem Rechtsstaatsprinzip hergeleitet werden.

D Folgenbeseitigung als grundrechtlich gebotener Anspruch

Unbestritten ist es zunächst, dass ein Folgenbeseitigungsanspruch die tatsächliche Durchsetzung der Grundrechte bewirkt, da er rechtswidrige und damit auch potentiell grundrechtswidrige Folgen in der Sphäre des Bürgers beseitigt. Solche tatsächlichen Effekte sind jedoch allein nicht ausreichend, um den Folgenbeseitigungsanspruch eindeutig auf die Grundrechte zu stützen. Vielmehr könnte es sich auch um bloße Reflexwirkungen handeln[176], die entstehen können, ohne dass der Anspruch auch dogmatisch geboten ist. Es müsste den Grundrechten daher entnommen werden können, dass sie einen umfassenden Schutz des Bürgers gegen die öffentliche Gewalt, auch hinsichtlich tatsächlicher Folgen von Verwaltungshandeln, ersichtlich anstreben[177]. Dies bedeutet, dass sie einen solchen Schutz nicht nur tatsächlich bewirken, sondern sie müssen ihn auch fordern. Letzteres kann sich nur im Wege der Interpretation ergeben.

Es handelt sich also um eine Frage der Auslegung des Umfangs und Inhalts der Grundrechte. Daher müssen sie zunächst dahingehend ausgelegt werden, ob ihnen ein Folgenbeseitigungsanspruch entnommen werden kann. Erst anschließend kann auf mögliche dogmatische Einwände oder den Umfang des Folgenbeseitigungsanspruchs eingegangen werden.

I) Folgenbeseitigung als notwendiger Inhalt der Abwehrrechte

Nach der überwiegenden Auffassung soll der Folgenbeseitigungsanspruch aus der negatorischen Abwehrfunktion resultieren.

---

175 Jarass/Pieroth, Art. 20 GG, Rn 30a; Schmidt-Aßmann, HStR II (3.A.), § 26, Rn 7 mwN; Dreier/Schulze-Fielitz, Art. 20 GG (Rechtsstaat), Rn 44; speziell für den Folgenbeseitigungsanspruch führt dieses Argument auch Schenke, JuS 1990, S. 370(372) an.

176 Vgl. hierzu Bachof, GS Jelinek, S. 287ff.

177 Rüfner in: Erichsen/Ehlers (12.A.), § 49 Rn 23.

Daher ist zunächst zu untersuchen, welcher Grundrechtsgehalt den sich hieraus ergibt und anschließend, welche Rückschlüsse dies auf einen grundrechtlichen Wiederherstellungsanspruch zulässt.

Ziel des nachfolgenden Abschnitts ist es daher, aus den Abwehrrechten neben dem bekannten Unterlassungsanspruch eine weitere Verletzungsreaktion herzuleiten.

1) Auslegungsbedürftigkeit des Wortlauts der Grundrechte

Der Folgenbeseitigungsanspruch soll jeglichen Grundrechtsverstoß erfassen und nicht auf einzelne Rechte oder Wirkungen beschränkt sein. Daher muss zunächst der allgemeine Schutzumfang aller Grundrechte auf wiederherstellende Gehalte untersucht werden, wobei hierzu nur auf allgemeine Grundrechtslehren zurückgegriffen werden kann, die unabhängig von den jeweiligen Besonderheiten einzelner Grundrechte gelten.

Der Wortlaut der Grundrechte selbst lässt keine Erkenntnisse hinsichtlich eines Wiederherstellungsanspruchs zu, da er sehr offen ist[178]. Insbesondere enthalten die Grundrechte kein imperatives Schema, das strikt bei Erfüllung eines bestimmten Tatbestandes eine bestimmte Rechtsfolge anordnet. Vielmehr gewährleisten sie zunächst nur einen Freiheitsbereich, ohne diesen näher zu definieren[179]. Konkrete Rechtsfolgen sind nicht angeordnet[180] und müssen daher im Wege der Interpretation hergeleitet werden. Die Abwehrfunktion und

---

178 Deswegen eine Herleitung aus den Grundrechten ablehnend Hoffmann, Abwehranspruch, S. 86; zur Unbestimmtheit Böckenförde, NJW 1974, S. 1529(1529): „Die Grundrechtsbestimmungen des GG wie auch anderer rechtsstaatlicher Verfassungen sind ihrer Wortfassung und Sprachgestalt nach Lapidarformeln und Grundsatzbestimmungen, die aus sich selbst inhaltlicher Eindeutigkeit weithin entbehren.", „fragmentarischer Charakter der Grundrechtsbestimmungen"; ähnlich W. Leisner, DÖV 1961, S. 641(643); Häberle, Wesensgehaltsgarantie, S. 102, 343; Bachof, VVDStRL 30(1971), Diskussionsbeitrag S. 175; Roellecke, FG BVerfG (1976), Band 2, S. 22(46); Jestaedt S. 37 mwN in Fn 2; sowie Murswiek, HStR IX, § 192, Rn 100; Ehmke, VVDStRL 20(1963), S. 53(62); Alexy, Theorie der Grundrechte, S. 15 mit weiteren Formulierungen; R. Dreier in: ders./Schwegmann, Probleme der Verfassungsinterpretation, S. 13(22); Höfling, Grundrechtsinterpretation, S. 47; Stern, Staatsrecht I, § 4 S. 104; ders. Staatsrecht III/2, § 95 S. 1637, 1645; Ossenbühl, HGR I, § 15 Rn 3.

179 Graf Kielmansegg, JuS 2008, S. 23(23).

180 Dazu auch Schoch, VerwArch. 79(1988), S. 1(35): „Alle Versuche, zwischen dem Status und dem Recht eine Relation dergestalt zu behaupten, dass von jedem auf dieses logisch geschlossen werden könne, sind Bedenken ausgesetzt."

Abwehrrechte werden dabei aufgrund einer historischen Auslegung aus den Grundrechten abgeleitet[181].

Auch ein Folgenbeseitigungsanspruch kann daher dem Wortlaut der Grundrechte selbst nicht entnommen werden. Zwar stellt dieser die Grundrechte als „Rechte“ auf; desweiteren ist bei Grundrechten mit Gesetzesvorbehalt auch explizit geregelt, ob und wie sie beschränkt werden können. Über die Rechtsfolgen einer ungerechtfertigten Beschränkung, einer Grundrechtsverletzung hingegen besagen die Grundrechte bis auf wenige Ausnahmen[182] nichts.

2) Folgenbeseitigung als Bestandteil des negatorischen Gehalts

Daher ist zunächst der negatorische Gehalt der Grundrechte, wie er sich in der Rechtsprechung und Literatur entwickelt hat, dargestellt und daraufhin untersucht werden.

a) Relevanz der liberalen Grundrechtstheorie

Die negatorische Funktion der Grundrechte wird allgemein auf ein liberales Grundrechtsverständnis zurückgeführt[183]. Möglicherweise verspricht es daher tiefere Erkenntnisse über den Gehalt negatorischer Grundrechte, zu untersuchen, wie die liberale Grundrechtstheorie auf die Ausgestaltung der negatorischen Funktion wirkt.

Die Grundrechtstheorien stellen hierbei ein Hilfsmittel zur Interpretation der Grundrechte dar. Bei Bestimmungen, die textlich derart offen sind wie die Grundrechte, ist es unvermeidlich, dass jede Interpretation durch ein bereits vorliegendes Vorverständnis des Interpreten – im Sinne einer Hypothese für

---

181 Starck in: v. Mangoldt/Klein/Starck, Art. 1 Abs. 3 Rn 163.

182 Beispielsweise bei Art. 9 Abs. 3 S. 2 GG; angedeutet in Art. 14 Abs. 2 GG hinsichtlich der Entschädigungsregelungen.

183 Isensee, Sicherheit, S. 2; Zuleeg, DVBl. 1976, S. 509(514); Brugger, JZ 1987, S. 633(635) für das von ihm als „wirtschaftsliberal“ abgelehnte klassische bürgerlich-rechtsstaatliche liberale Grundrechtsverständnis; Dreier/Dreier, Vorbem. Rn 84; Stern, Staatsrecht III/2, § 95 S. 1682; v. Münch, Staatsrecht II, Rn 145; Murswiek, HStR IX, § 192, Rn 1: Kunstfreiheit im Sinne der liberalen Grundrechtstheorie als Abwehrrecht; Hain, JZ 2002, S. 1036(1039); Unterreitmeier, DVBl. 2005, S. 1235(1237); Zippelius/Würtenberger, § 17, Rn 2; Sachs/Sachs, Vor Art. 1 GG, Rn 64; Ossenbühl, HGR I, § 15 Rn 45, 46, wobei hier nicht die negatorische Funktion als solche, sondern nur die Unterlassungsansprüche genannt werden.

die Interpretation[184] – beeinflusst wird[185]. Diese Hypothese ist auch kein grundrechtsinterpretatorisches Spezifikum, sondern lediglich eine Systematisierung[186] möglicher (und grundrechtskonformer) Vorverständnisse. Für die Auslegung aller anderen Normen ist ein solches Vorverständnis ebenfalls erforderlich, wenn auch in geringerem Umfang. Die verstärkte Systematisierung der Grundrechtsinterpretation begründet sich aus der Besonderheit des Auslegungsgegenstandes: mit dem offenen Wortlaut, dem begrifflichen Selbststand[187], sowie dem Mangel an strukturgleichen Regelungen, in deren Zusammenhang sie sich einbetten ließen[188], lassen die Grundrechte mehr Raum für eine Prämisse des Interpreten. Dies bedingt eine weiter gefasste Prämisse als Grundlage der Interpretation wie bei anderen Normen.

Dieses Vorverständnis kann mit *Böckenförde* als „Grundrechtstheorie" bezeichnet werden[189]; als „systematisch orientierte Auffassung über den allgemeinen

184 Böckenförde, NJW 1976, S. 2089(2098); Larenz, Methodenlehre, S. 207; Jestaedt, S. 132; Grzeszick, S. 188.

185 v. Pestalozza, Der Staat 2(1963), S. 425(430); Ehmke VVDStRL 20(1963), S. 53(70, 100), der dies allerdings im Kontext einer topisch-problemorientierten Auslegungsweise sieht; kritisch hinsichtlich der Verwendung eines Vorverständnisses durch das Bundesverfassungsgericht Friauf, DVBl. 1971, S. 674(676); Böckenförde, NJW 1974, S. 1529(1529); so auch Schlink, Der Staat 19(1980), S. 73(97); mit expliziter Bezeichnung des Vorverständnisses als Grundrechtstheorie bzw. Verfassungstheorie Suhr, EuGRZ 1984, S. 529(530); Höfling, Grundrechtsinterpretation, S. 48f; R. Dreier in: ders./Schwegmann, Probleme der Verfassungsinterpretation, S. 13(13); Larenz, Methodenlehre, S. 206; Hesse, Grundzüge des Verfassungsrechts, Rn 62; Stern, Staatsrecht III/2, § 95 S. 1714 hinsichtlich der Frage, dass Grundrechtskonkretisierung nur aus der konkreten Situation des Interpreten heraus erfolgen kann, die auch durch Denkgewohnheiten und Vor-Urteile geprägt ist; Müller/Christensen, Juristische Methodik I, S. 271ff; Grzeszick, S. 188; v. Münch in: v. Münch/Kunig, Vorbem. Art. 1–19, Rn 50; Ossenbühl, HGR I, § 15 Rn 38; ders. DÖV 1965, S. 649(651), der sich allerdings für eine Objektivierung und Eindämmung der subjektiven Prägung des Interpreten ausspricht.

186 Nach Häberle, Wesensgehaltsgarantie, S. 342 ist die Entwicklung verschiedener „Grundrechtstheorien" ein mühevoll erbrachtes Gemeinschaftswerk vieler; ähnlich v. Pestalozza, Der Staat 2(1963), S. 425(435); Böckenförde, NJW 1974, S. 1529 (1529).

187 Höfling, Grundrechtsinterpretation S. 47.

188 Jestaedt S. 38.

189 Vgl. dazu im Gesamten Böckenförde, NJW 1974, S. 1529ff; Friauf/Höfling/Enders, vor Art. 1 GG, Rn 42; ähnlich Sachs, Verfassungsrecht II, A3 Rn 19: „grundlegende, auslegungsleitende Verständnisansätze"; W. Leisner, DÖV 1975, S. 73(73); Jestaedt, S. 133; Grzeszick, S. 188; sowie v. Münch in: v. Münch/Kunig, Vorbem. Art. 1–19, Rn 50.

Charakter, die normative Zielsetzung und die inhaltliche Reichweite der Grundrechte"[190]. Als Typisierungen eines bestimmten Grundrechtsverständnisses sind sie selbst das Ergebnis einer vorangegangenen Interpretation[191].

Die liberale Grundrechtstheorie ist eine von mehreren Grundrechtstheorien, die vertreten werden. Diese werden gemeinhin unterteilt in die liberal-rechtsstaatliche, die demokratische, die Werttheorie der Grundrechte, die institutionelle und die sozialstaatliche Grundrechtstheorie[192]. Jeder Theorie

---

190 Böckenförde, NJW 1974, S. 1529(1529); ebenso Starck, HStR VII (2.A.), § 164 Rn 33; Stern, HStR IX, § 185 Rn 25ff; Starck in: v. Mangoldt/Klein/Starck, Art. 1 Abs. 3, Rn 159.

191 Zu diesem Verhältnis bereits erfolgter Norminterpretationen und zu erfolgender Norminterpretation auch Häberle, Zeit und Verfassung, S. 293(313): „Es gibt keine Rechtsnormen, es gibt nur *interpretierte* Rechtsnormen." Dies ist allerdings für Schwabe, Probleme der Grundrechtsdogmatik, S. 5f ein Grund für Kritik.

192 Böckenförde, NJW 1974, S. 1529(1530); dem folgend Brugger, JZ 1987, S. 633(633) unter Hinzufügung einer verfahrensrechtlichen Komponente, S. 634. Auch bei anderen Darstellungen bleibt diese Unterteilung weitgehend bestehen, so beispielsweise bei Poscher, Abwehrrechte, S. 107.
Scheuner DÖV 1971, S. 505ff und Friauf/Höfling/Enders, vor Art. 1 GG, Rn 43 unterscheiden nur zwischen zwei Grundrichtungen, einer „liberalen Tradition" und einer modernen, „materialen" oder „sozialstaatlichen" genannten. Darunter werden grundsätzlich einmal all diejenigen von der liberalen Theorie abweichenden Theorien verstanden, die die Freiheit in einen Zusammenhang mit bestimmten Werten oder objektiven Prinzipien stellen und so inhaltlich enger betrachten. Gerade in der letzteren Ausprägung werden aber nicht nur Elemente der sozialstaatlichen Theorie nach Böckenförde, sondern auch solche des institutionellen und des verfahrensbestimmenden Grundrechtsverständnisses in sich aufgenommen, wertorientierte oder demokratiebezogene Tendenzen aber abgelehnt, so explizit Scheuner DÖV 1971, S. 505(509). Wieder andere Unterscheidung bei Jestaedt, S. 72ff: verfassungstheoretischer, funktionell-rechtlicher und strukturtheoretischer Ansatz.
Auf die Herausforderung der Privatisierung reagierend, wird nunmehr auch insbesondere von Hoffmann-Riem, Der Staat 43(2004), S. 203ff eine neue gewährleistungsstaatliche Theorie als eine moderierte, subjektive und objektive Elemente integrierende Form der Freiheitsausübung vertreten, dazu Volkmann, JZ 2005, S. 261(264ff); Martins, DÖV 2007, S. 456(460ff); auch erwähnt bei Thieme, DÖV 2006, S. 401(403); angedeutet bereits bei Herdegen in: Maunz/Dürig (44.EL), Art. 1 Abs. 3 GG, Rn 22: Verantwortung des Staates, die ihm aus der Bereitstellung von Freiheitsräumen für Private und aus der hoheitlichen Durchsetzung privater Interessen erwächst. Zu den verwaltungsstrukturellen Grundlagen eines regulierenden Gewährleistungsstaates Trute, DVBl. 1996, S. 950ff. Dabei kann die gewährleistungsstaatliche Theorie teilweise als weitere Ausdifferenzierung von Schutzpflichten

liegt ein anderes Verständnis der grundrechtlichen Freiheit zugrunde[193], sie werden aus diesem Grund auch als „materiale Grundrechtstheorien"[194] bezeichnet.

Die bekannten Grundrechtsfunktionen können häufig direkt mit den von *Böckenförde* beschriebenen Grundrechtstheorien in Verbindung gebracht werden[195]. Der liberalen Grundrechtstheorie entspricht weitgehend die negatorische Grundrechtsfunktion[196], weshalb die negatorische Funktion auch als die

---

angesehen werden, soll doch die Regulierung gesellschaftlicher Selbststeuerung die Erfüllung der Schutzpflichten flankieren, s. dazu Trute, DVBl. 1996, S. 950(958).

193 Böckenförde, NJW 1974, S. 1529(1529); dazu Heintschel v. Heinegg/Haltern, JA 1995, S. 333(339); Grzeszick, S. 188, insbes. Fn 12; Friauf/Höfling/Enders, vor Art. 1 GG, Rn 43. Poscher, Abwehrrechte, S. 111ff, unterscheidet daher die verschiedenen Grundrechtstheorien auch anhand des zugrunde liegenden Freiheitsverständnisses. Zu kurz geht die Analyse von Häberle, Wesensgehaltsgarantie, S. 348, der das Unterscheidungsmerkmal zwischen den verschiedenen Grundrechtstheorien darin sieht, ob und wie diese die Voraussetzungen der Freiheit schützen. Damit sind aber Ansätze wie die demokratische oder die Werttheorie der Grundrechte nicht als eigene Ansätze verständlich.

194 Begriff „material" im Anschluss an Alexy S. 509; Grzeszick, S. 218; bei ersterem als Gegensatz zu rein analytischen und rein empirischen Theorien und andererseits normativen Theorien; bei letzterem im Anschluss an Alexy, aber konkreter als Gegensatz zu formellen Ansätzen und denen der Prinzipientheorie und der Rechtsverhältnislehre. Abzugrenzen ist diese Terminologie daher insbesondere von der von Grabitz, Rechtstheorie 8(1977), S. 1(5), der zwischen einer liberalen, einer materialen und einer sozialstaatlichen „Rechtsstaatstheorie" unterscheidet, wobei unter den materialen insbesondere die demokratische Theorie und die Werttheorie zu verstehen sind, aber insgesamt solche, bei denen das Recht unter dem Geltungsanspruch überpositiver Normen steht; sowie von Höfling, Grundrechtsinterpretation, S. 54ff, nach dem die liberal-rechtsstaatliche Grundrechtstheorie als klassischer Typus einer formalen Grundrechtstheorie erscheint, und der sich insbesondere hinsichtlich der von ihm als „material" bezeichneten Grundrechtstheorien an die Terminologie von *Grabitz* anlehnt; statt vieler: in Anlehnung an *Höfling* auch Friauf/Höfling/Enders, vor Art. 1 GG, Rn 43; ähnlich Morgenthaler, Freiheit durch Gesetz, S. 225f; verwendet auch bei Jestaedt, S. 105.

195 Nach *Luhmann* besteht zwischen Grundrechtstheorien und –funktionen ein Zusammenhang, wenn man einen weitgespannten Funktionsbegriff annimmt; Stern, Staatsrecht III/2, § 95, S. 1692f; Ossenbühl, HGR I, § 15 Rn 41. Vgl. dazu auch (kritisch) zum Begriff der Funktion Lecheler, NJW 1979, S. 2273ff; auch Poscher, Abwehrrechte, S. 120 verneint eine Zuweisung eines einzigen Freiheitsbegriffs zum Abwehrrecht.

196 Zuleeg, DVBl. 1976, S. 509(514); Alexy, Theorie der Grundrechte, S. 200. Die Abwehrfunktion aber nunmehr um andere „Freiheitsvorstellungen", anreichernd Poscher, Abwehrrechte, S. 120ff.

„liberale" Funktion bezeichnet wird[197]. Allerdings betrachten die oben dargestellten „Theorien" und die „Funktionen" die Grundrechte aus zwei verschiedenen Perspektiven: während die Grundrechtstheorien eine abstrakte Aussage darüber enthalten, welche generellen Ziele und Ideen die Grundrechte verwirklichen, fassen die Grundrechtsfunktionen konkrete Inhalte der Grundrechte in objektive und subjektive Rechtsgehalte. Mithin sind die Grundrechtstheorien als Rechtstheorien einzuordnen, die Grundrechtsfunktionen stellen ihr grundrechtsdogmatisches Äquivalent[198] dar.

Aus einer Untersuchung der liberalen Theorie könnten sich daher nähere Erkenntnisse zum negatorischen Gehalt der Grundrechte ergeben und auch dazu, ob aus ihm der Folgenbeseitigungsanspruch hergeleitet werden kann.

b) liberal – negatorische Annahmen über Grundrechte

Die Aussage, dass die Grundrechte primär einen negatorischen Gehalt aufweisen, also Abwehrrechte sind[199], findet sich in der grundrechtlichen Literatur sehr häufig[200].

---

197 Ossenbühl, HGR I, § 15 Rn 45; zu diesem Zusammenhang auch Sachs, HGR II, § 39 Rn 2.

198 Dazu Volkmann, JZ 2005, S. 261(262).

199 Zur Gleichstellung Abwehrrechte und negatorische Funktion Breuer, FG 25 Jahre BVerwG, S. 89(89): negatorische Abwehrrechte; Dreier/Dreier, Vorbem. Rn 84; ähnlich, aber die negatorische Funktion aus Sicht der liberal-rechtsstaatlichen Theorie noch absichernd, Merten, VerwArch. 73(1982), S. 103(113): „Dem liberal-rechtsstaatlichen Grundrechtsverständnis des Grundgesetzes widersprechen Theorien, die die staatsabwehrende Funktion der Grundfreiheiten in Frage stellen oder zumindestens relativieren"; Schwabe, Grundkurs Staatsrecht, S. 75.

200 Grundrechte ausdrücklich als negatorische Rechte bezeichnend statt vieler Dürig in: Maunz/Dürig (1.EL), Art. 1 Abs. 3 Rn 99; Scheuner DÖV 1971, S. 505(505); Schwabe, DÖV 1973, S. 623(625); die ausgrenzende Funktion der materiellrechtlichen Verfassungsnormen und damit insbesondere der Grundrechte als Konsequenz der textlichen Offenheit des Grundgesetzes ansehend Böckenförde NJW 1976, S. 2089(2099); Schoch, VerwArch. 79(1988), S. 1(34); H. Dreier, Jura 1994, 505(505, 509 und 511); Hesse, Grundzüge des Verfassungsrechts Rn 288; ders. in: HVerfR, § 5 S. 134; Jarass, AöR 120(1995), S. 345(347); Schmidt-Preuß VVDStRL 56 (1996), S. 160(174); Höfling, VVDStRL 61(2001), S. 260(269); ähnlich Burgi, DVBl. 2006, S. 269(272); Dreier/Dreier, Vorbem. Rn 66, 84; für eine Basierung (sämtlicher) grundrechtlichen Funktionen auf dem Abwehrrecht auch Poscher, Abwehrrechte, insbes. S. 96ff; in der Rechtsprechung des BVerfG kommt eine solche Sichtweise zum Ausdruck in BVerfGE 33, 303(329).

Nach der klassischen liberalen Grundrechtsauffassung (auch als bürgerlich-rechtsstaatliche[201] Theorie bezeichnet) ist das Grundgesetz eine „moderne bürgerlich-rechtsstaatliche Verfassung“ im Sinne bürgerlicher Freiheit[202]. Letztere ist als eine negative Freiheit zu verstehen, die den Staat ausgrenzt und eine staatsfreie Sphäre des Bürgers errichtet[203]. Hier liegt der Brückenschlag zur negatorischen Funktion, die die liberale Freiheit in ausgrenzende Rechte umsetzt.

Darüber hinaus schützt die liberale Freiheit eine beliebige, „subjektive Entschluss-Freiheit“[204]: der freie Mensch selbst bestimmt im Rahmen der verfassungsmäßigen und der gesetzlichen Freiheitsschranken[205] Thema, Inhalt und Richtung seiner Freiheit[206]. Das Verhalten des Bürgers soll frei von staatlicher Determination sein, Freiheit stellt sich dar als Abwesenheit von staatlichem Zwang[207]. Im Unterschied zu wertgebundenen Grundrechtstheorien kann der Bürger hiernach „tun und lassen, was *er* will“, geschützt ist die „Freiheit schlechthin“[208]. Sie wird daher auch als „formale“ Freiheit bezeichnet, im Gegensatz zur „realen“ (oder auch materialen) Freiheit des sozialstaatlichen Grundrechtsverständnisses[209], die auch die Voraussetzungen der Freiheitsausübung schützen soll. Nach der liberalen Grundrechtstheorie wird der Bürger hingegen als ein autonomes, sozial unabhängiges Wesen angesehen, das selbst für sein Wohl sorgt[210]. Die größtmögliche

201 Böckenförde, NJW 1974, S. 1529(1530); Sachs, HGR II, § 39 Rn 2.

202 Schmitt, Verfassungslehre S. 126; dazu auch Grabitz, Rechtstheorie 8(1977), S. 1(4).

203 Schmitt, Freiheitsrechte und institutionelle Garantien, S. 140(167); ders. Grundrechte und Grundpflichten, S. 181(207); Isensee, Sicherheit, S. 2; ders. HStR IX, § 191, Rn 2; Murswiek, HStR IX, § 192, Rn 28; Sachs, HGR II, § 39 Rn 2.

204 Suhr, EuGRZ 1984, S. 529(532); Grzeszick, S. 219ff: Beliebigkeit grundrechtlicher Freiheit.

205 Böckenförde, EuGRZ 2004, S. 598(600f); ähnlich ders. NJW 1974, S. 1529(1530).

206 Denninger, JZ 1975, S. 545(545); Henke, Recht und Staat, S. 612; Suhr, EuGRZ 1984, S. 529(532); Alexy, Theorie der Grundrechte, S. 511: individuelle Handlungs- und Entscheidungsfreiheit; Wahl, JuS 2001, S. 1041(1044); ähnlich beschreibend Murswiek, HStR IX, § 192, Rn 27; Zippelius/Würtenberger, § 17, Rn 3; Sachs, HGR II, § 39 Rn 2.

207 Isensee, HStR IX, § 191, Rn 2.

208 Ähnlich auch Schmitt, Grundrechte und Grundpflichten, S. 181(208); Murswiek, HStR IX, § 192, Rn 1; Böckenförde, EuGRZ 2004, S. 598(600): „Er kann ihm Gewährleistungsbereich grundrechtlicher Freiheit tun und lassen, „was ihm gut und recht dünkt““, das letztere ein Zitat von Kants Definition der Freiheit im Sinne der Autonomie des Einzelnen; sowie ders. NJW 1974, S. 1529(1530).

209 Murswiek, HStR IX, § 192, Rn 30; Grzeszick, S. 220.

210 So als Vorstellung der liberalen Theorie dargestellt bei Scheuner DÖV 1971, S. 505(507); eindrucksvoll negativ dargestellt bei Smend, Bürger und Bourgeois,

Freiheit der Einzelnen führt nach dieser Auffassung zu einem wohlhabenden Gemeinwesen, in dem auch allen Anforderungen der Gerechtigkeit Rechnung getragen werde[211]. Die liberale Grundrechtstheorie vertraut also stärker auf der Gesellschaft immanente Selbstregulierungskräfte[212]. Sie strebt, im Gegensatz zu den übrigen Grundrechtstheorien, nicht nach einer umfassenden Regelung aller Bereiche, sei es durch den Staat oder durch das Grundgesetz.

Nach der liberalen Theorie ist die Freiheit natürlich, vorstaatlich[213], die Grundrechte stellen sich als die Umhegung dieser Freiheit dar[214]. Sie erhalten ihren Inhalt nicht aus einzelnen Gesetzen, sondern bezeichnen den staatlich nicht kontrollierten Spielraum persönlicher Freiheit[215].

Näher konkretisiert wird die liberale Theorie durch das rechtsstaatliche Verteilungsprinzip[216]. Hiernach war die Freiheit (bzw. Freiheitssphäre) des einzelnen

---

S. 309(314): Von den liberalen Rechten aus gesehen gehe es den Staat nichts an, „ob der einzelne diesen Freiheitsraum ausfüllt mit der Flucht in des Herzens heilig stille Räume, mit einem Leberecht-Hühnchen-Dasein in Schlafrock und Pantoffeln, oder mit rücksichtslosem wirtschaftlichem Kampf."; ebenso Rupp, JZ 1971, S. 401(401).

211 Brugger, JZ 1987, S. 633(635).

212 Bleckmann, Staatsrecht II, § 8 Rn 29.

213 Schmitt, Verfassungslehre, S. 163; ders. S. 168: „der einzelne freie Mensch im außerstaatlichen Zustand der Freiheit"; Böckenförde, NJW 1974, S. 1529(1530); Isensee, HStR IX, § 191, Rn 2; Calliess, JZ 2006, S. 321(326); Ossenbühl, HGR I, § 15, Rn 45.

214 Ossenbühl, HGR I, § 15, Rn 45.

215 Schmitt, Verfassungslehre, S. 163f; ähnlich Grzeszick, S. 219.

216 Schmitt, Verfassungslehre, S. 126; weiter auf S. 131, 158, 164, 166, 168, 175, 181; ders., Grundrechte und Grundpflichten, S. 181(208); ebenso Ehmke, VVDStRL 20(1963), S. 53(86); inzident bei Friauf, DVBl. 1971, S. 674(675): „...dass das in Art.1 GG vorausgesetzte Verhältnis von Freiheit und Bindung umgekehrt wird"; H.H. Klein, Grundrechte, S. 70f; Böckenförde NJW 1974, S. 1529(1530); Erwähnung des rechtsstaatlichen Verteilungsprinzips nicht nur im Sinne einer historischen Anführung, sondern einer Berufung darauf bei Merten, VerwArch 73(1982), S. 103(104); Schlink, EuGRZ 1984, S. 457(467); nach Brugger, JZ 1987, S. 633(637 Fn 42) stammt die Verfassungslehre von Schmitt, in der das Verteilungsprinzip postuliert wurde, zwar aus der Weimarer Republik, war aber als systematischer Entwurf zum Verständnis des modernen liberalen Staates, und damit auch der Bundesrepublik unter dem Grundgesetz gedacht; Jarass, AöR 120(1995), S. 345(371); Albers, DVBl. 1996, S. 233(237); Bethge, VVDStRL 57(1998), S. 7(11); ders. HGR III, § 58, Rn 9; Stern, Staatsrecht I, § 21 S. 731: „das traditionelle liberale Verteilungsprinzip"; Schwarz, JZ 2000, S. 126(128); ebenso Sodan, NVwZ 2000, S. 601(603); Friauf/Höfling/Enders, Vor Art. 1 GG, Rn 45f; Isensee, HStR IX, § 191 Rn 9; Grzeszick, S. 51, 223f; ders. HGR III, § 75, Rn 3; ähnlich auch Burgi, DVBl. 2006, S. 269(273), der von einer „Asymmetrie von bürgerlicher Freiheit und staatlicher Kompetenz"

bereits vor dem Staat gegeben. Die bürgerliche Freiheit ist „prinzipiell unbegrenzt, während die Befugnis des Staates zu Eingriffen in diese Sphäre prinzipiell begrenzt ist“[217]. Sie ist auch (und gerade) bei Enthaltung und Rückzug des Staates vorhanden, wohingegen die reale Freiheit als ermöglichende Freiheit einen leistenden Staat benötigt[218]. Damit steht die negative bürgerlich-rechtsstaatliche Freiheitskonzeption der sozialstaatlichen, teilhabeorientierten Freiheitskonzeption zunächst konträr gegenüber[219].

Nach der liberalen Theorie bedeutet Freiheit daher primär, dass eine staatsfreie Sphäre besteht, undzwar in jeder Hinsicht: im Sinne einer vorstaatlichen Freiheit, die gegen den Staat gerichtet ist und sich idealerweise ohne jegliche staatliche Beeinflussung entfaltet.

Diese Annahmen der liberalen Theorie setzt die negatorische Funktion in einzelne Grundrechtswirkungen um. Letztere beinhaltet konkrete Rechte des Bürgers, wohingegen die liberale Theorie allgemein den Charakter der Freiheiten beschreibt. So wird die Aufgabe der Abwehrrechte dementsprechend darin gesehen, die Integrität der grundrechtlichen Schutzgüter in ihrer jeweiligen Eigenart zu sichern[220] und sie vor Eingriffen der öffentlichen Gewalt zu schützen[221].

In Umsetzung der liberalen Theorie sind die Grundrechte Rechte, die eine „staatsfreie Sphäre“ des Individuums errichten[222], sie sind Ausgrenzun-

---

spricht; Kahl, AöR 131(2006), S. 579(612); Martins, DÖV 2007, S. 456(463); Dreier/Dreier, Vorbem. Rn 70; ders. Art. 20 (Rechtsstaat), Rn 38; ähnlich Starck, HStR III (3.A.), § 33 Rn 8: „…so wird Herrschaft damit legitimiert, dass sie prinzipiell begrenzt ist.“; ebenso das Bundesverfassungsgericht BVerfGE 6, 55(81); 32, 54(72); 19, 342(348f): „allgemeiner Freiheitsanspruch“; 35, 382(401); ähnlich BVerfGE 65, 1(44): Ausdruck des allgemeinen Freiheitsanspruchs des Bürgers gegenüber dem Staat; skeptischer hingegen Isensee, HStR IX, § 190, Rn 226.

217 Schmitt, Verfassungslehre, S. 126; weiter auf S. 131, 158, 164, 166, 168, 175, 181.

218 So auch Murswiek, HStR IX, § 192, Rn 31.

219 Murswiek, HStR IX, § 192, Rn 34.

220 v. Münch, Staatsrecht II, Rn 145; Sachs/Sachs, Vor Art. 1 GG, Rn 42.

221 BVerfGE 33, 303(330); Zippelius/Würtenberger, § 17, Rn 2.

222 Dem „Bürger muss eine Sphäre privater Lebensgestaltung vorbehalten bleiben, der der Einwirkung der öffentlichen Gewalt entzogen ist“, so BVerfGE 6, 32(41) – Elfes; fast wortgleich BVerfGE 6, 55(81) – Zusammenveranlagung; 8, 274(329); 27, 1(6); 27, 344(350); Breuer, FG 25 Jahre BVerwG, S. 89(89); H. Dreier, Jura 1994, S.505(512): „während in der Abwehrdimension der Staat ausgegrenzt wird und die Grundrechte einen Bezirk ungestörter individueller Entfaltung vom hoheitlichen Zugriff abschirmen“; v. Münch, Staatsrecht II, Rn 147; Merten VerwArch. 73(1982), S. 103(104); Hain, JZ 2002, S. 1036(1039): „auf staatliche Abstinenz zielend“; Hohmann-Dennhardt, NJW 2006, S. 545(548); Ossenbühl, HGR I, § 15 Rn 45; ähnlich Schmitt, Verfassungslehre, S. 163.

gen[223] aus der Staatsgewalt. Der Bürger hat ein Recht, „vom Staat in Ruhe gelassen zu werden"[224]. In Anlehnung daran werden die Grundrechte auch als negative Kompetenznormen bezeichnet[225]. Eine negatorische Wirkung von Grundrechten fällt auch oft mit der Vorstellung eines räumlich gedachten Freiheitsbereichs zusammen[226], gerade in der Rechtsprechung des Bundesverfassungsgerichts[227]. Dieses geht davon aus, dass die Staatsgewalt sich grundsätzlich eines Eindringens in die Sphäre des Bürgers (Hervorhebg. durch d. Verf.) zu enthalten habe, sofern sich nicht in der „verfassungsmäßigen Ordnung" ein Rechtsgrund für ein solches Eindringen findet: *„Art. 2 Abs.1 GG umfasst den grundrechtlichen Anspruch, durch die Staatsgewalt nicht mit einem Nachteil belastet zu werden, der nicht in der verfassungsmäßigen Ordnung begründet ist."*[228].

Kern der Argumentation ist damit die Abgrenzung zweier sich gegenüberstehender Sphären: der des Bürgers – die die ursprüngliche ist, die vor der anderen existierte – und der des Staates – die hinter der des Bürgers grundsätzlich zurückzustehen hat. Nach der liberalen Grundrechtstheorie sind der Staat und die freiheitliche Sphäre des Bürgers[229] grundlegend voneinander getrennte Bereiche[230]. Die negatorische Funktion basiert somit auf einer Trennung von Staat

223 Begriff von Forsthoff, VVDStRL 12(1954), S. 8(18); Dürig in: Maunz/Dürig (1. EL) Art. 1 Abs. 3 Rn 94; Merten VerwArch. 73(1982), S. 103(104); Ossenbühl, HGR I, § 15 Rn 45, 58: es gelte das Motto: „Zutritt grundsätzlich verboten!".

224 BVerfGE 27, 1(6); Dreier/Dreier, Vorbem. Rn. 84; Starck, HStR III (3. A.), § 33 Rn 16; ähnlich Starck in: v. Mangoldt/Klein/Starck, Art. 1 Abs. 3, Rn 183.

225 Jarass, AöR 120(1995), S. 345(347f); Hesse, HVerfR § 5 Rn 136; Sachs/Sachs, Vor Art. 1 GG, Rn 64; ders. HGR II, § 39 Rn 2; nur als Kompetenznormen bezeichnet bei Ossenbühl, DÖV 1965, S. 649(657).

226 So beispielsweise bei Dürig in: Maunz/Dürig (1. EL) Art. 1 Abs. 3 GG, Rn 94; Merten, VerwArch. 73(1982), S. 103(104); Scherzberg, DVBl. 1989, S. 1128(1135); Vesting, Von der liberalen Grundrechtstheorie zum Grundrechtspluralismus, S. 9(10); Hesse, HVerfR § 5 S. 134; dazu auch Gostomzyk, JuS 2004, S. 949(949).

227 BVerfGE 24, 367(389); 50, 290(371); 104, 1(8f); 115, 97(110).

228 BVerfGE 9, 83(88); ähnlich BVerfGE 113, 29(45): „Art. 2 Abs. 1 GG ist ein Grundrecht des Bürgers, nur auf Grund solcher Vorschriften mit einem Nachteil belastet zu werden, die formal und materiell der Verfassung gemäß sind.", sowie BVerfGE 29, 402(408); unter Hinweis darauf Stern, Staatsrecht III/1, § 66, S. 653.

229 Rupp, HStR II (3.A,), § 31, Rn 18.

230 Schmitt, Verfassungslehre, S. 158; ebenso Isensee, Subsidiaritätsprinzip und Verfassungsrecht, S. 153.

und Gesellschaft[231]. Negatorische Grundrechte errichten eine „freiheitsschaffende Distanz zum Staat"[232]; die Ausgrenzung eines bestimmten Freiheitsraums soll die Verstaatlichung des Individuums verhindern[233]. Die „Vorstaatlichkeit" der liberalen Freiheit wird hier nicht historisch verstanden, sondern bedeutet, dass die Freiheitsausübung des Bürgers dem Staat gegenüber nicht gerechtfertigt werden muss[234].

Wichtig ist dabei auch, dass die Ausgrenzung des Staates nicht absolut ist. Der Staat hat durchaus eine Befugnis zu Eingriffen in die Sphäre des Bürgers, allerdings nur innerhalb bestimmter Begrenzungen, insbesondere dem Vorbehalt des Gesetzes[235] und in einem geregelten Verfahren[236]. Staatliche Eingriffe müssen kontrollierbar sein, die Kontrolle ihrerseits ebenfalls kontrollierbar[237]. Der Staat muss sein Eingreifen im Gegensatz zur Freiheitsausübung durch den

---

231 Verknüpfung auch bei Dürig in: Maunz/Dürig (1.EL), Art.1 Abs. 1 GG, Rn 15; H. H. Rupp, DVBl. 1958, S. 113(113); ähnlich bei Isensee, Subsidiaritätsprinzip und Verfassungsrecht, S. 149ff; Rupp, HStR II (3.A,), § 31, Rn 44; implizit davon ausgehend Bleckmann, Staatsrecht II, § 11 Rn 319ff; ähnlich Forsthoff, VVDStRL 12(1954), S. 8(15), ders. aber auf S. 27: Wegfall des Dualismus von Staat und Gesellschaft. Zur Kritik s. unten 3) b) (2).

232 Merten, VerwArch. 73(1982), S. 103(106); ähnlich Grimm, Die Zukunft der Verfassung, S. 227: Hauptfunktion der Grundrechte ist Ziehung einer Trennlinie zwischen Staat und Gesellschaft; ähnlich Bethge, VVDStRL 57(1998), S. 7(10): Distanz und Differenz.

233 Merten, VerwArch. 73(1982), S. 103(118). Die Negierung einer grundrechtlich umhegten, staatsfreien Sphäre und die totale Erfassung des Individuums hingegen seien für totalitäre Systeme charakteristisch (S. 119); H. Dreier, Jura 1994, S. 505(505); Hohmann-Dennhardt, NJW 2006, S. 545(548); Dreier/Dreier, Vorbem. Rn 84, 86; Badura, Staatsrecht, Rn C. 3; Starck in: v. Mangoldt/Klein/Starck, Art. 1 Abs. 3 GG, Rn 183; diese Negation totalitärer Lebensbestimmung durch den Staat in Form von beliebiger, individuell zu gestaltender Freiheit betont auch Friauf/Höfling/Enders, vor Art. 1 GG, Rn 44; ähnlich Hesse, Grundzüge des Verfassungsrechts, Rn 288, der aber betont, dass es nicht nur um Abschirmung, sondern um freie und eigenverantwortliche Gestaltung des Lebens und Mitwirkung an den Angelegenheiten des Gemeinwesens geht; sehr ähnlich auch BVerfGE 115, 97(110): „Der Eigentumsgarantie kommt im Gesamtgefüge der Grundrechte die Aufgabe zu, dem Träger des Grundrechts einen Freiheitsraum im vermögensrechtlichen Bereich zu sichern und ihm damit eine eigenverantwortliche Gestaltung des Lebens zu ermöglichen"; ähnlich Sachs/Sachs, Vor Art. 1 GG, Rn 64: „Räume individueller Beliebigkeit".

234 Schlink, EuGRZ 1984, S. 457(467).

235 Dazu Schmitt, Verfassungslehre, S. 177f.

236 Schmitt, Verfassungslehre S. 163.

237 Schmitt, Grundrechte und Grundpflichten, S. 181(208f).

Bürger rechtfertigen können[238], darf also nur mit gutem Grund eingreifen. An das erlaubende Gesetz selbst sind daher ebenfalls besondere Anforderungen zu stellen, auch dieses muss die Freiheitssphäre des Bürgers respektieren.

Insgesamt sichern die Grundrechte als negatorische Rechte Entfaltungsfreiheit durch beliebige Aktivität im geschützten Freiheitsraum[239]. Auch die Freiheit zur Disposition über die grundrechtlichen Rechtsgüter wird von der Abwehrfunktion geschützt[240]; klassisch ist hier die Aussage, dass die Freiheitsgrundrechte für das Individuum Freiheit und Selbstverantwortung, Selbstbestimmung im jeweils angesprochenen Lebensbereich verbürgten[241]. Damit steht mit der Ausgrenzung auch die Möglichkeit des Bürgers zur freien Entfaltung im Mittelpunkt dieser grundrechtlichen Funktion („Freiheit zu selbstbestimmter Interessenverfolgung“[242]).

c) Konkret ableitbare negatorische Ansprüche

Für den Bürger relevant wird aber vor allem, welche konkreten Ansprüche sich aus negatorisch verstandenen Grundrechten ableiten lassen, insbesondere, ob dies auch einen negatorischer Wiederherstellungsanspruch erfasst. Hierzu soll zunächst die grundsätzliche Gebotenheit negatorischer Rechte, insbesondere des Unterlassungsanspruchs, untersucht werden. Sodann ist zu fragen, ob hieraus mögliche Folgerungen für die Gebotenheit negatorischer Wiederherstellungsansprüche zu ziehen sind.

(1) Grundsätzliche Gebotenheit negatorischer Rechte

Geht die negatorisch-liberale Theorie von einer ausgrenzenden Wirkung der Grundrechte aus, so stellt dies zunächst einen objektiven Gedanken dar. Rechtlich relevant im Sinne einer Klagbarkeit wird dies jedoch für den einzelnen Bürger

---

238 Schlink, EuGRZ 1984, S. 457(467).

239 Stern, Staatsrecht III/1, § 66, S. 628; Wahl, JuS 2001, S. 1041(1044): Entfaltungs- und Handlungschancen; Starck in: v. Mangoldt/Klein/Starck, Art. 1 Abs. 3 GG, Rn 183; Starck, HStR III (3.A.), § 33 Rn 16: Meinungsäußerungsfreiheit, Berufsfreiheit, Freizügigkeit; ähnlich BVerfGE 24, 367(389).

240 Starck in: v. Mangoldt/Klein/Starck, Art. 1 Abs. 3 GG, Rn 183.

241 H. Dreier, Jura 1994, S. 505(505); Hesse, Grundzüge des Verfassungsrechts, Rn 288; Dreier/Dreier, Vorbem. Rn 84; Rupp, HStR II (3.A.), § 31 Rn 18; ders. AöR 101(1976), S. 161(167); ähnlich Merten VerwArch. 73(1982), S. 103(115); angesprochen in BVerfGE 50, 290(339, 354, 367) (Mitbestimmung); für das Eigentumsgrundrecht BVerfGE 115, 97(110); 104, 1(8f); für die Ehe BVerfGE 6, 55(71) – Ehegattenbesteuerung; BVerfGE 24, 367(389); für die Versammlungsfreiheit 69, 315(342, 356) – Brokdorf.

242 Scherzberg, DVBl. 1989, S. 1128(1136).

nur dann, wenn aus negatorisch verstandenen Grundrechten auch negatorische Rechte hervorgehen.

Aus diesem Grund ist es in Rechtsprechung und Literatur allgemein anerkannt, dass die Grundrechte negatorische Ansprüche beinhalten[243], die die Ausgrenzung des Staates bewirken. Die Grundrechtsnormen würden nämlich ihrer Schutzwirkung mit dem Ziel der möglichst staatsfreien Sphäre weitgehend beraubt, wenn dem Einzelnen nicht auch Abwehrrechte gegen störende Eingriffe zustünden[244]. Diese konkreten Ansprüche sichern die Geltung der Abwehrrechte in der Rechtsrealität. Sie werden daher häufig selbst als Abwehrrechte angesehen und bezeichnet.

Bisweilen wird sogar angenommen, das Wesen der Abwehrrechte selbst läge darin, dass sie durch negatorische Rechte gesichert werden[245]. Wenn man dies näher konkretisiert, werden Unterlassungs- und Wiederherstellungsansprüche gleichermaßen als wesensnotwendige negatorische Rechte angesehen[246]. Hiernach gewähren negatorische Ansprüche die einklagbare Rechtsmacht, staatliche Einwirkungen auf den geschützten Freiheitsbereich auszuschließen[247]. Sie sind „verschieden formulierte Ausdrücke des grundrechtlichen Schutzes privater Freiheit und sichern jeweils die Integrität der Freiheit des einzelnen gegen den Staat"[248].

---

243 Sachs/Sachs, Vor Art. 1 GG, Rn 42; ähnlich Friauf/Höfling/Enders, vor Art. 1 GG, Rn 45, der allerdings die genannten Ansprüche nicht als flankierende Rechte, sondern als Inhalt des Grundrechts ansieht sowie Starck in: v. Mangoldt/Klein/Starck, Art. 1 Abs. 3 Rn 183; Schoch, VerwArch 79(1988), S. 1 (34) für den status negativus; Grzeszick, HGR III, § 75, Rn 91: „grundrechtsunmittelbar gründende Reaktionswirkung wird in Form von Ansprüchen ausgedrückt"; Peine, HGR III, § 57, Rn 2.

244 BVerfGE 6, 368(388); ebenso Schoch, VerwArch. 79(1988), S. 1(35f); Pietzko, S. 110; Röder, S. 220.

245 Stern, Staatsrecht III/1, § 66, S. 621; ähnlich Schoch, VerwArch. 79(1988), S. 1(35); Baumeister, S. 22, spricht allerdings von „absoluten Rechten".

246 Henke, Recht und Staat, S. 613; ders. DÖV 1984, S. 1(3); Gallwas, Faktische Beeinträchtigungen, S. 127; Scherzberg, DVBl. 1989, S. 1128(1128 Fn. 2); Stern, Staatsrecht III/1, § 66, S. 671; Bethge, VVDStRL 57(1998), S. 7(11): Unterlassung und Folgenbeseitigung; Isensee, HStR IX, § 191 Rn 144; Höfling, VVDStRL 61(2001), S. 260(270); Dreier/Dreier, Vorbem. Rn 66; zusammen mit anderen bei Starck in: v. Mangoldt/Klein/Starck, Art. 1 Abs. 3, Rn 173; Sachs, HGR II, § 39 Rn 8, 38; ähnlich Grzeszick, HGR III, § 75, Rn 99; Peine, HGR III, § 57, Rn 2; Pieroth/Schlink Rn 82.

247 Stern, Staatsrecht III/1, § 66, S. 673; Schmitt, Verfassungslehre, S. 128; Bachof, GS Jellinek, S. 287(293); Weyreuther, Gutachten B, S. 83f; ähnlich Höfling, VVDStRL 61(2001), S. 260(269): „Beherrschungsrecht".

248 Grzeszick, HGR III, § 75, Rn 99.

(2) Der Unterlassungsanspruch als anerkannter Abwehranspruch

Der Unterlassungsanspruch ist dabei der bekannteste und anerkannteste grundrechtliche Anspruch, der aus der Abwehrfunktion abgeleitet wird[249]. Er wird allgemein als zwingender negatorischer Reaktionsanspruch bei Grundrechtsverletzungen angesehen[250]. Nach diesem Verständnis zeichnet sich ein Freiheitshindernis dadurch aus, dass es durch Unterlassen beseitigt werden kann[251]. Steht eine Grundrechtsverletzung bevor, soll das Abwehrrecht durch den Unterlassungsanspruch geschützt werden[252].

Die Existenz von negatorischen Unterlassungsansprüchen wird dadurch begründet, dass auf eine Grundrechtsverletzung nicht nur mit einer verfassungsmäßigen Alternative, sondern mit dem verfassungsmäßigen Gegenteil des staatlichen Aktes zu reagieren ist[253]. Das verfassungsmäßige Gegenteil ist hierbei der definite Spezialfall der verfassungsmäßigen Alternativen des verfassungswidrigen Handelns. Im Falle einer drohenden Verletzung durch ein staatliches Handeln ist es das definite, verfassungsgemäße Gegenteil, die Handlung zu unterlassen. Der Anspruch geht der potentiellen Verletzung zeitlich voraus und stellt daher die praktisch effektivste, weitest reichende Möglichkeit dar, den Staat aus der bürgerlichen Sphäre auszugrenzen. Darüber hinaus ist der Unterlassungsanspruch bereits im Wortlaut einzelner Grundrechte angedeutet[254], sowohl direkt als auch indirekt.

---

249 Dreier/Dreier, Vorbem. Rn 84; Schwabe, Grundkurs Staatsrecht S. 75: „Negatorische Grundrechte, verstanden als subjektive Rechte, sind Unterlassungsansprüche gegen den Staat."; ähnliches klingt auch an bei Stern, Staatsrecht III/1, § 64, S. 418f, der die Unterlassungsansprüche als „negative Ansprüche" darstellt; Poscher, Abwehrrechte, S. 122; Ossenbühl, HGR I, § 15 Rn 45, 46 erwähnt bei den Grundrechtsfunktionen liberaler Art als negatorischen Anspruch gar nur den Unterlassungsanspruch; Ipsen, Staatsrecht II, Rn 79; Höfling, VVDStRL 61(2001), S. 260(270); Gallwas, Faktische Beeinträchtigungen, S. 126.

250 Schoch, VerwArch. 79(1988), S. 1(35f); Lübbe-Wolff, S. 40f; Hösch, DÖV 1999, S. 192(194); Stern, Staatsrecht III/1, § 66, S. 680ff; ders. § 64 S. 418f; allgemeiner Dreier/Dreier, Vorbem. Rn 84; Schwabe, Grundkurs Staatsrecht S. 75; Ossenbühl, HGR I, § 15 Rn 45, 46; Ipsen, Staatsrecht II, Rn 79; Isensee, HStR IX, § 191, Rn 47ff. Zu Bedenken bei Unterlassungsansprüchen gegenüber der Legislative Baumeister, S. 26.

251 Poscher, Abwehrrechte, S. 112.

252 Weyreuther, Gutachten B, S. 83f; Schoch, VerwArch. 79(1988), S. 1(35f); T. Schneider, Folgenbeseitigung im Verwaltungsrecht, S. 58; Stern, Staatsrecht III/1, § 66, S. 680.

253 Lübbe-Wolff, S. 41; Höfling, VVDStRL 61(2001), S. 260(266).

254 Dazu Baumeister, S. 23.

Demgegenüber wird jedoch postuliert, der Unterlassungsanspruch sei wie alle negatorischen Ansprüche von einer einfachgesetzlichen Umschaltnorm abhängig[255]. Wenn aber das geschriebene Recht keine solche Norm enthält, soll die Umschaltnorm in einem allgemeinen Rechtsgedanken liegen, nach dem der Rechtsinhaber die Unterlassung des Eingriffs verlangen kann[256]. Somit zweifeln auch Vertreter dieser Ansicht im Ergebnis nicht an der Existenz und Durchsetzbarkeit des Unterlassungsanspruchs.

Der Unterlassungsanspruch als Reaktionsanspruch auf eine Grundrechtsverletzung ist also dadurch zu erklären, dass er das Gegenteil der Grundrechtsverletzung selbst ist. Das Gegenteil muss jedoch auch verfassungsmäßig sein, die Unterlassung selbst darf also aus diesem Grund nicht ihrerseits grundrechtsverletzend sein[257]. Dies kann mithin der Untersuchung des Unterlassungsanspruchs als dogmatisches Grundprinzip eines Verletzungsreaktionsanspruchs entnommen werden: erforderlich ist das Gegenteil der Verletzungshandlung.

Der Unterlassungsanspruch ist daher ein subjektives Recht auf präventive Abwehr von Beeinträchtigungen[258]. Die subjektive Berechtigung bezieht sich darauf, dass der Bürger verlangen kann, dass der Staat seine objektivrechtliche Pflicht zur Beachtung der Grundrechte beachtet[259]. Der Unterlassungsanspruch ist also eine Ausprägung des subjektiven Rechts darauf, dass die grundrechtliche Rechtsgüterverteilung erhalten bleibt; damit ist er eine Subjektivierung

---

255 Laubinger, VerwArch 80 (1989), S. 261(292f); Heintzen, VerwArch. 81(1990), S. 532(535); ebenfalls nicht ausreichend sieht Spanner, DVBl. 1968, S. 618(620) die Ableitung aus den Grundrechten an, ohne aber explizit eine einfachgesetzliche Grundlage zu fordern, dies bezieht sich auch mehr auf den Folgenbeseitigungsanspruch; ebenso Rupp, Grundfragen, S. 162ff, insbes. S. 164; Hoffmann-Becking, JuS 1972, S. 509(511f) – hier wird der grundrechtliche status negativus pauschal als nicht ausreichend für die Entstehung eines Anspruchs angesehen; ebenso skeptisch Hufen, § 27, Rn 4; s. dazu auch Röder, S. 216ff mwN.

256 Laubinger, VerwArch 80 (1989), S. 261(292).

257 Lübbe-Wolff, S. 41.

258 Zu diesem Typus des subjektiv-öffentlichen Rechts Scherzberg, DVBl. 1988, S. 129(134). Er ordnet die Grundrechte zwar als Berechtigungen zu eigenem Verhalten ein, die Unterlassungs- und Beseitigungsansprüche für den Fall der Störung enthalten. Neben dem Gehalt, ein bestimmtes Verhalten zu erlauben, beinhalten sie also auch eine Störungsabwehrkomponente. Der genaue Gehalt der Störungsabwehrkomponente, allerdings definiert für subjektive Rechte, die nur Beeinträchtigungsabwehr gewähren, wird allerdings danach wie oben definiert.

259 Ähnlich Scherzberg, DVBl. 1988, S. 129(134); Isensee, HStR IX, § 191 Rn 47ff, 144; Dreier/Dreier, Vorbem. Rn 84.

des rechtsstaatlichen Verteilungsprinzips. Durch einen bevorstehenden Eingriff droht dessen Verletzung, weshalb der möglicherweise betroffene Bürger gegen den in naher Zeit grundrechtswidrig handelnden Staat einen Anspruch darauf hat, dass dieser nicht handelt.

Problematisch könnte jedoch im Hinblick auf einen Wiederherstellungsanspruch sein, dass der Unterlassungsanspruch nicht nur der anerkannteste Abwehranspruch ist, sondern er bisweilen mit der Abwehrfunktion gleichgesetzt wird[260]. Der Wiederherstellungsanspruch wird hingegen als problematisch angesehen[261].

(3) Das Nichtigkeitsdogma verfassungswidriger Gesetze als weitere Ausprägung

Es wäre jedoch nicht ausreichend, wenn lediglich angeordnet wäre, dass die durch das Grundgesetz gezähmte Staatsgewalt die Grundrechte zu befolgen hat. Um nicht selbst funktionslos zu werden, sondern seine eigene Durchsetzbarkeit zu garantieren, muss das Grundgesetz daher weitere Sanktionen und Regelungen enthalten, also auch Regelungen für den Fall des Verstoßes gegen grundgesetzliche Anordnungen.

Hierbei könnte sich auch an der Existenz des Nichtigkeitsdogmas zeigen, dass die Rechtsordnung Folgen, die den Wertungen des rechtsstaatlichen Verteilungsprinzips zuwiderlaufen und verfassungswidrig sind, nicht anerkennt. Nach dem

---

260 So beispielsweise bei Denninger, JZ 1975, S. 545(547); Schwabe, Probleme der Grundrechtsdogmatik, S. 17ff, insbes. 19, 25; ders., Grundkurs Staatsrecht, S. 75; Lübbe-Wolff, S. 34 mwN und S. 35; Alexy, Theorie der Grundrechte, S. 174ff, 395; Calliess, JZ 2006, S. 321(326); Jarass, AöR 120(1995), S. 345(349); Badura, HStR VII (1.A.), § 159, Rn 26; v. Münch, Staatsrecht II, Rn 148; Röder, S. 219ff; Starck in: v. Mangoldt/Klein/Starck, Art. 1 Abs. 3 Rn 182, trotz einer grundsätzlich unproblematischen Benennung; dass Unterlassungsansprüche theoretisch auch anderer als negatorischer Art sein können, dazu s. Stern, Staatsrecht III/1, § 67, S. 699; zu einer solchen Ausrichtung der liberalen Theorie Sachs, DÖV 1984, S. 411(413, 414); ders., Verfassungsrecht II, A4 Rn 19 versteht aber manche Grundrechtsbestimmungen als nur unterlassungsbewehrte Rechte, bspw. Art. 3 Abs. 3 GG, Art. 4 Abs. 3 S. 1, Art. 12 Abs. 2; ebenso diagnostiziert Poscher, Abwehrrechte, S. 121; so zeigt sich das verengte Verständnis der Grundrechte als Abwehrrechte insbesondere an folgendem Satz von Ossenbühl (HGR I, § 15 Rn 46; ähnlich Rn 58): „In ihrer klassischen liberalen Funktion sind die Grundrechte als Abwehrrechte rechtstechnisch als subjektiv-öffentliche Unterlassungsansprüche zu verstehen".

261 Explizit hierzu Schoch, VerwArch. 79(1988), S. 1(36); T. Schneider, Folgenbeseitigung im Verwaltungsrecht, S. 64; umgekehrt widersprüchlicherweise noch bei den Grundrechten der Weimarer Reichsverfassung, deren Geltung als subjektive Rechte zwar umstritten, der Beseitigungsanspruch dennoch weitgehend anerkannt war, s. hierzu Baumeister, S. 28f.

Nichtigkeitsdogma ist eine Norm, die gegen die Verfassung verstößt, automatisch nichtig[262]. Die Erklärung der Norm für nichtig durch das Bundesverfassungsgericht beseitigt die rechtswidrigen Folgen auf rein rechtlicher Ebene[263]. Das Nichtigkeitsdogma begründet allerdings keinen Anspruch des Bürgers, sondern wirkt allein objektivrechtlich. Das grundrechtswidrige Gesetz ist automatisch nichtig, auch wenn der Bürger selbst dies nicht geltend macht. Dies verwirktlicht jedoch das rechtsstaatliche Verteilungsprinzip in seiner reinsten Form: dem Staat ist es nicht nur verboten, durch ein verfassungswidriges Gesetz in die bürgerliche Freiheit einzugreifen, es ist ihm sogar rechtlich unmöglich.

Das Nichtigkeitsdogma wurde zwar in letzter Zeit dadurch abgeschwächt, dass das Bundesverfassungsgericht nicht jede verfassungswidrige Norm für unwirksam erklärt, sondern bisweilen nur die Unvereinbarkeit ausspricht und dem Gesetzgeber eine Frist zur Nachbesserung setzt[264]. Diese Tenorierung erfolgt jedoch nur in solchen Fällen, in denen eine Nichtigerklärung zu Abwicklungsschwierigkeiten führen würde oder unmöglich wäre[265]. Trotz der Häufigkeit einer bloßen Unvereinbarkeitserklärung wurde daher das Nichtigkeitsdogma nicht grundsätzlich aufgegeben. Hinzu kommt, dass selbst die Verpflichtung des Gesetzgebers zur Nachbesserung ausdrückt, dass die Rechtsordnung die Existenz grundrechtswidriger Gesetze nicht billigt.

(4) Die Wiederherstellung im System negatorischer Ansprüche

Ein Wiederherstellungsanspruch als grundrechtlicher Abwehranspruch wird, anders als der Unterlassungsanspruch, weniger selbstverständlich bejaht. Fraglich ist jedoch, ob dies angesichts des erforderlichen grundrechtlichen Freiheitsschutzes überzeugen kann, oder ob die Grundrechte nicht vielmehr auch einen Wiederherstellungsanspruch fordern.

---

262 Dazu Burghart, NVwZ 1998, S. 1262(1264); kritisch Maunz in: Maunz/Dürig (1.EL), Art. 93 GG, Rn 32.

263 Schwabe, Probleme der Grundrechtsdogmatik, S. 197; Stern, Staatsrecht III/1, § 66, S. 678.

264 S. dazu Battis, HStR VII (2.A.), § 165, Rn 29, 34ff; kritisch Burghart, NVwZ 1998, S. 1262(1263f). Weiter einschränkend noch Kube, DVBl. 2005, S. 721(724f): Keine Aufhebbarkeit bei Verstößen gegen Art. 2 Abs. 1 GG, bei denen die Nichtigkeit des in Art. 2 Abs. 1 GG eingreifenden Gesetzes nur auf der Verletzung von Grundrechten Dritter beruht.

265 Battis, HStR VII (2.A.), § 165, Rn 38.

(a) Der Unterschied: die Folgenbeseitigung erfordert positives Tun

Als Ergebnis der vorangegangenen Untersuchungen kann dabei festgehalten werden, dass die Grundrechte negatorische Ansprüche beinhalten, die die grundrechtliche Integrität sichern sollen. Hierzu bewirken bzw. fordern sie das Gegenteil der Grundrechtsverletzung.

Ein Wiederherstellungsanspruch nach einer – tatbestandlich jeweils im Einzelfall festzustellenden – Grundrechtsverletzung würde diese umkehren, ungeschehen machen und wäre mithin das Gegenteil der Grundrechtsverletzung. Der freiheits- und integritätssichernde Zweck verwirklicht sich in diesem Fall durch nachträgliche Maßnahmen.

Wenn sowohl Unterlassungs- als auch Wiederherstellungsansprüche anerkannt werden, sollen sie zumeist auch gleichrangig im Sinne einer gleichzeitigen Existenz[266] sein[267]. Nicht selten ist in diesem Fall der Beseitigungsanspruch problemlos anerkannt[268], bisweilen sogar unproblematischer als der Unterlassungsanspruch[269]. Hiernach scheint es keine großen Probleme aufzuwerfen, beide Ansprüche zugleich aus der negatorischen Grundrechtsfunktion herzuleiten.

Dass beide Ansprüche vergleichbar oder gar gleichrangig sind, obwohl Wiederherstellungsansprüche den Staat zu einem positiven Handeln verpflichten, gehört jedoch keineswegs zum Kreis der gesicherten Erkenntnisse. Nach *Lübbe-Wolf* gilt beispielsweise *„bis heute, soweit es um Grundrechte als Abwehrrechte geht, im Anschluss an Jellinek als deren wesentliches Charakteristikum, dass sie nicht Ansprüche auf staatliches Tun, sondern Unterlassungsansprüche bzw. auf Seiten des Staates entsprechende Unterlassungspflichten begründen“*[270]. Hiernach gewähren Abwehrrechte nach wie vor primär Unterlassungsansprüche. Der Folgenbeseitigungsanspruch ist jedoch mit der Forderung nach „Beseitigung“,

---

266 Im Gegensatz zum Konzept von Weyreuther, nach dem der Beseitigungsanspruch einen gewandelten Unterlassungsanspruch darstellt.

267 Rösslein, Folgenbeseitigungsanspruch, S. 70, 83; Höfling, VVDStRL 61(2001), S. 260(270); Röder, S. 225ff, insbes. S. 228 sowie S. 345; angedeutet bei Starck in: v. Mangoldt/Klein/Starck, Art. 1 Abs. 3 GG, Rn 173. Gleichrangigkeit von Unterlassungs- und Beseitigungsansprüchen klingt auch bereits bei Jellinek an, vgl. dazu Stern, Staatsrecht III/1, § 64, S. 427 unten.

268 Beispielsweise bei Henke, DÖV 1984, S. 1(3); Alexy, Theorie der Grundrechte, S. 237 Fn 40; Scherzberg, DVBl. 1989, S.1128(1128) Fn. 2; Höfling, VVDStRL 61(2001), S. 260(270); Starck in: v. Mangoldt/Klein/Starck, Art. 1 Abs. 3 Rn 173 sowie Rn 185.

269 Stern, Staatsrecht III/1, § 66, S. 671, 680ff; auf dem prozessualen Gebiet Rupp, DVBl. 1958, S. 113(119); angedeutet bei Gallwas, Faktische Beeinträchtigungen, S. 130.

270 Lübbe-Wolff, S. 34; inhaltlich für die negative Freiheit ebenso gesehen bei Poscher, Abwehrrechte, S. 112.

„Wiederherstellung“ gerade auf ein solches positives staatliches Tätigwerden gerichtet. Träfe die soeben zitierte Aussage zu, wäre daher die gleichberechtigte Ableitung eines Wiederherstellungsanspruchs aus der negatorischen Grundrechtsfunktion erheblich erschwert, wenn nicht sogar unmöglich[271].

Ein wesentlicher Unterschied zwischen beiden Ansprüchen ist dabei, dass der Unterlassungsanspruch stets latent besteht – der Staat soll stets ungerechtfertigte Eingriffe unterlassen -, der Wiederherstellungsanspruch jedoch erst entsteht, wenn ein staatlicher Eingriff auch tatsächlich geschehen ist. Er entsteht daher nur punktuell bei einer tatsächlich vorliegenden Verletzung. Zudem besteht beim Folgenbeseitigungsanspruch nicht nur der grundrechtswidrige Eingriff, sondern es kann sich hieraus auch ein weiter fortbestehender Zustand ergeben. Sein Fortbestehen kann insofern mit dem Unterlassen seiner Beseitigung gleichgesetzt werden. Hängt also der Unterlassungsanspruch insofern mit einer rechtsverletzenden Handlung zusammen, dass der Anspruch die Handlung verhindern soll, entspricht dem beim Folgenbeseitigungsanspruch, dass die gebotene Beseitigung von Eingriffsfolgen unterlassen wird. Hierin besteht eine eigene Rechtsverletzung.

Es könnte jedoch problematisch sein, dass es sich um eine „Rechtsverletzung durch Unterlassen“ handelt[272], denn ein rechtsverletzendes Unterlassen wird in den meisten Rechtsgebieten weniger schnell sanktioniert als eine Rechtsverletzung durch positives Tun[273]. So wird bei der Folgenbeseitigung in Dreieckskonstellationen kritisiert, dass der Störer gegen eine staatliche Regelung zugunsten des

---

271 Allerdings wendet sie selbst ein, die Gründe für die grundrechtsinterpretatorische Bedeutung, die der Unterscheidung zwischen staatlichem Tun und staatlichem Unterlassen nach wie vor zukomme, hätten sich allerdings gewandelt, Lübbe-Wolff S. 34.

272 So auch Lübbe-Wolff, S. 40. Dieses Problem stellt sich auch insbesondere bei den Schutzpflichten, s. dazu Wahl/Masing, JZ 1990, S. 553(558); Friauf/Höfling/Enders, vor Art. 1 GG, Rn 66; angedeutet auch bei Stern, Staatsrecht III/2, § 78, S. 163.

273 Dazu auch Koch, Grundrechtsschutz, S. 329, 393. Diese Unterscheidung ist dabei auch im Staatshaftungsrecht relevant, s. dazu BGH v. 11.1.2007, NJW 2007, S. 830(834); Horn, DÖV 1989, S. 976(981) zum FBA; Schenke/Guttenberg, DÖV 1991, S. 945(947) zum enteignungsgleichen Eingriff; Wallerath, JZ 2008, S. 157(165) zur Schutzfunktion und Abwehrfunktion. Dies wird auch deutlich bei Morgenthaler, Freiheit durch Gesetz, S. 226, der im Rahmen eines sozialstaatlich angehauchten Grundrechtsverständnisses von einer „Art Garantenstellung für die Umsetzung der Freiheit in die Verfassungswirklichkeit“ spricht; ebenso für die Schutzpflichten E. Klein, NJW 1989, S. 1633(1634). Es zeigt sich auch beispielsweise bei der Unterscheidung von Gallwas, Faktische Beeinträchtigungen, S. 11, sowie bei Stern, Staatsrecht III/2, § 78, S. 163f.

Gestörten ein Abwehrrecht habe, da es sich um einen Eingriff handele, der Gestörte aber einen Anspruch auf ein Eingreifen nur aus der vergleichsweise schwächeren Schutzpflicht herleiten könne; dass also die Gewichte grundrechtsdogmatisch grundsätzlich zugunsten des Störers verschoben seien[274]. Dem könnte hiernach entgegen gehalten werden, dass in der allgemeinen Rechtslehre Rechtsverletzungen durch positives Tun anders behandelt werden, wie wenn diese durch Unterlassen geschehen. Dies gälte ebenso für die Frage, ob ein Anspruch auf staatliches Tätigwerden besteht, wenn es dieser gegenwärtig unterlässt, eine rechtswidrige Situation zu beseitigen. Bei dem klassischen Unterlassungsanspruch liegt hingegen die Rechtsverletzung in einem positiven Tun, weshalb es dogmatisch weniger Probleme aufwirft.

Bereits aus dieser Unterscheidung könnte hergeleitet werden, warum die abwehrrechtliche Beseitigung weniger anerkannt ist als der Unterlassungsanspruch.

Im Staatsrecht ist es jedoch unter dem Gesichtspunkt der Gewaltenteilung irrelevant, ob positives oder negatives staatliches Handeln grundrechtlich gefordert ist[275]. Die schwächere Position des grundrechtlichen Schutzanspruchs trifft hier also im Gegensatz zum Zivil- und Strafrecht nicht auf ein generalisierbares Prinzip[276]. Die Schwäche des Schutz- und Beseitigungsanspruchs liegt also nicht darin begründet, dass er ein Unterlassen beseitigt, sondern muss andere dogmatische Gründe haben.

Hinzu kommt, dass auch der klassische Unterlassungsanspruch vom Staat bisweilen ein positives Tun verlangt. Dies ist beispielsweise der Fall, wenn sich ständig wiederholende Beeinträchtigungen nicht durch bloßes Unterlassen, sondern nur dadurch beseitigt werden können, dass Vorkehrungen wie Schallschutzmaßnahmen an der Störungsquelle errichtet werden[277]. Insofern überschneiden sich der Anspruchsinhalt von Wiederherstellungs- und Unterlassungsanspruch ohnehin.

(b) grundrechtswidrige tatsächliche Folgen als Grundrechtseingriff

Problematisch ist jedoch, ob auch die tatsächlichen Folgen eines Eingriffs, also der fortdauernde Zustand, noch als Grundrechtseingriff angesehen werden können. Es würde dann dann gegen die grundrechtliche Freiheitsverteilung verstoßen, die

---

274 Poscher, Abwehrrechte, S. 89f; ähnlich für die Situation der Folgenbeseitigung bei Verwaltungsakten mit Drittwirkung Horn, DÖV 1989, S. 976(981).

275 Rupp, DVBl. 1958, S. 113(118f).

276 Daher auch für eine Gleichbehandlung von positivem Tun und Unterlassen Schenke/Guttenberg, DÖV 1971, S. 945(947).

277 Sproll, JuS 1996, S. 313(314).

Folgen eines Grundrechtseingriffs bestehen zu lassen, wenn hierbei ein Dauereingriff vorläge; nur dann wäre das Unterlassen der Beseitigung auch eine Rechtsverletzung. Fraglich ist also, ob das Unterlassen der Beseitigung Eingriffscharakter aufweist.

(aa) Der klassische Eingriffsbegriff

Nach dem „klassischen", immer noch weit verbreiteten Eingriffsbegriff sind Eingriffe „hoheitliche Maßnahmen, generelle Regelungen oder Einzelakte, die zielgerichtet unmittelbar gegen einen Grundrechtsträger gerichtet" sind[278]. Dieser final-unmittelbare Eingriffsbegriff wird mit dem liberal-negatorischen Grundrechtsverständnis in engen Zusammenhang gebracht[279].

Er erscheint bereits seinem Wortlaut nach deutlich handlungsorientiert[280]. Dies kann inhaltlich damit erklärt werden, dass der Eingriff dogmatisch die Grundlage für die Rechtfertigungsbedürftigkeit bildet[281]. Die verfassungsrechtliche Rechtfertigung ihrerseits ist durch das Verhältnismäßigkeitsprinzip mit seiner Anbindung an einen Zweck handlungsorientiert. Historisch kann dies darauf zurückgeführt werden, dass zunächst allein der Verwaltungsakt als Handlungsform im Mittelpunkt des Verwaltungsrechts und auch des Verwaltungsrechtsschutzes stand[282].

---

278 BVerfGE 105, 279(300); Bleckmann/Eckhoff, DVBl. 1988, S. 373(374); ähnlich Albers, DVBl. 1996, S. 233(234); Bethge, VVDStRL 57(1998), S. 7(38); Weber-Dürler, VVDStRL 57(1998), S. 57(60); Starck in: v. Mangoldt/Klein/Starck, Art. 1 Abs. 3, Rn 265 mwN; ders. Art. 2 Abs. 1, Rn 19; v. Münch in: v. Münch/Kunig, Vorb. Art. 1–19, Rn 51a; Kunig in: v. Münch/Kunig, Art. 2, Rn 18; Friauf/Höfling/Enders, vor Art. 1 GG, Rn 102; Friauf/Höfling/Höfling, Art. 2, Rn 60; Jarass/Pieroth, Vorb. v. Art. 1 GG, Rn 27; di Fabio in: Maunz/Dürig (39. EL), Art. 2 Abs. 1 GG, Rn 48; Isensee, HStR IX, § 191 Rn 111; Peine, HGR III, § 57, Rn 20 mit dem Hinweis in Rn 22, dass schon kein Konsens über den klassischen Eingriffsbegriff besteht; Stern, Staatsrecht III/2, § 78, S. 83ff mit deutlicher Kritik daran, ob von „klassisch" gesprochen werden kann sowie an dem Konsens über die Merkmale.

279 Albers, DVBl. 1996, S. 233(236f); Stern, Staatsrecht III/2, § 78, S. 95; Friauf/Höfling/Enders, vor Art. 1 GG, Rn 102; Peine, HGR III, § 57, Rn 30.

280 So auch Stern, Staatsrecht III/2, § 78, S. 81; Isensee, HStR IX, § 191, Rn 105; differenzierend Gallwas, Faktische Beeinträchtigungen, S. 72, wonach unter Eingriff auch die Einbuße verstanden werden kann.

281 Bleckmann/Eckhoff, DVBl. 1988, S. 373(375); Heintzen, VerwArch 81(1990), S. 532(537, 542); Bethge, VVDStRL 57(1998), S. 7(37); Weber-Dürler, VVDStRL 57(1998), S. 57(61); Lindner, DÖV 2004, S. 765(765); Grzeszick, S. 350; Peine, HGR III, § 57, Rn 14; Sachs/Sachs, Vor Art. 1 GG, Rn 78; Friauf/Höfling/Enders, vor Art. 1 GG, Rn 101.

282 Bleckmann/Eckhoff, DVBl. 1988, S. 373(373, 376).

Problematisch hieran ist für den Folgenbeseitigungsanspruch, dass Folgen ein Zustand und keine Handlung sind; sie werden somit nicht ganz eindeutig von diesem punktuellen, handlungsbezogenen erfasst[283].

Hinzu kommt, dass der klassische, imperativ verstandene Eingriffsbegriff, der einen Befehl oder eine Rechtsgestaltung erfasst, grundsätzlich einen Rechtsakt voraussetzt[284]. Ein bloß tatsächliches Einwirken oder gar Fortwirken, wie es im Fall rechtswidriger Folgen vorliegt, genügt jedoch gerade nicht. Deshalb müssen zwei Konstellationen des Folgenbeseitigungsanspruchs unterschieden werden: einmal schließen sich die Folgen an ein rechtsförmiges Handeln an, beispielsweise beim Vollzugsfolgenbeseitigungsanspruch an einen Verwaltungsakt, oder eine rechtswidrige Norm; sowie andererseits Folgen aufgrund eines Realakts, beispielsweise bei dem Überbau eines Grundstücks durch eine Straße. Die letztere Konstellation würde hierbei deutlich mehr Probleme bereiten, wenn man den klassischen Eingriffsbegriff anwendet.

Zudem kann man daran zweifeln, ob die Folgen, die der Wiederherstellungsanspruch erfasst, noch „unmittelbar" im Sinne des klassischen Eingriffsbegriffs sind. Schließlich sind sie von dem imperativen Handeln konstruktiv unterscheidbar, treten als „Folgen" eines Verwaltungshandelns ein[285]. Sie beruhen zwar auf dem Handeln, können mit diesem jedoch nicht ohne weiteres gleichgesetzt werden. Problematisch ist allerdings bereits, wann eine Belastung nicht mehr unmittelbar im Sinne der Definition ist[286]. Zu berücksichtigen ist jedoch auch, dass der Folgenbeseitigungsanspruch nach seiner herrschenden Definition ohnehin nur unmittelbare Folgen erfasst[287]. Die Frage der Abgrenzung mittelbarer/unmittelbarer Folgen stellt sich somit nicht generell, sondern je nach individueller Eingriffskonstellation als Frage des Anspruchsumfangs. Daher kann die

---

283 Skeptisch deshalb auch Scherzberg, DVBl. 1989, S. 1128(1134): „Eine nicht auf konkrete Lebensverhältnisse bezeogene, sondern allgemeine und abstrakte Freiheit von gesetzlich nicht begründeter Einwirkung kann naturgemäß die prinzipiell unbegrenzten Folgewirkungen staatlichen Handelns nicht einschließen."

284 Bleckmann/Eckhoff, DVBl. 1988, S. 373(373); Stern, Staatsrecht III/2, § 78, S. 126f; Sachs/Sachs, Vor Art. 1 GG, Rn 79, 82.

285 Hierzu auch Peine, HGR III, § 57, Rn 23, 26.

286 Gallwas, Faktische Beeinträchtigungen, S. 24, der deshalb skeptisch ist, ob eine „brauchbare Verfeinerung" der Unterscheidung unmittelbar – mittelbar möglich ist, die für die Grundrechtsdogmatik überzeugend ist; Bleckmann/Eckhoff, DVBl. 1988, S. 373(374); ebenso Bethge, HGR III, § 58, Rn 4, 27ff mwN. Nach Peine, HGR III, § 57, Rn 26, 28 geht das Merkmal „Unmittelbar" vollständig im Merkmal „Befehl" auf.

287 S. dazu unten G II) 1) b) (2) (b) (dd).

Frage, ob Folgen noch unmittelbar sein können, an dieser Stelle nicht vollständig beantwortet werden[288].

Insgesamt bestünden somit auf der Grundlage des klassischen Eingriffsbegriffs Zweifel, ob ein Zustand überhaupt eine Grundrechtsverletzung darstellt.

(bb) Erweiterung des Eingriffsbegriffs und Kritik

Der klassische Eingriffsbegriff[289] ist somit erkennbar beschränkt. Zugleich ist der Staat jedoch nach Art. 1 Abs. 3 GG uneingeschränkt an die Grundrechte gebunden[290]. Aus diesem Grund sowie wegen der allgemeinen freiheitlichen Orientierung der Grundrechte[291] wurde der Eingriffsbegriff erweitert[292]. Bis auf wenige, spezielle Konstellationen – wie die abgelehnte Anwendbarkeit auf die allgemeine Handlungsfreiheit aus Art. 2 Abs. 1 GG – ist die Erweiterung auch grundsätzlich anerkannt, ihre Einzelheiten sind jedoch nach wie vor umstritten.

---

288 Zu der Frage, ob auch mittelbare Folgeschäden zu ersetzen sind, s. unten G II 1) b) (2) (b) (dd) (aaa).

289 Gallwas, Faktische Beeinträchtigungen, S. 22, 43; Ramsauer, VerwArch 72(1981), S. 89(95); Pietzcker, FS Bachof 1984, S. 131(143); Zuck, MDR 1988, S. 1020(1021); Scherzberg, DVBl. 1989, S. 1128(1128); Bethge, VVDStRL 57(1998), S. 7(38f); ders. HGR III, § 58, Rn 19; Weber-Dürler, VVDStRL 57(1998), S. 57(75); tendenziell bereits Lerche, Übermaß und Verfassungsrecht, S. 106, 258ff.

290 Gallwas, Faktische Beeinträchtigungen, S. 54; Ramsauer, VerwArch 72(1981), S. 89(95); Pietzcker, FS Bachof 1984, S. 131(143); Discher, JuS 1993, S. 462(464); Albers, DVBl. 1996, S. 233(234); Lindner, DÖV 2004, S. 765(770).

291 Gallwas, Faktische Beeinträchtigungen, S. 58.

292 Statt vieler BVerfGE 105, 252(273) – Glykol (inzident, ohne ausdrückliche Stellungnahme); 105, 279(300f) – Osho; 110, 177(191); 113, 63(76); 116, 202(222); BVerwGE 71, 183(192); Lerche, Übermaß und Verfassungsrecht, S. 114, 261; Gallwas, Faktische Beeinträchtigungen, S. 22; ders. FS Zacher, S. 185(186, 195); Friauf, DVBl. 1971, S. 674(680); Ramsauer, VerwArch 72(1981), S. 89(95); Scherzberg, DVBl. 1989, 1128(1129); Heintzen, VerwArch 81(1990), S. 532(537); Albers, DVBl. 1996, S. 233ff; Stern, Staatsrecht III/2, § 78, S. 79 mwN in Fn 13; Weber-Dürler, VVDStRL 57(1998), S. 57(66ff, 85ff); Grzeszick, S. 350; Cremer, JuS 2003, S. 747(748f); Klement, DV 37(2004), S. 73(78, 79); Lindner, DÖV 2004, S. 765(765); di Fabio in: Maunz/Dürig (39.EL), Art. 2 Abs. 1 GG, Rn 49; Kahl, AöR 131(2006), S. 579(599); Starck in: v. Mangoldt/Klein/Starck, Art. 1 Abs. 3 GG, Rn 262; ders. Art. 2 Abs. 1 GG, Rn 20; Sachs/Sachs, Vor Art. 1 GG, Rn 83; Friauf/Höfling/Höfling, Art. 2 GG, Rn 60; Jarass/Pieroth, Vorb. v. Art. 1 GG, Rn 28; einschränkend Scherzberg, DVBl. 1989, S. 1128(1131).

Insbesondere das Bundesverfassungsgericht sprach in jüngeren Entscheidungen teilweise nicht mehr von einem Eingriff, sondern von „Maßnahmen, die in ihrer Zielrichtung und Wirkung einem normativen und direkten Eingriff gleichkommen und daher wie dieser behandelt werden müssen"[293]. Es bezeichnete diese auch als bloße „Grundrechtsbeeinträchtigungen"[294]. Auch in diesen Fällen hielt das Bundesverfassungsgericht eine verfassungsrechtliche Rechtfertigung für erforderlich, so dass Abwehrrechte entstehen, wenn die Rechtfertigung nicht gelingt. In der Sache selbst kann es dahin dahinstehen, ob man von einem Eingriff oder einer Beeinträchtigung spricht.

Der erweiterte Eingriffsbegriff umfasst nach einer verbreiteten, aber nicht unumstrittenen Definition[295] „jedes staatliche Handeln, das dem einzelnen ein Verhalten, das in den Schutzbereich eines Grundrechts fällt, ganz oder teilweise unmöglich macht"[296]. Ohne dieser begrifflichen Differenzierung eine vertiefte Bedeutung beilegen zu wollen, fällt auf, dass der Begriff der „Beeinträchtigung" deutlich folgenorientierter ist als der des klassischen, handlungsorientierten Eingriffsbegriffs[297]. Es erscheint daher auf der Grundlage des erweiterten Eingriffsbegriffs eher möglich, dass auch tatsächliche Folgen einen Grundrechtseingriff darstellen und negatorische Rechte auslösen, als nach dem klassischen Eingriffsbegriff.

---

293 BVerfGE 105, 252(273) – Glykol; 110, 177(191); 113, 63(76); 116, 202(222); dies stellt auch Lindner, DÖV 2004, S. 765(767) fest; ähnlich vom Ansatz her Lerche, Übermaß und Verfassungsrecht, S. 114.

294 BVerfGE 105, 252(273) – Glykol; 105, 279(300f) – Osho; BVerwG NJW 1992, S. 2496(2499); ebenso Lindner, DÖV 2004, S. 765(767).

295 Nach Bethge, VVDStRL 57(1998), S. 7(38) hingegen fehlt ein fest umrissener Begriff des Grundrechtseingriffs; ebenso BVerwGE 71, 183(192).

296 Pieroth/Schlink, Rn 253; Jarass/Pieroth, Art. 2 GG, Rn 12; Friauf/Höfling/Enders, vor Art. 1 GG, Rn 106; ähnlich Scherzberg, DVBl. 1989, S. 1128(1136); Bethge, VVDStRL 57(1998), S. 7(40 mit Fn 219) hält dies lediglich für eine „Faustformel" und für zu eng; dem folgend jedoch dann ders. HGR III, § 58, Rn 16; noch weiter Gallwas, Faktische Beeinträchtigungen, S. 18ff: grundrechtswidriger Effekt; ähnlich ders. FS Zacher, S. 185(186); ebenso Lindner, DÖV 2004, S. 765(767, 771); ähnlich BVerwG NJW 1992, S. 2496(2499).

297 Ebenso Stern, Staatsrecht III/2, § 78, S. 81 mwN in Fn 22.

In der Tat erfasst der erweiterte Eingriffsbegriff auch tatsächliche Einwirkungen[298], sei es auf gesetzlicher Grundlage[299] oder auch ohne solche. Es soll nicht auf die Form, sondern auf die Wirkungen ankommen soll, die staatliches Handeln auf die Grundrechte hat[300]. Daher sind hiernach auch tatsächliche Einwirkungen rechtfertigungsbedürftig. Die Erweiterung des Eingriffsbegriffs auf rein faktische[301] Beeinträchtigungen erfolgte schon früh[302], das Bundesverfassungsgericht bejahte ihren Eingriffscharakter ohne weiteres[303]. Auch mittelbare Beeinträchtigungen unterwarf es recht bald der Rechtfertigungsbedürftigkeit und sah sie somit als Eingriff an; dies zeigte sich bereits im *Apothekenurteil*[304]. Dennoch ist ihr Eingriffscharakter umstrittener als dies bei faktisch-unmittelbaren Beeinträchtigungen der Fall ist[305]. Es zeigt sich also, dass es eine Frage des Einzelfalls

298 Bleckmann/Eckhoff, DVBl. 1988, S. 373(374); Heintzen, VerwArch 81(1990), S. 532(537); Discher, JuS 1993, S. 462(464); Bethge, VVDStRL 57(1998), S. 7(38); Weber-Dürler, VVDStRL 57(1998), S. 57(66); Cremer, JuS 2003, S. 747(749); Lindner, DÖV 2004, S. 765(773); v. Münch in: v.Münch/Kunig, Vorb. Art. 1–19 GG, Rn 51a; Sachs/Sachs, Vor Art. 1 GG, Rn 82; Starck in: v. Klein/Starck, Art. 1 Abs. 3 GG, Rn 265; Jarass/Pieroth, Art. 2 GG, Rn 13; Bethge, HGR III, § 58, Rn 16; teilweise einschränkend Scherzberg, DVBl. 1989, 1128(1129), der dies nur für diejenigen Grundrechte annimmt, die eine bestimmte Qualität des Grundrechtsträgers schützen; angenommen konkret vom Bundesverfassungsgericht in BVerfGE 100, 313(366); 118, 168(197f); BVerfGE 122, 274(314); BVerfG NJW 2007, 930ff; BVerwGE 82, 76(79) – Transzendentale Meditation; Stern, Staatsrecht III/2, § 78, S. 114f allerdings bereits für den klassischen Eingriff.

299 So in den Bundesverfassungsgerichtsentscheidungen BVerfGE 100, 313(366); 118, 168(197f); 122, 274(314) – Zugriff auf ein System; angenommen auch für Online-Durchsuchungen, vgl. BVerfG NJW 2007, 930ff.

300 BVerfGE 105, 252(273) – Glykol; 105, 279(300) – Osho; BVerwGE 71, 183(192); Gallwas, Faktische Beeinträchtigungen, S. 25ff; Friauf, DVBl. 1971, S. 674(680); Schoch, VerwArch. 79(1988), S. 1(38); Bleckmann/Eckhoff, DVBl. 1988, S. 373(376); Discher, JuS 1993, S. 462(464); Albers, DVBl. 1996, S. 233(234); Weber-Dürler, VVDStRL 57(1998), S. 57(76); Grzeszick, S. 344.

301 Wobei unter faktisch einerseits reale Beeinträchtigungen verstanden werden können im Vergleich zu rein rechtlichen, aber auch solche, die mittelbar sind, s. dazu Gallwas, FS Zacher, S. 185(186).

302 Ebenso Discher, JuS 1993, S. 462(464).

303 S. hierzu BVerfGE 13, 181(185f); 22, 380(384); 66,39(60).

304 BVerfGE 7, 377(401f); weitere Beispiele aus der Rechtsprechung bei Gallwas, Faktische Beeinträchtigungen, S. 25–34; ebenso Lerche, Übermaß und Verfassungsrecht, S. 262f.

305 Ebenso Discher, JuS 1993, S. 462(464).

ist, ob faktische und mittelbare Beeinträchtigungen als Eingriff angesehen werden können und dass dies nicht kategorisch abgelehnt werden kann.

Höchst problematisch jedoch ist die Frage, wann eine faktische oder mittelbare Beeinträchtigung einen Grundrechtseingriff darstellt. Feste, eindeutige Abgrenzungskriterien[306] lassen sich weder in der Rechtsprechung noch in der Literatur finden[307], was auch häufig zum Gegenstand von Kritik an der Erweiterung des Eingriffsbegriffs gemacht wird[308]. Wann genau mittelbare und faktische Beeinträchtigungen, somit auch tatsächliche Folgen und Zustände, einen Eingriff darstellen, ist jedoch kein Problem der grundsätzlichen Möglichkeit des Grundrechtseingriffs. Damit stellt es die Existenz eines negatorischen Wiederherstellungsanspruchs nicht infrage, sondern betrifft lediglich die konkrete tatbestandliche Ausgestaltung und soll daher erst an späterer Stelle behandelt werden[309].

Jedoch wird die Erweiterung des Eingriffsbegriffs[310] auch vereinzelt kritisiert. Der Angriffspunkt der Kritik bezieht sich allerdings zunächst auf die Problematik, ob der Gesetzesvorbehalt auf solche erweiterten Eingriffe anwendbar ist. Nach ihrer Auffassung besteht auch für mittelbare und faktische Beeinträchtigungen ein Rechtfertigungszwang des Staates[311]; begründet wird dies häufig mit den hochumstrittenen Fallgruppen der staatlichen Warnungen und Äußerungen. Besonders deutlich wird dies, wenn das Bundesverfassungsgericht in den Entscheidungen *Osho* und *Glykol* unterscheidet zwischen Eingriffen, für die der Gesetzesvorbehalt gilt, und mittelbar-faktischen Beeinträchtigungen, die ihm nicht unterliegen[312]. Auch der Kritikpunkt, aufgrund eines nicht mehr eingrenzbaren

306 Zur Erforderlichkeit Isensee, HStR IX, § 191, Rn 118.

307 BVerwGE 71, 183(192); Gallwas, Faktische Beeinträchtigungen, S. 19, 41; Schulte, DVBl. 1988, S. 512(516); Discher, JuS 1993, S. 462(466); Albers, DVBl. 1996, S. 233(235); Stern, Staatsrecht III/2, § 78, S. 158; Lindner, DÖV 2004, S. 765(766); Peine, HGR III, § 57, Rn 32, 33.

308 Angedeutet bei Albers, DVBl. 1996, S. 233(235).

309 S. dazu unten G II) 1) b) (2) (b) (dd) (bbb).

310 Bethge, VVDStRL 57(1998), S. 7(37, 40ff); Kahl, AöR 131(2006), S. 579(599f).

311 Bethge, VVDStRL 57(1998), S. 7(41); dies problematisieren auch Gallwas, Faktische Beeinträchtigungen, S. 42; Scherzberg, DVBl. 1989, S. 1128(1130); Heintzen, VerwArch. 81(1990), S. 532(546); ebenso bei Discher, JuS 1993, S. 462(465); klingt an bei di Fabio in: Maunz/Dürig (39.EL), Art. 2 Abs. 1 GG, Rn 49; aus diesem Grund verneint auch Lindner, DÖV 2004, S. 765(773) eine Anwendbarkeit des Gesetzesvorbehalts auf unvorhersehbare faktische Beeinträchtigungen.

312 BVerfGE 105, 279ff(303) – Osho; dem nachfolgend BVerfGE 110, 177(191); 113, 63(76); 116, 202(222) spricht von einem „funktionalen Äquivalent" eines Eingriffs; dazu auch Klement, DÖV 2005, S. 507(510f); angesprochen auch bei Isensee, HStR IX, § 191, Rn 120.

Eingriffsbegriffs[313] könnte es zu ausufernden Grundrechtseingriffen kommen, betrifft rechtswidrige Folgen, die dem Folgenbeseitigungsanspruch zugrunde liegen, nicht. Denn dabei handelt es sich um eine klar abgrenzbare Kategorie, die an einen Eingriff erst anknüpft und in der Vergangenheit ohne vertiefte Diskussion als Rechtsverletzung anerkannt wurde. Mit den staatlichen Warnungen[314], die zu Recht als problematisch angesehen werden, hat dies nichts gemein. Zudem wird die Kritik auch häufig in Bezug auf die allgemeine Handlungsfreiheit geäußert[315]. Dieses Grundrecht beinhaltet jedoch aufgrund seines weiten Auffangtatbestandes eine höhere Gefahr von Ausuferungen. Hinzu kommt, dass die Kritik zumeist nicht die Erweiterung des Eingriffsbegriffs selbst trifft, sondern dessen Ausgestaltung, also wann ein Eingriff vorliegt. Eine Abgrenzung solcher Folgen, die noch erfasst sind von solchen, die nicht mehr ersatzfähig sind, kann aber auf der tatbestandlichen Ebene[316] bzw. der des Anspruchsinhalts erreicht werden. Daher ist es gerade nicht gerechtfertigt, tatsächliche Folgen vollständig aus dem Eingriffsbegriff auszuklammern. Angesichts der heutigen Vielgestaltigkeit staatlichen Handelns muss dies umso mehr gelten.

Hiernach erscheint es somit nicht ausgeschlossen, dass auch reale Folgen Grundrechtseingriffe sein können. Nicht zuletzt erforderte auch im aufgehobenen Staatshaftungsgesetz der Tatbestand der verschuldensunabhängigen Schadenersatzhaftung einen „rechtswidrigen Grundrechtseingriff"[317].

(cc) Eingriffsqualität von tatsächlichen Folgen

Die konkrete Frage, ob auch ein Dauerzustand, wie hier das Bestehen negativer tatsächlicher Folgen, als Grundrechtseingriff angesehen werden kann, ist bislang nicht eindeutig geklärt. Dies betrifft nicht nur das Entstehen solcher Folgen, also

313 Scherzberg, DVBl. 1989, 1128(1130), der allerdings von einer „Erweiterung des *Schutzbereichs* auf mittelbar-faktische Beeinträchtigungen" spricht (Hervorhebung durch. Verf.); Weber-Dürler, VVDStRL 57(1998), S. 57ff; Kahl, AöR 131(2006), S. 579(600); ähnlich Friauf, DVBl. 1971, S. 674(682); skeptisch auch Isensee, HStR IX, § 191, Rn 117.

314 Insbesondere an dieser Rechtsprechung setzt die Kritik von Weber-Dürler, VVDStRL 57(1998), S. 57ff an, aber auch von Kahl, AöR 131(2006), S. 579(600).

315 Dreier/Dreier, Art. 2 Abs. 1 GG, Rn 51; di Fabio in: Maunz/Dürig (39.EL), Art. 2 Abs. 1 GG, Rn 49; Hillgruber in: Umbach/Clemens, Art. 2 Abs. 1 GG, Rn 134ff.

316 So auch Friauf, DVBl. 1971, S. 674(680); Lindner, DÖV 2004, S. 765(771), der zudem die Reaktionsbedürftigkeit als weitere Eingrenzung fordert; ähnlich auch Gallwas, Faktische Beeinträchtigungen, S. 44; ders, FS Zacher, S. 185(191).

317 S. dazu Papier, NJW 1981, S. 2321(2325f); Stern, Staatsrecht III/2, § 78, S. 80, Fn 13; kritisch Pietzcker, FS Bachof 1984, S. 131(133ff).

den rein faktischen Eingriff, der auch von dem oben dargestellten erweiteren Eingriffsbegriff erfasst wird.

Teilweise werden grundrechtswidriges Handeln und seine Folgen als eine Einheit angesehen. Diese Ansicht lehnt die Annahme isolierter grundrechtswidriger Folgen ab[318]. An anderer Stelle wird dies jedoch ohne vertiefte dogmatische Begründung für möglich gehalten[319]. Selbst wenn isolierte grundrechtswidrige Folgen verneint werden, spricht dies nicht per se gegen grundrechtswidrige Folgen. Hiernach wird vielmehr die Handlung einheitlich mit den Folgen betrachtet: bewirkt eine Handlung Folgen, die einen Eingriff darstellen, so ist sie auch selbst rechtswidrig[320]. Eine solche Wechselbeziehung ist auch anders herum denkbar: bereits ein formell rechtswidriger Grundakt soll dazu führen, dass auch die dadurch verursachten Folgen als rechtswidrig anzusehen sind[321]. Noch in der verwaltungsgerichtlichen Dogmatik im frühen 20. Jahrhundert wurde dies anders gesehen; hiernach mussten bestimmte Folgen trotz der Rechtswidrigkeit des Handelns hingenommen werden, da es sich um bloße „Rechtsreflexe" handele[322].

Daher wird vorgeschlagen, einen mittelbaren Grundrechtseingriff anzunehmen, wenn eine Beeinträchtigungsfolge real-mechanisch ausgelöst wurde und ein besonders enger Kausalzusammenhang vorliegt, sofern keine maßgeblichen Ursachenbeiträge anderer hinzutreten[323]. Eine solche Definition würde also auch den Folgen eines Grundrechtseingriffs selbst einen Eingriffscharakter zuerkennen[324], sofern diese nicht auf dem Dazwischentreten eines Dritten beruhen.

Diskutiert wird jedoch weiter unter dem Stichwort „Erfolgs- oder Handlungsunrecht", ob es für die Rechtswidrigkeit eines Grundrechtseingriffs auf das Eingriffshandeln oder den Eingriffserfolg ankommt[325]. Die Lehre vom Handlungsunrecht, die dem Zivilrecht entlehnt ist, lehnt es dabei ab, dass rechtswidrige Zustände oder

---

318 Klement, DV 37(2004), S. 73(81); ders. DÖV 2005, S. 505(511).

319 BVerfGE 105, 279(304) – Osho; Gallwas, Faktische Beeinträchtigungen, S. 87; ders. FS Zacher, S. 185(190, 191); angedeutet bei Papier, NJW 1974, S. 1797(1798); Stern, Staatsrecht III/2, § 78, S. 98 und 192ff; Lindner, DÖV 2004, S. 765(772); eine Ausnahme bildet insofern Baumeister, Rechtswidrigwerden von Normen, S. 83ff, der auf die Fälle ursprünglich rechtmäßiger, rechtswidrig gewordener staatlicher Anordnungen eingeht.

320 Klement, DV 37(2004), S. 73(82); ähnlich ders. DÖV 2005, S. 505(511).

321 Gallwas, Faktische Beeinträchtigungen, S. 111.

322 Dazu Gallwas, Faktische Beeinträchtigungen, S. 55 mwN in Fn 14.

323 Sachs/Sachs, Vor Art. 1 GG, Rn 87.

324 Sachs/Sachs, Vor Art. 1 GG, Rn 88 nimmt dies auch ohne Weiteres an.

325 Baumeister, Rechtswidrigwerden von Normen, S. 121ff, 161ff, 169f; dazu auch Stern, Staatsrecht III/2, § 78, S.149ff mwN in Fn 328 und Klement, DV 37(2004), S. 73(80ff).

Vorgänge unabhängig von einem rechtswidrigen Verhalten entstehen können[326]. Es besteht dabei durchaus ein Zusammenhang zwischen der Frage, ob für die Rechtswidrigkeit auf Handeln oder Erfolg abgestellt wird, und der, ob auch Folgen eines Staatshandelns einen Grundrechtseingriff darstellen können. In beiden Fällen betrachtet man das Handeln und seine Folgen, den „Erfolg", getrennt voneinander und fragt danach, ob sie jeweils relevant sind für ein Rechtswidrigkeitsurteil bzw. eine daran anknüpfende Beseitigungspflicht. Doch auch wenn man mit der Lehre vom Handlungsunrecht allein darauf abstellt, ob das staatliche Handeln rechtswidrig ist, wird der daran anknüpfende Erfolg rechtswidrig sein, sofern er nicht als solcher gerechtfertigt werden kann. Streitig zwischen den Lehren vom Handlungs- und dem Erfolgsunrecht ist also nicht, ob auch Folgen rechtswidrig sein können, sondern nur, ob Folgen allein rechtswidrig sein können. Selbst nach der Lehre vom Handlungsunrecht wäre daher ein auf Folgen abstellender grundrechtlicher negatorischer Anspruch möglich. Fraglich ist nur, ob es ihn auch dann geben kann, wenn das staatliche Handeln selbst keinen Grundrechtseingriff darstellt. Auch dies ist wieder eine Frage des Tatbestands des Anspruchs, nicht aber seiner dogmatischen Begründung, weshalb sie daher an dieser Stelle offen gelassen werden kann.

Hinsichtlich der Rechtswidrigkeit von Folgen kommt hinzu, dass es mit dem integritätsschützenden Charakter der Abwehrrechte nicht zu vereinbaren wäre, würde man die (zurechenbaren) Folgen eines ungerechtfertigten Grundrechtseingriffs anders behandeln als diesen selbst. In den meisten Fällen von Verwaltungshandeln sind die Folgen gerade beabsichtigt, also final im Sinne des klassischen Eingriffsbegriffs. Hier überzeugt es nicht, die Folgen selbst nicht als Grundrechtseingriff anzusehen, bilden sie doch eine untrennbare Einheit mit dem Verwaltungshandeln[327].

Die Eingriffseigenschaft von faktischen Beeinträchtigungen ist daher nur dann problematisch, wenn die Folgen – grob formuliert – nicht mehr die spiegelbildliche Belastung einer staatlichen Regelung darstellen[328]. Gerade im Bereich des Vollzugsfolgenbeseitigungsanspruchs, der die Folgen eines rechtswidrigen Verwaltungsakts erfasst, liegt eine solche „spiegelbildliche Belastung" zumeist vor. Hier entsprechen die tatsächlichen Folgen der Anordnung durch den Verwaltungsakt. Die spiegelbildliche Belastung kann sich in diesem Fall auch als

---

326 Dazu Stern, Staatsrecht III/2, § 78, S. 150.

327 Ebenso Bleckmann/Eickhoff, DVBl. 1988, S. 373(377) für die Frage der Eingriffsqualität von Folgen, ohne aber die Frage des Dauerzustandes aufzuwerfen.

328 Albers, DVBl. 1996, S. 233(233); zu dieser Identität als Merkmal eines imperativen Eingriffs Stern, Staatsrecht III/2, § 78, S. 105.

Zustand zeigen. Inwiefern fernere oder nicht beabsichtigte Wirkungen noch ersatzfähig sind, ist jeweils für den Einzelfall zu entscheiden und gehört zur Frage des Anspruchsinhalts[329].

(dd) Fazit: Reale Folgen als Dauereingriff

Der handlungsorientierte klassische Eingriffsbegriff, nach dem der Eingriffscharakter realer Folgen problematisch wäre, ist somit überholt. Umstritten sind lediglich die genauen Konturen der Erweiterung; weitgehende Einigkeit besteht jedoch dahingehend, dass sie erforderlich ist.

Nach dem erweiterten Eingriffsbegriff bestehen keine grundsätzlichen Bedenken, auch abgrenzbare Eingriffsfolgen selbst als Grundrechtsbeeinträchtigungen anzusehen[330]. Aufgrund ihres statischen, fortdauernden Charakters stellen sie einen Dauereingriff dar. Problematisch ist allein, welche konkreten Folgen noch als ein rechtfertigungsbedürftiger Eingriff anzusehen sind[331]. Dies ist aber eine Frage des Einzelfalls und auf der Ebene des Anspruchstatbestandes und -inhalts zu behandeln. Das grundsätzliche Bestehen eines solchen Anspruchs wird hierdurch jedoch nicht infrage gestellt.

Der sich aus einem ungerechtfertigten Eingriff ergebende Zustand steht somit einem dauerhaften Übergriff des Staates auf die geschützte Freiheitssphäre gleich[332]: Wenn der Staat diesen Zustand nicht beseitigt, ignoriert er die Freiheitsverteilung und verletzt dadurch den negatorischen Gehalt des Grundrechts.

(c) Integritätsschützender Charakter des Folgenbeseitigungsanspruchs

Es kann damit festgestellt werden, dass auch rechtswidrige Folgen eines Grundrechtseingriffs ihrerseits eine Beeinträchtigung der geschützten Freiheitssphäre darstellen. Aus diesem Grund ist ein Anspruch, der diese Folgen beseitigt, ebenso integritätsschützend wie ein präventiver Unterlassungsanspruch. Ohne einen solchen folgenbeseitigenden Anspruch jedoch läge ein fortdauernder Grundrechtseingriff vor.

Wenn die Grundrechte die Aufrechterhaltung der Freiheitsverteilung fordern und der Bürger hierauf einen Anspruch hat, so muss dieser auch all diejenigen

329 Vgl. dazu unten G II) 1) b) (2) (b) (dd).

330 Explizit so auch Bethge, VVDStRL 57(1998), S. 7(39); Friauf/Höfling/Enders, vor Art. 1 GG, Rn 111; Sachs/Sachs, Vor Art. 1 GG, Rn 88; ohne Bedenken auch Scherzberg, DVBl. 1989, S. 1128(1135).

331 Gallwas, Faktische Beeinträchtigungen, S. 37 spricht von der Relativierung der Konsequenzen der Erweiterung; ähnlich ders. S. 42.

332 Grzeszick, S. 223, 224.

Rechte enthalten, die zur Aufrechterhaltung der Freiheitsverteilung erforderlich sind: sowohl präventiv wirkende Rechte, als auch solche, die einen Eingriff nachträglich beseitigen[333]. Anderenfalls wären die Grundrechte nur unvollkommene, teilsubjektive Rechte[334]. Hier klingt in der Argumentation häufig der Gedanke einer „Effektuierung des Grundrechtsschutzes"[335] an.

Aus der negatorischen Grundrechtsfunktion kann dabei die lückenlose Grundrechtsbindung der öffentlichen Gewalt hergeleitet werden[336]. Die Möglichkeit, dass ein Grundrechtseingriff im Ergebnis nicht abgewehrt werden kann, widerspräche dieser Annahme. Ein Grundrechtsverständnis, das lediglich Unterlassungs-, nicht aber Beseitigungsansprüche vorsieht, würde daher Lücken im Grundrechtsschutz belassen[337]. Ohne solche Rechte wären die Formulierungen der Grundrechte insofern bloße Leerformeln, die keinerlei durchsetzbare rechtliche Wirkungen zeitigten[338].

Es ist auch unbeachtlich, dass ein solcher Anspruch nicht explizit dem Wortlaut des Grundgesetzes entnommen werden kann, da klar wird, dass er erforderlich ist[339]. Der Verfassungsgesetzgeber wollte die Absicherung der grundrechtlichen Sphäre nicht dem einfachen Gesetzgeber überlassen. Es wäre daher inkonsequent, wenn die Sicherung der Rechte durch Bewehrungen dann allein diesem überlassen wäre; denn dann blieben die Grundrechte teilweise wirkungslos, wenn es an einer entsprechenden einfachgesetzlichen Normierung fehlt.

Sowohl Folgenbeseitigungsanspruch als auch Unterlassungsanspruch erhalten somit die Integrität des jeweiligen grundrechtlichen Schutzguts und haben

---

333 Ebenso Grzeszick in: Erichsen/Ehlers (14.A.), § 45, Rn 119ff.

334 So auch Röder, S. 220.

335 M. Redeker, DÖV 1987, S. 194(196, 198); Bleckmann, Staatsrecht II, § 11 Rn 22; Jestaedt, S. 9 mwN in Fn 4; Röder, S. 344: „Um eine effektive Sicherung des *status negativus* zu gewährleisten, muss er anspruchsbewehrt sein."; Unterreitmeier, DVBl. 2005, S. 1235(1238). Diese Argumentationsfigur wurde auch in der Frühzeit der Gemeinschaftsrechtlichen Staatshaftung verwendet: „Die Staatshaftung wurde zur Durchsetzung der vollen Wirksamkeit des Unionsrechts instrumentalisiert", so Gromitsaris S. 38.

336 S. dazu auch Herdegen in: Maunz/Dürig (55.EL), Art. 1 Abs. 1 GG, Rn 29; ders. (44.EL), Art. 1 Abs. 3 GG, Rn 11.

337 Ebenso T. Schneider, Folgenbeseitigung im Verwaltungsrecht, S. 76f.

338 Angedeutet bei Gallwas, Faktische Beeinträchtigungen, S. 127ff.

339 Anders Steinberg/Lubberger, Aufopferung – Enteignung und Staatshaftung, S. 384: „die Grundrechte selbst enthalten kein Sanktionssystem als Reaktion auf ihre Verletzung". Eine ähnliche Frage stellt auch T. Schneider, Folgenbeseitigung im Verwaltungsrecht, S. 64.

damit freiheitssichernde Funktion[340]. Beiden ist gemeinsam, dass eine grundrechtswidrige Einwirkung des Staates in die Freiheitssphäre des Bürgers nicht erlaubt wird[341]. Geboten ist, dass solche Einwirkungen nicht existieren[342]; dies äußert sich im Gebot, die Einwirkung zu unterlassen oder Einwirkungsfolgen zu beseitigen. Beide Ansprüche unterscheidet lediglich das temporale Element[343]: Der Unterlassungsanspruch wirkt aus der ex-ante-Perspektive, der Wiederherstellungsanspruch aus der ex-post-Betrachtung. Die Unterlassungsverpflichtung besteht trotz ihrer Verletzung fort, die Beseitigung kann als Mittel zur Erfüllung der Unterlassungspflicht angesehen werden[344].

Sie stellen daher lediglich Extrempositionen dar, zwischen denen es Abstufungen gibt, wie bei der Anfechtung nicht bestandskräftiger Verwaltungsakte. Hier könnte die Verpflichtung, den rechtswidrigen Verwaltungsakt aufzuheben, einmal als Ausprägung des Unterlassungsanspruchs angesehen werden, da sie den endgültigen Eintritt der freiheitsverletzenden Rechtsfolgen verhindert. Andererseits ist mit dem belastenden Verwaltungsakt bereits etwas in der Welt, das beseitigt werden muss. Die negativen, zu beseitigenden Folgen sind zwar noch nicht endgültig, aber bereits vorläufig vorhanden. Daher wird der Anspruch auf Aufhebung eines rechtswidrigen Verwaltungsakts teilweise auch als Ausprägung

---

340 Schoch, VerwArch. 79(1988), S. 1(37, 47); Sproll, JuS 1996, S. 313(313f); Höfling, VVDStRL 61(2001), S. 260(271); M. Faber, NVwZ 2003, S. 159(161); Röder, S. 282; Baumeister, S. 27. Daher werden beide Ansprüche auch als eng miteinander verbunden angesehen, vgl. M. Redeker, DÖV 1987, S. 194(197); Sachs, HGR II, § 39 Rn 40; bei Weyreuther, Gutachten B, S. 85ff daher auch als transformierter Unterlassungsanspruch angesehen; ähnlich Röder, S. 227: identischer Rechtsgrund; der VGH Mannheim, DVBl. 1984, S. 881(881) sieht sogar die negatorische Abwehrklage, die auf Unterlassung gerichtet ist, als Spezialfall des Folgenbeseitigungsanspruchs an.

341 Daher wird auch von der „ausschließenden“ Wirkung gesprochen, s. Jarass, AöR 120(1995), S. 345(348).

342 Zum Ausdruck kommt dies auch bei Horn, DÖV 1989, S. 976(978): Zustände, deren dauernde Unvereinbarkeit mit der Rechtsordnung den Grund dafür liefern, dass sie einer Beseitigung unterworfen sind; ähnlich Schwabe, Grundkurs Staatsrecht, S. 75: „Die Pflichtverletzung muss aufhören.“

343 Röder, S. 228 sieht diese daher als einheitliches grundrechtliches Abwehrrecht an; ebenso Rösslein, Folgenbeseitigungsanspruch, S. 70; Pietzko, S. 112; ähnlich Ossenbühl, S. 299.

344 Schoch, VerwArch 79(1988), S. 1 (36).

eines Folgenbeseitigungsanspruchs angesehen[345], auch wenn er nicht auf tatsächliche, sondern nur auf rechtliche Wiederherstellung gerichtet ist.

Da rechtswidrige Realakte und ihre Folgen aber nicht durch einen bloßen Rechtsakt aufgehoben werden können[346], setzt sich der Integritätsschutz neben der rechtlichen auch in der tatsächlichen Sphäre fort[347], in Form des Unterlassungs- und des Beseitigungsanspruchs.

Hieraus ergibt sich auch, dass der Unterlassungs- und der Beseitigungsanspruch gleichrangig sind[348]. Daher kommt es auch nicht darauf an, ob eine Anspruchswandelung dogmatisch begründet werden kann. Vielmehr bestehen beide Ansprüche nebeneinander, sie beziehen sich jedoch lediglich auf verschiedene Situationen[349].

Hinzu kommt, dass Unterlassungs- und Aufhebungsansprüche sowie das Nichtigkeitsdogma jeweils nur rechtliche Wirkungen auslösen. Diese hängen in ihrer Wirksamkeit davon ab, dass sich der Betroffene danach richtet sowie dass Staat und Gesellschaft sie auch durchsetzen. Es wäre widersprüchlich und für den betroffenen Bürger unbefriedigend, würden im tatbestandlichen Bereich des Folgenbeseitigungsanspruchs keine Abwehrrechte gewährt, obwohl er mit tatsächlichen Einwirkungen die denkbar intensivsten Beeinträchtigungen erfasst. Ein sinnvoller, dies legitimierender Grund, warum zwischen diesen Situationen unterschieden werden sollte, ist hingegen nicht ersichtlich.

Im Ergebnis dienen also Unterlassungs- und Beseitigungsansprüche ebenso wie der Anspruch auf Aufhebung rechtswidriger Verwaltungsakte und die Nichtigkeit

---

345 Schleeh, AöR 92(1967), S. 58(76); Rupp, Grundfragen, S. 174ff, 249ff, 259; Rösslein, Folgenbeseitigungsanspruch, S. 76ff, 80ff differenziert: FBA und Aufhebung unterschiedlich, aber gemeinsamer Geltungsgrund; Schoch, VerwArch. 79(1988), S. 1(38); Horn, DÖV 1989, S. 976(976 Fn 5); Schenke, JuS 1990, S. 370(372): systematisch aufs engste verwandt; T. Schneider, Folgenbeseitigung im Verwaltungsrecht, S. 57; Stern, Staatsrecht III/1, § 66, S. 674, 681; Hösch, DÖV 1999, S. 192(194); Gerhardt in: Schoch/Schmidt-Aßmann/Pietzner, Vorbemerkung § 113 VwGO, Rn 9; ebenso Baumeister, S. 6ff.

346 Rupp, DVBl. 1958, S. 113(117).

347 Ebenso Bleckmann, Staatsrecht II, § 11 Rn 21.

348 Rösslein, Folgenbeseitigungsanspruch, S. 70; Schoch, Jura 1993, S. 478(481); ders. VerwArch. 79(1988), S. 1(36): Unterlassungsanspruch besteht neben Beseitigungsanspruch zeitlich fort; Schwabe, Probleme der Grundrechtsdogmatik, S. 198f; Pietzko, S. 112; Röder, S. 225ff.

349 Ebenso Rösslein, Folgenbeseitigungsanspruch, S. 70; Pietzko, S. 112; Ossenbühl, S. 299; Röder, S. 227f; ähnlich Baumeister, S. 28: Beseitigungspflicht tritt zur fortdauernden Unterlassungspflicht.

verfassungswidriger Gesetze dazu, die Integrität der grundrechtlichen Freiheit zu erhalten. Sie sind insofern unmittelbar freiheitsschützend. Dies geschieht einmal durch eine Ausschließung des Staates (Unterlassungsanspruch und Nichtigkeitsdogma, teils auch der Aufhebungsanspruch), andererseits durch Wiederherstellung des Zustandes, wie er bei einer tatsächlichen Ausschließung des Staates bestünde: durch den Folgenbeseitigungsanspruch.

Die Aufrechterhaltung der gebotenen Freiheitsverteilung fordert also einmal einen Unterlassungsanspruch, aber auch einen Wiederherstellungsanspruch[350]. Daher können beide auch in einem generellen grundrechtlichen Integritätsanspruch zusammengefasst werden[351].

(d) Herleitung aus Einzelgrundrecht oder status negativus

Problematisch ist weiter, ob der negatorische Wiederherstellungsanspruch aus dem jeweils verletzten Grundrecht oder aus dem gesamten status negativus abzuleiten ist[352].

Dabei spricht seine Herleitung aus der negatorischen Funktion der Grundrechte dafür, den Folgenbeseitigungsanspruch im einzelnen Grundrecht zu verankern; schließlich setzt er hiernach eine individuelle Rechtsverletzung voraus. Er ist somit ohnehin am einzelnen Grundrecht angeknüpft und nicht an der Gesamtheit der negatorischen Grundrechte. Daher wäre es schwer zu begründen, wie der gesamte status negativus, also alle Grundrechte gleichzeitig, verletzt werden soll. Möglich wäre dies nur dann, wenn man die Verletzung des einzelnen Grundrechts als die des gesamten status ansähe. Dieser Zwischenschritt erscheint jedoch unnötig, wenn ohnehin auf die Verletzung des einzelnen Grundrechts abgestellt wird.

Gegen die Herleitung aus dem einzelnen Grundrecht wird jedoch eingewandt, dass dies aufgrund der unterschiedlichen Schutzbereiche zu einer Zersplitterung des Institutes des Folgenbeseitigungsanspruchs führen würde[353]. Dem kann jedoch entgegengehalten werden, dass ein Folgenbeseitigungsanspruch erst dann entsteht, wenn ein rechtswidriger Zustand besteht. Dieser ergibt sich bei einer generellen grundrechtlichen Ableitung des Folgenbeseitigungsanspruchs aus einem nicht gerechtfertigten und damit verfassungswidrigen Eingriff in den Schutzbereich des jeweiligen Grundrechts. Wann und ob eine Rechtsverletzung

350 Ähnlich auch Schoch, VerwArch. 79(1988), S. 1(35).

351 Schoch, VerwArch 79(1988), S. 1 (37).

352 S. hierzu die Darstellung oben B II) 3).

353 Pietzko S. 101 in Fn. 204; dazu auch Fiedler, NVwZ 1986, S. 969(972ff); Röder, S. 211ff.

vorliegt, muss somit ohnehin für die Erfüllung des Tatbestands jeweils konkret festgestellt werden. Der Folgenbeseitigungsanspruch setzt vielmehr stets die positive Feststellung einer individuellen Grundrechtsverletzung voraus[354]. Die Besonderheiten des jeweiligen Grundrechts werden folglich auf der tatbestandlichen Ebene berücksichtigt, die ohnehin eine einzelfallbezogene Prüfung erfordert. Ihn nicht an das einzelne Grundrecht anzuknüpfen, würde negieren, dass er jeweils eine konkrete Rechtsverletzung voraussetzt. Mithin droht auch nicht die Gefahr einer tatbestandlichen Zersplitterung, da die Besonderheiten der einzelnen Grundrechte denknotwendig bei der Feststellung einer Folgenbeseitigungslage zu berücksichtigen sind. Dem Ansatz, den Folgenbeseitigungsanspruch an das einzelne Grundrecht anzuknüpfen, kann daher nicht vorgeworfen werden, dass die Tatbestandsstruktur des Folgenbeseitigungsanspruchs nicht generalisierbar wäre[355].

(e) Zwischenergebnis

Insgesamt hat sich also gezeigt, dass der abwehrrechtliche Gehalt nicht nur Unterlassung beinhaltet, sondern gegen jede Störung Abwehr bietet[356]. Das Abwehrrecht kann durch Unterlassung oder durch Beseitigung gewährt werden. Eine zu starke Betonung des Unterlassungsanspruchs würde einen verkürzten Eindruck von dem grundrechtlichen Schutz erwecken. Der Wortlaut der Grundrechte spricht nicht nur Unterlassungsansprüche an, sondern jeweils den Schutzgegenstand, das Rechtsgut, das durch Ansprüche in alle Richtungen zu schützen ist[357]. Hiernach wären allein Unterlassungsansprüche als Schutzansprüche nicht ausreichend.

Im Ergebnis stellen Beseitigungs- und Unterlassungsansprüche negatorische Ansprüche dar, die aufs engste verwandt sind und beide freiheitssichernden Charakter aufweisen. Der negatorische Gehalt der Grundrechte zeichnet sich also dadurch aus, dass bei einer Grundrechtsverletzung auf Rechtsfolgenseite Ansprüche entstehen, die die Integrität der Freiheit schützen.

Insofern können die Unterlassungsansprüche auch nicht mit „dem Freiheitsrecht" gleichgesetzt werden, da dieses außer der Unterlassung noch andere Rechte enthält. Es ist daher zu unterscheiden zwischen Freiheitsrecht und negatorischen

---

354 So auch Röder, S. 211.

355 So Pietzko, S. 101.

356 So auch Sachs, Verfassungsrecht II, A4 Rn 13.

357 Sachs, HGR II, § 39 Rn 8.

Ansprüchen, also zwischen dem grundrechtlichen Schutzgut und den Ansprüchen, die daraus bei Verletzung (oder drohender Verletzung) entstehen[358].

3) Kritik am negatorischen Gehalt und der liberalen Theorie

Die liberale Theorie sowie die negatorische Funktion sind jedoch trotz ihres „klassischen" Charakters gerade in jüngster Zeit Kritik ausgesetzt[359]. Diese Einwände sind daher im nächsten Abschnitt zu diskutieren und auf ihre Stichhaltigkeit zu untersuchen sowie darauf, ob sie Auswirkungen auf eine mögliche Herleitung des Folgenbeseitigungsanspruchs haben. Wäre die negatorische Funktion Einschränkungen ausgesetzt, so wäre nämlich nicht ausgeschlossen, dass dies auch Auswirkungen auf die Herleitung des Folgenbeseitigungsanspruchs aus ihr hätte.

a) Relativierung durch Hinzufügung weiterer Funktionen

Zunächst wird ein rein negatorischer Gehalt der Grundrechte zunehmend bestritten[360]. Dies erfolgt aufgrund neuerer Entwicklungen in der Grundrechtsdogmatik.

---

358 Bachof, GS Jellinek, S. 287(293, 294); Heidenhain, Amtshaftung und Entschädigung, S. 138f; Weyreuther, Gutachten B, S. 78ff; Henke, Recht und Staat, S. 613; ders. DÖV 1984, S. 1(2); Schwabe, Probleme der Grundrechtsdogmatik, S. 9; Scherzberg DVBl. 1989, S. 1128(1135) mwN; ders. DVBl. 1988, S. 129(133); Heintzen, VerwArch. 81(1990), S. 532(535f); H. Dreier, Jura 1994, S. 505(506); Bleckmann, Staatsrecht II, § 11, Rn 5: zwischen Freiheit und einzelner Funktion zu trennen; Isensee, HStR IX, § 191 Rn 145; Stern, Staatsrecht III/1, § 66, S. 623, inzident 673; Unterreitmeier, DVBl. 2005, S. 1235(1237f); zum Bezug auf Laband und Jellinek Friauf/Höfling/Enders, vor Art. 1 GG, bei und nach Fn 71; Sachs, Verfassungsrecht II, A4 Rn 15, 17; ders. HGR II, § 39 Rn 8; Baumeister, S. 25; Rupp, Grundfragen, S. 160 auch für die einfachgesetzlichen Rechte und Ansprüche.

359 Bei Suhr, EuGRZ 1984, S. 529ff; Grimm, Die Zukunft der Verfassung, S. 227ff; Vesting, Von der liberalen Grundrechtstheorie zum Grundrechtspluralismus, S. 9ff; Morgenthaler, Freiheit durch Gesetz, S. 227ff.

360 Beispielsweise Grimm, AöR 97(1972), S. 489(495): „Einseitig staatsgerichtet vermochten sie [die Freiheitsrechte] ihre emanzipatorische Aufgabe nur unvollkommen erfüllen." – hier werden wohl negatorische Abwehrrechte mit staatsgerichteten Grundrechten gleichgesetzt; kritisch auch Häberle, VVDStRL 30(1972), S. 43(73) – „status negativus" nicht mehr ausreichend, um den Grundrechtsgefährdungen zu begegnen; Rupp, JZ 1971, S. 401(401f); Grabitz, Freiheit und Verfassungsrecht, S. 253f; Morgenthaler, Freiheit durch Gesetz, S. 223; ebenso verbreitet ist die Ansicht, die Abwehrrechte spielten für den Bürger heute faktisch kaum noch eine Rolle, s. Bleckmann, Staatsrecht II, § 11 Rn 7; ähnlich di Fabio, JZ 2004, S. 1(6).

Einmal wird angenommen, dass Freiheit nicht mehr nur Freiheit vom Staat sei, sondern dass dies auch die Gewährleistung der tatsächlichen Freiheitsausübung beinhalten müsse. Weiter steht es auch im Kontext der ergänzenden Entwicklung von grundrechtlichen Schutzpflichten und objektiven Grundrechtsgehalten[361].

Überwiegend[362] können die Aussagen dieser Autoren aber dahingehend gedeutet werden, dass der negatorische Gehalt auf der Grundlage der liberalen Funktion zwar nicht mehr ausreichend ist, aber auch nicht völlig verdrängt wird oder gänzlich überholt ist. Die Grundrechte sollen danach nicht mehr *nur* reine Abwehrrechte sein[363], auch wenn häufig formuliert wird, dass die subjektiven

---

361 Vesting, Von der liberalen Grundrechtstheorie zum Grundrechtspluralismus, S. 9(12): Für das Grundgesetz gelte dies durch die Rezeption objektiv-rechtlicher Elemente aus der Integrationslehre *Smends*.

362 Anders Vesting, Von der liberalen Grundrechtstheorie zum Grundrechtspluralismus, S. 9(15), der „die liberale Theorie durch ein lernfähigeres Konzept" ersetzen will; dazu auch Starck in: v. Mangoldt/Klein/Starck, Art. 1 Abs. 3, Rn 174.

363 So explizit BVerfGE 33, 303(330): „...daß damit die Grundrechte nicht nur Abwehrrechte des Bürgers gegen den Staat sind"; Friauf, DVBl. 1971, S. 674(677); Häberle, VVDStRL 30(1972), S. 43(72, 74, 83 Fn 170, 102); ders. Wesensgehaltsgarantie, S. 370; Grimm, AöR 97(1972), S. 489(500); dazu Isensee, Der Staat 19(1980), S. 367(367); Rüfner, FS Wannagat, S. 379(386); ebenso Starck JuS 1981, S. 237(238); ders. in: v. Mangoldt/Klein/Starck, Art. 1 Abs. 3 GG, Rn 153, 170, 171; Bethge, Der Staat 24(1985), S. 351(375); ders. VVDStRL 57(1998), 7(14); E. Klein, NJW 1989, S. 1633(1633); dazu Heintschel v. Heinegg/Haltern, JA 1995, S. 333(334); Jarass, AöR 120(1995), S. 345(347); Jeand'Heur, JZ 1995, S. 161(162ff); Hesse, Grundzüge des Verfassungsrechts, Rn 279; ders. HVerfR, § 5 S. 139; Bleckmann, Staatsrecht II, § 11 Rn 1; Wahl, JuS 2001, S. 1041(1042); Franzius, Der Staat 42(2003), S. 493(508f).
Häufig werden auch objektive Rechte neben die Abwehrgehalte gestellt, so bei Starck in: v. Mangoldt/Klein/Starck, Art. 1 Abs. 3 GG, Rn 153; Böckenförde, Der Staat 29(1990), 1ff, oder Leistungsrechte, bei Schwarz, JZ 2000, S. 126(128); ebenso dargestellt wird dies bei v. Münch in: v. Münch/Kunig, Vorbem. Art. 1–19 GG, Rn 17; Brugger, JZ 1987, S. 633(635) sowie Starck, HStR VII (2.A.), § 164, Rn 34, 43ff, 47: Fortentwicklung der liberalen Theorie, so dass sie auch Schutzpflichten und institutionelle Gehalte erlaubt. Dies zeigt sich auch in der Kritik am „Nachtwächterstaat", die nicht auf eine Abschaffung der Sicherheitsgewährleistung, sondern auf die Erweiterung um soziale Aufgaben abzielte, s. dazu Isensee, Sicherheit, S. 12.

Rechte immer noch im Vordergrund stünden[364]. Allerdings werden hier unter subjektiven Rechten nicht nur Abwehrrechte verstanden[365].

Ähnlich entwickelte sich auch die Rechtsprechung des Bundesverfassungsgerichts. Ausgehend von der negatorischen Wirkung als „klassischer“ Grundrechtsfunktion wurden weitere Gehalte entwickelt[366], bis es im Ergebnis zur „Multifunktionalität der Grundrechte“ kam[367]. Dennoch blieb es auch hiernach bei einem Vorrang der subjektiven Seite[368], insbesondere der Abwehrfunktion.

---

364 Für die Abwehrrechte im Vergleich zu sozialstaatlichen Rechten Dürig in: Maunz/Dürig (1.EL), Art. 1 Rn 98; Friauf, DVBl. 1971, S. 674(677); Schwabe, Probleme der Grundrechtsdogmatik, S. 11; Breuer, FG 25 Jahre BVerwG, S. 89(89); Schmitt Glaeser, DÖV 1980, S. 1(6); Merten, VerwArch. 73(1982), S. 103(111); Rüfner, FS Wannagat, S. 379(389f); Brugger, JZ 1987, S. 633(635); E. Klein, NJW 1989, S. 1633(1633); Wahl/Masing, JZ 1990, S. 553(559); Grabitz, Freiheit und Verfassungsrecht, S. 252ff; Jeand'Heur, JZ 1995, S. 161(165); Heintschel v. Heinegg/Haltern, JA 1995, S. 333(333); Stern, Staatsrecht III/1, § 64, S. 472; ebenso § 67 S. 690; ders. Staatsrecht III/2, § 95 S. 1729; Bleckmann, Staatsrecht II, § 11 Rn 6; Bethge, VVDStRL 57(1998), S. 7(14); A. Faber DVBl. 1998, S. 745(747, 749) zu einem Fall des „Schutzes des Rauchers vor sich selbst“; im Vorrang insbesondere zur Schutzpflicht Brüning, JuS 2000, S. 955(958); Isensee, HStR IX, § 191, Rn 31; Starck, HStR VII (2.A.), § 164, Rn 34, 43ff, 47: nicht mehr nur, aber immer noch primär negatorisch; Sachs, Verfassungsrecht II, A3, Rn 21: „negative Kompetenznormen“, Abwehrfunktion der Grundrechte zentral bedeutsam; ebenso v. Münch in: v. Münch/Kunig, Vorbem. Art. 1–19, Rn 16; Badura, Staatsrecht, Rn C.2; Relativierung zugunsten insbes. der obj, Wirkungen aber Ossenbühl, HGR I, § 15 Rn 44, 45; Peine, HGR III, § 57, Rn 3; Dreier/Dreier, Vorbem. Rn 82; allgemeiner Starck in: v. Mangoldt/Klein/Starck, Art. 1 Abs. 3, Rn 175; ders. JuS 1981, S. 237(239); anders Häberle, Wesensgehaltsgarantie, S. 96ff; Wahl, JuS 2001, S. 1041(1042); kritisch aus rechtshistorischer Sicht Grimm, Die Zukunft der Verfassung, S. 224ff, insbes. 226.

365 Hesse, Grundzüge des Verfassungsrechts, Rn 279; Starck in: v. Mangoldt/Klein/Starck, Art. 1 Abs. 3, Rn 182ff; Badura, Staatsrecht, Rn C.2.

366 Objektiv-rechtliche Gehalte: BVerfGE 7, 198(205ff) – Lüth; Schutzpflichten: 39, 1(41f) – Schwangerschaftsabbruch; 49, 89(140ff, 142) – Kalkar; 53, 30(65f) – Mühlheim-Kärlich; 56, 54(73) – Fluglärm; sozialstaatlich-teilhabeorientierte Ausprägung: 33, 303(332ff) – Numerus-clausus; Verfahrensrechte: 37, 132(141); 53, 50(65) – Mühlheim-Kärlich; 65, 1(58) – Volkszählung.

367 Tendenziell bereits in BVerfGE 6, 55(72): es sei Aufgabe der Verfassungsrechtsprechung, die verschiedenen Formen einer Verfassungsnorm, insbesondere eine Grundrechts, zu erschließen; so auch Häberle, Wesensgehaltsgarantie, S. 359: Integration neuer Grundrechtsverständnisse zu einem komplexen Ganzen, das zeige, dass Grundrechten im Laufe der Zeit mehrere Bedeutungsschichten zuwüchsen; ders. VVDStRL 30(1972), S. 43(74 Fn 121): „Mehrschichtigkeit“; Bleckmann, Staatsrecht II, § 11 Rn 1.

368 BVerfGE 7, 198(204); 13, 318(325f); 21, 362(369); 33, 303(329f); 39, 1(41); 50, 290(337); 59, 231(255); 61, 82(100f); 68, 193(205).

Auf rein grundrechtstheoretischer Ebene ist daher umstritten, ob nur die liberale Theorie in ihrer reinen Form für die Grundrechtsinterpretation maßgeblich sein soll[369]. Nach einer Auffassung soll sie grundsätzlich gelten; andere Gehalte sollen nur angenommen werden, wenn sich hierfür hinreichend klare Interpretationsanhaltspunkte ergeben[370]. Nach einer anderen Ansicht ist nur eine „Bündeltheorie", die die liberale Theorie mit einschließt, der Multifunktionalität der Grundrechte angemessen[371].

Die Kritik stellt also im Wesentlichen nicht infrage, dass die liberale Theorie noch gilt, sondern bezweifelt, dass sie als Theorie der Grundrechte allein maßgeblich ist, so dass ihr noch weitere Theorien an die Seite gestellt werden müssen.

Jedoch können die weiteren Funktionen, insbesondere die Schutzpflichten, Eingriffe in den negatorischen Gehalt rechtfertigen[372]. Dadurch ist es möglich, dass liberal-negatorische Gehalte zurücktreten, wenn eine Kollision zwischen

---

369 So Brugger, JZ 1987, S. 633(635) – dies würde zu einer dualistischen und nicht einheitlichen, also letztlich in sich zerrissenen Grundrechtstheorie führen; ebenso Böckenförde, NJW 1974, S. 1529(1537f): Nur eine Theorie kann den Interpreten wirklich binden, nach seiner Ansicht ist das die liberal-rechtsstaatliche, durch das Sozialstaatsprinzip modifiziert.

370 Starck, HStR VII (2.A.), § 164, Rn 34; Rn 47 für die Annahme sozialer Rechte.

371 Alexy, Theorie der Grundrechte, S. 520, nach dem diese „das grundrechtliche Argumentieren auf inhaltlich akzeptable Weise so weit wie möglich rational strukturiert"; auf die Multifunktionalität iSv verschiedenen enthaltenen Grundrechtsgehalten wird auch bei Häberle, Wesensgehaltsgarantie, S. 345 und 370 hingewiesen; Kombination mit objektiv-rechtlichen Gehalten bei Böckenförde, Der Staat 29(1990), S. 1ff; ein Ansatz zum „Grundrechtspluralismus" unter Hinzufügung gerade objektiv-rechtlicher und verfahrensrechtlicher Elemente, aber auch einer generellen Flexibilisierung Vesting, Von der liberalen Grundrechtstheorie zum Grundrechtspluralismus, S. 9(21f); Stern, Staatsrecht III/2, § 95 S. 1680; ders. bezweifelt allerdings auf S. 1690 die Sinnhaftigkeit von Grundrechtstheorien; Argument der Multifunktionalität bei Sachs, Verfassungsrecht II, A3 Rn 26.

372 BVerfGE 39, 1(47): hier seien Maßnahmen unvermeidlich, durch welche die Freiheitsbereiche anderer Grundrechtsträger tangiert würden; jüngst BVerfG v. 13.2.2007, NJW 2007, S. 753(755 Rn 75) – heimliche Vaterschaftstests; Isensee, Sicherheit, S. 28; zu diesem „mehrpoligen Verfassungsrechtsverhältnis" Calliess, JZ 2006, S. 321(325ff); dazu auch Wahl/Masing, JZ 1990, S. 553ff; Hillgruber, JZ 2007, S. 209(211, 217). Dies gilt auch für anerkannte Institute wie den polizeirechtlichen „finalen Rettungsschutz", der als Eingriff in das Lebensrecht durch eine Schutzpflicht zugunsten des Bedrohten gerechtfertigt wird, s. hierzu Hartleb, NJW 2005, S. 1397(1398).

ihnen und weiteren Grundrechtsgehalten gerechtfertigt werden kann. Insofern wird der negatorische Gehalt durch eine Erweiterung der Grundrechtsfunktionen auch in seiner Normativität abgeschwächt[373]. Wäre die negatorische Funktion jedoch hierdurch verkürzt, könnte dies könnte die Herleitung eines Folgenbeseitigungsanspruchs hieraus betreffen.

Die Abschwächung erfolgt dabei regelmäßig nicht auf der Ebene des Schutzbereichs, sondern prinzipiell nur dadurch, dass Eingriffe in den Schutzbereich häufiger gerechtfertigt werden können[374]. Die hinzugefügten objektiven Grundrechtsfunktionen können dazu dienen, klassisch-negatorische Abwehrrechte einzuschränken, da sich durch die objektiven Gehalte weitere grundrechtsimmanente Schranken ergeben können. Es bestehen erweiterte Rechtfertigungsmöglichkeiten, wodurch ungerechtfertigte Eingriffe seltener werden dürften. Nicht betroffen wären jedoch die Reichweite des Schutzbereichs sowie die Rechtsfolgen nach einem ungerechtfertigten Eingriff. Daher würde zwar die Häufigkeit eines Grundrechtseingriffs abnehmen, und damit auch die Häufigkeit eines Folgenbeseitigungsanspruchs, jedoch wirkt sich dies letztlich nicht auf das grundsätzliche Bestehen des Anspruchs aus. Die Abschwächung der negatorischen Funktion bleibt daher theoretisch, sofern sie lediglich bewirkt, dass die negatorische Funktion nicht mehr singulär gilt. Insgesamt ist es daher für die Herleitung des Folgenbeseitigungsanspruchs unerheblich, welche der möglichen Grundrechtstheorien die „einzig richtige" ist. Zu fragen ist vielmehr, welche der Theorien die Herleitung eines Folgenbeseitigungsanspruchs bewältigen könnte. Sofern diese Grundrechtstheorie nicht vollständig in Frage gestellt wird, kann es daher dahinstehen, ob sie singulär oder nur als eine unter mehreren gilt.

Im Übrigen bezieht sich der Folgenbeseitigungsanspruch schlicht darauf, ungerechtfertigte staatliche Eingriffe rückgängig zu machen. Hiermit weist er einen engen Bezug zur abwehrrechtlichen Funktion der Grundrechte auf, weshalb für seine Ableitung bereits das liberale Verständnis in seiner reinen, klassischen

---

373 Dürig in: Maunz/Dürig (1.EL), Art. 1 GG, Rn 98; W. Leisner, DÖV 1975, S. 73(73, 74); Friauf, DVBl. 1971, S. 674(675, 677f); Martens, VVDStRL 30(1972), S. 7(18f); Rupp-v. Brünneck/Simon, abw. Meinung zu BVerfGE 39, 1ff, S. 68(73f); Isensee, Sicherheit, S. 18; Grimm, Die Zukunft der Verfassung, S. 221f; Jeand'Heur, JZ 1995, S. 161(162, 164f); di Fabio, JZ 2004, S. 1(2); Ladeur, DÖV 2007, S. 1(2); dazu auch Friauf/Höfling/Enders, vor Art. 1 GG, Rn 85ff; Ipsen, Staatsrecht II, Rn 84; die Gefahr des subjektiven Rechts nach Maßgabe des Instituts sieht auch Stern, Staatsrecht III/1, § 68, S. 793.

374 So auch Friauf, DVBl. 1971, S. 674(677f).

Ausprägung am besten geeignet ist[375]. Für Zwecke dieser Untersuchung kann das liberale Verständnis daher trotz der Einwände angewandt werden.

Insbesondere entsteht der Folgenbeseitigungsanspruch infolge der typischen Eingriffsverwaltung, die geradezu mit dem liberalen Grundrechtsverständnis korrespondiert. Daher sind für die Ableitung des Folgenbeseitigungsanspruchs auch die Probleme unerheblich, die die Zukunftsfähigkeit der liberalen Grundrechtstheorie infrage stellen sollen. Diesbezüglich wird vertreten, die liberale Grundrechtstheorie könne die Privatisierung im Sinne einer Selbstregulierung der Gesellschaft, Entwicklungen aufgrund des technischen Fortschritts sowie aufgrund wirtschaftlicher Akkumulierung sowie die Verschlechterung der Situation einzelner Bevölkerungsteile nicht erfassen.

b) Freiheit nur in und nach Maßgabe von Recht und Gemeinschaft – individualistische oder gemeinschaftsbezogene Grundrechte?

Weiter gibt es kritische Stimmen, die es ablehnen, die Grundrechte im negatorischen Sinne als „Freiheit vom Staat" zu verstehen. Sie sind vielmehr der Ansicht, Freiheit könne nicht mehr Ausgrenzung aus dem Staat bedeuten, sondern sei dem Einzelnen nur als Freiraum in einem Gemeinwesen gegebenen, das von der Verfassung geordnet werde[376]. Der Freiraum existiere damit nur nach Maßgabe der Verfassung und der Gesetze; er sei Teil einer „freiheitlichen Gesamtordnung" und damit nicht verfassungsfrei und nur teilweise staatsfrei[377]. Die Freiheit ist hiernach nicht mehr prinzipiell unbegrenzt und vorstaatlich, sondern wird vielmehr vom Staat gewährt und ist damit von seiner Willkür abhängig.

In eine ähnliche Richtung geht die Kritik, wenn eine Freiheit „nur im Recht" bestehen soll. Dies geschieht unter der Prämisse, der freie Mensch könne Freiheit immer nur innerhalb der Gemeinschaft gewinnen und üben[378]. Es geht hier also um die Frage, inwiefern die Grundrechte noch eine individualistische Ausrichtung aufweisen können, oder ob sie nicht vielmehr als gemeinschaftsbezogen anzusehen sind. Die Freiheit ist nach dieser Auffassung nicht mehr unbegrenzt, sondern explizit gemeinschaftsbezogen.

---

375 Ebenso Suhr, EuGRZ 1984, S. 529(532).

376 Albers, DVBl. 1996, S. 233(238ff); Schwarz, JZ 2000, S. 126(128); Erichsen, HStR VI (2.A.), § 152, Rn 3, 6.

377 Hesse in: FG Smend, S. 71(86); Erichsen, HStR VI (2.A.), § 152 Rn 6; ähnlich Häberle, Wesensgehaltsgarantie, S. 229ff: „Freiheit ist rechtlich geordnete Freiheit" (S. 230).

378 Scheuner VVDStRL 22(1965), S. 1(41); ähnlich Suhr, EuGRZ 1984, S. 529(543ff, 541ff).

Beide Einwände sollen daher im Folgenden auf ihre Stichhaltigkeit hin untersucht werden. Dabei soll zunächst die Annahme der Gemeinschaftsbezogenheit untersucht werden (1), und anschließend die der Freiheit nach Maßgabe des Rechts (2).

(1) Kritik an der individualistischen Ausrichtung

Eine der primären Wirkungen eines liberal-negatorischen Grundrechtsverständnisses ist es, dass die Grundrechte als subjektive Rechte des Individuums angesehen werden[379], und dazu dienen, Räume individueller Selbstentfaltung zu schaffen und zu sichern[380]. Hiernach weisen die Grundrechte eine stark individualistische Ausrichtung auf[381]. Sie sind primär als Rechte gedacht, die der einzelne Bürger dem Staat entgegensetzen kann und treten nur hinter das Gemeinwohl zurück, wenn hierfür rechtfertigende Gründe bestehen.

Es wird jedoch angezweifelt, dass die Grundrechte in diesem Maße individualistisch ausgerichtet sind[382]. Zwar wird nicht bestritten, dass das Grundgesetz eine eindeutige Abwehrstellung gegen „einen den Menschen zum Objekt herabwürdigenden Kollektivismus" bezogen hat[383]. Allerdings wird auch behauptet,

---

379 So beispielsweise Stern, Staatsrecht I, § 4 S. 98; auch Scheuner, DÖV 1971, S. 505(505): „stark vom liberalen Individualismus geprägte Anschauung".

380 Kube, DVBl. 2005, S. 721(724): „schützen die Freiheit des Einzelnen in verschiedenen Lebensbereichen"; Sachs, Verfassungsrecht II, A3 Rn 21: „Räume individueller Beliebigkeit"; Ossenbühl, HGR I, § 15 Rn 45: „sollen die Grundrechte dem einzelnen einen Raum freier eigener Lebensgestaltung garantieren".

381 Brugger, JZ 1987, S. 633(637); Stern, Staatsrecht III/2, § 95 S. 1686; ähnlich Di Fabio, VVDStRL 56(1996), S. 235(257); Albers, DVBl. 1996, S. 233(237); Bleckmann, Staatsrecht II § 8, S. 113; Rüfner, BVerfG-FS (2001), Band 2, S. 55(55): „Die Grundrechte sind aus der Sicht des einzelnen Menschen und der natürlichen Personen konzipiert"; Rupp, HStR II (3.A.), § 31, Rn 35; zum Ausdruck kommend auch in BVerfGE 50, 290(362f); 61, 82(100f).

382 Darauf weist Hofmann, NJW 1989, S. 3177(3177) hin: „Heute steht.... nicht nur der Universalismus jener Prinzipien in Frage, sondern auch ihr ausgeprägter Individualismus"; ähnlich Albers, DVBl. 1996, S. 233(238ff). Skeptisch hinsichtlich der Konsensfähigkeit des Werts der gleichen individuellen Freiheit stellt Grimm, Die Zukunft der Verfassung, S. 98.

383 Dürig in: Maunz/Dürig (1.EL), Art. 1 Abs. 1 GG, Rn 46; so auch BVerfGE 6, 55(71f): „In Abkehr von der Allstaatlichkeit des Nationalsozialismus bekennt sich das Grundgesetz auch für diesen Lebensbereich zur Eigenständigkeit und Selbstverantwortlichkeit des Menschen". Eine Negation der Freiheitsrechte als individuelle Freiheitsrechte hingegen müsste als ein Kennzeichen eines (kommunistischen oder nationalsozialistischen) Totalitarismus angesehen werden

das Menschenbild des Grundgesetzes[384] sei nicht dem anderen Extrem, dem klassisch liberalen Individualismus verpflichtet; vielmehr halte es die mittlere Linie des Personalismus[385] ein. Es habe sich für eine Gemeinschaftsbezogenheit und -gebundenheit der Person entschieden[386] und gegen das Bild eines isolierten souveränen Individuums im Sinne der liberalen Theorie[387]. Die Freiheit sei „nicht nur

---

s. dazu Murswiek, HStR IX, § 192, Rn 35ff; ähnlich Hofmann, NJW 1989, S. 3177(3184).

384 Generell skeptisch gegenüber der Idee eines „Menschenbildes" des Grundgesetzes aber Suhr, EuGRZ 1984, S. 529(531); ähnlich Hofmann, JZ 1992, S. 165(166); teilweise Bleckmann, Staatsrecht II, § 8, S. 107, nach dem es für das Menschenbild nicht auf die historische Vorstellung des Verfassungsgebers ankomme, sondern auf die heutigen Erkenntnisse über den Menschen und seine Gefährdungen; dieses hingegen als Grundlage für die Grundrechtsinterpretation ansehend Sachs/Sachs, Vor Art. 1 GG, Rn 61f; zum Menschenbild des GG P.M. Huber, Jura 1998, S. 505ff.

385 So als Mittelweg zwischen Kollektivismus und Individualismus, Dürig in: Maunz/Dürig (1.EL), Art.1 GG, Rn 46, 47; bei Brugger, AöR 123(1998), S. 337ff (insb. 343) als Kommunitarismus bezeichnet.

386 BVerfGE 4, 7(15f); 8, 274(329); 12, 45(51); 27, 1(7); 27, 344(351); 30, 1(20); 30, 173(193); 32, 98(108); 33, 303(334); 50, 166(175); 56, 37(49); 65, 1(44); Gemeinschaftsgebundenheit auch erwähnt in BVerfGE 50, 290 (353);
Dürig in: Maunz/Dürig (1.EL), Art. 1 Abs. 1 GG, Rn 46; v. Mangoldt, Bonner GG (1.A.), Art. 1 GG, S. 43; Scheuner, DJT-FS (1960), Band 2, S. 229(261); Albers, DVBl. 1996, S. 233(237) führt an, dieses Verständnis blende die soziale Konstitution und soziale Einbettung individueller Freiheit aus; bei Brugger, AöR 123(1998), S. 337(343) Beleg eines kommunitaristischen Menschenbildes des Bundesverfassungsgerichts; Morgenthaler, Freiheit durch Gesetz, S. 222f: Entfaltungsmöglichkeiten des isolierten Individuums beschränkt; ähnlich Herdegen in: Maunz/Dürig (55.EL), Art. 1 Abs. 1 GG, Rn 25; Ossenbühl, HGR I, § 15 Rn 45; allerdings skeptisch gegenüber dem Konstrukt eines Menschenbildes des Grundgesetzes an sich Herdegen, JZ 2004, S. 873(878).

387 Dies als Kennzeichen der liberalen verstandenen Grundrechte bezeichnend E.R. Huber, AöR 23(1933), S. 1(17); ähnlich ohne explizite Erwähnung der liberalen Theorie Schmitt, Verfassungslehre, S. 164: Grundrechte im eigentlichen Sinn seien nur die Rechte des isolierten Einzelmenschen. Auf S. 165 werden auch „Rechte des einzelnen in Verbindung mit anderen einzelnen" als echte Grundrechte angesehen, die allerdings ihren Charakter als individualistische Freiheitsrechte verlieren, sobald sie politisch werden. Der isolierte Einzelmensch wurde hier also mit dem unpolitischen Individuum gleichgesetzt. Annahme auch bei Grimm, Die Zukunft der Verfassung, S. 232: natürliche Freiheit ist nur die, deren Wahrnehmung dem Träger ohne bestimmte Vorleistungen von Dritten möglich sei; Morgenthaler, Freiheit durch Gesetz, S. 229.

um des Einzelnen, sondern auch um der Gemeinschaft willen verfassungsrechtlich abgesichert"[388]. Teile der Literatur lehnen infolgedessen ein Menschenbild des Grundgesetzes, das die freiverantwortliche Selbstentfaltung des Individuums beinhaltet, ab und postulieren einen weiteren Sozialbezugs des Einzelnen[389]. Insbesondere die freie Beliebigkeit der persönlichen Entfaltung wird jüngst infrage gestellt[390]. Zusammengefasst argumentieren Vertreter dieser Auffassung, eine rein individualistische Deutung der Grundrechte im Sinne der liberalen Theorie werde dem sozialen Gedanken des Grundgesetzes nicht gerecht, sei unsozial[391]. Unter der Bezeichnung „Kommunitarismus" wurde dies bereits als Verfassungstheorie des Grundgesetzes[392] diskutiert.

Noch nach dem rechtsstaatlichen Verteilungsprinzip nach *Schmitt* waren die Grundrechte „Individualrechte, das heißt, Rechte des isolierten Einzelmenschen"[393]. Dieser Individualismus wird jedoch von Kritikern dieses Konzepts als nicht mehr zeitgemäß angesehen. Kritik am Individualismus der Grundrechte richtet sich daher gegen eine Prämisse des Verteilungsprinzips, das eine der wesentlichen Ausgestaltungen der liberal-negatorischen Funktion ist. Es wird

---

388 Häberle, Wesensgehaltsgarantie, S. 17ff; Erichsen, HStR VI (2.A.), § 152, Rn 8. In der Rechtsprechung des Bundesverfassungsgerichts gibt es auch antiindividualistische Tendenzen, dies aber dann vor allen Dingen als Ergebnis einer Abwägung, vgl. Roellecke FG BVerfG (1976), Band 2, S. 22(26f) und BVerfGE 33, 52(69).

389 Scheuner DÖV 1971, S. 505(512); Erichsen, HStR VI (2.A.), § 152, Rn 8; Ossenbühl, HGR I, § 15, Rn 23, der „das pointiert individualistische Menschenbild dieser Abwehrfunktion inzwischen durch eine Gemeinschaftsgebundenheit und Gemeinschaftsbezogenheit stärker betonende Sicht gewandelt" sieht; Relativierung hingegen in Rn 45.
Die zitierte Rechtsprechung des Bundesverfassungsgerichts BVerfGE 32, 98(107f) bestätigt dies jedoch nicht, da die freie Selbstentfaltung nur äußersten Schranken unterworfen wird. Diese Aussage wurde dazu für Art. 5 Abs. 3 GG als ein schrankenlos gewährleistetes Grundrecht getroffen.

390 Böckenförde, Der Staat 42(2003), S. 165(175).

391 Forsthoff, VVDStRL 12(1954), S. 8(23, 28); Scheuner, DJT-FS(1960), Band 2, S. 229(261); Häberle, VVDStRL 30(1972), S. 43(83 Fn 170): liberale Grundrechtstheorie im Gegensatz zur Teilhabe; ähnlich Kittner, AK-GG (2.A.), Art. 20 Abs. 1–3, IV GG, Rn 1.

392 Brugger, AöR 123(1998), S. 337ff, insbes. 366ff Analyse der grundrechtlichen Vorgaben.

393 Schmitt, Verfassungslehre, S. 164; relativierend bereits ders. Grundrechte und Grundpflichten, S. 181(207): „des isoliert gedachten oder des mit anderen einzelnen Menschen in Beziehung tretenden Individuums".

somit indirekt angezweifelt, ob die liberale Theorie noch den Normierungen des Grundgesetzes gerecht wird.

(a) Gemeinschaftsbezogenheit des Menschenbildes des gesamten Grundgesetzes
Jedoch bezieht sich die Aussage, das Grundgesetz habe sich nicht für einen klassisch liberalen Individualismus entschieden, sondern für das gemeinschaftsbezogen – personale Menschenbild, auf das Grundgesetz als solches[394]. Dieses besteht aber aus vollkommen unterschiedlichen Normen, die unter anderem auch staatsorganisatorische Fragen regeln, die Grundrechte sind nur ein Teil hiervon. Die Aussage, das Grundgesetz Menschenbild sei einem Mittelweg verpflichtet, kann daher auch bedeuten, dass es Normen enthält, die die Gemeinschaftsbezogenheit betonen, aber daneben auch solche, die einen individualistischen Gehalt aufweisen. Dies würde insgesamt ein Menschenbild ergeben, das vermittelnd zwischen den beiden Positionen steht.

Die Grundrechte stellen bereits thematisch den einzelnen Bürger in seiner privaten Lebensentfaltung in den Mittelpunkt. Eigentum, Religion, Meinungsäußerung, Freizügigkeit und ähnliche Bereiche sind Rechte, die nicht notwendig in einer Gemeinschaft, sondern gerade auch von einzelnen Menschen wahrgenommen werden. Die Grundrechte beinhalten daher unabhängig vom Menschenbild des gesamten Grundgesetzes eine individualistische Ausrichtung. Das Sozialstaatsprinzip, aber auch das Rechtsstaatsprinzip oder die Staatszielbestimmung des Umweltschutzes stellen diesen Individualrechten Prinzipien an die Seite, die den Fokus auf die Gemeinschaft, die Gesamtheit der Staatsbürger und Einwohner legen. Die Gesamtschau aus beiden Typen von Verfassungsnormen ergibt ein Individuum, das auch gemeinschaftsbezogen ist[395]. Die Annahme eines gemeinschaftsbezogenen Menschenbildes des Grundgesetzes spricht daher nicht zwingend gegen eine individualistische Ausrichtung der Grundrechte.

---

394 BVerfGE 4, 7(15f); 7, 320(323); 47, 327(369); 65, 1(44); Insofern nicht ganz eindeutig in BVerfGE 50, 290(353): „…im Blick auf das Bild des Menschen, von dem das Grundgesetz in Art.1 GG ausgeht;". Es wird hier einmal vom Menschenbild des Grundgesetzes gesprochen, aber auch davon, dass das Grundgesetz in Art. 1 GG davon ausgeht. Man könnte damit davon ausgehen, dass Art.1 GG das Menschenbild des Grundgesetzes dadurch auch als Menschenbild der Grundrechte festlegt; ähnlich Krüger, DÖV 1961, S. 721(726 Fn. 42a); BK-Zippelius, Art. 1 Abs. 1 u. 2, Rn 14; im Rahmen einer Gesamtschau wird neben Grundrechten hat das Bundesverfassungsgericht auch Art. 20 einbezogen, so P.M. Huber, Jura 1998, S. 505(506). *Huber* selbst bezieht auch die Präambel mit ein, S. 506.

395 So auch Ossenbühl, DÖV 1965, S. 649(658).

(b) *Unterschied: isoliertes, gemeinschaftsbezogenes und vergemeinschaftetes Individuum*

Zu untersuchen ist weiter, welchen genauen Inhalt ein gemeinschaftsbezogenes Menschenbild hat. Trotz der Gemeinschaftsbetonung könnte es sein, dass sich individualistische Ausrichtung und Gemeinschaftsbezug nicht ausschließen.

Meist wird betont, das Grundgesetz definiere den Menschen an keiner Stelle als „isoliertes Individuum“[396]. Der Kern des gemeinschaftsbezogenen Menschenbildes liegt somit darin, dass die Idee eines isolierten Individuums abgelehnt wird. Eine individualistische Ausrichtung der Grundrechte muss aber nicht zwingend bedeuten, dass das Individuum isoliert ist. Es besteht nämlich ein Unterscheid zwischen einem isolierten Individuum und einem solchen, das erst zweitrangig Mitglied einer Gemeinschaft ist[397], beziehungsweise nicht nur als Mitglied einer Gemeinschaft wahrgenommen wird[398]. Letzteres stellt den Menschen in den Mittelpunkt – sowohl als stets vereinzelten Menschen oder auch als stetiges Mitglied einer Gemeinschaft -, ersteres betrachtet den Menschen als selbstherrlich, rücksichtslos[399], ist ein Isolationismus[400]. Doch auch der Mensch in einer Gemeinschaft ist und bleibt ein individueller Mensch und ist auch als solcher zu schützen. Es bestehen damit drei Möglichkeiten: das isolierte Individuuum, das gemeinschaftsbezogene Individuum und das Individuum, das nur in Gemeinschaft existiert und nicht mehr als Einzelner hervortritt. Durch die Betonung des „Gemeinschaftsbezugs“ machen Rechtsprechung und Literatur deutlich, dass das Grundgesetz ihrer Auffassung nach der zweiten Variante folgt. Dies belegt auch die folgende Aussage des Bundesverfassungsgerichts: Die gemeinschaftsbezogene und gemeinschaftsgebundene Person sei, von unverfügbarem Eigenwert,

---

396 BVerfGE 4, 7(15f); 50, 290(353); Dürig in: Maunz/Dürig (1.EL), Art. 1 Abs. 1 GG, Rn 48; Stern, Staatsrecht III/1, § 66, S. 644 mit Fn 98.

397 Für eine Zweitrangigkeit der Gemeinschaftsbezogenheit gegenüber der individualistischen Ausrichtung auch Merten, VerwArch. 73(1982), S. 102(120). Dies wird auch deutlich bei Häberle, Wesensgehaltsgarantie, S. 376ff: „auch“ gemeinschaftsbezogen.

398 In diese Richtung des Isolationismus wird die Individualausrichtung aber oft aufgefasst, bspw. bei Scheuner DÖV 1971, S. 505(505): „…das Bild des ganz auf sich selbst gestellten Individuums.“

399 Starck in: v. Mangoldt/Klein/Starck, Art. 1 Abs. 1 GG, Rn 11.

400 So auch Dreier/Dreier, Vorbem. Rn 86, der von der „irrigen Vorstellung einer privatistischen Isolierung“ spricht; Brugger, Der Staat 29(1990), S. 497(500) stellt diesen in die Nähe des Anarchismus und grenzt ihn vom Pluralismus (der hier dem Personalismus entspricht und von *Brugger* mit einem assozialitiven Liberalismus gleichgesetzt wird, S. 501 Fn 17) und dem Totalitarismus ab.

zu ihrer Entfaltung auf vielfältige zwischenmenschliche Bezüge angewiesen[401]. Das Individuum wird hier immer noch als ein solches wahrgenommen, es wird lediglich nicht mehr als rein isoliertes angesehen. Dies bedeutet insbesondere nicht, dass es nicht mehr den Höchstwert im Verhältnis zur Gemeinschaft darstellt. Vielmehr wird dem Individuum eine Gemeinschaft beiseite gestellt, ohne dass es aber als solches negiert oder gegenüber der Gemeinschaft in Nachrang versetzt wird.

Ein grundsätzlich individualistisches Menschenbild der Grundrechte negiert also nicht, dass das Grundgesetz den Menschen auch als gemeinschaftsbezogen ansieht. Denn die Person ist damit nur „gemeinschaftsbezogen“ und nicht etwa nur als Teil der Gemeinschaft überhaupt Objekt von Rechten und Pflichten. Sie ist ein „Individuum in Gemeinschaft“, das zu seiner Entfaltung in der Regel mit anderen Menschen interagieren muss und auch darf[402]. Doch auch das Individuum in Gemeinschaft ist und bleibt als solches schützenswert[403]. Dieser „Sowohl-als-auch“-Ansatz, der den Einzelnen ins Zentrum stellt, dies jedoch um den Gemeinschaftsbezug ergänzt, kann somit als grundgesetzliche Auflösung der klassischen liberalen Theorie angesehen werden[404]. Hier zeigt sich deutlich, dass auch die Gemeinschaftsbezogenheit letztlich einen individualistischen Kern hat: Sie stellt den Menschen und nicht die Gemeinschaft in den Mittelpunkt.

---

401 BVerfGE 50, 290(353f); ähnlich BVerfGE 30, 173(193): eigenverantwortliche Persönlichkeit, die sich innerhalb der sozialen Gemeinschaft frei entfaltet; Stern, Staatsrecht III/1, § 66, S. 644; für Brugger, AöR 123(1998), S. 337(366) ist dies ein Aspekt des liberalen Kommunitarismus; Erichsen, HStR VI (2.A.), § 152, Rn 22 für die Allgemeine Handlungsfreiheit aus Art. 2 Abs.1 GG; Hesse, Grundzüge des Verfassungsrechts, Rn 116.

402 für die Koalitionsfreiheit beispielsweise Starck, JuS 1981, S. 237(238); Suhr, EuGRZ 1984, 529(522ff, 541ff) – Freiheit durch Geselligkeit, Freiheitsausübung nicht in Isolation, sondern durch Interaktion mit anderen; auch ders. in NJW 1979, S. 145(146); ähnlich Häberle, Wesensgehaltsgarantie, S. 376ff; Bryde, HGR I, § 17 Rn 32: die „innerhalb der sozialen Gemeinschaft sich frei entfaltende menschliche Persönlichkeit“; so Pieroth/Schlink Rn 85 für die Wahrnehmung staatsbürgerlicher Rechte.

403 Starck, JuS 1981, S. 237(238).

404 So auch Brugger, JZ 1987, S. 633(637); deutlicher ders. AöR 123(1998), S. 337ff, insbes. 372f, wo als eine Untergattung der liberalen Theorie den liberalen Kommunitarismus gegenüberstellt, der die Gemeinschaftsaspekte der Gesellschaft betont, und diese einem weit individualistischeren „Neutralitätsliberalismus“ im Sinne eines universalistischen Kommunitarismus gegenüberstellt. Letzterer mag das Individuum eher als ein isoliertes betrachten als der liberale Kommunitarismus, der die Isolation ausdrücklich verneint.

Gemeinschaftsbezogenheit und Individualausrichtung des grundrechtlichen Menschenbildes schließen sich damit nicht aus, sondern kumulieren sich zu einem Menschenbild, nach dem der Einzelne sowohl ein Individuum als auch sozialbezogen ist[405]. Dabei bildet allerdings in den meisten Fällen[406] die individualistische Ausrichtung die Grundlage für die erst in einem zweiten Schritt erfolgende Gemeinschaftsbezogenheit der Grundrechte, wie selbst Verfechter einer Sozialbezogenheit der Freiheit anführen[407]. Die Grundrechte sind damit trotz ihrer Einschränkbarkeit zugunsten der Gemeinschaft prinzipiell unbeschränkte Rechte des Individuums[408].

Auch nach solchen Aussagen, die den Gemeinschaftsbezug betonen, äußert sich dieser nämlich darin, dass der Einzelne sich diejenigen Schranken seiner Freiheit gefallen lassen müsse, die der Gesetzgeber zur Förderung und Pflege des sozialen Zusammenhalts ziehe[409]. Die Gemeinschaftsbezogenheit kommt damit nicht nur zum Individualismus hinzu, sondern muss zudem durch den Gesetzgeber umgesetzt werden[410]. Damit wird klar, dass nach dem Grundgesetz die individualistische Ausrichtung die Grundlage ist, während die Gemeinschaftsbezogenheit allein durch gesetzgeberisches Handeln hergestellt werden kann. Die individualbezogene subjektiv-rechtliche Seite der Grundrechte ist daher vorrangig[411]. Sie gilt primär, die Gemeinschaftsbezogenheit ist hingegen sekundär und für den Gesetzgeber grundsätzlich fakultativ, sofern er nicht aufgrund objektiver Prinzipien wie den Schutzpflichten und dem Sozialstaatsprinzip zum Handeln verpflichtet ist. Dies entspricht auch dem Demokratieprinzip, wonach

---

405 So auch Häberle, Wesensgehaltsgarantie, S. 376ff; Merten, VerwArch. 73(1982), S. 103(120): „(…) Menschen in seiner Doppelstellung als Individuum und als Glied der Gesamtheit (…)"; in diese Richtung auch Hesse in: HVerfR § 5 S. 160: Grundrechte als Menschenrechte, denen es um die Grundbedingungen individuellen und gemeinschaftlichen Lebens geht; Oppermann, HStR VI (2.A.), § 135, Rn 9.

406 Als Ausnahme kann hier gerade die Koalitionsfreiheit genannt werden, vgl. zu deren Spannungslage zwischen liberalem Individualismus und Kollektivismus auch Thieme, DÖV 2006, S. 401(406).

407 Erichsen, HStR VI (2.A.), § 152, Rn 22.

408 So bereits vor Erlass des Grundgesetzes Schmitt, Verfassungslehre, S. 175f; ebenso Bleckmann, Staatsrecht II, § 11 Rn 15.

409 BVerfGE 4, S. 7(16); 33, 303(334); ähnlich BVerfGE 7, 377(378, 403) – Apotheken; Ossenbühl, DÖV 1965, S. 649(658); Erichsen, HStR VI (2.A.), § 152, Rn 9, 23; Starck, HStR VII (2.A.), § 164, Rn 44.

410 BVerfGE 7, 377 (397, 404 f); 13, 97 (104 f); 33, 125 (158 f); 41, 251 (263 f); 76, 171(184).

411 Starck, HStR VII (2.A.), § 164, Rn 44.

Konflikte zwischen sozialen Interessen und Interessengruppen im demokratischen Prozess, also durch den Gesetzgeber, gelöst werden[412]. Die derartige Auflösung zwischen verschiedenen sozialen Interessen korrespondiert daher mit der „Gemeinschaftsbezogenheit" des Menschenbildes. Zudem entspricht das Regel-Ausnahme-Verhältnis von Individualausrichtung und Gemeinschaftsbezug dem rechtsstaatlichen Verteilungsprinzip, nach dem die Freiheit des Bürgers prinzipiell unbeschränkt ist, während die (bestehenden) Eingriffsmöglichkeiten des Staates als Vertreter der Gemeinschaft grundsätzlich beschränkt sind.

(c) Belege für den Individualbezug im Grundrechtstext

Es würde schließlich für dieses Konzept sprechen, wenn es sich auch im Wortlaut der Grundrechte wiederfindet.

Zunächst zeigt sich ein primärer Individualbezug darin, dass im Text des Grundgesetzes die Grundrechte vorangestellt sind[413], sowie dass innerhalb der Grundrechte die Menschenwürde[414] als tragendes Konstitutionsprinzip[415] vor den übrigen Grundrechten angeführt wird. Die Menschenwürde selbst stellt mehr als jedes andere Grundrecht den Einzelnen aufgrund seiner bloßen Existenz in den Mittelpunkt. Sie begründet eine „Ausgangsvermutung zu Gunsten des Menschen"[416]. Gewährleistet wird auch nicht die „Würde der Menschheit" oder die „menschliche Würde", sondern die „Würde des Menschen". Dadurch wird unmittelbar auf die Einzelperson als Schutzobjekt Bezug genommen, und nicht auf diese als Bestandteil einer Gruppe[417]. Selbstbestimmung ist ein wichtiger

412 Herdegen, JZ 2004, S. 873(874).

413 BVerfGE 7, 198(204f): Vorrang des Menschen und seiner Würde gegenüber der Macht des Staates; v. d. Pfordten, JZ 2004, S. 157(165); dies wird auch deutlich in den Materialien des Parlamentarischen Rats, vgl. v. Doemming/Füsslein/Matz JöR n.F. 1(1951), S. 1(47); Grundrechte allgemein als Ausdruck des individualistischen Freiheitsverständnisses Rupp, AöR 101(1976), S. 161(173).

414 So auch P.M. Huber, Jura 1998, S. 505(506ff); Thieme, DÖV 2006, S. 401(403); Starck in: v. Mangoldt/Klein/Starck, Art.1 Abs. 1 GG, Rn 12.

415 BVerfGE 6, 32(36); 87, 209(228); BVerfG NJW 2006, S. 1580(1580); Thieme, DÖV 2006, S. 401(403).

416 Dürig in: Maunz/Dürig (1.EL), Art. 1 Abs. 1 GG, Rn 15; ähnlich BVerfGE 32, 54(72): „grundsätzliche Freiheitsvermutung".

417 Herdegen in: Maunz/Dürig (55.EL), Art. 1 Abs. 1 GG, Rn 29; ähnlich hebt die Definition des BVerfG und insbesondere des Bayerischen Verfassungsgerichtshofs die individualistische Ausrichtung der Menschenwürde hervor: „Der Mensch als Person ist Träger höchster geistiger und sittlicher Werte und verkörpert einen sittlichen Eigenwert, der unverlierbar und auch gegenüber jedem Anspruch der Gemeinschaft,

Bestandteil der Menschenwürde[418], allerdings auf der Grundlage des Eigenwerts eines jeden Menschen[419] und damit auch des Mitmenschen[420]. Die Selbstbestimmung des Einzelnen ist gemeinschaftsverträglich auszuüben[421], worin sich die Gemeinschaftsbezogenheit zeigt. Sie setzt also der individuellen Grundrechtsausübung dort Grenzen, wo sie Interessen anderer, ebenfalls selbstbestimmter Individuen beschneiden würde. Die Freiheit aller selbstbestimmten Individuen ist damit prinzipiell von gleichem Umfang und gleichrangig; niemandem steht im Verhältnis zu seinen Mitmenschen mehr Freiheit zu als den anderen[422].

Hinzu kommt, dass der Menschenwürdegehalt der Grundrechte, und damit auch die dadurch erreichte individualistische Ausrichtung der Grundrechte, durch Art. 19 Abs. 2 GG auch gegenüber dem verfassungsändernden Gesetzgeber als unantastbar erklärt wird[423] sowie durch die Ewigkeitsgarantie des Art. 79 Abs. 3 GG geschützt wird. Diesen individualschützenden „Menschenwürdegehalt" enthalten alle Grundrechte als unantastbaren Kernbereich[424]. Die individualistische Ausrichtung der Grundrechte ist damit keine freie Entscheidung des Verfassungsgebers[425].

Der individualschützende Gehalt der Menschenwürde und der nachfolgenden Grundrechte bildet damit ersichtlich die Grundlage der Grundrechte. Die

---

insbesondere gegenüber allen rechtlichen Zugriffen des Staates und der Gesellschaft, eigenständig und unantastbar.": BVerfGE 45, 187(228).

418 Herdegen in: Maunz/Dürig (55.EL), Art. 1 Abs. 1 GG, Rn 31; mit einer kurzen ideengeschichtlichen Übersicht BK-Zippelius, Art. 1 Abs. 1 u. 2 GG, Rn 6; ders. Rn 14.

419 BK-Zippelius, Art. 1 Abs. 1 u. 2 GG, Rn 14.

420 BK-Zippelius, Art. 1 Abs. 1 u. 2 GG, Rn 14; Starck in: v. Mangoldt/Klein/Starck, Art. 1 Abs. 1 GG, Rn 11, 12.

421 Starck in: v. Mangoldt/Klein/Starck, Art. 1 Abs. 1 GG, Rn 11, 12; ähnlich auch Brugger, JZ 1987, S. 633(637), wenn er davon spricht, dass dem Grundgesetz das Leitbild einer eigenständigen und verantwortlichen Lebensführung zugrunde liege, wobei Verantwortlichkeit die Achtungsverpflichtung eines jeden Menschen für die Rechte anderer, das Einstehenmüssen für Rechtsverstöße, sowie gegenseitige, etwa sozialstaatliche Unterstützungspflichten meine. Doch auch hier werden solidarische Sozialverteilungen dem Sozialstaatsprinzip und nicht dem einzelnen Grundrecht zugeordnet.

422 So als Bestandteil bereits des klassischen liberalen Ansatzes Suhr, EuGRZ 1984, S. 529(533).

423 Dürig in: Maunz/Dürig (1.EL), Art. 1 Abs. 2 GG, Rn 81.

424 Dürig in: Maunz/Dürig (1.EL), Art. 1 Abs. 1 GG, Rn 6, 45, Art. 1 Abs. 2 GG, Rn 80f; BK-Zippelius, Art. 1 Abs. 1 u. 2 GG, Rn 13.

425 BVerfGE 5, 85(204) - KPD; 39, 1(67) – Schwangerschaftsabbruch I; Rupp HStR II (3.A.), § 31, Rn 18.

Nennung der freien Entfaltung der Persönlichkeit als zweites Grundrecht führt diese Grundtendenz zur Individualzentrierung weiter fort[426]. Auch die vom Bundesverfassungsgericht aus Art. 2 Abs. 1 GG entwickelten unbenannten Grundrechtsgehalte, wie die informationelle Selbstbestimmung[427], belegen dies.

Individualistische Ausprägungen des Grundrechtsschutzes sind also erkennbar vor die anderen Grundrechte gestellt und fungieren als gedankliches Fundament für deren Interpretation. Mehr könnte der Verfassungsgeber durch die systematische Stellung nicht hervorheben, dass das Grundgesetz und insbesondere die Grundrechte primär dem Wohl des Einzelnen und erst nachrangig mit dem Gemeinwohl dienen[428]. Auch der gemeinschaftsbezogene Mensch wird nämlich als Individuum vom Grundgesetz geschützt. Dies zeigt sich zudem dadurch, dass nach Art. 1 Abs. 2 GG die Menschenrechte die Grundlage der menschlichen Gemeinschaft sind; individuelle Rechte bilden hiernach die Basis für eine Gemeinschaft. Hierin wird ebenfalls deutlich, in welchem Verhältnis Individualausrichtung und Gemeinschaftsbezug zueinander stehen.

Die Berücksichtigung der Gemeinschaft erfolgt dann unter anderem durch Grundrechte wie die Vereinigungs- und Versammlungsfreiheit. Gemeinschaftsbezug beinhalten aber auch die Religionsfreiheit, die auch eine kollektive Ausprägung aufweist, sowie insbesondere die Vereinigungsfreiheit, die die Bildung von Gemeinschaften schützt[429]. Ihre Verwirklichung geschieht durch mehrere interagierende Bürger, nicht nur durch einen einzelnen. Doch auch wenn der Mensch hier als Teil einer Gruppe in Erscheinung tritt, bleibt er ein – in dieser Funktion vom Grundgesetz geschütztes – Individuum. Er unterliegt keinem Zwang zur Gruppenbildung, sondern seine Gruppenzugehörigkeit bleibt stets freiwillig[430]. Somit hat auch der Staat als größtmögliche Form einer rechtlich verfassten Gemeinschaft eine nur dienende Funktion gegenüber dem Individuum[431].

---

426 Dafür, dass Art. 2 Abs. 1 GG die freiheitlich-demokratische Grundordnung garantiert und auch das sie einschränkende „Sittengesetz" als gleichzeitig individualistisch und altruistisches, aber keineswegs kollektivistisches Prinzip gilt, Thieme DÖV 2006, S. 401(403).

427 Thieme, DÖV 2006, S. 401(404).

428 Für eine Betonung des Wohls des Einzelnen gegenüber dem Wohl der Allgemeinheit auch Bleckmann, Staatsrecht II, § 8 Rn 29.

429 Brugger, AöR 123(1998), S. 337(366); zu Art. 9 GG BVerfGE 50, 290(353).

430 Brugger, AöR 123(1998), S. 337(366f); skeptisch hierzu aber Suhr, EuGRZ 1984, S. 529(533), für den der in Gemeinschaft Grundrechte ausübende Bürger nicht individualgeschützter Einzelmensch bleibt, sondern die „Geselligkeit" Teil der Freiheit ist.

431 P.M. Huber, Jura 1998, S. 505(508).

Das oben dargestellte Verhältnis zwischen Individualismus und Gemeinschaftsbezogenheit hat daher auch Niederschlag im Grundrechtstext gefunden.

(d) Auswirkungen auf das liberale Grundrechtsverständnis

Es hat sich somit gezeigt, dass die Individualzentrierung nicht überholt ist, sondern nur um die Möglichkeit des Gemeinschaftsbezugs erweitert wurde. Mithin ist diese Annahme der liberal-negatorischen Funktion entgegen anderslautender Stimmen nicht zu revidieren.

Die Grundrechte sehen die Freiheitssphäre des Einzelnen insofern als vorstaatlich, aber nicht unbedingt als vor-sozial an[432]. Die Vor-Staatlichkeit bedeutet unter dem Grundgesetz zunächst, dass der Gebrauch der Grundrechte dem Staat gegenüber nicht gerechtfertigt werden muss[433], den Staat wiederum trifft eine Rechtfertigungslast[434].

Zudem beinhaltet ein Grundrechtsverständnis, das den einzelnen Menschen in den Mittelpunkt stellt, nicht zwingend die Vorstellung eines isolierten Individuums. Dies war auch keineswegs fester Bestandteil liberaler Theorie[435]. Vielmehr ist die Individualausrichtung so zu verstehen, dass die Grundrechte für den einzelnen Menschen da sind; dieser wird um seiner selbst willen geschützt und nicht nur als Bestandteil einer Gemeinschaft[436]. Der Mensch besitzt in der abendländischen Tradition den Vorrang vor dem Staat[437], der für den Menschen existiert und nicht umgekehrt[438]. Der Staat und damit auch

432 Böckenförde, NJW 1974, S. 1529(1530); so aber auch schon in der Zusammenschau Schmitt, Verfassungslehre, S. 165 und 168.

433 Bethge, VVDStRL 57(1998), S. 7(11).

434 Dreier/Dreier, Vorbem. Rn 120.

435 Dies würde nur sehr einseitig und verfälschend behauptet, so Ladeur, DÖV 2007, S. 1(3) und weiter S. 1(4): „Allen großen Theoretikern des Liberalismus von A. Smith bis F.A. v. Hayek wäre die Beschreibung einer liberalen Ordnung, die ihr Substrat in einer mehr oder weniger unverbundenen Sammlung isolierter Individuen sieht, gänzlich fremd gewesen.

436 So auch Starck in: v. Mangoldt/Klein/Starck, Art. 1 Abs. 1 GG, Rn 12.

437 Starck in: v. Mangold/Klein/Starck, Art. 1 Abs. 1 GG, Rn 1. Damit habe der Gesetzgeber in erster Reihe auf die Menschenverachtung des nationalsozialistischen Regimes reagiert; ebenso v.d. Pfordten, JZ 2004, S. 157(165). Angedeutet in BVerfGE 39, 1(67).

438 So bereits der Herrenchiemseer Verfassungsentwurf, s. dazu v. Doemming/Füsslein/Matz, JöR n.F. 1(1951), S. 1(48): „Der Staat ist um des Menschen Willen da, nicht der Mensch um des Staates willen"; im Anschluss dazu auch BK-Zippelius, Art. 1 Abs. 1 u. 2 GG, Rn 2; Starck in: v.d.Pfordten, JZ 2004, S. 157(165); Hillgruber, JZ 2007, S. 209(209, 216); v. Mangoldt/Klein/Starck, Art. 1 Abs. 1 GG, Rn 12.

die Gemeinschaft stellen sich nicht über das Individuum, sondern in dessen Dienst[439].

(2) Kritik an der Trennung von Staat und Gesellschaft

Hiergegen wird allerdings eingewandt, dass die Grundrechte unter dem Grundgesetz nicht mehr prinzipiell unbegrenzt und natürlich, sondern rechtlich eingegrenzt seien[440]. Das Grundgesetz gewährleiste damit nicht mehr nur „Freiheit vom Staat", sondern vielmehr Freiheit durch den Staat. Die Ausschließungswirkung durch die Grundrechte wird hier zugunsten einer bloßen Formalisierung und Beschränkung des staatlichen Zugriffs bestritten[441]. Auch die verräumlichende Sicht der Ausgrenzung des Staates wird kritisiert[442], teilweise wird es sogar gänzlich abgelehnt, die Grundrechte als Ausgrenzung des Staatlichen bzw. als Defensivfreiheit zu beschreiben[443]. Hierin wird explizit die negatorische Wirkung angegriffen, zugleich jedoch auch das liberale Verständnis kritisiert, nach dem die Freiheit im Idealzustand grundsätzlich „staatslos" ist. Es ist daher erforderlich, diese Kritik zu untersuchen sowie zu fragen, ob die Grundrechte weiterhin auf die liberale Grundrechtstheorie gestützt werden können. Träfen diese Einwände zu, wäre sie nämlich in ihrer grundsätzlichen und klar trennenden

---

439 P.M. Huber, Jura 1998, S. 505(508); Hillgruber, JZ 2007, S. 209(216).

440 Hesse in: FG Smend, S. 71(86); angedeutet auch bei Scheuner, VVDStRL 22(1965), S.1(41); Häberle, Wesensgehaltsgarantie, S. 230; Stern, Staatsrecht I, § 16, S. 427; Bethge, VVDStRL 57(1998), S. 7(17); Schwarz JZ 2000, S. 126(128); Erichsen, HStR VI (2.A.), § 152 Rn 6; ebenso Poscher, Abwehrrechte, S. 125: Freiheit immer Freiheit in einer Rechtsordnung.

441 Scherzberg, DVBl. 1989, S. 1128(1131); H. Dreier, Jura 1994, S. 505(506); Gostomzyk, JuS 2004, S. 949(949): Rationalisierung des Zugriffs; dagegen auch Dreier/Dreier, Vorbem. Rn 88: „Grundrechte als Abwehrrechte führen nicht zu einer totalen Verbannung des Staates aus dem jeweiligen Schutzbereich, sondern zur Formalisierung und Rationalisierung staatlicher Eingriffe."; angedeutet bei Friauf/Höfling/Enders, vor Art. 1 GG, Rn 45: „konstruktiv-rechtstechnische Bedeutung"; Rupp, HStR II (3.A.), § 31, Rn 19.

442 H. Dreier, Jura 1994, S. 505(506); Hoffmann-Riem, Der Staat 43(2004), S. 203(226ff); ebenso Rupp, HStR II (3.A.), § 31 Rn 19, was die Missverständlichkeit des Bildes der „staatsfreien Sphäre" angeht; wortähnlich Dreier/Dreier, Vorbem. Rn. 88; Pieroth/Schlink, Rn 244; skeptisch hinsichtlich einer sphärenartig dem staatlichen Zugriff entzogenen bürgerlichen Freiheit auch Emmerich-Fritsche, NVwZ 2006, S. 762(765); kritisch dazu auch Poscher, Abwehrrechte, S. 198ff; tendenziell auch Sachs, HGR II, § 39 Rn 15; Bethge, Der Staat 24(1985), S. 351(375); Albers, DVBl. 1996, S. 233(238).

443 Bethge, VVDStRL 57(1998), S. 7(11): keine staatsabgewandten Ausgrenzungen; Rupp, HStR II (3.A.), § 31 Rn 20; ähnlich Hesse in: FG Smend, S. 71(86).

Wirkung eingeschränkt. Negatorische Ansprüche wären einem erleichterten Zugriff durch den Gesetzgeber unterworfen, wodurch zugleich Folgerungen der liberalen Theorie, nämlich die Existenz negatorischer Ansprüche, abgeschwächt würden.

Die These, dass die Freiheit von vorneherein rechtlich eingegrenzt ist, basiert dabei[444] auf der Annahme, dass Staat und Gesellschaft nicht mehr grundlegend voneinander getrennt sind[445]. Nur unter der Prämisse, dass die Gesellschaft mit den Freiheitsrechten nicht grundlegend von der staatlichen Eingriffsmöglichkeit getrennt ist, ist es möglich, dass Grundrechte implizit vom Recht begrenzt und ausgestaltet werden.

Zwar wird der Antagonismus von Staat und Gesellschaft heute noch allgemein als eine der Grundlagen für die Wirkung der Grundrechte angesehen[446]. Dieser gedachten Trennung von Staat und Gesellschaft wird jedoch vorgehalten, sie habe antiquierte, historische Wurzeln: Die Unterscheidung von monarchisch-bürokratischem Staat auf der einen und bürgerlicher Gesellschaft auf der anderen Seite könne keine taugliche staatstheoretische Grundlage für das Freiheitsverständnis in einer modernen Demokratie bieten[447]. Die Trennung wird

---

444 Rupp, HStR II (3.A.), § 31 Rn 29ff: verfasste Freiheit als Problem der Trennung zwischen Staat und Gesellschaft; ähnlich Poscher, Abwehrrechte, S. 146.

445 Bethge Der Staat 24(1985), S. 351(374); Grabitz, Freiheit und Verfassungsrecht, S. 180f, 187; Vesting, Von der liberalen Grundrechtstheorie zum Grundrechtspluralismus, S. 9(18); Hofmann, NJW 1989, S. 3177(3184); Schachtschneider, Aussprache, VVDStRL 56(1996), S. 310f; Poscher, Abwehrrechte, S. 107f, 145; Franzius, Der Staat 42(2003), S. 493(500); tendenziell Trute, DVBl. 1996, S. 950(958, 959).

446 Beispielsweise anklingend bei Dürig in: Maunz/Dürig (1.EL), Art. 1 Abs. 1 GG, Rn 15; ähnlich Forsthoff, VVDStRL 12(1954), S. 8(15), ders. aber auf S. 27: Wegfall des Dualismus von Staat und Gesellschaft; Isensee, Subsidiaritätsprinzip und Verfassungsrecht, S. 149ff; Starck, FG BVerfG II, S. 480(483) als Bestandteil des klassischen Grundrechtsverständnisses; Herzog in: Maunz/Dürig (18. EL), Art. 20 GG Teil I, Rn 45ff; Teil II, Rn 54; sowie bei Schlink EuGRZ 1984, 457(467); Schmidt-Aßmann in: Maunz/Dürig (24. EL), Art. 19 IV GG, Rn 117; Di Fabio, VVDStRL 56(1996), S. 235(253); implizit davon ausgehend Bleckmann, Staatsrecht II, § 11, Rn 319ff; Brugger, AöR 123(1998), S. 337(342); auch Poscher, Abwehrrechte, S. 144: konstitutiv, aber in einem trivialen Sinne; Kahl, Jura 2002, S. 721(725); Rupp, HStR II (3.A,), § 31 Rn 44; U. J. Schröder, JZ 2010, S. 869(874).

447 Scheuner, VVDStRL 22(1965), S. 1(30); Grabitz, Freiheit und Verfassungsrecht, S. 187ff; ähnlich Hoven, JuS 2007, S. 10(13), dort wird das Prinzip der Trennung von Staat und Gesellschaft als ein Ausfluss des absolutistischen Souveränitätsverständnisses dargestellt, während die gegenwärtige Volkssouveränität eine Rückbindung der Staatsgewalt an die Gesellschaft erfordere; als Problem aufgeworfen bei

als ideologisch und für das heutige Staatsdenken ganz abstrakt angesehen[448]. Staat und Gesellschaft stünden sich nicht selbständig gegenüber, sondern der Staat müsse soziologisch als Subsystem der Gesellschaft verstanden werden[449]. Die vielfältigen Abhängigkeiten und Verknüpfungen in der Gesellschaft der Gegenwart und des darauf reagierenden sozialen Rechtsstaats ließen eine statisch-räumliche Trennung von Staat und Gesellschaft nicht mehr zu[450]. Es besteht ein Zusammenhang zwischen dieser Auffassung und der Annahme, der Staat sei ein Gewährleistungsstaat, der nicht selbst Leistungen verteilt, sondern nur noch den Rahmen für private Selbstregulierung gewährleistet[451]. Dabei sah bereits *Schmitt* die Gefahr, dass negatorische Wirkungen mit zunehmend intensiver gesellschaftlicher Bindung des Einzelnen entfielen und die unbegrenzte Freiheit nur zu einer Fiktion werde[452].

Die Trennung von Staat und Gesellschaft nach der liberalen Grundrechtstheorie bedeutet aber zunächst nur Trennung, nicht etwa Beziehungslosigkeit; ersteres impliziert nicht automatisch letzteres[453]. Die soeben angeführten Argumente verneinen jedoch stets eine Beziehungslosigkeit von Staat und Gesellschaft. Dies bewirkt eine Trennung von Staat und Gesellschaft aber keineswegs. Grundsätzlichen Trennung bedeutet nämlich nicht zwingend, dass der Staat niemals die Sphäre des Bürgers „berühren“ kann, sondern sie bedeutet lediglich, dass Staat und Bürger nicht untrennbar miteinander verknüpft sind, dass zwei verschiedene Bereiche existieren.

Isensee, Subsidiaritätsprinzip und Verfassungsrecht, S. 150f; dargestellt bei Poscher, Abwehrrechte, S. 107.

448 Badura, HStR VII (1.A.), § 159, Rn 5.

449 Ehmke, FG Smend (1962), S. 23ff(24f, 44) – repräsentieren beide praktisch denselben menschlichen Verband; Grabitz, Freiheit und Verfassungsrecht, S. 187; ähnlich auch die Darstellung bei Poscher, Abwehrrechte, S. 108: könnten die demokratische Prägung nicht erfassen, sondern gehe immer noch von einem Gegenüber von Staat und Demos aus.

450 So soll es nach Schuppert, DV 28(1995), S. 137ff(197ff) einen zwischen Staat und Gesellschaft stehenden „dritten Sektor“ geben; ebenso Grabitz, Freiheit und Verfassungsrecht, S. 188ff; dazu Poscher, Abwehrrechte, S. 108.

451 Zum Zusammenhang Martins, DÖV 2007, S. 456(457).

452 Schmitt, Verfassungslehre, S. 168.

453 So auch Böckenförde, Aus Politik und Zeitgeschichte 49/1971, S. 3(8); Bethge, Grundrechtskollisionen, S. 131; Grabitz, Freiheit und Verfassungsrecht, S. 182; Kahl, Jura 2002, S. 721(723); Poscher, Abwehrrechte, S. 145; im Ergebnis ebenso Isensee, Subsidiaritätsprinzip und Verfassungsrecht, S. 154: Staat und Gesellschaft als These und Antithese, die gemeinsam die Synthese bilden.

Es handelt sich bei der Trennung insofern um eine dogmatische Prämisse der negatorischen Grundrechtswirkung[454]. Nur wenn der Staat von der Sphäre der Bürger getrennt werden kann, können Abwehrrechte ihre ausgrenzende Wirkung entfalten. Der oben dargestellte Vorwurf, die Trennung sei soziologisch unzutreffend, geht damit ins Leere, da es sich bei der Trennung um ein dogmatisches Konzept handelt, nicht um ein soziologisches[455]. Auch unter dem Gesichtspunkt des Demokratieprinzips ist eine Trennung von Staat und Gesellschaft noch notwendig. Sähe man Staat und Gesellschaft nicht als getrennte Sphären an, könnten verschiedene Ausformungen des Pluralismus nicht erfasst werden. Zudem setzen die grundrechtlichen Ansprüche voraus, dass ein vom Einzelnen verschiedener Adressat der Grundrechte besteht[456]. Die Theorien zur Unterscheidung von Privatrecht und Öffentlichem Recht führen diese Trennung ebenfalls fort[457].

Nicht zuletzt führt ein immer engerer Kontakt zwischen Bürger und Staat im modernen Leistungsstaat gerade dazu, dass die negatorische Funktion der Grundrechte nicht unwichtiger, sondern vielmehr wichtiger wird[458]: wo mehr Kontakt besteht[459], bestehen auch mehr Möglichkeiten, in die bürgerliche Freiheit einzugreifen. Hier sind die Grundrechte in ihrer domestizierenden Wirkung wichtiger denn je.

Daher trifft die Kritik an der Trennung von Staat und Gesellschaft nicht zu. Die Trennung von Staat und Gesellschaft als Gesamtheit der individuellen Bürger[460] gilt nach wie vor.

(3) Zusammenfassung

Die Aussage, dass die Grundrechte nur noch in Recht und Gemeinschaft bestünden und daher nicht mehr im Kern negatorische Rechte wären, kann daher nicht aufrechterhalten werden. Vielmehr erweisen sich die Einwände gegen die Individualausrichtung als Scheinargumente. Im Ergebnis beseitigen sie diese

---

454 Grzeszick, S. 287.

455 Poscher, Abwehrrechte, S. 146; ähnlich U.J. Schröder, JZ 2010, S. 869(874).

456 All dies Isensee, Subsidiaritätsprinzip und Verfassungsrecht, S. 151ff, 153.

457 Kahl, Jura 2002, S. 721(724f).

458 Grimm, Die Zukunft der Verfassung, S. 98; Grzeszick, S. 239, 285; ähnlich Martins, DÖV 2007, S. 456(463).

459 Ein „mehr" an sozialer Interaktion, auch der Bürger untereinander, konstatiert dabei Grabitz, Freiheit und Verfassungsrecht, S. 191.

460 Insoweit konkretisiert Poscher, Abwehrrechte, S. 146 „Gesellschaft" für die Trennung unter dem Grundgesetz.

nicht, sondern ergänzen sie nur. So betont auch das Bundesverfassungsgericht in seiner jüngeren Rechtsprechung die Gemeinschaftsbezogenheit nicht mehr[461].

Zudem haben sich die Gründe für eine immanente rechtliche Begrenztheit der Grundrechte als schwach erwiesen: auch für die gegenwärtigen gesellschaftlichen Verhältnisse ist die Trennung von Staat und Gesellschaft aufrechtzuerhalten.

c) Ergebnis

Der Kritik an der grundsätzlichen Geltung der liberalen Theorie ist somit nicht zuzustimmen, vielmehr kann die Abwehrfunktion nach wie vor den Grundrechten zugrundegelegt werden.

Eine bloße Relativierung der Abwehrfunktion würde sich hingegen nicht auf die Ableitung des Folgenbeseitigungsanspruchs aus den Abwehrrechten auswirken, weshalb es dahinstehen kann, ob sie zu Recht oder zu Unrecht erfolgt. Sie würde nur dazu führen, dass Grundrechtseingriffe leichter gerechtfertigt werden können und damit möglicherweise die Häufigkeit einer Folgenbeseitigungssituation verringern. Dies beträfe den Folgenbeseitigungsanspruch lediglich quantitativ, beseitigt jedoch nicht die Möglichkeit einer Grundrechtsverletzung, da die negatorische Funktion nicht an sich nicht entfällt. Aus diesem Grund würde auch eine Relativierung die grundsätzlichen Wirkungen der negatorischen Funktion nicht betreffen.

4) Zwischenergebnis

Der Folgenbeseitigungsanspruch kann als negatorischer Anspruch aus dem Abwehrgehalt der Grundrechte abgeleitet werden. Er ist notwendig, um die grundrechtliche Freiheit vor verfassungswidrigen tatsächlichen Folgen zu schützen und dient ebenso wie die weiteren negatorischen Ansprüche dem Integritätsschutz. Damit steht er auf einer Ebene mit den allgemein anerkannten Unterlassungsansprüchen, obwohl sein Inhalt auf ein staatliches Tätigwerden gerichtet ist.

Im Ergebnis vermitteln die Grundrechte im negatorischen Bereich einen umfassenden Schutz[462]. Daher muss für die Begründung des Folgenbeseitigungs-

---

461 Dazu di Fabio, JZ 2004, S. 1(7).

462 M. Redeker, DÖV 1987, S. 194(198); dazu auch Lübbe-Wolff, S. 17; Jahn, JuS 2000, S. 129(130): „daraus folgt, dass das Grundrechtssystem lückenlosen Schutz gegen rechtswidrige staatliche Eingriffe, auch durch legislatives Unrecht, vermittelt"; Bleckmann, Staatsrecht II, § 8 S. 106; Grzeszick S. 263, 264; ders. HGR III, § 75, Rn 106; Unterreitmeier, DVBl. 2005, S. 1235(1238): liberales Postulat eines umfassenden Grundrechtsschutzes; Starck in: v. Mangoldt/Klein/Starck, Art. 1 Abs. 3 GG, Rn 155: Schutz der Menschenwürde lückenlos. Mit ganz geringen Ausnahmen, so

anspruchs neben den Grundrechten auch nicht zusätzlich auf das Rechtsstaatsprinzip zurückgegriffen werden[463].

II) Grundrechte als hinreichende Herleitung

Nachdem die grundrechtliche Gebotenheit des Folgenbeseitigungsanspruchs bejaht werden konnte, stellt sich jedoch die Frage, ob die Grundrechte auch ausreichend sind, um den Folgenbeseitigungsanspruch zu begründen.

Dabei sind zwei Einwände zu unterscheiden: zunächst der, dass Leistungsansprüche generell nicht aus den Grundrechten hergeleitet werden können; sowie weiter, dass sie ergänzend einer einfachgesetzlichen Vermittlung bedürfen, an der es jedoch bislang fehlt.

Beide Einwände hängen mit dem wiederherstellenden Inhalt des Folgenbeseitigungsanspruchs zusammen: er fordert im Gegensatz zum Unterlassungsanspruch, dass der Staat tätig wird. Die grundrechtliche Herleitung von Ansprüchen auf staatliches Tätigwerden, so genannten Leistungsansprüchen, ist jedoch besonders problematisch. Selbst wenn sie dem Grunde nach anerkannt werden, soll es erforderlich sein, dass sie durch den Gesetzgeber näher ausgestaltet werden[464].

Nach einer Diskussion der generellen Einwände gegen grundrechtliche Leistungsansprüche ist daher zu untersuchen, inwiefern der Folgenbeseitigungsanspruch ein solcher Leistungsanspruch ist und ob die Einwände gegen Leistungsansprüche auch auf ihn zutreffen. Anschließend stellt sich die Frage, ob grundrechtliche Leistungsansprüche stets einer einfachgesetzlichen Vermittlung bedürfen. Hier sind auch Gründe für die Erforderlichkeit einer einfachgesetzlichen Grundlage zu erläutern, die nicht allein mit der Leistungskomponente des Folgenbeseitigungsanspruchs zusammenhängen, insbesondere der Gesetzesvorbehalt.

---

kann es nach der geltenden Rechtsprechung zum enteignungsgleichen Eingriff dort Fälle geben, in denen ein rechtswidriger Eingriff in das Eigentum nicht entschädigungspflichtig ist, da es am „Sonderopfer" fehlt, dazu Gromitsaris, S. 19.

463 S. zu diesem Ansatz oben B II) 4) a).

464 für die Schutzpflichten BVerfGE 88, 203(254) - Schwangerschaftsabbruch II; BVerfG NJW 1998, 3264(3265) – Schadstoffe; zusammenfassend Breuer, FG 25 Jahre BVerwG, S. 89(119); Isensee, Sicherheit, S. 42ff; Rüfner, FS Wannagat, S. 379(387); Hill, NJW 1986, S. 2602(2604); Heintzen, VerwArch. 81(1990), S. 532(553); Schenke, JZ 2005, S. 116(119); Calliess, JZ 2006, S. 321(328); für den Rechtsschutzanspruch aus Art. 19 Abs. 4 GG Bickenbach, JuS 2007, S. 813(816); ebenso Badura, Staatsrecht, Rn C.9.

1) Problematik der Leistungskomponente des Folgenbeseitigungsanspruchs

Auch wenn die Wiederherstellung ein Postulat negatorischer Grundrechte ist, weist der Folgenbeseitigungsanspruch jedoch keinen eindeutig negatorischen Inhalt auf, da die Wiederherstellung nach einem grundrechtsverletzenden Eingriff eine staatliche Tätigkeit erfordert.

Zwar ging dem Folgenbeseitigungsanspruch in der Regel ein Eingriff in den Abwehrgehalt der Freiheitsgrundrechte, also den status negativus, voran. Dies rechtfertigte auch seine Einordnung als negatorischen Anspruch. Der Folgenbeseitigungsanspruch beinhaltet aber auch eine leistungsrechtliche Komponente: er statuiert die Pflicht des Staates, aktiv die Verhältnisse des Bürgers umzugestalten, um dadurch das Freiheitspostulat der Grundrechte durchzusetzen. Hiermit wird ein positives Tun des Staates gefordert. Dieses setzt wie jedes staatliche Handeln Ressourcen voraus, anders als dies für ein bloßes Unterlassen angenommen werden könnte. Auch wenn es sich nicht um einen Geldleistungsanspruch handelt, so richtet er sich doch auf eine Dienstleistung, nämlich eine tatsächliche Aktivität des Staates.

Dennoch werden die „negatorischen Hilfsansprüche“, die auch den Folgenbeseitigungsanspruch umfassen, meist insgesamt den Abwehrrechten und nicht den Leistungsrechten zugeordnet[465]. Eine klare Begründung hierfür wird jedoch nicht gegeben[466]. Die schnelle Einordnung als Abwehrrecht könnte zudem deswegen voreilig sein, weil Leistungsansprüche dogmatisch problematischer sind als die klassischen Abwehransprüche. Letztere werden als historisch ältere Schicht der Grundrechtswirkungen als selbstverständlich angesehen, wohingegen Leistungsansprüche einer darüber hinausgehenden besonderen Begründung bedürfen.

a) Liberale Theorie und Ansprüche auf positives Tun

Die liberale Theorie der Grundrechte ermöglicht es, wie oben dargelegt, den Folgenbeseitigungsanspruch zu begründen, indem sie rechtswidrige Eingriffe in die Grundrechte nicht toleriert. Sie bezweckt negatorischen Schutz der Grundrechte vor staatlichen Eingriffen, weshalb die Abwehrrechte ihr zufolge gerade die Staatsfreiheit der geschützten Freiheitssphäre vermitteln – also eine Existenz des Bürgers, ungestört durch den Staat. Vom Staat ein Tun zu fordern, widerspräche dem jedoch.

465 Stern, Staatsrecht III/1, § 66, S. 671ff; Sachs/Sachs, Vor Art. 1 GG, Rn 42, 46; auch bei Breuer, FG 25 Jahre BVerwG, S. 89(95ff) wird dieser nicht als ein möglicher Leistungsanspruch genannt.

466 Stern, Staatsrecht III/1, § 65, S. 569; ders. § 66, S. 671ff.

Die liberale Theorie ist daher nach traditioneller Lesart überwiegend auf Unterlassungsansprüche gerichtet, während der Folgenbeseitigungsanspruch einen Anspruch auf eine staatliche Aktivität gewährt, die dem Bürger Vorteile bringen soll[467]. Bei liberal verstandenen Grundrechten im Sinne der negatorischen Funktion ist dies jedoch problematisch: Nach dem Verteilungsprinzip ist die grundrechtliche Freiheit prinzipiell unbegrenzt, Rechte auf staatliche Leistungen könnten aber, so wird es angeführt, nur prinzipiell begrenzt sein, nicht umfassend[468]. Insofern besteht bei Vertretern der liberalen Theorie generell eine große Skepsis gegenüber positiven grundrechtlichen Leistungsansprüchen[469].

Es erscheint daher zweifelhaft, ob Ansprüche auf staatliches Tätigwerden aus der negatorischen Funktion abgeleitet werden können. Daher ist zu untersuchen, ob der Folgenbeseitigungsanspruch als ein solches Leistungsrecht angesehen werden kann, und ob auch ihm die hiergegen vorgetragenen Bedenken entgegengehalten werden können.

b) Folgenbeseitigungsanspruch als Leistungsanspruch

Bereits die Definition des Leistungsanspruchs ist keineswegs unproblematisch, jedoch bedeutsam dafür, ob der Folgenbeseitigungsanspruch dieser Kategorie zuzuordnen ist.

Allen Leistungsansprüchen ist strukturell gemeinsam, dass der Grundrechtsverpflichtete zu einem positiven Tun veranlasst werden soll[470]. Leistungsansprüche können somit nicht ohne staatliche Mitwirkung realisiert werden[471]. Teilweise werden jedoch durch eine enge Definition des Leistungsrechts explizit

---

467 Badura, Staatsrecht, Rn C.3; ähnlich Calliess, JZ 2006, S. 321(326).

468 Schmitt, Verfassungslehre, S. 169; zu Schutzpflichten Calliess, JZ 2006, S. 321(326): nie umfassend, sondern auf die effektive Ausgestaltung gerichtet.

469 Beispielsweise Schmitt, Grundrechte und Grundpflichten, S. 181(207); Böckenförde, NJW 1974, S. 1529(1536f); Schlink, EuGRZ 1984, S. 457(463, 465); Starck, FG BVerfG II, S. 480(521, 526).

470 Rupp, AöR 101(1976), S. 161(178); Starck, JuS 1981, S. 237(240); explizit Alexy, Theorie der Grundrechte, S. 402, der allerdings einen weiteren und einen engen Begriff des Leistungsrechts unterscheidet; Stern, Staatsrecht III/1, § 67, S. 699; ähnlich in § 95 S. 1739: Leistungsrechte seien solche auf ein „positives Tun der Staatsgewalt, um Bewirkungen, Schutz- und Förderpflichten oder institutionelle Vorkehrungen" geht, die sich „häufig an den Gesetzgeber richten"; Jarass, AöR 120(1995), S. 345(350); Rüfner, HGR II, § 40, Rn 1; Ipsen, Staatsrecht II, Rn 79; zu den terminologischen Differenzen auch ausführlich Heintschel v. Heinegg/Haltern, JA 1995, S. 333(335ff); krit. Mayen, Der grundrechtliche Informationsanspruch, S. 67f.

471 Rüfner, HGR II, § 40, Rn 3.

negatorische Unterlassungs- und Beseitigungsansprüche, damit also auch der Folgenbeseitigungsanspruch, ausgenommen[472]. Auch die derivativen Teilhaberechte sollen nicht erfasst sein[473]. Eine weiter gehende Definition des Leistungsanspruchs erfasst jedoch auch negatorische Wiederherstellungsansprüche und damit auch den Folgenbeseitigungsanspruch[474]. Leistungsansprüche definieren sich hiernach dadurch, dass sie bestimmte Interessen mehrerer, aller oder einzelner Bürger durch Gewährung von Vorteilen in Form von Sach-, Geld- oder Dienstleistungen fördern[475]. Unter Leistungsrechten werden also primär finanzielle Ansprüche des Bürgers verstanden, Ansprüche aus dem Bereich des Sozialrechts, aber auch grundrechtliche Schutzansprüche und Rechte im Zusammenhang mit Organisation und Verfahren. Diese Definition überwiegt in der Literatur zu den Leistungsansprüchen.

c) Lösung der abwehrrechtlich-leistungsrechtlichen Gemengelage

Der Folgenbeseitigungsanspruch stellt damit nach der weiteren Definition inhaltlich einen Leistungsanspruch dar.

---

472 Breuer, FG 25 Jahre BVerwG, S. 89(91) benennt den FBA nicht als Leistungsanspruch; implizit Friauf, DVBl. 1971, S. 674(674, 675), der auf S. 674 den Anspruch auf Aufhebung staatlicher Übergriffe als Bestandteil der klassischen Grundrechtskonzeption des status negativus versteht und auf S. 675 Wiederherstellungsansprüche nicht unter den vier wesentlichen Gruppen leistender Verwaltung aufzählt; Stern, Staatsrecht III/1, § 67 S. 697; Starck, FG BVerfG II, S, 480(487f) versteht unter Leistungsansprüchen nur solche, die Geld gewähren oder finanzwirksame Leistungen zur Verfügung stellen; ebenso Mayen, Der grundrechtliche Informationsanspruch, S. 68.

473 Stern, Staatsrecht III/1, § 67, S. 698.

474 Schwabe, Probleme der Grundrechtsdogmatik, S. 201; Alexy, Theorie der Grundrechte, S. 402, da nur Unterlassen ausgegrenzt wird; sehr weit bei Hill, NJW 1986, S. 2602(2604); Starck in: v. Mangoldt/Klein/Starck, Art. 1 Abs. 3 GG, Rn 187.

475 Martens, VVDStRL 30(1972), S. 7(8). Die Definition stimmt insofern mit der der Leistungsverwaltung überein. Ähnlich Alexy, Theorie der Grundrechte, S. 403, 454 für den von ihm als engeren bezeichneten Leistungsrechtsbegriff: etwas, das der Bürger bei entsprechendem Angebot auch von Privaten erhalten könne; im Anschluss daran Heintschel v. Heinegg/Haltern, JA 1995, S. 333(337); *Martens* aaO mwN allerdings bezeichnet nur die „Befriedigung von Bedürfnissen, denen durch private Anbieter nicht oder jedenfalls nicht zu angemessenen Bedingungen entsprochen werden könnte". Daher werden explizit auch Infrastrukturleistungen und die Zurverfügungstellung der Rechtsordnung als Leistungsansprüche begriffen, und nicht nur Ansprüche der Daseinsvorsorge, s. Morgenthaler, Freiheit durch Gesetz, S. 263; tendenziell so auch Rüfner, FS Wannagat, S. 379(387f).

Diese Gemengelage – abwehrrechtliche Ableitung, leistungsrechtlicher Inhalt – könnte auf verschiedene Weisen gelöst werden: Einmal könnte eine Seite die andere verdrängen, so dass der Folgenbeseitigungsanspruch allein an den Voraussetzungen für Leistungs- oder Abwehransprüche zu messen ist. Es könnte auch eine von beiden Seiten vorrangig sein[476].

Die Fälle der Contergan-Entschädigungen sowie der Entschädigung für Zwangsarbeiter betrafen eine ähnliche Situation, so dass hieraus auch Rückschlüsse auf die vorliegende Situation gezogen werden könnten. Nach diesen Entscheidungen sollten beide Kategorien zugleich dann vorliegen, wenn die Gewährung des Leistungsanspruchs mit einem Eingriff verbunden war: Der Bürger erhielt zwar einen Leistungsanspruch, gleichzeitig wurde ihm jedoch ein zuvor bestehender zivilrechtlicher Anspruch entzogen, ohne dass er darauf Einfluss nehmen konnte. Es handelt sich hierbei um eine der Anspruchsersetzung durch Hoheitsakt, weshalb ein Eingriff in Art. 14 GG angenommen wurde. Hatte der Bürger jedoch ein Wahlrecht und ging der zivilrechtliche Anspruch nicht automatisch unter, sondern nur bei Inanspruchnahme des Leistungsanspruchs, sollte kein Eingriff vorliegen[477]. Der Leistungsinhalt verdrängte in diesem Fall den Abwehrgehalt. Konnte der Bürger jedoch den Eingriff nicht dadurch verhindern, dass er die Leistung nicht in Anspruch nimmt, sondern wurde der Anspruch automatisch entzogen, stand der Eingriffscharakter im Vordergrund[478]. Leistungsrechtliche Prüfungen erfolgten nicht, der Eingriff verdrängte den Leistungscharakter gänzlich.

Beim Folgenbeseitigungsanspruch erfolgt der Eingriff aber zeitlich vor dem Leistungsanspruch, der der Wiedergutmachung des Eingriffs dient. Der Bürger kann den Eingriff nicht verhindern; dieser hängt nicht vom Leistungsanspruch ab, sondern umgekehrt der Leistungsanspruch vom Eingriff. Ebenso wie im obigen Fall hat der Bürger jedoch keinen Einfluss darauf, ob der Eingriff erfolgt. Dies würde auch für den Folgenbeseitigungsanspruch nahe legen, eine leistungsrechtliche Prüfung gänzlich zu unterlassen. Danach hätte der Folgenbeseitigungsanspruch zwar formal einen leistungsrechtlichen Inhalt, würde jedoch allein den Regeln der Abwehransprüche folgen.

---

476 Dazu insgesamt Lindner, DVBl. 2005, S. 1227(1232).

477 Lindner, DVBl. 2005, S. 1227(1232).

478 Lindner, DVBl. 2005, S. 1227(1232); daher hat das Bundesverfassungsgericht einen solchen Fall auch nur am abwehrrechtlichen Schema geprüft, BVerfGE 42, 263(292ff) – Contergan; 112, 93(107ff) – Stiftung „Erinnerung, Verantwortung und Zukunft".

Doch unabhängig von der Frage, ob der Folgenbeseitigungsanspruch hiernach als Leistungsanspruch eingeordnet werden kann, ist er nach wie vor auf eine staatliche Tätigkeit gerichtet. Eingriff und Leistung hängen nicht wie in den obigen Fallgruppen dadurch zusammen, dass die Leistungsgewährung und der Eingriff final miteinander verknüpft sind. Die Einwände, die aus dogmatischer Sicht gegen Leistungsansprüche erhoben werden, werden aber nicht an einer rein begrifflichen Einordnung festgemacht. Vielmehr betreffen sie sachliche Probleme, die auch bei einer formalen Qualifikation als Abwehranspruch bestehen könnten und daher ebenso auf den Folgenbeseitigungsanspruch zutreffen könnten.

Im Folgenden ist daher zu untersuchen, inwieweit diese Einwände auch auf den Folgenersatzanspruch zutreffen. Er kann nicht nur schlicht als Abwehranspruch angesehen werden, unter Ausklammerung der Probleme, die sein leistender Anspruchsinhalt aufwirft. Dabei ist auch relevant, dass die Einwände gegen Ansprüche auf positives Tun zumeist darauf beruhen, dass diese teilweise aus dem sozialstaatlichen Freiheitsverständnis und damit der Forderung nach existenzsichernden grundrechtlichen Ansprüchen herrühren. Aus der Ablehnung des sozialstaatlichen Grundrechtsverständnisses entwickelte sich eine grundsätzliche Ablehnung grundrechtlicher Leistungsansprüche.

2) Einwände gegen die sozialstaatliche Theorie und die Existenz grundrechtlicher Leistungsansprüche

Im Vergleich zu den klassischen Abwehrrechten werden Leistungsrechte gegen den Staat als ungleich problematischer angesehen[479]. Während subjektive Abwehrrechte selbstverständlich bejaht werden, sollen subjektive Leistungsrechte einer besonderen Begründung bedürfen[480].

Tatsächlich nahm auch die Rechtsprechung nur wenige grundrechtliche Leistungsansprüche an[481]. So bejahte das Bundesverwaltungsgericht einen Anspruch

---

479 Beispielsweise gegen einen verfassungsrechtlichen Anspruch gegen Krankenkassen aus Art. 2 Abs. 2 S. 1 GG BVerfGE 115, 25(44); gegen einen Anspruch auf Kindergeld in bestimmter Höhe BVerfG HFR 2004, 692(693); BFH BFH/NV 2007, S. 904(905); Dürig in: Maunz/Dürig (1.EL), Art. 1 GG, Rn 95, Ossenbühl, NJW 1976, S. 2100(2107); Henke DÖV 1984, S. 1(5); Stern, Staatsrecht III/1 § 65, S. 569; Bleckmann, Staatsrecht II, § 6 S. 90; Hesse, Grundzüge des Verfassungsrechts, Rn 298.

480 Stern, Staatsrecht III/2, § 95 S. 1739; Mayen, Der grundrechtliche Informationsanspruch, S. 69; Ipsen, Staatsrecht II, Rn 80; ähnlich Starck, HStR VII (2.A.), § 164 Rn 34.

481 Explizit abgelehnt: Anspruch auf künstliche Befruchtung als Kassenleistung aus Art. 6 Abs. 1 GG BVerfG v. 28.2.2007, NJW 2007, S. 1343ff(1345).

auf die finanzielle Subventionierung von Privatschulen[482], oder eines Hochschullehrers auf Ausstattung[483]. Dabei ging es grundsätzlich davon aus, dass sich die Schutzwirkung eines Freiheitsrechts nicht auf Leistungen der gewährenden Verwaltung erstreckt, nahm jedoch für die entschiedenen Fälle eine Ausnahme an[484]. Es begründet dies damit, dass ohne staatliche Hilfe das Ersatzschulwesen entgegen dem Willen des Gesetzgebers zum Erliegen käme. Dies ginge auch auf das überwiegend staatliche Schulwesen zurück, weshalb der Staat hier einzustehen habe[485]. Dies ähnelt der strafrechtlichen Ingerenz: da der Staat die grundrechtsgefährdende Lage herbeigeführt hat, muss er ausnahmsweise finanzielle Leistungen erbringen, um sie wieder zu beseitigen. Zudem bestanden keine Bedenken hinsichtlich der Verteilung der knappen finanziellen Ressourcen des Staates, da auch vor dem Urteil Privatschulen fast zu 100% durch den Staat finanziert wurden. Insofern stabilisierte das Urteil lediglich die bestehende Situation. Hinzu kam, dass die Privatschulen den Staat bei der Erfüllung seines Bildungsauftrags entlasten[486]. Das Bundesverfassungsgericht hielt sich jedoch weiter zurück als das Bundesverwaltungsgericht: es verneinte einen subjektiven Anspruch und nahm nur eine objektive Pflicht an, die Privatschulen zu subventionieren[487].

Als explizite „Leistungsgrundrechte" angesehen werden können hingegen die justiziellen Grundrechte, also Art. 19 Abs. 4, 101, 103 Abs. 1 GG, sowie der Schutzanspruch der Mutter gem. Art. 6 Abs. 4 GG[488]. Sie werden jedoch nicht im Wege der Interpretation hergeleitet, sondern sind explizit im Grundgesetz enthalten.

Nachfolgend ist daher zu untersuchen, welche Gesichtspunkte dazu führen, dass grundrechtliche Leistungsrechte häufig abgelehnt werden. Die Einwände gegen Leistungsansprüche sind dabei bereits häufig wiederholt worden, so dass

---

482 BVerwGE 23, 347(350); 27, 360(362ff) mit krit. Anmerkung Weber, NJW 1966, S. 1798ff.

483 BVerwGE 52, 339.

484 BVerwGE 27, 360(362); Breuer, FG 25 Jahre BVerwG, S. 89(98).

485 BVerwGE 23, 347(349f); Breuer, FG 25 Jahre BVerwG, S. 89(98).

486 Breuer, FG 25 Jahre BVerwG, S. 89(99); vgl. dazu Starck, FG BVerfG II, S. 480(525); Ossenbühl, HGR I, § 15, Rn 61.

487 BVerfGE 75, 40(63); 90, 107(117); 112, 74(84); undeutlich nunmehr in Jarass/Pieroth, Art. 7 GG, Rn 28: „Angesichts der gegenwärtig bestehenden generellen Hilfsbedürftigkeit besteht eine Handlungspflicht des Gesetzgebers und ein entsprechender grundrechtlicher Schutzanspruch des Ersatzschulträgers."

488 Jarass, AöR 120(1995), S. 345(350, 355); Rüfner, HGR II, § 40 Rn 4.

sie sich mittlerweile fast zu einem klassischen Kanon der Einwände zusammenfügen[489]. Auf diesen Stand kann dabei zurückgegriffen werden; hinzu kommen Gesichtspunkte, die sich speziell auf den Folgenbeseitigungsanspruch als grundrechtlichen Leistungsanspruch beziehen. In diesem Rahmen ist zu klären, welche Einwände dem Folgenbeseitigungsanspruch entgegenstehen könnten.

a) Zusammenhang zwischen Leistungsansprüchen und der sozialstaatlichen Theorie

Originär leistungsstaatliche Aspekte der Grundrechte wurden im Wesentlichen von Vertretern der sogenannten sozialstaatlichen Grundrechtstheorie entwickelt[490]. Gegenwärtig gehen diese Gedanken häufig in objektiv-rechtlichen Grundrechtsverständnissen auf[491].

Einer sozialstaatlichen, leistungsrechtlichen Deutung der Grundrechte liegt dabei ein anderes Vorverständnis über Wesen und Aufgabe des Staates und der Grundrechte zugrunde, als dies nach der liberalen Theorie der Fall ist: Die sozialstaatliche Grundrechtsauffassung versteht Freiheit als Gegenstand des Grundrechtsschutzes nicht mehr nur als rechtliche, sondern auch als reale Freiheit[492]. Freiheit bedeutet hiernach nicht nur die Abwesenheit von rechtlichem Zwang, sondern auch, dass sie aufgrund tatsächlicher Handlungsalternativen ausgeübt werden kann[493]. Auf dieser gedanklichen Grundlage umfasst es der grundrechtliche Schutz auch, dass der Staat bestimmte Lebensgrundlagen zur Verfügung zu

489 Jüngst bei Rüfner, HGR II, § 40 Rn 3–29; Murswiek, HStR IX, § 192, Rn 55ff; klassisch Breuer, FG 25 Jahre BVerwG, S. 89ff; Martens, VVDStRL 30(1972), S. 7ff.

490 Benennung nach Böckenförde, NJW 1974, S. 1529(1530, 1535ff); in Zusammenhang gebracht werden beide auch bei Stern, Staatsrecht III/1, § 66, S. 636; Lübbe-Wolff, S. 14; Morgenthaler, Freiheit durch Gesetz, S. 226; ebenso bei Poscher, Abwehrrechte, S. 115.

491 Grimm, Die Zukunft der Verfassung, S. 227ff; Neumann, DVBl. 1997, S. 92(97); bei Friauf/Höfling/Enders, vor Art. 1 GG, Rn 68ff als Teil eines objektiv-rechtlichen Schutzgehalts; ähnlich H.-P. Schneider, VVDStRL 43(1985), S. 7(34f).

492 Häberle, Wesensgehaltsgarantie, S. 369; ders. Verfassungstheorie, Dialektik und Kritischer Rationalismus, S. 303(318); Hesse, EuGRZ 1978, S. 427(430); Terminus in diesem Zusammenhang auch bei Fiedler, JZ 1979, S. 417(421); Neumann DVBl. 1997, S. 92(96); Morgenthaler, Freiheit durch Gesetz, S. 226; Murswiek, HStR IX, § 192, Rn 5, allerdings nicht mit explizitem Bezug zur sozialstaatlichen Grundrechtstheorie, sondern allgemein zur Ableitung von Teilhabeansprüchen aus dem Grundgesetz; Poscher, Abwehrrechte, S. 115f; Ossenbühl, HGR I, § 15 Rn 59; Zippelius/Würtenberger, § 17, Rn 6. Bei Stern, Staatsrecht III/1, § 66, S. 636 als „faktische Freiheit".

493 Poscher, Abwehrrechte, S. 115.

stellen hat. Die Grundrechte werden so ausgelegt, dass dem Bürger hierauf ein subjektiv-öffentliches Leistungsrecht zusteht. Viele der Argumente, die gegen die sozialstaatliche Grundrechtstheorie vorgebracht werden, werden aufgrund dieser engen Verknüpfung auch unmittelbar auf grundrechtliche Leistungsansprüche bezogen[494].

Einer der wichtigsten Gedanken der sozialstaatlichen Grundrechtstheorie ist die Prämisse, dass die Ausübung der Grundrechte vom Vorhandensein materieller[495] Grundvoraussetzungen abhängig sei[496]. Die überwiegende Zahl der Menschen stehe, so diese Auffassung, in abhängiger Tätigkeit und finde ihre Sicherung auch im Sinne wirtschaftlicher Freiheit nicht in eigener Unabhängigkeit, wie von der liberalen Theorie angenommen, sondern in einem System staatlicher Vorsorge für Beschäftigung, Krankheit, Alter und Daseinsgewährleistung[497]. Für eine Vielzahl der Bürger sei daher die Realisierung der Freiheitsvoraussetzungen aus eigener Kraft nicht mehr möglich[498]. Man müsse anerkennen, dass die Realität

---

494 So beispielsweise bei Alexy, Theorie der Grundrechte, S. 463.

495 Zu unterscheiden ist sie daher von der Ansicht, es sei ein rechtliches Instrumentarium notwendig, s. H.H. Klein, DVBl. 1994, S. 489(489, 491).

496 Häberle, VVDStRL 30(1972), S. 43(53f); Grimm, Die Zukunft der Verfassung, S. 227; Neumann, DVBl. 1997, S. 92(96); Nußberger, DVBl. 2008, S. 1081(1087); dazu Martens, VVDStRL 30(1972), S. 7(28). Diese tatsächliche Abhängigkeit bejahen dabei auch Autoren, die daraus nicht die Folge der Gewährleistung realer Freiheit ziehen, so Ipsen, Staatsrecht II, Rn 98; Poscher, Abwehrrechte, S. 115: Als Freiheitshindernisse stellen sich auch solche rein wirtschaftlicher Art dar.

497 Dazu auch Breuer, FG 25 Jahre BVerwG, S. 89(91); Scheuner DÖV 1971, S. 505(506, 507, 511); Rupp, JZ 1971, S. 401(401); ders., AöR 101(1976), S. 161(164); ähnlich Grimm, AöR 97(1972), S. 489(492) insbes. S. 500: Ebenso steige neben der Angewiesenheit auf staatliche Verwaltung wie auf gesellschaftliche Gruppen der Interessenvertretung; Bleckmann, Staatsrecht II, § 11 Rn 25; Murswiek, HStR IX, § 192, Rn 92: zusätzlich verstärke der moderne Sozialstaat durch seine perfektionierten Verteilungs- und Zuteilungssysteme diese Abhängigkeit noch; ebenso v. Münch in: v. Münch/Kunig, Vorbem. Art. 1–19, Rn 17; ähnlich Böckenförde, NJW 1974, S. 1529(1535).

498 Für Privatschulen BVerwGE 23, 347(349); 27, 360(362); für Witwenversorgung BVerfGE 62, 323(332f); 75, 40(63) stellt als obiter dictum fest, dass *„private Schulträger … bei dem bestehenden hohen Kostenniveau heute nicht mehr in der Lage sind“*, die verfassungsrechtlichen Anforderungen aus eigener Kraft zu erfüllen, daraus wird aber kein Anspruch, sondern nur eine Pflicht des Staates gefolgert (S. 62, 65), diese Einstandspflicht wird als sozialstaatlich bezeichnet (S. 62, 65): „sozialstaatlicher Gehalt des Art. 7 Abs. 4“; Rüfner, FS Wannagat, S. 379(385); Grimm, Die Zukunft der Grundrechte, S. 237: „…und der wachsenden Angewiesenheit des

von den Prämissen der liberalen Grundrechtstheorie abweiche und die erkennbare Hilfsbedürftigkeit des Bürgers in die Grundrechtsauslegung einbeziehen[499]. Die Grundrechte könnten daher nur effektiv die Freiheit sichern, wenn sie auch die tatsächlichen Voraussetzungen für die Grundrechtsausübung mitgarantieren[500]. Da dies in der liberalen Grundrechtstheorie nicht enthalten sei, sei diese insofern überholt, zur Freiheitsgewährleistung unzulänglich geworden[501].

Nach einer Variation dieser Argumentation muss der Staat dort, wo er bestimmte tatsächliche Grundrechtsvoraussetzungen monopolisiert (in diesem Fall staatliche Universitäten), auch die Garantie für die Erhaltung dieser Voraussetzungen übernehmen[502]. Auch hier sei eine Freiheitsausübung ohne staatliche

---

Einzelnen auf positive Ermöglichung seines Freiheitsgebrauchs drohte der Grundrechtsschutz vielmehr auf einige Residualzonen naturwüchsiger Entwicklung zusammenzuschrumpfen"; ähnlich Neumann, DVBl. 1997, S. 92(96).

499 Scheuner DÖV 1971, S. 505(506).

500 Friauf, DVBl. 1971, S. 674(675f): Grundrechte verlangten vom Staat ihre volle Verwirklichung, die Daseinsvorsorge voraussetzt; Rupp, JZ 1971, S. 401(402); Böckenförde, NJW 1974, S. 1529(1535); Bleckmann, Staatsrecht II, § 11 Rn 28; dazu Starck HStR VII (2.A.), § 164, Rn 47; Ossenbühl, HGR I, § 15 Rn 59; ähnlich BVerfGE 75, 40(65): „Soll Art. 7 Abs. 4 S.1 nicht zu einem wertlosen Individualgrundrecht auf Gründung existenzunfähiger Ersatzschulen … werden"; als Ablehnung formuliert dargestellt bei Martens, VVDStRL 30(1972), S. 7(29); Mayen, Der grundrechtliche Informationsanspruch, S. 47; ebenso Zippelius/Würtenberger, § 17, Rn 6; skeptisch trotz Annahme von Leistungsansprüchen auch Rüfner, FS Wannagat, S. 379(386): „Der Gedanke, der Staat habe generell die Pflicht, jedermann auch die tatsächlichen Voraussetzungen zu garantieren, jedes Grundrecht nach eigenen Vorstellungen ausüben zu können, ist illusionär", „Das Grundgesetz setzt dagegen voraus, dass der Bürger seine eigenen Kräfte und Mittel einsetzt"; zum Zusammenhang Schutzpflichten und Freiheit („Freiheit und Sicherheit") Haas, abw. Meinung in BVerfGE 115, 320(374); zum Begriff Grundrechtsvoraussetzungen detaillierter Isensee, HStR IX, § 190, Rn 49ff.

501 Scheuner DÖV 1971, S. 505(506); Rupp, JZ 1971, S. 401(401); ders. AöR 101(1976), S. 161(165); dies sieht auch Brugger, JZ 1987, S. 633(634) als Kerngedanken der aktuellen Grundrechtstheoriediskussion; Grabitz, Freiheit und Verfassungsrecht, S. 40f; Vesting, Von der liberalen Grundrechtstheorie zum Grundrechtspluralismus, S. 9(18); Grimm, Die Zukunft der Verfassung, S. 228ff; Morgenthaler, Freiheit durch Gesetz, S. 227; ähnlich Häberle, VVDStRL 30(1972), S. 43(45, 67); dazu auch Starck, FG BVerfG II, S. 480(517).

502 Heintschel v. Heinegg/Haltern, JA 1995, S. 333(340); Murswiek, HStR IX, § 192, Rn 94; jeweils mit Zitat von BVerfGE 33, 303(330f). Hier wird allerdings aus der Monopolisierung der universitären Ausbildung beim Staat zunächst nur aus Art. 12 Abs. 1 GG iVm Art. 3 Abs. 1 GG ein Anspruch auch gleichberechtigten Zugang

Mitwirkung als nicht mehr möglich[503]. Vergleichbar ist auch die Argumentation zur Privatschulsubventionierung[504].

Dadurch sei eine Ausgrenzung des Staates mittels grundrechtlicher Abwehrrechte nicht mehr ausreichend, sondern notwendig, dass der Staat aktiv tätig wird. Dieser müsse Maßnahmen ergreifen, um für alle Bürger die Ausübung der Grundrechte erstmals möglich zu machen, nämlich durch Ansprüche auf Bereitstellung der tatsächlichen Grundlagen[505]. Damit sei es dem Staat nicht nur verboten, die Freiheitsausübung des Bürgers zu beschränken, sondern er habe sie aktiv zu ermöglichen – durch die Bereitstellung von Mitteln, Verfahren und Institutionen, kurz: durch Daseinsvorsorge[506].

Anders als bei der liberalen Theorie bestehen mithin nicht nur Unterlassungsansprüche, sondern primär positive Leistungsansprüche gegen den Staat[507]. Diese

---

gefolgert (S. 332). Ob sich auch ein einklagbarer Anspruch auf Schaffung von Studienplätzen herleiten lasse, bedürfe hingegen keiner Entscheidung (S. 333). Der hier problematisierte Anspruch ist damit also eher den derivativen Teilhaberechten zuzurechnen. Ähnlich die Argumentation des BVerfG zur Hochschulorganisation BVerfGE 35, 79(114); 43, 242(267), beide vermitteln einen Anspruch auf organisatorische Maßnahmen; 57, 70(99); 66, 155(177f); 67, 1(16f); 67, 202(207); dazu Mayen, Der grundrechtliche Informationsanspruch, S. 48.

503 BVerfGE 35, 79(115, 116); 43, 242(267); Rüfner, FS Wannagat, S. 379(385).

504 BVerwGE 23, 347(349); 27, 360(361, 363) – durch die üppige Ausstattung staatlicher Schulen könnten sonst die Privatschulen nicht mehr mithalten; 75, 40(65).

505 Häberle, Verfassungstheorie, Dialektik und Kritischer Rationalismus, S. 303(320): „Die Dogmatik zu grundrechtlichen Teilhabestrukturen ist von dem Anliegen getragen, den Bürgern in der Gesellschaft reale Freiheitschancen zu ermöglichen"; ders. VVDStRL 30(1972), S. 43(84, 96): Schaffung tatsächlicher Chancengleichheit in realer grundrechtlicher Freiheit für alle (S. 84); Suhr, EuGRZ 1984, S. 529(538): „es geht um die „materiellen" oder „ökonomischen Voraussetzungen", um die „materielle Basis" und die „tatsächlichen Bedingungen" der Grundrechtsausübung"; Heintschel v. Heinegg/Haltern, JA 1995, S. 333(334); Mayen, Der grundrechtliche Informationsanspruch, S. 47: „Realisierungshilfe"; Murswiek, HStR IX, § 192, Rn 7; Sachs, Verfassungsrecht II, A3 Rn 25; für Ansprüche in Extremfällen auch Bleckmann, Staatsrecht II, § 8, Rn 44.

506 Beispielsweise Hochschulen in BVerfGE 35, 79(114ff); 43, 242(267) – Bereitstellung eines entsprechenden Verfahrens; teilweise offen gelassen in BVerfGE 33, 303(333) – numerus clausus, wobei hier ein Verfassungsauftrag angedacht wird); zur Pflicht zur Daseinsvorsorge auch Friauf, DVBl. 1971, S. 674(676); ebenso Bleckmann, Staatsrecht II, § 11 Rn 2; Ermöglichungsgedanke generell bei Morgenthaler, Freiheit durch Gesetz, S. 234.

507 Rupp, JZ 1971, S. 401(402); erläuternd Stern, Staatsrecht III/1, § 66, S. 636; Bleckmann, Staatsrecht II, § 8 S. 112; Starck, HStR VII (2.A.), § 164, Rn 47; Zippelius/

werden im Wege der Interpretation aus den klassischen Grundrechten hergeleitet[508]. Sie stehen in einem engen Zusammenhang zum Themenbereich der sozialen Grundrechte[509], teilweise werden beide Begriffe auch synonym verwendet. Zumeist wird die sozialstaatliche Grundrechtstheorie jedoch nur auf diejenigen „Leistungsansprüche" des Bürgers bezogen, die existentielle Rechte des Bürgers im Sinne von Sozialansprüchen sichern. In diesem Fall werden im Rahmen der Verteilung vorhandener Ressourcen erstmalig staatliche Leistungen gewährt, ohne dass dem ein staatliches Handeln vorangegangen ist. Später verknüpfte man auch die verfahrensrechtliche Dimension der Grundrechte mit dem sozialstaatlichen Grundrechtsverständnis[510].

Nicht zugerechnet werden können ihm hingegen die sogenannten derivativen Teilhabeansprüche. Diese ergeben sich nach allgemeiner Ansicht bereits aus einer Kombination des betroffenen Freiheitsrechts mit dem Gleichbehandlungsgrundsatz aus Art. 3 Abs. 1 GG. Eine erweiternde Interpretation der Freiheitsrechte ist daher nicht nötig[511].

Würtenberger, § 17, Rn 7; teilweise auch als „Teilhabeansprüche" bezeichnet, s. dazu Murswiek, HStR IX, § 192, Rn 5ff. Im vorliegenden Fall soll, zur bewussten Abgrenzung gegenüber Rechten auf Verfahrensbeteiligung oder gleichen Zugang zu öffentlichen Infrastruktureinrichtungen sowie den staatsbürgerlichen Rechten von „Leistungsrechten" der Fall sein. Diese werden teilweise in Abgrenzung zu „derivativen Teilhabeansprüchen" auch als „originäre Teilhabeansprüche" bezeichnet (s. bspw. Pieroth/Schlink Rn 78). Auch Schutzansprüche, die von manchen Autoren zu den „Teilhabeansprüchen im weiteren Sinne" gezählt werden (Murswiek, HStR IX, § 192, Rn 22) sollen nicht unter dem Terminus „Leistungsanspruch" zu verstehen sein. Nur im Sinne einer objektiven Pflicht des Staates, nicht explizit für ein subjektives Recht Friauf, DVBl. 1971, S. 674(676); viele Beispiele bei Rupp, JZ 1971, S. 401ff – Recht auf Umweltschutz und Martens, VVDStRL 30(1972), S. 7(26f). Dies nahmen teilweise auch die Gerichte an, bspw. BVerfGE 35, 79(116); 43, 242(267).

508 Martens, VVDStRL 30(1972), S. 7(12) spricht gar von „Umdeutung".

509 dies kommt auch bei Friauf, DVBl. 1971, S. 674(677) zum Ausdruck, der dies eng mit dem Sozialstaatsprinzip verknüpft; Martens, VVDStRL 30(1972), S. 7(9ff, 12); Bleckmann, Staatsrecht II, § 11 Rn 24; auch als „soziale Leistungsansprüche" bezeichnet, Murswiek, HStR IX, § 192, Rn 1, 98; Ossenbühl, HGR I, § 15 Rn 59.

510 Häberle, Wesensgehaltsgarantie, S. 373ff; ders. VVDStRL 30(1972), S. 43(54, 83, 86ff), allerdings auf S. 54 im Kontext derivativer Teilhaberechte. An anderer Stelle werden aber die verfahrens- und organisationsrechtlichen Dimensionen trotz ihres Charakters als Leistungsrechte ebenso wie die Schutzansprüche einem „status positivus libertatis" zugeordnet, die sozialen Leistungsansprüche hingegen einem „status positivus socialis", Murswiek, HStR IX, § 192, Rn 25.

511 Dies wird auch bei Heintschel v. Heinegg/Haltern, JA 1995, S. 333(339) deutlich – nur die Frage der originären Leistungsrechte wird an die sozialstaatliche

b) Einwände gegen sozialstaatliche Theorie und Leistungsansprüche

Die Herleitung von Leistungsansprüchen aus den Grundrechten wird meist generell als problematisch angesehen. Diese Skepsis gegenüber der Ableitung von Leistungsansprüchen aus Grundrechten soll im Zusammenhang mit dem liberalen Grundrechtsverständnis stehen[512]. Hierbei richtet sich die Kritik auch gegen das sozialstaatliche Grundrechtsverständnis.

Neben dem Einwand, es handele sich um eine „zeitbedingte" Ansicht[513], werden dem sozialstaatlichen Grundrechtsverständnis nach wie vor inhaltliche Bedenken entgegengehalten. Davon zu unterscheiden ist jedoch der Einwand, Leistungsrechte könnten nicht verfassungsunmittelbar gewährt werden, sondern bedürften gesetzgeberischer Vermittlung. Diese Kritik ist erst anschließend zu behandeln, nämlich im Rahmen der Frage, ob der Folgenbeseitigungsanspruch ohne Hinzutreten eines einfachen Gesetzes existieren kann[514].

(1) Gestaltung sozialer Gehalte allein durch den Gesetzgeber

Leistungsrechte werden zunächst mit dem Argument abgelehnt, dass in einem demokratischen Staat die Frage, wie viel Sozialstaatlichkeit existieren soll, grundsätzlich dem Gesetzgeber überlassen sei[515]. Hiernach können sozialstaatliche Rechte nicht im Wege der Interpretation den Grundrechten entnommen werden.

Diese Argumentation erweist sich jedoch als Zirkelschluss. Dass die Gestaltung sozialstaatlicher Gehalte allein dem Gesetzgeber überlassen bleibt, kann nur gelten, wenn die Grundrechte keine entsprechenden Vorgaben enthalten. Denn anderenfalls wäre zumindest der dort enthaltene Gehalt der Gestaltungsfreiheit des Gesetzgebers entzogen[516]. Gleiches gilt für die Annahme, es wäre eine Kompetenzüberschreitung innerhalb der Gewaltenteilung sowie ein Verstoß gegen

---

Grundrechtstheorie angeknüpft; ebenso Martens, VVDStRL 30(1972), S. 7(21ff, 25ff). Bei Häberle, VVDStRL 30(1972), S. 43(54) allerdings werden derivative Teilhaberechte und reale Freiheit, also sozialstaatliches Grundrechtsverständnis miteinander verknüpft; später auch nicht unterschieden zwischen derivativen und originären Leistungsrechten (S. 82ff).

512 Lübbe-Wolff, S. 19.

513 Steinberg/Müller, NVwZ 2006, S. 1113(1113).

514 S. dazu unten 3).

515 Vgl. BVerfGE 30, 303(331); 40, 121(138); 59, 231(263) – dort als Widerspruch zum Demokratieprinzip gesehen; Breuer, FG 25 Jahre BVerwG, S. 89(93); Martens, VVDStRL 30(1972), S. 7(17); Murswiek, HStR IX, § 192, Rn 57, 102; Starck, HStR VII (2.A.), § 164, Rn 47; Ossenbühl, HGR I, § 15, Rn 59; tendenziell auch Schlink, EuGRZ 1984, S. 457(465).

516 So auch Alexy, Theorie der Grundrechte, S. 462.

das Demokratieprinzip, wenn man solche Rechte mittels gerichtlicher Interpretation in die Grundrechte inkorporiert[517]. Diese Interpretation nimmt gerade die sozialstaatliche Theorie vor, wenn sie Leistungsrechte bejaht. Es ist aber eine bloße Negation des Ergebnisses der sozialstaatlichen Theorie und kein eigenständiges Argument, wenn man die Gestaltungsfreiheit des Gesetzgebers betont und deswegen die sozialstaatliche Theorie ablehnt.

Im Rahmen der Auslegung anhand der Einheit der Verfassung könnte jedoch zu berücksichtigen sein, dass ein starker sozialstaatlicher Gehalt der Grundrechte mit Inhalten des Demokratieprinzips oder der Gewaltenteilung kollidieren kann[518]. Dies müsste im Rahmen der Herleitung der Leistungsrechte mittels Auslegung auch von den Vertretern der sozialstaatlichen Theorie berücksichtigt werden. Sollte sich aber ergeben, dass sozialstaatliche Gehalte in den Grundrechten deutlich angelegt sind, so sind diese Kollisionen dem Grundgesetz immanent und stehen einer Auslegung nicht entgegen. Sofern jedoch Unsicherheit besteht, ob solche Gehalte angenommen werden können oder nicht, könnte die Interpretation anhand der Einheit der Verfassung eine gewisse Richtung vorgeben.

(2) Unerlässlichkeit der Garantie materieller Voraussetzungen

Im Zusammenhang mit dem sozialstaatlichen Grundrechtsverständnis stellt sich jedoch die Frage, ob man daraus, dass die Freiheitsausübung von materiellen Voraussetzungen abhängig ist, darauf schließen kann, dass die Freiheitsrechte diese auch garantieren[519]? Mit anderen Worten: unter der Prämisse der Garantie realer Freiheit mag diese Annahme richtig sein. Jedoch lässt auch die sozialstaatliche Theorie argumentativ offen, ob diese Prämisse richtig ist. Hier bleibt sie eine reine These.

Zudem bestehen Zweifel daran, ob die materiellen Voraussetzungen in dem Maße für die Grundrechtsausübung unerlässlich sind, wie dies angenommen

---

517 Breuer, FG 25 Jahre BVerwG, S. 89(93); Martens, VVDStRL 30(1972), S. 7(35f) – Gewaltenteilung; Friauf, DVBl. 1971, S. 674(677); Böckenförde, NJW 1974, S. 1529(1536); Ossenbühl, NJW 1976, S. 2100(2105); Murswiek, HStR IX, § 192, Rn 102; Hesse, Grundzüge des Verfassungsrechts, Rn 289; angedeutet in BVerfGE 33, 303(333ff) (Aufgabe des Gesetzgebers).

518 Ebenso für das verwandte Argument der Haushaltsprärogative bei der Ableitung von Leistungsansprüchen aus den Grundrechten, s. unten 3) b) 1); Stern, Staatsrecht III/1, § 67, S. 721.

519 Murswiek, HStR IX, § 192, Rn 96, er verneint dies als generelle These in Rn 111; ähnlich Böckenförde, Der Staat 42(2003), S. 165(184) zur Wissenschaftsfreiheit: verneint Mittelanspruch des Forschers.

wird[520]. Hat der Mensch nichts zum Essen oder kein Dach über dem Kopf, wird er sich in der Tat kaum Sorgen um seine Freiheit auf informationelle Selbstbestimmung machen. Was aber nicht heißt, dass er nicht auch auf sie pochen könnte. Sie wird ihm nur nicht wichtig erscheinen. Hingegen kann jemand, der ein Studium nicht finanzieren kann, sein Grundrecht auf freie Auswahl der Ausbildungsstätte nicht voll ausschöpfen, da für ihn faktisch kein Zugang zur Universität besteht[521]. Dass allerdings „diese „kleine" Freiheit von Not" eine „zwingende Voraussetzung für die Wahrnehmung der „großen" Freiheit der Art. 5, 6, 8, 9 GG etc." ist[522], leuchtet nicht unbedingt ein. Für die Möglichkeit einer Meinungsäußerung im politischen Bereich oder die Teilnahme an einer Demonstration ist kein Arbeitsverhältnis notwendig. Im Gegenteil, ein solches scheint für die Ausübung dieser Rechte mangels Zeit nicht selten eher kontraproduktiv zu sein. Im Bereich des Eigentumsgrundrechts und der Berufsfreiheit hingegen liegt ein Zusammenhang zwischen staatlicher Daseinsvorsorge und Grundrechtsausübung näher. Das einzige Grundrecht, ohne das keine übrige Freiheit ausgeübt werden kann, ist das aus Art. 2 Abs. 2 GG, das Recht auf Leben. Insgesamt ist der Schluss, dass Grundrechte nur bei der Annahme bestimmter materieller Voraussetzungen tatsächlich ausgeübt werden können, äußerst fraglich. Er kann allenfalls punktuell für einzelne Grundrechte gelten, keineswegs jedoch generell.

Die reale Freiheit wird daher auch dahingehend relativiert, dass es nicht darum gehe, allen jederzeit die gleiche Möglichkeit zu geben, von ihrer Freiheit Gebrauch zu machen. Ziel sei es nur, die Möglichkeit der Freiheitsausübung so weit zu gewährleisten, dass diese reale Bedeutung im sozialen Leben habe[523]. Es dürfe nicht sein, dass einer ganzen Bevölkerungsgruppe die Ausübung einer Freiheit unmöglich ist, da es ihr an den tatsächlichen Voraussetzungen hierfür fehlt.

Im Ergebnis kann aus der Tatsache, dass Freiheitsausübung bisweilen von der Existenz gewisser Voraussetzungen abhängig ist, noch nicht zwingend geschlossen werden, dass die Grundrechte auch diese Voraussetzungen mit garantieren.

---

520 Ebenso Schwabe, Probleme der Grundrechtsdogmatik, S. 250f.

521 Dies und weiteres Beispiel bei Martens, VVDStRL 30(1972), S. 7(28f): Wohnung für Art. 13 GG; Zuteilung von Grundrechtsvoraussetzungen durch Haushaltsmittel im Bereich der Hochschulen bei Starck, FG BVerfG II, S. 480(486); angesprochen als Leistungsrecht im Berufsfreiheitsbereich auch bei Jarass, AöR 120(1995), S. 345(350); Zippelius/Würtenberger, § 17, Rn 5.

522 Häberle, VVDStRL 30(1972), S. 43(53f).

523 Rüfner, FS Wannagat, S. 379(388).

Die Garantie der Freiheit darf nicht mit einer Garantie der Freiheitsvoraussetzungen verwechselt werden[524].

(3) Verfehlte Instrumentalisierung der Realität
Hauptprämisse der sozialstaatlichen Theorie ist, dass das Menschenbild der liberalen Sichtweise, nämlich das eines unabhängigen Menschen, nicht mehr gesellschaftsadäquat sei. Die liberale Theorie negierte die Realität, nämlich dass sich die meisten Menschen heute in Abhängigkeitsverhältnissen befänden. Diese Argumentation enthält jedoch einen entscheidenden Fehler: Aufgrund eines ideologischen Staatsverständnisses instrumentalisiert sie die Realität, um das geltende Recht an ihr auszulegen[525].

Soll Recht, insbesondere das Verfassungsrecht, aber noch seinen ordnenden Charakter ausfüllen, darf nicht das Recht nach der Realität, sondern muss die Realität nach dem Recht gestaltet werden[526]. Anderes kann nur auf der Ebene der Rechtspolitik wie der Gesetzgebung gelten.

---

524 Starck, FG BVerfG II, S. 480(481); Isensee, HStR IX, § 190, Rn 49ff, 103; dazu auch U.J. Schröder, JZ 2010, S. 869ff.

525 Deutlich wird dies bei Rupp, JZ 1971, S. 401(402). Zu solchen Tendenzen in der Rechtsprechung des Bundesverfassungsgerichts Müller, Arbeitsmethoden des Verfassungsrechts, S. 130f.

526 Kelsen, Allgemeine Theorie der Normen, S. 77: Sollen als Ausdruck für alle normativen Funktionen; Rupp, AöR 101(1976), S. 161(162); Scherzberg DVBl. 1988, S. 129(130): auf die Erzielung von Realfolgen gerichtete Wirkkraft; ebenso Stern, Staatsrecht III/1, § 65, S. 478; Hillgruber, JZ 1996, S. 118(121); dazu und dass aber die Realität auch Auswirkungen auf die Entstehung des Rechts hat, s. dazu Starck, HStR VII (2.A.), § 164, Rn 16, 26; Rüthers/Fischer/Birk, Rechtstheorie, § 4, Rn 94ff, 148, 148b; Müller, Arbeitsmethoden des Verfassungsrechts, S. 173; ähnlich Grimm, AöR 97(1972), S. 489(500): „Verfassung ist als normatives Sinngefüge primär etwas Gesolltes, nicht notwendig etwas Bestehendes" – mit dieser Prämisse kommt er allerdings zu dem Ergebnis, dass die Verfassung auch aktiv eine Sozialordnung gestalten solle. Dies hängt aber von der Frage, was man als „gesollt" ansieht – und damit wieder eine der Auslegung der Verfassung; anders aber S. 502: Verfassungen konstituieren zwar das System mit, sind aber auch sein Produkt. Anders gesehen wird dies gerade von Vertretern einer nicht-liberalen, neueren Grundrechtstheorie, so Müller/Christensen, Juristische Methodik I, S. 106f und ihm folgend Vesting, Von der liberalen Grundrechtstheorie zum Grundrechtspluralismus, S. 9(17): Eigenschaft einer Norm, sowohl die ihr zugrunde liegende Wirklichkeit zu ordnen als auch selbst durch diese Wirklichkeit bedingt zu werden; ähnlich Hesse, Grundzüge des Verfassungsrechts, Rn 45ff: „Konkretisierung des Inhalts einer Verfassungsnorm und dessen Verwirklichung sind daher nur möglich unter Heranziehung

(4) Unvereinbarkeit mit der liberalen Freiheit

Entgegen anderer Ansichten[527] erscheinen das sozialstaatliche und das liberale Grundrechtsverständnis auch miteinander unvereinbar: Freiheit *vom Staat* im Sinne der liberalen Theorie und Freiheit *durch den Staat*, wie von der sozialstaatlichen Theorie vertreten[528], können nicht widerspruchslos miteinander vereinbart werden[529]. Dieses „Spannungsverhältnis" räumen sogar Vertreter der sozialstaatlichen Theorie ein[530].

Es resultiert daraus, dass die Herstellung der materiellen Voraussetzungen für die Grundrechtsausübung in den meisten Fällen von der Gewährung staatlicher Mittel abhängig ist. Hierfür muss der Staat sich jedoch refinanzieren, undzwar

---

der Verhältnisse der Wirklichkeit, die diese Norm zu ordnen bestimmt ist". Hier gemeint ist aber der Zusammenhang zwischen Interpretation und Normanwendung, s. dazu dieser Rn 64; grundsätzlich gegen eine normative Wirkung der Realität ders. Rn 47, 48. Ähnlich Forsthoff, VVDStRL 12(1954), S. 8(8f); Häberle, Verfassungstheorie, Dialektik und Kritischer Rationalismus, S. 303(312): Sollenscharakter der Verfassungsnormen.

527 So beispielsweise Murswiek, HStR IX, § 192, Rn 41: es geht nicht darum, die abwehrrechtliche Funktion der Grundrechte durch Teilhaberechte zu ersetzen, sondern allenfalls zu ergänzen, er begründet aber dennoch in Rn 99 eine Unvereinbarkeit beider Ansätze sehr schlüssig; Neumann, DVBl. 1997, S. 92(93): durch Abwägung zu lösen, was juristisches Alltagsgeschäft sei; Bethge, VVDStRL 57(1998), S. 7(14).

528 Deutlich bei Häberle, VVDStRL 30(1972), S. 43(109).

529 Schmitt, Verfassungslehre, S. 169; Schätzel, FS Giese, S. 215(218); Martens, VVDStRL 30(1972), S. 7(33); W. Leisner, DÖV 1975, S. 73(74); zu Schutzpflichten als Eingriffstiteln in Abwehrrechte Rupp-v. Brünneck/Simon, Sondervotum zu BVerfGE 39, 1ff – Schwangerschaftsabbruch I, BVerfGE 39, 68(73f); Isensee, Der Staat 19(1980), S. 367(379f); Starck JuS 1981, S. 237(241); ders., FG BVerfG II, S. 480(519); ders. in: v. Mangoldt/Klein/Starck, Art. 1 Abs. 3 GG, Rn 188, 190; Rüfner, FS Wannagat, S. 379(389); ders. HGR II, § 40 Rn 35, 51ff; Suhr, EuGRZ 1984, S. 529(540); Heintschel v. Heinegg/Haltern, JA 1995, S. 333(335); Grabitz, Freiheit und Verfassungsrecht, S. 46; Bleckmann, Staatsrecht II, § 8 S. 111, der Teilhaberechte aus rein liberal verstandenen Grundrechten ablehnt; Poscher, Abwehrrechte, S. 70 „antisozialistische Tendenz" des Abwehrrechts; allgemeiner für Rechtsstaat und Sozialstaat Forsthoff, VVDStRL 12(1954), S. 8(19); relativierend ders. S. 33.

530 Murswiek, HStR IX, § 192, Rn 42; als einer der Wegbereiter einer sozialstaatlichen Theorie verweist auch Häberle, VVDStRL 30(1972), S. 53(52, 53, 56) auf „leistungsstaatliche Grundrechtskonflikte bzw. Konflikte mit anderen Verfassungszielen" (S. 52), er sieht, dass die soziale Gerechtigkeit um der Freiheit selbst willen ihre Grenzen habe (S. 53).

durch die Erhebung von Steuern und Beiträgen bei leistungsfähigen, nicht als unterstützungsbedürftig beurteilten Bürgern[531]. Nach dem liberalen Grundrechtsverständnis ist dies aber eine Beschneidung der grundrechtlichen Freiheit. Im Ergebnis würde die (reale) Freiheit des einen die (negative) Freiheit des anderen beschneiden[532].

Nun könnte diese Freiheitsbeschränkung zwar gerechtfertigt werden, die Konflikte könnten im Wege der Verhältnismäßigkeitsprüfung gelöst werden[533]. Auch sind Spannungsverhältnisse dem Grundgesetz nicht fremd[534]; sie könnten durch die Auslegung des Grundgesetzes als Einheit[535] ausgeglichen werden.

---

531 Dies sieht auch Murswiek, HStR IX, § 192, Rn 42. Er kommt zwar auch, aber nicht auf Basis eines Spannungsverhältnisses zur Unvereinbarkeit beider Ansätze und der Inadäquanz der sozialstaatlichen Grundrechtstheorie, Rn 96; ähnlich zu dem „sozialen Grundrecht" auf Arbeit auch Scheuner, VVDStRL 22(1965), S.1ff, da ein Recht auf Arbeit im Sinne eines Anspruchs zu weitgehenden Eingriffen in die unternehmerische Verfügung nötige; sowie Martens, VVDStRL 30(1972), S. 7(13, 15); allgemein für alle objektiv-rechtlichen Funktionen Grimm, Die Zukunft der Verfassung, S. 222: treiben die Zahl der Grundrechtseingriffe in die Höhe und schwächen so die Abwehrkraft; Bleckmann, Staatsrecht II, § 11 Rn 39.

532 Bauer, DVBl. 1986, S. 208(218); Nußberger, DVBl. 2008, S. 1081(1087); ebenso für die Verwirklichung von Schutzpflichten durch Strafnormen Rupp-v. Brünneck/Simon, abw. Meinung zu BVerfGE 39, 1ff, S. 68(73).

533 Fiedler, JZ 1979, S. 417(422); Starck, FG BVerfG II, S, 480(486); Neumann, DVBl. 1997, S. 92(93); ähnlich Häberle, VVDStRL 30(1972), S. 43(98): grundrechtliche Freiheit darf nicht von der Gleichheit her buchstabiert werden, die negatorische Seite solle gegenüber unverhältnismäßigen Eingriffen des um Gleichheit willen leistenden Staats wirken.

534 Beispielsweise zwischen Gleichheit der Wahl und Funktionsfähigkeit des Parlaments hinsichtlich der 5-%-Klausel oder zwischen Parteidemokratie und freiem Mandat. Allgemein dazu auch Scheuner, VVDStRL 22(1965), S.1(52): „Stellt die Verfassung einen Kompromiß verschiedener sozialer Kräfte dar, so können auch in den grundrechtlichen Normen Antinomien und Konflikte angelegt sein".

535 Dazu BVerfGE 1, 14(15, 32); 1, 208(244); 3, 225(231); 6, 309(361); 19, 206(220); 30, 1(19); 33, 23(27, 29); 34, 165(183); 39, 334(368); 55, 274(300); v. Pestalozza, Der Staat 2(1963), S. 425(438); Scheuner VVDStRL 22(1965), S. 1(53); Stern, Staatsrecht I, § 4 S. 107; Stern, Staatsrecht III/2, § 95 S. 1651; Starck, HStR VII (2.A.), § 164 Rn 19; Hesse, Grundzüge des Verfassungsrechts, § 2 Rn 71; Ossenbühl, HGR I, § 15 Rn 16; Müller, Arbeitsmethoden des Verfassungsrechts, S. 165f. Die Sichtweise, die Verfassung als eine Einheit anzusehen und auch als eine solche zu interpretieren, kann dabei auch auf Smend, Verfassung und Verfassungsrecht, S. 119(238ff) zurückgeführt werden, der diese Forderung aus dem integrierenden Charakter der Verfassung herleitete.

Die Notwendigkeit, Ausgleich durch Auslegung zu schaffen, würde aber im Falle einer Koexistenz von sozialstaatlichem und liberalem Grundrechtsverständnis erst durch einen Interpretationsakt geschaffen, nämlich durch die Auslegung der Grundrechte als Leistungsrechte. Damit müssten durch Auslegung Auslegungsergebnisse korrigiert werden, weil ein Zustand bestünde, der dem System des Grundgesetzes, ja sogar dem einzelnen Grundrecht, widerspricht. Ist jedoch ein Auslegungsergebnis durch Auslegung zu korrigieren, ist die ursprüngliche Auslegung in sich nicht stimmig und daher abzulehnen. Hinzu kommt, dass eine Grundrechtsfunktion gegen eine andere ausgespielt würde, wenn man beide zugleich in den Grundrechten verankern würde. Das einzelne Grundrecht geriete mit sich selbst in Widerspruch[536], wenn es (in der sozialstaatlichen Ausprägung) für die Refinanzierung der staatlichen Leistungen einen Eingriff erfordert, ihn aber (in der liberalen Ausprägung) zugleich untersagt.

Noch eindeutiger widersprechen sich die dem jeweiligen Grundrechtsverständnis zugrunde liegenden Freiheitsbegriffe. Nach der negativen, formalen Freiheit kann der Einzelne frei und selbstbestimmt entscheiden, wie er mit seinem Verhalten die Freiheit inhaltlich ausfüllt[537]. Reale Freiheit hingegen muss Grenzen haben und ist daher notwendigerweise nicht nur durch den Willen des Berechtigten begrenzt. Dies ist jedoch mit dem beliebigen Freiheitsbegriff des Grundgesetzes unvereinbar[538]. Würde man die reale Freiheit hingegen wie die liberale, formale Freiheit als individuell und beliebig begreifen, wäre sie ein Recht auf alles[539]. Sie wäre auf alles gerichtet, was das Individuum jeweils als unerlässlich für seine Grundrechtsausübung erachtet. Ein einheitlicher Freiheitsbegriff könnte damit nicht begründet werden, vielmehr wäre die grundgesetzlich gebotene Freiheit in sich widersprüchlich.

Aufgrund des widersprüchlichen Freiheitsbegriffs und der unterschiedlichen Auffassung dazu, ob Grundrechtseingriffe grundsätzlich untersagt oder zur Herstellung der tatsächlichen Grundrechtsausübung gefordert sind, würden die Grundrechte an Verbindlichkeit verlieren. Es wäre nicht absehbar, welcher Maßstab im Einzelfall abgelegt wird. Das Vertrauen in die Grundrechte könnte hierdurch erschüttert werden[540]; dieses Vertrauen ist jedoch eine wesentliche

---

536 So für die Verfassung insgesamt auch Martens, VVDStRL 30(1972), S. 7(33); ähnlich Rüfner, FS Wannagat, S. 379(389); für die Schutzpflichten Rupp-v. Brünneck/Simon, abw. Meinung zu BVerfGE 39, 1ff, S. 68(73).

537 H.H. Klein, Grundrechte, S. 68f; Murswiek, HStR IX, § 192, Rn 99.

538 Murswiek, HStR IX, § 192, Rn 99.

539 Murswiek, HStR IX, § 192, Rn 99.

540 Murswiek, HStR IX, § 192, Rn 50; Steinberg/Müller, NVwZ 2006, S. 1113(1117).

Voraussetzung für die tatsächliche Geltung des Grundgesetzes. Das Grundgesetz soll jedoch eine gegenüber einfachen Normen verstärkte Verbindlichkeit aufweisen, weshalb ihm ein solcher Freiheitsbegriff, der Zweifel an seiner unbedingten Geltung aufwirft, nicht zugrunde liegen kann[541].

Ebenso spricht gegen die sozialstaatliche Theorie, dass bereits das Angebot staatlicher Leistungen für den Leistungsempfänger einen Eingriff darstellen könnte. Das Angebot beeinträchtigt nämlich die Freiheit, wenn es die individuelle Selbstbestimmung gezielt in eine bestimmte Richtung drängt oder eigene Anstrengungen hemmt[542]. Hier liegt zwar kein klassischer Grundrechtseingriff vor, jedoch eine faktisch-mittelbare Lenkung, die, wie oben dargestellt, auch Eingriffscharakter haben kann[543]. Die Mehrung leistungsstaatlicher Nutzungen könnte zudem dazu führen, dass grundrechtsbezogene Forderungen ständig zunehmen. Letztlich könnte an die Stelle personaler Selbstbestimmung eine leistungsstaatliche Fremdbestimmung treten[544]. Auch hier geraten sozialstaatliche und liberal-negatorische Annahmen miteinander in einen Konflikt, der kaum ohne Einbußen lösbar erscheint.

Die Vertreter der sozialstaatlichen Theorie führen jedoch meist an, dass die liberal-negatorische Funktion beseitigt, sondern nur ergänzt werden soll. Dies erscheint hiernach kaum möglich. Eine sozialstaatliche Theorie mit der Annahme umfassender Leistungsrechte würde stets in eine – zumindestens teilweise – Abschwächung der negatorischen Funktion führen. Dies zeigt erneut die Schwächen der sozialstaatlichen Grundrechtstheorie.

Berücksichtigt man, dass nach dem rechtsstaatlichen Verteilungsprinzip die staatliche und die bürgerliche Sphäre voneinander getrennt sind, ist es insofern auch folgerichtig, dass staatliches Handeln in der Sphäre des Bürgers als problematisch angesehen wird, selbst wenn dieses der „Herstellung tatsächlicher Freiheit" dient.

---

541 Dieses Argument allein wendet Scheuner, VVDStRL 22(1965), S. 1ff gegen subjektivrechtliche soziale Grundrechte ein.

542 Morgenthaler, Freiheit durch Gesetz, S. 265, allerdings liegt hiernach kein Eingriff in bloßer Förderung; ähnlich Ipsen, Staatsrecht II, Rn 101; ebenso auch Schmitt Glaeser, „Die Gerechtigkeit ist ein Wiesel" in: F.A.S. v. 29.7.2007, S. 11; ähnlich Nußberger, DVBl. 2008, S. 1081(1087).

543 S. oben I) 2) c) (4) (b) (bb); näher auch unten G II) 1) b) (2) (b) (dd) (bbb).

544 Häberle, VVDStRL 30(1972), S. 43(62); ähnlich auf S. 65: „Es gibt eine Grenze von der ab ein Mehr an Leistungs- und Gefälligkeitsstaat ein Zuviel wird, das nicht nur sozial-ethisch korrumpiert, sondern auch die grundrechtseffektivierende Demokratie selbst gefährdet".

(5) Zwischenergebnis

Die dogmatische Grundlage grundrechtlicher Leistungsrechte, die die tatsächlichen Voraussetzungen für die Grundrechtsausübung gewährleisten, erscheint daher zweifelhaft. Ihnen liegt die sozialstaatliche Grundrechtstheorie zugrunde, deren Prämisse – dass für die Grundrechtsausübung reale Voraussetzungen notwendig sind und die Grundrechte aufgrund einer veränderten Realität derart ausgelegt werden müssten, dass sie diese enthalten – jedoch einer näheren Untersuchung nicht standhält. Zudem besteht zwischen ihr und der liberalen Grundrechtstheorie ein nur schwer lösbarer Widerspruch.

Es wird daher zu Recht als unmöglich angesehen, die typischen Leistungsrechte als subjektive Rechte zu gewährleisten[545]. Diese Konsequenten sehen auch einzelne Vertreter eines sozialstaatlichen Grundrechtsansatzes und nehmen diese daher auf Verfassungsaufträge zurück. Hierdurch relativieren sie jedoch zugleich den selbst postulierten sozialstaatlich-normativen Gehalt der Grundrechte[546]. Hiernach stellen die Grundrechte reine Verfassungsaufträge dar, die, ähnlich den Schutzpflichten, nur ausnahmsweise in Ansprüche umschlagen[547]. Die entsprechenden Probleme sollen durch das Sozialstaatsprinzip bewältigt werden[548]. Insofern leitete das Bundesverfassungsgericht die Notwendigkeit der

545 Murswiek, HStR IX, § 192, Rn 58f; Ipsen, Staatsrecht II, Rn 102; ebenso für das „Recht auf Umweltschutz" Rupp, JZ 1971, S. 401(402).

546 Böckenförde, NJW 1974, S. 1529(1536); von Häberle, VVDStRL 30(1972), S. 69(91ff, insbes. 110, 112ff) insofern auch auf S. 113 und 139 nur als „Maßgaberechte" bezeichnet; ähnlich wird dies auch für Informationsansprüche von Wissenschaftlern aus Art. 5 Abs. 3 GG gesehen: nur prinzipieller Anspruch, s. dazu Mayen, Der grundrechtliche Informationsanspruch, S. 57 mwN. Hier wird das Regel-Ausnahme-Prinzip des Verteilungsprinzips umgekehrt, s. S. 58.

547 Häberle, VVDStRL 30(1972), S. 43(90ff, 110); Bleckmann, Staatsrecht II, § 11, Rn 53; so auch bereits BVerfGE 1, 97(105): Nur wenn der Gesetzgeber die sozialstaatliche Pflicht zur sozialen Aktivität willkürlich vernachlässige, könne daraus ein Anspruch erwachsen; ähnlich Grimm, Die Zukunft der Verfassung, S. 230.

548 BVerfGE 75, 40(62, 65): Pflicht des Staates, Privatschulen zu finanzieren, um ein Wertloswerden des Individualgrundrechts zu verhindern; Friauf, DVBl. 1971, S. 674(677); Rupp, VVDStRL 30(1972), Diskussionsbeitrag S. 180(181): Pflicht direkt aus den Grundrechten; Böckenförde, NJW 1974, S. 1529(1538); Starck, FG BVerfG II, S. 480(522); ders. JuS 1981, S. 237(242); Bethge, Der Staat 24(1985), S. 351(376); Ipsen, Staatsrecht II, Rn 102; einschränkend Murswiek, HStR IX, § 192, Rn 104: nur die notwendigen Voraussetzungen, um zu verhindern, dass die Kompetenz zur Sozialgestaltung auf das Bundesverfassungsgericht übergeht – diese würden damit nur Grundsatznormen darstellen und über die Entscheidungshoheit des Gesetzgebers zu „Maßgaberechten" werden (sie gelten nur nach Maßgabe der Gesetze).

Sicherung des Existenzminimums auch primär aus dem Sozialstaatsprinzip ab und nicht aus den Grundrechten[549]. Daher wäre es überflüssig, eine vergleichbare objektive Pflicht interpretatorisch aus den Grundrechten herzuleiten, wenn mit dem Sozialstaatsprinzip bereits eine lex specialis existiert, die dieses Ergebnis beinhaltet[550].

Damit bestehen solche Leistungsansprüche nur nach Maßgabe des einfachen Gesetzgebers und erfordern ein vermittelndes Gesetz. Würde man hierbei zu dem Ergebnis gelangen, dass keinerlei Ansprüche auf ein positives staatliches Handeln aus den Grundrechten abgeleitet werden können, wäre auch die Herleitung eines Folgenbeseitigungsanspruchs erschwert.

c) Zutreffen der Einwände auf den Folgenbeseitigungsanspruch

In diesem Licht erscheint es zweifelhaft, ob der Folgenbeseitigungsanspruch mit seinem leistenden Charakter aus den Grundrechten hergeleitet werden kann. Es ist jedoch keines der angeführten Argumente direkt auf den Folgenbeseitigungsanspruch bezogen, weshalb untersucht werden muss, ob und inwiefern diese Kritik auch auf ihn zutrifft.

(1) Problemlose Vereinbarkeit von Folgenbeseitigungsanspruch und liberaler Theorie

Angesichts der Ableitung des Folgenbeseitigungsanspruchs aus der negatorischen Funktion besteht zunächst keine Spannungslage zwischen Leistungsrecht und negatorischer Funktion. Vielmehr dient das Leistungsrecht gerade der Verwirklichung des liberalen negatorischen Gehalts. Hier dient der leistungsrechtliche Bestandteil des Grundrechts nicht dazu, einen Eingriff in negatorische Gehalte zu rechtfertigen, wie dies für die oben dargelegten Leistungsrechte der Fall ist. Beim Folgenbeseitigungsanspruch ist der Staat nur dann dazu verpflichtet, in der bürgerlichen Sphäre tätig zu werden, wenn der betroffene Bürger dies

549 Noch abgelehnt in BVerfGE 1, 97(104f): Zwar Anspruch auf positives Tätigwerden, aber nicht Schutz vor materieller Not, sondern nur Schutz gegen Angriffe durch andere; BVerwGE 1, 159(161f); 5, 27(31); BVerfGE 40, 121(133) allerdings überlässt die Definition des Minimalstandards dem Gesetzgeber bei einer Herleitung aus dem Sozialstaatsprinzip; di Fabio in: Maunz/Dürig (43.EL), Art. 2 Abs. 2 GG, Rn 35, 45 in engen Grenzen auch für einen Anspruch; Herdegen in: Maunz/Dürig (55.EL), Art. 1 Abs. 1 GG, Rn 114; Kunig in: v. Münch/Kunig, Art. 2 GG, Rn 60; Dreier/Schulze-Fielitz, Art. 2 Abs. 2 GG, Rn 96.

550 Alexy, Theorie der Grundrechte, S. 388; Neumann, DVBl. 1997, S. 92(94) unter Hinzunahme des Art. 3 Abs. 1 GG; Starck in: v. Klein/Starck, Art. 1 Abs. 3 GG, Rn 191.

aufgrund des vorangegangenen Eingriffs auch begehrt. Die Folgenbeseitigung begründet, im Gegensatz zu Schutzpflichten und sozialen Leistungsrechten, grundsätzlich nur ein Zweipersonenverhältnis zwischen Staat und Bürger, Dritte sind nicht involviert. Die Wiederherstellung kann nur in der Sphäre des betroffenen Bürgers stattfinden, und auch nur soweit er es fordert.

Damit führt der Folgenbeseitigungsanspruch im Ergebnis weder zu einer Relativierung der negatorischen Funktion, noch bestehen Spannungen zwischen ihm und den Annahmen der liberal-negatorischen Grundrechtstheorie.

(2) Folgenbeseitigung als wiederherstellender Anspruch

Soweit Leistungsansprüche deswegen abgelehnt werden, weil sie auf der sozialstaatlichen Grundrechtstheorie basieren, ist dies für den Folgenbeseitigungsanspruch weniger problematisch, da er aus der liberalen Grundrechtstheorie abgeleitet werden kann. Zwar ist der Inhalt des Folgenbeseitigungsanspruchs vergleichbar mit dem derjenigen Leistungsrechte, die aus der sozialstaatlichen Theorie abgeleitet werden. Jedoch basiert er nicht auf dem Freiheitsbegriff der sozialstaatlichen Leistungsrechte und teilt damit nicht die Probleme, die sich daraus ergeben.

Die liberale und die sozialstaatliche Theorie schützen hierbei jeweils unterschiedliche Gesichtspunkte bürgerlicher Freiheit. Die liberal-bürgerliche Theorie will die sogenannte „vorstaatliche" Freiheitssphäre schützen. Sie sieht in den Freiheitsgrundrechten den außerrechtlichen Bereich der Gesellschaft[551], in der Freiheit die tatbestandlich umschriebene Rechtsposition vor der Veränderung durch den aktuellen staatlichen Eingriff[552]. Nach dieser ausgrenzenden, liberalen Freiheit überlässt der Staat den Einzelnen seiner bestehenden gesellschaftlichen Situation, lässt der den status quo gelten[553]. Die sozialstaatliche Theorie hingegen will eine Freiheit herstellen bzw. schützen, die ohne den Staat, ohne seine unterstützende, umverteilende Wirkung nicht existieren könnte[554]. Teleologisch schützt die liberal-bürgerliche Theorie damit die Freiheit, die vor dem Staat, ohne den Staat besteht, während die sozialstaatliche Theorie Grundrechtswirkungen fordert, die ohne den Staat nicht bestünden. Liberal-bürgerliche Grundrechte fordern Ausgrenzung, sozialstaatlich verstandene Grundrechte Teilhabe.

Der Folgenbeseitigungsanspruch untersagt nicht nur Rechtsakte, sondern beseitigt die realen Folgen von Rechtsakten. Insofern betrifft er auch die reale

551 Schmitt, Verfassungslehre, S. 163; Grzeszick S. 219.
552 Isensee, HStR IX, § 191, Rn 78; Grzeszick S. 219.
553 Forsthoff, VVDStRL 12(1954), S. 8(19).
554 So zur faktischen Freiheit Stern, Staatsrecht III/1, § 66, S. 636.

Komponente grundrechtlicher Freiheit, nicht nur rein rechtliche Grundrechtswirkungen. Die reale Freiheit des sozialstaatlichen Grundrechtsverständnisses ist jedoch zunächst losgelöst vom staatlichen Handeln zu sehen, wohingegen dem Folgenbeseitigungsanspruch stets ein freiheitsbeschneidendes staatliches Handeln vorausgeht.

Der wesentliche Unterschied zwischen dem Folgenbeseitigungsanspruch und den problematischeren Leistungsansprüchen ist mithin, dass der Folgenbeseitigungsanspruch nicht die erstmalige Herstellung von Freiheit (wie bei den sozialen Leistungsansprüchen), sondern die *Wieder*herstellung von Freiheit bewirkt. Der Schutzgegenstand, das beeinträchtigte grundrechtliche Rechtsgut, bestand bereits vorher. Die sozialen Leistungsansprüche hingegen bezwecken eine Erweiterung des Kreises an Rechtsgütern[555]. Sie beziehen sich nicht auf bereits bestehende Güter, sondern auf Erwerbsaussichten, die nach überwiegender Auffassung rechtlich nicht geschützt sind[556].

Soziale Leistungsrechte und Abwehrrechte unterscheiden sich zudem auch im zeitlichen Bezugspunkt. Die Abwehransprüche halten das Bestehende für schützenswert, wohingegen die sozialstaatlichen Leistungsrechte zukunftsgerichtet den gesellschaftlichen status quo verändern sollen. Das sozialstaatliche Verständnis fordert die positive Veränderung einer bestehenden Lage, die jedoch unzureichend sei[557]. Genau dies, die Aufrechterhaltung des gegenwärtigen bürgerlichen Freiheits- und Entfaltungsbestandes, ist aber Anliegen der liberalen Grundrechtstheorie.

Der Anspruch auf „Herstellung" tatsächlicher Freiheit im Sinne der sozialstaatlichen Theorie ist somit von der „Wiederherstellung" durch den Folgenbeseitigungsanspruch zu unterscheiden: Während bei letzterer ein grundrechtswidriger Eingriff des Staates gegeben ist, liegt der Situation bei der Herstellung tatsächlicher Freiheit staatliche Untätigkeit zugrunde.

Der Folgenbeseitigungsanspruch bezweckt aber nicht die erstmalige Herstellung grundrechtlicher Freiheit, sondern fordert explizit die „Wiederherstellung" des Zustandes, wie er als Ideal vor dem staatlichen Eingriff bestand. Man benötigt daher keine sozialstaatliche Deutung, um zu einem Folgenbeseitigungsanspruch zu gelangen. Er dient nicht dazu, verschiedene Ausgangspunkte der

---

555 H.H. Klein, DVBl. 1994, S. 489(497): dynamisch; Mayen, Der grundrechtliche Informationsanspruch, S. 69.

556 Dargestellt auch bei Schleeh, AöR 92(1976), S. 58(95).

557 so auch der Unterschied zwischen Eingriffs- und Leistungsverwaltung: Eingriff oder Erweiterung der Rechtssphäre nach Hill, NJW 1986, S. 2602(2604); dazu Grimm, Die Zukunft der Verfassung, S. 222; Stern, Staatsrecht III/1, § 66, S. 636.

Bürger hinsichtlich des Gebrauchs der grundrechtlichen Freiheit auszugleichen, sondern soll vielmehr unrechtes staatliches Handeln ungeschehen machen und setzt damit voraus, dass ein solches vorangegangen ist. Dieser Bezug auf den ursprünglichen, nicht den noch herzustellenden Zustand, kennzeichnet den Folgenbeseitigungsanspruch als abwehrrechtlichen Anspruch. Er benötigt keine leistende Komponente im sozialstaatlichen Sinne.

Bei der Herleitung des Folgenbeseitigungsanspruchs ist damit nicht der sozialstaatlich-leistungsrechtliche Aspekt der Grundrechte betroffen, sondern vielmehr die liberale Abwehrfunktion der Grundrechte. Der Anspruch entsteht nur, wenn ein vorheriger rechtswidriger Eingriff vorliegt und dient dazu, die staatsfreie Freiheitssphäre des Bürgers wiederherzustellen.

(3) Unterscheidung: soziale und sonstige Leistungsansprüche

Häufig, auch in der Literatur[558], wird innerhalb der Leistungsrechte weiter differenziert zwischen den sogenannten Teilhaberechten und sonstigen Leistungsrechten. Teilhaberechte können hier mit sogenannten „sozialen Grundrechten" gleichgesetzt werden, die bestimmte materielle Interessen der Individuen befriedigen sollen, etwa an einer Wohnung, Kleidung, Nahrung, Gesundheitsvorsorge etc. Insgesamt betreffen sie also die Daseinsvorsorge[559]. Genau diese Daseinsvorsorgeansprüche können nicht grundrechtlich hergeleitet werden[560]. Nahezu alle

---

558 Beispielsweise Isensee, Sicherheit, S. 22: Unterscheidung zwischen dem status positivus libertatis (= Schutzpflichten) und dem status positivus socialis (= soziale Leistungsansprüche); ebenso Starck, JuS 1981, S. 237(241); Rüfner, HGR II, § 40 Rn 1.

559 So bei Martens, VVDStRL 30(1972), S. 7(8f); Bleckmann, Staatsrecht II, § 11 Rn 24; abweichend dazu Alexy, Theorie der Grundrechte, S. 402, der den Begriff der Teilhaberechte auf alle positiven Handlungspflichten des Staates, also auch beispielsweise auf Schutzpflichten erweitern will; ähnlich auch bei Breuer, FG 25 Jahre BVerwG, S. 89(95ff), der auch Schutzansprüche und Ansprüche aus Verbot mit Genehmigungsvorbehalt dazu zählt. Anders unterscheidet Jarass, AöR 120(1995), S. 345(350) zwischen Leistungsrechten und Teilhaberechten, wo letztere auf eine bereits bestehende Einrichtung bezogen werden.

560 Schmitt, Verfassungslehre, S. 169; Schätzel FS Giese, S. 215(218); Breuer, FG 25 Jahre BVerwG, S. 89(93); Rüfner, FS Wannagat, S. 379ff; Kritik nur gegen soziale Leistungsansprüche bei Starck JuS 1981, S. 237(241); ebenso ders. in: v. Mangoldt/Klein/Starck, Art. 1 Abs. 3 GG, Rn 188–192; E. Klein, NJW 1989, S. 1633(1634): „weithin bestehende (und verständliche) Abneigung gegen (wirtschaftliche und soziale) grundrechtlich fundierte Leistungsrechte"); Dreier/Dreier, Vorbem. Rn 90; deutlich wird dies auch bei Friauf/Höfling/Enders, vor Art. 1 GG, Rn 72; Zippelius/Würtenberger, § 17, Rn 8.

gegen Leistungsrechte gerichteten Argumente beziehen sich primär auf diese Art von Sozialansprüchen[561]. Einwände wie der, dass die Realität zu Unrecht zur erweiterten Grundrechtsauslegung instrumentalisiert wird, und dass kein unmittelbarer Zusammenhang zwischen dem Vorliegen gewisser materieller Voraussetzungen und der Möglichkeit der Grundrechtsausübung besteht, betreffen nur soziale Grundrechte. Nur bei diesen geht es um die materiellen Voraussetzungen menschlicher Existenz, um die „kleine Freiheit" von Not, Arbeitslosigkeit und Krankheit.

Solche Ansprüche aber sind vom Folgenbeseitigungsanspruch als Verletzungsreaktionsanspruch abzugrenzen. Dieser bezweckt nicht die Herstellung materieller Grundrechtsvoraussetzungen, sondern die Wiederherstellung ursprünglicher Freiheit. Er ist nicht bezogen auf soziale Ansprüche, sondern kann jegliches Grundrecht betreffen und auch kann auch einen nicht nur finanziellen, sondern rein ideellen Inhalt haben – zum Beispiel den Widerruf einer ehrbeeinträchtigenden Äußerung.

Auch das Argument, dass der Staat über viele Anspruchsobjekte gar nicht verfügen könne[562] – dies bezog sich insbesondere auf Arbeitsplätze – richtet sich daher grundsätzlich nur gegen soziale Leistungsansprüche. Dieses Argument beinhaltet einen Drittbezug, da sich beispielsweise die angesprochenen Arbeitsplätze überwiegend in der Privatwirtschaft finden. Auch beim Folgenbeseitigungsanspruch gibt es zwar Konstellationen mit Drittbezug; dies sind unter anderem die zum Klassiker gewordenen Fälle der Exmittierung von Obdachlosen aus der Wohnung oder des Abrisses einer baurechtlich illegalen Anlage, die den Nachbar beeinträchtigt. Hier hat aber die Dogmatik auch eine Lösung für das Problem gefunden: fehlt es an einer Eingriffsgrundlage zulasten des Dritten, ist die Folgenbeseitigung unmöglich[563]. Es handelt sich zudem nur um eine punktuell, nicht generell mangelnde Verfügbarkeit von Ressourcen. Es wäre jedoch unverhältnismäßig, einen Anspruch wegen der vereinzelten Möglichkeit

561 Schmitt, Verfassungslehre, S. 169; Schätzel, FS Giese, S. 215(218); Breuer, FG 25 Jahre BVerwG, S. 89(93); Rüfner, FS Wannagat, S. 379ff; Starck in: v. Mangoldt/Klein/Starck, Art. 1 Abs. 3 GG, Rn 188–192; Zippelius/Würtenberger, § 17, Rn 8; deutlich wird dies auch bei Friauf/Höfling/Enders, vor Art. 1 GG, Rn 72; ebenso v. Münch, Staatsrecht II, Rn 155ff.

562 Starck in: v. Mangoldt/Klein/Starck, Art. 1 Abs. 3 GG, Rn 190; ders., FG BVerfG II, S. 480(519); ders. JuS 1981, S. 237(241).

563 OVG Lüneburg, BauR 1982, S. 147(148); anders Horn, DÖV 1989, S. 976(980ff) – dort ist der Folgenbeseitigungsanspruch selbst die Anspruchsgrundlage.

seiner Undurchsetzbarkeit gänzlich abzulehnen. Damit ist dieser Einwand für den Folgenbeseitigungsanspruch entkräftet.

Kritik an grundrechtlichen Leistungsansprüchen, die sich nicht darauf bezieht, dass die materiellen Voraussetzungen für die Ausübung von Grundrechten geschaffen werden sollen, findet sich jedoch kaum. Damit zeigt sich, dass die Kritik an Leistungsrechten primäre deren soziale Komponente betrifft. Es geht nicht um die Existenz von Leistungsrechten an sich – kritisch gesehen wird die Existenz grundrechtlicher Leistungsrechte, die durch die Hintertür der Interpretation die bewusst ausgesparten sozialen Grundrechte auf Arbeit, auf eine Grundversorgung etc. herstellen sollen. Da der Folgenbeseitigungsanspruch jedoch nicht zu dieser Art von Leistungsrechten zählt, trifft die Kritik auf ihn nicht zu.

Auch die leistungsrechtliche Komponente des Folgenbeseitigungsanspruchs führt also nicht dazu, dass seine Herleitung allein aus den Grundrechten infrage zu stellen ist.

3) Notwendigkeit eines vermittelnden einfachen Gesetzes

Dass bei dem Folgenbeseitigungsanspruch die tatsächliche Wiederherstellung durch eine staatliche Leistung erfolgt, könnte jedoch auch dazu führen, dass er einer Vermittlung durch ein Gesetz bedarf.

Insofern wird bezweifelt, ob es grundrechtsunmittelbare, nicht einfachgesetzlich vermittelte Leistungsansprüche des Bürgers gegen den Staat gibt. Vielmehr solle nur eine objektiv-rechtliche Pflicht des Gesetzgebers zur Umsetzung bestehen[564]. Gerade das Bundesverfassungsgericht nimmt häufig nur objektivrechtliche Pflichten zur Gewährung bestimmter Leistungen an[565], die durch den einfachen Gesetzgeber weiter konkretisiert werden müssen. Die Grundlage für den Anspruch befindet sich zwar in den Grundrechten, jedoch ergibt sich hieraus nicht der Anspruch selbst, sondern nur eine Pflicht zur Verschaffung des Anspruchs[566].

Fraglich ist somit, ob auch für den Folgenbeseitigungsanspruch eine einfachgesetzliche Grundlage erforderlich ist. Nachdem oben festgestellt wurde, dass der Folgenbeseitigungsanspruch für einen umfassenden Grundrechtsschutz erforderlich ist, ist weiter zu untersuchen, ob die Abwehrrechte allein eine hinreichende

---

564 So beispielsweise Rupp, VVDStRL 30(1972), Diskussionsbeitrag S. 180(181); Erichsen, HStR VI (2.A.), § 152, Rn 78.

565 BVerfGE 27, 195(200); 35, 79(116); 43, 242(267); 62, 323(332f); 75, 40(65); 87, 1(35ff).

566 Zu dieser Unterscheidung auch zutreffend Weber, NJW 1966, S. 1798(1799).

Grundlage für den Folgenbeseitigungsanspruch darstellen, oder ob er einer Vermittlung durch eine einfachgesetzliche Norm bedarf[567].

Letzteres wird dabei aus verschiedenen Gründen angenommen: zum einen, weil die Grundrechte allein zu unbestimmt seien, um einen konkreten Folgenbeseitigungsanspruch, geschweige denn Folgenersatzanspruch hervorbringen zu können[568]. Es sei nicht bestimmbar, welchen Inhalt dieser haben solle. Desweiteren wird angeführt, dass die Herleitung allein aus den Grundrechten aus Gründen der Rechtssicherheit nicht möglich sei[569]. Aufgrund der Unterschiede zwischen den einzelnen Grundrechten könne es keine einheitliche Tatbestandsstruktur des Folgenbeseitigungsanspruchs geben[570].

Wurde also im oberen Teil nachgewiesen, dass die Grundrechte die Existenz eines Wiederherstellungsanspruchs fordern, so stellt sich nun die weitere Frage, ob er auch selbst verfassungsrechtlicher Natur ist. Stellt er selbst einen grundrechtlichen Anspruch dar oder ist er nachgeordnet, einfachrechtlich? Handelt es sich also, mit der Terminologie *Sterns*[571], um einen grundrechtsunmittelbaren Anspruch, der keiner weiteren einfachgesetzlichen Ausgestaltung mehr bedarf, oder um einen grundrechtmittelbaren Anspruch, bei dem allein die Grundrechte als Anspruchsgrundlage nicht ausreichen?

a) Mangelnde Bestimmbarkeit

(1) Die Argumentation gegen Leistungsansprüche

Häufig wird gegen unmittelbar grundrechtliche Leistungsansprüche angeführt, die vagen Verfassungsaussagen seien nicht konkret genug, um ohne eine nähere gesetzgeberische Ausgestaltung zu einem unmittelbaren Anspruch auf bestimmte staatliche Leistungen führen zu können[572]. Ebenso sei es nicht problemlos

---

567 Dabei soll im Folgenden hinsichtlich der Frage, ob Leistungsrechte zu ihrer Gewährung einer einfachgesetzlichen Vermittlung bedürfen, nicht auf solche Argumente eingegangen werden, die sich speziell auf sozialstaatliche Leistungsrechte und deren gesetzliche Vermitteltheit beziehen. Dass der Folgenbeseitigungsanspruch von diesen zu trennen ist, wurde bereits dargestellt.

568 Rupp, JA 1979, S. 506(509).

569 Pietzko S. 101.

570 Pietzko S. 101.

571 Stern, Staatsrecht III/1 § 65, S. 597ff.

572 So Breuer, FG 25 Jahre BVerwG, S. 89(93); Bethge, Grundrechtskollisionen, S. 226; Martens, VVDStRL 30(1972), S. 7(30f); v. Mutius, VerwArch. 64 (1973), S. 183(192f); Böckenförde, NJW 1974, S. 1529(1536); Starck, JuS 1981, S. 237(241); ders., FG BVerfG II, S. 480(518f); ders. in: v. Mangoldt/Klein/Starck, Art. 1 Abs. 3 GG, Rn 189, 191; Bull/Dammann, DÖV 1982, S. 213(215); Alexy, Theorie der Grundrechte,

bestimmbar, wer aus dem Leistungsgrundrecht verpflichtet ist[573]. Ähnlich ist das Argument, grundrechtliche Leistungsansprüche könnten aufgrund der Unbestimmtheit des Anspruchsobjekts[574] nicht mit derselben Verbindlichkeit garantiert werden wie Abwehrrechte[575]. Eine grundrechtstheoretische Uminterpretation sei allein nicht ausreichend für die Gewährung subjektiver Leistungsrechte[576]. Diese könnten sich nur dort durchsetzen, wo sie bestimmbar seien und nicht nur „als abstrakte Prinzipien in der Luft schwebten“[577]. Der aus den Grundrechten abzuleitende Anspruch müsse, um auch rechtlich durchsetzbar zu sein, nach Inhalt und Umfang definiert sein[578]. Grundrechtliche Leistungsrechte seien daher sogar so unbestimmt, dass sie unjustiziabel seien[579]. Ohne eine weitere gesetzliche Regelung könne der Anspruch danach nur dann gewährt werden, wenn die Rechtsfolge von Verfassungs wegen unmittelbar geboten ist[580].

S. 461f für soziale Grundrechte; Hill, NJW 1986, S. 2602(2604): Grenzen des Anspruchs durch Gesetz zu regeln Scherzberg, DVBl. 1989, S. 1128(1131); H. Dreier, Jura 1994, S.505(508); Grabitz, Freiheit und Verfassungsrecht, S. 43; Stern, Staatsrecht III/1, § 67, S. 694, 695; v. Münch, Staatsrecht II, Rn 164; Bleckmann, Staatsrecht II, § 6 S. 90; Hesse, Grundzüge des Verfassungsrechts, Rn 289; v. Münch in: v. Münch/Kunig, Vorbem. Art. 1-19, Rn 20; Sachs, Verfassungsrecht II, A4, Rn 21, 22. Teilweise wird dieses Erfordernis auch bei Beseitigungsansprüchen im einfachgesetzlichen Bereich aufgestellt, beispielsweise bei Beseitigungsansprüchen nach § 21 I 1 AGG, vgl. hierzu Thüsing/v. Hoff, NJW 2007, S. 21(23, 24).
Ähnlich die Rechtsprechung zur Frage eines konkreten Kindergeldanspruchs: „Weder Artikel 6 Abs. 1 GG noch dem Sozialstaatsprinzip des Art. 20 GG lässz sich ein Anspruch auf Erhalt von Kindergeld zur Förderung der Familie in einer bestimmten Höhe herleiten.“, BFH BFH/NV 2007, S. 904(905); BVerfG HFR 2004, 692(692); dazu BVerfGE 87, 1(36): allgemeine Pflicht, aber keine Entscheidung, in welchem Umfang und welcher Weise.

573 Martens, VVDStRL 30(1972), S. 7(31); Stern, Staatsrecht III/1, § 67 S. 713.

574 Murswiek, HStR IX, § 192, Rn 100; ähnlich Böckenförde, NJW 1974, S. 1529(1536); H.H. Klein, DVBl. 1994, S. 489(497); speziell für Geldansprüche Wallerath, JZ 2008, S. 157(162).

575 Starck, HStR VII (2.A.), § 164, Rn 47; ders. FG BVerfG II, S. 480(519); ähnlich Sachs, Verfassungsrecht II, A3, Rn 25; Murswiek HStR IX, § 192, Rn 54.

576 Dreier/Dreier, Vorbem. Rn 90.

577 Rupp, Grundfragen, S. 154f.

578 Murswiek, HStR IX, § 192, Rn 3; zum Umfang Starck in: v. Mangoldt/Klein/Starck, Art. 1 Abs. 3, Rn 190; ähnlich Hill, NJW 1986, S. 2602(2604).

579 Dürig in: Maunz/Dürig (1.EL), Art. 1 GG, Rn 95; Bleckmann, Staatsrecht II, § 6 Rn 2.

580 Hillgruber, JZ 1996, S. 118(122).

Die Problematik der Bestimmbarkeit wird klar dargestellt bei *Lübbe-Wolff*[581]: Auf eine Grundrechtsverletzung ist nicht nur mit einer verfassungsmäßigen Alternative, sondern mit dem verfassungsmäßigen Gegenteil eines staatlichen Aktes zu reagieren, wobei letzterer ein definiter Spezialfall der verfassungsmäßigen Alternativen ist[582]. Der Unterschied zwischen Leistungsrechten und Unterlassungsansprüchen liegt hiernach darin, dass letztere die Reaktion auf ein grundrechtsverletzendes Handeln darstellen. Jede Handlung ist aber in sich bestimmt und hat ein bestimmtes Gegenteil, nämlich ihr Unterlassen. Hierdurch ist der Unterlassungsanspruch hinreichend bestimmt. Die Untätigkeit ist dagegen unbestimmt, nicht individualisierbar, sondern global und daher nicht einer ganz bestimmten, sondern allen möglichen Handlungen entgegengesetzt. Jedes positive grundrechtsverletzende Handeln hat mit dem Unterlassen ein definites verfassungsmäßiges Gegenteil; grundrechtsverletzendes Unterlassen hätte dagegen kein definites verfassungsmäßiges Gegenteil, sondern nur eine indefinite Anzahl von verfassungsmäßigen Alternativen.

So folgert auch das Bundesverfassungsgericht aus der Unbestimmtheit der Grundrechte, dass Leistungsansprüche mangels Klarheit eines vermittelnden Gesetzes bedürften [583]. Gerade für den Folgenbeseitigungsanspruch wird daher angenommen, dass die Grundrechte für seine alleinige Ableitung zu unbestimmt seien. Dergestalt gewonnene Ansprüche genügten nicht dem Erfordernis der Rechtssicherheit[584]. Bei einer Ableitung aus dem jeweils verletzten Grundrecht sei der Tatbestand des Folgenbeseitigunganspruchs nicht einheitlich genug[585], da die jeweiligen (Schutzbereichs- und Schranken-) Gestaltungen zu unterschiedlich seien. So wird gegen eine grundrechtliche Ableitung des Wiederherstellungsanspruchs auch eingewandt, dass die Rechtsordnung verschieden auf

581 Forsthoff, VVDStRL 12(1954), S. 8(18); Lübbe-Wolff, S. 40ff; ebenso Grimm, Die Zukunft der Verfassung, S.238; Wahl/Masing, JZ 1990, S. 553(558). Kritik an dieser Konstruktion des „definiten Gegenteils" bei Jestaedt, S. 118f.

582 Lübbe-Wolff, S. 41.

583 BVerfGE 33, 303(336): notwendig regelungsbedürftig; Häberle, VVDStRL 30(1972), S. 43(47): Führungsaufgabe des Gesetzgebers; Starck, FG BVerfG II, S. 480(519); Wallerath, JZ 2008, S. 157(162); ebenso Starck in: v. Mangoldt/Klein/Starck, Art. 1 Abs. 3 GG, Rn 190.

584 Pietzko, S. 100 durch ergänzende Heranziehung des § 1004 BGB; dies. S. 544; Brugger, JuS 1999, S. 625(630ff); Hain, VerwArch. 2004, S. 498(512); angedeutet bei Fiedler, NVwZ 1986, S. 969(971); Scherzberg, DVBl. 1989, S. 1128(1135); ähnlich allgemein Heintzen, VerwArch. 81(1990), S. 532(535).

585 Pietzko, S. 110.

Rechtsverletzungen reagieren könne, das Grundgesetz aber nicht die eindeutige Anordnung eines Wiederherstellungsanspruchs enthalte[586].

Und selbst die vom Bundesverwaltungsgericht judizierten grundrechtlichen Ansprüche auf Förderung von Privatschulen benötigen eine nähere einfachgesetzliche Ausgestaltung. Laut Bundesverwaltungsgericht könne aus den Grundrechten nur die untere Grenze der staatlichen Hilfe aufgezeigt werden[587]. Gleiches gilt hinsichtlich des Rechts auf Sicherung des Existenzminimums. Diese sollen als positive Leistungsansprüche nur insoweit existieren, wie sie den notwendigen Minimalstandard staatlicher Unterstützung darstellen[588].

Der Wortlaut aller Grundrechte ist dabei zwar generell recht vage. Es ist daher stets interpretatorischer Aufwand erforderlich, um den jeweiligen Schutzbereich der Grundrechte zu bestimmen[589], auch bei den unstreitigen Unterlassungsansprüchen. Die relative Unbestimmtheit der Grundrechte ist allerdings gewollt, damit sich die Verfassung an zeitbedingt wechselnde Anforderungen anpassen kann[590]. Darin kommt auch zum Ausdruck, dass Inhalt und Reichweite der Grundrechte durch Interpretation näher konkretisiert werden sollen, soweit dies mit dem textlichen Gehalt des Grundgesetzes übereinstimmt[591].

Die abwehrrechtlichen Gehalte, insbesondere der Unterlassungsanspruch, wurden jedoch von Beginn an als voll justiziabel angesehen[592]. Schon

---

586 T. Schneider, Folgenbeseitigung im Verwaltungsrecht, S. 64f; M. Redeker, DÖV 1987, S. 194(196); nur als Argument gegen eine Herleitung aus dem Rechtsstaatsprinzip jedoch bei Spanner, DVBl. 1968, S. 618(620).

587 BVerwGE 27, 360(365).

588 Breuer, FG 25 Jahre BVerwG, S. 89(94), explizit allerdings weiterhin nur für soziale Leistungsansprüche; ders. S. 98f für die Sicherung einer speziellen Freiheit, die schlechthin und nicht nur für einzelne Personen (S. 99) notleidend wird. Diese sieht er allerdings nicht als inhaltlich verfassungsrechtlich vorgegeben an (S. 100); Starck, JuS 1981, S. 237(242); unklar, ob nicht Ableitung aus dem Sozialstaatsprinzip Rüfner, FS Wannagat, S. 379(382f); allgemein anerkennend Jarass, AöR 120(1995), S. 345(350); Rüfner, HGR II, § 40 Rn 71; Zippelius/Würtenberger, § 17, Rn 9; dazu allgemein Lenz/Leydecker, DÖV 2005, S. 841(845).

589 Erichsen, HStR VI (2.A.), § 152, Rn 11.

590 Erichsen, HStR VI (2.A.), § 152, Rn 11.

591 Zum Verfassungstext als Grenze der Interpretation und Konkretisierung, Ossenbühl DÖV 1965, S. 649(652): „Der erste Schritt zur Ermittlung des Normsinns geht vom Wortlaut aus. Er führt bereits insofern eine gewisse Auslese herbei, als Lösungen ausscheiden, die nicht irgendwie im Gesetzeswortlaut zum Ausdruck kommen."

592 vgl. auch Dürig in: Maunz/Dürig (1.EL), Art. 1 Abs. 3 GG Rn 94; Forsthoff, VVDStRL 12(1954), S. 8(19); Rupp-v.Brünneck/Simon, abw Meinung zu zu BVerfGE 39,1ff, S. 68(71); Böckenförde, Der Staat 29(1990), S.1(14); H.H. Klein,

Dürig[593] führt dazu aus, dass eine Vermutung für die sofortige Vollziehbarkeit der abwehrrechtlichen Gehalte[594] spreche. Dies wäre nur durch den Nachweis widerlegbar, dass der Anspruchsinhalt unmessbar, unberechenbar und unvoraussehbar normiert sei[595]. Einwände mangelnder Justiziabilität richteten sich daher von Beginn an gegen andere Grundrechtsinhalte als Abwehrrechte. Daher erscheint es zweifelhaft, dass leistungsrechtliche Gehalte eines negatorischen Rechts zu unbestimmt sind und daher abzulehnen sind. Ebenso wie bei den reinen Abwehrrechten ist hier eine interpretatorische Ausgestaltung möglich.

(2) Anwendung auf verschiedene Leistungsansprüche

Allerdings wendet sich dieses Argument sehr global gegen „Leistungsansprüche" an sich. Im Rahmen der Frage, ob auch es auch auf den Folgenbeseitigungsanspruch zutrifft, ist zunächst zu untersuchen, ob es grundrechtlich abgeleitete Leistungsansprüche gibt, denen nicht entgegengehalten wird, dass sie zu unbestimmt seien und aus welchen Gründen dies der Fall ist. Erst anschließend ist zu fragen, ob der Folgenbeseitigungsanspruch bestimmbar ist. Gibt es nämlich andere grundrechtsunmittelbare Ansprüche, die für bestimmbar gehalten werden, so entkräftet bereits dies das Argument der mangelnden Bestimmbarkeit.

(a) Erlaubnisansprüche bei Verbot mit Erlaubnisvorbehalt

Dass diese Einwände nicht auf alle Ansprüche mit leistendem Inhalt angewandt werden, zeigt sich zunächst am Verbot mit Erlaubnisvorbehalt[596]. In Literatur und

DVBl. 1994, 489(489); Starck, FG BVerfG II, S. 480(519); Bleckmann, Staatsrecht II, § 6 S. 90, der nur die abwehrrechtlichen Gehalte als justiziabel ansieht; ebenso Friauf/Höfling/Enders, vor Art. 1 GG, Rn 84; Starck in: v. Mangoldt/Klein/Starck, Art. 1 Abs. 3 GG, Rn 167.

593 Dürig in: Maunz/Dürig (1.EL), Art. 1 Abs. 3 GG, Rn 94.

594 Er spricht von den „klassischen" Freiheitsrechten, die auf Unterlassung gerichtet seien, diesen „Rechten mit negativer Richtung"; dies allerdings war, da die Bezeichnung der Unterlassungsrechte in unmittelbarem Zusammenhang mit der Bezeichnung als „negative Rechte" erfolgt, auf die sich aus dem liberal-negatorischen Verständnis der Grundrechte im Sinne des Verteilungsprinzips bezogen, womit auch die abwehrrechtlichen Wiederherstellungsansprüche mit einbezogen sind. Dies ergibt sich auch im Hinblick auf die in Fn. 3 Zu Rn 94 getroffene Aussage, die Unterlassungsansprüche mit staatlicher Ausgrenzung assoziiert.

595 Dürig in: Maunz/Dürig (1.EL), Art. 1 Abs. 3 GG, Rn 94.

596 Terminologie nach BVerfGE 18, 353(364) – Devisenbewirtschaftungsgesetz; 49, 89(145) – Kalkar; Maurer, Verwaltungsrecht, § 9 Rn 51; explizit als Leistungsrecht

Rechtsprechung wird es auch als „Leistungsrecht auf Wiederherstellung" bezeichnet[597]. Dies könnte zwar terminologisch auch den Folgenbeseitigungsanspruch umfassen, ist in diesem Fall aber auf die Verbote mit Erlaubnisvorbehalt bezogen.

Diesen Ansprüchen liegt es zugrunde, dass ein Grundrecht durch ein Verbot eingeschränkt wurde, um den Bürger aus Gründen der Gefahrenabwehr dazu zu veranlassen, ein administratives Kontroll- oder Überwachungsverfahren durchzuführen[598]. Zeigt sich nun in diesem, dass für ein Verbot der grundrechtlichen Betätigung keine Grundlage besteht, da beispielsweise keine Gefahren für Rechtsgüter anderer drohen, wäre es ein Grundrechtseingriff, das Verbot aufrecht zu erhalten[599]. Es besteht daher dann ein Anspruch des Bürgers auf Erlaubnis der Tätigkeit, wenn keine Gründe der öffentlichen Sicherheit dafür vorliegen, die Tätigkeit nicht zu erlauben. Nach Durchführung des Verfahrens ergibt sich aus dem Abwehrrecht ein gebundener Anspruch auf Erteilung der entsprechenden, grundrechtswiederherstellenden Erlaubnis oder Befreiung[600]. Der Anspruch auf die Erlaubnis stellt in diesem Fall die grundrechtliche Freiheit wieder her. Liegen nämlich keine Gründe der öffentlichen Sicherheit vor, die ein Verbot rechtfertigen würden, würde ein weiteres Verbot das jeweilige Grundrecht verfassungswidrig einschränken.

Damit sind auch diese Ansprüche abwehrrechtliche Leistungsrechte[601]: sie beinhalten ein positives Tätigwerden des Staates, nämlich die Erlaubnis einer bestimmten Tätigkeit. Ihren Rechtsgrund finden sie aber im abwehrrechtlichen Gehalt, da ohne ihre Existenz der negatorische Gehalts des jeweiligen Grundrechts verletzt wäre.

Damit besteht insofern eine ähnliche Struktur wie bei der Folgenbeseitigung. Ebenso wie dort gehen die Erlaubnisansprüche nach einem Verbot mit Erlaubnisvorbehalt aus einer Einschränkung des klassischen Abwehrgehalts hervor. Sie

---

benannt bei Hill, NJW 1986, S. 2602(2604), allerdings beim „fließenden Übergang" von Eingriffs- und Leistungsverwaltung.

597 Bleckmann, Staatsrecht II, § 11, Rn 55; ähnlich Schwabe, Probleme der Grundrechtsdogmatik, S. 202, der sie vollständig dem status negativus zuordnet; anders Böß, Vergleich, S. 69, der sie nicht als Leistungsrechte einordnet.

598 BVerfGE 20, 150(155) – Sammlungsgesetz; „vorläufige Sperre"; ähnlich BVerfGE 18, 353(362) – Devisenbewirtschaftungsgesetz; Zuleeg, DVBl. 1973, S. 509(518).

599 Dazu auch Zuleeg, DVBl. 1973, S. 509(518); Stern, Staatsrecht III/1, § 67, S. 704; inzident BVerfGE 18, 353(364).

600 BVerfGE 6, 32(42) – Elfes; 8, 71(76); 18, 353(364) – Devisenbewirtschaftungsgesetz; 20, 150(155) – Sammlungsgesetz; 49, 89(145) – Kalkar; Breuer, FG 25 Jahre BVerwG, S. 89(105); Zuleeg, DVBl. 1973, S. 509(518); Bleckmann, Staatsrecht II, § 11, Rn 55.

601 So auch Pieroth/Schlink, Rn 80.

stellen zwar keine Verletzungsreaktionsansprüche im engeren Sinne dar, weil durch die Gewährung des Erlaubnisanspruchs eine verfassungsrechtliche Rechtfertigung erfolgt und es daher an einer Grundrechtsverletzung fehlt. Gemeinsam ist beiden Ansprüchen jedoch der wiederherstellende Gehalt.

Viele Erlaubnisansprüche bei einem Verbot mit Erlaubnisvorbehalt werden dabei einfachgesetzlich ausgestaltet, wie beispielsweise als prominenteste Erlaubnis die Baugenehmigung. Dies kann jedoch vor dem Hintergrund gesehen werden, dass die Einschränkung der grundrechtlichen Freiheit zumeist durch das Gesetz vorgenommen wurde, in dem als Ausgleich zugleich die Erlaubnis geregelt wird. Es ist für den Gesetzgeber ein Leichtes, zusammen mit dem präventiven Verbot gleich die Erlaubnis zu normieren. Dies ändert aber nichts daran, dass der Anspruch auch ohne eine einfachgesetzliche Vermittlung bestünde, allein aufgrund des Grundrechts, das durch das Verbot verletzt wird[602]. Der Anspruch bedürfte zu seiner Existenz keiner einfachgesetzlichen Vermittlung.

Weiter zeigt sich, dass in diesem Fall die Bestimmbarkeit des Anspruchs nicht problematisiert wird. Der Leistungsanspruch auf Erlaubnis ist durch das vorangegangene Verbot einer bestimmten Handlung hinreichend konkretisiert: die Erlaubnis bezieht sich nämlich auf genau das Verhalten, das zuvor verboten wurde. Durch die Definition des Verbots wird zugleich die nachfolgende Erlaubnis konkretisiert.

(b) Ausnahmsweise Bestimmbarkeit grundrechtlicher Schutzansprüche

Ähnliche Probleme zeigen sich bei der Ableitung von Schutzpflichten aus den Grundrechten. Auch hier stellt sich die Frage, ob Ansprüche auf staatliches Tätigwerden, also im Grunde Leistungsansprüche[603], bestehen. Hierbei wird der Schutzanspruch bisweilen sogar als klassisch-liberaler Gehalt angesehen[604],

602 Dies gilt insbesondere im Bereich der Baugenehmigung als einem Verbot mit Erlaubnisvorbehalt, s. dazu Maurer, Verwaltungsrecht, § 9, Rn 52.

603 E. Klein, NJW 1989, S. 1633(1639), allerdings von wirtschaftlichen und sozialen Leistungsrechten abgegrenzt; Alexy, Theorie der Grundrechte, S. 403; H. Dreier, Jura 1994, S. 505(512); Jarass, AöR 120(1995), S. 345(351). Dennoch werden einige der Einwände gegen Leistungsansprüche, wie z.B. finanzielle Beschränkungen, hier nicht angewandt, bspw. bei Starck in: v. Mangoldt/Klein/Starck, Art. 1 Abs. 3 Rn 193; hierzu und anders Stern, Staatsrecht III/1, § 67, S. 717.

604 Isensee, Sicherheit, insbes. S. 32; E. Klein, NJW 1989, S. 1633(1639); Heintschel v. Heinegg/Haltern, JA 1995, S. 333(336); Möstl, DÖV 1998, S. 1029(1029); Murswiek, HStR IX, § 192, Rn 23.

wenn auch nicht als Abwehrrecht[605], obwohl er auf eine staatliche Leistung gerichtet ist.

Häufig wird angenommen, die Schutzpflicht richte sich grundsätzlich nur an den Gesetzgeber[606], womit ein Anspruch des Bürgers einer gesetzlichen Vermittlung bedürfte. Es stellt sich daher auch beim grundrechtlichen Schutzanspruch die Frage, ob dieser hinreichend bestimmbar ist[607]. Wie die übrigen Leistungspflichten kann die Schutzpflicht nämlich auf verschiedene Weisen erfüllt werden und nicht nur auf eine einzige. Es gibt nicht nur ein „definites Gegenteil" einer Schutzpflichtverletzung. Bei Gefährdung eines Grundrechts entsteht nicht sofort ein Schutzanspruch des Bürgers, sondern dem Staat kommt ein Einschätzungsspielraum zu[608]. Dieser ist erforderlich, weil es zur Kollision von Schutzpflichten mit den Abwehrgehalten anderer Grundrechte kommen kann. Die in diesem Fall erforderliche Abwägung kann, auch aufgrund des Gesetzesvorbehalts, nur vom Gesetzgeber vorgenommen werden[609]. Ergänzend wird auch argumentiert,

---

605 E. Klein, NJW 1989, S. 1633(1639); anders Schwabe, Probleme der Grundrechtsdogmatik, S. 213ff; deutlich wird die Unterscheidung auch bei Isensee, Sicherheit, S. 1f, 21ff. Poscher, Abwehrrechte, S. 115 benennt die Schutzpflichten als Ausfluss einer Vorstellung realer Freiheit.

606 BVerfGE 39, 1(44) – Schwangerschaftsabbruch I; 77, 170(214); 88, 203(254) – Schwangerschaftsabbruch II; 92, 26(46) – Zweitregister; BVerfG NJW 1998, 3264(3265) – Schadstoffe;
Isensee, Sicherheit, S. 42ff, insbes. 44, anders S. 40f; noch stärker bei Rupp- v. Brünneck/Simon, abw. Meinung zu BVerfGE 39, 1ff, S. 68(69); E. Klein, NJW 1989, S. 1633(1637, 1638); Heintzen, VerwArch. 81(1990), S. 532(553); Möstl, DÖV 1998, S. 1029(1029); ähnlich Calliess, JZ 2006, S. 321(328); auch bei Friauf/Höfling/Enders, vor Art. 1 GG, Rn 66; Ipsen, Staatsrecht II, Rn 93ff; Starck in: v. Mangoldt/Klein/Starck, Art. 1 Abs. 3 GG, Rn 194; anders BVerfGE 46, 160(164) – Schleyer: alle staatlichen Organe; A. Faber, DVBl. 1998, S. 745(749) – verpflichtet alle drei Staatsgewalten; ebenso Calliess, JZ 2006, S. 321(322).

607 Dazu auch Isensee, Sicherheit, S. 42; H.H. Klein, DVBl. 1994, S. 489(496); Stern, Staatsrecht III/1, § 69, S. 991.

608 BVerfGE 46, 160(164) – Schleyer; 77, 170(214); 79, 174(202); 92, 26(46) – Zweitregister; 96, 56(64) – Vaterschaftsauskunft; BVerfG NJW 1996, S. 651(651) – Ozon; BVerfG NJW 1997, S. 1509(2509) – Elektrosmog; Isensee, Sicherheit, S. 38f; E. Klein, NJW 1989, S. 1633(1637, 1638); Hain, DVBl. 1993, S. 982(984); Jarass, AöR 120(1995), S. 345(353); A. Faber, DVBl. 1998, S. 745(751); v. Münch, Staatsrecht II, Rn 158; Calliess, JZ 2006, S. 321(328); Friauf/Höfling/Enders, vor Art. 1 GG, Rn 66.

609 BVerfGE 53, 30(57f) – Mühlheim-Kärlich; Isensee, Sicherheit, S. 38f, insbes. 42f; Wahl/Masing, JZ 1990, S. 553ff(559); H.H. Klein, DVBl. 1994, S. 489(491); Hillgruber, JZ 1996, S. 118(123); Ipsen, Staatsrecht II, Rn 94ff.

dass nach dem Grundsatz der Gewaltenteilung solche Entscheidungen dem demokratisch legitimierten Gesetzgeber zugewiesen seien[610]. Die Schutzpflicht ist daher nur hinsichtlich des „Ob", nicht aber des „Wie" der gebotenen Handlung grundrechtsunmittelbar[611].

Ausnahmsweise kann sich jedoch der Schutzauftrag auf eine konkrete Maßnahme verengen[612]. Dann kann der Bürger unmittelbar, also auch ohne eine Umsetzung durch den Gesetzgeber, eine bestimmte Schutzmaßnahme einfordern. Dies soll der Fall sein, wenn eine evidente Verletzung des sog. „Untermaßverbots" vorliegt, also wenn „die Schutzmaßnahmen gänzlich fehlen oder erheblich unzulänglich sind, Schutz nicht auf andere Weise zu erreichen ist"[613].

Auch für Schutzansprüche stellt sich also die Frage, ob sie hinreichend bestimmbar sind, wenn sie allein grundrechtlich abgeleitet werden. Dies wird zwar grundsätzlich hinsichtlich ihres Umfangs verneint, in Ausnahmefällen ist es jedoch möglich. Entsprechende Ausnahmen sind auch in der Rechtsprechung des Bundesverfassungsgerichts anerkannt.

(3) Bestimmbarkeit des Folgenbeseitigungsanspruchs

Es zeigt sich somit im Ergebnis, dass der Einwand der mangelnden Bestimmbarkeit nicht auf alle Leistungsansprüche zutrifft. Diese sind zwar häufig, aber nicht stets zu unbestimmt für eine verfassungsunmittelbare Gewährung, sodass eine gesetzliche Vermittlung erforderlich wäre. Dem Folgenbeseitigungsanspruch kann also nicht generell entgegengehalten werden, dass er als Leistungsanspruch per se nicht bestimmbar sei und daher nicht grundrechtsunmittelbar gewährt werden könne. Vielmehr muss dies konkret geprüft werden.

---

610 BVerfG NJW 1998, S. 3264(3265).

611 v. Münch, Staatsrecht II, Rn 152.

612 BVerfGE 46, 160(164f) – Schleyer; 77, 170(214); 79, 174(202); BVerfG NJW 1998, 3264(3265) – Schadstoffe; Brüning, JuS 2000, S. 955(957); ähnlich E. Klein, NJW 1989, S. 1633(1638).

613 BVerfGE 77, 170(215); 79, 174(202): Anspruch nur auf das Ergreifen nicht völlig ungeeigneter Maßnahmen; 88, 203 (254f) – Schwangerschaftsabbruch II; 92, 26(46) – Zweitregister; ähnlich BVerfGE 46, 160(164f) – Schleyer; 56, 54(81f) – Fluglärm; BVerfG NJW 1996, S. 651(651) – Ozon; BVerfG NJW 1997, S. 1509(2509) – Elektrosmog; Isensee, Sicherheit, S. 40; Wahl/Masing, JZ 1990, S. 553(559); H.H. Klein, DVBl. 1994, S. 489(495); Möstl, DÖV 1998, S. 1029(1038f); Brüning, JuS 2000, S. 955(958); Calliess, JZ 2006, S. 321(328); Starck in: v. Mangoldt/Klein/Starck, Art. 1 Abs. 3 GG, Rn 195 für die sich aus dem Wortlaut ergebenden Schutzansprüche aus Art. 1 Abs. 1 und Art. 6 GG; Ossenbühl, HGR I, § 15 Rn 62.

Die mangelnde Bestimmbarkeit grundrechtlicher Leistungsansprüche konnte darauf zurückgeführt werden, dass einem grundrechtsverletzenden Unterlassen kein verfassungsgemäßes definites Gegenteil entgegengesetzt werden kann. Aus diesem Grund kann der Leistungsanspruch nicht allein aus der Grundrechtsverletzung bestimmt werden.

Beim Folgenbeseitigungsanspruch fehlt es aber nicht an einem definiten Gegenteil. Denn die Grundrechtsverletzung geschieht, jedenfalls in den anerkannten Fallgruppen[614], nicht durch ein Unterlassen, sondern durch eine staatliche Handlung. In diesem Fall ist es nicht ausreichend, der Handlung ein bloßes Unterlassen entgegen zu setzen, vielmehr muss auf eine Handlung mit einer zeitlich nachfolgenden weiteren Handlung reagiert werden. Daher kann das Gegenteil der Handlung ebenso genau bestimmt werden wie ein Unterlassungsanspruch. Geschuldet ist nämlich die der Verletzungshandlung entgegengesetzte Handlung, die Wiederherstellungshandlung. Alles andere würde der Garantie des freiheitlichen Bestandes nicht gerecht[615]. Im Falle des Folgenbeseitigungsanspruchs ist damit das Gegenteil „definit", mithin bestimmbar.

Denkbar ist zwar auch, dass die Wiederherstellung auf verschiedene Arten möglich ist[616]. Hier ist zwar nicht eine einzige notwendige Handlung individualisierbar. Allerdings sind die auch diese verschiedenen Handlungen definit, da es sich um eine bestimmte, keine unbestimmte Mehrzahl handelt. Jedenfalls eine dieser Handlungen muss ausgeführt werden.

Zudem zeigen sich auch beim Unterlassungsanspruch Probleme hinsichtlich der Bestimmung des Zeitpunkts, zu dem er entsteht. Dies soll erst dann der Fall sein, wenn die grundrechtsverletzende Handlung hinreichend konkret erwartet werden kann[617]. Wann dieser Zeitpunkt gekommen ist, kann jedoch nicht

---

614 Eine Haftung auch für ein rechtswidriges Unterlassen wird teilweise vertreten, s. dazu Böß, Vergleich, S. 63ff, BVerwGE 69, 366(367, 371) spricht kryptisch von „Tun und Unterlassen", ohne sich näher zu einer Haftung für Unterlassen zu erklären; dies ist allerdings nicht überall anerkannt, s. dazu Rösslein, Folgenbeseitigungsanspruch, S. 85f; Weyreuther, Gutachten B, S. 93; Maurer, Verwaltungsrecht, § 30 Rn 9. Gleiches gilt für die Figur des „sozialrechtlichen Herstellungsanspruchs", der die Konstellation rechtswidrig verweigerter Leistungen der Leistungsverwaltung erfasst.

615 T. Schneider, Folgenbeseitigung im Verwaltungsrecht, S. 66f für Eigentumsverletzungen; Schwabe, Probleme der Grundrechtsdogmatik, S. 198, sieht daher nur die Beseitigung als vom Grundrecht gefordert an und daher den Anspruch aus den Grundrechten als hinreichend bestimmt an.

616 Dazu M. Faber, NVwZ 2003, S. 159(162); Sachs, HGR II, § 39, Rn 41.

617 Laubinger, VerwArch. 80(1989), S. 261(292); Sproll, JuS 1996, S. 313(316); Sachs, HGR II, § 39 Rn 45.

ohne Wertungen bestimmt werden. Auch hier ist der Anspruch nicht vollständig zweifelsfrei bestimmbar. Daher sollte es auch den Wiederherstellungsanspruch nicht vollständig zu Fall bringen, dass er in geringem Umfang unbestimmt ist.

Weiter wird befürchtet, dass der Anspruch ausufern könnte, was ebenfalls als eine Frage hinreichender Bestimmbarkeit anzusehen ist. Insbesondere bei den grundrechtlichen Schutzpflichten soll dies problematisch sein, da spätestens Art. 2 Abs. 1 GG jegliches menschliche Handeln bzw. Verhalten erfasst[618]. Der Folgenbeseitigungsanspruch entsteht jedoch erst, wenn ein verfassungswidriges Staatshandeln vorliegt, er kann also nicht in einer unbestimmten Vielfalt von Fällen entstehen. Vielmehr kann der Staat die Häufigkeit beeinflussen, nämlich dadurch, wie häufig er sich verfassungswidrig verhält. Aus diesem Grund ist auch nicht zu befürchten, dass der Folgenbeseitigungsanspruch quantitativ ausufern könnte.

Gleiches gilt für den Einwand, es könne nicht hinreichend bestimmt werden, wer durch den Leistungsanspruch verpflichtet wird. Wendet schon *Stern* gegen diesen Einwand ein, er gelte nicht für die Abwehrrechte, da sie sich ohne weiteres gegen den potentiellen Störer richten[619], so gilt dies um so mehr, wenn der Eingriff bereits erfolgt ist. Verpflichtet zur Wiederherstellung ist hier nämlich derjenige, der die grundrechtswidrigen Folgen verursacht hat, mithin der jeweils eingreifende Träger von Staatsgewalt. Dieser kann in der Regel ebenso eindeutig bestimmt werden wie beim Unterlassungsanspruch, der insofern als unproblematisch gilt.

Dem Einwand, der Tatbestand des Folgenbeseitigungsanspruchs sei bei einer Ableitung aus dem einzelnen Freiheitsgrundrecht nicht einheitlich genug, ist ebenfalls zu widersprechen. Der Tatbestand des Folgenbeseitigungsanspruchs weist eine allgemeine Rechtsfolge auf, die bei jedem Eingriff in ein Einzelgrundrecht gleich ist: Wiederherstellung des Zustandes, wie er vor dem Eingriff bestand. Dies ist aber hinreichend konkret, und auch generalisierbar genug, nur so kann er alle möglichen Rechtsverletzungen umfassen. Zudem ergeben sich Probleme im Hinblick auf die jeweils individuell zu bestimmende Grundrechtsverletzung nicht nur beim Folgenbeseitigungsanspruch, sondern stellen sich vielmehr jedesmal, wenn eine Grundrechtsverletzung zu prüfen ist. Sie rühren allgemein aus der verfassungsrechtlichen Dogmatik her und offenbaren erneut, wie eng Folgenbeseitigungsanspruch und Grundrechtsverletzung zusammenhängen.

---

618 Scherzberg, DVBl. 1989, S. 1128(1129); Grzeszick S. 252; ähnlich Erichsen, HStR VI (2.A.), § 152 Rn 13ff.

619 Stern, Staatsrecht III/1, § 67, S. 712.

(4) Konkrete Bestimmbarkeit anhand von Beispielsfällen

Als Leitfälle, an denen im weiteren Verlauf der Arbeit spezielle Probleme der Bestimmbarkeit untersucht werden, sollen dabei die folgenden Situationen dienen:

> Fall 1: Die Kläger sind Eigentümer eines Grundstücks im beplanten Innenbereich der Gemeinde G, und beabsichtigen die Errichtung eines Wohngebäudes. Aufgrund der geltenden Landesbauordnung ist das Vorhaben genehmigungsfrei. Nach Abwarten der Frist, innerhalb der die G als untere Bauaufsichtsbehörde ein Genehmigungsverfahren durchführen könnte, dies aber nicht tat, begannen die Kläger mit der Errichtung des Gebäudes. Als der Rohbau und das Dach errichtet waren, erließ jedoch die G eine Baueinstellungsverfügung mit der Begründung, dass der Bau formell illegal sei. Aufgrund rechtskräftigen Urteils des Verwaltungsgerichts steht fest, dass diese Baueinstellungsverfügung rechtswidrig war. Allerdings war bis zum rechtskräftigen Abschluss des Gerichtsverfahrens der Rohbau ungeschützt der Witterung ausgesetzt, so dass hieran Schäden entstanden sind. Darüber hinaus waren die Kläger in der Zwischenzeit gezwungen, weiterhin in ihrer Mietwohnung zu verbleiben, neun Monate länger wie wenn der Bau wie geplant errichtet worden wäre. Die Kläger verlangen nun von der Gemeinde G Ersatz des Schadens, der aufgrund der Baueinstellung an dem Rohbau entstanden ist sowie der zusätzlichen Nettokaltmieten über 9 Monate.

> Fall 2[620]: Die Klägerin wurde aufgrund § 6a Abs. 1 S. 1 Außenwirtschaftsgesetz iVm § 69a Abs. 1–3 Außenwirtschaftsverordnung von der Beklagten durch sofort vollziehbaren Bescheid vom März 1974 zu einem zinslosen Bardepot in Höhe von insgesamt 19 774 067 DM herangezogen. Sie leistete dieser Verpflichtung Folge und zahlte daher in der Zeit vom 12.10.1974 bis 5.11.1976 verschiedene Teilbeträge. Aufgrund rechtskräftigen Urteils des Bundesverwaltungsgerichts steht einerseits fest, dass der Bescheid zum Zeitpunkt seines Erlasses rechtmäßig war. Andererseits konnte die Beklagte seit der Aufhebung der Bardepotpflicht am 15.9.1974 von der Klägerin nicht mehr die Depothaltung verlangen, da die zugrunde liegende Verordnung mangels ausreichender Ermächtigungsgrundlage unwirksam war. Daraufhin forderte die Klägerin von der Beklagten die Erstattung ihrer Zinsaufwendungen von insgesamt 92 856,30 DM. Diese seien ihr durch eine Kreditaufnahme entstanden, die als Folge der rechtswidrigen Bardepotbescheide notwendig gewesen sei. Die Beklagte lehnte dieses Begehren ab.

> Fall 3[621]: Der Kläger, bestallter Apotheker, beantragte die Zulassung zur Eröffnung einer Apotheke. Die zuständige Behörde wies den Antrag aus Rechtsgründen zurück. Auf die verwaltungsgerichtliche Klage hiergegen hob das Verwaltungsgericht die ablehnenden Bescheide auf, was das Bundesverwaltungsgericht letztlich bestätigte. Fünf Jahre nach Antragstellung erhielt der Kläger die Betriebserlaubnis, im Februar des folgenden Jahres den Eröffnungsbescheid. Er eröffnete die Apotheke einen Monat später. Der Kläger verlangt nun Ausgleich der Schäden, die dadurch entstanden, dass ihm die Lizenz nicht

620 BVerwGE 69, 366ff – Bardepot.

621 Nach BGH v. 20.9.1962, III ZR 98/60, DVBl. 1963, S. 24f.

bereits vor mehr als 5 Jahren erteilt wurde, insgesamt über 100.000 DM. Die Summe setzt sich zusammen aus entgangenen Einnahmen aus der Apotheke sowie nutzlosen Aufwendungen für den beabsichtigten, aber nicht konzessionierten Apothekenbetrieb. Der Kläger war nach Versagung der Konzession jedoch auch in einer Drogerie anderweitig tätig gewesen.

Fall 4[622]: Der Veranstalter meldete für den 5. September 2009 eine Versammlung in Dortmund samt Aufzug unter dem Motto „Gegen imperialistische Kriegstreiberei und Aggressionskriege – für freie Völker in einer freien Welt" mit einer zu erwartenden Teilnehmerzahl von circa 1.000 Teilnehmern an (Fünfter Antikriegstag). Die Veranstaltung wurde mit Handzetteln und Plakaten beworben. Der Beschwerdeführer war als Versammlungsmelder gemeldet. Mit an ihn adressierter Verbotsverfügung vom 14. Juli 2009 verbot die Versammlungsbehörde die geplante Versammlung. Sie berief sich darauf, dass Demonstranten aus der Szene der „Autonomen Nationalisten" erscheinen könnten und daher eine unmittelbaren Gefahr für die öffentliche Sicherheit gemäß § 15 Abs. 1 VersG bestünde; sie erklärte das Verbot für sofort vollziehbar. Die vom Beschwerdeführer angestrengten Verfahren des einstweiligen Rechtsschutzes vor den Verwaltungsgerichten blieben erfolglos. In seiner Verfassungsbeschwerde rügte der Beschwerdeführer erfolgreich eine Verletzung seines Grundrechts der Versammlungsfreiheit aus Art. 8 Abs. 1 GG. Nachfolgend verlangt der Veranstalter Ersatz seiner Aufwendungen für die Plakate sowie die Handzettel.

Fall 5[623]: Die beklagte Gemeinde errichtete eine Kläranlage. Diese setzte bei ihrem Betrieb erhebliche Geruchsemissionen frei, die bei den Anwohnern eines nahegelegenen Wohngebiets zu Übelkeit und Brechreiz führten. Die Anwohner, zu denen auch die Kläger zählen, mussten daher je nach Witterungslage die Fenster geschlossen halten und konnten ihre Gärten nicht betreten. Die Genehmigung zum Betrieb der Kläranlage erwies sich als rechtswidrig, weil sie die konkret vorhandene Bebauung und Nutzung nicht genügend berücksichtigte624. Die Kläger erlitten durch die Emissionen Gesundheitsbeeinträchtigungen; hierdurch entstanden ihnen Behandlungskosten. Zudem sank durch die Emissionsbelastung der Wert ihres Grundstücks. Die Kläger verkauften dieses noch vor Stilllegung der Kläranlage aus gesundheitlichen Gründen zum verminderten Wert.

Bereits anhand von Leitfall 1 zeigt sich, ohne weitere Erwägungen zum Umfang des Folgenbeseitigungsanspruchs vorwegnehmen zu müssen, dass der Umfang des Anspruchs durchaus bestimmt werden kann: Der Bürger ist so zu stellen, wie er ohne die rechtswidrige Baueinstellungsverfügung stünde. Hierbei handelt es sich um ein konkretes staatliches Handeln, das hinweggedacht werden kann, ebenso wie die Folgen, die es ausgelöst hat.

622 Gebildet nach BVerfG v. 04.09.2009, 1 BvR 2147/09.

623 S. Hösch, DÖV 1999, S. 192(193).

624 Hösch, DÖV 1999, S. 192(195).

Auch in Leitfall 2, dem Bardepot-Fall des BVerwG, ist der Umfang eines Wiederherstellungsanspruchs bestimmbar, nämlich in Form der konkret aufgewandten Zinsen.

Problematischer wird die konkrete Berechnung zwar in Leitfall 3, denn der entgangene Gewinn ist gerade nicht erzielt worden und lässt sich daher nur hypothetisch beziffern. Dennoch ist auch hier das „definite Gegenteil" bestimmbar: Denkt man sich das rechtswidrige Handeln hinweg, muss der Betroffene so gestellt werden, wie er ohne dieses Handeln stünde. Er hätte die Apotheke eröffnen können und hätte durch diese auch potentiell Gewinn erzielen können. Abstrakt ist der Anspruch somit durchaus bestimmbar.

Auch Leitfall 5 zeigt, dass einem negatorischen Wiederherstellungsanspruch mangelnde Bestimmbarkeit nicht entgegengehalten werden kann. Das rechtswidrige Handeln ist die Genehmigung der Kläranlage. Hierauf beruht der tatsächliche Betrieb der Anlage, darauf die Wertminderungen des Grundstücks sowie der entsprechend geringere Verkaufspreis. Auch die Gesundheitsbeeinträchtigungen sowie die hieraus folgenden Behandlungskosten ergeben sich hieraus. Wiederherstellung wäre es, die Betroffenen hinsichtlich ihrer Gesundheit und der Behandlungskosten sowie des Werts des Grundstücks so zu stellen wie vor der Genehmigung und dem Betrieb der Anlage. Auch hierbei handelt es sich um konkret bestimmbare Folgen, die zu konkret bestimmbaren Wiederherstellungsverpflichtungen führen.

Leitfall 4 hingegen wirft hinsichtlich der Wiederherstellung mehr Probleme auf: Rechtswidrig war das Verbot der Demonstration, deren definites Gegenteil es ist, das Verbot zu unterlassen. Das Datum der geplanten Demonstration war jedoch zum Zeitpunkt der Gerichtsentscheidung bereits verstrichen, weshalb es erforderlich wäre, eine neue Demonstration anzumelden. Hier wäre jedoch ein Unterlassen des Verbots nicht das genaue Gegenteil des rechtswidrigen Handelns, dieses bezog sich nämlich auf eine Demonstration zu einem anderen Zeitpunkt. Jedoch liegt es außerordentlich nahe, hier den Gesichtspunkt des Zeitpunkts außer Betracht zu lassen und eine Verpflichtung zum Unterlassen des Verbots einer vergleichbaren Demonstration an einem anderen Tag als definites Gegenteil anzusehen. Ein weiterer Gesichtspunkt sind die Kosten für Flyer für die rechtswidrig verbotene Demonstration. Hier stellt sich vor allem die Frage, ob sie vom Anspruchsinhalt umfasst sind: handelt es sich um nutzlose Aufwendungen, oder waren sie als „Publicity" doch nützlich? Sind nutzlose Aufwendungen wie ein Schaden ersatzfähig? Nichtsdestotrotz sind jedoch auch diese Kosten bestimmbar. Ob sie ersatzfähig sind, ist indes eine Frage des konkreten Anspruchsumfangs.

(5) Zwischenergebnis

Nicht zuletzt anhand einer kurzen Prüfung der Leitfälle hat sich gezeigt, dass ein negatorischer Wiederherstellungsanspruch ohne weiteres bestimmbar ist, da ihm ein konkretes rechtswidriges Handeln des Staates vorausgeht. Ob und in welchem Umfang die Wiederherstellung tatsächlich geschuldet ist und wann Einschränkungen zu machen sind, betrifft hingegen den konkreten Anspruchsinhalt und nicht die grundsätzliche Bestimmbarkeit.

Im Ergebnis ist der Folgenbeseitigungsanspruch auch als grundrechtlicher Leistungsanspruch hinreichend bestimmbar[625], ohne dass er einer einfachgesetzlichen Vermittlung bedarf.

b) Leistungsansprüche und Gewaltenteilung

(1) Vereinbarkeit von Leistungsansprüchen und Haushaltsprärogative des Parlaments

Darüber hinaus wird eingewandt, dass grundrechtsunmittelbaren Leistungsansprüchen die nicht überwindbare Knappheit der Finanzen entgegenstünde[626]. Daher müsse das Parlament die Möglichkeit haben, im Rahmen seiner Gestaltungsfreiheit über die vorhandenen Haushaltsmittel zu entscheiden und politische Prioritäten zu setzen[627]. Die Frage, wo und in welchem Maße dauerhaft knappe Ressourcen eingesetzt werden, solle durch den Gesetzgeber und nicht durch die Rechtsprechung beantwortet werden. Daher komme keine originäre Herleitung aus den Grundrechten in Betracht[628].

---

625 So im Ergebnis auch Sachs, HGR II, § 39, Rn 49.

626 Martens, VVDStRL 30(1972), S. 7(35); Starck, JuS 1981, S. 237(241); ders., FG BVerfG II, S. 480(518); ders. HStR VII (2.A.), § 164, Rn 47; ähnlich Murswiek, HStR IX, § 192, Rn 24: die Verbesserung der Lebensverhältnisse sei von den Möglichkeiten der gesamtwirtschaftlichen Lage in hohem Grad abhängig, einschränkend hinsichtlich bestimmter Gruppen von Leistungsrechten aber Rn 24 aE. 25. Diese Einschränkung aber kann nicht überzeugen hinsichtlich einer Ausgrenzung bereits vorhandener staatlicher Ressourcen, zu denen gleicher Zugang gewährt werden soll, wie beispielsweise zum gerichtlichen Verfahren. Denn das Verfahren selbst ist zwar keine Geldleistung, es setzt aber finanzielle Mittel voraus – der gerichtliche Apparat wird nicht *pro bono* arbeiten. Somit sind letztlich sämtliche staatlichen Leistungen von der Haushaltslage des Staates abhängig.

627 Böckenförde, Staat, Verfassung, Demokratie, S. 146(152f); Jarass, AöR 120(1995), S. 345(350): Budgethoheit des Parlaments; Murswiek, HStR IX, § 192, Rn 64; ähnlich Bleckmann, Staatsrecht II, § 11, S. 264; konkret für den negatorischen Geldersatzanspruch: Haack, DVBl. 2010, S. 1475(1481).

628 BVerfGE 33, 303(333); Breuer, FG 25 Jahre BVerwG, S. 89(93); Martens, VVDStRL 30(1972). S. 7(35); v. Mutius, VerwArch. 64(1973), S. 183(191); ebenso Ossenbühl

Die Ablehnung grundrechtlicher Leistungsansprüche aus den Grundrechten wird also auch mit kompetenziellen Erwägungen im gewaltendifferenzierenden Staat begründet[629]: Die richterrechtliche Gewährung solcher Ansprüche kollidiere mit dem Recht des Gesetzgebers, diese Fragen zu entscheiden, mit der „Haushaltsprärogative" des Parlaments. Das Argument einer Kollision mit der Haushaltskompetenz des Parlaments wegen der Verursachung haushaltsrechtlicher Folgen[630], beziehungsweise der Einschränkung der Gestaltungsfreiheit des demokratischen Gesetzgebers[631], wird am häufigsten gegen die verfassungsunmittelbare Gewährung grundrechtlicher Leistungsrechte angeführt.

Es wird hier funktionellrechtlich argumentiert, im Sinne einer Berücksichtigung der Gewaltenteilung zwischen Legislative und Judikative. Danach sei es nicht angemessen, durch die interpretatorische Begründung von Leistungsansprüchen das Bundesverfassungsgericht ohne Notwendigkeit (ohne nähere Anhaltspunkte im Verfassungstext) dergestalt den anderen Gewalten überzuordnen[632]. Auch das Bundesverfassungsgericht selbst führt dieses Argument an: Der Spielraum der Legislative wäre eingeengt, wenn das Grundgesetz die finanziellen Spielräume zu eng festlegen würde; eine derartige Abschwächung der Gewaltenteilung entspräche aber nicht dem Konzept des Grundgesetzes. Leistungsstaatliche Ansprüche seien

---

NJW 1976, S. 2100(2105); ders. HGR I, § 15, Rn 62; Starck JuS 1981, S. 237(241); ders. in: v. Mangoldt/Klein/Starck, Art. 1 Abs. 3 GG, Rn 189; ähnlich Alexy, Theorie der Grundrechte, S. 462; Bethge, Der Staat 24(1985), S. 351(376f); H.H. Klein, DVBl. 1994, S. 489(497); Hesse, Grundzüge des Verfassungsrechts, Rn 289; so gegen einen finanziellen Ausgleichsanspruch aufgrund neuartiger Waldschäden BGH NJW 1988, S. 478(480f).

629 Breuer, FG 25 Jahre BVerwG, S. 89(93); Friauf, DVBl. 1971, S. 674(677); Lübbe-Wolff, S. 38, 39; Hesse HVerfR § 5 S. 142 unten; Starck, FG BVerfG II, S. 480(518); H.H. Klein, DVBl. 1994, S. 489(497); kritisch deswegen auch Böckenförde, NJW 1974, S. 1529(1536).

630 So Breuer, FG 25 Jahre BVerwG, S. 89(93); Friauf, DVBl. 1971, S. 674(677); Martens, VVDStRL 30(1972). S. 7(31, 35); Böckenförde, NJW 1974, S. 1529(1536); H. Dreier, Jura 1994, S. 505(508); Bleckmann, Staatsrecht II, § 11 Rn 38; Dreier/Dreier, Vorbem. Rn 90; ähnlich Starck in: v. Mangoldt/Klein/Starck, Art. 1 Abs. 3 GG, Rn 189; ders., FG BVerfG II, S. 480(518).

631 Breuer, FG 25 Jahre BVerwG, S. 89(93); H. Dreier, Jura 1994, S. 505(508); Dreier/Dreier, Vorbem. Rn. 90.

632 Weber, NJW 1966, S. 1798(1799); Friauf, DVBl. 1971, S. 674(677); Bethge, Grundrechtskollisionen, S. 226; ders. Der Staat 24 (1985), S. S. 351(377); ähnlich Martens, VVDStRL 30(1972), S. 7(36): Das sei nicht das Amt des politisch nicht verantwortlichen Richters; Böckenförde, NJW 1974, S. 1529(1536); ders. in Staat, Verfassung, Demokratie (1991), S. 146(152); tendenziell Starck, FG BVerfG II, S. 480(520); Grabitz, Freiheit und Verfassungsrecht, S. 43.

nicht so eindeutig im Grundgesetz angelegt, dass sie unter Inkaufnahme eines derartigen Spannungsverhältnisses im Wege der Interpretation begründet werden könnten.

In der Gesamtschau werden somit das Prinzip der Gewaltenteilung und die Haushaltsprärogative kombiniert. Hierdurch wird eine Wirkung der Grundrechte teilweise verdrängt, weil angesichts der Begrenztheit der staatlichen Mittel eine Verteilung von Leistungen durch den Gesetzgeber und nicht unmittelbar durch das Grundgesetz vorgesehen sei.

Dem kann jedoch entgegen gehalten werden, dass es gerade die Aufgabe der Verfassung ist, den Spielraum des Gesetzgebers einzuengen. Nur eine Rückkehr zum Konstitutionalismus kann diese Bindung des Gesetzgebers ungeschehen machen[633]. Gerade wenn der grundrechtliche Unterlassungsanspruch versagt, ist ein Beseitigungsanspruch dringend erforderlich, wovon auch das Prozessrecht ausgeht, indem es die Aufhebung rechtswidriger Verwaltungsakte erlaubt[634]. Zudem wurde hinsichtlich des Anspruchs auf das Existenzminimum angenommen, dass die Gestaltungsfreiheit des Gesetzgebers auch dann gewahrt sei[635], wenn der Anspruch verfassungsunmittelbar besteht. Zwar war das Bundesverfassungsgericht bei der Begründung von Schutzansprüchen ebenso vorsichtig wie bei der Ableitung von Leistungsansprüchen. So nahm es an, dass ohne gesetzgeberisches Dazwischentreten eine Erschöpfung der Staatsfinanzen drohe[636]; dem Gesetzgeber obliege eine Prioritätensetzung[637]. Die Literatur bezieht diese Einwände gegen Leistungsansprüche jedoch explizit nicht auf Schutzansprüche[638].

Anders als bei den allgemeinen Leistungsansprüchen führen fiskalische Erwägungen beim Folgenbeseitigungsanspruch also nicht dazu, dass er vollständig abzulehnen ist[639].

---

633 Rüfner, HGR II, § 40, Rn 12.

634 Baumeister, S. 30.

635 Breuer, FG 25 Jahre BVerwG, S. 89(98); Starck, FG BVerfG, Band II, S. 480(522).

636 Haack, DVBl. 2010, S. 1475(1482): Haftungssummen, welche durch die Gerichte zuerkannt würden, könnten leicht unkontrollierbar erscheinen.

637 BVerfG NJW 1998, S. 3264(3265): „Die Entscheidung, wie eine solche Pflicht durch gesetzgeberische Maßnahmen zu verwirklichen ist, hängt von vielen wirtschaftlichen, politischen und haushaltsrechtlichen Gegebenheiten ab…"; Ossenbühl, HGR I, § 15, Rn 62.

638 Bspw. bei Starck in: v. Mangoldt/Klein/Starck, Art. 1 Abs. 3 GG, Rn 193; hierzu und anders Stern, Staatsrecht III/1, § 67, S. 717.

639 Ebenso Stern, Staatsrecht III/1, § 67, S. 717; inzident Hain, DVBl. 1993, S. 982(984): selbstverständlich bestehe die Bindung an die Verfassung auch in Situationen finanzieller Engpässe.

(2) Vorrang der Folgenbeseitigung vor der Haushaltsprärogative

Auch das Argument, die Haushaltsprärogative stehe einem leistenden Anspruch entgegen, trifft auf den Folgenbeseitigungsanspruch nicht zu.

Hierfür müssten durch den Folgenbeseitigungsanspruch zusätzliche finanzielle Belastungen des Staats entstehen, die sich auf den Haushaltsplan auswirken. Dem Folgenbeseitigungsanspruch ist hingegen bereits ein staatliches Handeln vorangegangen, das seinerseits zuvor in einem Haushaltsplan berücksichtigt wurde. Soll der Folgenbeseitigungsanspruch den zuvor bestehenden Zustand wiederherstellen, so fordert dies in der Regel einen *actus contrarius*, diejenige Behörde, die rechtswidrig gehandelt hat, muss nunmehr die entgegengesetzte Handlung vornehmen. Die geschuldete Tätigkeit dürfte daher mit der, die die Behörde bestimmungsgemäß vorgenommen hat, vergleichbar sein und keinen wesentlich höheren Aufwand erfordern. Da die Tätigkeit der Behörde an sich bereits im Haushaltsplan berücksichtigt wurde, muss dies auch den Fall erfassen, dass rechtswidrige Amtshandlungen und deren Folgen rückgängig gemacht werden müssen. Die Folgenbeseitigungskosten sind daher ebenso wie die Kosten des ursprünglichen Verwaltungshandelns im Haushaltsplan enthalten.

Hiergegen könnte eingewendet werden, dass dies nur für quantitativ wie qualitativ geringwertige Folgen gilt, und nur dann, wenn die Verursachung rechtswidriger Folgen den Ausnahmefall darstellt. Hinsichtlich des quantitativen Umfangs gilt jedoch, dass es faktisch ohne weiteres möglich ist, das Budget des Haushaltsplans zu überschreiten, wenn die von der Behörde zu erfüllenden Aufgaben unverhofft kostspieliger werden als erwartet. Zudem hat sich gezeigt, dass Staatshaftungsansprüche nur unwesentliche finanzielle Auswirkungen haben[640]. Dass durch häufigere Folgenbeseitigung der eingeräumte Budgetrahmen überschritten werden könnte, führt daher nicht dazu, dass die Haushaltskompetenz des Parlaments dem Folgenbeseitigungsanspruch entgegensteht[641].

---

640 Schenke, NJW 1991, S. 1777(1785); Sass, Entschädigungserfordernis, S. 223; Soergel/Klein, Anh. § 839 BGB Rn 58, 224; Höfling, VVDStRL 61(2001), S. 260(281); Schoch, DV 34(2001), S. 261(290); Grzeszick, S. 409; Rüfner, HGR II, § 40, Rn 16.

641 Ebenso Grzeszick, S. 409: keine Gefährdung der Funktionsfähigkeit des Staates durch Haftungsausweitung ersichtlich; skeptischer allerdings v. Danwitz in: v. Mangoldt/Klein/Starck, Art. 34 Rn 26. Verwandt damit ist das Argument, die Schutz- und verfahrensrechtlichen Ansprüche nicht den sozialen Leistungsansprüchen, sondern Freiheits-Leistungsansprüchen („status positivus libertatis") zuzuordnen, da nur soziale Leistungsansprüche konjunktur- und haushaltsabhängig sind, s. Murswiek, HStR IX, § 192, Rn 24. Hier wird die Notwendigkeit vermehrter Verwaltungstätigkeit aufgrund von Schutzgewähr oder umfassender ausgestalteter Verwaltungsverfahren ebenfalls nicht als haushaltsrelevant angesehen.

Zudem kann die Haushaltsprärogative einem verfassungsunmittelbaren Wiederherstellungsanspruch nur dann entgegenstehen, wenn der Staat überhaupt einen Spielraum hinsichtlich der Gewährung des Folgenbeseitigungsanspruchs hat. Ist er aber unmittelbar und zwingend geboten, so kann kein Spielraum verletzt werden[642]. Es wäre höchstens die formale Kompetenz des Gesetzgebers verletzt[643]. Den Anspruch aus rein formalen Gründen zu verneinen, obwohl ihn auch der Gesetzgeber regeln müsste, wäre jedoch im Ergebnis eine reine Förmelei und der Bedeutung der Grundrechte nicht angemessen.

Es ist auch eine verkürzte Sichtweise, wenn man die interpretatorische Herleitung grundrechtlicher Leistungsansprüche als Problem der Gewaltenteilung ansieht und der Gewährung durch den Richter gleichstellt. Der Anspruch wird nämlich im Grunde nicht durch den Richter gewährt, sondern durch das Grundgesetz selbst. Betroffen ist mithin nicht die Gewaltenteilung, sondern die Grundrechtsbindung des einfachen Gesetzgebers sowie der Verwaltung.

Im Ergebnis kann also dem Folgenbeseitigungsanspruch nicht entgegenhalten werden, dass er aufgrund von Auswirkungen auf den Haushalt mit dem Gewaltenteilungsprinzip sowie der Haushaltsprärogative des Gesetzgebers kollidiert[644]. Zum einen weist er eine nur unwesentliche Haushaltswirksamkeit auf, zudem ist die Budgethoheit des Parlaments den Grundrechten als höherrangiges Recht auch nachgeordnet.

c) Erschöpfung der Staatsfinanzen und unmittelbare Grundrechtsgeltung

(1) Relative Geltung von Leistungsrechten

Eine Variante des oben dargestellten Arguments ist es, dass grundrechtliche Leistungsansprüche aufgrund einer möglichen Erschöpfung der Staatsfinanzen[645] nur relativ gälten[646] und damit von einer einfachgesetzlichen Vermittlung abhängig seien.

Hiernach werden die Leistungsansprüche aufgrund der Ressourcenknappheit unter den „Vorbehalt des jeweils Möglichen und Angemessen“ gestellt[647].

---

642 Ebenso Sass, Entschädigungserfordernis, S. 222.

643 Allgemein dazu Hillgruber, JZ 1996, S. 118(122).

644 Zu diesem Ergebnis kommt auch – allerdings nur aufgrund eines „kann-nicht-sein-Arguments“ Röder, S. 238.

645 Dazu Wallerath, JZ 2008, S. 157(157): Zielkonflikt zwischen infiniten Bedürfnissen und endlichen Mitteln.

646 Starck in: v. Mangoldt/Klein/Starck, Art. 1 Abs. 3 GG, Rn 191; ähnlich Rüfner, HGR II, § 40, Rn 53.

647 BVerfGE 33, 303(333); 87, 1(35); BVerfG HFR 2004, S. 692(693); Starck, FG BVerfG II, S. 480(518); ders. in: v. Mangoldt/Klein/Starck, Art. 1 Abs. 3 GG,

Die Finanzmittel des Staates seien nicht unerschöpflich; wo sie an ihre Grenzen stoßen, müssten auch Leistungsansprüche verneint werden. Die Bedingtheit der Grundrechtsgeltung wird insofern als unumgängliche Konsequenz grundrechtlicher Leistungsrechte angesehen[648]. Die finanziellen Möglichkeiten begrenzten den Grundrechtsschutz, lösten diesen im Falle von Mittelknappheit auf und relativierten dadurch die Grundrechte je nach Haushaltslage. Daher könnten sie nicht umfassend garantiert werden, weshalb sie auch nicht mit Verfassungsrang gewährt werden könnten[649]. Es würden bedingte Grundrechte gewährleistet, die im Zweifelsfall nur auf dem Papier stünden[650]. Die Annahme nur bedingter Grundrechtswirkungen würde jedoch mit dem Prinzip, dass die Grundrechte unbedingt gelten, kollidieren[651]. Daher würde eine Ausnahme von der unbedingten Geltung, die bei Leistungsrechten erforderlich ist, zugleich die Anordnung der unbedingten Geltung relativieren. Dieses Argument geht damit über den unspezifischen Einwand, Leistungsrechte würden übermäßige Kosten verursachen, hinaus[652]. Im Kern wird logisch argumentiert: Freiheitsrechte gelten unbegrenzt, die Finanzen des Staates sind allerdings begrenzt, weshalb Freiheitsrechte niemals haushaltswirksame Leistungsrechte enthalten können. Dies erscheint auch durchaus einleuchtend, wenn man berücksichtigt, dass sich die Geltungskraft der Grundrechte des Grundgesetzes im Gegensatz zu denen der Weimarer Verfassung auch daraus ergibt, dass sie keine schwer einlösbaren oder uneinlösbaren Versprechungen enthalten wie soziale Grundrechte[653].

Rn 189; Grabitz, Freiheit und Verfassungsrecht, S. 43; Neumann, DVBl. 1997, S. 92(94); Murswiek, HStR IX, § 192, Rn 63; dies als drohend ansehend Jestaedt, S. 50; ähnlich Lübbe-Wolff, S. 17: von vorneherein bedingt und eingeschränkter, d.h. präformierter Anspruch.

648 Hofmann, NJW 1989, S. 3177(3185): Leistungsansprüche müssten notwenig unter den Vorbehalt der tatsächlichen, insbesondere der finanziellen Möglichkeiten gestellt werden.

649 Martens, VVDStRL 30(1972), S. 7(31); ähnlich Rüfner, FS Wannagat, S. 379(387); ders. HGR II, § 40 Rn 54; ähnlich Rupp JZ 1971, S. 401(402): „so gilt über allem Verfassungsrecht der Satz, dass dort, wo nichts ist, auch nichts zu holen ist"; Starck, FG BVerfG II, S. 480(519f); ders., JuS 1981, S. 237(241); kritisch zu dieser Verknüpfung von Finanzierbarkeit und unmittelbarer Grundrechtsgeltung Stern, Staatsrecht III/1, § 67, S. 718.

650 Schwabe, Grundkurs Staatsrecht, S. 75.

651 Starck, JuS 1981, S. 237(241).

652 Weitgehend nur unter diesen Vorzeichen diskutiert bei Grzeszick, S. 409f.

653 v. Münch, Staatsrecht II, Rn 163; Starck in: v. Mangoldt/Klein/Starck, Art. 1 Abs. 3, Rn 152.

Weiterhin werden Leistungsansprüche auch abgelehnt, weil durch die finanziellen Folgen die Funktionsfähigkeit des Staates gefährdet werde. Die Handlungsfähigkeit des Staates besitzt aufgrund Art. 104a ff GG auch Verfassungsrang[654]. Daher solle die Frage, wie weit die Staatsfinanzen erschöpft werden sollen, vom Gesetzgeber entschieden werden[655]. Es sei eine Konkretisierung und Aktualisierung der Leistungsansprüche durch einfachgesetzliche Regelungen notwendig[656]. Hier wirkt das Argument der Begrenztheit der staatlichen Mittel mittelbar. Die Begrenztheit der Staatsfinanzen führt nach dieser Auffassung dazu, dass selbst grundrechtliche Leistungsansprüche nur einfachgesetzlich gewährt werden könnten, da sie ihrem Charakter nach nie umfassend sein könnten, sondern stets nur begrenzt seien. Da jedoch die Grundrechte unbedingt gelten sollen, könnten Leistungsrechte nicht allein aus den Grundrechten gewährt werden.

Jedoch wird dieses Argument nicht stringent angewandt. So wird für Ansprüche auf Sicherung des Existenzminimum angenommen, diese würden den Staatshaushalt nicht überfordern[657]. Gerade hier besteht aber die Gefahr, dass in „schlechten Zeiten" ein unabsehbares Risiko durch Unterhaltsforderungen großer Teile der Bevölkerung entsteht.

Nach anderer Ansicht stehen hingegen Finanzierungsprobleme grundrechtlichen Leistungsansprüchen nicht entgegen[658]. Hiernach stehe eine solche Ablehnung nicht nur im Widerspruch dazu, dass auch Schutzpflichten trotz ihres Leistungscharakters anerkannt würden[659]. Zudem bestünden Ungereimtheiten hinsichtlich des Verhältnisses zwischen Finanzknappheit, dadurch bedingter Bedingtheit des Leistungsanspruchs und notwendigem gesetzgeberischem

654 Unterreitmeier, DVBl. 2005, S. 1235(1240).

655 BVerfGE 33, 303(333) – Numerus clausus; 43, 291(325f) – Numerus clausus II; Rüfner, HGR II, § 40, Rn 54.

656 Martens, VVDStRL 30(1972), S. 7(30f); krit. Stern, Staatsrecht III/1, § 67, S. 718; Starck in: v. Mangoldt/Klein/Starck, Art. 1 Abs. 3, Rn 189; ähnlich für Teilhaberechte allgemein (nicht nur aus den Grundrechten hergeleitet) Forsthoff, VVDStRL 12(1954), S. 8(20); für Prioritätenprogramm (ohne ausdrückliche Zuweisung an den Gesetzgeber) auch Rupp, JZ 1971, S. 401(402).

657 Breuer, FG 25 Jahre BVerwG, S. 89(98); Starck, FG BVerfG, Band II, S. 480(522).

658 H.H. Klein, DVBl. 1994, S. 489(497); Stern, Staatsrecht III/1, § 67, S. 717; ebenso A. Leisner, Die Leistungsfähigkeit des Staates, S. 31ff, 105ff, 134ff; speziell für Haftungsansprüche Schoch, DV 34(2001), S. 261(290); anders v. Danwitz in: v. Mangoldt/Klein/Starck, Art. 34 GG, Rn 26: daraus Einschränkung richterlicher Rechtsfortbildung.

659 Stern, Staatsrecht III/1, § 67, S. 717.

Einschreiten[660]. Ebenso soll die finanzielle Handlungsfähigkeit des Staates grundsätzlich nicht gewichtig genug sein, um grundrechtliche Ansprüche des Bürgers einzuschränken[661]. Anerkannt werden könne eine Begrenzung durch die finanzielle Leistungsfähigkeit des Staates allenfalls im Bereich einfachgesetzlicher Ansprüche, die aufgrund sozial- und rechtsstaatlicher Erwägungen gewährt werden[662].

(2) Fehlende Relevanz der Kostenverursachung

Zudem wirkt sich, wie bereits oben dargelegt worden ist, der Folgenbeseitigungsanspruch nur unwesentlich auf den Staatsaushalt aus[663]. Dies widerlegt das Argument, dass durch den Folgenbeseitigungsanspruch möglicherweise die Staatsfinanzen erschöpft werden könnten. Wo nur eine kaum spürbare Haushaltsrelevanz besteht, droht auch nicht die Erschöpfung der staatlichen Finanzmittel.

Der Forderung nach einer einfachgesetzlichen Vermittlung des Folgenbeseitigungsanspruchs aufgrund der Begrenztheit der Finanzen kann weiter entgegengehalten werden, dass Freiheitsschutz auch in anderen Fällen nicht kostenneutral ist. Entgegen anderer Ansicht[664] kann nämlich auch die Geltendmachung von Abwehrrechten negative Folgen für den Haushalt haben. Dies ist beispielsweise der Fall, wenn Gesetze oder Verordnungen für nichtig erklärt werden und dadurch hohe Investitionen nutzlos gemacht werden[665]. Zu nicht unerheblichen Veränderungen auf der Einnahmenseite des Staates kann es führen, wenn Steuergesetze für nichtig erklärt werden. Dasselbe gilt für den Anspruch auf Gewährung von effektivem Rechtsschutz nach Art. 19 Abs. 4 GG, der ebenfalls nicht finanzneutral ist und in Zeiten knapper Finanzen einigen Einschränkungen unterliegt[666]. Selbst die negatorische Abwehr durch Unterlassungsansprüche, also beispielsweise die verwaltungsgerichtliche Aufhebung eines rechtswidrigen Verwaltungsakts, ist für

660 Stern, Staatsrecht III/1, § 67, S. 718.

661 BGH NJW 2006, S. 1289; Unterreitmeier, DVBl. 2005, S. 1235(1240).

662 Zu der hier in Rede stehenden „exceptio pecuniam non habendi“ im Bereich einfachgesetzlicher, aus Gründen des Sozialstaats gewährten Wiedergutmachungsansprüchen Schwarz, DÖV 2000, S. 721(726ff).

663 S. oben b) (1).

664 Starck, FG BVerfG II, S. 480(518).

665 Lübbe-Wolff, S. 39 beispielsweise für den Fall des einstweiligen Volkszählungsstopps. Neumann, DVBl. 1997, S. 92(97) berücksichtigt hingegen die soziale Folgenkosten.

666 Prümm, Verfassung und Methodik, S. 233; Stern, Staatsrecht III/1, § 67, S. 717; Rüfner, HGR II, § 40, Rn 15.

den Staat mit Kosten verbunden: solchen für den Gerichtsapparat und für die Beamten der rechtswidrig handelnden Behörde, wenn diese den Verwaltungsakt verteidigen[667]. Nähme man also das Argument der Kostenverursachung ernst, müsste man auch präventiven Freiheitsschutz diesen Einschränkungen unterwerfen. Da dies nicht der Fall ist, kann dieses Argument nicht widerspruchslos gegen einen Folgenbeseitigungsanspruch angeführt werden.

Dem Folgenbeseitigungsanspruch kann auch nicht entgegengehalten werden, dass er die Funktionsfähigkeit des Staates gefährde, da er keine wesentlichen finanziellen Auswirkungen hat[668].

Leistungsansprüche könnten zwar ebenso wie Abwehransprüche im konkreten Einzelfall durch das Prinzip „ultra posse nemo obligatur" beschränkt werden. Es kann aber nicht gleichsam präventiv eine ganze Kategorie von Ansprüchen abgelehnt werden[669], nur weil es aufgrund einer bloß möglichen Knappheit der Mittel irgendwann im Einzelfall zu einer Unerfüllbarkeit des Anspruchs kommen könnte. Vielmehr kann es in der gesamten Rechtsordnung, nicht bloß im Bereich grundrechtlicher Leistungsansprüche dazu kommen, dass Ansprüche bei Unmöglichkeit ihrer Erfüllung eingeschränkt werden.

Letztlich aber steht dem Einwand der Beschränktheit staatlicher Finanzen entgegen, dass Ansprüche auf Geld sogar leichter zu erfüllen sind als solche auf bestimmte Leistungen. Schließlich kann sich der Staat jederzeit und kurzfristig die nötigen Mittel beschaffen, sei es durch Neuverteilung der staatlichen Mittel oder durch vermehrte Steuererhebung[670] (im Rahmen der verfassungsrechtlichen Schranken[671]). Die Verknüpfung von Ausgleichsleistungen an Bürger, in deren

667 Zu den sozialen Kosten des Freiheitsschutzes auch Wahl, DV 13(1980), S. 273ff; Murswiek, HStR IX, § 192, Rn 64, insbes. Fn 123; Rüfner, HGR II, § 40, Rn 15; zu den unterschiedlichen Erwägungen im Parlamentarischen Rat hinsichtlich der finanziellen Kosten durch Staatshaftung und durch Verwaltungsgerichtsverfahren Stelkens, DÖV 2006, S. 770(771).

668 Dazu auch Grzeszick, S. 409 mwN in Fn 315 zu den Finanzauswirkungen.

669 Stern, Staatsrecht III/1, § 67, S. 718f: „Ablehnung grundrechtlicher Leistungsansprüche wird gleichwohl durchweg schon an die bloße Möglichkeit des Eintritts von Unmöglichkeit angeknüpft"; A. Leisner, Die Leistungsfähigkeit des Staates, S. 31ff, 105ff, 134ff; dazu Grzeszick, S. 409; ebenso Röder, S. 314.

670 Stern, Staatsrecht III/1, § 67, S. 719 – erst bei Erschöpfung dieser Möglichkeit stünde die Zahlungsunfähigkeit des Staates entgegen; Grzeszick, S. 410.

671 So ist das Verbot der „erdrosselnden, konfiskatorischen" Steuer zu beachten, BVerfGE 14, 221(241); 19, 119(129); 23, 288(315); 30, 250(272); 38, 61 (102) – Leberpfennig; 70, 219 (230); 63, 312(327); 78, 232(243); 82, 159(190); 95, 267(301); s. hierzu Jarass/Pieroth, Art. 14 GG, Rn. 32a; nach umstrittener Ansicht auch der

Rechte eingegriffen wurde, mit einer Refinanzierung bei den übrigen Bürgern wurde bereits früh im Staatshaftungsrecht erwähnt[672]. Da sich der Staat somit erleichtert die Mittel verschaffen kann, gilt für ihn, was für den Bürger im Zivilrecht erst recht gilt: „Geld hat man zu haben“[673].

Damit können finanzielle Argumente die grundrechtsunmittelbare Gewährung des Folgenbeseitigungsanspruchs im Ergebnis nicht hindern[674]. Als grundrechtlicher Anspruch ist er der Haushaltshoheit des Parlaments übergeordnet. Die verursachten Kosten bewegen sich in einem Rahmen, wie er bei jeglichem grundrechtswidrigen Verhalten entstehen kann. Bei Erschöpfung der freien Finanzmittel ist der Staat auch zunächst darauf verwiesen, sich die nötigen Finanzmittel zu beschaffen, statt den Grundrechtsschutz des Bürgers zu beschneiden.

d) Zwischenergebnis

Es hat sich somit gezeigt, dass die gegen Leistungsrechte gerichteten Argumente auf den Folgenbeseitigungsanspruch nicht zutreffen. Er kann also nicht mit denjenigen Leistungsansprüchen gleichgesetzt werden, die als problematisch gelten[675]. Denn obwohl sie gleichermaßen auf ein staatliches Handeln gerichtet sind, geht dem klassischen Leistungsanspruch eine Situation staatlicher Untätigkeit voraus[676]. Sie vermitteln eine originäre Leistung, wohingegen der Folgenbeseitigungsanspruch einer bereits eingetretenen Grundrechtsverletzung nachfolgt,

---

sog. „Halbteilungsgrundsatz“, s. dazu BVerfGE 93, 121(138) - Vermögensteuer und Kirchhof, HStR V (3.A.), § 118, Rn 117ff; anders explizit BVerfG NJW 2006, S. 1191(1192) - Halbteilungsgrundsatz.

672 Dazu zitiert Ossenbühl, S. 125 *Achenwall, Jus naturae:* „...folglich steht ihr [der Regierung des Gemeinwesens] das Recht zu, das zu den Majestätsrechten gehört, die übrigen Bürger heranzuziehen, damit sie durch gemeinsame Beiträge an diejenigen einen Ausgleich gewähren, die die besondere Last getragen...“.

673 BGH NJW 1989, S. 1276(1278); zur Relevanz finanzieller Unmöglichkeit im Zivilrecht daher Palandt/Grüneberg, § 275 BGB, Rn 3; ebenso für das Staatsrecht A. Leisner, Die Leistungsfähigkeit des Staates, S. 31ff, 105ff, 134ff.

674 Ebenso Grzeszick, S. 409; allgemeiner Röder, S. 314: fiskalisch motivierter Einwand kein verfassungsrechtlich relevanter Schutzzweckaspekt; anders v. Danwitz in: v. Mangoldt/Klein/Starck, Art. 34 Rn 26. Für die Schutzpflichten werden solche wirtschaftlichen Abwägungen auch abgelehnt, Sodan, NVwZ 2000, S. 601(606).

675 So im Ergebnis auch Sachs/Sachs, Vor Art. 1 GG, Rn 46, der allerdings den Folgenbeseitigungsanspruch grundsätzlich einmal zu den grundrechtlichen Leistungsansprüchen zählt, ihn jedoch (ohne wirkliche Begründung, außer dass es sich um „negatorische Hilfsansprüche“ handele), wieder aus diesen ausklammert und zu den Abwehransprüchen verweist.

676 Diesen Unterschied sieht auch Grimm, Die Zukunft der Verfassung, S. 235.

also derivativ ist. Zwar ist auch die Folgenbeseitigungssituation nach dem Eingriff ein Zustand, in dem eine weitergehende staatliche Untätigkeit grundrechtswidrig wäre. Der primäre Auslöser ist jedoch nicht die staatliche Untätigkeit, sondern der rechtswidrige Eingriff. Wäre der Staat von vorneherein untätig geblieben, bedürfte es mangels Eingriffs keiner Wiederherstellung. Die Situationen, in denen diese Ansprüche entstehen, sind daher nicht vergleichbar.

Allgemein kann ein Anspruch dann dem negatorischen Rechtsschutz zugerechnet werden, wenn durch ihn die natürliche Freiheit ohne weiteres staatliches Zutun wieder auflebt[677]. Und genau diese Situation liegt beim Folgenbeseitigungsanspruch vor: nach Beseitigung der rechtswidrigen Folgen, des Eingriffs, besteht der grundrechtlich geschützte status quo wieder. Der Folgenbeseitigungsanspruch stellt sich damit, wenngleich seinem Inhalt nach auf eine Leistung gerichtet, strukturell als negatorischer Anspruch dar. Einwände gegen grundrechtliche Leistungsansprüche allgemein können sich ihm daher nicht mit Erfolg entgegen gehalten werden.

e) Anwendbarkeit des Gesetzesvorbehalts

Es könnte sich jedoch aus dem Prinzip des Gesetzesvorbehalts ergeben, dass der Folgenbeseitigungsanspruch einer einfachgesetzlichen Grundlage bedarf.

Auf staatliche Eingriffe ist der Gesetzesvorbehalt unstreitig anwendbar, während dies für staatliche Begünstigungen nicht so eindeutig ist. Überwiegend wird er nach wie vor nur auf staatliches Eingriffshandeln angewandt[678], wobei dies auch für solche Rechtswirkungen gilt, die sich durch richterliche Interpretation ergeben[679].

Diese strenge Unterscheidung und Beschränkung wird jedoch in jüngster Zeit immer mehr in Frage gestellt. Insbesondere wird ein sogenannter „Totalvorbehalt" postuliert, nach dem jegliches Verwaltungshandeln, auch das begünstigende, einer Rechtsgrundlage bedarf[680]. Gerade für die Vergabe staatlicher

---

677 Grimm, Die Zukunft der Verfassung, S. 237.

678 BVerfGE 33, 1(11); 84, 212(226); BVerwGE 58, 45(48); Hillgruber, JZ 1996, S. 118(124); Bethge, VVDStRL 57(1998), S. 7(29); Voßkuhle, JuS 2007, S. 118(118); Stelkens/Bonk/Sachs/*Sachs*, § 44 VwVfG, Rn 48; Jarass/Pieroth, Art. 20 GG, Rn 47ff; ähnlich Hill, NJW 1986, S. 2602(2604); im Ergebnis so auch Jarass, AöR 120(1995), S. 345(374).

679 BVerfGE 80, 269(279): Rechtsfindung darf aber nicht zu weit vom Gesetz losgelöst sein; Grzeszick, S. 408.

680 Dazu Jarass/Pieroth, Art. 20 GG, Rn 51; tendenziell auch Maurer, Verwaltungsrecht, § 6, Rn 14ff, 21.

Leistungen, beispielsweise von Subventionen, wird hierbei die Anwendbarkeit des Gesetzesvorbehalts diskutiert[681]. Auch für grundrechtlich hergeleitete Leistungsansprüche soll nach manchen Autoren ein Gesetz erforderlich sein[682].

(1) Gesetzesvorbehalt im Bereich der Schutzpflichten

Zunächst gibt es hinsichtlich der grundrechtlichen Schutzpflichten die Tendenz, den Gesetzesvorbehalt anwenden, wenn dem Grundrecht durch das Handeln Privater Gefahr droht. Hier sollen losgelöst vom Eingriffsbegriff für alle grundrechtswesentlichen Entscheidungen gesetzliche Regelungen erforderlich sein[683]. Da auch der Folgenbeseitigungsanspruch eine solche grundrechtswesentliche Frage sein kann, könnte hiernach auch er eines Gesetzes bedürfen.

Die Terminologie lehnt sich dabei an die Wesentlichkeitstheorie[684] an. Diese dient jedoch nach allgemeiner Ansicht dazu, festzulegen, wann und in welchem Umfang der parlamentarische Gesetzgeber selbst tätig werden muss und eine Verordnung nicht ausreichend ist[685]. Sie setzt voraus, dass der Anwendungsbereich des Gesetzesvorbehalts dem Grunde nach eröffnet ist und betrifft in ihrer klassischen Ausprägung allein die Abgrenzung von exekutiver und legislativer Normsetzung[686]. Das Prinzip des Gesetzesvorbehalts ist der Wesentlichkeitstheorie damit vorgeordnet. Ihre Erwähnung im Kontext der Schutzpflichten erscheint daher fernliegend.

---

681 Maurer, Verwaltungsrecht, § 6, Rn 21; dazu Voßkuhle, JuS 2007, S. 118(119); ablehnend Jarass/Pieroth, Art. 20 GG, Rn 51: nur notwendig bei Eingriffen in Rechte Dritter; Jarass, NVwZ 1984, S. 473(480); zum Gesetzesvorbehalt bei der finanziellen Förderung von Organisationen, die neuartige Religionsgemeinschaften kritisieren BVerwG NJW 1992, S. 2496(2496) und Rainer Scholz, NVwZ 1994, S. 127(132).

682 Maurer, Verwaltungsrecht, § 6, Rn 21f.

683 In diesem Sinne entschieden in BVerfGE 40, 237(249); 47, 46(78ff); 49, 89(126f) – Kalkar; 61, 260(275); 77, 170(230f); offen lassend 79, 174(195f); tendenziell auch 83, 130(152) – Josephine Mutzenbacher; 101, 1(34); VGH Kassel, NJW 1990, S. 336(337); ähnlich Hill, NJW 1986, S. 2602(2604); Bethge, VVDStRL 57(1998), S. 7(32); Grzeszick, S. 382, 407.

684 Dazu BVerfGE 45, 400(417f); 47, 46(78ff); 48, 210(221); 49, 89(126) – Kalkar; 77, 170(230f); 80, 124(132); 83, 130(142, 152) – Josephine Mutzenbacher; 84, 212(226); 95, 267(307f); 98, 218(251) – Rechtschreibreform; 101, 1(34); 108, 282(312); Hillgruber, JZ 1996, S. 118(124); Voßkuhle, JuS 2007, S. 118(119); Stelkens/Bonk/Sachs/Sachs, § 44 VwVfG, Rn 50; Jarass/Pieroth, Art. 20 GG, Rn 47.

685 BVerfGE 84, 212(226); Sodan, NVwZ 2000, S. 601(606); Voßkuhle, JuS 2007, S. 118(119); Pieroth/Schlink Rn 276ff; Jarass/Pieroth, Art. 20 GG, Rn 47.

686 Ebenso Wahl/Masing, JZ 1990, S. 553(557); Gellermann, Grundrechte in einfachgesetzlichen Gewande, S. 390ff; Grzeszick, S. 407.

Die Notwendigkeit eines Gesetzes in den entschiedenen Fällen zur Schutzpflicht könnte sich jedoch daraus ergeben, dass Schutzpflicht bei Gefährdung durch einen privaten Dritten nur dadurch erfüllt werden kann, dass gegenüber jenem Dritten eingegriffen wird[687]. Soweit die Erfüllung der Schutzpflicht aber ohne den Eingriff in Rechte Dritter möglich ist, bedarf es keines Gesetzes. Sein Erfordernis im grundrechtswesentlichen Bereich der Schutzpflichten kann daher nicht verallgemeinert werden, sondern ist vielmehr auf konkrete Auswirkungen im Einzelfall zurückzuführen[688].

Insofern könnte die Gewährung des Folgenbeseitigungsanspruchs dann den Gesetzesvorbehalt auslösen, wenn seine Gewährung einen Eingriff in Rechte Dritter erfordert. In diesem Fall bedarf es jedoch nach der überwiegenden Auffassung gerade aufgrund des Gesetzesvorbehalts ohnehin einer gesonderten Befugnisnorm, um in die Rechte des Dritten einzugreifen[689]. Fehlt es hieran, ist der Folgenbeseitigungsanspruch unerfüllbar. Damit wird der Folgenbeseitigungsanspruch, der sich im Verhältnis des belasteten Bürgers zum Staat entfaltet, von dem Verhältnis der Bürger untereinander getrennt. Das letztere Verhältnis entfaltet nur mittelbare Wirkung auf den Folgenbeseitigungsanspruch. Bereits diese dogmatische Trennung spricht dafür, dass der Folgenbeseitigungsanspruch für gewöhnlich nicht dem Gesetzesvorbehalt unterworfen wird. Über die Richtigkeit dieser Annahme sagt dies allerdings nichts aus.

Hinzu kommt, dass die Wesentlichkeitstheorie häufig auf das Verhältnis zwischen Exekutive und Legislative beschränkt wird[690]. Anders als die Exekutive handelt die Judikative nicht interessenbestimmt, sondern zur Streitschlichtung und muss auch dort entscheiden, wo es an einer gesetzlichen Vorgabe fehlt[691].

---

687 So auch bei Jarass/Pieroth, Art. 20 GG, Rn 51; zu diesem allgemeinen Problem bei Leistungsansprüchen Stern, Staatsrecht III/1, § 67, S. 723.

688 Angedeutet auch in BVerfGE 49, 89(127) – Kalkar: wegen der weit reichenden Auswirkungen auf die Bürger, auf die allgemeinen Lebensverhältnisse und wegen der notwendigerweise damit verbundenen Art und Intensität der Regelung.

689 Diese Dreipersonenkonstellationen bilden jedoch eine Ausnahme. In diesen stellt sich die Notwendigkeit einer gesetzlichen Eingriffsgrundlage in die Rechte des Dritten jedoch mit einer anderen Eindringlichkeit, weswegen dieses Problem als Sonderkonstellation des allgemeinen Folgenbeseitigungsanspruchs diskutiert wird, s. dazu Horn, DÖV 1989, S. 976(979ff); Kraft, BayVBl. 1992, S. 456(457); Ossenbühl, S. 319; selbst auf eine zusätzliche Rechtsgrundlage in drittbelastenden Fällen verzichtend Schenke, DVBl. 1990, S. 328(331ff); Kopp/Schenke, § 113 VwGO, Rn 83.

690 Haltern/Mayer/Möllers, DV 30(1997), S. 51(60ff); Gellermann, Grundrechte in einfachgesetzlichen Gewande, S. 390ff; Grzeszick, S. 407.

691 Grzeszick, S. 407; Ossenbühl, HStR V (3.A.), § 100, Rn 53.

Daher kann die Wesentlichkeitstheorie nicht auf die reine richterliche Rechtsfortbildung oder die Gesetzesinterpretation wie im Bereich des Folgenbeseitigungsanspruchs angewandt werden.

Im Ergebnis kann daher die für die Schutzpflichten erhobene Forderung, dass es für grundrechtswesentliche Entscheidungen eines Gesetzes bedarf, nicht auf den Folgenbeseitigungsanspruch übertragen werden.

(2) Anwendbarkeit des Gesetzesvorbehalts auf sonstige Leistungsansprüche

Darüber hinaus zeigt selbst das Bundesverfassungsgericht eine gewisse Tendenz, auch für Begünstigungen einen Gesetzesvorbehalt anzunehmen, ohne diese Frage jedoch explizit zu entscheiden[692]. So nimmt es m *Numerus-clausus-Urteil* die Notwendigkeit eines vermittelnden Gesetzes an, weil die Beteiligung an den staatlichen Leistungen zwar die notwendige Voraussetzung für die Verwirklichung von Grundrechten darstelle, der Leistungsumfang jedoch auf einer Entschließung des Gesetzgebers beruhe[693]. Daher sei eine gesetzgeberische Tätigkeit notwendig.

Diese Situation ist dabei mit der des Folgenbeseitigungsanspruchs vergleichbar. Denn auch dieser ist für die Grundrechtsverwirklichung notwendig und auf staatliches Tätigwerden gerichtet. Insofern könnte man nach dieser Rechtsprechung davon ausgehen, dass für ihn ein einfaches Gesetz notwendig ist. Die Literatur bezieht sich in diesem Argument allerdings stark auf die Leistungskomponente der jeweiligen Ansprüche. Hier besteht die Tendenz, einen Gesetzesvorbehalt insbesondere für dieLeistungsansprüche zu fordern, die auf der sozialstaatlichen Grundrechtstheorie beruhen[694], bei denen der Bürger über seinen ursprünglichen Status emporgehoben wird[695]. Genau dies ist jedoch beim

692 BVerfGE 33, S. 303(337) – Numerus clausus.

693 BVerfGE 33, S. 303(337) – Numerus clausus; ähnliches Argument bei Voßkuhle, JuS 2007, S. 118(119).

694 Dies zeigt beispielsweise die folgende Aussage von Voßkuhle, JuS 2007, S. 118(119): „…während die überwiegende Literatur unter Hinweis auf die Bedeutung der Versagung einer Leistung für die Freiheitsermöglichung des Anspruchstellers und das Gleichheitsgebot zutreffend eine entsprechende gesetzliche Ermächtigung verlangt." Hier erfolgt mit den Hinweisen auf das Gleichheitsgebot sowie die Freiheitsermöglichung eine Verknüpfung zu den Postulaten der sozialen Leistungsansprüche; auch bei Jarass, NVwZ 1984, S. 473(474) mit Fn 7: Vergabe von Subventionen als Gestaltung des Sozialstaats.

695 S. dazu BVerfGE 40, 237(249): „Staatliches Handeln, durch das dem Einzelnen Leistungen und Chancen gewährt und angeboten werden, ist für eine Existenz in Freiheit oft nicht weniger bedeutungsvoll als ein Unterbleiben eines Eingriffs."

Folgenbeseitigungsanspruch, der nur den eigentlichen Zustand wiederherstellen soll, nicht der Fall. Somit wird wieder die Unterscheidung zwischen „sozialen" Leistungsansprüchen und dem Folgenbeseitigungsanspruch relevant. Dass dort die Anwendung des Gesetzesvorbehalts gefordert wird, kann anders als beim Folgenbeseitigungsanspruch mit der relativen Unbestimmtheit des sozialen Leistungsanspruchs begründet werden, wie bereits dargestellt.

Zudem besteht eine Wechselwirkung mit Fragen der Gleichbehandlung, da der Inhalt des sozialen Leistungsanspruchs nicht in genauer Höhe aus dem determinierenden Grundrecht abgelesen werden kann. Im Falle einer Ungleichbehandlung hat der Bürger zwar einen Anspruch auf Gleichbehandlung. Wenn er jedoch nicht die Praxis der handelnden Behörde gegenüber anderen Anspruchstellern kennt, ist es möglich, dass er von einer vorliegenden Ungleichbehandlung nichts weiß. Hier schafft ein vermittelndes Gesetz Transparenz und effektuiert das Gleichbehandlungsgebot wie das Rechtsstaatsprinzip[696]. Beim Folgenbeseitigungsanspruch kann jedoch über die Konstruktion des definiten Gegenteils der Inhalt des Folgenbeseitigungsanspruchs jeweils konkret bestimmt werden. Anhand der erfolgten Rechtsverletzung ist daher für den Bürger stets ersichtlich, in welchem Umfang ihm ein Folgenbeseitigungsanspruch zusteht. Mithin kann es nicht zu einer unerkannten Ungleichbehandlung kommen.

Die Forderung nach einem Gesetzesvorbehalt im Bereich der Leistungsverwaltung erfasst daher den Folgenbeseitigungsanspruch nicht.

Hinzu kommt, dass zur Begründung eines Gesetzesvorbehalts im Bereich der Leistungsverwaltung, spezieller der Subventionen, ein Argument herangezogen wird, das dem oben abgelehnten Gedanken der „Freiheit nur noch nach Maßgabe des Rechts" ähnelt: Freiheit könne nicht mehr als autonome, privat konstituierte Sphäre gesehen werden, sondern werde vielmehr durch Recht und Gesetz erzeugt, weshalb auch die Gewährung von freiheitserzeugenden Leistungen ohne Gesetz verwehrt sei[697]. Ebenso wie die Ansicht, dass Freiheit nur nach Maßgabe des Rechts bestünde, muss es abgelehnt werden, daraus einen Gesetzesvorbehalt bei Leistungsansprüchen zu begründen.

Es ergibt sich auch aus dem Zweck und der historischen Begründung des Gesetzesvorbehalts, warum er nicht auf die Gewährung von Ansprüchen anwendbar ist. Der Gesetzesvorbehalt stellt sich nämlich auch als Ausprägung des Gewaltenteilungsprinzips dar[698]. Dass Grundrechte nur durch ein parlamentarisches

696 So auch BVerwGE 6, 282(287); 58, 45(48); Stelkens/Bonk/Sachs/Sachs, § 44 VwVfG, Rn 72.

697 Dazu Jarass, NVwZ 1984, S. 473(473).

698 Starck, HStR III (3.A), § 33, Rn 21.

Gesetz eingeschränkt werden können, beruht darauf, dass es hierfür einer Mehrheitsentscheidung der demokratischen Repräsentanten bedarf[699]. Somit ist die Beschränkung der Freiheitsrechte auf eine Entscheidung der Bürger selbst, vermittelt durch die demokratische Wahl, zurückzuführen. Letztlich bedeutet dies, dass nur der Grundrechtsträger selbst mittelbar seine Grundrechte einschränken kann. Soweit aber keine Grundrechtseinschränkung erfolgt, ist eine solche durch das Parlament vermittelte Rückkoppelung an den einzelnen wahlberechtigten Grundrechtsträger nicht notwendig.

(3) Gesetzesvorbehalt bei grundrechtlich determinierten Ansprüchen

Der Folgenbeseitigungsanspruch könnte auch dann keiner einfachgesetzlichen Vermittlung bedürfen, wenn (auch für Zwecke des „Totalvorbehalts") eine grundgesetzliche Verankerung des entsprechenden Anspruchs den Anforderungen des Gesetzesvorbehalts genügen würde[700]. In diesem Rahmen wird vertreten, dass der Vorbehalt keine Beschränkung auf eine Festlegung durch Gesetze von Unterverfassungsrang enthalte[701]. Zwar bedürfe es erhöhter Anforderungen, um auch ohne eine einfachgesetzliche Festlegung Handlungen der Verwaltung zu erwirken, während das grundgesetzliche Gewaltengefüge hier primär den Gesetzgeber anspreche. Ist dieser jedoch dauerhaft untätig, wie gegenwärtig hinsichtlich des Folgenbeseitigungsanspruchs, könnten diese erhöhten Anforderungen gegeben sein[702].

Für die Schutzansprüche wird diese Auffassung zwar ausdrücklich bestritten[703]. Dies kann aber, wie oben erläutert, darauf beruhen, dass die Erfüllung der Schutzpflichten in einigen Fällen einen Eingriff in Rechte Dritter erfordert und aus diesem Grund eines Gesetzes bedarf. Hieraus ergibt sich aber auch, warum dieser Einwand auf den Folgenbeseitigungsanspruch jedenfalls nicht zutrifft.

---

699 BVerfGE 33, 125(158); Starck, HStR III (3.A.), § 33, Rn 21.

700 Ähnlich Röder, S. 243 für den als grundrechtlich determiniert angesehenen Anspruch aus enteignungsgleichem Eingriff. Hier habe das Postulat des Gesetzesvorbehalts aufgrund der grundrechtlichen Festlegung insbesondere des Anspruchsinhalts nicht die Dimension, die ihm regelmäßig beigemessen werde.

701 Stern, Staatsrecht III/1, § 67, S. 723; ähnliches vertritt Schenke, DVBl. 1990, S. 328(331) speziell für den Folgenbeseitigungsanspruch, wenn auch bezogen auf Konstellationen mit Drittbezug; anders Bethge, HGR III, § 58, Rn 104, der allerdings auch keinen Totalvorbehalt annimmt.

702 Stern, Staatsrecht III/1, § 67, S. 724; für eine Festlegung verfassungsrechtlich determinierter Ansprüche allein durch Richterrecht auch Horn, DÖV 1989, S. 976(980); Ossenbühl in: Erichsen/Ehlers, (12.A.), § 6, Rn 77f.

703 Isensee, Sicherheit, S. 42f.

Denn er bewirkt keinen unmittelbaren Zugriff auf Rechte privater Dritter, fordert nicht systematisch den Eingriff in negatorische Grundrechtsgehalte, auch nicht in Dreieckskonstellationen.

(4) Zwischenergebnis

Der Vorbehalt des Gesetzes ist damit auf den Folgenbeseitigungsanspruch nicht anwendbar[704]. Auch hieraus ergibt sich also nicht, dass der Folgenbeseitigungsanspruch nur grundrechtsmittelbar gewährt werden kann.

f) Zusammenfassung

Im Ergebnis zeigt sich daher, dass der Folgenbeseitigungsanspruch durchaus ohne vermittelndes Gesetz gewährt werden kann.

Er ist als definites Gegenteil des Grundrechtseingriffs unproblematisch bestimmbar. Darüber hinaus verursacht er keine Haushaltsfolgen, die die finanzielle Handlungsfähigkeit des Staates bedrohen und dadurch die unbedingte Geltung der Grundrechte infrage stellen könnten. Als grundrechtlich determinierter Anspruch ist er zudem vorrangig vor der Haushaltsprärogative des Parlaments. Desweiteren ergibt sich auch nicht aus dem Grundsatz des Gesetzesvorbehalts, dass seine Gewährung von einem einfachen Gesetz abhängig wäre.

Damit ist auch für die konkrete Ausformung des Folgenbeseitigungsanspruchs kein Rückgriff auf ausgestaltende einfachgesetzliche Regelungen notwenig. Es bedarf daher auch für seine Ausgestaltung nicht der analogen Anwendung zivilrechtlicher Regelungen[705].

III) Zwischenergebnis: Möglichkeit eines abwehrrechtlichen Leistungsrechts

Der Folgenbeseitigungsanspruch stellt sich damit als ein negatorischer grundrechtlicher Anspruch dar, der ein positives staatliches Tätigwerden fordert und somit dem Inhalt nach ein Leistungsanspruch im weiteren Sinne ist. Das liberale Postulat der staatsfreien, ungestörten Rechtssphäre des Bürgers wird daher im Ergebnis durch einen Anspruch erreicht, der den Staat zu einem bestimmten Tätigwerden verpflichtet.

Dieses Ergebnis – die Ableitung eines Leistungsanspruchs aus der negatorischen Funktion, die Existenz eines „abwehrrechtlichen Leistungsanspruchs" – mag

---

704 So im Ergebnis ebenfalls Grzeszick, S. 381; Schoch, Jura 1993, S. 478(480). Auch eine Anwendbarkeit auf Leistungsrechte verneint bei Jarass, AöR 120(1995), S. 345(374).

705 S. zu dieser Ansicht oben B II) 4) b).

dabei auf den ersten Blick befremden oder widersprüchlich erscheinen[706]. Oder, um mit *H.H. Klein* zu sprechen: „Grundrechte (können) nicht beides zugleich sein...: Ansprüche auf staatliche Aktion und deren Negation".[707]

Doch die häufig problematisierten Spannungen zwischen Abwehr- und Leistungsrechten treffen auf den Folgenbeseitigungsanspruch trotz seines leistungsrechtlichen Inhalts nicht zu. Denn er ist nur ein Anspruch mit leistendem Inhalt, nicht aber ein Leistungsanspruch im grundrechtsdogmatischen Sinne.

Dass die Möglichkeit abwehrrechtlicher Leistungsansprüche verneint wird, liegt also daran, dass eine Einteilung nach dem Mittel (Untätigsein oder Tätigsein[708]) der Grundrechtsfunktion vorgenommen wird, und nicht, wie es eigentlich sein sollte, nach dem Zweck oder Ziel des Anspruchs (Schutz *vor dem* Staat oder Schutz *durch den* Staat). Nach letzter Einteilung ist es allerdings keineswegs mehr widersprüchlich, den Folgenbeseitigungsanspruch der Abwehrfunktion zuzuordnen. Vielmehr ist dies logisch überzeugend, da die Staatsfreiheit durch Wiederherstellung mit der Unterlassungspflicht übereinstimmt, wenn man nach dem Zweck des Leistungsanspruchs unterscheidet. Eine Ausgrenzung von Beseitigungsansprüchen aus der negatorischen Funktion würde hingegen ein nicht ganz konsequentes Verständnis von Grundrechten zementieren, das Abwehrrechte nur im Sinne von Unterlassungsansprüchen versteht. Die strenge Zuordnung von Grundrechten im liberalen Sinne als bloße Unterlassungsansprüche sowie die generelle Problematisierung aller Leistungsansprüche greift im Ergebnis zu kurz.

Damit konnte ein Wiederherstellungsanspruch nach einer Grundrechtsverletzung aus dem negatorischen Gehalt der Grundrechte abgeleitet werden. Er ist notwendig, um den gebotenen umfassenden negatorischen Schutz der Grundrechte sicherzustellen. Zugleich stellt er zwar der Definition nach einen Leistungsanspruch dar, teilt jedoch aufgrund seiner eindeutigen Bestimmbarkeit und des mangelnden Bezugs zur „realen Freiheit" nicht die Probleme der allgemeinen grundrechtlichen Leistungsansprüche. Insbesondere ist er auch ohne eine nähere Bestimmung durch ein einfaches Gesetz justiziabel.

---

706 Bei Stern, Staatsrecht III/1, § 64, S. 418 ist von dem „ausschließlichen Gegensatz von negativen und affirmativen (damit sind Leistungsrechte gemeint) Rechten" die Rede mwN in Fn 137; Jarass, AöR 120(1995), S. 345(351): Abwehrbegriff würde zu einer Worthülse und völlig konturenlos werden; ähnlich Lübbe-Wolff, S. 22.

707 H.H. Klein, Grundrechte, S. 72; anders jedoch explizit in DVBl. 1994, S. 489(489 Fn 2); ähnlich v. Münch, Staatsrecht II, Rn 148: strenge Unterscheidung status negativus und status positivus, wobei nur im letzteren ein Tun verlangt wird; ähnlich auch Sachs, HGR II, § 39, Rn 6: Unterscheidung.

708 Ganz deutlich bei Jarass, AöR 120(1995), S. 345(356).

Der Folgenbeseitigungsanspruch ist eine Variante eines solchen grundrechtlichen Wiederherstellungsanspruchs dar. Er ist auf Wiederherstellung der grundrechtskonformen Lage im tatsächlichen Bereich gerichtet[709], im Gegensatz zu grundrechtlichen Wiederherstellungsansprüchen, die die Aufhebung belastender Rechtsakte bewirken. Letztere werden insbesondere mit der Anfechtungsklage verwaltungsprozessual geltend gemacht.

Aufgrund dieser grundrechtlichen Ableitung, die auch Verletzungen der allgemeinen Handlungsfreiheit des Art. 2 Abs. 1 GG erfasst, kann der Folgenbeseitigungsanspruch auch dann hinreichend konkret bestimmt werden, wenn nur einfaches Recht verletzt ist.

Im Ergebnis tragen damit allein die Freiheitsgrundrechte den Folgenbeseitigungsanspruch, wie er heute im Rechtsprechung und Literatur anerkannt ist.

E Kein Erfordernis von Analogien zum Zivilrecht

Steht somit fest, dass der Folgenbeseitigungsanspruch allein aus den Grundrechten hergeleitet werden kann, bedeutet dies auch, dass es keiner Analogien zum Zivilrecht mehr bedarf – weder für die Begründung des Folgenbeseitigungsanspruchs selbst noch für seinen Inhalt. Dies oder eine Ergänzung der grundrechtlichen Ableitung ist nämlich nur notwendig, wenn eine Regelungslücke vorliegt[710]. Kann der Folgenbeseitigungsanspruch aber einer gesetzlichen Regelung entnommen werden, ist eine Analogiebildung nicht nur unnötig, sondern sogar unzulässig. Dies erfasst dabei auch solche Fälle, in denen der Anspruch dem Gesetz nicht explizit, sondern nur im Wege der Auslegung entnommen werden kann.

F Gebotener und gewährter Inhalt des Folgenbeseitigungsanspruchs

Im weiteren Gang der Untersuchung gilt es zu untersuchen, inwiefern der bisherige Folgenbeseitigungsanspruch umfassenden negatorischen Schutz gewährt. Dabei ist auf den Folgenbeseitigungsanspruch in der Gestalt abzustellen, wie er durch die Rechtsprechung judiziert wird. Als nicht explizit einfachgesetzlich

709 Zu diesem wiederherstellenden Charakter auch Schoch, VerwArch. 79(1988), S. 1(46); Horn, DÖV 1989, S. 976(976 sowie in Fn 3).

710 Zippelius, S. 64; Rüthers/Fischer/Birk, Rechtstheorie, § 23, Rn 822. Daher verneinen Erichsen, VerwArch. 63(1972), S. 217(219), und A. Ehlers, Grundlagen und Leitprinzipien, S. 95 sowie Kraft, BayVBl. 1992, S. 456(457) eine zivilrechtliche Analogie als Rechtsgrundlage für den Folgenbeseitigungsanspruch.

normierter Anspruch wird er in besonderer Weise durch die Rechtsprechung ausgeformt.

Sollten tatsächlich Lücken im Freiheitsschutz durch den Folgenbeseitigungsanspruch bestehen, stellt sich die Frage, ob und wie diese Schutzlücken gefüllt werden können. Es ist zu prüfen, ob der Folgenbeseitigungsanspruch erweitert werden muss oder ein Geldersatzanspruch besteht. Insofern muss Stellung bezogen werden, ob in dieser Situation ein Folgenersatzanspruch entsteht.

I) Prämissen für den Anspruchsinhalt des Folgenbeseitigungsanspruchs

Da der negatorische Grundrechtsschutz nach dem rechtsstaatlichen Verteilungsprinzip grundsätzlich umfassend sein soll, dürfen die grundrechtlichen Verletzungsreaktionsansprüche, zu denen auch der Wiederherstellungsanspruch zählt, keine Schutzlücken belassen. Daher ist herauszuarbeiten, welche Vorgaben die Grundrechte für den Anspruchsinhalt machen und wie sie hier das Postulat des umfassenden negatorischen Schutzes umsetzen. Entspricht der gegenwärtige Inhalt des Folgenbeseitigungsanspruchs diesen Anforderungen, oder bestehen Lücken?

Ausgehend von der Prämisse des umfassenden negatorischen Schutzes darf der Folgenbeseitigungsanspruch keine grundrechtswidrigen Folgen hinterlassen. Er muss also bei jeder Rechtswidrigkeit eingreifen, deren Folgen nicht durch schlichtes Unterlassen vermieden werden können. Daher ist der Tatbestand des Folgenbeseitigungsanspruchs zunächst mit dem grundrechtlichen Eingriffsbegriff in Übereinstimmung zu bringen[711]. Wenn ein nicht gerechtfertigter Grundrechtseingriff vorliegt, der nicht durch schlichtes Unterlassen beseitigt werden kann, entsteht ein Folgenbeseitigungsanspruch. Bleibt hiernach der Inhalt des Folgenbeseitigungsanspruchs hinter den grundrechtlichen Anforderungen zurück, könnte dies einen Eingriff in das Grundrecht, dem die Folgenbeseitigung versagt wurde, darstellen. Es stellt sich daher die Frage, ob dieser gerechtfertigt werden kann.

Damit ergibt sich aus der grundrechtlichen Ableitung des Folgenbeseitigungsanspruchs, dass er auch im Falle der Verletzung einfachgesetzlicher Rechte entsteht, was kaum bestritten wird[712]. In jedem Verstoß gegen einfachgesetzliche

711 Hierzu auch Höfling, VVDStRL 61(2001), S. 260(277).

712 Ohne weiteres angenommen bei Goppert, Enteignungsgleicher Eingriff, S. 39; Schoch, Jura 1993, S. 478(481); Ossenbühl, S. 307; Röder, S. 316; Stelkens, DÖV 2006, S. 770(774).

subjektive Rechte liegt nämlich zugleich eine Verletzung des Art. 2 Abs. 1 GG[713]. Dies ist schon für sich gesehen geeignet, einen Folgenbeseitigungsanspruch hervorzubringen.

Ob die Ableitung eines negatorischen Wiederherstellungsanspruchs auch die Gewährung von Folgenbeseitigung bei legislativem Umrecht trägt, was durchaus möglich erscheint[714], bedarf dabei an dieser Stelle keiner Entscheidung. Jedenfalls der bisherige Folgenbeseitigungsanspruch wird nämlich seinem bisherigen Tatbestand nach von der grundrechtlichen Ableitung getragen; die Frage nach der Gewährung von Folgenersatz betrifft hingegen den Anspruchsinhalt. Die Fragestellung der Arbeit ist jedoch nicht auf eine vollständige Untersuchung des Folgenbeseitigungsanspruchs gerichtet, sondern auf sein Verhältnis zum Folgenersatzanspruch. Da sich dieser als modifizierte Rechtsfolge der Folgenbeseitigung darstellen könnte, können und sollen mögliche Rechtsschutzlücken durch einen etwaig zu knappen Tatbestand des Folgenbeseitigungsanspruchs für die weitere Untersuchung außer Betracht bleiben.

Weiterhin muss der Folgenbeseitigungsanspruch auch hinsichtlich seiner Rechtsfolge, dem Anspruchsinhalt, eine vollständige Beseitigung der verfassungswidrigen Folgen bewirken. Ein nicht umfassend beseitigender Anspruch hätte die gleiche Folge wie die Ausklammerung bestimmter Eingriffe aus dem Tatbestand: Es blieben Folgen grundrechtswidrigen Handelns bestehen. Dies würde die Integrität der grundrechtlich geschützten Güter verletzen. Vor allem die gegenwärtigen Beschränkungen der Rechtsfolgen des Folgenbeseitigungsanspruchs sind also daran zu messen, ob sie diesen Anforderungen genügen können.

II) Der gegenwärtige Anspruchsinhalts des Folgenbeseitigungsanspruchs

Wie bereits in der Einleitung dargestellt, ist der Folgenbeseitigungsanspruch nur auf die naturale Wiederherstellung des ursprünglichen Zustandes gerichtet.

---

713 Schwabe, DÖV 1973, S. 623(624); Schoch, Jura 1993, S. 478(481); Röder, S. 316; Stelkens, DÖV 2006, S. 770(774); differenzierend nach Art des Rechts, das verletzt wurde Baumeister, S. 85, S. 63f für materielle subjektiv-öffentliche Rechte, nicht aber für subjektive Verfahrensrechte außer sog. absoluten Verfahrensrechten, S. 75ff, S. 79; angezweifelt wird diese Verknüpfung von Verletzung einfachgesetzlichen Rechts und Verletzung von Art. 2 Abs. 1 GG lediglich, was die gerichtliche Überprüfbarkeit im Wege des Primärrechtsschutzes angeht, s. dazu Kube DVBl. 2005, S. 721(721) mwN.

714 S. hierzu Röder, S. 284ff mwN.

Doch selbst dieser Anspruchsinhalt ist – sowohl aufgrund der Natur der Sache, als auch durch eine Reihe gerichtlicher Entscheidungen – in bestimmten Fallgruppen noch weiter eingeschränkt worden. Hierdurch könnte aber der umfassende Grundrechtsschutz, bestehend aus einer Trias von Unterlassung, Aufhebung und Beseitigung, Lücken aufweisen.

Im nachfolgenden Abschnitt soll daher dargestellt werden, welche Einschränkungen bestehen und womit sie begründet werden (1)). Anschließend wird geprüft, inwiefern diese Einschränkungen mit der grundrechtsdeterminierten Natur des Folgenbeseitigungsanspruchs zu vereinbaren sind (2)).

1) Einschränkungen des Folgenbeseitigungsanspruchs

a) Keine Folgenbeseitigung bei Unmöglichkeit

Allgemein anerkannt ist, dass bei Unmöglichkeit der Folgenbeseitigung kein Folgenbeseitigungsanspruch besteht[715]; dies entspricht dem allgemeinen Grundsatz „impossibilium nulla obligatio est".

Dabei kommen sowohl tatsächliche als auch rechtliche Unmöglichkeit in Betracht. Die rechtliche Unmöglichkeit tritt vor allem in der Situation auf, dass ein begünstigender Verwaltungsakt eine belastende Drittwirkung aufweist, sich als rechtswidrig erweist und seine Folgen beseitigt werden müssen[716]. Hier ermächtigt nach herrschender Meinung nicht bereits die dem belasteten Dritten geschuldete Folgenbeseitigung zum Einschreiten. Vielmehr bedarf es aufgrund des Prinzips des Gesetzesvorbehalts einer gesonderten Rechtsgrundlage, da die Folgenbeseitigung denjenigen Bürger belastet, den der rechtswidrige Verwaltungsakt ursprünglich begünstigte[717]. Fehlt jedoch eine

---

715 BVerwGE 94, 100(112); OVG Münster, DÖV 1983, S. 1020ff; VGH Kassel, NJW 1989, S. 1500(1500); Bettermann, DÖV 1955, S. 528(535); Böß, Vergleich, S. 103; Bender, Rn 223; Köckerbauer, JuS 1988, S. 782(786); ebenso T. Schneider, Folgenbeseitigung im Verwaltungsrecht, S. 145ff; Ossenbühl, S. 318; Pietzko, S. 507ff; Grzeszick, S. 371: zunächst Wiederherstellung des vergleichbaren Zustandes; MüKo/Papier, § 839 BGB, Rn 86; Kopp/Schenke, § 113 VwGO, Rn 87; Posser/Wolff/Decker, VwGO, § 113 Rn 48; Soergel/Klein, Anh. § 839 BGB, Rn 250; Wolff/Bachof/Stober/Kluth, Band 1, § 52, Rn 31.

716 Ebenso Ossenbühl, S. 318; Grzeszick, S. 379; Soergel/Klein, Anh. § 839 BGB, Rn 251.

717 S. dazu Weyreuther, Gutachten B, S. 108; Knemeyer, JuS 1988, S. 696(698); Horn, DÖV 1989, S. 976(979ff); Ossenbühl, S. 319; Grzeszick, S. 379ff; selbst auf eine zusätzliche Rechtsgrundlage in drittbelastenden Fällen verzichtend Schenke, DVBl. 1990, S. 328(331ff); Kopp/Schenke, § 113 VwGO, Rn 83.

solche Ermächtigungsgrundlage, ist der Folgenbeseitigungsanspruch rechtlich unerfüllbar[718].

Die Beschränkung durch das Prinzip „impossibilium nulla obligatio est“ liegt dabei in der Natur der tatsächlichen Wiederherstellung, auf die der Folgenbeseitigungsanspruch ausgerichtet ist[719]. Gerade im tatsächlichen Bereich gibt es Unwägbarkeiten, die in Kombination mit dem Zeitablauf seit dem Eingriff dazu führen können, dass der frühere Zustand nicht wiederherstellbar ist.

Dass ein Anspruch bei Unmöglichkeit entfällt, ist außerhalb des Zivilrechts auch in anderen Bereichen des Verwaltungsrechts gesetzlich anerkannt, beispielsweise in §§ 113 Abs. 1 S.3 VwGO und 100 Abs. 1 S. 3 FGO. Diese Normen setzen es für einen Ausspruch der Pflicht zur Folgenbeseitigung im Urteil voraus, dass diese noch möglich ist. Auch die grundrechtlichen Schutzpflichten sind ausgeschlossen, wenn sie nicht erfüllt werden können[720].

b) Durchbrechungen durch die Berücksichtigung des Mitverschuldens

(1) Mitverursachung in der Rechtsprechung des BVerwG

Desweiteren wird der Folgenbeseitigungsanspruch eingeschränkt, wenn der betroffene Bürger den rechtswidrigen Zustand mitverursacht hat[721].

Die Berücksichtigung der Mitverursachung wird neben der analogen Anwendung von § 254 BGB aus einem „allgemeinen Rechtsgedanken“ abgeleitet[722]. Es könne vom Bürger erwartet werden, dass er Eingriffe nicht tatenlos über sich

---

718 Ebenso Knemeyer, JuS 1988, S. 696(698); inzident Grzeszick, S. 383ff.

719 Ähnlich Schoch, VerwArch. 79(1988), S. 1(51): „verwaltungsrechtliche Selbstverständlichkeiten“.

720 E. Klein, NJW 1989, S. 1633(1638): Hindernisse tatsächlicher oder rechtlicher Art, die die Durchführung nicht zur Pflicht machen.

721 BVerwG DVBl. 1971, S. 858(860f) = DÖV 1971, S. 857(857); BVerwGE 69, 366(366) – Bardepot; BVerwG NJW 1989, S. 2484(2484); VGH Mannheim, NJW 1985, S. 1482(1482); Horn, DÖV 1989, S. 976(986); Ossenbühl, S. 323; Beljin/Micker, JuS 2003, S. 970(973); Hain, VerwArch. 2004, S. 498(506f); Posser/Wolff/Decker, VwGO, § 113 VwGO, Rn 49; Gerhardt in: Schoch/Schmidt-Aßmann/Pietzner, Vorbemerkung § 113 VwGO, Rn 10; skeptisch jedoch Fiedler, NVwZ 1986, S. 969(975); Schoch, VerwArch. 79(1988), S. 1(54); Köckerbauer, JuS 1988, S. 782(787); Schenke, JuS 1990, S. 370(373).

722 Anders Gern, DÖV 1986, S. 462(466): das Verursachungsprinzip stellt kein allgemeines Rechtsprinzip (hier speziell im Rahmen der Güterabwägung) dar; anders Ossenbühl, S. 324; für eine Analogie Kopp/Schenke, § 113 VwGO, Rn 81.

ergehen lässt, um sie als Lohn für eigene Untätigkeit dem Staat in Rechnung zu stellen[723].

Ziel des Auschlusses ist es, einen Ausgleich zu finden zwischen den Wiederherstellungsinteressen des Grundrechtsträgers, in dessen Grundrecht eingegriffen wurde, und den Interessen des Hoheitsträgers, nur entsprechend seiner Verursachungsquote zu haften[724]. Es wird also zwischen grundrechtlichen Interessen des Bürgers und letztlich nur fiskalischen Interessen des Staates abgewogen, und diese Abwägung fällt zulasten des Bürgers aus.

Die Grundlagen zur Berücksichtigung von Mitverschulden beim Folgenbeseitigungsanspruch wurden bereits in einer Leitentscheidung des Bundesverwaltungsgerichts im Jahr 1971 gelegt[725]. Das Gericht führte hier aus, dass es einem allgemeinen Rechtsgedanken entspreche und außerdem ein Gebot unmittelbar der Gerechtigkeit sei, dass ein Schaden, für den mehrere Personen verantwortlich seien, grundsätzlich auch von ihren gemeinsam getragen und angemessen auf sie verteilt werden müsse[726]. Beim Folgenbeseitigungsanspruch ergebe sich aber die Besonderheit, dass wegen seines Inhalts die Verteilung des Schadens, wie sie § 254 BGB vorsehe, nicht möglich sei, weshalb bei einer ins Gewicht fallenden Mitverantwortlichkeit des Betroffenen Ansprüche auf Folgenbeseitigung überhaupt entfallen müssten[727]. Danach wäre der Folgenbeseitigungsanspruch zwar grundsätzlich entsprechend der Quoten des Mitverschuldens aufzuteilen. Da er jedoch als naturale Wiederherstellung unteilbar ist, wurde er infolgedessen als vollständig unmöglich angesehen. Die sogenannte „Alles- oder- nichts-Regel“[728] war entwickelt. In einem nachfolgenden Urteil blieb das Bundesverwaltungsgericht zwar dabei, dass ein mitwirkendes Verschulden zu berücksichtigen sei[729], wich aber von der „Alles-oder-nichts-Regel“ ab und nahm eine differenzierende Wertung vor: aufgrund der Unteilbarkeit der Folgenbeseitigung solle die Wertung des § 254 BGB dadurch zur Geltung gebracht werden, dass statt der

723 H.-E. Henke, JuS 1988, S. 753(755).

724 BVerfG NJW 2003, S. 125(126).

725 BVerwG DVBl. 1971, S. 858(861).

726 BVerwG DVBl. 1971, S. 858(860).

727 BVerwG DVBl. 1971, S. 858(861); ebenso Bender, Rn 229.

728 BVerwGE 82, 24(27); angewendet auch in VGH Mannheim, NJW 1985, S. 1482(1482); Sproll, JuS 1996, S. 219(223); Stangl, JA 1997, S. 138(139); Erbguth, JuS 2000, S. 336(337); Maurer, Verwaltungsrecht, § 30, Rn 18.

729 BVerwGE 82, 24ff.

Folgenbeseitigung in natura auch ein Geldersatzanspruch in Frage käme[730]. Im Ergebnis blieb es damit bei der Berücksichtigung des Mitverschuldens wie bei einem zivilrechtlichen Schadensersatzanspruch. Das Problem der Unteilbarkeit wurde jedoch durch die Gewährung des Geldersatzanspruchs zumindest teilweise gelöst.

(2) Kritik an der Berücksichtigung des Mitverschuldens

Die Berücksichtigung des Mitverschuldens wird jedoch gerade dafür kritisiert, dass hierdurch zwingend die naturale Folgenbeseitigung entfällt[731]. Die Nachteile der Unteilbarkeit würden, so die Kritik, ohne Differenzierung auf den Bürger verlagert. Angesichts der verfassungsrechtlichen Ableitung des Folgenbeseitigungsanspruchs könne dies nicht überzeugen[732]. § 254 BGB setze zudem eine Teilbarkeit des Anspruchs entsprechend der Verschuldensbeiträge voraus, was beim Folgenbeseitigungsanspruch gerade nicht der Fall sei[733]. Zuletzt müsse der Besonderheit Rechnung getragen werden, dass sich im öffentlichen Recht Staat und Bürger nicht auf derselben Ebene befinden. Insgesamt wird also aus der Unteilbarkeit der Folgenbeseitigung gefolgert, dass ein Mitverschulden gänzlich unberücksichtigt bleiben soll.

§ 254 BGB sei auch kein allgemeiner Rechtsgedanke, der auf den Folgenbeseitigungsanspruch anwendbar sei. Das Mitverschulden würde hier fälschlicherweise auf einen Anspruch übertragen, der kein Verschulden voraussetze[734]. Der Rechtsgedanke sei nur auf Schadensersatzansprüche anwendbar, und einen solchen stelle der Folgenbeseitigungsanspruch nicht dar. Auf ihn könne die Norm daher allenfalls analog angewendet werden, was allerdings bereits für die zivilrechtlichen Beseitigungsansprüche umstritten sei[735]. Es sei demnach noch schwerer zu begründen, ihn auf einen Beseitigungsanspruch gegenüber dem Staat analog anzuwenden.

---

730 BVerwG NJW 1989, S. 2484(2485) „Das Berufungsgericht hat die Möglichkeit eines finanziellen Ausgleichs von vorneherein aus dem Kreis seiner Überlegungen ausgeschlossen. Bereits dies begründet den Erfolg der Revision."

731 Grave DVBl. 1972, S. 231(232); Erichsen, VerwArch. 63(1972), S. 217(224); Schenke, JuS 1990, S. 370(373).

732 Erichsen, VerwArch. 63(1972), S. 217(224); Schoch, VerwArch. 79(1988), S. 1(54); ähnlich Schenke, JuS 1990, S. 370(374).

733 Schoch, VerwArch. 79(1988), S. 1(54).

734 Schoch, VerwArch. 79(1988), S. 1(53).

735 Schenke, JuS 1990, S. 370(373); anders jedoch entschieden im Zivilrecht BGH NJW 1997, S. 2234(2234, 2235): Berücksichtigung der Mitverursachung.

Der Folgenbeseitigungsanspruch soll jedoch auch nach diesen Auffassungen dann ausgeschlossen sein, wenn und soweit seine Geltendmachung rechtsmissbräuchlich erfolgt[736]. Insofern soll eine Mitverursachung grundsätzlich doch berücksichtigt werden.

Vor dem Hintergrund all dieser Argumente sei eine Kürzung wegen Mitverschuldens allenfalls dann billigenswert, wenn eine Umwandlung in einen teilbaren Geldersatzanspruch angenommen werden könne[737].

(3) Folgenbeseitigung mit Kostenbeteiligung des Bürgers

Vertreten wird auch, den Folgenbeseitigungsanspruch nicht vollständig zu versagen, sondern die tatsächliche Wiederherstellung in vollem Umfang zuzusprechen, den Betroffenen aber zu einer Ausgleichszahlung heranzuziehen[738]. Dies bedeutet eine Folgenbeseitigung mit Kostenbeteiligung.

Neben dem ersatzlosen Untergang des Folgenbeseitigungsanspruchs, voller Folgenbeseitigung ohne eine Berücksichtigung der Mitverursachung und der Umwandlung in einen Folgenersatzanspruch ist dies eine vierte Möglichkeit. Sie erscheint im Hinblick darauf, dass sie eine bloß geringe dogmatische Fortentwicklung des Folgenbeseitigungsanspruchs erfordert, auch durchaus vorzugswürdig. Zudem würde der Folgenbeseitigungsanspruch nicht seinem Umfang nach eingeschränkt.

Dagegen spricht aber, dass der Folgenbeseitigungsanspruch dann nur gegen Erfüllung einer Zahlungspflicht gewährt würde. Die Eingriffsbeseitigung wäre davon abhängig, dass dem Bürger eine weitere Belastung auferlegt wird, auch wenn diese eher einer Obliegenheit entspricht. Diese Kombination stellt die grundrechtliche Sphäre nicht so weit wieder her wie ein voraussetzungsloser Folgenersatz, der dem Bürger keine zusätzlichen Obliegenheiten auferlegt. Zudem bestünde bei einer Zahlungsverpflichtung die Gefahr, dass die Folgenbeseitigung im Einzelfall an der mangelnden finanziellen Liquidität des Bürgers

---

736 Schoch, VerwArch. 79(1988), S. 1(54): venire contra factum proporium; Ossenbühl, S. 323f, allerdings ohne explizite Erwähnung des Grundrechtsmissbrauchs; Grzeszick, S. 400f.

737 Schenke, JuS 1990, S. 370(374).

738 So Grave, DVBl. 1972, S. 231(232); angesprochen auch bei Schoch, VerwArch. 79(1988), S. 1(54); ders. Jura 1993, S. 478(486); Pietzko, S. 557f; Grzeszick, S. 402; T. Schneider, Folgenbeseitigung im Verwaltungsrecht, S. 187f; Gerhard in: Schoch/Schmidt-Aßmann/Pietzner, Vorbemerkung § 113 VwGO, Rn 10; angedeutet bei Böß, Vergleich, S. 123, der dies als Lösung bei Berücksichtigung des Mitverschuldens im Zivilrecht darstellt, und damit das „Alles-oder-Nichts-Prinzip" des BVerwG kritisiert.

scheitert, wenn dieser sich eher einen Verlust seiner grundrechtlich geschützten Rechtsgüter als eine Wiederherstellung leisten kann. Der Grundrechtsschutz des Bürgers hinge dann von seinen finanziellen Verhältnissen ab. Wird jedoch ein grundrechtlicher Verletzungsreaktionsanspruch mit einem weiteren Eingriff in die Rechte des Bürgers erkauft, ist die ursprüngliche Freiheitslage nach wie vor nicht vollständig wiederhergestellt. Außerdem wäre für die Zahlungspflicht des Bürgers aufgrund des Gesetzesvorbehalts ein Gesetz erforderlich[739]. Ein solcher Folgenbeseitigungsanspruch mit Kostenbeteiligung würde damit – durch die Etablierung eines erneuten Grundrechtseingriffs – nach wie vor eine Lücke im Grundrechtsschutz hinterlassen.

Anders wäre es jedoch, wenn der Bürger die Wahl zwischen der völligen Ersetzung durch einen Folgenersatzanspruch und der Folgenbeseitigung mit Kostenbeteiligung hätte[740]. Hier besteht kein faktischer Zwang zur Zahlung eines Ausgleichsbetrages, sondern nur, wenn der Bürger sich für die Folgenbeseitigung mit Kostentragung entscheidet, weshalb der Grundrechtseingriff entfiele.

Damit wäre bei entsprechender Kostenbeteiligung des Bürgers die Berücksichtigung eines Mitverschuldens möglich, allerdings nur, wenn wahlweise auch ein Geldersatzanspruch besteht.

(4) Zwischenergebnis

Im Ergebnis ergibt sich daher bei der – im Grunde jedoch abzulehnenden – Berücksichtigung des Mitverschuldens eine Lücke im negatorischen Grundrechtsschutz durch den Folgenbeseitigungsanspruch. Anders könnte dies sein, wenn ein Geldersatzanspruch gewährt wird, was noch zu prüfen bleibt. Bereits hier klingt an, dass sich aus dem negatorischen Grundrechtsschutz auch ein Folgenersatzanspruch ergeben könnte.

c) Unzumutbarkeit der Folgenbeseitigung

Der Folgenbeseitigungsanspruch soll auch dann eingeschränkt sein, wenn dem Hoheitsträger die Wiederherstellung unzumutbar ist[741]. Hierunter werden vor

739 So inzident Schoch, VerwArch. 79(1988), S. 1(54): de lege lata nicht möglich.

740 Grzeszick, S. 402, der allerdings auch eine vollständige Verweisung auf den Folgenersatzanspruch als grundrechtswidrig ansieht, da hier eine Reduzierung des Bestandsschutzes auf den Wertschutz ohne hinreichenden Grund vorgenommen würde.

741 Dazu exemplarisch BVerwGE 94, 100(114ff); OVG Münster, DÖV 1983, S. 1020ff; VGH München, BayVBl. 1990, S. 627(628f); VGH München, NVwZ 1999, S. 1237(1238); BVerwG NVwZ 2004, S. 1511; VGH Kassel v. 20.2.2006, BeckRS

allem die Fälle subsumiert, in denen die Folgenbeseitigung als zu teuer empfunden wird[742].

Unzumutbarkeit liegt vor, wenn mit der begehrten Folgenbeseitigung ein unverhältnismäßig hoher Aufwand verbunden ist, der zu dem erreichbaren Erfolg bei allem Respekt für das Verlangen nach rechtmäßigen Zuständen in keinem vernünftigen Verhältnis mehr steht[743]. Hierzu zählen auch technische Gründe, oder dass öffentliche Interessen entgegenstehen[744]. Der VGH München bejahte Unzumutbarkeit in einem Fall, in dem die Belastung durch das rechtswidrige Behördenhandeln für den Bürger nicht spürbar gewesen sei[745].

Allgemein bezeichnet Zumutbarkeit eine „äußerste, aufgrund der Umstände des Einzelfalls bestehende Opfer- und Härtegrenze, jenseits derer von einem Rechtssubjekt die Erfüllung einer Pflicht aus persönlichen Gründen nicht verlangt werden kann."[746]. Die Zumutbarkeit wird als Ausdruck des Verhältnismäßigkeitsprinzips angesehen[747]. Auch im Bereich der Schutzpflichten wird eine Art umgekehrte Verhältnismäßigkeitsprüfung hinsichtlich der Zumutbarkeit der Pflichterfüllung angestellt; hiernach stehen Schutzpflichten unter dem Vorbehalt des Möglichen[748].

Ob einem Folgenbeseitigungsanspruch entgegenhalten kann, dass seine Erfüllung dem Staat unzumutbar ist, erscheint aber fraglich. So berücksichtigt die

---

2006, 22340; Bettermann, DÖV 1955, S. 528(535); Böß, Vergleich, S. 102; Köckerbauer, JuS 1988, S. 782(787); Pietzko, S. 531f; Ossenbühl, S. 321ff; Beljin/Micker, JuS 2003, S. 970(973); Wolff/Bachof/Stober/Kluth, Band 1, § 52, Rn 31; Kopp/Schenke, § 113 VwGO, Rn 87; Gerhardt in: Schoch/Schmidt-Aßmann/Pietzner, Vorbemerkung § 113 VwGO, Rn 10; Maurer, Verwaltungsrecht, § 30 Rn 14; MüKo/Papier, § 839 BGB, Rn 86; Posser/Wolff/Decker, § 113 VwGO, Rn 48; Soergel/Klein, Anh. § 839 BGB, Rn 252.

742 So explizit BVerwG NVwZ 2004, S. 1511 und VGH Kassel v. 20.2.2006, BeckRS 2006, 22340; Stangl, JA 1997, S. 138(139); Soergel/Klein, Anh. § 839 BGB, Rn 252.

743 Insofern nicht ganz eindeutig, ob als Zitat oder eigene Ansicht BVerwGE 94, 100(113f); BVerwG NVwZ 2004, S. 1511; VGH Kassel v. 20.2.2006, BeckRS 2006, 22340; ähnlich VGH München, NVwZ 1999, S. 1237(1238); Posser/Wolff/Decker, § 113 VwGO, Rn 48.

744 OVG Lüneburg, DVBl. 1967, S. 206(208): überwiegende öffentliche Belange; Pietzko, S. 532; Wolff/Bachof/Stober/Kluth, Band 1, § 52, Rn 31; dazu Grzeszick, S. 390.

745 VGH München, NVwZ 1999, S. 1237(1238).

746 Gern, DÖV 1986, S. 462(469).

747 VGH Kassel v. 20.2.2006, BeckRS 2006, 22340; Ossenbühl, S. 322; Voßkuhle, JuS 2007, S. 429(429); Wolff/Bachof/Stober/Kluth, Band 1, § 52, Rn 31; als separates Prinzip allerdings bei Grzeszick, S. 389.

748 Dazu Grimm, Die Zukunft der Verfassung, S. 240.

Unzumutbarkeit generell überwiegend persönliche Gründe; dem Staat ist aber keine persönlich-private Individualsphäre zugeordnet, wie dies bei Bürgern der Fall ist[749]. Daher kann der Staat nur schwer persönliche Gründe gegen die Pflichterfüllung vorbringen. Desweiteren handelt es sich um eine „Opfer- und Härtegrenze". Bei der Folgenbeseitigung handelt es sich aber keineswegs um ein „Opfer", dem eine Pflicht wider Willen auferlegt wurde, was diese Aussage aber impliziert. Um bei der Terminologie zu bleiben, müsste der Staat vielmehr als „Täter" angesehen werden, geht doch einem Folgenbeseitigungsanspruch rechtswidriges staatliches Handeln voraus.

Zudem hat das Bundesverfassungsgericht explizit festgestellt, dass beispielsweise Gründe der Verwaltungsökonomie oder die Erleichterung der Überwachung nicht ausreichend sind, um die Grundrechte einzuschränken[750]. Dann können jedoch auch rein fiskalische Gründe oder die Annahme eines unverhältnismäßigen Verwaltungsaufwandes die Einschränkung eines grundrechtlich determinierten Anspruchs nicht rechtfertigen. Desweiteren ist es lediglich auf den Rechtsverstoß der handelnden Behörde zurückzuführen, dass der Wiederherstellungsaufwand ausgelöst wurde, auch wenn dieser erheblich sein sollte[751].

Weiter wird gegen die Berücksichtigung von Unzumutbarkeit vorgebracht, dass es sich hierbei um einen Aspekt der Verhältnismäßigkeit handele, die wiederum zugunsten und nicht zulasten des betroffenen Bürgers wirke[752]. Der Ausschluss wegen Unzumutbarkeit sei das Ergebnis lediglich ergebnisorientierter Auslegung ohne dogmatische Grundlage[753]. Er widerspreche der grundrechtlichen Ableitung

749 Daher befürwortet Schloer, JA 1992, S. 39(44) nur eine restriktive Handhabung, da das aus dem Zivilrecht stammende Prinzip für das Bürger-Staat-Verhältnis, bei dem der Staat ja nicht illiquide werden kann, nicht passt.

750 BVerfGE 41, 378(397); 45, 297(335); 65, 116(129); 86, 28(44); dazu auch Bleckmann, JuS 2002, S. 942(946).

751 So OVG Hamburg, NJW 1978, S. 658(660).

752 Schoch, Jura 1993, S. 478(485); Erbguth, JuS 2000, S. 336(337); Grzeszick, S. 389; ebenso Brüning, JuS 2003, S. 2(5 Fn 52); zu dieser Wirkung Voßkuhle, JuS 2007, S. 429(429): staatliche Maßnahme darf nicht unverhältnismäßig und unangemessen in Rechtspositionen des Bürgers eingreifen, S. 430: ihm komme nur die Funktion zu, die individuelle Freiheitssphäre zu verteidigen.

753 Schoch, VerwArch. 79(1988), S. 1(51); ders. Jura 1993, S. 478(485); Erbguth, JuS 2000, S. 336(337); Grzeszick, S. 390; ähnlich Ossenbühl, S. 322: letzter Anker, um sinnlose Entscheidungen zu vermeiden.

des Folgenbeseitigungsanspruchs, und drohe aufgrund der Unbestimmtheit der Ausschlusskriterien, den Grundrechtsschutz auszuhöhlen[754].

Selbst das Bundesverwaltungsgericht äußert Zweifel daran, ob die Folgenbeseitigung bei Unzumutbarkeit versagt werden kann. So sei das Kriterium der Zumutbarkeit sehr allgemein gehalten, um damit einen an sich bestehenden Anspruch auszuschließen. Zudem dürfe sich nicht faktische, sondern nur rechtlich legitimierte Macht gegenüber dem Bürger durchsetzen[755]. Letztlich muss es diese Frage jedoch nicht entscheiden[756].

Es ist somit im Ergebnis insgesamt abzulehnen, den Folgenbeseitigungsanspruch bei Unzumutbarkeit der Wiederherstellung einzuschränken. Soweit es jedoch – was in der richterlichen Praxis der Fall ist – dennoch angewendet wird, hinterlässt es eine Lücke im Grundrechtsschutz.

d) Einschränkungen aufgrund der Verwaltungsaktslehre

Weiterhin kann der Folgenbeseitigungsanspruch entfallen, wenn der eingreifende Verwaltungsakt bestandskräftig geworden ist[757] oder nicht aufgehoben werden muss, da er allein an einem formalen Fehler leidet[758]. Es ist jedoch umstritten, ob die letztgenannte Fallgruppe auch den Folgenbeseitigungsanspruch erfasst[759].

Die Einschränkungen beruhen hier darauf, dass Folgenbeseitigung nicht mehr verlangt werden kann, wenn der Zustand durch einen gültigen Verwaltungsakt legalisiert wird. Das Verlangen nach dessen Aufhebung stellt sich als unzulässige Rechtsausübung dar. Die Fallgruppen werden daher auch unter dem Begriff der „Duldungspflichten" diskutiert.

---

754 Steinberg/Lubberger, Aufopferung – Enteignung und Staatshaftung, S. 390; Grzeszick, S. 390; ähnlich BVerwGE 94, 100(114); anders Ossenbühl, S. 322: Befürchtungen haben sich in der Praxis als unbegründet erwiesen.

755 BVerwGE 94, 100(114).

756 BVerwGE 94, 100(117).

757 BVerwGE 28, 155(164); Schoch, VerwArch. 79(1988), S. 1(52); ders., DV 34(2001), S. 261(285); Bender, Rn 228; Böß, Vergleich, S. 70; Heinz/Schmitt, NVwZ 1992, S. 513(520); Grzeszick, S. 375f, 393, detaillierter zum Verhältnis Primärrechtsschutz gegen den Eingriffsakt und Folgenbeseitigung S. 395f; MüKo/Papier, § 839 BGB, Rn 86.

758 Dazu Weyreuther, Gutachten B, S. 99f; Böß, Vergleich, S. 74; Pietzko, S. 307ff; Grzeszick, S. 373ff; differenziert Ossenbühl, S. 313.

759 Dagegen Schenke, DÖV 1986, S. 305(313ff, 321); für einen Ausschluss jedoch Grzeszick, S. 375; Kopp/Ramsauer, § 46 VwVfG, Rn 47.

e) Nicht ausreichende Folgenbeseitigung

Doch auch ohne die soeben dargestellten Einschränkungen erscheint fraglich, ob die negatorische Wiederherstellung durch den Folgenbeseitigungsanspruch ausreicht. Dies betrifft somit keine Einschränkungen des negatorischen Wiederherstellungsanspruchs, sondern die Frage, ob er auch ungekürzt in allen Situationen vollen Grundrechtsschutz bewirkt.

Ein gutes Beispiel dafür, dass dies bisweilen nicht der Fall ist, sind Beeinträchtigungen durch ehr- oder geschäftsbeeinträchtigende Äußerungen bzw. die sogenannten „Warnfälle". Hier liegt eine Ehrbeeinträchtigung oder Beeinträchtigung des Rechts am eingerichteten und ausgeübten Gewerbebetrieb vor, bei der Folgen darin bestehen, dass der Bürger oder Gewerbetreibende in der Meinung seiner Mitmenschen sinkt. Ein Widerruf der staatlichen Äußerung kann jedoch bestehende Zweifel auch nicht vollständig beseitigen. Er kann das Bewusstsein der übrigen Bürger nicht auf den Stand vor der Äußerung versetzen, wenn erst einmal Vorurteile entstanden sind. Zudem kann auch nach einem Widerruf der beeinträchtigenden Aussage ein wirtschaftlicher Schaden zurückbleiben[760]. Dies betrifft beispielsweise Imageschäden bei Personen, die ihr Einkommen durch öffentliche Auftritte bestreiten oder bei Wirtschaftsunternehmen, auf deren Produkte hingewiesen wurde.

Der Widerrufsanspruch wird zwar in diesen Konstellationen nicht stets auf den Folgenbeseitigungsanspruch gestützt[761]. Die Situation ist jedoch selbst bei einer anderen Rechtsgrundlage die gleiche wie in Folgenbeseitigungsfällen, weswegen auch bei der Annahme eines eigenständigen Widerrufsanspruchs ein darüber hinausgehender Folgenersatzanspruch in Betracht kommt. Die Folgenbeseitigung

---

760 Angenommen beispielsweise explizit für den zivilrechtlichen Widerruf von Zeitungsberichten, die das Allgemeine Persönlichkeitsrecht verletzen: BGH NJW 1965, S. 685(686) – Soraya.

761 Als solcher gewährt in den Urteilen BVerwGE 38, 336(346) als Auskunft; 59, 319(326f); BVerwGE 82, 76(95) = NJW 1989, S. 2272(2277) – Transzendentale Meditation; BVerwG NJW 1997, S. 1996(1999); VGH Mannheim NJW 1986, S. 340(340); OVG Lüneburg, NJW 1992, S. 192(196); VGH Kassel NVwZ-RR 1994, S. 515(519); dazu di Fabio, JuS 1997, S. 1(6); T. Schneider, Folgenbeseitigung im Verwaltungsrecht, S. 73, 147; Ossenbühl, S. 290f; als Fallgruppe des Folgenbeseitigungsanspruchs Schoch, DV 34(2001), S. 261(266); M. Faber, NVwZ 2003, S. 159fff; Beljin/Micker, JuS 2003, S. 970(973); Grzeszick in: Erichsen/Ehlers (14.A.), § 45, Rn 126; Detterbeck/Windthorst/Sproll, § 13, Rn 52: nur hinsichtlich Tatsachenbehauptungen, sonst Unterlassung; dazu auch Heintzen, VerwArch. 81(1990), S. 532(535); nicht explizit als Folgenbeseitigungsanspruch, sondern als Erfüllung der beamtenrechtlichen Fürsorgepflicht BVerwG NJW 1996, S. 210(212).

durch einen Widerruf der Äußerung wird also nie vollkommen sein, stets teilweise unmöglich bleiben.

Deutlich wird dies auch daran, dass manche Autoren einen Folgenbeseitigungsanspruch bei ehrverletzenden Meinungsäußerungen ablehnen und dies damit begründen, dass die Folgenbeseitigung unmöglich sei, da der Widerruf nicht alle nachteiligen Folgen beseitigen könne[762]. Hier wird nur fälschlicherweise aus der teilweisen Unmöglichkeit gefolgert, dass der ganze Anspruch auszuschließen ist.

Im Ergebnis zeigt sich mithin, dass auch ein erfüllbarer Folgenbeseitigungsanspruch diesen verbleibenden Grundrechtsschaden und seine potentiellen finanziellen Folgen nicht beseitigen kann.

f) Zwischenergebnis

Durch die Einschränkungen bei Unmöglichkeit, Mitverschulden sowie bei Unzumutbarkeit wird somit eine Lücke in den negatorischen Schutz, der durch eine umfassende Wiederherstellungspflicht gewährt werden soll, gerissen. Doch auch unabhängig davon wäre Folgenbeseitigung nicht in allen Situationen ausreichend.

2) Verfassungsrechtliche Zulässigkeit der Beschränkungen

In einem weiteren Schritt ist daher zu untersuchen, ob diese Beschränkungen des Folgenbeseitigungsanspruchs ihrerseits Grundrechtseinschränkungen sind und ob sie möglicherweise verfassungsmäßig gerechtfertigt werden können. Dies kann aber nur gelten, wenn der Folgenbeseitigungsanspruch selbst als verfassungsrechtlich anzusehen ist und so zu behandeln ist wie das Grundrecht selbst. Falls dies zu bejahen ist und eine Rechtfertigung nicht gelingen sollte, stellt sich die Frage, ob und wie die Schutzlücke beseitigt werden kann.

a) Einschränkungen des Folgenbeseitigungsanspruchs als Grundrechtseingriff

(1) Verfassungsrang des Folgenbeseitigungsanspruchs

Um zu ermitteln, ob und wie der Folgenbeseitigungsanspruch eingeschränkt werden kann, muss daher zunächst einmal untersucht werden, ob er den Verfassungsrang seiner Rechtsgrundlage teilt, oder ob er eine lediglich einfachrechtliche Folge eines Verfassungsverstoßes ist.

---

762 T. Schneider, Folgenbeseitigung im Verwaltungsrecht, S. 147; Ossenbühl, S. 318; das von *Ossenbühl* zitierte Urteil VGH München, NVwZ 1986, S. 327 verneinte einen Widerrufsanspruch allerdings nicht wegen Unmöglichkeit, sondern weil es sich um Werturteil handele, es erfolgt kein expliziter Bezug auf eine Unmöglichkeit.

Die Einschränkung eines einfachgesetzlichen Anspruchs im Wege der richterlichen Rechtsfortbildung unterliegt hierbei geringeren Voraussetzungen als die eines Anspruchs von Verfassungsrang[763]. Es ist nämlich seinerseits ein Grundrechtseingriff, einen solchen Anspruch durch Rechtsfortbildung zu beschränken, wie dies beim Folgenbeseitigungsanspruch geschehen ist. Weiter stellt sich jedoch auch die Frage, ob die grundrechtliche Rechtfertigungslast auch für Eingriffe in grundrechtlich determinierte Ansprüche gilt, oder nur für solche in das grundrechtliche Schutzgut selbst: also ob eine Beschränkung des Folgenbeseitigungsanspruchs auch zugleich einen Eingriff im Sinne der Allgemeinen Grundrechtsdogmatik darstellt. Ob der Folgenbeseitigungsanspruchs ebenso wie das geschützte Grundrecht Verfassungsrang aufweist, ist aber keineswegs eindeutig und wird auch verschieden beurteilt. So wird explizit vertreten, der Folgenbeseitigungsanspruch befinde sich trotz seiner grundrechtlichen Determination auf einfach-rechtlicher Ebene[764].

(a) Vergleich mit anderen staathaftungsrechtlichen Ansprüchen

Zunächst kann es lohnenswert sein, andere Ansprüche zu untersuchen, die im Zusammenhang mit Grundrechtsverstößen stehen. Ein Beispiel könnte der Anspruch bei ausgleichspflichtigen Inhalts- und Schrankenbestimmungen sein.

Nach der Rechtsprechung des Bundesverfassungsgerichts nehmen grundrechtsbasierte Kompensationsansprüche im Bereich der Amtshaftung am Verfassungsrang des wiederherzustellenden Grundrechts teil[765]. Es stellte sich hiernach als weiterer Eingriff in das verletzte Grundrecht dar, diesen Kompensationsanspruch einzuschränken. Dies gilt dann erst recht für eine Einschränkung des Folgenbeseitigungsanspruchs, der noch deutlicher als der Amtshaftungsanspruch aus dem verletzten Grundrecht abgeleitet ist. Die Annahme eines Verfassungsrangs der Amtshaftung wird jedoch dadurch erleichtert, dass ihre Überleitungsvorschrift im Grundgesetz, nämlich in Art. 34 GG enthalten ist. Relativiert wird

763 BVerfG NJW 2006, S. 891ff – aus Art. 2 Abs. 2 GG ergibt sich ein Anspruch auf Vollversorgung im Gesundheitswesen, dessen Einschränkung einer besonderen Rechtfertigung bedarf; dazu auch Hillgruber, JZ 1996, S. 118(124ff).

764 Ebenso Papier, JuS 1985, S. 184(186); Wallerath, DÖV 1987, S. 505(513ff); Ossenbühl, S. 300; Hain, VerwArch. 2004, S. 498(506); ähnlich T. Schneider, Folgenbeseitigung im Verwaltungsrecht (1994), S. 80: Ausgestaltung auf der Ebene des einfachen Rechts; nur undeutlich BVerfGE 61, 149(203), wonach der Folgenbeseitigungsanspruch nicht in die Kompetenz des Bundesgesetzgebers fallen soll; aA A. Ehlers, Grundlagen und Leitprinzipien, S. 94.

765 BVerfG NJW 2003, S. 125(126).

dies wiederum dadurch, dass Art. 34 GG den Anspruch nicht begründet, sondern lediglich einen Schuldnerwechsel bewirkt. Dass dennoch ein Verfassungsrang bejaht wird, spricht dafür, dass auch der Folgenbeseitigungsanspruch von Verfassungsrang sein muss.

Anders beurteilt wird dies jedoch für den Anspruch aus enteignungsgleichem Eingriff, der das Eigentumsgrundrecht schützt. Auch dieser kompensiert Grundrechtsverletzungen, nämlich solche von Art. 14 GG. Ihn sieht das Bundesverfassungsgericht als einfachgesetzliche richterrechtliche Figur an[766]. Dem ist auch deswegen zuzustimmen, weil der Anspruch aus enteignungsgleichem Eingriff seit dem Nassauskiesungs-Beschluss des Bundesverfassungsgerichts nicht mehr unmittelbar aus dem Eigentumsgrundrecht abgeleitet wird, sondern aus dem allgemeinen Rechtsgedanken der Aufopferung[767]. Allein aufgrund dieser Ableitung aus einem einfachgesetzlichen Prinzip kann der daraus entstehende Anspruch keinen Verfassungsrang aufweisen.

Gleiches gilt für den Ausgleichsanspruch im Rahmen der ausgleichspflichtigen Inhalts- und Schrankenbestimmung. Der Kompensationsanspruch ergibt sich zwar aus Art. 14 Abs. 1 S. 2 GG, da er dazu dient, einen Eigentumseingriff auszugleichen. Er entsteht aber nicht unmittelbar aus dem Grundrecht. Vielmehr gebietet dieses nur, dass der Gesetzgeber eine solche Ausgleichspflicht einrichtet. Damit ergibt nicht der Ausgleichsanspruch selbst aus der Verfassung, sondern nur seine Erforderlichkeit. Der Ausgleich selbst existiert ohne gesetzgeberisches Handeln nicht. Dass er dann selbst trotz seiner verfassungsrechtlichen Ableitung keinen Verfassungsrang besitzt, ist folgerichtig. Aufgrund der Vermittlung durch den „einfachen" Gesetzgeber ist der Anspruch nicht mehr verfassungsunmittelbar[768].

Der Blick auf die anderen staatshaftungsrechtlichen Institute zeigt also hinsichtlich ihres Verfassungsrangs ein deutlich heterogenes Bild. Der Amtshaftungsanspruch wird als verfassungsrechtlich angesehen, der Anspruch aus enteignungsgleichem Eingriff sowie der aus ausgleichspflichtiger Inhaltsbestimmung befinden sich hingegen auf der Ebene des einfachen Rechts. Der

---

766 BVerfG NJW 1992, S. 36(37); ebenso BVerwG DVBl. 1984, S. 391(394); Schenke, JuS 1990, S. 370(376); Schenke/Guttenberg, DÖV 1991, S. 945(953); Treffer, S. 79; Jarass/Pieroth, Art. 14 GG, Rn 56f; differenzierend Ossenbühl, S. 130f, der die Grundlage in Art. 3 GG sieht, die Tatbestandsvoraussetzungen und Rechtsfolgen jedoch als auf der Ebene des einfachen Rechts liegend.

767 Dazu Ossenbühl, S. 130; Maurer, Verwaltungsrecht, § 27, Rn 36.

768 BVerwGE 94, 1(8); dazu Ossenbühl, S. 187; Brüning, JuS 2003, S. 2(5): richterrechtliche Ausformung des allgemeinen Aufopferungsgedanken, daher im Rang eines Rechtsinstituts des einfachen Rechts.

Folgenbeseitigungsanspruch kann daher nicht schon deswegen als Anspruch mit Verfassungsrang angesehen werden, weil er ein staatshaftungsrechtliches Institut ist. Für den Anspruch aus enteignungsgleichem Eingriff wird der Verfassungsrang deswegen verneint, weil er als gewohnheitsrechtlicher Anspruch in Weiterführung einer nicht mehr existierenden einfachgesetzlichen Norm angesehen wird. Der Anspruch bei einer ausgleichspflichtigen Inhaltsbestimmung hingegen ist seinem Inhalt nach einfachgesetzlich, nicht aber, was seine Ableitung betrifft: Diese ist verfassungsrechtlich, weist aber die Bestimmung des Inhalts vollständig dem Gesetzgeber zu, der mit dem Eingriffsgesetz zugleich den Ausgleich regeln soll.

Die Frage, ob der Folgenbeseitigungsanspruch von Verfassungsrang ist, kann daher nur anhand seiner Ableitung sowie seines Inhalts bestimmt werden.

(b) Verfassungsrang anhand von Inhalt und Ableitung

Zunächst könnte es aufgrund des leistenden Inhalts des Folgenbeseitigungsanspruchs problematisch sein, ihm Verfassungsrang zuzuweisen. Denn es wird, wie oben dargestellt, eingewandt, dass Leistungsansprüche nur im Rahmen des Möglichen gewährt werden könnten, weshalb sie auch keinen Verfassungsrang aufweisen[769]. Dies ist allerdings ein Argument, das gegen verfassungsrechtliche Leistungsrechte an sich zielt. Wie dargestellt, teilt der Folgenbeseitigungsanspruch ihre Probleme jedoch gerade nicht[770].

Als Argument für einen einfachgesetzlichen Rang wird weiter angeführt, nur das Bundesverfassungsgericht sei befugt, Rechtsfortbildungen mit Verfassungsrang vorzunehmen[771]. Dieser Einwand geht aber bereits deshalb ins Leere, weil es sich beim Folgenbeseitigungsanspruch nicht um eine Rechtsfortbildung in diesem Sinne handelt, sondern um einen interpretatorisch hergeleiteten Anspruch. Es bedarf nicht mehr der Lückenfüllung im Wege der Analogie oder weiteren richterlichen Rechtsfortbildung. Zwar wird auch die rein präzisierende, also auslegende Tätigkeit bisweilen als Rechtsfortbildung angesehen[772]. Dies kann jedoch für eine Auslegung des Grundgesetzes gerade nicht gelten: würde jede Auslegung als Verfassungsfortbildung angesehen und damit gleichzeitig allein

769 Martens, VVDStRL 30(1972), S. 7(31); v. Münch in: v. Münch/Kunig, Vorbem. Art. 1–19 GG, Rn 20.

770 S. oben D II) 2) c).

771 Ipsen, Verwaltungsrecht, Rn 1340.

772 Zippelius S. 78f. Anders inzident Rüthers/Fischer/Birk, Rechtstheorie, Rn 878: Befugnis zur Rechtsfortbildung und damit auch zur Lückenfüllung; sowie Hillgruber, JZ 1996, S. 118(119).

dem Bundesverfassungsgericht zugewiesen, müsste dies stets dem Bundesverfassungsgericht vorgelegt werden. Das Grundgesetz könnte in bislang noch nicht entschiedenen Fällen von den einfachen Gerichten nicht mehr ausgelegt werden, was zu einer Flut von abstrakten Normenkontrollverfahren führen könnte. Damit besteht einmal die Gefahr, dass das Bundesverfassungsgericht organisatorisch überfordert werden könnte, andererseits könnte das Grundgesetz insbesondere an Funktion einbüßen. Daher ist der Folgenbeseitigungsanspruch nicht als „Rechtsfortbildung“[773], sondern als Anspruch anzusehen, der im Wege der Auslegung gewonnen wurde. Die alleinige Verfassungsfortbildungskompetenz des Bundesverfassungsgerichts steht ihm also nicht entgegen.

Für einen Verfassungsrang des Folgenbeseitigungsanspruchs spricht aber insbesondere seine grundrechtliche Ableitung. Betrachtet man den Zweck der negatorischen Ansprüche, insbesondere des Folgenbeseitigungsanspruchs, so verwirklichen diese ebenso wie die grundrechtlichen Schutzgüter selbst die Freiheitsverteilung nach dem Verteilungsprinzip. Sie sind insofern die Rechtsfortsetzung des Rechtsguts selbst in anderer Form, und sind daher ebenso mit Verfassungsrang gewährleistet[774]. Eine Beschränkung des negatorischen Anspruchs trifft damit mittelbar das grundrechtliche Schutzgut ebenso wie eine Beschränkung des Schutzguts selbst. Aus diesem Grund müssen negatorische Ansprüche hinsichtlich ihrer Einschränkung derselben Rechtfertigungslast unterliegen wie die Einschränkung des Schutzguts selbst[775].

Zudem kann es auch relevant werden, dass der Folgenbeseitigungsanspruch, wie oben dargestellt, gleichrangig und komplementär zum grundrechtlichen Unterlassungsanspruch ist[776]. Am Verfassungsrang des Unterlassungsanspruchs wird nämlich kaum gezweifelt, wobei dies auch daran liegen kann, dass dies in einem anderen Kontext behandelt wird. Sein Verfassungsrang ergibt sich nicht zuletzt auch daraus, dass die Verfassungsbeschwerde einen grundrechtswidrigen Eingriff rügt und damit letztlich ein Unterlassungsanspruch geltend gemacht wird. Dass der Unterlassungsanspruch mit einem verfassungsprozessualen Rechtsbehelf geltend gemacht werden kann, spricht dafür, dass er nach der Systematik des Grundgesetzes kein einfachgesetzlicher Anspruch ist, sondern selbst

---

773 Dies kommt auch zum Ausdruck bei Grzeszick, S. 393ff, der zwischen richterrechtlichen Ansprüchen und den grundrechtlichen negatorischen Ansprüchen trennt.

774 Ebenso Schenke, JuS 1990, S. 370(372); Sachs, HGR II, § 39, Rn 42.

775 M. Redeker, DÖV 1987, S. 194(197); Mayen, Der grundrechtliche Informationsanspruch, S. 70; Grzeszick S. 263, 264.

776 S. dazu oben D I) 2) (4) (e) und D I) 4). Ebenso Soergel/Klein, Anh. § 839 BGB, Rn 226.

Verfassungsrang aufweist. Wenn dies für den Beseitigungsanspruch nicht so eindeutig hervortritt, kann dies neben der Tatsache, dass er dogmatisch umstritten ist, auch darauf zurückgeführt werden, dass er mit den verfassungsprozessualen Klagearten nicht durchsetzbar ist. Diese sind überwiegend auf Kassation gerichtet und erfassen andere Wirkungen kaum[777]. Nicht zuletzt soll auch der Anspruch auf Aufhebung eines grundrechtswidrigen Verwaltungsakts verfassungsrechtlicher Natur sein. Infolgedessen werden Einschränkungen der dieses Anspruchs, beispielsweise bei nur formellen Fehlern, als rechtfertigungsbedürftige Grundrechtseingriffe angesehen[778]. Bilden jedoch Unterlassungs- und Beseitigungsanspruch einen einheitlichen grundrechtlichen Abwehranspruch, kann nicht für den einen Bestandteil ohne Argumente der Verfassungsrang bejaht werden, während er für den anderen verneint wird. Dies untermauert das gefundene Ergebnis noch weiter.

Im Ergebnis kann damit der Folgenbeseitigungsanspruch als Grundrechtsbestandteil angesehen werden, der selbst am Verfassungsrang teilnimmt.

(2) Die einschränkenden Fallgruppen als Grundrechtseingriffe

Damit stellt auch jede der oben dargestellten Einschränkungen des Folgenbeseitigungsanspruchs dem Grunde nach einen Grundrechtseingriff dar, sei es dass seine Umfang beschränkt wird oder er in bestimmten Situationen ausgeschlossen ist. Es handelt sich hierbei nämlich um eine jeweils finale und unmittelbare Beschränkung derjenigen Verletzungsreaktion, die die Freiheit wiederherstellen soll. Die Beschränkung erfolgt entweder durch den Gesetzgeber selbst (hinsichtlich des Ausschlusses bei Bestandskraft und nur formeller Rechtswidrigkeit) oder durch die Judikative (hinsichtlich Unmöglichkeit, Unzumutbarkeit und Mitverschulden).

Diese Einschränkungen müssen jedoch hinsichtlich ihrer Eingriffsqualität unterschieden werden.

Insbesondere wenn der Folgenbeseitigungsanspruch im Falle der tatsächlichen Unmöglichkeit nicht gewährt wird, liegt dies in der Natur der Sache des Anspruchs auf tatsächliche Wiederherstellung begründet. Hier werden Verwaltung, Gesetzgeber oder Rechtsprechung nicht erneut tätig. Der Wegfall des Anspruchs beruht nicht auf einer staatlichen Handlung, sondern liegt im Folgenbeseitigungsanspruch selbst begründet. Hier kann der Untergang des Anspruchs kein

777 Sachs, HGR II, § 39, Rn 9.

778 Grzeszick, S. 373f; inzident Kopp/Ramsauer, § 46 VwVfG, Rn 4f, 37.

erneuter Grundrechtseingriff sein[779]. Dennoch verbleibt eine Lücke im umfassenden negatorischen Rechtsschutz. Vergleichbar sind die Fälle, in denen – wie in den Widerrufsfällen – die Folgenbeseitigung nicht ausreichend ist.

Anderes gilt allerdings, wenn die Folgenbeseitigung durch eine Handlung des Staates unmöglich geworden ist. Dies betrifft beispielsweise die Fälle der rechtlichen Unmöglichkeit bei drei Beteiligten, wenn aufgrund gesetzgeberischer Defizite eine Rechtsgrundlage dafür fehlt, gegenüber dem Dritten tätig zu werden. Aber auch tatsächliche Unmöglichkeit kann durch den Staat verursacht worden sein. Hier kann trotz der grundsätzlichen Immanenz der Unmöglichkeit im Einzelfall ein Eingriff vorliegen.

Anders ist dies jedoch im Falle der Unzumutbarkeit und des Mitverschuldens zu beurteilen: Der Folgenbeseitigungsanspruch wäre erfüllbar, wird aber aufgrund einer staatlichen Entscheidung, nämlich der Rechtsprechung, nicht erfüllt. Damit liegt aufgrund der Beschränkung eines negatorischen Anspruchs von Verfassungsrang ein eigenständiger Grundrechtseingriff vor[780]. Dasselbe gilt für die Beschränkungen bei bestandskräftigen oder lediglich formell rechtswidrigen Verwaltungsakten[781].

(3) Zwischenergebnis

Die Einschränkungen des Folgenbeseitigungsanspruchs stellen damit auch Grundrechtseingriffe dar. Zugleich ist es dann jedoch möglich, dass sie verfassungsrechtlich gerechtfertigt werden können.

b) Rechtfertigbarkeit der Beschränkungen des Folgenbeseitigungsanspruchs

Wenn der Folgenbeseitigungsanspruch Teil der negatorischen Grundrechte ist, ist er nur unter den Umständen einschränkbar, unter denen auch das primäre

779 Ebenso Grzeszick, S. 372: es sei denn, die Unmöglichkeit ist auf staatliches Verhalten zurückzuführen.

780 BVerfG NJW 2003, S. 125(125); skeptisch, aber im Ergebnis ebenso M. Redeker, DÖV 1987, S. 194(198); Stern, Staatsrecht III/2, § 78, S. 223; für die Amtshaftung Unterreitmeier, DVBl. 2005, S. 1235(1237); Grzeszick, HGR III, § 75, Rn 110.

781 Grundsätzlich Grzeszick, S. 372; daher wird auch bisweilen von einer Verfassungswidrigkeit des § 46 VwVfG ausgegangen, bei Krebs, DVBl. 1984, S. 109(114ff); Schenke, DÖV 1986, S. 305(313f, 321); Knack/Meyer, § 46 VwVfG, Rn 11: verfassungskonforme Auslegung erforderlich; skeptisch, aber im Ergebnis keinen Eingriff sehen Stelkens/Bonk/Sachs § 46 VwVfG, Rn 4,5ff; Kopp/Ramsauer, § 46 VwVfG, Rn 4f, 37.

grundrechtliche Schutzgut beschränkbar wäre[782]. Demgemäß müssen die Gründe dafür, den Folgenbeseitigungsanspruch auszuschließen, gewichtig genug sein, um einen Eingriff zu rechtfertigen.

Dabei dürfen bei der Einschränkung des Folgenbeseitigungsanspruchs nur solche Gesichtspunkte berücksichtigt werden, die noch nicht bei der tatbestandlichen Abwägung zum Zuge kommen konnten. Desweiteren dürfen nur solche Interessen berücksichtigt und in die Abwägung eingestellt werden, die sich auf die Rechtsfolgen beziehen, also auf die geschuldete Wiederherstellung[783].

(1) Notwendigkeit eines Gesetzes aufgrund des Prinzips des Gesetzesvorbehalts

Wenn die Einschränkung des Folgenbeseitigungsanspruchs einen Eingriff darstellt, muss nach dem Prinzip des Gesetzesvorbehalts hierfür eine gesetzliche Rechtsgrundlage vorliegen[784]. Daher bedarf gerade nicht der Folgenbeseitigungsanspruch einer gesetzlichen Grundlage, sondern vielmehr seine Einschränkung[785]. Die wesentlichen Beschränkungen des Folgenbeseitigungsanspruchs erfolgen hingegen durch gerichtliche Entscheidungen, also Akte der Judikative. Dies spricht dafür, dass sie im Ergebnis nicht gerechtfertigt werden können.

Dem könnte jedoch die Praxis des Bundesverfassungsgerichts zur Unvereinbarkeitserklärung von Normen entgegenstehen. Hiernach wird eine verfassungswidrige Norm ausnahmsweise nicht für nichtig, sondern nur für mit der Verfassung unvereinbar erklärt, wenn dies aus Gründen der Rechtssicherheit oder Gleichbe-

782 M. Redeker, DÖV 1987, S. 194(199).

783 So auch M. Redeker, DÖV 1987, S. 194(199).

784 So auch Grzeszick S. 263, 264: „In der Konsequenz der verfassungsrechtlichen Strukturen ist die Umkehrung der traditionellen, privatrechtsähnlichen Sichtweise begründet: Der Staat soll für Verletzungen der Grundrechte umfassend haften. Einschränkungen dieser Haftung müssen aus anderen Rechtssätzen begründet werden.“; M. Redeker, DÖV 1987, S. 194(198f) geht daher auch davon aus, dass die staatshaftungsrechtlichen Ansprüche als Einschränkungen die „verfassungsmäßige Ordnung“ konkretisieren; Schenke, JuS 1990, S. 370(373) für die Berücksichtigung des Mitverschuldens.

785 So für die Einschränkung wegen Mitverschuldens Schoch, VerwArch. 79(1988), S. 1(54); Schenke, JuS 1990, S. 370(373); Grzeszick, S. 401; ebenso für die Unzumutbarkeit sowie weitere Fallgruppen des Rechtsmissbrauchs sowie unter Rückgriff auf das Zivilrecht Grzeszick, S. 390, 391. Ein Gesetz allerdings nicht als Eingriff, sondern als „Ausgestaltung“ ansehend, aber dennoch inzident ungesetzliche Einschränkungen als rechtfertigungsbedürftig ansehend Jarass, AöR 120(1995), S. 345(375).

handlung erforderlich sei[786]. Nach dieser Rechtsprechung wird eine Verletzungsreaktion (Nichtigkeit) beschränkt, ohne dass dies explizit durch ein Gesetz vorgesehen ist. Grundlage der einschränkenden Rechtsprechung ist, dass sie durch eine Abwägung mit kollidierenden Verfassungsprinzipien gerechtfertigt sei. Es wird zwar seinerseits als Ausdruck einer negatorischen Beseitigungspflicht angesehen, dass der Gesetzgeber die unvereinbare Norm anpassen muss[787]. Andererseits ändert auch dies nichts daran, dass hier zunächst – entgegen dem Nichtigkeitsdogma – grundrechtswidrige Folgen akzeptiert werden.

Übertragen auf den Folgenbeseitigungsanspruch könnte dies bedeuten, dass auch die Einschränkungen der Folgenbeseitigung allein durch kollidierende Verfassungsprinzipien gerechtfertigt werden könnten, ohne gesetzgeberisches Handeln.

Ähnlich argumentiert eine gegenwärtig vertretene Auffassung zur Schutzbereichsdogmatik. Sie erlaubt es in verstärktem Maße, bereits den Schutzbereich der Grundrechte allein aufgrund kollidierender Verfassungsprinzipien zu begrenzen und sieht in dieser Begrenzung keinen Eingriff mehr[788]. Könnte diese Dogmatik auf den Folgenbeseitigungsanspruch übertragen werden, wäre er auch ohne weitere gesetzliche Grundlage allein durch kollidierende verfassungsrechtliche Prinzipien beschränkbar. Unabhängig von der Frage, ob dieser Auffassung zugestimmt werden kann, bezieht sie sich aber im Wesentlichen nur auf die Bestimmung des Schutzbereichs, wohingegen hier die Verletzungsreaktion betroffen ist.

Zudem ist auch die Rechtsprechung des Bundesverfassungsgerichts hinsichtlich der Nichtigerklärung nicht unumstritten; so werden grundsätzliche Zweifel an der Zulässigkeit einer bloßen Unvereinbarerklärung geäußert[789]. Desweiteren ist zu unterscheiden zwischen der Verfassungswidrigkeit einer abstrakt-generellen Norm und der Rechtswidrigkeit eines individuell-konkreten Eingriffs, wie er dem Folgenbeseitigungsanspruch zugrunde liegt. Eine abstrakt-generelle Norm wie ein Gesetz hat eine größere und breitere Wirkung als eine Individualmaßnahme. Hier

786 BVerfGE 61, 319(356f); 72, 330(421) – verbleibende Regelungen wären nur noch ein Torso; 81, 242(263); 87, 114(136); 93, 37(84); 93, 121(148); 101, 397(409); 103, 1(19) – Anpasszeit notwendig; 114, 1(70) – mehrere Möglichkeiten, den Verfassungsverstoß zu beseitigen; dazu Burghart, NVwZ 1998, S. 1262(1264f); Jarass/Pieroth, Art. 20 GG, Rn 35.

787 Stern, Staatsrecht III/1, § 66, S. 677.

788 S. dazu Böckenförde, Der Staat 42(2003), S. 165(176ff, insbes. 178); Lenz/Leydecker, DÖV 2005, S. 841(844).

789 Burghart, NVwZ 1998, S. 1262(1265).

ist die Einschränkung der Verletzungsreaktion aufgrund kollidierenden Verfassungsrechts eher vertretbar, da eine Vielzahl möglicher Kollisionen berücksichtigt werden muss. Bei der Einschränkung des Folgenbeseitigungsanspruchs bezöge sich die Kollision jedoch nur auf ein einzelnes Rechtsverhältnis; der Eingriff in die Individualsphäre eines einzelnen Bürgers ist näher und intensiver.

Es bleibt also trotz der abweichenden Praxis des Bundesverfassungsgerichts hinsichtlich der Nichtigkeit von Gesetzen bei dem Grundsatz, dass die Beschränkung des Folgenbeseitigungsanspruchs nur aufgrund eines Gesetzes möglich wäre.

Hinsichtlich der Einschränkungen bei Bestandskraft des zugrunde liegenden Eingriffsverwaltungsakts sowie bei nur formellen Fehlern existiert jeweils ein solches Gesetz. Problematisch könnte hier sein, dass dieses zunächst nur den zugrundeliegenden Verwaltungsakt und nicht explizit den Folgenbeseitigungsanspruch betrifft. Die Normen können jedoch teleologisch so ausgelegt werden können, dass sie auch die Einschränkung des Folgenbeseitigungsanspruchs erfassen. Daher genügen sie für auch unter dem Gesichtspunkt des Gesetzesvorbehalts[790].

Wenn damit die Auslegung einer Norm ausreichend ist, könnte auch für die Einschränkung aufgrund des Mitverschuldens eine Analogie zu § 254 BGB genügen. Hier wird jedoch zu Recht bezweifelt, ob die Voraussetzungen des Analogieschluss überhaupt vorliegen[791]. Zudem ist die Analogie als eine Form richterlicher Rechtsfortbildung von der Auslegung zu unterscheiden. So sind auch im Bereich des Strafrechts aufgrund des Prinzips „nulla poena sine lege" Analogien zulasten des Täters verboten[792], Auslegungen jedoch zulässig. Auch für den Vorbehalt des Gesetzes wäre eine Analogie nicht ausreichend[793]. Daher wird teilweise vertreten, dass auch im öffentlichen Recht im Bereich der belastenden Verwaltung ein Analogieverbot besteht[794]. Damit fehlt es für die Berücksichtigung des Mitverschuldens an einer gesetzlichen Grundlage.

790 Auch im Bereich des Strafrechts ist eine Auslegung einer Strafnorm zulasten des Täters zulässig, s. dazu Lackner/Kühl, § 1 StGB, Rn 5.

791 Schenke, JuS 1990, S. 370(373).

792 Lackner/Kühl, § 1 StGB, Rn 5; Schönke/Schröder/Eser, § 1 StGB, § 1 Rn 25f; Rüthers/Fischer/Birk, Rechtstheorie, Rn 823a.

793 Zur Rechtsnormqualität von Richterrecht auch Rüthers/Fischer/Birk, Rechtstheorie, Rn 236.

794 Zum Meinungsstand mit einem eigenen Beitrag Beaucamp, AöR 134(2009), S. 83(86ff) mwN in Fn 45 sowie in Fn 41, 42, 43 und 44 für die Gegenansicht.

Somit sind die Einschränkungen aufgrund der Unzumutbarkeit sowie des Mitverschuldens als verfassungswidrige Eingriffe zu werten, da sie dem Prinzip des Vorbehalts des Gesetzes widersprechen.

(2) Materielle Verfassungswidrigkeit der Einschränkungen

Neben diesem formellen Einwand könnten die Beschränkungen auch materiell grundrechtswidrig sein.

Für die Zumutbarkeit liegt dies aufgrund der Begründung durch das Verhältnismäßigkeitsprinzip bereits auf der Hand: Die Verhältnismäßigkeit als grundrechtliche „Schranken-Schranke“ ist eine rechtsstaatliche Grenze zugunsten des Bürgers. Bei der Anwendung für eine Beschränkung des Folgenbeseitigungsanspruchs würde dieses Prinzip jedoch in sein Gegenteil verkehrt. Vielmehr wäre gerade die Beschränkung eines grundrechtlichen Anspruchs aus zumeist fiskalischen Gründen unverhältnismäßig. Denn die Kostentragungspflicht des Staates geht allein auf dessen rechtswidriges Handeln zurück. Es würde dem Schutzcharakter der Grundrechte diametral widersprechen, hier das Kostenrisiko auf den Bürger überzuwälzen.

Die Berücksichtigung der Mitverursachung beruht hingegen auf dem Gedanken, dass rechtsmissbräuchlich handelt, wer trotz eines eigenen Verursachungsanteils die Folgen vollständig einen Anderen tragen lässt. Es kann jedoch dahinstehen, ob dieser Gedanke mit der grundrechtlichen Ableitung vereinbar ist, da jedenfalls seine praktische Realisierung unverhältnismäßig ist. Der Folgenbeseitigungsanspruch würde aufgrund seiner Unteilbarkeit vollständig entfallen. Es wäre unangemessen, ihn aufgrund nur anteiliger Verursachung vollständig auszuschließen, jedenfalls dann, wenn er nicht durch einen Geldersatzanspruch ergänzt wird. Auch die Berücksichtigung der Mitverursachung stellt daher einen weiteren nicht gerechtfertigten Eingriff in das jeweils verletzte Grundrecht dar. Hierdurch ergibt sich eine Lücke im Grundrechtsschutz.

(3) Rechtfertigung der Eingriffe durch das VwVfG

Doch auch die Einschränkungen durch §§ 46, 43 VwVfG müssen, obwohl sie durch ein Gesetz gedeckt sind, materiell rechtfertigbar sein. Insbesondere müsste hierbei der mit der Einschränkung verfolgte Zweck verhältnismäßig sein.

Der Zweck des § 46 VwVfG, der die Anfechtbarkeit bei nur formellen Verstößen einschränkt, ist dabei vor allem Verfahrensökonomie: es soll verhindert werden, dass ein Verwaltungsverfahren allein aus formellen Gründen erneut durchgeführt werden muss, wenn das Ergebnis dasselbe bliebe[795]. Der Verwaltungsakt ist nicht

795 BVerwGE 61, 45(49f); 90, 25(33); Stelkens/Bonk/Sachs, § 46 VwVfG, Rn 1; Maurer, Verwaltungsrecht, § 10 Rn 42.

materiell grundrechtswidrig, die Grundrechtsverletzung könnte daher nur über Art. 2 Abs. 1 GG begründet werden. Anders wäre dies nur dann zu beurteilen, wenn gegen solche Verfahrensvorschriften verstoßen wird, die der objektivrechtlichen Komponente des Grundrechtsschutzes zuzuordnen sind. Im Regelfall liegt jedoch kein materieller, sondern allein ein formeller Grundrechtsverstoß vor. Durch den Ausschluss der Anfechtung wird damit das Grundrecht selbst nicht berührt. Daher genügen Gründe der Verfahrensökonomie als einfaches Gemeinwohlziel für die Rechtfertigung. Und da die Anfechtbarkeit nur ausgeschlossen wird, wenn das Ergebnis zweifelsfrei[796] nicht durch den Verfahrensfehler beeinflusst wurde, bleibt der Grundrechtseingriff so gering, dass er im Ergebnis verhältnismäßig ist. Die Beschränkung des Folgenbeseitigungsanspruchs durch § 46 VwVfG ist damit auch materiell verfassungsrechtlich gerechtfertigt[797].

Zweck des Ausschlusses der Folgenbeseitigung bei Bestandskraft des zugrunde liegenden Verwaltungsakts ist, wie bei der Regelung der Bestandskraft selbst, die Gewährung von Rechtssicherheit[798]. Die Abwägung im Einzelnen wird dem Gesetzgeber zugewiesen. Hier beruht die Einschränkung des Folgenbeseitigungsanspruchs mit dem Rechtsstaatsprinzip sogar auf einem Rechtsgut mit Verfassungsrang. Der Bürger hat zudem durch die rechtzeitige Anfechtung die Möglichkeit, den Ausschluss des Sekundärrechtsschutzes abzuwenden. Daher kann die Beschränkung der Grundrechte auch hier als verfassungsrechtlich gerechtfertigt angesehen werden. Hieraus ergibt sich zugleich, in welchen Fällen eine Beschränkung des Folgenbeseitigungsanspruchs trotz Bestandskraft des Verwaltungsakts verfassungswidrig wäre: nämlich dann, wenn dem Bürger nicht vorzuwerfen ist, dass er die Anfechtung des Verwaltungsakts versäumt hat[799].

III) Zwischenergebnis: Lückenhaftigkeit des Grundrechtsschutzes

Im Ergebnis bleibt durch die soeben dargestellten Einschränkungen des Folgenbeseitigungsanspruchs eine Lücke im gebotenen Grundrechtsschutz zurück.

---

796 Grzeszick, S. 374; Denninger, HStR IX, § 193, Rn. 39: Prüfung, ob in der Sache keine andere Entscheidung hätte getroffen werden können, muss entsprechend streng ausfallen.

797 So im Ergebnis auch Grzeszick, S. 374; Denninger, HStR IX, § 193, Rn 39; inzident Roßnagel, JuS 1994, S. 927(931).

798 BVerfGE 60, 253(270); Grzeszick, S. 376: Sicherung der Klarstellungs- und Stabilisierungsfunktion des Verwaltungsakts; Stelkens/Bonk/Sachs, § 43 VwVfG, Rn 3, 9ff; Schmidt-Aßmann HStR II (3.A.), § 26, Rn 83; Sachs/Sachs, Art. 20 GG, Rn 140.

799 Ähnlich Grzeszick, S. 376: Kein Verletzungsersatzanspruch, wenn Eingriff in zumutbarer Weise hätte abgewehrt werden können.

Die Einschränkung des Folgenbeseitigungsanspruchs bei Unmöglichkeit stellt zwar keinen erneuten Eingriff in die jeweils betroffenen Grundrechte dar, da hier keine weitere staatliche Belastung der Rechtssphäre des Bürgers erfolgt. Dennoch ist hierdurch der negatorische Schutz der Grundrechte, der durch Unterlassungsanspruch sowie Folgenbeseitigungsanspruch besteht, lückenhaft, wo er doch umfassend sein sollte.

Noch stärker tritt diese Lücke im Grundrechtsschutz in den Fallgruppen des Mitverschuldens sowie der Unzumutbarkeit hervor. Diese stellen unzulässige Einschränkungen des Grundrechtsschutzes dar, da sie einmal nicht auf gesetzlicher Grundlage erfolgen, und zudem auch sachlich unbegründet sind.

Es zeigt sich also, dass – selbst wenn man annähme, dass die Einschränkungen durch die Unzumutbarkeit und das Mitverschulden zulässig sind – der Folgenbeseitigungsanspruch allein neben dem Unterlassungsanspruch nicht ausreichend ist, um einen vollumfänglichen, lückenlosen negatorischen Schutz zu gewährleisten. Auch soweit eine tatsächliche Wiederherstellung unmöglich ist und dies keinen eigenen Grundrechtseingriff darstellt, dürften diese Folgen verfassungsrechtlich nicht existieren. Der Grundrechtsschutz wäre unvollkommen, wenn der Bürger in den Fällen, in denen eine Beseitigung unmöglich ist, rechtlos gestellt wäre[800]. Die Rechtsverwirklichung hinge letztlich von dem zufälligen Umstand ab, ob die Folgenbeseitigung möglich ist[801]. Der Grundrechtsverpflichtete könnte geradezu dazu veranlasst werden, eher einen irreparablen als einen reparablen Zustand herbeizuführen, um sich seiner Grundrechtsbindungen zu entledigen[802].

Dies gilt obwohl die Zulässigkeit mancher Einschränkungen umstritten ist. Denn allein der unbestrittene Ausschluss bei tatsächlicher Unmöglichkeit genügt, um eine Schutzlücke zu bejahen.

IV) Ausfüllung der Lücke durch bestehende staatshaftungsrechtliche Ansprüche

Bevor jedoch die Notwendigkeit eines ergänzenden negatorischen Geldersatzanspruchs bejaht werden kann, müssen die bereits bestehenden staatshaftungsrechtlichen Institute untersucht werden. Könnten diese die Defizite im negatorischen

800 Schatzschneider, NVwZ 1995, S. 1196; T. Schneider, Folgenbeseitigung im Verwaltungsrecht, S. 194; Unterreitmeier, DVBl. 2005, S. 1235(1238); generell deswegen für einen Wiederherstellungsanspruch Schoch, VerwArch. 79(1988), S. 1(13).

801 Unterreitmeier, DVBl. 2005, S. 1235(1238); ähnlich Weyreuther, Gutachten B, S. 148 und Röder, S. 283.

802 Unterreitmeier, DVBl. 2005, S. 1235(1238). Röder S. 159 mit diesem Argument direkt für einen Geldersatzanspruch aus der negatorischen Funktion.

Grundrechtsschutz ausfüllen, wäre der Grundrechtsschutz gar nicht unvollständig und es bedürfte keiner Fortentwicklung des Folgenbeseitigungsanspruchs mehr[803].

Gerade dies wird nämlich gegen einen Folgenersatzanspruch vorgebracht: dass insbesondere die Existenz der Amtshaftung, aber auch anderer staatshaftungsrechtlicher Ansprüche, eine Sperre zulasten des Folgenersatzanspruchs errichte[804]. Dieser sei daher gar nicht nicht notwendig[805]. Zudem würde dies die Unterschiede zu anderen Instituten des Staatshaftungsrechts verwischen[806] oder zum „Sprengkörper" im System des Staatshaftungsrechts werden[807]. Bisweilen wird daraus auch

803 Ebenso VG Dessau v. 09.12.2004, Az. 2 A 208/03; Bender, Rn 181; Külpmann, Enteignende Eingriffe, S. 257; J.P. Schneider, S. 178; Röder, S. 279; Kopp/Schenke, § 113 VwGO, Rn 89; ähnlich Steinberg/Lubberger, Aufopferung – Enteignung und Staatshaftung, S. 387; für das Eigentum Haack, DVBl. 2010, S. 1475(1475).

804 Bettermann DÖV 1955, S. 528(531); Dürig, JZ 1955 S, 521(523); Schmitt-Kammler, JuS 1995, S. 473(480); diese Erwägung erwähnt im Rahmen des enteignungsgleichen Eingriffs Brüning, JuS 2003, S. 2(5), allerdings sieht er auf S. 3 für den Folgenersatzanspruch ein Konkurrenzverhältnis; Pietzko, S. 552f, allerdings widersprüchlich zur Aussage auf S. 458f hinsichtlich des Anspruchsumfangs des Folgenbeseitigungsanspruchs, der dann zu diesen Ansprüchen im Wege der Konkurrenzen abzugrenzen sei. Insoweit apodiktisch Kutschera, Bestandsschutz, S.103 und Klement, DV 37(2004), S. 73(76).

805 OVG Münster NVwZ 1994, 795(796); VG Dessau v. 09.12.2004, Az. 2 A 208/03; J.P. Schneider, S. 178; Kopp/Schenke, § 113 VwGO, Rn 89; ähnlich Dürig JZ 1955, S. 521(523): „Solange aber die Staatshaftungsnormen in ihrer gegenwärtigen Gestalt *geltendes Recht* sind, sind sie in ihrer strengen und engen Ersatzregelung das stärkste Argument gegen Versuche, durch Aufstellung einer generellen Entschädigungspflicht für schuldlos-rechtswidrige Eingriffe und Zufallsgefahrenlagen unseren Staat in eine große Versicherungsanstalt umzudeuten."

806 VGH München DÖV 2001, S. 1052(1053): wegen der Rechtswegtrennung problematische Überlagerung; Schenke, JuS 1990, S. 370(376); Pietzko, S. 553; ähnlich Heidenhain, JZ 1968, S. 487(493).

807 Schenke, JuS 1990, S. 370(371); ebenso Haack, DVBl. 2010, S. 1475(1476); der Gedanke, dass ein neuer Anspruch im Gefüge der bisherig bestehenden Ansprüche des Staatshaftungsrechts zu einer „Sprengung" des „Systems" führen könnte, ist aber keinesfalls neu und kann ebenfalls nicht auf einen Folgenersatzanspruch begrenzt bleiben. So stand auch der Anspruch aus enteignungsgleichem Eingriff noch in den 1950er Jahren diesen Bedenken ausgesetzt, wie eine Aussage von Scheuner, GS Jellinek, S. 331(341) illustriert: „Offen bleibt aber die Frage, ob mit dieser Judikatur [der Ausweitung der Haftung aus § 75 Einl. ALR auch auf schuldlos rechtswidriges Handeln] nicht der traditionelle Aufbau des staatlichen Haftungssystems gesprengt ist."; Wallerath DÖV 1987, S. 505(513), allerdings auf der Basis einer Ableitung aus dem Rechtsstaatsprinzip. Interessanterweise wurde jedoch bereits der

gefolgert, dass ein Folgenersatzanspruch nur durch einfachgesetzliche Regelung möglich sei[808]. Es wird auch vertreten, dass statt eines Folgenersatzanspruchs die Aufopferungshaftung erweitert werden soll[809].

So lehnt auch das Bundesverwaltungsgericht die Wiederherstellung mittelbarer Folgen mit dem Argument ab, ein dergestalt umfassender Folgenbeseitigungsanspruch würde alle anderen Normen des Staatshaftungsrechts verdrängen[810]. Hiernach wird der Folgenbeseitigungsanspruch in seiner Entwicklung durch die anderen staatshaftungsrechtlichen Institute begrenzt, und macht nicht etwa umgekehrt als erweiterter Folgenbeseitigungsanspruch die anderen Haftungsgrundlagen überflüssig.

Zumeist wird jedoch nicht näher begründet, warum eine Erweiterung des Folgenbeseitigungsanspruchs, sei es um die Beseitigung mittelbarer Folgen oder einen Kompensationsanspruch, das Prinzip öffentlich-rechtlichen Schadensausgleichs überschreiten soll. Es könnten nämlich auch, wie bei zivilrechtlichen Schadensersatzansprüchen, verschiedene Ansprüche nebeneinander bestehen, auch wenn sie in Tatbestand und Anspruchsinhalt unterschiedlich und bisweilen widersprüchlich ausgestaltet sind[811]. Daneben ist es auch möglich, dass das bestehende System selbst nicht mit den Grundrechten konform ist und nicht seine Ergänzung durch das Grundgesetz gesperrt wird. Bereits aufgrund der Normenhierarchie muss sich das staatshaftungsrechtliche System an die Auslegung des Grundgesetzes anpassen und nicht anders herum.

Zu untersuchen ist daher, inwiefern die Lücke im negatorischen Schutz von existierenden Ansprüchen wie dem enteignungsgleichen Eingriff, dem aufopferungsgleichen Eingriff oder auch der Amtshaftung erfasst wird, und ob sie infolgedessen geschlossen sein könnte. Dies ist jedoch zu unterscheiden von der Frage, ob nur unvollständige positivrechtliche Haftungsansprüche eine bewusste Entscheidung gegen einen umfassenden Grundrechtsschutz auf haftungsrechtlicher Ebene darstellen. Diese wird unten[812] behandelt werden.

---

ausgleichspflichtigen Inhaltsbestimmung, die mittlerweile anerkannt ist, vorgeworfen, sie würde die Eigentumsdogmatik sprengen, s. Heinz/Schmitt, NVwZ 1992, S. 513(513).

808 Pietzko, S. 553.

809 Steinberg/Lubberger, Aufopferung – Enteignung und Staatshaftung, S. 386; Hain, VerwArch. 2004, S. 498 (506, 508f); Rüfner in: Erichsen/Ehlers(12.A.), § 49 Rn 29f.

810 BVerwGE 69, 366(373) – Bardepot.

811 Dies dient aber OVG Münster, NVwZ 1994, S. 795(796) zur Ablehnung des Folgenersatzanspruchs.

812 S. dazu G II) 4).

1) *Der enteignungsgleiche und der aufopferungsgleiche Eingriff*

Wie bereits das OVG Münster festgestellt hat, besteht sowohl tatbestandlich als auch hinsichtlich des Anspruchsinhalts eine große Ähnlichkeit zwischen dem Folgenersatzanspruch und dem Anspruch aus enteignungsgleichem Eingriff[813]. Beide sollen rechtswidrige Eingriffe durch eine Geldzahlung kompensieren[814], ohne aber, wie die Amtshaftung, ein Verschulden vorauszusetzen. Daher liegt die Folgerung, dass es aufgrund der Existenz des enteignungsgleichen Eingriffs keines Folgenersatzes mehr bedarf, durchaus nahe.

a) Kreis der geschützten Rechtsgüter

Der Anspruch aus enteignungsgleichem Eingriff erfasst aber nur rechtswidrige Beeinträchtigungen des durch Art. 14 GG geschützten Eigentums[815]. Daneben ist noch ein „aufopferungsgleichen Eingriff" anerkannt, der die Rechtsgüter aus Art. 2 Abs. 2 GG (Leben, Freiheit, körperliche Unversehrtheit) schützt[816]. Eine Erweiterung auf einen Schutz sämtlicher immaterieller Rechte[817] ist aber umstritten und wird von der Rechtsprechung des Bundesverwaltungsgerichts bislang abgelehnt. Deutlich wird dies in Entscheidungen dazu, ob er auch auf die Berufsfreiheit erweitert werden kann[818].

---

813 OVG Münster, NVwZ 1994, S. 795(796); sich dem anschließend VG Dessau v. 09.12.2004, Az. 2 A 208/03.

814 Durner, JuS 2005, S. 900(901).

815 Schoch, VerwArch. 79(1988), S. 1(13); Durner, JuS 2005, S. 900(901); Maurer, Verwaltungsrecht, § 27 Rn 89; MüKo/Papier, § 839 BGB, Rn 43; Jarass/Pieroth, Art. 14 GG, Rn 56, 57.

816 BGHZ 9, 83(85ff); 20, 61(64); 25, 238(240); 48, 58(76); 65, 196(206); 66, 118(119f); OVG Münster, NVwZ 1994, S. 795(796); Schoch, VerwArch. 79(1988), S. 1(13); Ossenbühl, S. 131f; Maurer, Verwaltungsrecht, § 28, Rn 3, 4; vgl. Papier, HStR VIII (3.A.), § 180, Rn 65ff; zur Benennung Schenke, NJW 1991, S. 1777(1780).

817 So Schenke, NJW 1991, S. 1777(1777); Maurer, JZ 1991, S. 38(39); Schenke/Guttenberg, DÖV 1991, S. 945(945, 953); Steinberg/Lubberger, Aufopferung – Enteignung und Staatshaftung, S. 352; Papier in: Maunz/Dürig (59.EL), Art. 14 GG, Rn 673; Ossenbühl, S. 133, 135; Schoch, DV 34(2001), S. 261(279); Brüning, JuS 2003, S. 2(4, 5, 6); Jarass/Pieroth, Art. 14 GG, Rn 57; s. dazu auch Sachs/Bonk, Art. 34 GG, Rn 43; bei Verweisung des Anspruchs auf den Verwaltungsrechtsweg Hain, VerwArch 2004, S. 498 (506, 508f); angedeutet bei OVG Münster, NVwZ 1994, S. 795(796).

818 BVerfG NVwZ 1998, S. 271(272); BVerfG NJW 1992, S. 36(37); BGH NJW 1962, S. 2347(2348); BGH NJW 1990, S. 3260ff; BGH NJW 1994, S. 2229; aA jedoch als obiter dictum OVG Münster NVwZ 1994, S. 795(796); Tendenzen zur Erweiterung

Damit ist bereits eine der charakteristischen Eigenschaften des Anspruchs benannt: er erfasst nur Eingriffe in bestimmte Rechtsgüter, namentlich das Eigentum aus Art. 14 GG und, über den umstrittenen aufopferungsgleichen Eingriff, die körperliche Freiheit aus Art. 2 Abs. 2 GG. Selbst wenn man sich der Ansicht anschließt, dass der aufopferungsgleiche Anspruch auch Eingriffe in die Berufsfreiheit erfasst, schützt der Anspruch nur einzelne Grundrechte. Alle anderen grundrechtlichen Rechtsgüter würden ohne erweiterten Schutz bleiben, wenn der negatorische Schutz durch den Folgenbeseitigungsanspruch versagt.

Ein lückenloser negatorischer Schutz könnte nur auf dann erreicht werden, wenn er auf alle Rechtsgüter erweitert wird. Dies steht jedoch nicht zu erwarten.

b) Das Erfordernis eines „Sonderopfers"

Die Aufopferungshaftung setzt weiter voraus, dass dem Bürger ein Sonderopfer auferlegt wurde. Der Eingriff muss eine allgemeine Opfergrenze überschreiten, die anderen nicht zugemutet wird[819]. Insbesondere bei rechtswidrigem Handeln wird dieses Sonderopfer jedoch schlicht in der Rechtswidrigkeit des Eingriffs erblickt[820].

Insofern würde der Anspruch aus enteignungsgleichem und aufopferungsgleichem Eingriff dem Folgenersatzanspruch gleichen, der ebenfalls nur die Rechtswidrigkeit der Maßnahme voraussetzt. Die Begründung über das Sonderopfer bietet jedoch ein Einfallstor für Abschwächungen der Rechtswidrigkeitshaftung, beispielsweise, wenn der Bürger trotz Rechtswidrigkeit kaum Auswirkungen spürt, es also am „Opfer" fehlt, oder es sich um die Verwirklichung des allgemeinen Lebensrisikos handelt[821].

Damit schränkt auch das Erfordernis eines Sonderopfers den Umfang der Aufopferungshaftung ein.

---

in der Rechtsprechung sieht auch Schenke, NJW 1991, S. 1777(1780 mit Fn 29); dazu Rinne/Schlick, NVwZ 1997, S. 34(41f); Gromitsaris, S. 92; Sachs/Bonk, Art. 34 GG, Rn 43; bejahend Röder, S. 151.

819 Ossenbühl, S. 134, 136ff; Treffer, S. 80; Maurer, Verwaltungsrecht, § 28, Rn 13.

820 BGHZ 32, 208(211f); Ossenbühl, S. 134; Brüning, JuS 2003, S. 2(8); Jarass/Pieroth, Art. 14 GG, Rn 57; dazu auch Grzeszick in: Erichsen/Ehlers (14.A.), § 45, Rn 66, 75.

821 Dazu BGHZ 46, 327ff; Maurer, Verwaltungsrecht, § 28, Rn 14; weitere Fallgruppen einer Einschränkung auf der Grundlage, dass eine rechtswidrige Eingriffshandlung nicht die Rechtswidrigkeit der Belastung des Bürgers indiziert bei Grzeszick in: Erichsen/Ehlers (14.A.), § 45, Rn 76, 105.

c) Die Problematik der dogmatischen Grundlage

Bisweilen wird auch postuliert, aufgrund des Anspruchs aus enteignungsgleichem Eingriff benötige man keinen Folgenersatzanspruch als Ergänzung des negatorischen Grundrechtsschutzes.

Nach dem Nassauskiesungsbeschluss des Bundesverfassungsgerichts[822] stellte sich aber die Frage nach der dogmatischen Grundlage des enteignungsgleichen Eingriffs. Zwar wurde er, wenn auch auf anderer Rechtsgrundlage, beibehalten[823]. Es verbleibt jedoch der Einwand, dass ein Anspruch wegen rechtswidrigem Handeln inmitten eines Systems von Ansprüchen bei rechtmäßigem Handeln systemfremd sei[824]. Daher muss es als reine Notlösung angesehen werden, dass der enteignungsgleiche Eingriff auf den gewohnheitsrechtlichen Aufopferungsanspruch gestützt wurde. Hinzu kommt, dass Bundesverwaltungsgericht und Bundesgerichtshof den Anspruch nach wie vor auf verschiedene Art begründen[825].

Hieraus ergibt sich ein weiterer untersuchenswerter Aspekt des Verhältnisses von negatorischem Geldersatzanspruch und Anspruch aus enteignungsgleichem Eingriff. Ein negatorischer Geldersatzanspruch als Ergänzung des Folgenbeseitigungsanspruchs passt sich hiernach dogmatisch besser in das System ein und wäre – sachnäher – auf dem Verwaltungsrechtsweg einzuklagen. Seine dogmatische Grundlage wäre im Gegensatz zu der eines – erweiterten – Anspruchs aus enteignungs- oder aufopferungsgleichem Eingriff systematisch stimmig.

Daher könnte sogar die These aufgestellt werden, dass nicht etwa der Folgenersatzanspruch aufgrund der Existenz des enteignungsgleichen Eingriffs überflüssig ist, sondern dass der Folgenersatzanspruch den letzteren entbehrlich machen kann[826].

d) Zwischenergebnis

Der Anspruch auf Folgenersatz und der aus enteignungsgleichem bzw. aufopferungsgleichem Eingriff sind damit bereits tatbestandlich zu unterschiedlich, als

---

822 BVerfGE 58, 300ff – Nassauskiesung.

823 BVerwG DVBl. 1984, S. 391(394); Ossenbühl, NJW 1983, S. 1(3ff); Schoch, VerwArch. 79(1988), S. 1(12); Maurer, Verwaltungsrecht, § 27, Rn 36.

824 Dazu auch Schmidt-Kammler, FS E. Wolf, S. 595(608ff); Schoch, DV 34(2001), S. 261(288).

825 Hösch, DÖV 1999, S. 192(193).

826 So auch Höfling VVDStRL 61(2001), S. 260(276); tendenziell Grzeszick, S. 366; ähnlich bereits Rupert Scholz, NVwZ 1982, S. 337(347): Weiterentwicklung der Amtshaftung und des Folgenbeseitigungsanspruchs solle den nicht zulässigen Anspruch aus enteignungsgleichem Eingriff ersetzen und die Lücke im staatshaftungsrechtlichen Rechtsschutz auffangen.

dass der Folgenbeseitigungsanspruch durch die übrigen Ansprüche gesperrt würde. Der Anspruch aus enteignungsgleichem bzw. aufopferungsgleichem Eingriff weist nämlich einige erhebliche Einschränkungen auf, insbesondere hinsichtlich der geschützten Rechtsgüter. Daher kann er die Lücken im negatorischen Schutz, die sich durch die nur tatsächlich wiederherstellende Natur des Folgenbeseitigungsanspruchs ergeben, nicht schließen.

Es handelt sich ferner auch um eine Haftung für ein übermäßig belastendes Opfer, nicht aber um einen negatorischen Abwehranspruch[827]. Er wird aus einem Sonderopfer hergeleitet. Daher ist es nur folgerichtig, dass er auch nur den Ersatz des Sonderopfers bezweckt, also des Teils der Rechtseinbuße, der übermäßig ist und aus diesem Grund einen Grundrechtsverstoß begründet[828].

Hinzu kommt, dass der aufopferungsgleiche Eingriff vereinzelt als subsidiär gegenüber jeder anderen Form von Schadensersatzregelung gesehen wird, selbst wenn diese einer anderen Ratio unterliegt[829]. Bereits deshalb kann der aufopferungsgleiche Anspruch die Entwicklung anderer Ansprüche nicht hindern[830]. Zugleich ergibt sich hieraus, dass der aufopferungsgleiche Eingriff aufgrund dieser schwachen Wirkung keine lückenfüllende Wirkung haben kann.

Im Ergebnis schließt der Anspruch aus enteignungs- und aufopferungsgleichem Eingriff die bestehende Lücke im negatorischen Grundrechtsschutz nicht[831].

2) Der Amtshaftungsanspruch

Weiterhin ist zu fragen, ob die Lücke durch die Amtshaftung gem. § 839 BGB iVm Art. 34 GG gefüllt wird.

Die Amtshaftung besteht aus der zivilrechtlichen Komponente der Eigenhaftung des Beamten aus § 839 BGB und der Haftungsüberleitung auf den Staat durch Art. 34 GG. Sie erfasst schuldhafte Verletzungen drittbezogener Amtspflichten durch Träger öffentlicher Gewalt und gewährt dem Bürger einen Geldersatzanspruch. Hierbei wird es allgemein als drittbezogene Amtspflicht angesehen, die Grundrechte sowie alle anderen subjektiv-öffentlichen Rechte zugunsten des

---

827 Schmitt-Kammler, JuS 1995, S. 473(476); ders. FS E.Wolf, S. 595(609f); Treffer, S. 80; Höfling, VVDStRL 61(2001), S. 260(282); Grzeszick, S. 365.

828 Dazu Grzeszick, S. 365.

829 Maurer, Verwaltungsrecht, § 28, Rn 6.

830 So für Aufopferung und Amtshaftung Ossenbühl, S. 142f.

831 Ebenso wenig kann aus diesen Gründen ein negatorischer Geldersatzanspruch mit Aufopferungsansprüchen identisch sein oder letztere in ersterem aufgehen, wie dies Röder, S. 269ff annimmt; ebenso Gromitsaris, S. 257, der den Folgenersatzanspruch als besonderen Entschädigungsanspruch ansieht.

einzelnen Bürgers zu beachten, also rechtmäßig zu handeln[832]. Daher kann über die Amtshaftung auch ein Geldersatzanspruch für Grundrechtsverletzungen hergeleitet werden. Insofern scheint die Amtshaftung tatsächlich die Lücke im negatorischen Schutz zu füllen, die durch Spezifika der Folgenbeseitigung besteht[833].

Jedoch – und dies ist eines der wesentlichen Merkmal der Amtshaftung – erfordert sie ein Verschulden des handelnden Hoheitsträgers. Sie gewährt somit bei unverschuldeten Grundrechtsverletzungen keinen Anspruch. Zwar wird der Fahrlässigkeitsmaßstab im Rahmen der Amtshaftung verstärkt objektiviert, so dass sie sich zunehmend einer reinen Unrechtshaftung annähert[834]. Es gibt jedoch nach wie vor Fälle, in denen ein Verschulden verneint wird, da eine rechtliche Unsicherheit bestand, die erst noch durch die Rechtsprechung zu klären war[835]. In dieser Situation verbleibt eine Lücke im grundrechtlichen Schutz, da mangels Verschuldens kein Amtshaftungsanspruch besteht.

Auch die zahlreichen Subsidiaritätsregeln zugunsten des Primärrechtsschutzes, aber vor allem gegenüber der Haftung privater Personen, führen dazu, dass die Amtshaftung eine abgeschwächte Wirkung gegenüber Grundrechtsverletzungen hat. Zwar werden diese Regeln zunehmend aufgrund ihres „antiquierten" Charakters abgebaut[836]. Jedoch behalten sie grundsätzlich ihren Bestand und damit die beschränkende Wirkung.

Die Amtshaftung ist zudem, da sie ursprünglich nur den handelnden Beamten persönlich in Anspruch nahm, durch § 839 BGB darauf beschränkt, was der Beamte selbst als Privatmann leisten könnte, nämlich Schadensersatz

---

832 BGH NJW 1992, S. 3229(3230); MüKo/Papier, § 839 BGB, Rn 193; Palandt/Sprau, § 839 BGB, Rn 32; Maurer, Verwaltungsrecht, § 26, Rn 16; Grzeszick in: Erichsen/Ehlers (14.A.), § 44, Rn 19; Jarass/Pieroth, Art. 34 GG, Rn 11; Ipsen, Verwaltungsrecht, Rn 1272; Grzeszick in: Epping/Hillgruber, Art. 34 GG, Rn 8.1.

833 So beispielsweise explizit bei Bull/Mehde, § 20, Rn 998.

834 Schenke, NJW 1991, S. 1777(1785); Ossenbühl, S. 72f; Lochte-Handjery, JuS 2001, S. 1186(1189); Grzeszick in: Erichsen/Ehlers (14.A.), § 44, Rn 28; ders. in: Epping/Hillgruber, Art. 34, Rn 19.1; Sachs/Bonk, Art. 34, Rn 45f; Ipsen, Verwaltungsrecht, Rn 1279; dazu ohne den konkreten Hinweis auf eine Annäherung an eine reine Unrechtshaftung Maurer, Verwaltungsrecht, § 26, Rn 24; eine weitere Erweitung fordernd Höfling, VVDStRL 61(2001), S. 260(283).

835 Dazu BGHZ 119, 365(369f); BGH NJW 1994, S. 3158(3159f); Maurer, Verwaltungsrecht, § 26, Rn 25; Grzeszick in: Erichsen/Ehlers (14.A.), § 44, Rn 29; ähnlich ders. HGR III, § 75, Rn 14.

836 Statt vieler BGHZ 42, 176(181); 62, 380(383); 62, 394(399); 79, 26(27ff); 118, 368(370f); dazu Schoch, DV 34(2001), S. 261(262f); Maurer, Verwaltungsrecht, § 26, Rn 31; Grzeszick in: Erichsen/Ehlers (14.A.), § 44, Rn 33.

in Geld[837]. Ein negatorischer Wiederherstellungsanspruch, der zusammen mit einem negatorischen Geldersatzanspruch einen einheitlichen Wiederherstellungsanspruch bildet, könnte flexibler gehandhabt werden. Dies gilt gerade nach Klageerhebung, da Amtshaftungsansprüche vor den Zivilgerichten geltend zu machen zu sind.

Auch die Amtshaftung kann damit nicht sämtliche Lücken im Rechtsschutz schließen[838], wie dies ein reiner negatorischer Geldersatzanspruch könnte.

3) Zwischenergebnis

Die Amtshaftung und die Ansprüche aus enteignungsgleichem und aufopferungsgleichem Eingriff fangen die Lücken im negatorischen Schutz nur teilweise auf. Insbesondere das Verschuldenserfordernis des Amtshaftungsanspruchs und die Beschränkung des enteignungsgleichen und aufopferungsgleichen Eingriffs auf einzelne Schutzgüter sorgen dafür, dass noch Lücken im negatorischen Schutz der Grundrechte bestehen.

G Folgenersatz als notwendige Folge der grundrechtlichen Ableitung

Da somit der negatorische Grundrechtsschutz lückenhaft ist, stellt sich die Frage, ob ein Folgenersatzanspruch diese Lücke füllen könnte.

Bereits kurz nach seiner Entwicklung durch *Bachof* fügte *Weyreuther* den Folgenbeseitigungsanspruch als mittleres Glied in einen Dreiklang aus Unterlassung – Folgenbeseitigung – Folgenersatz ein[839]. Es erscheint daher äußerst nahe liegend, die Lücke durch einen Geldersatzanspruch zu füllen. Nicht nur aufgrunddessen bahnte er sich bei Unerfüllbarkeit des Folgenbeseitigungsanspruchs seinen Weg in Rechtsprechung und Literatur[840]. Anders als dies für den Folgenbeseitigungsanspruch als Anspruch auf tatsächliche Wiederherstellung der Fall ist, wird jedoch die Existenz eines grundrechtlich hergeleiteten allgemeinen Haftungsanspruchs bezweifelt[841].

---

837 BGHZ 34, 99 (st. Rsp.); Grzeszick in: Erichsen/Ehlers (14.A.), § 44, Rn 42; ders. in: Epping/Hillgruber, Art. 34 GG, Rn 15; weiter geht jedoch Sachs/Bonk, Art. 34, Rn 104, der auch sonstige Folgenbeseitigung als von Art. 34 GG geschuldeten Schadensausgleich ansieht.

838 Eine solche Lücke konstatieren auch Jarass/Pieroth, Art. 34 GG, Rn 3.

839 S. dazu oben 2. Teil A I) 3).

840 S. dazu oben 2. Teil A II) 3) b) und c).

841 Rupp, Grundfragen, S. 261; Schoch, VerwArch. 79(1988), S. 1(47); Gromitsaris, S. 36; Wolff/Bachof/Stober/Kluth, Band 1, § 52, Rn 29f, 39.

Es ist daher zu untersuchen, ob nicht die Grundrechte als Abwehrrechte einen Geldzahlungsanspruch, der über tatsächliche Wiederherstellung hinausgeht, fordern. Dann wäre ein Folgenersatzanspruch nötig, um eine in jeder Situation effektive Grundrechtsdurchsetzung zu sichern[842]. Bisweilen wird sogar angedeutet, dass ein Geldersatz die Grundrechtswidrigkeit einzelner Einschränkungen des Folgenbeseitigungsanspruchs, wie sie oben dargestellt wurden, beseitigen könnte[843].

Hierfür müsste er zunächst geeignet sein, die Lücke im negatorischen Schutz zu füllen (I). Nur wenn er selbst der Abwehr von Grundrechtsverletzungen dienen kann, kann er auch zur Lückenfüllung geboten sein und sich aus den negatorischen Grundrechten ergeben.

Anschließend sind jedoch auch die gegen einen negatorischen Geldersatz vorgebrachten Einwände zu untersuchen (II). Dies beinhaltet insbesondere erneut die Frage, ob ein solcher Anspruch hinreichend bestimmbar ist. Ebenso wie beim Folgenbeseitigungsanspruch stellt sich die Frage, ob der Folgenersatzanspruch eine einfachgesetzliche Grundlage benötigt. Aufgrund der offensichtlichen Regelungsabstinenz des Gesetzgebers betrifft diese Frage jedoch ebenfalls die grundsätzliche Existenz des Folgenersatzanspruchs. Zudem überschneiden sich beide Gesichtspunkte auch inhaltlich teilweise, weshalb sie gemeinsam behandelt werden sollen.

I) Ausfüllung der Lücke durch Geldersatz

Die Tatsache, dass eine Lücke im Schutz besteht, zugleich aber umfassender negatorischer Grundrechtsschutz geboten ist, führt zu der Frage, ob Geldersatz diese Schutzlücke füllen kann.

Hierbei kommt im Grunde nur noch ein Geldersatzanspruch als lückenfüllender Anspruch in Betracht. Die Lücken entstehen dadurch, dass in Einzelfällen weder ein präventiver Unterlassungsanspruch, noch ein ex post gewährter

842 Weyreuther, Gutachten B, S. 148: Frage nach innerer Rechtfertigung, die Wandelung an der Stelle abzubrechen, an der nur noch ein Ausgleich in Geld zu helfen vermag; Unterreitmeier, DVBl. 2005, S. 1235(1238): Grundrechtsschutz hinge sonst vom zufälligen Umstand der Möglichkeit der Beseitigung ab; tendenziell in diese Richtung, dass ein Geldersatzanspruch als Bestandteil des grundrechtlichen Abwehrgehaltes gegeben sein könnte, Isensee in: HStR IX, § 191 Rn 76 sowie Schoch, DV 34(2001), S. 261(274, 290); Höfling, VVDStRL 61(2001), S. 260(272f).

843 So Grzeszick, S. 386: „Der grundrechtliche Schutz der vorstaatlichen Freiheit des einzelnen vor staatlichen Eingriffen wird zwar als Bestandsschutz zurückgedrängt, bleibt aber als Wertschutz erhalten."

naturaler Wiederherstellungsanspruch die Rechtsverletzung verhindern oder beseitigen kann. In diese Lücke kann nur noch ein Geldersatzanspruch treten, der mit Geldzahlung auf eine – in der zivilrechtlichen Terminologie – „vertretbare“ Sache gerichtet ist.

Hierin besteht die Verbindung zum Folgenersatzanspruch. Daher soll nachfolgend untersucht werden, ob er als Geldersatzanspruch geeignet ist, die Lücke zu füllen.

1) Problematische Kommerzialisierbarkeit der Grundrechte

Der Folgenersatzanspruch kann jedoch nur dann verfassungsrechtlich geboten sein, wenn er zur Wiederherstellung der Einbuße an grundrechtlicher Freiheit geeignet ist[844]. Die grundrechtliche Freiheit muss also abstrakt kompensationsfähig sein. Hierbei ist problematisch, dass ein Geldersatzanspruch nicht unmittelbar der Wiederherstellung oder Aufrechterhaltung des ursprünglichen Grundrechtsguts dient[845]. Eine Zahlung beseitigt nicht die tatsächlichen, verfassungswidrigen Folgen. Daher könnte er auch eine reine Sanktion darstellen.

Gegen die grundrechtliche Herleitung des Folgenersatzanspruchs wird daher eingewandt, dass die Grundrechte nur einen Substanzschutz enthielten[846]. Eine Umwandelung des primären Unterlassungsanspruchs sowie des daraus abgeleiteten Folgenbeseitigungsanspruchs in eine Geldzahlung würde eine Wertkomponente der Grundrechte voraussetzen. Diese sei jedoch nicht im Schutzumfang enthalten[847]. Weiter wird bisweilen eine generelle „Restitutionsunfähigkeit“ mancher Grundrechte, wie z.B. dem Recht auf Leben, angenommen[848]. Diese Restitutionsunfähigkeit stünde einem negatorischen Kompensationsanspruch entgegen[849].

---

844 Ebenso Röder, S. 288.

845 Stern, Staatsrecht III/1, § 67, S. 731: „Folge eines unzulässigen Eingriffs ist prinzipiell seine Negation, nicht eine irgendwie bestimmte Kompensation“; daher auch gegen einen wiederherstellenden Charakter von Ersatz Rupp, Grundfragen, S. 261; ebenso A. Ehlers, Grundlagen und Leitprinzipien, S. 94. Aus diesem Grund auch gegen einen Folgenersatzanspruch Külpmann, Enteignende Eingriffe, S. 257; skeptisch auch Hösch, DÖV 1999, S. 192(195).

846 So explizit J.P. Schneider, S. 177.

847 Pietzko, S. 552; Schenke, JuS 1990, S. 370(377); Stern, Staatsrecht III/1, § 66, S. 684.

848 E. Klein, NJW 1989, S. 1633(1638).

849 Dies meint wohl auch Kopp/Schenke, § 113 VwGO, Rn 89, wenn er darstellt, dass der Folgenersatzanspruch sich von den dogmatischen Grundlagen des Folgenbeseitigungsanspruchs lösen würde.

Insbesondere für die Menschenwürde wurde schließlich von *Kant* der Satz geprägt, dass Würde zwar einen Wert, aber keinen Preis habe[850].

Doch selbst der Folgenbeseitigungsanspruch muss nach allgemeiner Ansicht nicht genau den vorherigen Zustand wiederherstellen, es genügt auch ein gleichwertiger Zustand[851]. Damit ist nicht strikt nur ursprüngliche Bestand geschützt.

Problematisch an einer Geldzahlung könnte aber sein, dass sie im Vergleich zum sonstigen Rechtsgut ein aliud sein könnte.

Die Fragestellung ist daher, ob ein Geldersatzanspruch auch negatorischen Charakter haben kann und damit der Durchsetzung der Abwehrfunktion der Grundrechte dient; ob er somit als Pendant zu den Wiederherstellungs- und Unterlassungsansprüchen angesehen werden kann.

Der Geldersatzanspruch kann aber nur dann rein immaterielle Grundrechtsverletzungen wiederherstellen, wenn die Grundrechte neben der Bestandsgarantie, der Garantie der Ungestörtheit, auch eine Wertgarantie beinhalten. Nur wenn die Verletzung des Grundrechts zugleich auch diese Wertgarantie verletzt, kann diese durch eine Geldzahlung wiederhergestellt werden. Es stellt sich die Frage der finanziellen Kompensierbarkeit, der sogenannten „Kommerzialisierbarkeit[852] des Grundrechts“[853].

Zu prüfen ist also, ob eine Geldentschädigung dazu geeignet ist, verbleibende Defizite des Grundrechtsschutzes zu füllen. Dies ist bei Grundrechten mit materiellem Gehalt wie dem Eigentumsgrundrecht oder der Berufsfreiheit weniger problematisch, da sie vermögenswerte Güter schützen bzw. die Möglichkeit, sie durch Ausübung eines Berufs zu erlangen. Für Grundrechte mit rein ideellem Gehalt muss hingegen gründlicher untersucht werden, ob sie durch Geldersatz wiederhergestellt werden können.

Bislang wird das Problem der Kommerzialisierbarkeit immaterieller Grundrechte vor allem im Zusammenhang mit der Frage, ob der Folgenersatzanspruch

---

850 So Wallerath, JZ 2008, S. 157(161).

851 VGH Kassel v. 20.2.2006, BeckRS 2006, 22340; VGH Mannheim, NVwZ-RR 1991, S. 334; Bachof, S. 115: eine in der Vergangenheit wirkende Wiederherstellung ist unmöglich; Böß, Vergleich, S. 102; Schoch, Jura 1993, S. 478(484); ders. DV 34(2001), S. 261(271); Ossenbühl, S. 302; explizit unter dem Begriff „Folgenersatz“ diskutiert bei Grzeszick, S. 362; M. Faber, NVwZ 2003, S. 159(162); Gerhardt in: Schoch/Schmidt-Aßmann/Pietzner, Vorbemerkung § 113 VwGO, Rn 9; Posser/Wolff/Decker, § 113 VwGO, Rn 47.

852 So benannt bei Grzeszick, S. 362ff; Röder, S. 294.

853 Diese Frage wird aber gerade in dieser Form oftmals aufgeworfen, beispielsweise von Weyreuther, Gutachten B, S. 144, 147ff; ebenso Grzeszick, S. 364f.

aus einer Analogie zu § 251 BGB abgeleitet werden kann, angesprochen[854]. Hier wäre nämlich systematisch gesehen auch § 253 BGB anwendbar, wonach eine Kompensation mancher Rechtsgüter, beispielsweise der Religionsfreiheit, scheitern würde. Wenn man den Folgenersatzanspruch aus den Grundrechten ableitet, sind jedoch solche zivilrechtlichen Beschränkungen außer acht zu lassen. Es kommt vielmehr nur darauf an, ob das Grundrecht an sich an materialisierbar ist.

Damit ist die Frage gestellt, ob die grundrechtlich geschützten Positionen auch eine „Wertgarantie", oder nur eine reine „Bestandsgarantie"[855] enthalten.

2) Wertgarantie des Eigentumsgrundrechts

Ob auch eine Wert- oder nur eine Bestandsgarantie besteht, wurde zunächst nur für das Eigentumsgrundrecht aus Art. 14 GG gefragt. Bereits hier ist es umstritten, ob eine Wertgarantie besteht, wobei primär nur eine Bestandsgarantie angenommen wird[856]. Gegen eine Wertgarantie wird dabei vorgebracht, dass dann auch Erwerbschancen geschützt werden müssten. Dies sei aber nicht damit vereinbar, dass sich die Eigentumsgarantie auf das „Erworbene" bezieht[857].

Nach einer anderen Ansicht, insbesondere der des Bundesverfassungsgerichts, genießt hingegen auch die Wertkomponente des Eigentums den Schutz des Art. 14 GG[858]. Der Wert soll aber anhand anderer Maßstäbe und nach einer anderen Eingriffslogik geschützt werden[859]. Die Frage nach einer Wertgarantie des Eigentums wird hier differenziert betrachtet. Eine subsidiäre Wertgarantie, die als Prinzip hinter der Bestandsgarantie besteht, wird anerkannt, ein reiner Wertschutz in dem Sinne, dass bloß der Tauschwert des Eigentums beeinträchtigt ist, hingegen abgelehnt[860]. Unabhängig von der Frage nach einer Wert- oder

---

854 Schenke, JuS 1990, S. 370(377).

855 Aus dem Grund der Annahme einer bloßen Bestandsgarantie und des Schutzes dieser durch die negatorischen Ansprüche lehnt auch Schoch, VerwArch. 79(1988), S. 1(47) eine Wertkompensation ab.

856 BVerfGE 58, 300(336) – Nassauskiesung.

857 Wernsmann, NJW 2006, S. 1169(1172).

858 BVerfGE 24, 367(397f): Vorrang der Bestands- vor der Wertgarantie, daher aber mindestens auch eine Wertgarantie angenommen; Suhr, NJW 1979, S. 145(145); Papier in: Maunz/Dürig (59. EL), Art. 14 GG, Rn 8; Jarass/Pieroth, Art. 14 GG, Rn 2: in gewissen Fällen begrenzte Wertgarantie.

859 Suhr, NJW 1979, S. 145(145); Papier in: Maunz/Dürig (59. EL), Art. 14 GG, Rn 9.

860 So beispielsweise im Bereich des enteignungsgleichen Eingriffs BGH NJW 1994, S. 3158(3160); Friauf, DÖV 1980, S. 480(488); dazu Rinne/Schlick, NVwZ 1997, S. 34(38); Lepsius, JZ 2002, S. 313(315); generell Papier in: Maunz/Dürig (59.EL), Art. 14 GG, Rn 10, 160ff.

Bestandsgarantie wird das Vermögen als solches nach allgemeiner Auffassung nicht geschützt[861]. Ein bloßer Wertverlust ohne gleichzeitige Beeinträchtigung des Bestandes ist nicht Bestandteil der Eigentumsgarantie[862].

Daher sind die anerkannten Fälle der eigentumsrechtlichen Wertgarantie näher darauf zu untersuchen, welche Rückschlüsse sie für den Folgenersatzanspruch zulassen.

a) Enteignungsentschädigung als Beispiel einer Wertgarantie

In mehreren Fällen wandelt sich die Bestandsgarantie in eine Wertgarantie, wobei diese zum Teil sogar gesetzlich angeordnet sind, wie die Enteignungsentschädigung[863]. Auch wenn der Entschädigungsanspruch nicht nur in Art. 14 GG selbst wurzelt, sondern aufgrund der Junktimklausel eines einfachen Gesetzes bedarf[864], enthält hierbei Art. 14 Abs. 3 GG selbst die Entschädigungspflicht bei Enteignung. Daher ist die Entschädigungspflicht als wertgarantierendes Institut grundrechtlich determiniert[865]. Die Entschädigung ist somit abstrakt verfassungsrechtlich determiniert und konkret einfachgesetzlich festgelegt.

Nach diesen grundgesetzlichen Regelungen ist die Einbuße zwar nicht rechtswidrig, jedoch offenbar durch Zahlung einer bestimmten Geldsumme kompensierbar. Dennoch nimmt das Bundesverfassungsgericht seit der Nassauskiesungsentscheidung einen Nachrang der Wertgarantie gegenüber der

861 BVerfGE 4, 7(17); 10, 354(371); 38, 61(102); 70, 219(230); 75, 108(154); 78, 232(243); 95, 267(300); Bull, NJW 1996, S. 281(283); Papier in: Maunz/Dürig (59.EL), Art. 14 GG, Rn 42, 160; Bryde in: v. Münch/Kunig, Art. 14 GG, Rn 23; Hofmann in: Schmidt-Bleibtreu/Hofmann/Hopfauf, Art. 14 GG, Rn 11; Depenheuer in: v. Mangoldt/Klein/Starck, Art. 14 GG, Rn 160; Jarass/Pieroth, Art. 14 GG, Rn 7; leicht skeptisch Friauf/Höfling/Siekmann, Art. 14 GG, Rn 53; ebenso Friauf, DÖV 1980, S. 480(488).

862 Papier in: Maunz/Dürig (59. EL), Art. 14 GG, Rn 10, 162ff, differenzierend hinsichtlich staatlichen Eingriffen in den Tauschwert von Geld Rn 184ff.

863 Dazu Martens, VVDStRL 30(1972), S. 7(16); Papier, AöR 98(1973), S. 528(533f); Stern, Staatsrecht III/1, § 66, S. 664; Jarass/Pieroth, Art. 14 GG, Rn 2f; deutlich auch in BVerfGE 24, 367(397f); 35, 348(361); 56, 249(260f); 58,300(323) – Nassauskiesung Jarass/Pieroth, Art. 14 GG, Rn 2f.

864 Kreft, Ersatzleistungen, Rn 307; Papier in: Maunz/Dürig (59. EL), Art. 14 GG, Rn 522; Friauf/Höfling/Siekmann, Art. 14 GG, Rn 173.

865 BVerfGE 45, 63(75); 46, 268(285); Ipsen, DVBl. 1983, S. 1029(1035); Schröer, NJW 1984, S. 1864(1865); Hofmann in: Schmidt-Bleibtreu/Hofmann/Hopfauf, Art. 14 GG, Rn 68; Kreft, Ersatzleistungen, Rn 92; Maurer, Verwaltungsrecht, § 27, Rn 40.

Bestandsgarantie an[866]. Es fasst die Wertgarantie grundsätzlich als Ausnahme auf. Das Grundgesetz habe sie zugunsten der Bestandsgarantie überwunden[867] und sich von dem Grundsatz „Dulde und Liquidiere“ gelöst. Zudem erfordere selbst die Wertgarantie nicht zwingend eine Kompensation in Geld[868].

Problematisch ist weiter, dass die Entschädigung nach Art. 14 GG keine volle Kompensation des entzogenen Rechtsguts bewirken muss, sondern vielmehr unter gerechter Abwägung der Interessen der Allgemeinheit und der Beteiligten zu bestimmen ist. Sie folgt weder dem Prinzip einer Vollkompensation, noch reicht eine bloß nominelle Entschädigung ohne substanzielle Kompensation aus[869]. Allerdings enthält das Gebot der Entschädigung in Art. 14 Abs. 3 GG eine sogenannte „Ausgleichsfunktion“, die es verbietet, eine lediglich nominelle Entschädigung ohne substanzielle Kompensation für den Bestandsverlust festzusetzen[870]. Vielmehr muss die Entschädigung dem Wert des Genommenen entsprechen[871]. Damit bleibt es im Ergebnis beim Grundsatz der Vollkompensation, der allerdings im Wege der Abwägung eingeschränkt werden kann. Hierin besteht die Wertgarantie als Fortsetzung der Bestandsgarantie des Eigentums[872]. „Die Finanzlage des Staates darf den enteigneten Eigentümer nicht belasten, vielmehr muss der Staat im Wege allgemeiner Abgaben seinen Finanzbedarf decken“[873].

Die Enteignungsentschädigung ist damit eine grundgesetzlich angeordnete Variante der Wertgarantie. Sie ist ein echter Nachweis dafür, dass die Grundrechte eine zumindest subsidiäre Wertgarantie enthalten. Einen Schwachpunkt enthält diese Form der Wertgarantie jedoch: sie entsteht nicht bei jeder, sondern nur bei einer zulässigen Enteignung[874].

---

866 BVerfGE 24, 367(397f, 400); 58, 300(324); strenger 105, 252(277): keine allgemeine Wertgarantie. Dies bezog sich aber auf einen bloßen Wertverlust ohne gleichzeitig einhergehenden Bestandverlust. Dazu auch Papier, AöR 98(1973), S. 528(535); Ossenbühl, NJW 1983, S. 1(2); Kreft, Ersatzleistungen, Rn 54.

867 BVerfGE 24, 367(400).

868 BVerfGE 24, 367(419); Friauf/Höfling/Siekmann, Art. 14 GG, Rn 175: Übernahmeanspruch.

869 Depenheuer in: v. Mangoldt/Klein/Starck, Art. 14 GG, Rn 444.

870 Kreft, Ersatzleistungen, Rn 309, 329; Depenheuer in: v. Mangoldt/Klein/Starck, Art. 14 GG, Rn 444.

871 Kreft, Ersatzleistungen, Rn 329; ähnlich Depenheuer in: v. Mangoldt/Klein/Starck, Art. 14 GG, Rn 452: Orientierung am Wert der Sache.

872 Depenheuer in: v. Mangoldt/Klein/Starck, Art. 14 GG, Rn 448.

873 Depenheuer in: v. Mangoldt/Klein/Starck, Art. 14 GG, Rn 448.

874 T. Schneider, Folgenbeseitigung im Verwaltungsrecht, S. 67.

b) Die ausgleichspflichtige Inhaltsbestimmung

Auch die ausgleichspflichtige Inhaltsbestimmung setzt diesen Gedanken fort. Hier führt die Gewährung des Geldersatzanspruchs dazu, dass der Eingriff in das Grundrecht nicht mehr verfassungswidrig ist[875].

Allerdings begründet das Bundesverfassungsgericht die ausgleichspflichtige Inhaltsbestimmung häufig mit Gleichheits- und Verhältnismäßigkeitsgesichtspunkten[876]. Daher ist nicht ganz klar, ob die ausgleichspflichtige Inhaltsbestimmung aus dem verletzten Eigentumsgrundrecht selbst abgeleitet werden kann. Diese konkrete Argumentation des Bundesverfassungsgerichts spricht jedoch nicht zwingend gegen eine grundrechtliche Grundlage der ausgleichspflichtigen Inhaltsbestimmung. Sowohl Gleichheits- als auch Verhältnismäßigkeitsgesichtspunkte benötigen nämlich einen Bezugspunkt, an dem die Verletzung dieses Prinzips festgemacht werden kann. Für den Gleichheitsgrundsatz ist dies der jeweilige Eigentumseingriff, für das Verhältnismäßigkeitsprinzip ebenso. Letztlich sind beide insofern Argumentationsfiguren, um neben der Verletzung der Regel selbst eine Grundrechtsverletzung zu begründen[877]. Mit dem Verhältnismäßigkeitsprinzip wird begründet, dass eine Grundrechtsverletzung durch bestimmte Gründe nicht mehr rechtfertigbar ist. Auch mit dem Gleichbehandlungsprinzip kommt man zu dem Ergebnis, dass eine bestimmte Rechtsverletzung nicht mehr gerechtfertigt werden kann, da sie ungleich ist[878]. So formuliert auch das

875 Angedeutet in BVerfGE 83, 201(213); BGHZ 121, 73(80); 79, 174(192); 121, 328(332); 123, 242(245); 126, 379(382); BGH DVBl. 1995, 234(235); DVBl. 1996, 671(672); BVerwGE 84, 361(369ff); BVerwG DVBl. 1993, 1141(1143); DVBl. 1997, 45(46); ergibt sich aus BVerwG NVwZ 1993, S. 772(773); NVwZ 1997, S. 887(890); Hendler, DVBl. 1983, S. 872(880); Hermes, NVwZ 1990, S. 733(734); Heinz/Schmitt, NVwZ 1992, S. 513(519); Ossenbühl, S. 182; Rinne/Schlick, NJW 2005, S. 3330(3331): „sie regelt den finanziellen Ausgleich von Eigentumsbeschränkungen und -beeinträchtigungen, die wegen der Schwere des mit ihnen verbundenen Eingriffs nicht ohne einen solchen Ausgleich zulässig wären."; Grzeszick in: Erichsen/Ehlers (14.A.), § 45, Rn 14, 44.

876 BVerfGE 58, 137(149ff, 152); 100, 226(244); Röder, S. 248; ebenso Osterloh, DVBl. 1991, S. 906(908); Ossenbühl, S. 187f.

877 So auch Hendler, DVBl. 1983, S. 872(881): Prüfungsmaßstab; ähnlich im Ergebnis Schulze-Osterloh, NJW 1981, S. 2537(2544); Wolff/Bachof/Stober/Kluth, Band 2, § 72, Rn 31.

878 Ebenso die Begründung bei Maurer, Verwaltungsrecht, § 27, Rn 81, wonach für die Frage nach der Verletzung des Art. 14 auf die typischen vom Gesetzgeber bedachten Fälle abgestellt würde, so dass „der Gleichheitssatz wieder ins Spiel gelangt". Insgesamt nimmt auch er jeweils eine Verletzung der Eigentumsgarantie an, § 27, Rn 79.

Bundesverfassungsgericht in der *Pflichtexemplar*-Entscheidung, dass die Pflicht zur Ablieferung eines Druckwerks eine unverhältnismäßige und gleichheitswidrige Belastung darstelle und insoweit nicht mehr von Art. 14 GG gedeckt sei[879]. Daher wurzelt die ausgleichspflichtige Inhaltsbestimmung ebenso wie das Entschädigungserfordernis selbst im verletzten Grundrecht, der Eigentumsgarantie des Art. 14 GG[880]. Dies gilt somit auch für den Wertschutz, den die ausgleichspflichtige Inhaltsbestimmung beinhaltet.

Zwar ist die ausgleichspflichtige Inhaltsbestimmung selbst keine Anspruchsgrundlage, sondern fordert nur die Schaffung eines Anspruchs solchen durch den Gesetzgeber[881]; Anspruchsgrundlage für die Geldzahlung ist das einfache Gesetz, das aufgrunddessen erlassen worden ist[882]. Insofern unterscheidet sie sich von einem negatorischen Geldersatzanspruch. Darüber hinaus greift sie nicht bei genereller Verfassungswidrigkeit einer eigentumsbeschränkenden Norm ein, sondern nur bei Regelungen, die an sich verhältnismäßig sind, aber im Einzelfall zu einer unverhältnismäßigen Härte führen können[883]. Eine Verfassungswidrigkeit ist nur insoweit gegeben[884]. Hinzu kommt, dass ein finanzieller Ausgleich nicht das einzige Mittel ist, das die Unverhältnismäßigkeit beseitigen kann. Es bleibt trotz Anerkennung der ausgleichspflichtigen Inhaltsbestimmung dabei, dass grundrechtsverletzende Gesetze unterlassen werden müssen. Ein finanzieller Ausgleich kann nur das letzte Mittel sein, vorrangig hierzu sind Übergangs- und Ausnahmeregelungen[885]. Deshalb ist eine Ausgleichszahlung nur

---

879 BVerfGE 58, 137(150).

880 Ebenso Kreft, Ersatzleistungen, Rn 94; ders. FS Geiger, S. 399(412); Götz, DVBl. 1984, S. 395(396f); Wahl, NVwZ 1990, S. 426(440); Sass, Entschädigungserfordernis, S. 203, 207f; Röder, S. 233f; nicht ganz eindeutig der von *Röder* zitierte Hendler, DVBl. 1983, S. 872(880), der nur das „verfassungsrechtliche Erfordernis" anspricht, nicht aber, ob sich dieses aus der Eigentumsgarantie selbst oder aus Art. 3 GG ergibt.

881 BVerwGE 94, 1(8); BGH NJW 1988, S. 478(480); Ossenbühl, S. 187; Röder, S. 156; Kischel, VerwArch. 2006, S. 450(451); Grzeszick in: Erichsen/Ehlers (14.A.), § 45, Rn 48.

882 BGH NJW 1988, S. 478(480); BVerwGE 84, 361(369ff); Grzeszick in: Erichsen/Ehlers (14.A.), § 45, Rn 51.

883 BVerfGE 100, 226(243ff); Kischel, VerwArch. 2006, S. 450(452); Maurer, Verwaltungsrecht, § 27, Rn 79; Roller, NJW 2001, S. 1003(1005).

884 Maurer, Verwaltungsrecht, § 27, Rn 81; dazu auch Kischel, VerwArch. 2006, S. 450(462f).

885 BVerfGE 100, 226(244f); Maurer, FS Dürig, S. 293(313); Kischel, VerwArch. 2006, S. 450(452); Jarass/Pieroth, Art. 14 GG, Rn 46f; Grzeszick in: Erichsen/Ehlers (14.A.), § 45, Rn 47. Gromitsaris, S. 181, meint sogar, dass der Geldausgleich den Interessen des Eigentums nicht gerecht werde.

in besonders gelagerten Fällen geboten. Zudem erfasst die ausgleichspflichtige Inhaltsbestimmung grundsätzlich nur verfassungswidriges Handeln des Gesetzgebers, nicht aber verfassungswidriges Verwaltungshandeln. Dieses wird nur als „Aktualisierung" der fraglichen Rechtsnorm angesehen und führt nur zu ihrer punktuellen Verfassungswidrigkeit[886].

Dennoch ist die Existenz der ausgleichspflichtigen Inhaltsbestimmung ein weiteres Beispiel dafür, dass und wie die grundrechtliche Bestandsgarantie im Einzelfall in eine Wertgarantie umschlagen kann, auch wenn sie bislang nur hinsichtlich der Eigentumsgarantie gewährt wurde[887].

Einen solchen Geldanspruch bei ausgleichspflichtiger Inhaltsbestimmung sieht beispielsweise § 74 Abs. 2 S. 3 VwVfG vor[888], aber auch § 8a Abs. 4 FStrG[889]. Hier ist sogar vorgesehen, dass sich ein naturaler Leistungsanspruch in einen Geldersatzanspruch umwandelt, wenn der Leistungsanspruch unerfüllbar ist. Damit rückt dieser Ausgleichsanspruch, auch wenn er spezialgesetzlich vorgesehen ist, dem Folgenersatzanspruch inhaltlich recht nahe.

c) Übertragung auf das Verhältnis Bestandsgarantie – Wertgarantie

Diese Ansprüche zeigen, dass eine isolierte Wertgarantie der Grundrechte zwar abgelehnt wird, aber eine die Bestandsgarantie ergänzende subsidiäre Wertgarantie durchaus anerkannt ist.

Doch bei einem unerfüllbaren Folgenbeseitigungsanspruch liegt ein irreparabler Bestandsverlust vor. Wenn die Bestandsgarantie in diesem Fall nicht erfüllt werden kann, würde eine nachfolgende Wertkompensation keine *reine* Wertgarantie darstellen. Vielmehr wäre sie nur eine Fortführung der Bestandsgarantie, wenn die Wertkompensation an einen ursprünglichen Bestandsverlust anknüpft.

Eine Wertgarantie bei unmöglicher Bestandswahrung kann somit nicht als „allgemeine", sondern nur als besondere Wertgarantie angesehen werden[890]. Daher besteht kein Konflikt mit der Rechtsprechung des Bundesverfassungsgerichts, nach der das Eigentumsgrundrecht keine allgemeine Wertgarantie enthält.

Die Ablehnung einer reinen Wertgarantie betrifft nicht die hiesige Problematik, ob ein Bestandsverlust in eine Geldzahlung umgerechnet werden kann. Eine

---

886 Dazu Kischel, VerwArch. 2006, S. 450(455f).

887 Ähnlich Axer, DVBl. 2001, S. 1322(1328); Röder, S. 156. Betonung der Wertgarantie auch bei Goppert, Enteignungsgleicher Eingriff, S. 170f; Grzeszick in: Erichsen/Ehlers (14.A.), § 45, Rn 44.

888 Dazu auch Stelkens/Bonk/Sachs/Bonk-Neumann, § 74 VwVfG, Rn 195.

889 Kastner, VerwArch. 80(1989), S. 74(89f) für § 17 Abs. 4 FStrG a.F.

890 So für die Aufopferung Schenke, NJW 1991, S. 1777(1782).

Wertgarantie des Eigentums wird vielmehr in solchen Fällen verneint, in denen ein Wertverlust eingetreten ist, ohne dass zugleich der Bestand betroffen war, beispielsweise bei geringeren Ertragsmöglichkeiten eines Gewerbebetriebs[891]. Hier wird die Kompensation bloßer Werteinbußen abgelehnt, die ohne einen Eingriff in den Bestand einer von Art. 14 GG geschützten konkreten Rechtsposition entstehen[892]. Dies steht auch damit in Einklang, dass das Eigentum im Bereich der Enteignung wie der enteignungsgleichen Entschädigung klar eine Wertgarantie aufweist. Sowohl das Bundesverfassungsgericht als auch die Literatur erkennen sie auch klar als eine solche an, versetzen sie nur zumeist in Nachrang gegenüber der Bestandsgarantie.

Doch selbst eine nachrangige Wertgarantie bleibt eine Wertgarantie, der Wert ist als hinter dem Bestand stehender wirtschaftlicher Posten geschützt. Damit wäre im Ergebnis jedenfalls das Eigentum durch Geld kompensierbar.

Problematisch ist jedoch, dass teilweise angedeutet wird, die Wertgarantie bezöge sich nur auf die Enteignungsentschädigung in Art. 14 Abs. 3 GG, aber nicht auf alle Eingriffe, auch nicht auf solche ohne enteignenden Charakter[893]. Damit würde sie als enteignungsrechtlicher Sonderfall behandelt, der nicht generalisierbar ist. Insbesondere nach der Nassauskiesungsentscheidung des Bundesverfassungsgerichts begründete man dies mit dieser Entscheidung, da in ihr ein Nachrang der Wertgarantie postuliert wurde. Diese Auffassung wird jedoch mit dem Argument bezweifelt, dass in der besagten Entscheidung nicht zum Ausdruck komme, dass Art. 14 Abs. 1 GG eine generelle Wertgarantie des Eigentums negiere[894]. Die Entscheidung statuiert lediglich den Vorrang des Primärrechtsschutzes, ohne aber inhaltliche Aussagen dazu zu treffen, wenn dieser versagt[895]. Eine Reduktion des Grundrechtsschutzes durch eine Absage an einen

891 BVerfGE 105, 252(277) – Glykol.

892 Papier, AöR 98(1973), S. 528(536); ders. In: Maunz/Dürig (59.EL), Art. 14 GG, Rn 163f.

893 Undeutlich insofern Böhmer, NJW 1988, S. 2561(2564): „Nur wenn alle Voraussetzungen des Art. 14 Abs. 3 GG virliegen, muss der Bürger einen Eingriff hinnehmen; dann wandelt sich die Bestandsgarantie in eine „Wertgarantie“ und die Entschädigungspflicht ist eine „selbstverständliche Folge““ – das „nur“ wird hier auf die Tatbestandsvoraussetzungen der Entschädigung bezogen, nicht aber eindeutig auf die Umwandlung in den Wertschutz; tendenziell auch Rupert Scholz, NVwZ 1982, S. 337(346); Papier AöR 98(1973), S. 528(533f); ders. in: Maunz/Dürig (59.EL), Art. 14 GG, Rn 349.

894 Goppert, Enteignungsgleicher Eingriff, S. 161ff; Kreft, FS Geiger, S. 399(405); Röder, S. 246f.

895 Ossenbühl, NJW 1983, S. 1(3); Röder, S. 246.

Wertschutz läge auch gar nicht im Sinn der Entscheidung. Sie wollte nämlich den Eigentumsschutz durch Stärkung der Bestandsgarantie ausbauen und nicht schwächen[896]. Hinzu kommt, dass das Bundesverfassungsgericht selbst nach der Nassauskiesungsentscheidung einen Wertschutz durch Ausgleichszahlungen für Eingriffe in Art. 14 Abs. 1 GG bejaht hat, auch wenn keine Enteignung vorlag[897]. Die Existenz der ausgleichspflichtigen Inhaltsbestimmung zeigt, dass sich der Wertschutz nicht auf die Enteignung im verfassungsrechtlichen Sinne beschränkt. Wie oben dargelegt, liegt dieses Institut in Art. 14 Abs. 1 GG begründet[898].

Ebenso wird in der Literatur zunehmend die Ansicht vertreten, dass der der enteignungsgleiche Eingriff in Art. 14 GG wurzelt[899]. Er soll die Lücke im negatorischen Schutz des Eigentumsgrundrechts, die Unterlassungs- und Folgenbeseitigungsanspruch lassen und die auch hier thematisiert wird, füllen[900]. Damit besteht auch hier insoweit eine Wertgarantie des Eigentums.

Der BGH verankert jedoch infolge der Nassauskiesungsentscheidung den enteignungsgleichen Eingriff nicht mehr in Art. 14 GG, sondern vielmehr im einfachen Recht, insbesondere den §§ 74, 75 EinlPreußALR und einzelnen bundesrechtlichen Normen[901]. Bisweilen äußert er sich allerdings auch dahingehend, dass der Anspruch zwar aus Art. 14 GG hergeleitet sei, seine Ausgestaltung im Einzelnen jedoch auf der Ebene des einfachen Rechts liege[902].

---

896 Ossenbühl, NJW 1983, S. 1(6); W. Leisner, DVBl. 1988, S. 555(556); Maurer, FS Dürig, S. 293(317); Sass, Entschädigungserfordernis, S. 100; Röder, S. 246f.

897 Beispielsweise die Entscheidungen allerdings meist für den Bereich einer zivilrechtlichen Ausgleichszahlung unter Privaten BVerfGE 14, 263ff(283), 31, 229(243ff); 49, 382(398ff); 52, 1(28ff); 58, 137ff – Pflichtexemplar; s. dazu Schulze-Osterloh, NJW 1981, S. 2537(2543); Battis, NVwZ 1982, S. 585(589); Sass, Entschädigungserfordernis, S. 101ff.

898 S. oben b).

899 Goppert, Enteignungsgleicher Eingriff, S. 208f; Ipsen, DVBl. 1983, S. 1029(1037); Götz, DVBl. 1984, S. 395(396); Kreft, Ersatzleistungen, Rn 307; D. Ehlers, VVDStR 51(1991), S. 211(243ff); Sass, Entschädigungserfordernis, S. 165ff; Bethge, VVDStRL 57(1998), S. 7(43); Maurer, FS Dürig, S. 293(316); Röder, S. 230; kritisch Scherzberg, DVBl. 1991, S. 84(87), der dies an dem Fehlen einer Vermögenswertgarantie scheitern lässt; ebenfalls anders Treffer, S. 79.

900 Maurer, FS Dürig, S. 293(316).

901 BGHZ 90, 17(29ff); 111, 349(352); dazu auch Kreft, Ersatzleistungen, Rn 85.

902 BGH v. 26.1.1984, III ZR 216/82, DVBl. 1984, S. 391(394) – problematisch ist hieran allerdings, dass hier die Ableitung des Anspruchs vor der Nassauskiesungsentscheidung zitiert wird, allerdings in einer Entscheidung nach dieser, und nicht kenntlich

Somit kann insgesamt festgestellt werden, dass Art. 14 GG neben der Bestands- durchaus auch eine Wertgarantie enthält[903].

Auswirkungen hat dies beispielsweise auf den Leitfall 1, in dem mit der Bebauung und Nutzung des Grundstücks der Schutzbereich des Art. 14 GG betroffen ist. Bei den Schäden am Rohbau, die während der Baueinstellung entstanden sind, handelt es sich um Beeinträchtigungen der Eigentumssubstanz selbst, die aber zugleich auch eine Wertminderung bedingen. Hier kann neben der Wertgarantie noch die Bestandsgarantie erfüllt werden, indem die Behörde selbst einen Bauunternehmer beauftragt, die Schäden zu beseitigen. Soweit aufgrund des verzögerten Bezugs des Hauses, also der nicht möglichen Nutzung, Schäden entstanden sind, handelt es sich um vermögenswerte Folgeschäden des Eigentumseingriffs. Doch auch dieser reine Wertverlust entsteht nicht ohne weiteres, sondern knüpft an eine Beschränkung der Bestandsgarantie, die auch die tatsächlichen Nutzungsmöglichkeiten umfasst, an. Dieser Schaden ist somit kein Fall einer reinen Werteinbuße, kein bloßer Vermögensschaden.

d) Anwendbarkeit auf die Berufsfreiheit

Fraglich ist weiter, ob auch die Berufsfreiheit, die häufig eng mit der Eigentumsfreiheit verbunden wird[904], eine solche vom Bestandsschutz ablösbare vermögenswerte Komponente aufweist.

Dabei billigte das Bundesverfassungsgericht vereinzelt auch Eingriffen in Art. 12 GG eine Vermögensrelevanz zu, auch wenn das Grundgesetz zu finanziellen Ersatzansprüchen der Berufsfreiheit gänzlich schweigt. Dazu zählen insbesondere die Fälle, in denen berufliche Fähigkeiten Einzelner für die Erfüllung öffentlicher Aufgaben in Anspruch genommen wurden[905]. Hier sah das Bundesverfassungsgericht eine Pflicht der Gesetzgebung, wertausgleichende Vorschriften zu schaffen.

---

gemacht wird, ob diese Darstellung nur historisch ist oder noch vorliegend Geltung beanspruchen will; ebenso Maurer, FS Dürig, S. 293(314).

903 Goppert, Enteignungsgleicher Eingriff, S. 165ff; Ipsen, DVBl. 1983, S. 1029(1031); Sass, Entschädigungserfordernis, S. 186ff, 199; tendenziell Friauf/Höfling/Siekmann, Art. 14 GG, Rn 186ff; angedeutet bei Scherzberg, DVBl. 1991, S. 84(87).

904 Beispielsweise bei Haack, DVBl. 2010, S. 1475(1478).

905 Angedeutet in BVerfGE 30, 292(311, 325): Entschädigungs- oder Ausgleichspflicht bei Inanspruchnahme Privater für öffentliche Aufgaben möglich, allerdings nicht als allgemeiner Rechtssatz bei jeder Form der Inanspruchnahme; 33, 240ff; 47, 285(318ff); 54, 251(271); Papier in: Maunz/Dürig (40.EL), Art. 14 GG, Rn 349 meint aber, hier sei die Eigentumsfreiheit betroffen.

Es lag in diesen Fällen jedoch zumeist eine Beziehung zwischen zwei Privaten vor, weshalb die Verallgemeinerung dieses Wertschutzes der Berufsfreiheit[906] problematisch erscheint. Die Beziehung der Bürger untereinander ist von dem öffentlichrechtlichen Bedürfnis, dass diese Aufgabe an einen Bürger erbracht werden muss, überlagert. Beispielsweise wäre der Betrieb des in Anspruch genommenen Bürgers sonst existenzgefährdet gewesen, oder die auferlegte Tätigkeit wird sonst nur gegen ein von vorneherein allgemein festgelegtes Entgelt erbracht, es handelte sich mithin jeweils um ein „typisches Erwerbsgeschäft“[907]. Dies betrifft Fälle der Berufsbetreuung, des Gerichtssachverständigen, oder des Notars. Gerade die Begründung der Fallgruppe des „typischen Erwerbsgeschäfts“ ähnelt der zivilrechtlichen „professionellen Geschäftsführung ohne Auftrag“. Es handelt sich hierbei um eine Ausnahme von dem Grundsatz, dass für bloßes Tätigwerden ohne individualisierbare vermögenswerte Aufwendungen keine Vergütung verlangt werden kann. Hinzu kommt, dass es in den meisten Fällen[908] nicht um die Frage ging, ob das Grundrecht selbst die Entschädigung fordert, sondern ob die Begrenzung der Entschädigung die Berufsfreiheit desjenigen verletzt, der zu dieser Tätigkeit öffentlich-rechtlich verpflichtet ist. Fraglich war nicht das Bestehen eines staatlichen finanziellen Ausgleichs, sondern ob die Beschränkung eines privatrechtlich geschuldeten Entgelts einen Eingriff in die Berufsfreiheit darstellt. Insofern liegt ein Vermögenswert der von der Berufsfreiheit geschützten Tätigkeit nur mittelbar vor: nämlich betreffend die Frage, wie weit der Gesetzgeber die wirtschaftliche Verwertbarkeit beruflicher Tätigkeit mit öffentlich-rechtlichem Bezug beschränken darf. Anders war die Situation lediglich im Fall des Berufsvormunds oder -betreuers, dem das Bundesverfassungsgericht einen Aufwendungsanspruch aus der Staatskasse zubilligte. Hier verstoße es gegen das Grundrecht der Berufsfreiheit, „dem derart Belasteten eine angemessene Entschädigung für ihre Inanspruchnahme vorzuenthalten“[909]. Diese Annahme wurde aber nicht nur auf die Berufsfreiheit gestützt, sondern ergänzend auch auf Art. 3 GG.

Insgesamt betrachtet stellen diese Fälle Ausnahmen dar. Dies birgt wie bei der Eigentumsgarantie die Einschränkung in sich, dass zwar eine Vermögenswertkomponente besteht, allerdings nur flankierend und nur ausnahmsweise. Somit zeigt sich anhand dieser Fallgruppen, dass auch der Berufsfreiheit ein materieller Grundrechtsgehalt zukommt, der kompensierbar sein könnte. Ob

---

906 Diese nimmt Sass, Entschädigungserfordernis, S. 119 an; ähnlich Schulze-Osterloh, NJW 1981, S. 2537(2541).

907 BVerfGE 47, 285(318ff) für Notargebühren; ebenso in 54, 251(271).

908 BVerfGE 33, 240(244ff); 47, 285(318ff).

909 BVerfGE 54, 251(271).

dies verallgemeinert werden kann, erscheint jedoch aufgrund des Ausnahmecharakters der einzelnen Fälle zweifelhaft.

Darüber hinaus deutet die Rechtsprechung des Bundesverfassungsgerichts an, dass der Berufsfreiheit wirtschaftlich ein schutzpflichtähnlicher Gehalt zukommt: der Gesetzgeber habe für Berufe eine ausreichende wirtschaftliche Lebensgrundlage zu gewährleisten[910]. Diese Aussage war jedoch ein obiter dictum und blieb vereinzelt, kann somit keine Allgemeingültigkeit beanspruchen. Zudem zeigen sich hier die typischen Probleme grundrechtlicher Leistungsansprüche. Darüber hinaus erfasst der Schutzbereich des Art. 12 GG nachteilige Veränderungen der wirtschaftlichen Verhältnisse berufstätiger Personen nicht[911]. Auch dies entspricht der oben für Art. 14 GG dargestellten Annahme, dass bloße Wertveränderungen das Eigentumsgrundrecht nicht beeinträchtigen.

Doch letztlich schützt die Berufsfreiheit einen Vermögenswert[912], nämlich die wirtschaftliche Verwertung der jeweiligen Fähigkeiten, selbst wenn sie grundsätzlich auch unwirtschaftliche Betätigungen schützt. Garantiert wird die Selbstverwirklichung im Erwerbsbereich[913], die Schaffung einer Lebensgrundlage im wirtschaftlichen Bereich[914]. Mit dem Bezug auf den Erwerb und die Schaffung einer Lebensgrundlage, die sich im Wesentlichen aus Geld zusammensetzt, besteht ebenso wie bei der Eigentumsfreiheit ein enger Bezug zu materiellen Gütern. Nicht umsonst gilt als Faustformel: „Art. 12 GG schützt den Erwerb, Art. 14 GG das Erworbene"; beides unterscheidet sich lediglich durch einen Fortschritt auf der Zeitachse. Der vermögenswerte Gehalt zeigt sich zudem daran, dass Art. 12 GG auch die Freiheit enthält, eine angemessene Vergütung zu fordern[915]. Da das Eigentumsgrundrecht die wirtschaftliche (oder auch nichtwirtschaftliche) Verwertung von Dingen schützt, ähnelns sich Eigentumsfreiheit und Berufsfreiheit insofern. Plastisch wird dies in Leitfall 3, in dem die Versagung der Apothekenkonzession

---

910 BVerfGE 54, 251(270).

911 BVerfGE 37, 1(17f); 55, 7(25f); Sachs/Mann, Art. 12 GG, Rn 81, 97.

912 Schenke, NJW 1991, S. 1777(1781); vorsichtig Röder, S. 254; ebenso Sass, Entschädigungserfordernis, S. 119.

913 Scholz in: Maunz/Dürig (47.EL), Art. 12 GG, Rn 20; Sachs/Mann, Art. 12 GG, Rn 16; Röder, S. 254; Hofmann in: Schmidt-Bleibtreu/Hofmann/Hopfauf, Art. 12 GG, Rn 4, 20.

914 Scholz in: Maunz/Dürig (47.EL), Art. 12 GG, Rn 29, 32.

915 Hofmann in: Schmidt-Bleibtreu/Hofmann/Hopfauf, Art. 12 GG, Rn 23; aus der zitierten Rechtsprechung des Bundesverfassungsgerichts geht dies aber nicht unmittelbar hervor: nicht angesprochen aber vorausgesetzt in BVerfGE 68, 193(216); 83, 1(13) – Recht, die Vergütung frei festzusetzen.

zugleich den Verlust von Einnahmen aus dieser Berufstätigkeit bedeutet und dies auch nicht durch eine anderweitige Betätigung aufgefangen werden kann.

Zudem sind die Schutzbereiche beider Grundrechte zu eng miteinander verknüpft, zu schwer voneinander abgrenzbar, als dass sie hinsichtlich des Wertschutzes unterschiedlich behandelt werden könnten[916]. Nicht zuletzt wird mit nicht von der Hand zu weisenden Argumenten die Erweiterung der Aufopferungsentschädigung auf die Berufsfreiheit gefordert[917].

Insgesamt zeigt sich eine deutliche Parallelität zwischen der Berufsfreiheit und dem Eigentum[918]. Die Erwägungen hinsichtlich des Wertschutzes treffen damit auch auf die Berufsfreiheit zu: Es besteht ein Wertschutz, allerdings nur am Rande und in abgeschwächter, subsidiärer Form.

e) Zwischenergebnis

Die Eigentumsgarantie sowie die Berufsfreiheit sind damit nicht auf eine strenge Bestandsgarantie beschränkt. Sie umfassen grundsätzlich auch eine Wertgarantie. Diese ist allerdings bislang nur subsidiär und steht nicht im Vordergrund des Grundrechtsschutzes.

3) Probleme im Bereich ideeller Grundrechte

Diskutiert wurde das Problem der Wertgarantie jedoch primär im Bereich des Eigentumsgrundrechts. Diese kann aufgrund ihrer grundsätzlichen Vermögenswertigkeit[919] recht einfach in eine Wertgarantie umgerechnet werden. Die meisten eigentumsrechtlichen Positionen könnten gegen Geld am Markt erworben werden, zumeist wurden sie dies auch. Verfassungsrechtlich geregelt ist hier eine Kompensierbarkeit des tatsächlichen Verlusts eines grundrechtlichen Schutzguts bereits im Rahmen der Enteignungsentschädigung.

Es ist stellt sich jedoch weiter die Frage, ob auch ideelle, immaterielle Grundrechtsgüter, die keinen unmittelbaren vermögenswerten Bezug aufweisen, eine Wertgarantie enthalten[920]. Wie wichtig dies ist, zeigt sich auch darin, dass der *VGH*

---

916 Ebenso Sass, Entschädigungserfordernis, S. 119ff, 400ff; hinsichtlich der Aufopferungshaftung Schenke, NJW 1991, S. 1777(1782) und Schoch, DV 34(2001), S. 261(279f).

917 S. dazu oben F IV) 1) a) sowie unten d) (1).

918 Ebenso Sass, Entschädigungserfordernis, S. 121.

919 Jarass/Pieroth, Art. 14 GG, Rn 7; ebenso Stern, Staatsrecht III/1, § 66, S. 664: Schutz vermögenswerter Rechtspositionen.

920 Ebenso Röder, S. 252ff, nach dem das „Wertschutzkonzept“ des Art. 14 GG nicht auf die übrigen Grundrechte übertragen werden kann; Sass, Entschädigungserfordernis,

Kassel in einer den Folgenersatzanspruch betreffenden Entscheidung gerügt hat, der Kläger zeige keine Umstände auf, durch die ihm ein wirtschaftlicher Nachteil zugefügt worden sei. Ohne diese gebe es aber keine Anhaltspunkte zur Bestimmung der Höhe des Anspruchs[921]. Soweit aufgrund des ideellen Charakters des Grundrechts kein unmittelbarer wirtschaftlicher Bezug vorliegt, ist daher noch problematischer, ob es materialisierbar ist, ob eine Wertgarantie besteht.

Hierbei soll zunächst untersucht werden, ob immaterielle Grundrechtsgehalte überhaupt materialisierbar sind, und in einem zweiten Schritt, inwiefern der negatorische Gehalt ihre Materialisierung fordert.

a) „Kommerzialisierung" immaterieller Rechtsgüter und vermögenswerte Folgeschäden

Bevor die „Kommerzialisierbarkeit" – im Sinne der Umrechnung der immateriellen Grundrechte in Geld – untersucht wird, muss jedoch zunächst eine grundlegende Unterscheidung im Bereich der Haftung für die Verletzung immaterieller Rechtsgüter dargestellt werden.

Wie auch im Zivilrecht ist bei Rechtsgutsverletzungen zwischen unmittelbaren Schäden und Folgeschäden zu unterscheiden. Der unmittelbare Schaden besteht dabei aus dem Eingriff in das Rechtsgut selbst, der mittelbare Schaden hingegen aus den negativen Folgen, die durch den Rechtsgutseingriff ausgelöst werden, aber nicht mit ihm deckungsgleich sind. Ein bekanntes Beispiel ist die Körperverletzung, bei der der unmittelbare Schaden in der Einbuße an Gesundheit, und damit einem immateriellen Schaden besteht, die Folgeschäden hingegen in Heilungskosten oder Verdienstausfall. Zur Verdeutlichung können die oben[922] angeführten Leitfälle dienen. So liegt in Leitfall 5 ein mittelbarer Schaden vor, wenn die Emissionen der Kläranlage eine Gesundheitsschädigung bewirken und dies Behandlungskosten verursacht. Vergleichbar ist auch Leitfall 4, in dem die Untersagung der Demonstration die Kosten für die Bekanntmachung der Veranstaltung nutzlos werden ließ und diese dadurch einen Schaden darstellen.

Das Beispiel der Körperverletzung, die auch einen Eingriff in Art. 2 Abs. 2 GG darstellen kann, zeigt damit die zwei Arten von Einbußen, die aus der Verletzung eines immateriellen Grundrechts entstehen können: Einmal die immaterielle Einbuße am Rechtsgut selbst, in den Leitfällen 3 und 5 sind dies die Nichtdurchführung der Demonstration sowie der Gesundheitsschaden, und weiter die hieraus

---

S. 148 nennt hier Art. 8, 5, 6 GG, denen er keine Vermögensschutzkomponente beimisst.

921 VGH Kassel v. 20.2.2006, BeckRS 2006 22340.

922 S. dazu oben D II) 3) a) (4).

resultierende materielle Einbuße als Folgeschaden. Da es sich bei dem letzteren Schaden durchaus um einen Vermögensschaden handelt, der in eine Geldzahlung umgerechnet werden kann, ist auch ersichtlich, dass er leichter ersetzt werden kann als eine vollständig immaterielle Einbuße. Erforderlich ist hier nur, dass auch bei Verletzungen immaterieller Rechtsgüter ein Geldersatzanspruch besteht und für mittelbare Folgen gehaftet wird. Bei der rein immateriellen Einbuße muss hingegen ein immaterielles Rechtsgut unmittelbar in einen Geldersatzanspruch umgerechnet werden. Hierfür ist die „Kommerzialisierung" eines an sich nicht unmittelbar vermögenswerten Rechtsguts erforderlich, was mit der Gewährung eines Schmerzensgelds im Zivilrecht verglichen werden kann. Bei Annahme einer solchen Kommerzialisierung sind jedoch materielle Folgeschäden immaterieller Rechtsverletzungen unproblematisch ersatzfähig, weshalb der Schwerpunkt der nachfolgenden Untersuchung auf der Kommerzialisierung immaterieller Rechtsgüter liegt.

Soweit nach einer Haftungsfunktion immaterieller Rechtsgüter gefragt ist, erkennt die Literatur teilweise die Ersatzfähigkeit materieller Folgeschäden an[923]. Ein solcher Ersatzanspruch wird aus dem negatorischen Gehalt der Grundrechte hergeleitet und insoweit eine „Haftungsfunktion" der Grundrechte anerkannt[924].

Abgelehnt wird hingegen eine reine „Kommerzialisierung" ideeller Grundrechte, also der Fall, dass kein Vermögensfolgeschaden vorliegt[925]. Das Bundesverfassungsgericht geht in einer Entscheidung zum aufopferungsgleichen Eingriff sogar noch darüber hinaus, wenn es für einen Ersatz bei Verletzung eines immateriellen Grundrechts nicht nur einen Vermögensfolgeschaden verlangt, sondern, dass dieser auf einer Bestandseinbuße beruhen muss[926]. Es überträgt hier die aus der Entschädigung bekannte Figur, dass nur eine einer Bestandseinbuße nachfolgende Werteinbuße ersatzfähig ist, auf die Aufopferung immaterieller Rechtsgüter.

Daher ist zu untersuchen, welche Gründe für oder gegen die Kommerzialisierung immaterieller Rechtsgüter sprechen.

---

923 Schoch, VerwArch. 79(1988), S. 1(9); Schenke/Guttenberg, DÖV 1991, S. 945(953f); Höfling, VVDStRL 61(2001), S. 260(285f); Grzeszick, S. 367; Röder, S. 254; ähnlich Klement, DV 37(2004), S. 73(76).

924 „Status negativus compensationis" bei Röder, S. 293ff, 317.

925 Schenke/Guttenberg, DÖV 1991, S. 945(955); Schenke, NJW 1991, S. 1777(1784); Grzeszick, S. 367.

926 BVerfG NVwZ 1998, S. 271(272).

b) Generelle Haftungsfunktion der Grundrechte

Eine generelle Haftungsfunktion der Grundrechte und damit ein Wertgehalt aller Grundrechte ist jedoch hoch umstritten. Teils wird dies bejaht[927], andererseits jedoch strikt abgelehnt[928], bisweilen sogar ohne dass dies näher begründet wird[929].

(1) Verallgemeinerung des Kompensationsprinzips

Manche Autoren vertreten, dass das in Art. 14 Abs. 3 enthaltene Kompensationsprinzip verallgemeinert werden könne und auf alle Grundrechtsverletzungen anwendbar sei[930]. Dieser Gedanke ähnelte der Rechtsanalogie[931]: ein allgemeiner Rechtsgedanke, der aber nur in einer einzigen Regelung zum Ausdruck kommt, wird auf einen anderen Komplex erstreckt.

Das Entschädigungserfordernis des Art. 14 Abs. 3 GG ist jedoch nur dort explizit im Grundgesetz angeordnet und weist somit einen Ausnahmecharakter auf. Dies spricht dagegen, das hierin enthaltene Kompensationsprinzip auf alle, auch die immateriellen Grundrechte zu erstrecken. So ist eine Analogie zu einer Ausnahmeregelung nicht zulässig, da sie nicht verallgemeinerungsfähig ist[932].

---

927 Höfling, VVDStRL 61(2001), S. 260(275ff); Bleckmann, Staatsrecht II, § 11 Rn 22f; Röder, S. 293ff auch für immaterielle Einbußen, S. 317.

928 BGH NJW 1988, S. 478ff – explizite Ablehnung eines neuartigen Schadensersatzanspruchs aus Art. 14 GG, allerdings keine explizite Ablehnung einer Haftungsfunktion; Schenke, JuS 1990, S. 370(377); ganz vage Kutschera, Bestandsschutz, S. 103; Stern, Staatsrecht III/1, § 66, S. 683ff, § 67 S. 748; Pietzko, S. 552; für einen Wertgehalt, aber gegen eine Kommerzialisierung aller ideellen Grundrechte Grzeszick, S. 362ff; Gromitsaris, S. 94f, 127; tendenziell auch Haack, DVBl. 2010, S. 1475(1477ff).

929 Schenke/Guttenberg, DÖV 1991, S. 945(955); Grzeszick, S. 367; Gromitsaris, S. 95 („solange Entschädigung nicht als notwendige Grundrechtsverletzungsfolge eingefordert wird"), S. 268; deutlich auch auf S. 127: „Aus den Grundrechten wird nicht ein Schadensersatzanspruch, sondern ein Stufenmodell des negatorischen Rechtsschutzes abgeleitet". Nichtsdestotrotz erkennt er in den Fällen des Ausfalls des Folgenbeseitigungsanspruchs einen Folgenersatzanspruch an, S. 257f. Allerdings sieht er ihn als Entschädigungsanspruch an.

930 Gallwas, Faktische Beeinträchtigungen, S. 135ff; Bleckmann, Staatsrecht II, § 11 Rn 22f.

931 Zur Abgrenzung der verschiedenen Analogiearten Lackner/Kühl, § 1 StGB, Rn 5; Rüthers/Fischer/Birk, Rechtstheorie, Rn 891, 892.

932 Anders jedoch teilweise Zippelius, S. 69f: Ausnahmetatbestände können verallgemeinerungsfähig sein. Hier ging es jedoch nicht um die oben angeführten Ausnahmetatbestände im Sinne einer Besonderheit, sondern um Ausnahmetatbestände, die eine bestimmte Regelung in bestimmten Fällen nicht eintreten lassen, z.B. ein Rechtfertigungsgrund nur im Rahmen des Schwangerschaftsabbruchs.

Gegen eine Verallgemeinerung spricht auch, dass das Kompensationsprinzip mit Art. 14 Abs. 3 GG in einem Grundrecht enthalten ist, das wie kein anderes einen geldwerten Gehalt aufweist. Einer hieraus abgeleiteten Kommerzialisierung immaterieller Grundrechtsgüter könnte stets entgegnet werden, dass ihre Herkunft aus dem vermögenswerten Eigentum nicht übertragbar ist. Aus diesem Grunde ist eine Verallgemeinerung des Kompensationsprinzips als Begründungsansatz für eine Kommerzialisierung abzulehnen.

(2) Kompensation als Minus zur immateriellen Freiheit

Weiter gehen einzelne Autoren davon aus, dass es zwar gegenüber der tatsächlichen Freiheit ein minus wäre, das Immaterialgrundrecht abzugelten[933], jedoch besser sei, ein „approximatives Minus" zu gewähren, als gar keinen Ersatz[934]. Daher überzeuge es nicht, einen aus den Grundrechten abgeleiteten Kompensationsanspruch deswegen zu versagen, weil dies den Abwehrgehalt übersteige[935]. Das verfassungsrechtliche Erfordernis von Kompensation könne nicht nur auf Art. 14 GG beschränkt werden[936]. Der negatorische Geldersatzanspruch wird hier auch mittels eines „abwehrrechtlichen Rechtsfortsetzungsgedankens" begründet[937]. Dadurch soll er wie die tatsächliche Wiederherstellung einen negatorischen, und nicht nur sanktionierenden oder präventiven Charakter haben[938]. Er wird hiernach als ein minus, nicht als ein aliud angesehen.

Allerdings beinhaltet diese Begründung einen Zirkelschluss, zumal sie oft eine nicht näher begründete These bleibt. Ein Geldersatzanspruch kann nur dann ein minus zur tatsächlichen Wiederherstellung sein, wenn er ebenfalls wiederherstellenden, negatorischen Charakter aufweist. Es wäre daher erforderlich, dies zu begründen, was häufig nicht erfolgt. Dies muss daher originär aus bereits bestehenden Ersatzansprüchen sowie aus den immateriellen Grundrechten selbst hergeleitet werden. In diesem Rahmen ist auch zu untersuchen, ob es einen Geldersatzanspruch als „immerhin zu gewährendes" Minus teleologisch

---

933 Röder, S. 159; Unterreitmeier, DVBl. 2005, S. 1235(1238); indirekt auch Konow, DVBl. 1968, S. 205(207); inzident vorausgesetzt bei Weyreuther, Gutachten B, S. 150; Gassner, NuR 1988, S. 67(68f); Rehbinder, NuR 1988, S. 105(109).

934 Konow, DVBl. 1968, S. 205(207); Rehbinder, NuR 1988, S. 105(109); für das Naturschutzrecht Gassner, NuR 1988, S. 67(69); Röder, S. 159.

935 Röder, S. 159.

936 Röder, S. 259.

937 Röder, S. 293f; Unterreitmeier, DVBl. 2005, S. 1235(1238, noch einmal S. 1241).

938 Zu diesen Funktionen im Bereich des Schmerzensgeldes MüKo/Oetker, § 253 BGB, Rn 10ff.

geben muss, oder ob es in diesen Situationen schlicht bei der Feststellung bleiben muss, dass der negatorische Rechtsschutz versagt hat.

Diese Ansicht ist daher eine bloße These, deren Richtigkeit zu prüfen bleibt.

(3) Ablehnende Rechtsprechung des Bundesverfassungsgerichts

Das Bundesverfassungsgericht äußerte sich stets sehr reserviert im Hinblick auf eine umfassende grundrechtliche Schadensersatzpflicht, die auch eine Kommerzialisierung immaterieller Rechtsgüter enthält. Es sei „eine umfassende unmittelbare Staatsunrechtshaftung von Verfassungs wegen nicht gefordert“[939]. Hierin lehnt es eine generelle Haftungsfunktion aller Grundrechte und damit auch eine Kommerzialisierung ab.

Es zeigt sich jedoch, dass dieser pauschale Satz nicht vollständig in den Kontext des Urteils passt. Sowohl das Staatshaftungsurteil als auch das oben zitierte Urteil behandeln im Kontext des Zitats nur Fragen der Amtshaftung. Damit steht dieser Satz damit in Zusammenhang, dass aus der Überleitungsnom Art. 34 GG keine umfassende Haftung gefolgert werden kann. Hierauf deutet Entscheidung zum Staatshaftungsgesetz an, nach der Art. 34 GG nur eine „Mindestgarantie“ enthält, die überschritten werden könne[940]. Die Amtshaftung ist jedoch von der negatorischen Haftung aus einer Grundrechtsverletzung zu unterscheiden. Selbst wenn aus der Amtshaftung keine generelle verfassungsunmittelbare Haftung abgeleitet werden kann, spricht dies nicht gegen deren Ableitung aus den Grundrechten. Jede weitere Aussage des Bundesverfassungsgerichts, eine umfassende unmittelbare Staatsunrechtshaftung sei von der Verfassung nicht gefordert, wird von einem Zitat dieser Entscheidung begleitet[941]. Das Zitat ist aber in diesem Zusammenhang irreführend, da die Aussage aus dem Zusammenhang des Amtshaftungsanspruchs gerissen ist. Sie bezieht sich nur scheinbar auf jede Form von Staatshaftung. Zudem besagt das Zitat auch nicht, dass eine unmittelbare Staatsunrechtshaftung ausgeschlossen wird, vielmehr ist von einer „*umfassenden* unmittelbaren Staatsunrechtshaftung“ die Rede[942]. Damit kommt zunächst nur zum Ausdruck, dass eine Haftung für jegliche Nachteile abgelehnt wird. Die Aussage

---

939 BVerfGE 61, 149(149, 198) – Staatshaftung; BVerfG NVwZ 1998, S. 271(272); BVerfG NJW 2006, S. 1580(1580); sich dem explizit anschließend Heinz/Schmitt, NVwZ 1992, S. 513(521).

940 BVerfGE 61, 149(199) – Staatshaftung; ebenso Höfling, VVDStRL 61(2001), S. 260(281); Jarass/Pieroth, Art. 34 GG, Rn 2.

941 So in BVerfG NVwZ 1998, S. 271(272); BVerfG NJW 2006, S. 1580(1580).

942 Dazu insbes. Röder, S. 154.

bezieht sich auch nicht auf eine Grundrechtsverletzungshaftung, sondern spricht nur von einer allgemeinen Unrechtshaftung.

Nichtsdestotrotz hat es das Bundesverfassungsgericht mit diesen Satz rechtfertigt, die Amtshaftung wegen menschenunwürdiger Haftunterbringung gem. Art. 1 Abs. 1 GG wegen Unerheblichkeit der Verletzung einzuschränken[943]. Es gebe kein zwingendes Junktim zwischen Menschenwürdeverletzung und Geldentschädigung, vielmehr könne die gerichtliche Feststellung des Grundrechtsverstoßes ausreichend sein. Doch auch diese Einschränkung bezieht sich auf die Amtshaftung.

Insgesamt zeigt sich gerade in der letzten Entscheidung, dass das Bundesverfassungsgericht Grundrechtsverletzungen zunehmend ohne oder mit einer bloß deklaratorischen Reaktion hinnimmt. Dennoch kann diese Rechtsprechung, durch die fälschlicherweise eine Schlussfolgerung aus der Amtshaftung auf die gesamte Unrechtshaftung übertragen wurde, nicht dazu führen, dass jegliche Kommerzialisierung immaterieller Grundrechte abgelehnt wird[944].

(4) Zwischenergebnis

Es ist damit zu apodiktisch, schlicht eine allgemeine Haftungsfunktion der Grundrechte anzunehmen oder einen Geldersatzanspruch als minus einer unmöglichen Bestandswahrung anzusehen. Ebenso wenig gibt es eine überzeugende und begründete Rechtsprechung des Bundesverfassungsgerichts, die einer solchen Haftung entgegenstehen könnte. Damit muss die Frage der Kommerzialisierbarkeit aus einer Untersuchung der einzelnen Erscheinungen und Ausprägungen der immateriellen Einzelgrundrechte hergeleitet werden.

c) Vermögenswerter Bestandsschutz immaterieller Grundrechte

Zunächst ist zu untersuchen, ob immateriellen Grundrechten überhaupt jeglicher vermögenswerte Bestandteil abgesprochen wird. Denn ein solcher könnte sich nicht nur in einem Wertschutz, wie er für den Folgenersatzanspruch relevant wäre, sondern auch in einem vermögenswerten Bestandsschutz zeigen.

---

943 BVerfG NJW 2006, S. 1580(1581): es „begegne keinen verfassungsrechtlichen Bedenken, dass das OLG und der BGH im Ergebnis davon ausgegangen seien, der Bf. habe unter den besonderen Umständen seines Falles einen hinreichenden Ausgleich und eine zureichende Genugtuung bereits dadurch erfahren, dass die Strafvollzugskammer die Rechtswidrigkeit seiner Haftunterbringung und einen Verstoß gegen Art. 1 GG festgestellt habe.“

944 Ebenso Höfling, VVDStRL 61(2001), S. 260(284).

So ist im Bereich der Pressefreiheit ein vermögenswerter Bestandsschutz umstritten, wird jedoch von einigen Autoren bejaht[945]. Ebenso gewährleistet die Staatskirchenfreiheit des Art. 140 GG iVm Art. 138 WRV das Kircheneigentum und die Staatsleistungen als vermögenswerte Rechtsgüter[946], auch wenn es sich bei dieser Bestimmung nicht um ein Grundrecht handeln soll[947].

Hier zeigt sich, dass immateriellen Grundrechten keineswegs kategorisch ein vermögenswerter Bestandteil abgesprochen werden kann. Zwar stellt dies noch keinen neben den Bestandsschutz tretenden Wertschutz dar. Ein vermögenswerter Bestand von Immaterialrechtsgütern ist jedoch anzunehmen, sowohl nach der Rechtsprechung als auch nach der Literatur. Dieser tritt nicht an die Stelle der immateriellen Bestandteile der Rechtsgüter, sondern ergänzend neben sie.

Problematisch ist allerdings, dass diese vermögenswerten Bestandteile der immateriellen Grundrechte zumeist im Ergebnis doch dem Schutzbereich des Art. 14 GG angehören sollen. In diesem Zusammenhang geschieht die Ausnutzung der Kunstfreiheit beispielsweise durch Urheberrechte[948]. Diese hängen insofern eher thematisch denn dogmatisch mit den immateriellen Grundrechten zusammen. Aufgrund dieser dogmatischen Einordnung der vermögenswerten Bestandteile sind diese keine originären vermögenswerten Bestandteile immaterieller Grundrechte, sondern können lediglich belegen, dass es einen Zusammenhang gibt zwischen der Ausübung immaterieller Grundrechte und einem vermögenswerten Bestand, der dieser Ausübung dient. Jedoch wird dieser Bestand dogmatisch von Art. 14 GG erfasst. Daher ist er ohnehin leichter einem Ersatz durch Geld zugänglich, als dies der Fall wäre, wenn man ihn dem immateriellen Grundrecht zuordnen würde.

---

945 Von BVerfGE 31, 229(239ff) wurde das Urheberrecht als vermögenswertes Rechtsgut im Sinne von Art. 14 GG angesehen; 49, 382(392); mit Einschränkungen und unter Zuweisung zu Art. 14 Scholz in: Maunz/Dürig (1.EL), Art. 5 GG, Abs. III, Rn 18.

946 S. dazu Mikat, HdVerfR, § 29 Rn 32; Stern, Staatsrecht III/1, § 66, S. 665 mwN; Korioth in: Maunz/Dürig (42.EL), Art. 140 GG/Art. 138 WRV, Rn 13ff; Jarass/Pieroth, Art. 140 GG/138 WRV, Rn 3.

947 Korioth in: Maunz/Dürig (42.EL), Art. 140 GG/Art. 138 WRV, Rn 18; dazu auch Jarass/Pieroth, Art. 140 GG, Rn 2.

948 Benannt bei Scholz in: Maunz/Dürig (1.EL), Art. 5 Abs. III GG, Rn 18; Mikat, HdVerfR, § 29 Rn 32; Stern, Staatsrecht III/1, § 66, S. 665 mwN; Korioth in: Maunz/Dürig (42.EL), Art. 140 GG/Art. 138 WRV, Rn 13ff; Hofmann in: Schmidt-Bleibtreu/Hofmann/Hopfauf, Art. 14 GG, Rn 15; Friauf/Höfling/Siekmann, Art. 14 GG, Rn 43.

d) Beispiele möglicher Kommerzialisierung aus dem Staatshaftungsrecht

Es spricht für die Möglichkeit einer Kommerzialisierung immaterieller Grundrechte, wenn dies im sonstigen Staatshaftungsrecht bereits anerkannt ist. Ob eine mögliche Kommerzialisierung von den Abwehrrechten auch gefordert ist, ist sodann in einem weiteren Schritt zu prüfen (s. unten 4)).

(1) Diskussion zur Erweiterung der Aufopferungshaftung

Dass eine solche „Kommerzialisierung" von immateriellen Grundrechtsgütern auch ohne das Vorliegen eines Vermögensfolgeschadens möglich ist, könnte ein Blick auf die Rechtlage im Bereich der Aufopferungshaftung, insbesondere des aufopferungsgleichen Eingriffs, zeigen.

So nimmt der BGH an, dass eine Verletzung von Art. 2 Abs. 2 GG, der ebenfalls ein nicht vermögenswertes Grundrechtsgut ist, auf der Basis der überkommenen Aufopferungsrechtsprechung kompensierbar ist[949]. Diese Rechtsprechung erweiterte hierbei die Aufopferungshaftung gegenüber der des Reichsgerichts, die nur die Kompensationsfähigkeit von Eigentum oder vermögenswerten Rechtsgütern annahm[950].

Dies erfasst jedoch nur einen geringen Anteil der immateriellen Grundrechtsgüter. Umstritten ist hingegen bereits, ob auch Einbußen der Berufsfreiheit nach Art. 12 GG kompensationsfähig sein sollen[951]. Darüber hinaus wird in der Literatur teilweise eine Ausdehnung der Aufopferungsentschädigung auf immaterielle Rechtsgüter wie Ehre, Name und/oder Privatsphäre vertreten; hieraus ergibt sich sodann ein allgemeiner grundrechtlicher Schutzanspruch auf Unterlassung,

---

949 BGHZ 9, 83(85ff); 20, 61(64); 25, 238(240); 45, 58(76ff); 65, 196(206); 66, 118(119f); OVG Münster, NVwZ 1994, S. 795(796); Ossenbühl, S. 131ff; Papier, HStR VIII (3.A.), § 180, Rn 65ff; Maurer, Verwaltungsrecht, § 28, Rn 3, 4.

950 Dazu Schenke, NJW 1991, S. 1777(1779).

951 Dafür OVG Münster, NVwZ 1994, S. 795(796); Maurer, JZ 1991, S. 38(39); Schenke, NJW 1991, S. 1777(1780ff); Schenke/Guttenberg, DÖV 1991, S. 945(945, 953f) mwN; Ossenbühl, S. 133; Papier in: Maunz/Dürig (59. EL), Art. 14 GG, Rn 673; Schoch, DV 34(2001), S. 261(279); Röder, S. 151; Rüfner in: Erichsen/Ehlers (12. A.), § 49 Rn 84; aus rechtspolitischen Gründen fordert dies Jarass/Pieroth, Art. 14 GG, Rn 57, ohne allerdings sich auch für eine Erweiterung de lege lata auszusprechen; mit einer Zuweisung zum Verwaltungsrechtsweg verbunden bei Hain, VerwArch. 2004, S. 498(506, 508f); dagegen BVerfG NVwZ 1998, S. 271(272); BVerfG NJW 1992, S. 36(37); BGHZ 132, 181(188); BGH NJW 1990, S. 3260ff; BGH NJW 1992, S. 36(37); BGH NJW 1994, S. 2229; Rinne/Schlick, NVwZ 1997, S. 34(38, 41); Haack, DVBl. 2010, S. 1475(1481); darstellend Gromitsaris, S. 92; Sachs/Bonk, Art. 34 GG Rn 43.

Beseitigung, Herstellung und/oder Entschädigung im Falle rechtswidrigen Handelns[952]. Dies wird damit begründet, dass sich bereits aus § 75 EinlALR kein Grund dafür ergebe, zwischen den verschiedenen immateriellen Grundrechtsgütern zu differenzieren[953]. Darüber hinaus fordere das Gleichbehandlungsgebot die Erweiterung der Aufopferungshaftung insbesondere auf Art. 12 GG sowie die übrigen grundrechtlichen Rechtsgüter[954]. Bei einer grundrechtlichen Ableitung dürften die Schutzgüter nicht untereinander benachteiligt oder privilegiert werden[955]. Gerade Art. 12 GG stehe zum aufopferungsrechtlich geschützten Eigentum in einer engen Beziehung[956]. Zudem wurde bereits die Aufopferungshaftung für Eingriffe in Art. 2 Abs. 2 GG mit einem Rückgriff auf den Gleichheitssatz begründet. Auch die die Enteignungshaftung beruht im Kern auf Gleichheitsgedanken[957]. Letztlich gebiete auch die Ratio der Aufopferung, der Ausgleich eines besonderen Opfers des Einzelnen, eine Einbeziehung[958]. Ähnliches sei auch im einfachen Recht, insbesondere im Polizeirecht sowie in den Widerrufsnormen des VwVfG, vorgesehen, worauf im Wege einer Gesamtanalogie zurückzugreifen sei[959]. Nicht ausreichend für die Ausdehnung der Aufopferungsansprüche sei hingegen der Rekurs auf die subjektiv-rechtliche Qualität der immateriellen Grundrechte[960].

---

952 Maurer, JZ 1991, S. 38(39); Schenke, NJW 1991, S. 1777(1780f, inbes. 1782); Schenke/Guttenberg, DÖV 1991, S. 945(945, 953f); Steinberg/Lubberger, Aufopferung – Enteignung und Staatshaftung, S. 352; Ossenbühl, S. 135; Brüning, JuS 2003, S. 2(4, 5, 6); s. dazu auch Sachs/Bonk, Art. 34 GG, Rn 43; ähnlich Papier in: Maunz/Dürig (59. EL), Art. 14 GG, Rn 673, der auch vermögenswerte Rechte, die nicht von Art. 14 GG geschützt sind, erfassen will; im Ergebnis ebenso, allerdings auf Basis des Folgenersatzanspruchs Grzeszick S. 366; vorsichtig auf ein rechtspolitisches Bedürfnis verweisend Jarass/Pieroth, Art. 14 GG, Rn 57; ebenfalls vorsichtig Maurer, Verwaltungsrecht, § 28, Rn, 3.

953 Schenke, NJW 1991, S. 1777(1780, 1781).

954 Schenke, NJW 1991, S. 1777(1781); Röder, S. 151; ähnlich Jarass/Pieroth, Art. 14 GG, Rn 57.

955 Ähnlich auch Schenke, NJW 1991, S. 1777(1780f, 1781); Schenke/Guttenberg, DÖV 1991, S. 945(954); Sproll, JuS 1996, S. 125(129); Brüning, JuS 2003, S. 2(6).

956 Schenke, NJW 1991, S. 1777(1781, 1786); Schenke/Guttenberg, DÖV 1991, S. 945(954); Röder, S. 151.

957 Schenke, NJW 1991, S. 1777(1781); dazu BGHZ 9, 83(90f).

958 Schenke/Guttenberg, DÖV 1991, S. 945(954).

959 Schenke, NJW 1991, S. 1777(1782, 1783); Schenke/Guttenberg, DÖV 1991, S. 945(954).

960 Schenke/Guttenberg, DÖV 1991, S. 945(954).

Dem ist die Rechtsprechung bislang jedoch nicht gefolgt[961]. Hier wird gegen eine Erweiterung der Aufopferung aufgrund des Gleichheitssatzes aus Art. 3 Abs. 1 GG eingewandt, dass dieser kein Gebot der Stimmigkeit des einfachen Rechts enthalte. Auch das Bundesverfassungsgericht maß die Frage nach einer Erweiterung der Aufopferung am weiteren Willkürverbot des Art. 3 Abs. 1 GG[962], nicht an der sog. „Neuen Formel"[963]. Danach stellt die Ausklammerung der Berufsfreiheit nur einen Grundrechtseingriff geringerer Intensität dar und noch keine Willkür[964]. Eine Gegensicht sieht die Differenzierung hingegen gerade als willkürlich an[965]. Nicht zuletzt wird eine Ausdehnung der Aufopferungshaftung mit dem Argument abgelehnt, dass sie als gewohnheitsrechtlicher Anspruch nur so weit gehen könne, wie auch eine Gewohnheit bestehe[966].

Allerdings wird auch im Bereich des aufopferungsgleichen Eingriffs für einen Geldersatzanspruch gefordert, dass ein Vermögensfolgeschaden vorliegen muss[967]. Einen Schmerzensgeldbestandteil, der rein immaterielle Einbußen kompensiert, lehnt die Rechtsprechung hingegen ab[968]. Damit erfolgt auch hier keine vollständige Materialisierung immaterieller Grundrechtsgüter. Unabhängig davon, ob man den aufopferungsgleichen Eingriff auf weitere immaterielle Rechtsgüter erweitert, kann er hiernach nicht die Kommerzialisierung von Immaterialrechtsgütern begründen. Er könnte allenfalls den Ersatz vermögenswerter Folgeschäden von Eingriffen in immaterielle Grundrechte stützen.

Vereinzelt wird jedoch vertreten, dass auch im Bereich der Aufopferungshaftung ein „Schmerzensgeld" gewährt werden solle[969]. Nach dieser Auffassung könne das Argument gegen einen Ersatz immaterieller Einbußen, dass nach § 253

---

961 BGH NJW 1994, S. 2229(2229f); BGH WM 1996, S. 1109(1111); ähnlich BVerfG NVwZ 1998, S. 271(271f); BVerfG NJW 1992, S. 36(37) – Kakaoverordnung: Beschränkung verfassungsrechtlich nicht zu beanstanden; Rinne, DVBl. 1993, S. 869; Rinne/Schlick, NVwZ 1997, S. 34(37, 38, 41); ebenso Sachs/Tettinger (3.A), Art. 12 GG, Rn 147b und Sachs/Mann, Art. 12 GG, Rn 178.

962 BVerfG NVwZ 1998, S. 271(272); dazu Röder, S. 152.

963 Dazu Pieroth/Schlink, Rn 472.

964 Kunig, Jura 1992, S. 554(557).

965 Röder, S. 152f.

966 Haack, DVBl. 2010, S. 1475(1481).

967 BVerfG NVwZ 1998, S. 271(272); Schoch, VerwArch 79(1988), S. 1(9); Schenke, NJW 1991, S. 1777(1781, insbes. 1782); Schenke/Guttenberg, DÖV 1991, S. 945(954); Staudinger/Schiemann, Vorbem §§ 249ff BGB, Rn 20; Grzeszick in: Erichsen/Ehlers (14.A.), § 45, Rn 101; Maurer, Verwaltungsrecht, § 28, Rn 15.

968 BGHZ 20, 61; 22, 43; 45, 58(77); Ossenbühl S. 139ff.

969 Ossenbühl, S. 139, 140.

BGB nur für materielle Einbußen Geld verlangt werden könne, entkräftet werden. Die Rechtsprechung des BGH zum Ersatz bei Persönlichkeitsrechtsverletzungen negiere diese Einschränkung nämlich[970]. Es komme hinzu, dass die Schuldrechtsreform die Gewährung des Schmerzensgeldes auch auf Vertragsverletzungen ausgedehnt hat. Hierin zeige sich, dass grundlegende materielle Gerechtigkeitsvorstellungen in der Gesellschaft dabei seien, sich in Richtung eines Ersatzes auch immaterieller Einbußen zu entwickeln[971]. Dies zeige auch die Tatsache, dass nach dem Entwurf von § 7 des Staatshaftungsgesetzes bei staatlichem Unrecht auch immaterielle Schäden ersatzfähig sein sollten[972]. Diese Ansicht bezieht sich jedoch durchweg auf Entwicklungen aus dem Zivilrecht oder dem nichtigen Staatshaftungsgesetz, die keine direkte Beziehung zu einem grundrechtlich abgeleiteten Folgenbeseitigungsanspruch aufweisen. Auch wenn sich in der Rechtspolitik oder dem Rechtsgefühl der Bevölkerung Entwickungstendenzen zeigen, begründet dies de lege lata nicht die Notwendigkeit einer Kommerzialisierung immaterieller Grundrechtsgehalte.

Ein weiteres Problem ist, dass der enteignungs- und aufopferungsgleiche Eingriff, der potentiell erweitert werden könnte, vom Bundesverfassungsgericht als einfachgesetzlich angesehen wird[973]. Hier besteht ein weiterer Unterschied zum Folgenbeseitigungsanspruch, der von Verfassungsrang ist. Allerdings sind die Grundrechte auch bei den Aufopferungsansprüchen als zweite Diskussionsebene zu berücksichtigen. Auch wenn sie einfachgesetzlich ausgestaltet sind, dienen sie doch dem Grundrechtsschutz. Die Frage, ob sie auf weitere grundrechtliche Güter erweitert können, betrifft daher die jeweiligen Grundrechte und ihr Rangverhältnis untereinander.

Im Ergebnis begründet daher der aufopferungsgleiche Eingriff kein eindeutiges Argument für eine mögliche Kommerzialisierung immaterieller grundrechtlicher Rechtsgüter, da er nur vermögenswerte Folgeschäden erfasst. Die Diskussion zur Erweiterung auf ein „Schmerzensgeld“ zeigt jedoch, dass es teilweise nicht mehr als zeitgemäß angesehen wird, nur Vermögensschäden zu ersetzen. Im Rahmen dieser Diskussion wird jedoch angedeutet, dass eine Kommerzialisierung alle immateriellen Grundrechtsgüter zu erfassen hat, und nicht nur die aus Art. 2 Abs. 2 GG.

970 Ossenbühl, S. 140.

971 Zu dem Erfordernis dieser Veränderung materieller Gerechtigkeitsvorstellungen als Grundlage für die Rechtsprechung zum Schmerzensgeld bei Verletzung des Allgemeinen Persönlichkeitsrechts Ossenbühl, S. 140.

972 Ossenbühl, S. 140.

973 BVerfG NJW 1992, S. 36(37).

(2) Kompensationsfähigkeit im Bereich der Amtshaftung

Bei der Amtshaftung jedoch können die meisten Grundrechtseingriffe unproblematisch in einen Geldersatz umgerechnet werden.

Dort ist zwar nicht der Rechtseingriff der Anknüpfungspunkt für die Haftung, sondern die Amtspflichtverletzung. Nichtsdestotrotz wird Ersatz nur für eine erlittene Rechtseinbuße gewährt – ohne Schaden ist auch hier kein Schadensersatz möglich. Hierbei wird aufgrund der Haftungsgrundlage in § 839 BGB für den Anspruchsumfang auf §§ 249ff BGB verwiesen, womit Verletzungen immaterieller Güter nur im Rahmen des Schmerzensgeldes nach § 253 Abs. 2 BGB ersatzfähig sind[974]. Soweit diese Norm reicht, besteht jedoch eine Ersatzfähigkeit. Damit sind Beeinträchtigungen von Körper, Gesundheit, Freiheit oder sexueller Selbstbestimmung kommerzialisiert.

Darüber hinaus bejahten jedoch der BGH und das BVerfG auch bei einem Verstoß gegen die Menschenwürde bei menschenunwürdiger Haftunterbringung einen Amtshaftungsanspruch. Entgegen dem Wortlaut des § 253 Abs. 2 BGB scheiterte ein Anspruch nicht daran, dass es etwa an einer ersatzfähigen Rechtsgutsverletzung fehle[975]. Vielmehr gewährte der BGH einen Amtshaftungsanspruch bei Verletzung des allgemeinen Persönlichkeitsrechts und übertrug diese Rechtsprechung auf Verletzungen der Menschenwürde[976]. Bisweilen wird auch trotz alleiniger Verletzung der Menschenwürde ein Schmerzensgeldanspruch bejaht, ohne auf die Amtshaftung einzugehen[977]; oder der Anspruch schlicht als „Schadensausgleich" oder „Entschädigung" bezeichnet, jedoch auf die Amtshaftung gestützt[978]. Die Übertragung der Rechtsprechung zum Allgemeinen Persönlichkeitsrecht auf die Menschenwürde wird zwar auch kritisiert. Die Kritik wendet sich allerdings nur gegen die dogmatische Herleitung; bei

974 BGHZ 78, 274(280); Maurer, Verwaltungsrecht, § 26, Rn 44; Ipsen, Verwaltungsrecht, Rn 1292; Schoch, DV 34(2001), S. 261(270); v. Danwitz in: v. Mangoldt/Klein/Starck, Art. 34, Rn 120; sehr global formuliert indes bei Grzeszick in: Epping/Hillgruber, Art. 34, Rn 14.

975 Zum Problem der Schmerzensgeldnorm auch Unterreitmeier, NJW 2005, S. 475(476).

976 Dies wird deutlich in OLG Frankfurt a.M., NJW 2007, S. 2494(2497), das die Menschenwürdeverletzung quasi als Unterfall einer Verletzung des Persönlichkeitsrechts prüft. Dazu auch Unterreitmeier, NJW 2005, S. 475(476); bereits angedeutet in BGH DÖV 1972, S. 206(207); BGH DVBl. 1977, S. 183(184); OLG Celle, NJW 2003, S. 2463(2464).

977 KG, NJW-RR 2005, S. 1478(1478); unklar auch BGH v. 1.8.2007, BeckRS 2007 13657.

978 OLG München, NJW 2007, S. 1986(1987).

einer Verletzung der Menschenwürde und der anschließenden Amtshandlung stünde die Ausgleichsfunktion im Vordergrund und nicht, wie im Zivilrecht, die Genugtuungsfunktion[979].

Man kann es jedoch auch auf die spezielle Fallgruppe der menschenunwürdigen Haftunterbringung zurückführen, dass in diesen Fällen Immaterialschadensersatz gewährt wurde. Haft stellt einen Freiheitsentzug dar, der bei einem Verstoß gegen die Menschenwürde rechtswidrig ist. Damit liegt ein Verstoß gegen die Fortbewegungsfreiheit vor[980], der nach § 253 Abs. 2 BGB schmerzensgeldfähig ist.

In jedem Fall ist aber eine Tendenz erkennbar, aufgrund des grundrechtlichen Bezugs der Amtshaftung Geldersatz für die Verletzung von immateriellen Grundrechten zu gewähren, über den Wortlaut von § 253 Abs. 2 BGB hinaus. Somit ist im Staatshaftungsrecht die Kommerzialisierung immaterieller Grundrechtsgüter durchaus anerkannt.

(3) Einfachgesetzliche Haftung für Verletzung immaterieller Güter

Auch im einfachen Verwaltungsrecht ist eine staatliche Haftung für die Verletzung immaterieller Güter bekannt. Dies könnte auch für einen grundrechtlich fundierten Anspruch wie den Folgenersatzanspruch bedeutsam sein, da dies bedeutet, dass immaterielle Rechte kommerzialisierbar sind. Einem Folgenersatzanspruch für rein immaterielle Schäden könnte daher nicht entgegengehalten werden, dass diese nicht in Geld umgerechnet werden können.

Einer der bekanntesten Ersatzansprüche für Einbußen an immateriellen Gütern ist § 1 Abs. 1 StrEG, der durch § 7 StrEG ausgefüllt wird. Hierbei handelt es sich um einen Ersatzanspruch für Haftzeiten, wenn das zugrunde liegende Strafurteil ganz oder teilweise aufgehoben oder abgemildert wird. Nach § 7 Abs. 3 StrEG erfasst der Ersatzanspruch explizit auch Nichtvermögensschäden, also die reine Freiheitsentziehung. Damit wird eine Einbuße an der Bewegungsfreiheit nach Art. 2 Abs. 2 GG durch ein einfaches Gesetz kommerzialisiert.

Auch im Polizeirecht ist häufig eine Haftung für die Verletzung nichtvermögenswerter Rechte vorgesehen, wenn ein Nichtstörer in Anspruch genommen wird. Die Haftung erfasst ihrem Wortlaut nach nur die rechtmäßige Inanspruchnahme, wird aber zumeist auf rechtswidrige Inanspruchnahme analog angewendet[981]. Zwar wird hier regelmäßig nur für Vermögensschäden

---

979 Unterreitmeier, NJW 2005, S. 475(477).

980 Als eine Alternative angenommen bei OLG Celle, NJW 2003, S. 2463(2464); angedeutet, aber nicht bejaht bei Unterreitmeier, NJW 2005, S. 475(476).

981 Dazu Schenke, NJW 1991, S. 1777(1783). Diese Argumentationsfigur überträgt *Schenke* auch auf weitere einfachgesetzliche Normen für die Rechtmäßigkeitshaftung.

gehaftet[982], allerdings enthalten manche Polizeigesetze eine schmerzensgeldähnliche Norm, nach der auch immaterielle Einbußen ersetzt werden[983]. Diese beschränken die Haftung jedoch wieder auf Verletzungen von Körper, Gesundheit und Fortbewegungsfreiheit.

Eine weitere einfachgesetzliche öffentlich-rechtliche Haftung, die immaterielle Rechtsbeeinträchtigungen erfasst, findet sich im Bundespolizeigesetz, BPolG[984]. Diese erfasst zwar nach § 52 Abs. 1 S. 1 BPolG zunächst ebenfalls nur Vermögensschäden. Nach § 52 Abs. 2 BPolG ist jedoch auch ein Nichtvermögensschaden, also ein immaterieller Schaden, in Geld auszugleichen, allerdings gleichfalls nur bei einer Verletzung von Körper, Gesundheit oder Freiheit.

Damit ist der Ersatz bei immateriellen Schäden zwar auf die Rechtsgüter beschränkt, die auch vom aufopferungsgleichen Eingriff geschützt werden. Allerdings wird – im Gegensatz zum aufopferungsgleichen Eingriff – explizit auch ein Nichtvermögensschaden ersetzt und damit eine Kommerzialisierung vorgenommen.

Auch der Ersatzanspruch für Impfschäden aus §§ 51ff BSeuchenG erfasst das klassische Rechtsgut der Gesundheit und kompensiert somit einen immateriellen Schaden.

Explizit für einen immateriellen Schaden an einem anderen Rechtsgut, nämlich dem Persönlichkeitsrecht, wird nach § 8 Abs. 2 BDSG gehaftet. Hierin liegt eine Erweiterung gegenüber den klassischerweise durch die Aufopferung geschützten Rechtsgütern.

Auch Art. 5 Abs. 5 EMRK gewährt einen Ersatz für bloße Immaterialgüterverletzungen[985].

Hinsichtlich all dieser Beispiele könnte zwar angenommen werden, dass es sich lediglich um einfachgesetzliche Ausnahmen von dem Prinzip, dass rein immaterielle Einbußen nicht ersatzfähig sind, handele[986]. Indes zeigen sie, dass solche Einbußen kommerzialisierbar sind. Wären sie dies nämlich nicht, wären die angeführten Normen auf etwas rechtlich Unmögliches gerichtet. Da sie dies jedoch nicht sind, kann höchstens angenommen werden, dass eine solche

982 Schenke, NJW 1991, S. 1777(1783); Art. 70 Abs. 7 des Bayerischen PAG nimmt grundsätzlich nur einen Ersatzanspruch für Vermögensschäden an, verweist aber für Freiheitsentziehungen auf das StrEG.

983 So § 69 Abs. 2 POG Rheinland-Pfalz; § 46 Abs. 2 MEPolG; § 57 Abs. 2, 58 BremPolG.

984 Diese wird jedoch von MüKo/Oetker, § 253 BGB, Rn 1, 2 offenbar als zivilrechtlich und als Gefährdungshaftung angesehen.

985 Dazu BGHZ 122, 268(279ff).

986 Anders Schenke, NJW 1991, S. 1777(1783).

Kommerzialisierung nicht der Regelfall oder nicht generell geboten ist. Damit kann einer Kommerzialisierung nicht entgegengehalten werden, dass sie nicht möglich ist, sondern allenfalls, dass die Verfassung sie nicht zwingend fordert und sie allein im Verantwortungsbereich des Gesetzgebers steht.

Man kann daher aus den dargestellten Ansprüchen folgern, dass immaterielle Grundrechte kommerzialisierbar sind.

e) Verallgemeinerungsfähigkeit vereinzelter Ansprüche

Fraglich ist, ob diese Beispiele für die Ersatzfähigkeit immaterieller Schäden verallgemeinert werden können.

Bereits der zivilrechtliche Schmerzensgeldanspruch wird systematisch und dogmatisch als Fremdkörper angesehen[987]. Es bestehe ein Missklang zur allgemeinen Wiederherstellungsfunktion des Deliktsrechts[988]. Jedoch kann dieses Argument nicht direkt auf das weitestgehend unkodifizierte Staatshaftungsrecht übertragen werden. Hier gibt es keine bzw. kaum gesetzgeberische Entscheidungen hinsichtlich der ersatzfähigen Einbußen und damit auch nicht dazu, was in der Regel ersetzt wird und was nur ausnahmsweise. Maßgeblich für die Frage der Gebotenheit eines Anspruchs ist das Grundrecht, auf das der Anspruch gestützt wird – und nicht, ob dessen Verletzung im einfachgesetzlichen Bereich generell oder nur ausnahmsweise einen Ersatzanspruch hervorbringt.

Ferner muss hinsichtlich der Entschädigung wegen menschenunwürdiger Haftunterbringung oder für Verletzungen des Allgemeinen Persönlichkeitsrechts berücksichtigt werden, dass es sich hier nicht um Verletzungen irgendeines Grundrechts handelt, sondern dass jeweils die Menschenwürde betroffen ist; bei der menschenunwürdigen Haftunterbringung direkt, bei Verletzung des Allgemeinen Persönlichkeitsrechts insofern, als dieses auch auf die Menschenwürde gestützt wird. Dies könnte wiederum dagegen sprechen, die oben dargestellten Kommerzialisierungen auf alle Grundrechte anzuwenden.

Würde jedoch angenommen, dass nur die Menschenwürde ausnahmswiese kommerzialisierbar ist, müsste auch der jeweilige „Menschenwürdegehalt“, also der Kernbereich, eines Grundrechts kommerzialisierbar sein, auch wenn es die übrigen Schutzgehalte des Grundrechts an sich nicht sind. Dies würde aber dazu führen, dass die Haftung von der schwierigen Abgrenzung zwischen Kernbereich und sonstigem Schutzbereich des Grundrechts abhinge. Die Annahme, dass immaterielle Rechtsgüter zwar grundsätzlich nicht, die Menschenwürde

---

987 Nixdorf, NZV 1996, S. 89(89).

988 Nixdorf, NZV 1996, S. 89(89).

aber durchaus kommerzialisierbar ist, würde somit zu kaum zu bewältigenden Abgrenzungsproblemen führen. Zudem hinge die Gewährung des Anspruchs vom Ausgang der Abgrenzung ab. Dies würde jedoch der Bedeutung des Grundrechtsschutzes nicht gerecht.

Darüber hinaus erscheint fraglich, ob eine solche Unterscheidung von Menschenwürde sowie Menschenwürdegehalt und den übrigen Grundrechten im Grundgesetz eine Grundlage findet. Diesbezüglich es wird zunehmend angenommen, dass alle Grundrechte gleichrangig sind und zwischen ihnen keine Abstufung besteht. Auch die Menschenwürde kann somit nicht gegenüber den übrigen Grundrechten bevorzugt werden[989]. Zudem wird die bisher angenommene „Abwägungsresistenz" der Menschenwürde vermehrt in Frage gestellt. Gerade der BGH nimmt nämlich in seiner jüngsten Rechtsprechung zum Schmerzensgeld bei menschenunwürdiger Haftunterbringung durchaus eine Abwägung auf der Rechtsfolgenseite vor[990]. Auch hierin wird deutlich, dass die Unabwägbarkeit der Menschenwürde zunehmend relativiert wird.

Damit ist mehr als fraglich, ob anderen, immateriellen Grundrechten die Kommerzialisierung versagt werden kann, weil sie von der Menschenwürde zu unterscheiden sind. Sofern die Menschenwürde als kommerzialisierbar angesehen wird, und dies vom negatorischen Gehalt der Grundrechte gefordert ist, muss dies daher grundsätzlich auch für die übrigen grundrechtlichen Güter gelten.

Im Ergebnis stellen damit die angeführten Fälle einer Kommerzialisierung immaterieller Grundrechte nicht bloß nicht Ausnahmen dar, die nicht verallgemeinerungsfähig sind, sondern sie sind Nachweise dafür, dass eine solche Kommerzialisierung möglich ist.

4) „Kommerzialisierung" als Erfordernis umfassenden Grundrechtsschutzes

Somit konnte dargelegt werden, dass das geltende Recht eine Kommerzialisierung sowohl materieller wie auch immaterieller Rechtsgüter beinhaltet: sowohl im Staatshaftungsrecht, dort im Bereich der Amtshaftung, als auch in einfachgesetzlichen öffentlich-rechtlichen Normen und im Zivilrecht. Damit ist die Kommerzialisier*barkeit* immaterieller Grundrechte zu bejahen[991].

---

989 Dieses Argument verwendet explizit Röder, S. 294; ebenso A. Ehlers, Grundlagen und Leitprinzipien, S. 100, der allerdings Immaterialschadensersatz generell als Ausnahme im Staatshaftungsrecht ansieht.

990 BGH v. 1.8.2007, III ZR 284/06, BeckRS 2007 13657.

991 Unklar insoweit Höfling, VVDStRL 61(2001), S. 260(275), der sich einerseits für eine der Aufopferung ähnliche „Kompensationstauglichkeit" aller Rechtsgüter ausspricht,

Einen grundrechtsunmittelbaren Folgenersatzanspruch für die Verletzung immaterieller wie materieller Grundrechte kann es aber nur geben, wenn die Grundrechte die Kommerzialisierung nicht nur zulassen, sondern auch fordern. Dies ist im Folgenden zu untersuchen, wobei hierfür zwischen immateriellen und materiellen Grundrechten zu unterscheiden ist.

a) negatorische Funktion eines Geldersatzes bei immateriellen Grundrechten

Dabei wurde festgestellt, dass der negatorische Grundrechtsschutz lückenhaft ist. Er ist daher durch weitere Ansprüche zu ergänzen, soweit dies möglich ist.

Die Lücke besteht nicht nur hinsichtlich der vermögenswerten Grundrechte, wie dem Eigentum oder der Berufsfreiheit. Gerade im immateriellen Bereich gibt es Grundrechte, bei denen allein der Folgenbeseitigungsanspruch die Eingriffsfolgen nicht ausreichend beseitigen kann. Ein Beispiel hierfür ist, dass eine Äußerung von staatlicher Seite die Religionsfreiheit oder die Ehre und damit das Allgemeine Persönlichkeitsrecht verfassungswidrig verletzt. Doch auch in weitere immaterielle Grundrechte, wie beispielsweise die Versammlungsfreiheit gem. Art. 8 Abs. 1 GG, kann eingegriffen werden, ohne dass deren Wiederherstellung möglich ist. Eine zu Unrecht untersagte Versammlung, die zu einem speziellen Anlass stattfinden sollte, kann nicht anschließend an einem beliebigen anderen Termin nachgeholt werden, ohne dass ihr Zweck verfehlt würde. Dies zeigt der Leitfall 4.

Fordern aber die Grundrechte einen umfassenden negatorischen Schutz, und wäre dieser nur mit Hilfe eines Geldersatzes auch für die Verletzung kommerzialisierbarer immaterieller Grundrechte möglich, würden die Grundrechte diese Kommerzialisierung nicht nur erlauben, sondern sie auch fordern. Damit könnte aus dem negatorischen Gehalt hergeleitet werden, dass die Kommerzialisierung immaterieller Grundrechte für einen negatorischen Geldersatzanspruch geboten ist. Der Folgenersatzanspruch könnte damit allein für die Rechtsverletzung gewährt werden, auch ohne dass ein vermögenswerter Folgeschaden vorliegt.

Es spricht auch dagegen, immaterielle Grundrechtsgüter starr auf den reinen Bestand festzulegen, dass die negatorische Freiheit des Bürgers dynamisch und entwicklungsoffen ist[992]. Sie dient ihm zur Entfaltung seiner individuellen Freiheit, wie er sie jeweils auffasst. Soweit nun der Bestand nicht mehr geschützt

---

im Rahmen der Versammlungsfreiheit dies jedoch auf den bekannten Ersatz materieller Folgeschäden immaterieller Rechtsgutsverletzungen bezieht.

992 Grzeszick, S. 363; Röder, S. 294.

werden kann, könnte sich der Bürger – nach seiner Wahl – auch mit Hilfe der Geldsumme im wertmäßigen Bereich weiter entfalten. Eine einseitige Festlegung auf den bloßen Bestand entspräche jedoch nicht mehr dem individuellen Charakter des Freiheitsbereichs, der dem Bürger zur freien Entfaltung überlassen ist. Dieser Gedanke ist mit dem vergleichbar, den die Gewährung des Schmerzensgeldes im Zivilrecht verfolgt: ein unwiederbringbar verletztes immaterielles Rechtsgut wird durch andersartige Vorteile aufgewogen.

Dass der negatorische Gehalt der Grundrechte einen umfassenden Schutz, und zwar auch für die Verletzung immaterieller Grundrechte fordert, bedeutet aber noch nicht, dass der Geldersatzanspruch selbst auch einen negatorischen Anspruch darstellen würde – und damit selbst Bestandteil der negatorischen Abwehrfunktion sein kann. Für die Beantwortung dieser Frage muss auf die ratio der Grundrechte als Eingriffsabwehrrechte zurückgegriffen werden.

Der Hauptzweck der negatorischen Ansprüche ist es, die Integrität der grundrechtlichen Freiheit zu wahren. Diese soll einen bestimmten ideellen Bereich schützen, eine geistige Freiheit wie die Religionsfreiheit, die Meinungsfreiheit, die eines überzeugungsbasierten Handelns wie auch von der Religionsfreiheit erfasst, die Forschungs- und Versammlungsfreiheit oder sogar die allgemeinen Handlungsfreiheit. Diese Grundrechte weisen in ihrem Kern keinen wirtschaftlichen, materiellen Gehalt auf, sondern sollen die freie geistige, religiöse, ideelle Entfaltung sichern. Im Falle eines unmöglichen Folgenbeseitigungsanspruchs ist dieses immaterielle Schutzgut jedoch unwiederbringlich verletzt, seine Integrität im Sinne des vorherigen Bestands kann nicht wiederhergestellt werden[993]. Wer nach der Verletzung über eine bestimmte Geldsumme verfügt, ist damit noch nicht so gestellt wie jemand, der beispielsweise entsprechend seiner religiösen Überzeugung handeln oder in einer bestimmten Situation seine Meinung äußern konnte.

Materiellen Gehalt entfalten diese Handlungen erst dann, wenn der jeweilige Bürger beschließt, zur oder in der Grundrechtsausübung finanzielle oder materielle Dispositionen zu tätigen. Dies ist beispielsweise der Fall, wenn eine Person ihr Persönlichkeitsrecht gewinnbringend ausnutzt, dies aber durch eine ehrenrührige Äußerung eines Hoheitsträgers beeinträchtigt wird[994]. Oder, wie in Leitfall 4, wenn für eine rechtswidrig untersagte Demonstration Werbeausgaben getätigt werden, die sich letztlich als nutzlos erweisen. Ein immaterielles Grundrecht

---

993 Ähnlich Goppert, Enteignungsgleicher Eingriff, S. 212f; daher verneint dieser auch einen Ersatzanspruch bei immateriellen Rechtsverletzungen außerhalb der Eigentumsgarantie; ebenso Haack, DVBl. 2010, S. 1475(1478).

994 Kritisch hierzu Haack, DVBl. 2010, S. 1475(1478).

kann auch dann materiellen Gehalt haben, wenn an eine Grundrechtsausübung bestimmte finanzielle Folgen anknüpfen, die der Eingriff betrifft; beispielweise steuerliche Folgen eines unrechtmäßigen Vereinsverbots oder wenn ein Künstler aufgrund einer polizeirechtlichen Verfügung nicht auftreten darf und daher eine Konventionalstrafe zahlen muss.

Diese kommerziellen Folgen einer ideellen Grundrechtsausübung betreffen aber durchweg den bereits oben angerissenen Bereich der vermögenswerten Folgeschäden einer ideellen Grundrechtsverletzung. Hierbei erscheint auch fraglich, ob diese materiellen Folgen noch dem immateriellen Grundrecht zugeordnet werden können, oder ob sie bereits zu wirtschaftlichen Grundrechten wie der Eigentums-, Berufsfreiheit oder, beispielsweise hinsichtlich der Steuern, der allgemeinen Handlungsfreiheit gehören. So wird die wirtschaftliche Verwertung eines Kunstwerks nicht durch die Kunstfreiheit geschützt, sondern durch das Urheberrecht, das dem Eigentum zugeordnet wird[995]. Ähnlich ist dies, wenn jemand das Allgemeine Persönlichkeitsrecht wirtschaftlich ausnutzt[996]. Auch hier zeigt sich wieder, dass kommerzielle Aspekte immaterieller Grundrechte häufig aus diesen ausgeklammert werden und der Berufs- und Eigentumsfreiheit zugeordnet werden, die wiederum selbst materiellen Gehalt aufweist.

Damit stellt sich die Frage, ob ein Geldersatzanspruch überhaupt negatorischen Charakter haben kann, oder ob er nicht eine neben den negatorischen Ansprüchen stehende Funktion einnähme[997]. So gehen nach einer Ansicht Ersatzansprüche, die ähnlich denen der §§ 249, 251 BGB unmittelbar für immaterielle Rechtsgüter gewährt werden, über die negatorische Zielsetzung von Abwehr und Störungsbeseitigung hinaus[998].

Wie bereits oben dargestellt wurde, steht im Einzelfall hinter dem Bestand der Freiheitsgrundrechte durchaus auch ein Wertschutz. Auch wenn immateriellen Grundrechten im Einzelfall ein Wert zukommen kann, und dies teilweise auch gesetzlich umgesetzt ist, schützen sie jedoch grundsätzlich bestimmte Ausschnitte des menschlichen Alltags, der Persönlichkeitsentfaltung im ideellen Bereich. Diese spezifischen Ausprägungen sind nicht ohne Grund in einzelne Spezialgrundrechte wie die Kommunikationsgrundrechte, die Religionsfreiheit oder

---

995 BVerfGE 31, 229(239); 49, 382(392); 71, 162(176) hinsichtlich der Wissenschaftsfreiheit; Jarass/Pieroth, Art. 5 GG, Rn 107.

996 BVerfGE 71, 183(201).

997 Darauf deuten zahlreiche Äußerungen hin, die zwischen negatorischen Ansprüchen und Geldersatzansprüchen unterscheiden: Rupp, Grundfragen, S. 261; Stern, Staatsrecht III/1, § 66, S. 683ff, § 67 S. 748; Gromitsaris, S. 117ff.

998 Dazu Röder, S. 157; ebenso Stern, Staatsrecht III/1, § 66, S. 683.

auch die Unverletzlichkeit der Wohnung aufgegliedert. Die Freiheit in dieser speziellen Situation wird als so wesentlich für die Entfaltung der Persönlichkeit angesehen, dass sie eines Schutzes von Verfassungsrang und nicht nur einfachgesetzlichen Schutzes bedurfte. Anliegen der Grundrechte ist es, die konkrete Freiheit zu schützen, und nicht bloß, eine Barriere zwischen Staat und Bürger zu errichten. Letzteres wäre jedoch zunehmend der Fall, wenn man eine Kommerzialisierung immaterieller Grundrechtsgüter zulassen würde. Zweck wäre nicht mehr, die spezielle Freiheit aufrecht zu erhalten, sondern lediglich staatliches Unrecht zu sanktionieren. Dies würde eher der Integrität der objektiven Rechtsordnung dienen als dem jeweiligen subjektiven Grundrecht.

Lediglich soweit die Ausübung der individuellen Freiheit für den Bürger konkrete vermögenswerte Folgen hatte (wie in Leitfall 4 die Aufwendungen für eine unrechtmäßig untersagte Versammlung[999]), stellen diese einen Bestandteil der immateriellen Freiheit dar. Nur hier dient die Kompensation durch Geld nicht als ein universelles Surrogat.

Insofern weist ein Geldersatzanspruch bei immateriellen Grundrechten dann negatorischen Charakter auf, wenn er Vermögensschäden aufgrund der Ausübung oder Beeinträchtigung immaterieller Grundrechte ersetzt und nicht bloß immaterielle Grundrechte kommerzialisiert.

b) negatorische Funktion von Geldersatz bei vermögenswerten Grundrechten

Weiter ist jedoch fraglich, ob im Gegensatz dazu bei vermögenswerten Grundrechten auch der reine Vermögenswert negatorisch geschützt ist. In diesem Fall wäre auch bei primären Eingriffen in den Bestand ohne vermögenswerte Folgeschäden ein Geldersatzanspruch geboten.

Hierbei beweist nicht bereits die Existenz der Enteignungsentschädigung, dass auch Geldersatz eine negatorische Funktion erfüllen kann[1000]. Ebenso wie oben besagt die bloße Existenz dieses Anspruchs noch nichts darüber, ob er auch negatorischen Charakter hat. Problematisch ist, dass das Eigentumsgrundrecht nicht nur den materiellen Bestand schützen soll, sondern dass der Bestandsschutz auch dazu dient, eine eigenverantwortliche Gestaltung des Lebens zu ermöglichen[1001].

---

999 Grzeszick, S. 367.

1000 So aber Sass, Entschädigungserfordernis, S. 206.

1001 BVerfGE 24, 367(389); 38, 175(181); 50, 290(339); 58, 137(151); Böhmer, NJW 1988, S. 2561(2562, 2563): Verbindung von Personenrecht und Vermögenswert; Scherzberg, DVBl. 1991, S. 84(87f); Papier in: Maunz/Dürig (59. EL), Art. 14 GG, Rn 1; Friauf/Höfling/Siekmann, Art. 14 GG, Rn 4, 38.

Das Eigentum steht insofern in einem engen Zusammenhang zur persönlichen Freiheit[1002]. Daher wird auch gegen einen grundrechtlichen Geldersatzanspruch eingewendet, dass die finanzielle Kompensation, insbesondere durch die Entschädigung, kein Ausdruck des negatorischen Charakters sei, sondern primär nur ein Vermögensersatz. Die Verletzung der persönlichen Seite der Eigentumsgarantie könne er nicht beseitigen[1003].

Das gleiche gilt für die Berufsfreiheit. Auch diese beinhaltet neben der vermögenswerten Komponente immaterielle Bestandteile, nämlich den Erwerb von beruflichen Fähigkeiten, die Selbstverwirklichung im Erwerbsbereich[1004], die Schaffung einer Lebensgrundlage im wirtschaftlichen Bereich[1005]. Auch wenn der Beruf nicht zwingend wirtschaftlich ertragsfähig sein muss, muss es dem Bürger aber erlaubt sein, durch ihn seine materielle Lebensgrundlage zu erwirtschaften. Insofern schützt die Berufsfreiheit negatorisch nicht nur die Betätigungsfreiheit, sondern auch die damit zu schaffende Lebensgrundlage.

Allerdings kann der Geldersatzanspruch nicht völlig abgelehnt werden, nur weil er die Rechtsverletzung nur unvollständig restituieren kann; immerhin ist er ist geeignet, die vermögenswerte Komponente des Eigentums wie auch der Berufsfreiheit auszugleichen. Zu der Frage, in welchem Verhältnis Wert- und Bestandsgarantie zueinander stehen, gibt es unterschiedliche Auffassungen. Nach einer entsteht die Wertgarantie nur in bestimmten Fällen der Verletzung der Bestandsgarantie[1006]; es wandelt sich also gleichsam die eine in die andere. Eine andere Ansicht geht dahin, dass beide nebeneinander bestehen [1007]. Einer dritten Meinung zufolge ist die Wertgarantie eine qualifizierte Wertgarantie, die hinter der Bestandsgarantie steht und ihren Kern bildet[1008]. Somit besteht in jedem Fall eine Wertgarantie, weshalb an dieser Stelle nicht entschieden werden

---

1002 BVerfGE 24, 367(389); 31, 229(241); 42, 76f; 46, 325(334); Böhmer, NJW 1988, S. 2561(2463); Depenheuer in: v. Mangoldt/Klein/Starck, Art. 14 GG, Rn 12ff.

1003 Böhmer, NJW 1988, S. 2561(2464).

1004 Röder, S. 254; Scholz in: Maunz/Dürig (47.EL), Art. 12 GG, Rn 20; Hofmann in: Schmidt-Bleibtreu/Hofmann/Hopfauf, Art. 12 GG, Rn 4, 20; Sachs/Mann, Art. 12 GG, Rn 16.

1005 Scholz in: Maunz/Dürig (47.EL), Art. 12 GG, Rn 29, 32.

1006 Heidenhain, Amtshaftung und Entschädigung, S. 95; Rupert Scholz, NVwZ 1982, S. 337(346f); Ossenbühl, NJW 1983, S. 1(2); Ipsen, DVBl. 1983, S. 1029(1031); Böhmer, Der Staat 24(1985), S. 157(187f); ders. NJW 1988, S. 2561(2563).

1007 Suhr, Der Staat 9(1970), S. 67(82); Friauf, DÖV 1980, S. 480(488); s. dazu Sass, Entschädigungserfordernis, S. 185 mwN in Fn 35; dieser ist auch eher dieser Ansicht, s. S. 199f.

1008 Goppert, Enteignungsgleicher Eingriff, S. 168.

muss, welche Auffassung zutrifft. Ob der Wertschutz neben oder hinter dem Bestandsschutz steht, ist nicht dafür relevant, ob die Wertkomponente besteht und einen Ersatzanspruch hervorbringen kann. Vielmehr betrifft diese Frage das Verhältnis von Ansprüchen auf tatsächliche Wiederherstellung zum Wertersatz.

Doch gerade in den Fällen, in denen die immaterielle Komponente nicht mehr hergestellt werden kann, fordert der nach wie vor bestehende und wiederherstellbare Vermögenswert des Grundrechts somit einen Geldersatz. Anderenfalls wäre er ebenso unwiderruflich verloren, wie es der immaterielle Gehalt ohnehin ist[1009]. Dem Sollzustand kann in diesen Fällen zumindest teilweise noch dadurch Rechnung getragen werden, dass die Wertverhältnisse aufrecht erhalten bleiben[1010]. Oder, sehr treffend formuliert: „Dass man nicht alles haben kann, ist nun kein Grund, auf das, was man haben kann, zu verzichten."[1011]. Lediglich eine „bloße" Wertgarantie ist durch die grundgesetzliche Bestandsgarantie des Eigentums überwunden[1012].

Die Überbetonung der Bestandsgarantie entspricht vielmehr einer Fixierung auf den persönlichkeitsrechtlichen Teil des Eigentums[1013]. Dies verkennt aber, dass es auch eine Vermögenskomponente enthält. Eine Ansicht, die den Vermögenswert der immateriell geprägten Bestandsgarantie derart unterordnet, würde bedeuten, dass die Maxime des „Dulde und Liquidiere" ins Gegenteil umschlägt. Diese Auffassung billigte dem Eigentum primär nur einen Vermögenswert zu und ignorierte seinen persönlichkeitsrechtlichen Bestandteil[1014]. Als bloßes Gegenteil wären beide Ansichten einander aber doch recht ähnlich. Wurde damals der Bürger auf das Haben im pekuniären Sinne reduziert, so scheint diese Seite nunmehr geradezu geschmäht und vernachlässigenswert. Der Bürger wird auf den Bestand reduziert, ohne dessen Wert zu berücksichtigen. Auch dies würde

1009 Sass, Entschädigungserfordernis, S. 200; ebenso für den enteignungsgleichen Eingriff Röder, S. 247.

1010 Sass, Entschädigungserfordernis, S. 201, 206, 382; inzident Battis, NVwZ 1982, S. 585(589); Hendler, DVBl. 1983, S. 873(882); Schmitt-Kammler, FS E. Wolf, S. 595(615), der sich allerdings für die Einkleidung in einen neuen Anspruch einer Eigentumsunrechtshaftung ausspricht; dazu auch Röder, S. 250.

1011 Konow, DVBl. 1968, S. 205(207); Rehbinder, NuR 1988, S. 105(109); für das Naturschutzrecht Gassner, NuR 1988, S. 67(69); Sass, Entschädigungserfordernis, S. 206; nicht nur für vermögenswerte Grundrechte Röder, S. 159, 283.

1012 Rupert Scholz, NVwZ 1982, S. 337(347).

1013 Diese Verknüpfung findet sich auch bei Böhmer, NJW 1988, S. 2561(2563) sowie bei Scherzberg, DVBl. 1991, S. 84(88).

1014 Hierzu Böhmer, NJW 1988, S. 2561(2562); kritisch zu dieser These Maurer, FS Dürig, S. 293(296).

jedoch dem doppelten Bedeutungsgehalt des Eigentums sowie auch der Berufsfreiheit nicht gerecht.

Somit verfließen im Ergebnis materielle und immaterielle Bestandteile ineinander, sowohl bei scheinbar materiellen wie auch bei scheinbar immateriellen Grundrechten. Während materielle Grundrechte auch immateriellen Zwecken dienen, kann die Ausübung des immateriellen Grundrechts seinem Normprogramm nach ebenso materielle Folgewirkungen haben. Auch diese müssen aber vom Schutzbereich umfasst sein, um das Grundrecht nicht zu einer unvollständigen Garantie verkümmern zu lassen.

Damit muss der Vermögenswert ebenso geschützt werden wie der immaterielle Teil des Bestandswerts: durch negatorische, wiederherstellende Rechte, die in diesem Fall zur Zahlung eines Geldersatzes verpflichten.

5) *Zwischenergebnis*

Eine Wertgarantie ist daher zunächst für die Eigentums- und Berufsfreiheit anzunehmen, auch nach der Rechtsprechung des Bundesverfassungsgerichts. Dies gilt aber nur, soweit der Wert den Ausfluss eines Bestandes darstellt, und nicht eine reine wertmäßige Chance verbleibt; es darf sich also nicht um bloße Vermögenseinbußen handeln. Bei der Berufsfreiheit ist dies jedoch dahingehend einzuschränken, dass es in der Rechtsprechung noch nicht anerkannt ist, die für das Eigentum selbstverständliche Wertgarantie auch auf die Berufsfreiheit zu erstrecken. Dies ist aber aufgrund des vermögenswerten Charakters beider Rechtsgüter zu bejahen.

Weiter kann es auch aus dem negatorischen Schutz hergeleitet werden, dass Vermögensschäden als Folge der Verletzung immaterieller Grundrechte ersetzt werden müssen.

Im Bereich rein immaterieller Grundrechtsverletzungen sind jedoch nur vermögenswerte Einbußen ersatzfähig. Eine Kommerzialisierung immaterieller Einbußen ohne materielle Folgen entspricht nicht der ratio negatorischer Ansprüche, sondern könnte nur eine Form von Genugtuung leisten. Die Grundrechtssubstanz ist und bleibt jedoch verloren.

Insoweit kann von einem grundrechtlichen negatorischen Wertschutz ausgegangen werden[1015], der Gebotenheit eines negatorischen Geldersatzanspruchs.

1015 So auch Roth, Faktische Eingriffe, S. 87f; Axer, DVBl. 2001, S. 1322(1327f); Grzeszick S. 362, 364; inzident D. Ehlers, VVDStRL 51(1991), S. 211(242ff, 245f); ähnlich Gallwas, FS Zacher, S. 185(185), der Kompensationsansprüche als negatorische Ansprüche ansieht.

II) Einwände gegen einen grundrechtlichen Geldersatzanspruch

Allerdings werden gegen einen negatorischen Geldersatzanspruch auch dogmatische Einwände erhoben.

So wird gegen einen unmittelbar grundrechtlichen Folgenersatzanspruch insbesondere vorgebracht, dieser sei ohne Hinzutreten eines einfachen Gesetzes nicht hinreichend bestimmbar[1016]. Hiermit wird eigentlich nur eine einfachgesetzliche Festlegung gefordert. Ferner wird jedoch argumentiert, dass eine Unsicherheit bestehe, weil es an einem solchen einfachen Gesetz fehle. Aus diesem Grund drohe auch eine ungleiche richterliche Gewährung des Anspruchs. Dies verstoße unabhängig von der Herleitung des Anspruchs[1017] gegen das rechtsstaatliche[1018] Prinzip der Rechtssicherheit[1019]. Gerade die Gebote der Rechtssicherheit und Rechtsklarheit von Normen würden die exakte Festlegung der Anspruchsgrenzen des Folgenbeseitigungsanspruchs gebieten, so dass eine Umwandlung dieses Anspruchs in einen Sekundäranspruch einer ausdrücklichen normativen Grundlage bedürfe[1020]. Dies gelte, obwohl es sich hierbei um eine für den Bürger günstige Erweiterung seiner Rechtssphäre handele, die im Hinblick auf eine umfassende Rechtsschutzgewährung auch wünschenswert sei.

Damit wird gegen den Folgenersatzanspruch vor allem eingewendet, dass er nicht hinreichend bestimmbar sei. Über den bloßen Einwand hinaus erfolgt

---

1016 Schoch, VerwArch. 79(1988), S. 1(47); Kutschera, Bestandsschutz, S. 103f: grundgesetzliche Schadensersatzansprüche ohne Hinzutreten eines einfachen Gesetzes nur aus Art. 34 GG und Art. 14 Abs. 3 GG; Pietzko, S. 551; Haack, DVBl. 2010, S. 1475(1481): Kasuistik und Billigkeitsrechtsprechung trügen nichts zur Verbesserung der Lage im Staatshaftungsrecht bei; als zentraler Kritikpunkt dargestellt bei Unterreitmeier, DVBl. 2005, S. 1235(1238); ebenso Stern, Staatsrecht III/1, § 66, S. 684; einschränkend Höfling, VVDStRL 61(2001), S. 260(273); generell aus diesem Grund gegen Kompensationsansprüche bei immateriellen Grundrechtsgütern Goppert, S. 213ff, J.P. Schneider, S. 176f. Ähnlich wurde dieser Einwand auch rechtshistorisch gegen das zivilrechtliche Schmerzensgeld vorgebracht, dazu Staudinger/Schiemann, § 253 BGB, Rn 1.

1017 Dies wird zwar bei den Einwänden so nicht formuliert, der Einwand findet sich jedoch unabhängig von der gewählten (und abgelehnten) Begründungsvariante und hängt auch in seinem Argument nicht davon ab, auf welche Weise man den Folgenersatzanspruch als Erweiterung des Folgenbeseitigungsanspruchs herleitet, da er einen autonomen Einwand formuliert.

1018 Dazu Jarass/Pieroth, Art. 20 GG, Rn 57.

1019 Schenke, JuS 1990, S. 370(377); Pietzko S. 551.

1020 Pietzko, S. 551.

jedoch keine vertiefte Auseinandersetzung mit diesem Untergedanken des Rechtsstaatsprinzips[1021].

Zudem entstehen selbst die oben angeführten Zahlungsansprüche, die eine Grundrechtsverletzung kompensieren sollen, nicht unmittelbar aus der Verfassung. Sie sind entweder gesetzesmediatisiert oder grundrechtlich begründet, aber dennoch vom Gesetzgeber zu aktualisieren (ausgleichspflichtige Inhaltsbestimmung; Enteignung).

Daher ist zu untersuchen, ob auch der Folgenersatzanspruch einer solchen einfachgesetzlichen Vermittlung bedarf[1022]. Aufgrund der dauerhaften Regelungsabstinenz des Gesetzgebers in Staatshaftungsfragen[1023] bedeutet der Einwand, der Folgenersatzanspruch sei von einem einfachen Gesetz abhängig, jedoch, dass er damit faktisch nicht existiert[1024]. Insoweit decken sich die Einwände gegen die Existenz des Folgenersatzanspruchs mit denen, die diesen als gesetzesmittelbar ansehen: in beiden Fällen gibt es de lege lata keinen Folgenersatzanspruch. Beide Einwände richten sich gegen den Anspruch selbst.

Bereits oben[1025] wurde dabei eingehend untersucht, ob der Folgenbeseitigungsanspruch einer einfachgesetzlichen Vermittlung bedarf. Diese Frage konnte dahingehend beantwortet werden, dass hierfür keine einfachgesetzliche Grundlage erforderlich ist. Daher sind nur noch solche Gesichtspunkte zu erläutern, die nur den Folgenersatzanspruch als Geldersatzanspruch betreffen.

Auch von den Argumenten gegen den Folgenersatzanspruch an sich sind nur diejenigen zu betrachten, die speziell gegen ihn als Geldersatzanspruch sprechen.

1021 Schenke, JuS 1990, S. 370(377); deutlich bei Pietzko, S. 551.

1022 Heinz/Schmitt, NVwZ 1992, S. 513(521): Verwaltung könne keine Ansprüche zugestehen, ohne vom Gesetzgeber ermächtigt zu sein; Bürger benötige eine Rechtsgrundlage, auf die er sich berufen könne; Stern, Staatsrecht III/1, § 66. S. 684: Schadensersatzansprüche nur aufgrund Rechtsgrundlage im einfachen Recht; Höfling, VVDStRL 61(2001), S. 260(273, 281), der allerdings auch Richterrecht als ausreichend ansieht; so meint Sachs/Sachs, vor Art. 1 GG, Rn 42, dass alle negatorischen Geldersatzansprüche durch Gesetz begründet werden müssten; Sachs, HGR II, § 39 Rn 53; eine Erweiterung des Folgenbeseitigungsanspruchs über die naturale Wiederherstellung unmittelbarer Folgen ohne gesetzgeberisches Handeln lehnt daher auch BVerwGE 69, 366(373) – Bardepot ab.

1023 Höfling, VVDStRL 61(2001), S. 260(281); Papier, HStR VIII (3.A.), § 180, Rn 18; Jarass/Pieroth, Art. 34 GG, Rn 2.

1024 Anders Röder, S. 259, demzufolge das Ob eines Anspruchs methodisch nicht von Schwierigkeiten bei der Festlegung der Anspruchshöhe abhängig gemacht werden können.

1025 S. oben D II) 4).

Allgemeine Einwände gegen Leistungsansprüche sind bereits oben behandelt worden, ebenso wie solche, die darauf beruhen, dass der Folgenersatzanspruch Haushaltsfolgen auslöst[1026].

Zu prüfen ist daher zunächst, ob der Folgenersatzanspruch bestimmbar ist, insbesondere, inwiefern bereits sein Umfang hinreichend aus der grundrechtlichen Ableitung abgeleitet werden kann. Weiter ist auf die parlamentarische Haushaltsprärogative als Argument gegen einen Folgenersatzanspruch einzugehen sowie, welche Rolle das Verbot des „Dulde und Liquidiere" spielt; nicht zuletzt darauf, ob die grundgesetzliche Kodifikation der Amtshaftung oder die Junktimformel in Art. 14 GG gegen einen Folgenersatzanspruch sprechen. Anschließend ist noch zu prüfen, ob – so die Argumentation des BGH – eine verschuldensunabhängige allgemeine Rechtswidrigkeitshaftung die Grenzen richterlicher Rechtsfortbildung überschritte; des weiteren, ob einer unmittelbaren Staatshaftung ungewollte Verteilungseffekte entgegenstünden.

1) Bestimmbarkeit als definites Gegenteil der Grundrechtsverletzung

Dass der Folgenersatzanspruch nicht hinreichend bestimmbar sei, und daher nicht existiere, betrifft seine dogmatische Grundlage.

Dieser Argumentation wird jedoch entgegengehalten, dass sie Rechtsfolgenaspekte mit solchen hinsichtlich der Anspruchsexistenz und des Haftungsgrundes vermenge [1027]. Allerdings gilt auch hinsichtlich eines negatorischen Anspruchs der allgemeine Grundsatz „Impossibilium nulla obligatio est". Sollte nicht hinreichend bestimmbar sein, welche Höhe ein Anspruch hat, so ist er wertlos. Wenn die Grundrechte einen bestimmbaren Geldersatzanspruch nicht selbst hervorbringen können, ist das Erfordernis eines negatorischen Geldersatzes ein bloßer Gesetzgebungsauftrag. Daher ist zu untersuchen, ob und wie der Folgenersatzanspruch seinem Umfang nach bestimmt werden kann; hierdurch könnte der Vorwurf der mangelnden Bestimmbarkeit entkräftet werden.

a) Bestimmbarkeit als definites Gegenteil des Grundrechtseingriffs

Diese Frage ist grundsätzlich deckungsgleich mit dem beim Folgenbeseitigungsanspruch bereits behandelten Einwand der mangelnden Bestimmbarkeit von Leistungsrechten[1028]. Daraus ergibt sich, dass der Ersatzanspruch inhaltlich

1026 Dazu Unterreitmeier, DVBl. 2005, S. 1235(1240).

1027 Röder, S. 259.

1028 S. dazu D II) 3) a).

grundsätzlich geeignet sein muss, die Verletzung zu beseitigen. Die konkrete Verletzung bestimmt also zugleich die Reichweite der Reaktion[1029].

Was einen möglichen Geldersatz angeht, erscheint die Situation jedoch problematischer als beim Folgenbeseitigungsanspruch: Die Folgenbeseitigung ist als wiederherstellender Realakt hinsichtlich ihres Umfangs auf das definite Gegenteil der eingreifenden Handlung beschränkt. Aus diesem Grund begegnet sie auch nicht denselben Problemen wie den allgemeinen grundrechtlichen Leistungsansprüchen. Eine Geldzahlung im Rahmen des Folgenersatzanspruchs ist jedoch nicht stets das definite Gegenteil einer grundrechtsverletzenden Handlung[1030], sei es real oder rechtlich. Dies wäre nur dann der Fall, wenn die Grundrechtsverletzung in der Auferlegung einer Geldzahlung besteht – in diesem Fall ist jedoch anerkannt, dass die Folgenbeseitigung in Geld geschehen kann[1031]. In allen übrigen Fällen könnte die Geldzahlung jedoch in jeweils unterschiedlicher Höhe erfolgen. Sie ist nicht durch die Grundrechtsverletzung eindeutig festgelegt, da sich diese nicht direkt auf Geld bezieht. Vielmehr bedürfte es eines Referenzwertes, anhand dessen die Bestandsverletzung umgerechnet werden kann.

Vorliegend kann der Folgenersatzanspruch bestehen, wenn Einbußen an materiellen Grundrechten oder vermögenswerte Folgeschäden von Verletzungen immaterieller Grundrechte vorliegen. In diesen Fällen liegt eine konkrete materielle Einbuße vor, deren definites Gegenteil ein entsprechend der Werteinbuße bezifferter Folgenersatzanspruch sein kann. Hierbei kann der Geldersatz das definite Gegenteil des Schadens darstellen, nämlich der materiellen Einbuße. Insofern ist der Geldersatz als Spiegelbild der Grundrechtsverletzung der Höhe nach bestimmbar.

Dies zeigt sich auch anhand der oben dargestellten Leitfälle. Diese beinhalten jeweils nicht nur reine Folgenbeseitigungssituationen, sondern vielmehr auch solche, in denen materielle Folgeschäden bestehen. Wie dort dargestellt wurde, ist der Anspruchsinhalt durchaus abstrakt bestimmbar.

Auch der Geldersatzanspruch kann damit als das definite Gegenteil einer Grundrechtsverletzung angesehen werden[1032]. Hinzu kommt, dass Geld bis auf den Cent beliebig stückelbar ist. Durch diese Flexibilität ist es sogar einfacher als bei einer Naturalrestitution, das definite Gegenteil der Vermögenseinbuße als Anspruchsinhalt zu gewähren. Wie die Vermögenseinbuße der Höhe nach zu bewerten ist, um ihre Berechenbarkeit in Geld zu ermöglichen, ist nachfolgend zu untersuchen.

1029 Röder, S. 271.
1030 Höfling, VVDStRL 61(2001), S. 260(273).
1031 BVerwGE 69, 366ff – Bardepot.
1032 Grzeszick, S. 363.

b) Konkrete Bestimmung der zu ersetzenden Folgen und der zu zahlenden Geldsumme

Der Folgenersatzanspruch verfolgt dabei das Ziel, Wertverluste im vermögenswerten Bestand und vermögenswerte Folgeschäden auszugleichen.

Der Einwand der mangelnden Bestimmbarkeit des Folgenersatzanspruchs ginge vollständig ins Leere, wenn er anhand seiner Begründung als negatorischer Anspruch sowie allgemeiner Prinzipien bestimmbar ist und es hierfür auch keiner ergänzenden einfachen Gesetze bedarf. Insofern ist es erforderlich, in einem weiteren Schritt zu untersuchen, wie die ersatzfähigen Folgen zu bestimmen sind. Insbesondere muss dies die Frage erfassen, auf welche Art und Weise die konkret zu zahlende Geldsumme berechnet werden soll, welchen Anspruchsinhalt der Anspruch haben soll.

Zunächst ist zu prüfen, welche Rechtseinbußen der Geldersatzanspruch erfasst; insbesondere, ob er den vollen Wert des verletzten Rechtsguts ersetzen soll, soweit der Schaden auf die Grundrechtsverletzung zurückgeht. Weiter ist zu klären, inwiefern auch für Folgeschäden gehaftet wird. In diesem Zusammenhang ist es von besonderer Bedeutung, ob lediglich der status quo ante zur Zeit des Eingriffs erfasst wird – also lediglich die unmittelbare Rechtseinbuße -, oder ob auch hypothetische Verläufe berücksichtigt werden können. Dies wäre ein erster Schritt zum Ersatz auch mittelbarer Folgeschäden.

(1) Anlehnung an den Ersatzumfang von Amtshaftung oder Enteignung

Hinsichtlich des grundsätzlichen Umfangs des Folgenersatzanspruchs könnte auf zwei unterschiedliche Konzepte zurückgegriffen werden, die sich bereits im geltenden Staatshaftungsrecht finden. Einmal, dass wie bei der Amtshaftung voller Ersatz des tatsächlichen Schadens geleistet wird, also Naturalrestitution. Oder dass lediglich eine billige Entschädigung geschuldet ist, die sich nicht an der tatsächlichen kausalen Rechtseinbuße orientiert, sondern den Geldbetrag anhand einer Abwägung aller Umstände bestimmt. So wurde bereits früh vertreten, dass ein Anspruch auf Ersatz des vollen Schadens abzulehnen sei[1033], mithin lediglich Entschädigung geleistet werden muss.

Ein potentieller Orientierungspunkt wäre also der Umfang der Entschädigung aus dem enteignungsgleichen Eingriff[1034], oder der Enteignungsentschädigung.

1033 Eyermann/Fröhler (3.A). § 80 VwGO, Rn. 58.

1034 Dies schlägt beispielsweise auch OVG Münster NVwZ 1994, S. 795(796) vor.

Andererseits erscheinen auch Anleihen an einen eher zivilrechtlichen, vollumfänglichen Schadensersatzanspruch wie im Amtshaftungsrecht denkbar[1035].

(a) Bestimmung anhand der Grundsätze der aufopferungsrechtlichen Entschädigung

Der Anspruch aus enteignungsgleichem Eingriff beinhaltet, obwohl er sich grundsätzlich am Ersatz des Marktwerts orientiert, im Zweifel keine stets vollumfängliche Wertkompensation[1036], sondern nur eine „angemessene Entschädigung"[1037]. Sie soll die Lastengleichheit der Bürger untereinander wiederherstellen[1038] und ist daher unter gerechter Abwägung der Interessen der Allgemeinheit und der Beteiligten zu bestimmen[1039]. Sie ist höchstens auf Entschädigung für den „Substanzverlust" gerichtet und gewährt nur in sehr engen Grenzen Ausgleich für Folgeschäden[1040] sowie für Werteinbußen, die auch bei rechtmäßigem Handeln

1035 Hösch, DÖV 1999, S. 192(196); Schoch, DV 34(2001), S. 261(265): jeder Vermögensschaden zu ersetzen; Röder, S. 291, der auch auf das – nichtige – StHG zurückgreifen will.

1036 So bereits RGZ 167, 14(26); BGH NJW 1972, S. 1574(1575); NJW 1975, S. 1966(1967); BVerfGE 24, 367(421): „Es trifft auch nicht zu, dass dem Enteigneten durch die Entschädigung stets das „volle Äquivalent für das Genommene gegeben werden muss""; Schmitt-Kammler, JuS 1995, S. 473(477); ähnlich Ossenbühl, S. 139: „...ist nicht notwendig, aber möglicherweise mit einem vollen Schadensersatz identisch", S. 208; sehr streng auch Schoch, DV 34(2001), S. 261(270, 284), wonach die Entschädigung stets hinter dem vollen Wertersatz zurückbleibe; Grzeszick in: Erichsen/Ehlers (14.A.), § 45, Rn 109; anders jedoch Steinberg/Lubberger, Aufopferung – Enteignung und Staatshaftung, S. 371: voller Schadensersatz notwendig. Zum Streitstand Grzeszick in: Erichsen/Ehlers (14.A.), § 45, Rn 28ff.

1037 RGZ 167, 14(26); BGHZ 6, 270(295); BGH v. 11.1.2007, NJW 2007, S. 830(834); Schoch, DV 34(2001), S. 261(270); Brüning, JuS 2003, S. 2(8); Gromitsaris, S. 257; MüKo/Papier, § 839 BGB, Rn 51; hierzu auch Weyreuther, Gutachten B, S. 60ff.

1038 BGHZ 6, 270; Ossenbühl, S. 207; Röder, S. 290.

1039 BVerfGE 24, 367(420); RGZ 167, 14(26).

1040 So die Nachweise bei Grzeszick in: Erichsen/Ehlers (14.A.), § 45, Rn 30; ebenso BGHZ 55, 294(296ff); 95, 28(30f); Schmidt-Aßmann, NJW 1974, S. 1265ff; Kreft, Ersatzleistungen, Rn 313f mwN; Aust/Jacobs, S. 219ff; Ossenbühl, S. 210; Papier in: Maunz/Dürig (59.EL), Art. 14 GG, Rn 631ff; Staudinger/Schiemann, Vorbem §§ 249ff BGB, Rn 16; Friauf/Höfling/Siekmann, Art. 14 GG, Rn 174; Depenheuer in: v.Mangoldt/Klein/Starck, Art. 14 GG, Rn 455; Maurer, Verwaltungsrecht, § 27, Rn 70; Ersatz von Folgekosten jedoch abgelehnt bei BGHZ 57, 359(368); jüngst BGH v. 11.1.2007, NJW 2007, S. 830(834); Hofmann in: Schmidt-Bleibtreu/Hofmann/Hopfauf, Art. 14 GG, Rn 83; MüKo/Papier, § 839 BGB, Rn 51; Rinne/

eingetreten wären[1041]. Auch eine hypothetische Wertsteigerung des entzogenen Gegenstandes bis zum Zeitpunkt der Entschädigungszahlung ist nicht erfasst[1042]. Ein Vorteil ist es jedoch, dass bei Eingriffen in den eingerichteten und ausgeübten Gewerbebetrieb jüngst auch entgangener Gewinn ersetzt wurde[1043].

Bei einer rechtswidrigen Grundrechtsverletzung würde jedoch die Bestimmung des Anspruchsumfangs anhand der Angemessenheit eine doppelte Abwägung bedeuten. Dies könnte zu einem Wertungswiderspruch zwischen der Feststellung der Rechtswidrigkeit des Eingriffs und der zu zahlenden Entschädigung führen. Zudem ähnelt eine solche Abwägung dem für den Folgenbeseitigungsanspruch anwandten Ausschlusskriterium der „Unzumutbarkeit". Andererseits bietet es die Möglichkeit, im Gegensatz zum „Alles-oder-nichts" der Eingriffsfeststellung die Eingriffstiefe zu berücksichtigen. Eine weitere Abstufung des Umfangs der Geldzahlung aufgrund einer Abwägung könnte daher eine flexiblere und gerechtere Verletzungsreaktion leisten. Sie dürfte jedoch nicht dazu führen, dass trotz eines Eingriffs die Abwägung dazu führt, dass kein Ersatz gewährt wird und der Eingriff marginalisiert wird. Es liegt aber auch in der Besonderheit der Enteignung nach Art. 14 Abs. 3 GG begründet, dass dort eine volle Kompensation abgelehnt wird und statt dessen eine Abwägung stattfindet, in der insbesondere das Gemeinwohl berücksichtigt wird. Denn das Eigentum kann bereits seinem Wortlaut nach zugunsten des Gemeinwohls beschränkt werden. Durch die Notwendigkeit einer Entschädigung ist zugleich die Wertgarantie des Eigentums anerkannt. Würde nun aber die Ausgleichspflicht den vollen Wert umfassen, so würde die Enteignung keinen Zugriff zugunsten des Gemeinwohls darstellen, sondern nur einen verfassungsrechtlich angeordneten Formwechsel des Vermögenswerts. Auch in diesem läge aber ein Grundrechtseingriff, da dem Bürger seine Freiheit genommen würde, selbst zwischen Substanz- und Vermögenswert zu wählen.

Schlick, NJW 2005, S. 3330(3332); zur gefestigten Rsp. des BGH zum Substanzverlust des Pächters dort Fn. 21; sowie bei BGH NJW 1972, S. 1574(1575); NJW 1975, S. 1966(1967); Steinberg/Lubberger, Aufopferung – Enteignung und Staatshaftung, S. 371.

1041 vgl. zu allem Brüning, JuS 2003, S. 2(8); Papier in: HStR VIII (3.A.), § 180, Rn 68.

1042 BGHZ 57, 359(368); BGH NJW 1972, S. 1574(1575); NJW 1975, S. 1966(1967); Ossenbühl, S. 209; Staudinger/Schiemann, Vorbem §§ 249ff BGB, Rn 16; Brüning, JuS 2003, S. 2(8).

1043 So in einem Fall einer klassischen Enteignung BGHZ 156, 257ff; MüKo/Papier, § 839 BGB, Rn 51. Wie dies allerdings zur postulierten Beschränkung auf den Substanzverlust passt, wird nicht dargestellt. Nähere Beispiele bei Grzeszick in: Erichsen/Ehlers (14.A.), § 45, Rn 79.

Jedoch gleichen Literatur und Rechtsprechung die „angemessene Entschädigung“ im Rahmen des Entschädigungsrechts zunehmend dem Schadensausgleich durch den Amtshaftungsanspruch an[1044]. Der summenmäßige Unterschied zwischen Entschädigung und Schadenersatz ist somit nicht mehr erheblich. Dennoch besteht ein dogmatischer Unterschied, der aus Gründen der dogmatischen Klarheit nicht außer Betracht gelassen werden kann.

Es handelt sich nämlich auch bei Einbußen, die über den „angemessenen“ Teil hinausreichen, um Folgen eines Grundrechtseingriffs. Auch sie dürften nach der negatorischen Funktion nicht vorhanden sein; sie zu beseitigen wäre Aufgabe eines ergänzenden negatorischen Geldersatzanspruchs. Der Anspruch aus enteignungsgleichem Eingriff erweist sich dadurch, dass er sie nicht erfasst, als nicht lückenfüllend. Somit wäre auch der Anspruchsinhalt des enteignungsgleichen Anspruchs nicht lückenfüllend. Zudem steht der Zweck der Entschädigungszahlung, nämlich der Lastenausgleich, nicht mit dem Ziel negatorischer Ansprüche, der Integritätswiederherstellung, in Einklang[1045]. Hinzu kommt, dass bei einer Entschädigung nach Billigkeitsmaßstäben die Billigkeitserwägungen grundsätzlich dem Gesetzgeber obliegen. Im Rahmen der Unrechtshaftung, bei der nicht nur für Eingriffe aufgrund Gesetzes, sondern auch für Verwaltungshandeln gehaftet wird, wird eine solche Billigkeitshaftung zu Recht als zu unbestimmt angesehen und für eine Anlehnung an schadensersatzrechtliche Kategorien plädiert[1046].

Daher ist es erforderlich, dass die erlittene Einbuße vollständig kompensiert wird. Die Höhe des Ersatzanspruchs hat sich an der Einbuße und nicht an Angemessenheitserwägungen zu orientieren. Eine nur teilweise Wertkompensation würde eine teilweise Grundrechtswidrigkeit hinterlassen und könnte somit das Ziel des negatorischen Rechtsschutzes nicht verwirklichen[1047]. Insofern sind keine Anleihen hinsichtlich der Bestimmung des Ersatzumfangs bei den Enteignungsansprüchen möglich. Die Aufopferungsentschädigung gewährt nur eine billige Entschädigung, soll das des verletzte Rechtsgut nicht voll restitutieren, auch wenn sich dies in der Praxis zwischenzeitlich angeglichen haben mag.

1044 BK-Dagtoglou (25.EL) Art. 34 Rn 64; Röder, S. 134ff, 288; für eine Entschädigung nach Verkehrswert auch Schnöckel, DÖV 2009, S. 703ff.

1045 Röder, S. 290.

1046 Schmidt-Kammler, FS E.Wolf, S. 595(611).

1047 Ebenso im Ergebnis Schmitt-Kammler, JuS 1995, S. 473(477); Röder, S. 289, 290; aA wohl Gromitsaris, S. 257, der den Folgenersatzanspruch als besonderen Entschädigungsanspruch ansieht.

(b) Anwendung des für die Amtshaftung geltenden zivilrechtlichen Schadensrechts

Somit stellt sich die Frage, ob möglicherweise dieser volle Schadensausgleich durch eine Anlehnung an den Anspruchsinhalt der Amtshaftung bestimmt werden kann. Dieser richtet sich, da die Amtshaftung im zivilrechtlichen Deliktsrecht angesiedelt ist, nach den allgemeinen schadensrechtlichen Regeln der §§ 249ff BGB. Danach erfasst er zunächst alle adäquat-kausalen Vermögensschäden, die aus dem Rechtseingriff entstanden sind.

Auch auf die Amtshaftung kann aber nicht ohne weiteres zurückgegriffen werden. Es handelt sich bei dem zivilrechtlichen Schadensrecht um eine einfachgesetzliche Regelung, die im ranghöheren Verfassungsrecht nicht ohne Not angewendet werden kann. Zuvor ist zu untersuchen, welche eigenen Regeln den Grundrechten als Haftungsgrundlagen sowie der Dogmatik der negatorischen Reaktionsansprüche hinsichtlich des Umfangs entnommen werden können.

(2) Entwicklung eines eigenständigen „negatorischen Schadensrechts"

Fraglich ist, ob es, da die Anspruchsberechnung der Aufopferungshaftung oder der Amtshaftung nicht einfach übertragen werden kann, möglich ist, ein eigenständiges „negatorisches Schadensrechts" zu entwickeln. „Negatorisches" und nicht etwa staatshaftungsrechtliches Schadensrecht deshalb, weil es losgelöst sein muss von den übrigen Ansprüchen des Staatshaftungsrechts und nur den Folgenbeseitigungs- und Folgenersatzanspruch als negatorische Ansprüche erfassen soll. „Schadensrecht", weil es nicht nur die Frage der Berechenbarkeit des Anspruchs betrifft, sondern auch den Umfang der ersatzfähigen Schadensposten, ja die Reichweite des ersatzfähigen Schadens. Insofern ähnelt es dem zivilrechtlichen Schadensrecht.

Grundlage für die Entwicklung sind dabei die Erfordernisse der grundrechtlichen Ableitung. Der Ersatzanspruch muss so ausgestaltet sein, dass er seinen negatorischen Zwecken genüge tun kann. Hier ist zu bestimmen, welche Anforderungen die negatorische Natur konkret an den Umfang des Anspruchs stellt. Weiter muss, wie oben bereits angedeutet, untersucht werden, welche Prämissen die Grundrechtsdogmatik dafür enthält, ob auch mittelbar-faktischen Grundrechtsbeeinträchtigungen als „Eingriff" anzusehen sind. Denn nur soweit eine Folge auch eine Grundrechtsverletzung darstellt, muss sie beseitigt werden. Anschließend und lückenfüllend kann dann untersucht werden, ob und welche Gedanken des zivilrechtlichen Schadensrechts hierfür angewendet werden können.

(a) Folgenbeseitigung als Anspruch auf reine Naturalrestitution

Der Ersatzanspruch muss zunächst dazu dienen, die entstandenen Nachteile wieder auszugleichen, um den eigentlich gebotenen Zustand wiederherzustellen.

Dies fordert seine Ableitung als negatorischer Anspruch, der dazu dient, die Integrität der bürgerlichen grundrechtlichen Sphäre zu bewahren.

Dabei stellt es einen Grundsatz des Schadensrechts dar, dass der Schädiger primär die Herstellung des Zustandes, wie er ohne den rechtswidrigen Eingriff bestünde, schuldet. Im Zivilrecht ist die Kernnorm hierfür § 249 Abs. 1 BGB, im System der grundrechtlichen Verletzungsreaktionen entspricht dem – wenn auch bislang mit Einschränkungen aufgrund der praktizierten Beschränkung auf die Wiederherstellung des status quo ante – der Folgenbeseitigungsanspruch.

(b) Bestimmung des Umfangs der in Geld ersatzfähigen Schäden

Ebenso wie die Frage, ob die Grundrechte einen negatorischen Geldersatz fordern, ist auch die Reichweite der erfassten Schäden von der Ableitung der Anspruchsgrundlage determiniert, also von dem Schutzgehalt des verletzten Grundrechts[1048].

Dabei wurde bereits oben festgestellt, dass nur dann ein negatorischer Geldersatz in Betracht kommt, wenn und soweit das jeweilige Grundrecht einen Vermögenswert aufweist. Erste Voraussetzung für die Bestimmung der zu zahlenden Geldsumme ist somit ein Vermögensschaden. Insoweit ist zunächst zu klären, was im Rahmen des Folgenersatzanspruchs unter einem Schaden zu verstehen ist. Dieser Begriff ist für grundrechtliche negatorische Ansprüche noch nicht definiert worden.

Zivilrechtlich ist darunter grundsätzlich jede Vermögenseinbuße zu verstehen. Sie ist im Wege der Differenzhypothese zu bestimmen, also eines Vergleichs der gesamten Vermögenslage des Geschädigten mit oder ohne das schädigende Ereignis[1049]. Fraglich ist daher, ob dieser Schadensbegriff auch für das Staatshaftungsrecht gilt. Die Differenzhypothese stellt hierbei eine Methode dar, um den Umfang der Vermögenseinbuße zu bestimmen. Sie unterscheidet nicht danach, aus welchem Kontext dieser Schaden herrührt, weshalb sie auch auf negatorische grundrechtliche Ersatzansprüche angewendet werden kann. Damit definiert sich der Schaden also als jede unfreiwillige Einbuße an grundrechtlich geschütztem Bestand. Dieser Schadensbegriff erfasst dabei grundsätzlich auch alle Folgewirkungen.

Er beinhaltet auch nutzlose Aufwendungen auf die unterbundene Freiheitsausübung. Auch wenn diese zwar ursprünglich freiwillig getätigt wurden, verlieren sie

---

1048 Ebenso Fiedler, NVwZ 1986, S. 969(972); Schoch, VerwArch. 79(1988), S. 1(46); Röder, S. 310.

1049 Staudinger/Schiemann, Vorbem §§ 249ff BGB, Rn 25, 35; MüKo/Oetker, § 249, Rn 19; Palandt/Grüneberger, Vorbem. § 249 BGB, Rn 10.

jedoch durch den rechtswidrig erzwungenen Wegfall des beabsichtigten Zwecks den Charakter der freiwilligen Aufwendung und werden zu unbeabsichtigten Einbußen. Insbesondere in Leitfall 4 (Versammlung) führt dies dazu, dass die aufgewandten Kosten für die Plakate und Handzettel als Vermögensschaden grundsätzlich ersatzfähig sind.

(aa) Erfordernis eines vollumfänglichen Ersatzes

Prinzipiell wird für grundrechtlich abgeleiteten Folgenersatzanspruch ein wertmäßig voller Ausgleich des erlittenen Rechtsverlusts gefordert[1050], der sich am Umfang der Folgenbeseitigung orientieren soll[1051]. Nur dieser könne den grundrechtlich geforderten Werterhalt leisten. Hierbei muss man auch hnsichtlich des Umfangs berücksichtigen, dass das Grundgesetz einen umfassenden Grundrechtsschutz verlangt. Dieser kann nur dann vom Staat begrenzt werden, wenn dies im Grundrecht selbst angelegt ist oder in gesetzlichen Ausnahmefällen[1052]. Soll der Folgenersatzanspruch diesen umfassenden Grundrechtsschutz dienen, ist richtigerweise ein wertmäßig voller Ausgleich erforderlich. Diese Zielsetzung beinhaltet auch das Zivilrecht. Hier muss der Schadensersatz so bemessen sein, dass er zu einem Zustand hypothetischer Schadensfreiheit führt[1053]; es gilt ebenfalls das Prinzip der Totalreparation[1054].

Gegen einen vollen Schadensausgleich wird jedoch angeführt, dass der Folgenersatzanspruch verschuldensunabhängig ist[1055]. Nach dieser Auffassung können der Folgenbeseitigungs- und damit auch der Folgenersatzanspruch nur verschuldensunabhängig gewährt werden, weil sie auf Wiederherstellung begrenzt seien und keinen vollumfänglichen Schadensersatz gewährten[1056]. Als

---

1050 M. Redeker, DÖV 1987, S. 194(198); Kreft, FS Geiger, S. 399(410); Ossenbühl, FS Geiger, S. 475(497); Schmitt-Kammler, JuS 1995, S. 473(477); Ossenbühl, NJW 2000, S. 2945(2951); Schoch, DV 34(2001), S. 261(284f); auch Höfling VVDStRL 61(2001), S. 260(274) für einen untergegangenen grundrechtlichen Restitutionsanspruch, der vom Folgenbeseitigungsanspruch zu unterscheiden sei; Grzeszick S. 364; Röder, S. 193, 287ff; für Eigentumsverletzungen D. Ehlers, VVDStRL 51(1992), S. 211(245f); aA wohl Gromitsaris, S. 257.

1051 Weyreuther, Gutachten B, S. 140f; Böß, Vergleich, S. 118.

1052 Ähnlich Röder, S. 271: „Die Limitierung staatlicher Verantwortung kann nur aus dem betroffenen Grundrecht selbst folgen."

1053 Staudinger/Schiemann, Vorbem zu §§ 249ff BGB, Rn 3.

1054 Staudinger/Schiemann, Vorbem §§ 249ff BGB, Rn 25; Palandt/Grüneberger, Vorb § 249 BGB, Rn 3.

1055 BSGE 49, 76(80); Pietzner/Müller, VerwArch. 85(1994), S. 603(608); Pietzko, S. 416.

1056 So im Umkehrschluss BSGE 49, 76(80), das das Verschuldensprinzip nur dort für erforderlich hält, wo es um umfassende Ersatzleistungen geht.

Vergleichspunkt wird dabei die Amtshaftung gem. § 839 BGB, Art. 34 GG genannt. Diese könnte vollumfänglichen Schadensersatz nur deswegen gewähren, weil sie Verschulden voraussetze. Beim Folgenbeseitigungsanspruch wurde dieser Einwand aufgrund der Beschränkung auf die Wiederherstellung bislang noch nicht erheblich; hinsichtlich des Folgenersatzanspruchs stellt sich diese Frage jedoch, da er statt naturaler Wiederherstellung Geld gewähren soll. Dem Argument liegt jedoch ein Zirkelschluss zugrunde. Die Verschuldensfreiheit des Folgenbeseitigungsanspruchs wird nämlich daraus abgeleitet, dass er ein minus zur Amtshaftung sei. Dies setzt aber einmal als Prämisse voraus, dass das Verschuldenserfordernis des Amtshaftungsanspruchs zwingend ist. Es setzt weiter voraus, dass der Folgenbeseitigungsanspruch zwingend zur Amtshaftung abzugrenzen ist. Beide Ansprüche stehen aber vielmehr in Konkurrenz zueinander; der eine wird nicht durch den anderen begrenzt[1057]. Es darf also nicht gefragt werden, ob der Folgenbeseitigungsanspruch als tatbestandliches minus zur Amtshaftung auch auf der Rechtsfolgenseite ein minus sein muss. Vielmehr ist die Amtshaftung die antiquiertere Haftungsform, die noch aus vorkonstitutioneller Zeit stammt; damals vermittelten die Grundrechte keinen so umfassenden Schutz wie heute. Daher kann die Amtshaftung nicht als zwingender Maßstab für den Umfang des Folgenbeseitigungsanspruchs dienen.

Im Ergebnis ist daher festzustellen, dass der Folgenersatzanspruch abstrakt gesehen die Werteinbuße vollständig wiederherstellen muss[1058].

In den Leitfällen[1059] sind somit grundsätzlich alle vermögenswerten Einbußen zu ersetzen, die auf das rechtswidrige Handeln zurückgehen. In Leitfall 1 umfasst dies den Ersatz der am Rohbau entstandenen Schäden sowie der zusätzlichen Miete für 9 Monate; in Leitfall 2 die gezahlten Zinsen für das vorgehaltene Depot. In Leitfall 3 sind die entgangenen Einnahmen sowie die nutzlosen Aufwendungen für die nicht erfolgte Apothekeneröffnung ersatzfähig. In Leitfall 4 beinhaltet der Ersatz die nutzlosen Aufwendungen für die Handzettel und Plakate, sowie in Leitfall 5 die Behandlungskosten für die Gesundheitsbeeinträchtigungen und den Wertverlust des Grundstücks infolge des niedrigeren Verkaufserlöses.

(bb) Ersatzfähigkeit nur kausaler Einbußen

Der Ersatz umfasst desweiteren nur kausal durch den rechtswidrigen Akt entstandene Einbußen, die im Wege der condicio-sine-qua-non-Formel zu bestimmen

---

1057 S. dazu oben F IV) 2) sowie unten 4).

1058 Roth, Faktische Eingriffe, S. 87f; inzident D. Ehlers, VVDStRL 51(1992), S. 211(243); Grzeszick, S. 378ff; im Ergebnis ebenso Höfling, VVDStRL 61(2001), S. 260(274).

1059 S. hierzu D II) 3) a) (4).

sind. Nach dieser sind nur Schäden zu ersetzen, die bei rechtmäßigem staatlichem Handeln nicht entstanden wären[1060]. Damit entspricht auch die Berechnung des Geldersatzes dem Grundsatz, dass die grundrechtliche Verletzungsreaktion das definite Gegenteil des Eingriffs ist.

Darüber hinaus wird auch vertreten, dass es sich um eine adäquate Kausalität handeln müsse [1061]. Atypische, unvorhersehbare Schäden wären hiernach also nicht ersatzfähig. Eine nähere Begründung hierfür wird aber nicht gegeben; zudem bezieht sich diese Äußerung im Wesentlichen auf die Amtshaftung. Diese verweist jedoch auf das allgemeine zivilrechtliche Schadensrecht, in dem der Schadensersatz allgemein auf adäquat-kausale Schäden beschränkt ist.

Daher ist näher zu untersuchen, ob es erforderlich und angemessen ist, den negatorischen Geldersatz auf den Ersatz adäquat-kausaler Schäden zu begrenzen.

Zweck des Adäquanzerfordernisses im Zivilrecht ist es, die bisweilen als zu weit angesehene Haftung für alle kausalen Schäden im Sinne der condicio-sine-qua-non-Formel zu begrenzen[1062]. Gänzlich unwahrscheinliche Kausalverläufe sollen hiernach keine Haftung begründen[1063]. Insofern stellt die Adäquanz ein einschränkendes Zurechnungskriterium für kausale Schäden dar, das verhindern soll, dass der Haftpflichtige mit ganz zufälligen Folgen belastet wird. Zudem wird argumentiert, dass eine Haftung für nicht-adäquate Schäden mit der Selbstbestimmung des Menschen nicht vereinbar seu, da sie das Verhalten des Schädigers nicht beeinflussen könne[1064].

Problematisch ist jedoch, ob es mit dem grundrechtsschützenden Charakter des Folgenersatzanspruchs zu vereinbaren ist, ihn anhand wertender Kriterien wie eines Wahrscheinlichkeitsurteils einzuschränken. Schließlich muss sich auch der inhaltliche Umfang des Anspruchs an seiner grundrechtlichen Ableitung messen lassen. Zu berücksichtigen ist hierbei, dass es – anders als im Zivilrecht – allein um die Haftung des Staates geht. Soweit also zivilrechtlich argumentiert wird, dass die Vermeidung unwahrscheinlicher, unvorhersehbarer Schäden das Verhalten des Schädigers nicht beeinflussen konnte, ist zweifelhaft, ob dies auch für das staatliche Verhalten gelten kann. Denn das staatliche Verhalten ist nicht

---

1060 Diskutiert anhand eines Falles bei Röder, S. 308f. Ebenso Maaß, BayVBl. 1987, S. 520(525); Gromitsaris, S. 189.

1061 Gromitsaris, S. 189; Ossenbühl, S. 70ff mwN jedoch nur für die Amtshaftung.

1062 Staudinger/Schiemann, § 249 BGB, Rn 12; MüKo/Oetker, § 249 BGB, Rn 99, 100, 104; Palandt/Grüneberg, Vorb § 249 BGB, Rn 26.

1063 Palandt/Heinrichs (68.A.), Vorb § 249 BGB, Rn 26; MüKo/Oetker, § 249 BGB, Rn 104, 107.

1064 Staudinger/Schiemann, § 249 BGB, Rn 18.

von einem menschlichen Selbstbestimmungsrecht erfasst, das es zu schützen gälte. Der Staat als Adressat der Grundrechte kann nicht zugleich aus ihnen berechtigt sein und verfügt daher auch nicht über ein Selbstbestimmungsrecht. Staatshaftung ist daher nicht daran auszurichten, Haftungsrisiken zu vermeiden. Zudem ergeben sich zwischen der staatlichen und der bürgerlichen Sphäre nicht derartige natürliche Berührungspunkte wie zwischen den Sphären der Bürger untereinander. Das staatliche Verhalten hat sich somit primär daran auszurichten, nicht rechtswidrig zu sein. Dies dient zugleich dazu, dass auch nicht die grundrechtliche Integrität des Bürgers wiederhergestellt werden muss, was grundsätzlich alle Folgen rechtswidrigen Handelns erfasst. Ausgeschlossen werden können hiernach lediglich solche Folgen, in denen sich nicht das Risiko der rechtswidrigen Handlung, sondern ein allgemeines Lebensrisiko verwirklicht. Es handelt sich hierbei gleichsam um Fälle höherer Gewalt[1065]. Die Ersatzfähigkeit bildet somit angesichts der grundrechtlichen Ableitung des Folgenersatzanspruchs den Grundsatz, ihr Ausschluss allenfalls die (seltene) Ausnahme. Eine Formel wie die bereits zitierte, nach der sich eine notwendige, in der Eigenart der hoheitlichen Maßnahme liegende Folge verwirklicht haben muss[1066], erlegt hingegen dem Bürger die Argumentationslast für die Ersatzfähigkeit des Schadens auf[1067]. Dies widerspricht der grundrechtlichen Freiheitsverteilung, wie sie in der liberal-negatorischen Funktion angelegt ist.

In den Leitfällen[1068] hätte dies auch keine Auswirkungen, da sich dort alle Schäden, auch die mittelbaren, im Rahmen des Vorhersehbaren halten: Verzögerungsschäden sowie Schäden an der Substanz eines leerstehenden Rohbaus sind ebenso üblich wie die Zinsaufwendungen bei der Verpflichtung zur Vorhaltung eines Bargelddepots in Leitfall 2. Vorhersehbar ist es auch, dass in Leitfall 3 die Versagung der Apothekenzulassung dazu führt, dass der Gewinn aus der Apotheke ausbleibt. Auch die nutzlosen Aufwendungen für die Demonstration in Leitfall 4 fallen nicht im Sinne höherer Gewalt aus dem Rahmen wie die Behandlungskosten und der Wertverlust des betroffenen Grundstücks in Leitfall 5.

1065 Ebenso eine Einschränkung anhand des Kriteriums der Adäquanz ablehnend Grzeszick, HGR III, § 75, Rn 110.

1066 Gromitsaris, S. 211.

1067 Dies mag im Bereich des Zivilprozessrechts aufgrund des dort geltenden Beibringungsgrundsatzes sowie des Gegenüberstehens zweier Privatpersonen angemessen sein. Die Anwendung eines solchen Grundsatzes auf die Amtshaftung kann daher in deren Regelung im Bereich des Zivilrechts gesehen werden, aus der sie sich trotz ihrer öffentlich-rechtlichen Verankerung in Art. 34 GG nicht gelöst hat.

1068 S. hierzu D II) 3) a) (4).

Im Ergebnis ist somit Folgenersatz grundsätzlich für alle kausalen Folgen des rechtswidrigen Staatshandelns zu gewähren. Die Adäquanztheorie kann nur in ganz engen Grenzen angewendet werden.

(cc) Berücksichtigung hypothetischer Verläufe

Eine weitere Frage hinsichtlich des Anspruchsumfangs ist, ob nur der Zustand zum Zeitpunkt des Eingriffs wiederhergestellt werden muss (der „status quo ante“) [1069] oder wie er hypothetisch zum Zeitpunkt der Zahlung des Geldersatzes bestünde[1070]. Letztes wäre eine direkte Anwendung der zivilrechtlichen Differenzhypothese. Die bisher herrschende Ansicht im Bereich des Folgenbeseitigungsanspruchs geht jedoch davon aus, dass bloß der status quo ante wiederhergestellt werden muss.

Soweit hypothetische Verläufe betroffen sind, können Folgenbeseitigungsanspruch und Folgenersatzanspruch nicht zu unterschiedlichen Ergebnissen gelangen[1071]. Ansonsten geräten nämlich beide Ansprüche, die die grundrechtliche Ableitung teilen, zueinander in Widerspruch. Nur wenn also auch der Folgenbeseitigungsanspruch die Wiederherstellung hypothetischer Zustände erfasst, und nicht nur den „status quo ante“, kann auch der Folgenersatzanspruch auf die vermögensrechtliche Wiederherstellung der Lage, wie sie ohne den Eingriff *bestünde,* gerichtet sein.

Gegen eine Ersatzfähigkeit hypothetischer Vermögensentwicklungen wird dabei eingewandt, dass diese zum Zeitpunkt des Eingriffs bloße Chancen auf eine zukünftig eintretende Vermögensmehrung seien. Chancen seien jedoch verfassungsrechtlich nicht gewährleistet[1072]. Darüber hinaus würde eine Pflicht zur Herstellung des hypothetischen Zustands nicht mehr der Integritätswahrung dienen. Diese würde nämlich ein Zustand bewirken, der nie bestanden habe[1073].

1069 So aber die herrschende Ansicht s. oben 1. Teil; VG Frankfurt v. 12.02.2009, Az. 1 K 1791/08.F; Pietzko, S. 414; Brüning, JuS 2003, S. 2(3); MüKo/Papier, § 839 BGB, Rn 85.

1070 So beispielsweise M. Redeker, DÖV 1987, S. 194(197); Schoch, VerwArch. 79(1988), S. 1(49); differenziert Böß, Vergleich, S. 96 je nach verletztem Grundrecht.

1071 Anders jedoch Brüning, JuS 2003, S. 2(3), für den Ansprüche der zweiten und der dritten Ebene den zeitlichen Bezugspunkt wechseln: während beseitigende Ansprüche den status quo ante im Blick haben, orientieren sich Geldersatzansprüche hypothetisch an der Zukunft.

1072 Haverkate, ZRP 1977, S. 73(77); Pietzko, S. 415 mwN; s. dazu Röder, S. 292.

1073 Pietzko, S. 415.

Allerdings wurde auch zu Recht angemerkt, dass selbst die Wiederherstellung des ursprünglichen Zustandes aufgrund von Veränderungen in der Zeitdimension unmöglich ist[1074]. Auch der status quo ante sei somit ein nunmehr nur noch hypothetischer Zustand[1075]. Allerdings werden in jenen hypothetischen status quo ante sämtliche Entwicklungen seit dem Zeitpunkt des Eingriffs ignoriert. Dies betrifft Entwicklungen am beeinträchtigten Rechtsgut selbst, aber auch solche, die mittelbar an weiteren Rechtsgütern eintreten. Ersetzt wird somit stets ein hypothetischer Zustand, allerdings bislang ein beschränkter hypothetischer Zustand.

Nach einer anderen Auffassung soll hingegen aus dem negativen, dynamischen Charakter des negatorischen Grundrechtsschutzes folgen, dass Folgenbeseitigung und Folgenersatz nicht nur den statischen Wertzustand beim Grundrechtseingriff erfassen, sondern auch verhinderte Entwicklungen wie den entgangenen Gewinn[1076]. Beispielsweise bei der Berufsfreiheit habe die geschützte Freiheit explizit zukunftsgerichtete Tendenz[1077]. Die Ersatzfähigkeit der hypothetischen Folgen soll sich daher nach dem betroffenen Grundrecht richten[1078].

Hier muss generell der integritätsschützende Zweck des Folgenersatz- wie des Folgenbeseitigungsanspruchs berücksichtigt werden: der gesamte negatorische Grundrechtsschutz ist auf den Erhalt der Grundrechtsgüter, des Güterbestandes ausgerichtet. Zugleich ist diesem Schutz häufig ein Entfaltungsmoment hinzugefügt[1079]. Der Schutz der Integrität dient nicht dem Selbstzweck, einen bestehenden Zustand zu zementieren, sondern soll dem Bürger Entfaltungsmöglichkeiten

1074 Böß, Vergleich, S. 102; Schoch, VerwArch. 79(1988), S. 1(48); Steinberg/Lubberger, Aufopferung – Enteignung und Staatshaftung, S. 386; T. Schneider, Folgenbeseitigung im Verwaltungsrecht, S. 147; Höfling, VVDStRL 61(2001), S. 260(272).

1075 Schoch, VerwArch. 79(1988), S. 1(48).

1076 M. Redeker, DÖV 1987, S. 194(198): nur umfassender Anspruch wird umfassendem Grundrechtsschutz gerecht; Schoch, VerwArch. 79(1988), S. 1(48f); Grzeszick S. 358, 360, 364f; nur für eine grundrechtliche actio negatoria, die er insoweit vom Folgenbeseitigungsanspruch abschichtet, die allerdings mit dem hier angenommenen Folgenbeseitigungsanspruch insoweit identisch ist, Höfling, VVDStRL 61(2001), S. 260(270f); dies offen lassend Maaß, BayVBl. 1987, S. 520(525).

1077 Oldiges, DÖV 1977, S. 75(79); Röder, S. 292.

1078 Röder, S. 293; Haverkate, ZRP 1977, S. 33(37) daher für eine Haftung nur bei Verletzung des Art. 12 GG. *Röder* nimmt dabei allerdings eine Schwelle bei §§ 252 S. 2 BGB, 2 Abs. 3 S. 1 StHG an, unterhalb derer auch kein ersatzfähiger entgangener Gewinn angenommen werden könne. Dies steht in einem gewissen Widerspruch zur grundrechtlichen Ableitung der Ersatzfähigkeit.

1079 S. dazu oben D I) 2) b).

verschaffen. Dabei entfaltet sich der Bürger über einen bestimmten Zeitraum mithilfe seiner grundrechtlichen Güter. Die Entfaltung ist damit dynamisch, kann nur in einem zeitlichen Kontinuum vorgenommen werden. Die Wiederherstellung des status quo ante würde somit lediglich vordergründig die Integrität des grundrechtlichen Rechtsguts wahren. Der Tatsache, dass das Rechtsgut über die Zeit hinweg der Entfaltung dient, und auch diese Entfaltungsmöglichkeit entfällt, würde jedoch nicht Rechnung getragen. Eine bloß auf den status quo ante bezogene Wiederherstellung könnte daher nur einen Teil des Zweckes negatorischer Grundrechte verwirklichen.

Hinzu kommt, dass die Begrenzung auf die Wiederherstellung des status quo ante darauf zurückgeführt werden kann, dass der Folgenbeseitigungsanspruch anfangs noch teilweise aus dem zivilrechtlichen negatorischen Anspruch hergeleitet wurde. Der Bezug auf den status quo ante verfestigte sich dann aufgrund fehlender Einigkeit zum Rechtsgrund des Folgenbeseitigungsanspruchs[1080].

Zudem negiert eine Pflicht zur Wiederherstellung hypothetischer Folgen auch nicht, dass Chancen allein nicht verfassungsrechtlich geschützt sind. Vorliegend geht es nämlich nicht um die Frage der Haftungsbegründung. Für diese ist darauf abzustellen, ob das jeweilige Rechtsgut dem Schutzbereich eines Grundrechts zugeordnet werden kann; sofern Chancen nicht geschützt sind, löst ihre Verletzung auch keine Haftungsfolgen aus. Vielmehr ist vorliegend die Frage betroffen, welche aus der Grundrechtsbeeinträchtigung erwachsenden Folgen zu ersetzen sind. Gehen hypothetische Entwicklungen kausal auf die Grundrechtsverwirklichung zurück, fallen sie in den haftungsrechtlichen Bereich des Grundrechts. Insoweit hängen sie mit diesem zusammen und sind daher auch geschützt – wenn auch nicht als originäre Rechtsgüter, sondern lediglich als Folgeschaden.

Daher erfasst ein umfassender negatorischer Geldersatzanspruch auch den hypothetischen Zustand aufgrund nicht erfolgter Entwicklungen nach dem Eingriff. Dieses Ergebnis entspricht der Differenzhypothese im Zivilrecht.

In der Begrenzung der Haftung auf den status quo ante zeigt sich auch eine unbewusste Tendenz dazu, die Haftung des Staates zu begrenzen. Dieser soll keine Haftungsrisiken tragen müssen, die in der Zeit nach dem Eingriff in der Sphäre des Bürgers entstanden sind. Es ist jedoch keinesfalls so, dass sich hypothetische Verläufe stets zugunsten des Bürgers auswirken. Neben einer Wertsteigerung in der Zeit nach dem Eingriff ist nämlich auch ein Wertverlust möglich. Dies würde die Haftung des Staates verringern, womit sich die Berücksichtigung hypothetischer Verläufe zugunsten des Staates auswirken könnte.

1080 Böß, Vergleich, S. 96, 99, 101.

(dd) Ersatz mittelbarer Folgen

(aaa) Begrenzung des Ersatzes „mittelbarer" Folgen

Bereits der Anspruchsumfang des Folgenbeseitigungsanspruchs wird häufig auf unmittelbare Folgen beschränkt[1081]. Fraglich ist somit, ob diese Begrenzung auch für den Folgenersatzanspruch gilt[1082].

Dies ist insbesondere deswegen bedeutsam, weil sich der Folgenersatzanspruch bei Verletzung immaterieller Grundrechte darauf beschränkt, vermögenswerte Folgeschäden der Grundrechtsverletzung zu ersetzen, also von vorneherein nur vermittelte Folgen erfasst.

Relevant wird dies in Leitfall 2, in dem der Zinsschaden nur aufgrund einer eigenen Handlung des Bürgers, nämlich der Darlehensaufnahme für die Erfüllung der Depotverpflichtung, entstanden ist. Auch dieser Schaden ist kausal im Sinne der condicio-sine-qua-non-Formel, da er ohne die rechtswidrige Depotverpflichtung nicht entstanden wäre. Allerdings war die hoheitliche Maßnahme, den Bürger zur Depotpflicht heranzuziehen, nicht final darauf gerichtet, dass dieser ein Darlehen aufnimmt. Auch die Aufwendungen der Demonstrationsorganisatoren für die Bekanntmachung der Veranstaltung in Leitfall 4 könnten als mittelbar angesehen werden. Denn auch hier zielte das Verbot der Versammlung nicht darauf ab, diese Aufwendungen nutzlos zu machen; vielmehr beruhten die Aufwendungen auf einem Entschluss des Bürgers. Denkbar ist ebenfalls, dass die Behandlungskosten der Bürger in Leitfall 5 als solche mittelbaren Folgen zu qualifizieren sind. Noch mehr gilt dies für einen eventuellen Wertverlust der Grundstücke, wenn die betroffenen Grundstückseigentümer diese veräußern, um sich

---

1081 Inzident BVerwGE 40, 313(322); 54, 314(317); vordergründig offen gelassen in 69, 366(372) – Bardepot, allerdings über die Ausscheidung solcher Folgen, die auch auf einer eigenen Entschließung des Bürgers beruhen (und damit doch mittelbarer) im Ergebnis doch erreicht; OVG Münster, OVGE 20, 38(42); VG Würzburg, NVwZ 1983, S. 239(241); VG Dessau v. 09.12.2004, Az. 2 A 208/03; VG Köln v. 20.01.2009, Az. 14 K 5406/06;
Bachof S. 130ff; Weyreuther, Gutachten B, S. 141f; Spanner, DVBl. 1968, S. 618(624); Hoffmann, Abwehranspruch, S. 93; Schullan, BayVBl. 1990, S. 360(366); Steinberg/Lubberger, Aufopferung – Enteignung und Staatshaftung, S. 388; Schloer, JA 1992, S. 39(41); Kraft, BayVBl. 1992, S. 456(457); Ossenbühl, S. 302ff; Detterbeck/Windthorst/Sproll, § 12, Rn 54; MüKo/Papier, § 839 BGB, Rn 85; Kopp/Schenke, § 113 VwGO, Rn 80.

1082 Nach Stern, Staatsrecht III/2, § 78, S. 184f gelten dabei für Beseitigungsansprüche andere Zurechnungskriterien als für Haftungsansprüche oder einen erweiterten Folgenbeseitigungsanspruch.

der Gesundheitsgefährdung zu entziehen[1083]. Auch hier tritt eine Handlung des Bürgers selbst zwischen den Schaden und den rechtswidrigen Eingriff.

Dabei ist bereits unklar, wie der Begriff der Mittelbarkeit genau zu verstehen ist[1084]. Im Zivilrecht kann dies einmal bedeuten, dass der verletzungsbedingte Schaden an einem anderen Rechtsgut als dem verletzten eingetreten ist[1085]. Andererseits wird es als mittelbare Kausalität bezeichnet, wenn weitere Umstände zwischen die Verletzungshandlung und den Verletzungserfolg treten, seien es vermittelnde Handlungen Dritter, des Geschädigten selbst oder ein Naturereignis[1086]. Beim enteignungsgleichen Eingriff wird der Begriff jedoch abweichend hiervon verstanden. Hier liegt Unmittelbarkeit vor, wenn sich in der Auswirkung auf das Eigentum eine besondere, typische Gefahr der rechtswidrigen hoheitlichen Maßnahme verwirklicht hat[1087]. Für die Folgenbeseitigung wird die Unmittelbarkeit ähnlich definiert wie bei der Enteignung und auf die Verursachung adäquater Folgen abgestellt[1088]. Eine ähnlich griffige Formulierung wie im Zivil- oder Enteignungsrecht findet sich jedoch nicht, vielmehr ist das Merkmal bestimmt durch wenige Einzelentscheidungen[1089]. Das Bundesverwaltungsgericht lehnte dabei in der „Bardepot"-Entscheidung, die Leitfall 2 entspricht, eine Haftung für Zinsen aufgrund der Ratio des Rechtsstaatsprinzips als Grundlage für den Folgenbeseitigungsanspruchs ab[1090] und sah die Zinsen hierbei als mittelbare Folgen an. Diese konkrete Argumentation scheidet jedoch vorliegend bereits deswegen aus, weil der Folgenersatz- und Folgenbeseitigungsanspruch entgeen dieser Entscheidung aus den Grundrechten abgeleitet werden können. Zudem erscheint es auch zweifelhaft, ob aus dem Schutzzweck des Rechtsstaatsprinzips der Ausschluss mittelbarer Folgen begründet werden kann[1091]. Ebenso scheidet aufgrund der hier bejahten Existenz eines Folgenersatzanspruchs das Argument aus, dass mittelbare Schäden, soweit sie in Geld bestehen, nicht zu

1083 Hösch, DÖV 1999, S. 192(195).

1084 S. dazu oben D I) 2) c) (4) (b) (aa).

1085 MüKo/Oetker, § 249 BGB, Rn 96.

1086 MüKo/Oetker, § 249 BGB, Rn 136; so auch für die Grundrechte Bethge, HGR III, § 58, Rn 14.

1087 Statt vieler BGHZ 92, 34(41); 100, 335(338); Grzeszick, S. 353f.

1088 S. dazu BVerwGE 69, 366(373); Bethge/Detterbeck, Jura 1991, S. 550(555); Schoch, Jura 1993, S. 478(484); Ossenbühl, S. 302ff, 304.

1089 Bleckmann/Eckhoff, DVBl. 1988, S. 373(375); Ossenbühl, S. 302f; Bethge, HGR III, § 58, Rn 28.

1090 BVerwGE 69, 366(373) – Bardepot; ebenso VGH Mannheim, VBlBW. 1988, S. 102(103); VG Dessau v. 09.12.2004, Az. 2 A 208/03.

1091 Pietzko, S. 435f.

ersetzen seien, da der Folgenbeseitigungsanspruch ja gerade kein Folgenentschädigungsanspruch sei[1092].

Auch fiskalische Argumente[1093] müssen unbeachtet bleiben. Denn es geht um den Grundrechtsschutz des Bürgers, der keinen Beschränkungen aufgrund finanzieller Spielräume des Staates unterworfen sein darf. Dies ist kein zulässiges Kriterium für eine Beschränkung der Grundrechte[1094]. Vielmehr hat der Staat selbst die Kosten zu verantworten, die ihm aufgrund seines rechtswidrigen Handelns entstehen. Dem Ersatz mittelbarer Folgen kann mithin nicht entgegengehalten werden, dass ein Ausufern der Haftung verhindert werden solle[1095]. Eine Begrenzung des negatorischen Grundrechtsschutzes könnte dagegen nur aufgrund eines Gemeinwohlzwecks erfolgen. Dieser ist aber in fiskalischen „Sparsamkeitserwägungen" nicht gegeben. Im Privatrecht kann anderes nur gelten, weil sich hier Bürger und Bürger gegenüberstehen.

Weiter wird der Ausschluss mittelbarer Folgen damit begründet, dass anderenfalls die Grenze zum verschuldensabhängigen Amtshaftungsanspruch verwischt würde[1096]. Dieser Einwand trifft jedoch bereits deswegen nicht zu, weil sich beide Ansprüche tatbestandlich stark voneinander unterscheiden und die Überschneidungsbereiche daher gering sind[1097]. Teilweise wird eine Vermengung mit der Amtshaftung sowie dem enteignungsgleichen Eingriff aus dem Grund befürchtet, dass der Folgenbeseitigungsanspruch auch mittelbare Folgen in Geld ersetzen könnte[1098]. Auch diese Bedenken konnten bereits oben entkräftet werden[1099].

Gegen eine Beschränkung des Ersatzes auf unmittelbare Folgen wird hingegen vorgebracht, dass es sich bei dem Kriterium der Unmittelbarkeit um eine beliebige Leerformel handele, mit deren Hilfe eine Begriffsklärung nur suggeriert

---

1092 So für den Bardepotfall, hier Leitfall 2, Bender, VBlBW. 1985, S. 201(201 Fn 3).

1093 Es ist allerdings keinesfalls so, dass eine Haftungsbegrenzung des Staates aus fiskalischen Zwecken ein neues Argument ist, das sich in Zeiten zunehmender Verschuldung des Gemeinwesens erhebt. Vielmehr wurde bereits Mitte des 19. Jahrhunderts eine unmittelbare Haftung des Staates aus Gründen der Rücksicht auf den Steuerzahler abgelehnt; vgl, hierzu Scheuner GS Jellinek, S. 331(338).

1094 Siehe zu dieser Relevanz fiskalischer Erwägungen auch bereits oben D) II) 3) c) (2).

1095 BVerwGE 69, 366(373) – Bardepot.

1096 BVerwGE 69, 366(372f); OVG Münster, OVGE 20, 38(41); Schullan, BayVBl. 1990, S. 360(366).

1097 Pietzko, S. 457.

1098 Pietzko, S. 458.

1099 S. oben F IV) 1) und 2).

werde[1100]. Da aber noch keine konkretisierenden Merkmale entwickelt seien, entstünde eine Rechtsunsicherheit, die den grundrechtlichen Schutzanspruch beeinträchtige[1101]. Dem ist zuzustimmen, insbesondere da die Rechtsprechung des Bundesverwaltungsgerichts die Unmittelbarkeit mit dem Schutzzweck einer nicht zutreffenden Rechtsgrundlage verknüpft. Dies verringert die begriffliche Tauglichkeit der Unmittelbarkeit weiter.

(bbb) Grundrechtsdogmatische Vorgaben für zu beseitigende Folgen

Angesichts der Herleitung des Folgenersatzanspruchs aus dem jeweils betroffenen Freiheitsgrundrecht ist darüber hinaus grundsätzlich fraglich, ob diese Begrenzung auch für den Folgenersatzanspruch noch aufrechterhalten werden kann[1102]. Denn auch die mittelbaren Folgen sind nur aufgrund des rechtswidrigen Handelns der öffentlichen Hand entstanden, sie dürften eigentlich nicht existieren. Werden sie nicht beseitigt, besteht insofern die Grundrechtsverletzung in der Sphäre des Bürgers fort[1103]. Dies gilt insbesondere, wenn die mittelbaren Folgen zwangsläufig entstehen, beispielsweise aufgrund weiterer gesetzlicher Anordnung. In diesem Fall kann sich der Bürger dem ebenso wie der primären Maßnahme gar nicht entziehen[1104], wie beispielsweise in Leitfall 1 hinsichtlich der Schäden am Rohbau. Dies spricht daher dafür, auch mittelbare Folgen durch den Folgenersatzanspruch zu erfassen und der Wiederherstellungspflicht zu unterwerfen.

1100 Schoch, VerwArch. 79(1988), S. 1(49); Bleckmann/Eckhoff, DVBl. 1988, S. 373(375); Ossenbühl, S. 302; Grzeszick, S. 352, 355: „Verlegenheitsbegriff“; ähnlich Bethge, HGR III, § 58, Rn 29 spricht von „Quecksilbrigkeit“ des Kriteriums.

1101 Pietzko, S. 434f.

1102 Für eine Neuausrichtung der Unmittelbarkeit im Bereich des Folgenbeseitigungsanspruchs beispielsweise Bethge/Detterbeck, Jura 1991, S. 550(555); Pietzko, S. 434ff; tendenziell auch Schoch, VerwArch. 79(1988), S. 1(49f); ders. Jura 1993, S. 478(484); Maaß, BayVBl. 1987, S. 520(525); Hösch, DÖV 1999, S. 192(194); ablehnend für alle grundrechtlich determinierten staatshaftungsrechtlichen Ansprüche Höfling, VVDStRL 61(2001), S. 260(277). Allgemein kritisch gegenüber einem Merkmal der Unmittelbarkeit Fiedler, NVwZ 1986, S. 969(975); M. Redeker, DÖV 1987, S. 194(200) für einen Ersatz aller kausalen Schäden; ähnlich ohne grundrechtliche Begründung Grave, NJW 1972, S. 972(973).

1103 Ebenso Discher, JuS 1993, S. 462(464); Hösch, DÖV 1999, S. 192(195); ähnlich Pietzko, S. 439, 448.

1104 Beispiel bei Pietzko, S. 444ff – Vornahme der von der Behörde gebotenen Handlung erfüllt zugleich einen Gebührentatbestand, sowie S. 451ff – faktisch zwangsläufige Maßnahmen.

Hinzu kommt, dass – wie oben dargestellt – nach dem erweiterten Eingriffsbegriff durchaus auch mittelbare und mittelbar-faktische Wirkungen einen Grundrechtseingriff darstellen können[1105]. Der genaue Umfang, in dem mittelbare Beeinträchtigungen als Eingriff angesehen werden können, ist jedoch noch nicht abschließend geklärt. Da der Folgenersatzanspruch ein grundrechtlich abgeleiteter Anspruch ist, kann die Frage nach dem Ersatz mittelbarer Folgen nicht beantwortet werden, ohne auch die Diskussion um die Eingriffsqualität mittelbarer Beeinträchtigungen zu berücksichtigen[1106].

Abgrenzungskriterien von mittelbaren grundrechtsrelevanten zu nicht grundrechtsrelevanten Handlungen sind häufig die Finalität und die Schwere der Betroffenheit[1107]. Dies sind jedoch keine kumulativen, zwingenden Voraussetzungen; auch sind sie nicht überall als Eingriffsvoraussetzungen anerkannt. Doch auch weitere, noch weiter ausdifferenzierte Voraussetzungen werden angenommen[1108].

Gerade die Rechtsprechung des Bundesverwaltungsgerichts bestimmt den Eingriffscharakter häufig nach der Schwere der Beeinträchtigung[1109]. Dies ist insgesamt das am häufigsten genannte Kriterium, gerade im Bereich mittelbarer Beeinträchtigungen der allgemeinen Handlungsfreiheit[1110]. Verbreitet wird der Eingriffsbegriff auch mit einem Bagatellvorbehalt verknüpft, nach dem die Beeinträchtigung nicht unerheblich bzw. nicht bloß geringfügig sein darf[1111]. Dabei

1105 S. dazu oben D I) 2) c) (4) (b).

1106 Zur Verknüpfung von Grundrechtseingriff und Folgenzurechnung auch Grzeszick, HGR III, § 75, Rn 110.

1107 Discher, JuS 1993, S. 462(466); Albers, DVBl. 1996, S. 233(235); dargestellt auch bei Jarass/Pieroth, Vorb. v. Art. 1 GG, Rn 29; nach der Schwere differenziert bei Scherzberg, DVBl. 1989, S. 1128(1130); für die allgemeine Handlungsfreiheit BVerwGE 82, 76(79) und di Fabio in: Maunz/Dürig (39. EL), Art. 2 Abs. 1 GG, Rn 49.

1108 Darstellung hierzu bei Lindner, DÖV 2004, S. 765(766).

1109 BVerwGE 32, 173(178f); 36, 248(251f); 44, 244(246f); 50, 282(287f); 54, 211(222ff); 82, 76(78) – Transzendentale Meditation; BVerwG NJW 1978, S. 1539f; NJW 1992, 2496(2498f); ebenso BVerfGE 110, 177(191).

1110 So bei Erichsen, Jura 1987, S. 367(369); di Fabio in: Maunz/Dürig (39.EL), Art. 2 Abs. 1 GG, Rn 49; Starck in: v. Mangoldt/Klein/Starck, Art. 2 Abs. 1 GG, Rn 20; Jarass/Pieroth, vor Art. 1 GG, Rn 29; ders. Art. 2 GG, Rn 13; Discher, JuS 1993, S. 462(466), allerdings nicht als alleinige, hinreichende Bedingung.

1111 Ramsauer, VerwArch 72(1981), S. 89(104f); Heintzen, DVBl. 1988, S. 621(626); Bethge, VVDStRL 57(1998), S. 7(40); ders., HGR III, § 58, Rn 16; Isensee, HStR IX, § 191, Rn 106, 119; Friauf/Höfling/Enders, vor Art. 1 GG, Rn 110; Pieroth/Schlink Rn 260; anders Stern, Staatsrecht III/2, S. 204ff mwN in Fn 544; kritisch dargestellt bei ders., S. 157ff mwN in Fn 364; skeptisch gegenüber einer Ausklammerung geringfügiger Eingriffe Gallwas, Faktische Beeinträchtigungen, S. 88.

betraf die Abgrenzung nach einer besonderen Schwere in der Rechtsprechung zunächst nur Eigentumsbeeinträchtigungen[1112]. Dies könnte man auch vor dem Hintergrund der „Schweretheorie" sehen, mittels derer damals Enteignung und Inhalts- und Schrankenbestimmung voneinander abgegrenzt wurden. Später wurde dieses Kriterium explizit auch auf andere Grundrechte übertragen und damit begründet, dass es keinen Grund gebe, zwischen den einzelnen Grundrechten zu differenzieren[1113]. Dabei werden jedoch nicht etwa Bagatellbeeinträchtigungen als Eingriff ausgeschieden, sondern das Bundesverwaltungsgericht erkannte nur „schwere, unerträgliche Beeinträchtigungen" als Grundrechtseingriff an. Allerdings galt dies nur für den speziellen Fall mittelbar-faktischer Beeinträchtigungen (Betroffenheit des Nachbarn durch ein Bauvorhaben). Es handelt sich aber um zwei verschiedene Regel-Ausnahme-Qualifikationen, ob nur Bagatellbeeinträchtigungen negativ ausgeschieden werden oder ob positiv eine besondere Schwere bejaht werden muss[1114]. Der Unterschied zwischen diesen beiden Regel-Ausnahme-Verhältnissen ist zudem nicht unbeachtlich: besondere Schwere oder keine Bagatelle liegen nicht nahe beieinander.

Die Frage des Eingriffs anhand der Schwere der Beeinträchtigung zu bemessen bzw. einem Bagatellvorbehalt zu unterwerfen, wird jedoch auch kritisiert: Es handele sich um ein konturenloses Kriterium, das kasuistische Rechtsprechung herausfordere[1115] und für das sich im Verfassungstext keinerlei Anknüpfungspunkte fänden[1116]. Es wäre auch mit einer liberal-negatorischen Sicht der Grundrechte, die den Schutz der Integrität der bürgerlichen Sphäre bezwecken, nicht vereinbar, eine besondere Schwere zu fordern. Die Integrität ist auch bei einer „normal schweren" Beeinträchtigung verletzt, nur eben nicht in einem besonderen Maße. Warum in diesen Fällen ein Grundrechtsschutz ausgeschlossen werden sollte, ist nicht einsichtig. Die Gründe, wegen derer der Eingriffsbegriff erweitert wurde, würden ad absurdum geführt. Aus denselben Gründen kann und muss auch an einem Bagatellkriterium gezweifelt werden. Auch Bagatellbeeinträchtigungen sind und bleiben Beeinträchtigungen. Es ist kein aus der bürgerlichen Sphäre stammender Grund ersichtlich, warum man hier keinen Grundrechtsschutz gewähren sollte. Denkbar wären allenfalls aus der staatlichen

---

1112 BVerwGE 32, 173(178f); 36, 248(251f); 44, 244(246f); 50, 282(287f).

1113 BVerwGE 54, 211(222f).

1114 Dazu Gallwas, Faktische Beeinträchtigungen, S. 46ff.

1115 Schulte, DVBl. 1988, S. 512(517); Discher, JuS 1993, S. 462(466); ähnlich für alle Abgrenzungskriterien Stern, Staatsrecht III/2, § 78, S. 207, 209; Lindner, DÖV 2004, S. 765(770); Peine, HGR III, § 57, Rn 49.

1116 Stern, Staatsrecht III/2, § 78, S. 206.

Sphäre stammende Gründe: beispielsweise die Vermeidung von Verwaltungsaufwand, der entstünde, wenn jede kleine Verletzung ein Verwaltungsstreitverfahren oder gar eine Verfassungsbeschwerde hinter sich ziehen würde. Dies sind jedoch allein verfahrensrechtliche Gründe. Sie sollten besser auf der Ebene des Verfahrensrechts, insbesondere durch ein formelles Gesetz geregelt werden als durch freihändige Grundrechtsdogmatik, der man Schwammigkeit vorwerfen könnte.

Weiter wird auch dann ein Eingriffscharakter bejaht, wenn es sich um zwangsähnliche Beeinträchtigungen handelt[1117]. Hierzu werden vor allem informelle Verhaltenslenkungen gezählt, die dadurch wirken, dass bestimmte Nachteile in Aussicht gestellt werden und noch unterhalb der Wirkung von Verboten bleiben[1118]. Diese Ansicht hat durchaus einen gewissen Charme, berücksichtigt man den freiheitssichernden Zweck der Grundrechte: dieser schützt die grundsätzlich staatsfreie Sphäre des Bürgers, in der sich dieser frei entfalten kann. Gerade bei staatlichem Zwang besteht die bürgerliche Sphäre nicht mehr wie ursprünglich[1119]. Ob dies nun im Wege direkten Zwangs oder mit anderen Maßnahmen geschieht, die ähnlich wirken, wäre eine bloße Tarnung der Maßnahme: es wäre dem Staat möglich, sich durch die Wahl der Methode der Grundrechtsbindung zu entziehen. Für den mit den Folgen belasteten Bürger macht die Methode des Zwangs aber keinen Unterschied. Problematisch ist jedoch, wann eine Beeinträchtigung als zwangsähnlich anzusehen ist. An dieser Stelle zeigen sich nicht unerhebliche Abgrenzungsschwierigkeiten, die den Mehrwert einer solchen Fallgruppenbildung durchaus infrage stellen[1120]. Dies zeigt ganz plastisch die Abgrenzung von zwangsläufigen[1121] zu gelegentlichen faktischen Beeinträchtigungen bei *Gallwas*[1122]: Dort wurde es als gelegentliche Folge eines öffentlichen Anbietermonopols im Bereich der Daseinsvorsorge angesehen, dass private Anbieter ihr

---

1117 Weber-Dürler, VVDStRL 57(1998), S. 57(86); dargestellt bei Gallwas, Faktische Beeinträchtigungen, S. 19, dort jedoch mit „final und unmittelbar" gleichgesetzt; dazu auch Stern, Staatsrecht III/2, § 78, S. 130 mwN in Fn 247.

1118 Stern, Staatsrecht III/2, § 78, S. 133ff.

1119 Ähnlich auch Friauf, DVBl. 1971, S. 674(681) sowie Gallwas, Faktische Beeinträchtigungen, S. 43.

1120 Ebenso Gallwas, Faktische Beeinträchtigungen, S. 97; ähnlich für alle Abgrenzungskriterien Ramsauer, VerwArch 72(1981), S. 89(97f); Lindner, DÖV 2004, S. 765(770).

1121 Die insofern den zwangsähnlichen gleichgestellt werden können, da auch zwangsläufige mittelbar-faktische Beeinträchtigungen kein direkter Zwang sind, sondern nur wie Zwang wirken.

1122 Gallwas, Faktische Beeinträchtigungen, S. 17f.

Angebot dort nicht mehr erbringen können. Auch wenn diese Folge nicht überall eintritt, sondern nur wenn es solche Anbieter gibt, trifft sie diese Anbieter doch ohne Alternative. Sie können dem Verbot nicht entgehen; es besteht eine Situation von imperativem Zwang. Man könnte daher an dieser Stelle ohne Weiteres vertreten, dass es sich um eine zwangsläufige Beeinträchtigung handelt, die daher grundrechtsrelevant ist. Dies zeigt, wie willkürlich die Ergebnisse bei dieser Abgrenzung sein können. Zudem ist das Gebot ein Rechtsakt, weshalb eine mittelbar-faktische Folge eines Rechtshandelns vorliegt und keine faktische Belastung. Dies zeigt, dass es kaum praktikabel ist, mittelbar-faktische Belastungen aus dem Eingriffsbegriff auszunehmen. Würde man lediglich einzelne Fallgruppen mittelbar-faktischer Beeinträchtigungen als Eingriffe werten, könnte dies im Einzelfall zu willkürlichen Subsumtionsergebnissen führen[1123].

Auch die Finalität wird zuweilen als ein zentrales Kriterium angesehen. Hiernach soll in jedem Fall ein Eingriff vorliegen, wenn das staatliche Vorgehen darauf abzielt, eine grundrechtlich geschützte Verhaltensweise einzuschränken[1124]. Auch das Bundesverfassungsgericht beschränkt den Eingriffsbegriff noch bisweilen auf finale Eingriffe, wenn „bloße Reflexe" keine Rechtfertigung auslösen[1125]. Bei unvorhersehbaren Beeinträchtigungen wird teilweise zusätzlich auf die Schwere der Beeinträchtigung abgestellt[1126]: je schwerer die Beeinträchtigung, um so eher soll die Folge zurechenbar sein. Eine solche Beschränkung des Eingriffs auf beabsichtigte, also finale Folgen[1127], kann jedoch nicht

---

1123 Dies klingt auch an bei Gallwas, Faktische Beeinträchtigungen, S. 19; ähnlich für alle Abgrenzungskriterien Lindner, DÖV 2004, S. 765(770).

1124 BVerwGE 71, 183(192); 82, 76(79) – Transzendentale Meditation; BVerwG NJW 1992, S. 2496(2499); Friauf, DVBl. 1971, S. 674(681f), der jedoch im Gegenzug zufällige Beeinträchtigungen vom Grundrechtsschutz ausnimmt; Gallwas, FS Zacher, S. 185(195); Stern, Staatsrecht III/2, § 78, S, 139ff mit einer gewissen Skepsis; Jarass/Pieroth, Vorb. v. Art. 1 GG, Rn 29; dargestellt bei Albers, DVBl. 1996, S. 233(235 mwN; kritisch S. 236).

1125 BVerfGE 106, 275(299); 116, 202(222). Allerdings ist in der Entscheidung 106, 275(299) die Berufsfreiheit aus Art. 12 Abs. 1 GG betroffen, wo es bereits länger für einen Eingriff erforderlich ist, dass die Einwirkung „objektiv berufsregelnde Tendenz" aufweist, also insofern ohnehin final sein muss.

1126 BVerwG NJW 1992, 2496(2499); ebenso Discher, JuS 1993, S. 462(466), der dies allerdings nicht für ausreichend hält; Bethge, HGR III, § 58, Rn 39; s. dazu auch oben D I) 2) c) (4) (b) (bb).

1127 So eindeutig die frühe Rsp. des BVerfG, u.a. BVerfGE 6, 55(77); 11, 50(60); 21, 54(69); Friauf, DVBl. 1971, S. 674(681f); Darstellung und Nachweise bei Stern, Staatsrecht III/2, § 78, S. 141.

überzeugen[1128]. Anders als befürchtet, ufert der Grundrechtsschutz nämlich nicht aus, wenn auch nicht-finale Beeinträchtigungen erfasst werden. Dies führt auch nicht dazu, dass „die sozialgestalterische Freiheit des Staates in verhängnisvoller Weise beschränkt" ist[1129]. Es ist bereits nicht ersichtlich, wieso die Möglichkeiten des Staates weiter eingeschränkt werden sollten, wenn auch nicht beabsichtigte Einwirkungen für rechtswidrig erklärt werden[1130]. Schließlich führt nicht jeder Grundrechtseingriff automatisch zu einer Verfassungsbeschwerde, sondern kann potentiell eine ganze Reihe verschieden gearteter Abwehrrechte auslösen[1131]. Ebenso wie die insofern unproblematischen[1132] Entschädigungspflichten beschneidet es die staatlichen Gestaltungsmöglichkeiten nicht intensiver, wenn auch nicht finale Beeinträchtigungen Eingriffe sein können. Insbesondere greifen die Abwehrrechte zumeist erst nach dem eigentlichen Handeln ein (Rechtswidrigkeitserklärung durch Verwaltungsakt oder Urteil; Geldersatz). Sie betreffen das staatliche Handeln somit erst ex post und primär für die Zukunft. Hinzu kommt, dass es schwer zu bestimmen ist, ob Finalität vorliegt. Es handelt sich um eine subjektive Voraussetzung, die leicht verschleiert[1133] und praktisch nur anhand von Indizien bestimmt werden könnte[1134]. Die Frage, ob ein Eingriff vorliegt, ist auch von der zu unterscheiden, ob nicht finale Beeinträchtigungen gerechtfertigt werden können. Auch dies wird kontrovers diskutiert[1135]. Nicht zuletzt ist Freiheit etwas, das dem Bürger zukommt und nicht dem Staat. Anderenfalls müsste man jegliche Ausdehnung der Freiheitsbereiche der Bürger, insbesondere wie sie durch das Grundgesetz erfolgten, als Einschränkungen

---

1128 Ebenso Ramsauer, VerwArch 72(1981), S. 89(98); Sodan, DÖV 1987, S. 858(864); Schulte, DVBl. 1988, S. 512(517); Zuck, MDR 1988, S. 1020(1021); Discher, JuS 1993, S. 462(465); Jarass/Pieroth, Vorb. v. Art. 1 GG, Rn 29; im Ergebnis Bethge, HGR III, § 58, Rn 16.

1129 Friauf, DVBl. 1971, S. 674(682); ähnlich Scherzberg, DVBl. 1989, S. 1128(1130); als Problem aufgeworfen auch bei Discher, JuS 1993, S. 462(464); ähnlich Sodan, DÖV 1987, S. 858(863); Bethge, HGR III, § 58, Rn 58; keine Bedenken hinsichtlich der Handlungsfähigkeit hat auch Stern, Staatsrecht III/2, § 78, S. 153.

1130 Ähnlich Discher, JuS 1993, S. 462(466): mit diesem Argument könne man genauso gut gering beeinträchtigende klassische Eingriffe vom Grundrechtsschutz ausnehmen.

1131 Bezogen auf den Unterlassungsanspruch auch Stern, Staatsrecht III/2, § 78, S.153.

1132 Friauf, DVBl. 1971, S. 674(681); angedeutet bei Stern, Staatsrecht III/2, § 78, S. 154.

1133 Jarass/Pieroth, Art. 1 GG, Rn 13; ähnlich für alle Abgrenzungskriterien Lindner, DÖV 2004, S. 765(770).

1134 Gallwas, Faktische Beeinträchtigungen, S. 96: „Unsicherheitsfaktor par excellence".

1135 S. dazu überzeugend Stern, Staatsrecht III/2, § 78 S. 179f.

der Gestaltungsfreiheit des Staates ansehen. Hieran zeigt sich, dass es eine verkehrte Perspektive ist, Grundrechte als Einschränkung der Handlungsfreiheit des Staates anzusehen. Jedoch müssen den Personen, die für den Staat handeln, aufgrund der Rechtssicherheit und insbesondere dem Gebot der Normenklarheit und Normenbestimmtheit klare Maßstäbe an die Hand gegeben werden, wo die Grenzen der Zulässigkeit staatlichen Handelns verlaufen[1136]. Dem Gebot zum rechtmäßigen Handeln kann der Staat nur nachkommen, wenn klar ist, wo die Grenzen der Rechtmäßigkeit gezogen sind. Diese Forderung ist aber noch gewahrt, wenn auch nicht finale Folgen als Grundrechtseingriffe angesehen werden. Auch etwas, das nicht beabsichtigt ist, kann vor einer Handlung berücksichtigt und geprüft werden.

Vertreten wird desweiteren eine Begrenzung auf vorhersehbare faktische Beeinträchtigungen[1137]. Es würde den Grundrechtsschutz aber zu stark subjektivieren, wenn darauf abgestellt würde, was eine bestimmte Person (welche? Gesetzgeber oder Verwaltung?) unter Beachtung bestimmter, aber ebenso auslegungsfähiger Standards prognostizieren könnte[1138]. Zudem würde es sich um die Berücksichtigung von bloß Vorgestelltem[1139] handeln, weshalb fraglich ist, inwieweit solche Voraussetzungen durch die Gerichte kontrolliert werden können. Daher bestehen gegen ein solches Kriterium rechtsstaatliche Bedenken. Für eine solche Begrenzung wird dabei angeführt, dass nur normierbar sei, was vorhersehbar sei. Nur bei vorhersehbaren Folgen könne daher dem Gesetzesvorbehalt genüge getan werden[1140]. Diese Argumentation setzt jedoch an der falschen Stelle an und nimmt nur dann einen Grundrechtseingriff an, wenn dieser nach der gegenwärtigen Dogmatik auch gerechtfertigt werden könnte. Sofern es aber Eingriffe gibt, die vom Gesetzesvorbehalt nicht erfasst werden können, da sie nicht normierbar sind, sollte dies vielmehr Anlass sein, die Dogmatik des Gesetzesvorbehalts zu betrachten als die Reichweite des Grundrechtsschutzes zu verringern[1141]. Umso mehr subjektiviert eine Beschränkung auf beabsichtigte

1136 BVerfGE 113, 348 (375); Bethge, HGR III, § 58, Rn 54.

1137 Dies klingt an bei Discher, JuS 1993, S. 462(465) aus Gründen der Normierbarkeit im Sinne des Gesetzesvorbehalts.

1138 Discher, JuS 1993, S. 462(465); Klement, DÖV 2005, S. 505(512) mit weiteren Einwänden.

1139 Klement, DV 37(2004), S. 73(84f).

1140 Discher, JuS 1993, S. 462(465).

1141 So auch Lindner, DÖV 2004, S. 765(773), der unvorhersehbare Beeinträchtigungen dann als rechtfertigt ansieht, wenn sie auch als imperative Eingriffe, also solche, die voraussehbar waren, hinzunehmen wären; ähnlich Gallwas, Faktische

oder vorhersehbare Beeinträchtigungen den Grundrechtsschutz. Aus der Sicht des Betroffenen wäre es jedoch willkürlich[1142], müsste er allein das Risiko unbeabsichtigter oder unvorhergesehener Folgen staatlichen Handelns tragen[1143]. Daher werden beide Voraussetzungen (Finalität und Vorhersehbarkeit) zu Recht als hinreichende, aber nicht als notwendige Voraussetzungen eines Eingriffs angesehen[1144].

Nach einer anderen Ansicht ist jeder verhaltenssteuernde Effekt als Grundrechtsbeeinträchtigung zu werten, unabhängig von der staatlichen Absicht[1145]. Insofern bejahte auch das Bundesverfassungsgericht schon früh, dass nicht fremdvermittelte Beinträchtigungen als unmittelbar anzusehen seien[1146]. In der Literatur stieß dies auf Zustimmung[1147]. Vergleichbar ist es, wenn für einen Eingriff ein „Verhalten unter Inanspruchnahme staatlicher Autorität", das der deutschen Staatsgewalt zurechenbar ist, vorliegen muss[1148]. Als eine grobe Abgrenzung überzeugt dies auch. So nimmt dies vor allem solche staatlichen Handlungen aus, in denen der Staat sich auf die Ebene der Gleichordnung begibt, also nach den klassischen Abgrenzungen nicht mehr öffentlich-rechtlich handelt. Jedoch erscheint es ebenso problematisch, alleine auf den verhaltenssteuernden Effekt abzustellen. Zum Einen lässt das Erfordernis eines „steuernden Effekts" eine Nähe zum Kriterium der Finalität erkennen. Hinzu kommt, dass offenkundig ein Verhalten des Bürgers erforderlich ist. Beeinträchtigungen, die ohne Zutun des Bürgers entstehen, aber keine klassischen Eingriffe sind, würden nicht erfasst. Dies zeigt, dass auch in diesen Fällen bei Vorliegen des verhaltenssteuernden Effekts ein Eingriff zu bejahen ist, aber bei seinem Fehlen nicht feststeht, dass ein solcher zu verneinen wäre.

Beeinträchtigungen, S. 94ff; ders. FS Zacher, S. 185(187); diese Konsequenz zieht auch Bethge, HGR III, § 58, Rn 58, sieht diese allerdings als unerwünscht an.

1142 Ebenso mit vertieftem Beispiel Klement, DV 37(2004), S. 73(91).

1143 Ähnlich Stern, Staatsrecht III/2, § 78, S. 181.

1144 Bleckmann/Eckhoff, DVBl. 1988, S. 373(377); Discher, JuS 1993, S. 462(465) für die Finalität; angedeutet auch bei Lindner, DÖV 2004, S. 765(768); Klement, DÖV 2005, S. 505(513, Fn 51); Manssen in: v. Mangoldt/Klein/Starck, Art. 12 Abs. 1 GG, Rn 75, 77; als hinreichende Bedingung auch bei Bethge, HGR III, § 58, Rn 38; dargestellt bei Stern, Staatsrecht III/2, § 78, S.140 mwN in Fn 295, 298, S. 153, 181, der selbst skeptisch hinsichtlich der hinreichenden Bedingung ist, S. 181, sowie S. 189.

1145 Weber-Dürler, VVDStRL 57(1998), S. 57(70).

1146 Inzident durch Bejahung des Eingriffs BVerfGE 13, 230(232); 52, 42(51).

1147 Auch Bleckmann/Eickhoff, DVBl. 1988, S. 373(377) sehen daher selbstvermittelte, aber auf eine „Anstiftung" der Verwaltung zurückgehende Nachteile als Eingriff an.

1148 Bethge, HGR III, § 58, Rn 16.

Im Ergebnis ist es daher aus grundrechtsdogmatischer Sicht grundsätzlich nicht erforderlich, dass die Beeinträchtigungen beabsichtigt oder vorhersehbar waren. Auch auf eine besondere Zwangsähnlichkeit der Beeinträchtigungen kommt es nicht an. Das Erfordernis einer besonders schweren Beeinträchtigung oder der Ausschluss von Bagatellbeeinträchtigungen sind abzulehnen.

Damit ist im Ergebnis alles als Eingriff zu bewerten, was eine Beeinträchtigung oder Verkürzung der bürgerlichen Freiheitssphäre bewirkt. Diese scheinbar extreme Ausweitung des Grundrechtsschutzes kann dabei auf der Ebene der verfassungsrechtlichen Rechtfertigung oder mittels einer präzisen Schutzbereichsbestimmung begrenzt werden.

Aus der Grundrechtsdogmatik ergibt sich somit nicht, dass die Ersatzfähigkeit mittelbarer Folgen begrenzt werden müsste und dies auf Folgenbeseitigung und Folgenersatz übertragen werden könnte.

(ccc) Folgeschäden bei der Enteignungsentschädigung

Rückschlüsse auf die Behandlung mittelbarer Folgen könnten auch aus der Enteignungsentschädigung gezogen werden. Diese bleibt nämlich hinter dem vollen Ersatz zurück, sie ist grundsätzlich nicht vollumfänglich.

Dabei ist es umstritten, ob bei der Höhe der Entschädigung auch mittelbare Folgeschäden berücksichtigt werden müssen. Die Literatur bejaht dies zunehmend[1149]. Die Rechtsprechung sieht Folgeschäden durchaus als ersatzfähig an, verneint dies aber für bloß mittelbare Folgen[1150]. Im Ergebnis sind somit Folgeschäden nicht grundsätzlich von der Ersatzfähigkeit ausgeschlossen, allerdings auf bestimmte Fälle beschränkt. Bereits hier fragt sich aber, wo der Unterschied zwischen mittelbaren Folgen und Folgeschäden liegen soll.

Die Ersatzfähigkeit von Folgeschäden hat dabei in einzelnen einfachgesetzlichen Bestimmungen Niederschlag gefunden, zB § 96 BauGB[1151]. Begründet wird

1149 Bejahend Depenheuer in: v.Mangoldt/Klein/Starck, Art. 14 GG, Rn 455; Papier in: Maunz/Dürig (59. EL), Art. 14 GG, Rn 631ff; Friauf/Höfling/Siekmann, Art. 14 Rn 174; Kreft, Ersatzleistungen, Rn 313f mwN; Maurer, Verwaltungsrecht, § 27, Rn 70; Ossenbühl, S. 210f; Staudinger/Schiemann, Vorbem §§ 249ff, Rn 16; Schmidt-Aßmann, NJW 1974, S. 1265ff, BGHZ 55, 294(296ff); 95, 28(30f); Aust/Jacobs, S. 219ff; Grzeszick in: Erichsen/Ehlers (14.A.), § 45, Rn 30; Ersatz von Folgekosten jedoch abgelehnt bei BGHZ 57, 359(368); BGH v. 11.1.2007, NJW 2007, S. 830(834); MüKo/Papier, § 839 BGB, Rn 51; Hofmann in: Schmidt-Bleibtreu/Hofmann/Hopfauf, Art. 14, Rn 83; Rinne/Schlick, NJW 2005, S. 3330(3332);

1150 BGHZ 55, 294; 118, 59.

1151 BGHZ 95, 28(30); Aust/Jacobs, S. 220.

sie mit der Erwägung, dass schädigende Eingriffe in Rechtspositionen, die in als Eigentum geschützt sind, vielfach nicht isoliert und nicht ohne Auswirkungen auf andere Sachen und Rechte oder doch nicht ohne sonstige finanzielle Nachteile für die Betroffenen von sich gingen. Aus diesem Grund müsse eine sachgerechte Entschädigung auch derartige Auswirkungen und Nachteile mit abgelten[1152]. Der Ersatz von Folgeschäden soll sogar ein zwingendes verfassungsrechtliches Gebot darstellen[1153], wshalb der BGH insofern einen wesentlichen Schritt zum vollen Schadensersatz getan habe[1154]. Doch auch hier entstehe in der Praxis die schwierige Frage, welche Nachteile als ersatzfähige Folgeschäden zu werten seien und wie sie zu entschädigen seien, da nicht alle erwachsenen Nachteile ersatzfähig seien[1155]. Die Rechtsprechung des BGH erfasst hierbei nur solche Nachteile, die ohne dingliche Wertbeziehung zu der Substanzeinbuße am Eigentumsobjekt selbst als erzwungene und unmittelbare Folge der Beeinträchtigung hinzutreten. Deshalb müssten sie noch dem hinzugerechnet werden, was dem Betroffenen abverlangt worden ist[1156].

Problematisch ist hierbei aber wieder die unterschiedliche Zielsetzung von Enteignungsentschädigung und negatorischem Folgenersatz. Letzterer dient der vollständigen Kompensation der erlittenen Rechtseinbuße, während erstere bloß eine „angemessene" Entschädigung sein muss und mit den Interessen der Allgemeinheit abzuwägen ist. Damit zeigt sich aber zugleich, dass die Entschädigung summenmäßig ein minus zum Folgenersatzanspruch darstellt. Wenn aber die Entschädigung ebenfalls der Höhe nach grundrechtsdeterminiert ist[1157] und bereits hier anerkannt ist, dass mitunter auch Folgeschäden ersetzt werden müssen, so muss dies um so mehr für den Folgenersatz als vollumfänglich wiederherstellenden Anspruch gelten. Jedoch weichen die Rechtsprechung von Bundesgerichtshof und Bundesverwaltungsgericht dahingehend, wie die ersatzfähigen von den nicht mehr ersatzfähigen Folgeschäden abzugrenzen sind, terminologisch voneinander ab. Auch nach dem Bundesgerichtshof sollen mittelbare

---

1152 Kreft, Ersatzleistungen, Rn 313.

1153 BGHZ 55, 294(296ff); Aust/Jacobs, S. 220; Ossenbühl, S. 210f, kritisch zur Abgrenzung S. 211; dies bezweifelnd Maurer, Verwaltungsrecht, § 27, Rn 70; dies ablehnend Papier in: Maunz/Dürig (59. EL), Art. 14 GG, Rn 633.

1154 Ossenbühl, S. 210.

1155 Kreft, Ersatzleistungen, Rn 313; dazu auch Ossenbühl, S. 210f; Aust/Jacobs, S. 220.

1156 BGHZ 55, 294; 118, 59; Kreft, Ersatzleistungen, Rn 314; Ossenbühl, S. 210; Schmidt-Aßmann, NJW 1974, S. 1265(1265).

1157 S. dazu oben I) 2) a).

Schäden nicht ersatzfähig sein[1158]. Allerdings sieht er nicht bereits alle Schäden als mittelbar angesehen, die nicht an dem Rechtsgut bestehen, in das imperativ eingegriffen wurde. Die Abgrenzung mittelbar – unmittelbar scheint hier vielmehr einer Wertung zu entsprechen, nämlich der, ob die Schäden zwangsläufig entstanden sind. Daher wird sogar bisweilen angenommen, es gebe kein brauchbares Abgrenzungskriterium, weshalb die Frage nach der Ersatzfähigkeit von Folgeschäden je nach Fallgruppe beantwortet werden müsse[1159].

Insofern ist der Folgenbeseitigungsanspruch hinsichtlich der Berücksichtigung mittelbarer Folgen sogar noch strenger als der Enteignungsanspruch – jedenfalls wenn man die Maßstäbe anlegt, die in der Bardepotentscheidung aufgestellt werden. Hier wurde nur der Verlust des Rechtsguts selbst als unmittelbar angesehen, alle weiteren Folgeschäden, in dem Fall Zinsaufwand, indes bereits als mittelbar und nicht ersatzfähig. Im Rahmen der Entschädigung wäre dies hingegen durchaus möglich gewesen. Darin offenbart sich aber ein Wertungswiderspruch, da die Entschädigung im Gegensatz zum negatorischen Geldersatz keine wiederherstellende, sondern bloß ausgleichende Funktion hat. Hier muss der Bürger nicht unbedingt so gestellt werden, wie er ohne den Eingriff stünde. Dass er aber, gerade was Folgeschäden angeht, weiter geht als ein Anspruch, der die volle Kompensation der erlittenen Rechtseinbußen bezweckt, ist angesichts des grundrechtsschützenden Charakters des Folgenersatzanspruchs nicht hinnehmbar.

(ddd) Ersatz über die Zurechnung nach dem Schutzzweck der Norm

Nach teilweise in der Literatur vertretener Auffassung sollen daher ersatzfähige mittelbare Folgen nicht mit dem groben Keil der „Unmittelbarkeit“, sondern unter Rücksicht auf die Dogmatik des jeweils verletzten Grundrechts bestimmt werden. Dies bedeutet eine Einschränkung ihrer Ersatzfähigkeit anhand des „Schutzzwecks des Grundrechts“[1160].

1158 Ossenbühl, S. 210; Maurer, Verwaltungsrecht, § 27, Rn 70.

1159 Schmidt-Aßmann, NJW 1974, S. 1265(1266); Ossenbühl, S. 210.

1160 So auch Bender, VerwArch 77(1986), S. 335(362ff); Schoch, VerwArch. 79(1988), S. 1(50); T. Schneider, Folgenbeseitigung im Verwaltungsrecht, S. 138f; für den Folgenbeseitigungsanspruch Pietzko, S. 440ff; Grzeszick, S. 370; Röder, S. 309; ähnlich generell für einen Geldersatzanspruch Gromitsaris, S. 211, der bereits das Unmittelbarkeitserfordernis selbst als Wertungsfrage ansieht; ders. DVBl. 2006, S. 288(293f); sowie für den enteignungsgleichen Eingriff Goppert, enteignungsgleicher Eingriff, S. 62f; Olivet, NVwZ 1986, S. 431(436ff); Klement, DV 37(2004), S. 73(79).

Hier ist im Rahmen einer Zurechnung haftungsrechtlich relevanter Folgen zu bestimmen, ob der entstandene Schaden von der Reichweite der Grundrechtsgarantie erfasst sein soll. Diese Abwägung steht neben der im Rahmen der Prüfung der Verletzung des Grundrechts. Damit wird im Grunde auf den Schutzzweck der verletzten Norm abgestellt, wie es auch das Bundesverwaltungsgericht für den Folgenbeseitigungsanspruch annahm – nur dort eben auf der Basis einer Herleitung aus Art. 20 Abs. 3 GG[1161]. Vergleichbar hierzu sieht man auch in der allgemeinen Grundrechtsdogmatik die Frage mittelbarer Beeinträchtigungen als eine Zurechnungsproblematik an[1162].

Fraglich ist somit, ob der Kreis der ersatzfähigen Schäden durch das Kriterium des Schutzzwecks des verletzten Rechts einzuschränken ist. Dies würde auch zugleich den Ersatz mittelbarer Folgen der rechtswidrigen Hoheitshandlung begrenzen.

In der Rechtsprechung zur Amtshaftung wurde häufig der Ersatz für vermögenswerte Folgeschäden rechtswidrigen Staatshandelns aufgrund dieses Kriteriums verneint; beispielsweise bei Zeitverlusten aufgrund unrechtmäßiger Heranziehung zum Wehrdienst[1163], was insofern dem Leitfall 3 (Apotheke) ähnelt. Oder auch bei einer wegen Statikfehlern rechtswidrigen Baugenehmigung hinsichtlich erlittener Vermögensnachteile des Bauherrn[1164]. Auch in anderen Leitfällen wäre hiernach ein Ausschluss über das Schutzzweckkriterium möglich, so zum Beispiel im Leitfall 4 (Demonstration). Hier könnte man argumentieren, dass die Versammlungsfreiheit aus Art. 8 GG die öffentliche Meinungskundgabe in der speziellen Form der Versammlung oder des Aufzugs schützen möchte, nicht aber, dass sich finanzielle Aufwendungen im Um- und Vorfeld der Demonstration über Verwirklichung des immateriellen Zwecks amortisieren. Anders könnte dies im Bereich der Leitfälle 1 (Hausbau) und 3 (Apotheke) gesehen werden. Die Berufszulassungsregelung betrifft hier die Berufsfreiheit aus Art. 12 GG, die bereits ihrer Definition nach der Schaffung und Erhaltung einer Lebensgrundlage dient[1165].

1161 BVerwGE 69, 366(371) – Bardepot; Ableitung auf S. 370; VG Dessau v. 09.12.2004, Az. 2 A 208/03; dazu auch bereits Schoch, VerwArch. 79(1988), S. 1(50).

1162 So bereits das Bundesverfassungsgericht, BVerfGE 66, 39(60): Eingriff setzt voraus, dass die Gefahr durch ein Verhalten der öffentlichen Gewalt verursacht ist und dieser zurechenbar ist; Ramsauer, VerwArch 72(1981), S. 89(105); Erichsen, Jura 1987, S. 367(369); Schulte, DVBl. 1988, S. 512(517); Scherzberg, DVBl. 1989, S. 1128(1129); Stern, Staatsrecht III/2, § 78, S. 155; Gallwas, FS Zacher, S. 185(187).

1163 BGHZ 65, 196; Discher, JuS 1993, S. 462(466f); Gromitsaris, S. 210.

1164 BGHZ 39, 358(363); Gromitsaris, S. 210.

1165 Jarass/Pieroth, Art. 12 GG, Rn 5 mwN.

Daher können mögliche wirtschaftliche Nachteile bereits aufgrund dieser Definition nicht aus dem Schutzbereich ausgeklammert werden und sind ersatzfähig. Dasselbe gilt hinsichtlich der Verzögerungsschäden aufgrund des unrechtmäßigen Erlasses einer Baueinstellungsverfügung. Die Baufreiheit als Ausschnitt der Eigentumsnutzung von Grundstücken, wie sie durch die Genehmigungsvorschriften der Bauordnungen konkretisiert wird, weist ebenfalls wirtschaftlichen Gehalt auf, indem die Grundstücksnutzung ein Gut ist, das am Markt gegen Geld käuflich ist. Jede Verzögerung der Bodennutzung in Form der Bebauung betrifft damit unmittelbar diese wirtschaftliche Verwertbarkeit des Grundstücks.

Jedoch birgt eine Zurechnung anhand des Schutzzwecks der Norm im Einzelfall das Risiko einer schwammigen, willkürlichen Ausgrenzung[1166] von Schadensposten. Andererseits bietet dies aufgrund dieses hohen Abstraktionsgrades gerade die Chance der Berücksichtigung von Besonderheiten des Einzelfalles[1167].

Zunächst aber ist dieses Einschränkungskriterium dogmatisch aus einem gänzlich anderen Zusammenhang abgeleitet. Gerade *Gromitsaris* leitet es aus Fällen des BGH zur Amtshaftung ab[1168]. Diese ist jedoch aufgrund des Standorts im BGB zivilrechtlich geprägt und verweist auf das zivilrechtliche Schadensrecht, in dem der Schutzzweck der Norm als haftungseinschränkendes Kriterium zum gesicherten Bestand gehört. Dort dient es aber auch zur Beschränkung der Haftung für Verstöße gegen Normen, die nur objektive Interessen schützen; beispielsweise wenn ein Rotlichtverstoß vorliegt, ohne den ein Unfall nicht geschehen wäre[1169]. Dies erlaubt die Anwendung auf die Amtshaftung, bei der zunächst Verstöße gegen jede Amtspflicht haftungsauslösend sein könnten, und erst in einem weiteren Schritt die Drittbezogenheit, mithin Subjektivierung, dieser Pflicht geprüft wird. Diese Unterscheidung ist aber im Bereich des Folgenersatzes nicht erforderlich, wo ohnehin nur für Verstöße gegen die Grundrechte als subjektiv-rechtliche Normen gehaftet wird. Daher kann eine Übertragung auf grundrechtliche negatorische Ansprüche nicht ohne weiteres erfolgen[1170].

1166 Daher wird die Adäquanztheorie auch im Zivilrecht bereits kritisch betrachtet als Wertungs- und nicht Kausalitätsfrage, s. dazu Staudinger/Schiemann, § 249 BGB, Rn 17; MüKo/Oetker, § 249 BGB, Rn 111ff. Ähnlich kritisch wird die Lehre vom Schutzzweck der Norm dort aus ähnlichen wie den hier erörterten Gründen gesehen, s. MüKo/Oetker, § 249 BGB, Rn 120.

1167 Stern, Staatsrecht III/2, § 78, S. 156.

1168 Gromitsaris, S. 210, 211.

1169 Staudinger/Schiemann, § 249 BGB, Rn 31.

1170 Ebenso M. Redeker, DÖV 1987, S. 194(200); skeptisch auch Grzeszick, S. 354f.

Die Ausgestaltung des Anspruchsinhalts muss dennoch grundsätzlich auch im Einzelfall am Schutzzweck der Grundrechte als verletzte Normen ausgerichtet sein. Dies ergibt sich, wie bereits dargestellt, daraus, dass Folgenbeseitigungs- und Folgenersatzanspruch dem Schutz der Grundrechte dienen. Soweit für den Anspruchsinhalt hinsichtlich mittelbarer Folgen gefordert wird, dass sich dieser am Schutzzweck der verletzten Norm auszurichten habe, wird damit im Grunde nur etwas Selbstverständliches ausgedrückt. Gerade bei einem ungeschriebenen Anspruch wie dem Folgenbeseitigungs- und Folgenersatzanspruch, der sich im Wege der Auslegung ergibt, kann der Bürger nur so viel verlangen, wie zur Zweckerfüllung, zum Schutz der verletzten Grundrechte, notwendig ist. Für alles darüber Hinausgehende würde es ohne einfaches Gesetz an einer Anspruchsgrundlage fehlen. Grundsätzlich kann damit der Formulierung zugestimmt werden, dass Verletzungsfolgen, vor denen das jeweils verletzte Grundrecht nicht schützen soll, nicht ersatzfähig sind.

Problematischer ist es jedoch, im Einzelfall zu bestimmen, wann dies der Fall ist. Angesichts der Vielgestaltigkeit der grundrechtlichen Schutzbereiche erscheint eine generelle Abgrenzungsformel, insbesondere von der Grobschlächtigkeit der Unmittelbarkeit oder gar der Finalität, problematisch. Dies gilt insbesondere, wenn man berücksichtigt, dass auch mittelbare Folgen kausale Folgen einer Grundrechtsverletzung sind. Ebenso wie die primäre Verletzung selbst wären sie somit bei rechtmäßigem Verhalten nicht existent.

Über die Forderung nach einer Abgrenzung anhand des Schutzzwecks hinaus finden sich jedoch selten konkrete Formulierungen. Nach *Gromitsaris* sollen nur Schäden ersetzt werden, die den Umständen nach eine notwendige Folge darstellen, die sich aus der Eigenart der hoheitlichen Maßnahme ergibt. Er versteht dies in dem Sinne, dass sich eine besondere Gefahr verwirklicht, die bereits in der hoheitlichen Maßnahme selbst angelegt sei[1171]. Hiermit nimmt er Bezug auf die enteignungsrechtliche Rechtsprechung. Er stellt insofern nicht auf die Finalität ab, sondern auf die Eigenart, das Verletzungspotential des jeweiligen hoheitlichen Handelns. Zudem bezieht sich diese Abgrenzung auf die Verletzungshandlung und nicht auf das verletzte Grundrecht. Dies eröffnet die Möglichkeit, dass ein und dasselbe Grundrecht, wie beispielsweise die Berufsfreiheit, bei gleicher quantitativer Einschränkung aufgrund unterschiedlicher einschränkender Maßnahmen unterschiedlich weite Verletzungsreaktionen hervorruft. Mit dem Schutzzweck der Grundrechte, bei dem der Freiheitsbereich im Vordergrund

---

1171 Gromitsaris, S. 211; ähnlich Discher, JuS 1993, S. 462(466) zunächst noch ohne Bezug auf die Zurechnung.

steht, kann ein solches Ergebnis aber nur schwer in Einklang gebracht werden. Vielmehr drohen mit dieser Formel höchst willkürliche Ergebnisse.

Der Schutzzweck, auf den es ankommt, ist also der des Grundrechts. Somit liegt es nahe, eine schutzbereichsbezogene Abgrenzung von Folgeschäden vorzunehmen. Der Schutzbereich wird definiert als der Bereich, den die Grundrechtsnorm aus der Lebenswirklichkeit als Schutzgegenstand herausschneidet[1172]. Damit kann es nur auf den Zusammenhang der erlittenen Einbuße mit dem Schutzbereich, in den eingegriffen wurde, ankommen.

Dabei grenzt der Schutzzweck der verletzten Norm die Risikosphären anhand von Billigkeitskriterien ab[1173]. Jeder schadensverursachenden Situation liegt eine Annäherung der Rechtssphären unterschiedlicher Rechtssubjekte zugrunde. Im Eingriffs- und Schadensfall, der die haftungsauslösende Situation darstellt, hat sich der Schädiger punktuell zu weit und ungerechtfertigt in die Sphäre des Geschädigten begeben. Dies gilt grundsätzlich sowohl für zivilrechtliche Schädigungssituationen als auch für rechtswidriges Staatshandeln. Der Schaden liegt hierbei in der Sphäre des Geschädigten, weshalb dieser erhöhte Einwirkungsmöglichkeiten auf den Umfang des Schadens und dessen konkrete Zusammensetzung hat. Diesem Grundgedanken folgen auch die zivilrechtlichen Schadensminderungspflichten wie in § 254 Abs. 2 BGB. Insofern ist jeder Schaden die Folge einer Gemengelage von Einwirkungen oder unterlassenen Einwirkungen, sowohl von Schädiger und Geschädigtem. Aus der Sphäre des Geschädigten können dabei verschiedene Auswirkungen auf den konkreten Schaden kommen: bereits die Situation, die der Eingriff betrifft, kann mehr oder weniger schadensanfällig sein, wie in Leitfall 2 (Bardepot) sichtbar wird: trifft die Zahlungsverpflichtung einen Bürger, der auf ein Guthaben zurückgreifen kann, fällt der Zinsschaden in Form entgehender Guthabenzinsen in der Regel geringer aus als bei einem Geschädigten, der für die Erfüllung der Verpflichtung ein Darlehen aufnehmen muss. Auch das Verhalten des Geschädigten nach dem Eingriff kann unterschiedlichen Einfluß auf den Schaden haben. Es würde diesen Beitrag des Geschädigten vernachlässigen, dem Schädiger die Haftung für jede Einbuße aufzuerlegen, die kausal auf seine Verletzungshandlung zurückgeht. Auch eine Anspruchskürzung wegen Mitverursachung kommt nicht in Betracht, da es unbillig wäre, den Bürger für seine – bereits vor der Schädigung gegebene – spezielle Situation verantwortlich zu machen. Dieser hat den

1172 Pieroth/Schlink, Rn 214.

1173 Ramsauer, VerwArch 72(1981), S. 89(100f); Grzeszick, S. 355; Gromitsaris, S. 211; ebenso allgemeiner Discher, JuS 1993, S. 462(464).

Schaden nicht mit „verursacht", da er ihn insofern nicht verursacht, sondern lediglich passiv erlitten hat. Andererseits darf der Staat auch nicht so gestellt werden, wie wenn er einen in jeder Hinsicht durchschnittlichen Bürger geschädigt hätte. Denn er hat nun mal in die Grundrechte dieser speziellen Person rechtswidrig eingegriffen, obwohl er verpflichtet war, diese Sphäre unangetastet zu lassen. Die Grundrechte schützen nicht nur vor bestimmten Handlungen des Staates, sondern generell die bürgerliche Freiheitssphäre, wie sie sich in der Ausprägung der einzelnen Grundrechte darstellt. Nicht der Bürger, sondern der Staat hat gegen die Pflichten verstoßen, die ihm das Grundgesetz auferlegt. Ihm sollten daher auch grundsätzlich die Nachteile, die er konkret in dieser Sphäre verursacht hat, zur Last fallen[1174]. Dem Bürger die Wiederherstellung des geschützten Status aufgrund seiner Besonderheiten zu verwehren, würde den Grundrechtseingriff demgegenüber noch vertiefen. Aus der Sicht des Bürgers ist es jedoch unerheblich, gegen welche Norm der Staat verstoßen hat, und was diese schützen wollte. Die Verwaltung hat ihre Kompetenzen überschritten und dadurch Nachteile in seiner Sphäre geschaffen, die bei korrektem Handeln nicht vorhanden wären.

Daher ist es nur in Ausnahmesituationen gerechtfertigt, den Umfang der ersatzfähigen Schäden einzuschränken; nämlich dann, wenn der staatliche Verursachungsbeitrag im Verhältnis zu dem Beitrag aus der Sphäre des Bürgers oder auch des Zufalls absolut nachrangig ist. Dies entspricht weitgehend der Adäquanztheorie, die bereits oben dargestellt wurde[1175]. Der Zusammenhang des Schadens mit dem grundrechtsverletzenden Handeln ist desweiteren unterbrochen, soweit der Schaden auf Risiken zurückgeht, die der Bürger eigenverantwortlich gesetzt hat. In einem solchen Fall ist es jedoch dogmatisch überzeugender, den Ausschluss mit der Rechtsfigur der Mitverantwortung zu lösen, sofern eine solche auch für den Folgenersatzanspruch anzuerkennen ist[1176].

Erfasst von dem hiernach anzuerkennenden Ausschluss werden beispielsweise Fälle wie der, in dem eine erhebliche Überschwemmung auf dem Grundstück des Klägers nur zu 7–8 % auf der Verletzung der Pflicht, für eine entsprechende Entwässerung umliegender Grundstücke zur sorgen, beruht, im Übrigen jedoch

1174 So weist auch Ossenbühl, NJW 1983, S. 1(5) Verzögerungsschäden aufgrund der Klärung der Rechtslage nicht dem Bürger zu. Diese Aussage ist zwar im Kontext des enteignungsgleichen Eingriffs getroffen, ist aber derart allgemein, dass sie auch und wie gezeigt erst recht für den Fall negatorischer Geldersatzansprüche Geltung beanspruchen darf.

1175 S. oben (bb).

1176 S. dazu unten 4. Teil B II) 2).

auf den natürlichen topographischen Gegebenheiten des klägerischen Grundstücks[1177]. Das VG Köln hatte hier den Schadensersatz mit dem Argument verneint, es handele sich um keine unmittelbare Folge der Pflichtverletzung, dass das Grundstück konkret überschwemmt worden sei. Da die topographischen Gegebenheiten aber kein dazwischentretendes Handeln oder Ereignis darstellen, sondern vielmehr eine mitwirkende Ursache sind, stellte sich die Frage nach einer Mitverursachung. Hierbei tritt nach dem Gericht „*der Verursachungsbeitrag des Pflichtverstoßes der Beklagten gegenüber dieser vorgegebenen natürlichen Grundstückssituation zurück*". Dies ist eine typische Formulierung der Mitverursachung.

Mit dem Ausschluss des Ersatzes mittelbarer Folgen grundrechtswidrigen Staatshandelns muss daher vorsichtig umgegangen werden. Vielmehr kommt es auf die individuelle Situation an; nämlich ob es der Schutzzweck der Grundrechte ist, den Bürger gerade vor diesen Folgen zu schützen. Anhand dieser Formel können vorsichtige Eingrenzungen vorgenommen werden.

(eee) Fallgruppen und Beispiele zur Zurechnung von Folgen

Die Bildung abschließender Fallgruppen, in denen mittelbare Folgen vom Anspruchsinhalt umfasst sind, ist angesichts der Vielfältigkeit sowohl des Lebens als auch des staatlichen Handelns im Rahmen dieser Arbeit nicht zu bewältigen[1178]. Jedoch können einige beispielhafte Fallgruppen Orientierungspunkte bieten, wann Folgen noch vom Schutzzweck der Norm umfasst sein können.

Hierbei bietet sich angesichts der grundrechtlichen Ableitung des Folgenersatzanspruchs eine Anlehnung an die Fallgruppenbildung bei nicht-klassischen Grundrechtseingriffen an. Auf die obigen Ergebnisse zur Grundrechtsrelevanz mittelbarer Grundrechtsbeeinträchtigungen kann dabei zurückgegriffen werden.

Grob ist dabei die folgende Einteilung möglich[1179], wobei die einzelnen Merkmale auch in Kombination zueinander auftreten können: finale und nicht finale Folgen; zwangsläufige und nicht zwangsläufige Folgen, wobei zu den nicht zwangsläufigen Folgen auch die atypischen zu zählen sind; Folgen ohne oder mit staatlichem Befehl; vorhersehbare und nicht vorhersehbare Folgen. Der staatliche Befehl kann unmittelbare Folgen zeitigen oder weiter vermittelt worden sein durch: Befolgung durch den Bürger selbst (= Selbstbeeinträchtigung); Vermittlung

1177 VG Köln v. 20.01.2009, Az. 14 K 5406/06.

1178 Grundsätzlich skeptisch gegenüber einer Fallgruppenbildung auch Bethge, HGR III, § 58, Rn 59.

1179 Nach Stern, Staatsrecht III/2, § 78, S. 160ff; Kategorisierung ähnlich bei Gallwas, Faktische Beeinträchtigungen, S. 17,18.

durch einen weiteren staatlichen Akt; tatsächliches Handeln eines Dritten aufgrund des Staatsakts; Vermittlung durch höhere Gewalt.

Wie oben dargestellt ist es für die Zurechenbarkeit der Folgen nicht entscheidend, ob sie final beabsichtigt oder nicht beabsichtigt waren; ebenso wenig, ob sie vorhersehbar oder nicht vorhersehbar waren. Weiter sind im Rahmen der nicht finalen Wirkungen die als „Nebenwirkung" bezeichneten Konstellationen zu nennen. Hierbei handelt die Verwaltung gegenüber der einen Person, die negativen Folgen der Handlung treffen aber eine andere Person[1180]. Typisch hierfür ist die drittbelastende Genehmigung, beispielsweise eine straßenrechtliche Sondernutzungserlaubnis für Baubuden, die dazu führt, dass es anliegenden Geschäften an der Laufkundschaft fehlt[1181]. Ebenfalls hierzu zu zählen ist der Fall, dass ein faktisches staatliches Handeln zu Nebenwirkungen führt; beispielsweise wenn bei Ausschachtungsarbeiten statische Veränderungen an anliegenden Gebäuden auftreten[1182]. Diese Nebenfolgen sind häufig auch mittelbar. Für das letztere Beispiel wurde im Rahmen des Enteignungsrechts die Zurechenbarkeit bejaht[1183]. Dies lässt auch Rückschlüsse auf die Zurechnung im Bereich des Folgenersatzanspruchs zu. Problematischer erscheint hier jedoch die Rechtswidrigkeit: sofern die Ausschachtungsarbeiten auf einer gültigen rechtlichen Grundlage ausgeführt wurden, müsste es möglich sein, dass allein die Folgen rechtswidrig sind. Dies könnte sich aufgrund einer Verletzung des Eigentumsgrundrechts ergeben. Schließlich ließ der BGH in der Entscheidung auch die Anspruchsgrundlage ausdrücklich offen[1184]. Hier zeigt sich auch, warum nur auf Wertungen im Einzelfall abgestellt werden kann: waren die statischen Veränderungen vorhersehbar und möglicherweise sogar vermeidbar, besteht kein Grund, die Haftung allein wegen der Rechtmäßigkeit der Ausschachtungsmaßnahme zu versagen. Die Verwaltung schädigte die betroffenen Bürger gleichsam „sehenden Auges". Berücksichtigt werden müsste hier auch der Zweck der Ausschachtungsmaßnahmen. Hier könnte eine Abstufung ähnlich der Drei-Stufen-Theorie bei der Berufsfreiheit erfolgen: Je nachdem, ob dringende Gemeinwohlzwecke, wichtige Gemeinwohlzwecke oder „normale" Gemeinwohlzwecke verfolgt werden, sind Nebenfolgen zu ersetzen

---

1180 Benennung nach Gallwas, Faktische Beeinträchtigungen, S. 14f; vergleichbar verwendet bei Albers, DVBl. 1996, S. 233(233).

1181 Gallwas, Faktische Beeinträchtigungen, S. 15; dort auch weitere Beispiele, beispielsweise die Einziehung des Vermögens einer verbotenen Partei, die zum Forderungsverlust eines Parteigläubigers führt.

1182 BGH DÖV 1965, S. 203; Gallwas, Faktische Beeinträchtigungen, S. 23.

1183 BGH, DÖV 1965, S. 203.

1184 BGH, DÖV 1965, S. 203.

oder nicht. Eine Nebenwirkung kann sich auch dadurch ergeben, dass rechtliche Privilegien einer Gruppe eine andere benachteiligen. Diese Situation besteht vor allem im Wettbewerb, wie ein vom OVG Münster entschiedene Fall zeigt[1185]: Hier bewirkte die Befreiung der Deutschen Post von bestimmten Normen der Straßenverkehrsordnung einen Wettbewerbsnachteil für private Paketzustelldienste.

Auch Folgen, die ohne einen staatlichen Befehl im Sinne eines Rechtsakts (Gesetz, Verordnung, Verwaltungsakt, verwaltungsrechtlicher Vertrag) verursacht werden, sind als reine Realakte und somit als faktische Beeinträchtigungen grundrechtliche Eingriffe[1186]. Sie sind daher ebenfalls zurechenbare und zu ersetzende Folgen.

Die problematischste Fallgruppe ist die, bei der die staatlichen Folgen nicht unmittelbar, sondern nur vermittelt eintreten. Zunächst darf dabei der Bürger, der einer hoheitlichen Anordnung selbst Folge leistet, nicht schlechter stehen, wie wenn diese Handlung im Wege der Verwaltungsvollstreckung durchgesetzt würde[1187]. Dies ergibt sich aus dem Schutzzweck und Schutzbereich des jeweils verletzten Grundrechts. Bereits die Handlungsverpflichtung, der der Bürger Folge leisten muss, stellt den relevanten Grundrechtseingriff dar. Die Vollstreckung eines solchen rechtswidrigen Handlungsgebots vertieft ihn nur noch. Daher schließt es die Zurechnung grundsätzlich nicht aus, dass die Folgen für ihren Eintritt der Vermittlung durch den Bürger selbst bedürfen. Greift der Bürger hingegen bei der freiwilligen Erfüllung der Anordnung zu einer unnötigen oder ungeeigneten Handlung, könnte man dies als Mitverursachung ansehen. Dies erscheint dogmatisch geeigneter als eine erneute Wertung im Rahmen der Zurechnung[1188]. Der höhere Schaden entstammt nämlich nicht allein der Sphäre des rechtswidrig handelnden Staates, sondern beruht insofern auf einer autonomen Willensentschließung des Bürgers[1189].

Ebenfalls problematisch ist es, wenn sich die Folgen erst dadurch ergeben, dass der staatliche Befehl durch das Handeln eines Dritten vermittelt wird[1190].

1185 OVG Münster, NWVBl. 1994, 27ff.

1186 S. dazu oben D I) 2) c) (4) (b).

1187 Ebenso Stern, Staatsrecht III/2, § 78, S. 203f; Pietzko, S. 464; ähnlich Grzeszick, S. 355: muss berücksichtigen, dass hoheitliche Maßnahmen auf Befolgung durch den Bürger angelegt sind.

1188 So Pietzko, S. 465.

1189 Ähnliches Argument bei Pietzko, S. 465, allerdings ohne Bezug auf eine Mitverantwortung; dazu auch Stern, Staatsrecht III/2, § 78, S. 203, der zu Recht einen Zurechnungsausschluss bei freier Willensbetätigung des Bürgers annimmt.

1190 Vgl. dazu Stern, Staatsrecht III/2, § 78, S. 187ff; Peine, HGR III, § 57, Rn 36, 37.

Dies ist beispielsweise der Fall, wenn jemand fälschlich als Grundstückseigentümer im Grundbuch eingetragen ist und durch Verwaltungsakt dazu verpflichtet wird, einen alten, wertvollen Baum auf dem Grundstück zu fällen. Dies greift in Rechte des wahren Eigentümers ein, der jedoch nicht selbst Adressat des Befehls ist. Dies ist dann zurechenbar, wenn das Verhalten im Rahmen des staatlichen Befehls blieb. In diesem Fall hat der Staat die Verantwortung für die Folgen seiner Befehle zu übernehmen[1191], wer diese ausführt, ist jedoch unerheblich. Hinzu kommt, dass der Verpflichtete aufgrund des Befehls keine Wahl hatte; es wäre unbillig, ihm die Kosten für die Folgen aufzuerlegen. Es erscheint aber zweifelhaft, ob es die Zurechnung bereits dann zu verneinen ist, wenn der Befehl nichtig oder anfechtbar ist[1192]. Allenfalls denkbar wäre, dies ähnlich des Verweisungsprivilegs im Amtshaftungsrecht auszugestalten und eine Zurechnung nur dann abzulehnen, wenn der Betroffene mit Erfolg gegen den handelnden Dritten vorgehen kann. Doch selbst dies ist problematisch, da dann der andere im Grunde pflichtbewusste Bürger in die Haftung genommen wird. Er wird damit belastet, seinerseits beim Staat Regress nehmen zu müssen. Eine direkte Haftung des Stattes ohne eine Verweisung erscheint demgegenüber angemessener.

Hoch streitig ist, ob dem Staat die Folgen auch dann zurechenbar sind, wenn der private Dritte über einen Handlungsspielraum verfügte[1193]. Sofern er tatsächlich die Wahl zwischen verschiedenen Verhaltensweisen hatte, von der mindestens eine nicht zu den rechtswidrigen Folgen geführt hätte, sind letztere nicht zurechenbar. Ob dies auch für den Bardepotfall gilt[1194], hängt davon ab, ob die Kreditaufnahme das einzige Mittel war, um die staatlich auferlegte Zahlung vornehmen zu können. Dies ist wiederum eine Frage des Einzelfalls und hängt von den konkreten Vermögensverhältnissen des Betroffenen ab: verfügte er nicht über die angeforderte Geldsumme, war die Kreditaufnahme unumgänglich und ist zurechenbar. Hatte er aber genügend Mittel, um die Summe aus seinem Vermögen zu bezahlen, war sie vermeidbar. Andererseits besteht dann der Schaden aus den eventuell entgangenen Zinsen.

Als allgemeine Regel ist danach – ähnlich wie im Zivilrecht – eine Beeinträchtigung dann nicht mehr zurechenbar, wenn zwischen dem staatlichen Akt und

---

1191 M. Redeker, DÖV 1987, S. 194(200); Stern, Staatsrecht III/2, § 78, S. 188; Peine, HGR III, § 57, Rn 36.

1192 Stern, Staatsrecht III/2, § 78, S. 188.

1193 Stern, Staatsrecht III/2, § 78, S. 188f.

1194 Hierzu BVerwGE 69, S. 366(373); M. Redeker, DÖV 1987, S. 194(200); Stern, Staatsrecht III/2, § 78, S. 189.

der Folge das freie, eigenverantwortliche Dazwischentreten eines Bürgers liegt, sei es eines Dritten oder des Betroffenen selbst.

Wird die Folge hingegen durch eine weitere staatliche Handlung vermittelt, kann dies aufgrund der grundrechtlichen Ableitung des Folgenersatzanspruchs nicht dazu führen, dass die Zurechnung ausgeschlossen wird[1195]. Die die Folgen auslösenden Beiträge liegen vollständig im staatlichen Bereich; fraglich ist allenfalls die Haftungsaufteilung, wenn zwei verschiedene Hoheitsträger beteiligt sind.

Weit problematischer ist es, wenn die Folgen auch durch höhere Gewalt vermittelt wurden. Denkbar wären hier sowohl eine volle Haftung des Staates als auch, dass dieser überhaupt nicht haftet oder anteilig im Verhältnis seines Verursachungsbeitrags und der Bürger im Übrigen den Schaden selbst zu tragen hat. Hier kann jedoch auf die obigen Fallgruppenbildungen zurückgegriffen werden, zum Beispiel darauf, ob das Mitwirken der höheren Gewalt vorhersehbar oder atypisch war. Ein Beispiel hierzu wären Schäden dadurch, dass bei einem Erdbeben Radioaktivität aus einem Kernkraftwerk austritt, das in einem erdbebengefährdeten Gebiet errichtet worden ist. Erweist sich die Genehmigung des Kraftwerks als rechtswidrig, weil es wegen der Erdbebengefahr nicht hätte gebaut werden dürfen oder anders hätte betrieben werden müssen, besteht eine innere Verknüpfung zwischen dem Rechtsverstoß und dem Schaden. Diese überwiegt das Hinzutreten der Naturkatastrophe.

In Leitfall 1 könnte dies dazu führen, dass es nicht ersatzfähig ist, wenn die Bauherren eine überhöhte Miete gezahlt haben. Den Maßstab dafür, wann die Miete überhöht ist, bildet hierbei die verhinderte Grundrechtsentfaltung, also die Größe und Ausstattung des Hauses, das nur verzögert errichtet werden konnte. Im Leitfall 2 würden überhöhte, unangemessene Schuldzinsen nicht ersetzt. In Leitfall 3 dürfte der Apotheker keinen unüblich hohen entgangenen Gewinn der Apotheke ansetzen. Die Aufwendungen für die Versammlung in Leitfall 4 sind hierbei nicht so weit in der Risikosphäre des Bürgers, als dass sie nicht mehr dem rechtswidrigen Verbot der Versammlung zugerechnet werden könnten. In Leitfall 5 beruhen die Behandlungskosten sowie der verminderte Kaufpreis des Grundstücks zwar auf einem Entschluss der Kläger, hierzu durften sie sich jedoch herausgefordert fühlen. Denn man kann ihnen nicht das Risiko zuweisen, die Gesundheitsbeeinträchtigung und möglicherweise sogar deren Vertiefung während der Dauer des Betriebs der Kläranlage hinzunehmen.

1195 Zu der vergleichbaren Frage des „additiven Grundrechtseingriffs" Peine, HGR III, § 57, Rn 53f mwN in Fn 156. *Peine* bejaht dabei einen Eingriff.

Weiter kann differenziert werden zwischen zwangsläufigen und nicht zwangsläufigen Folgen. Im Rahmen der letzteren Fallgruppe sind vor allem die atypischen Folgen problematisch. Hier wird vertreten, dass nicht-finale Folgen nicht zurechenbar seien, wenn ihnen eine ganz ungewöhnliche und fern liegende Reaktion auf ein staatliches Verhalten zugrunde liege[1196]. Dabei werden nicht zwangsläufige Folgen überwiegend als nicht-finale und als mittelbare Folgen auftreten. Dass unmittelbar beabsichtigte Folgen eines Verwaltungshandelns nicht zwangsläufig und atypisch sind, ist logisch kaum vorstellbar. Ein problematischer Fall ist es hierbei, wenn es sich um unerlässliche Begleiterscheinungen an sich zulässiger Maßnahmen handelt. Sie sollen nicht ersatzfähig sein, da sie keinen Grundrechtseingriff darstellen[1197]. Doch auch hier ist fraglich, ob eine solche bewusste Schädigung hingenommen werden kann, oder ob nicht vielmehr eine Maßnahme, die zwangsläufig solche Folgen beinhaltet, aufgrund dessen als rechtswidrig anzusehen ist[1198]. Dies hängt eng mit der oben dargestellten Diskussion hinsichtlich Erfolgs- oder Handlungsunrecht[1199] zusammen. Sähe man dabei Handeln und Folgen einheitlich als verfassungswidrig an, würde ein Auseinanderfallen von Handlung und Erfolg vermieden. Wenn Handeln und Folgen zwangsläufig miteinander verknüpft sind, würden diese gemeinsam betrachtet. Ist dies nicht der Fall, müsste die verfassungsrechtliche Zulässigkeit der Folgen isoliert beurteilt werden, da sie sonst rechtlich gesehen ausgeblendet würden. Andererseits sind die Grundrechte, wenn man sie negatorisch versteht, auf das Rechtsgut selbst bezogen und damit auch stark erfolgsbezogen[1200]. Ihr Zweck ist es nicht, den Staat zu beschränken, ihm bestimmte Verhaltensweisen zu untersagen, sondern bestimmte Aspekte der bürgerlichen Freiheit zu schützen. Dies spricht dafür, auf den grundrechtswidrigen Effekt abzustellen und nicht auf die Grundrechtswidrigkeit des Handelns[1201], ebenso wie es oben abgelehnt wurde, unvorhersehbaren Beeinträchtigungen den Eingriffscharakter abzusprechen. Dies muss auch nicht bedeuten, dass über das Handeln und die Folgen ein unterschiedliches Rechtswidrigkeitsurteil gefällt wird. Denn ebenso

1196 Stern, Staatsrecht III/2, § 78, S. 195.

1197 Dargestellt bei Gallwas, Faktische Beeinträchtigungen, S. 41.

1198 So beispielsweise Klement, DÖV 2005, S. 505(511); ebenso Gallwas, Faktische Beeinträchtigungen, S. 80 mit der Einschränkung auf S. 81, dass die Maßnahme milder durchführbar wäre.

1199 S. dazu oben D I) 2) c) (4) (b).

1200 Ebenso Stern, Staatsrecht III/2, § 78, S. 152; Isensee, HStR IX, § 191, Rn 146.

1201 So auch speziell für den Folgenbeseitigungsanspruch Grzeszick, HGR III, § 75, Rn 42; ebenso allgemein Lindner, DÖV, S. 765(765ff); angedeutet auch bei Peine, HGR III, § 57, Rn 18.

wie rechtswidriges Handeln in der Regel rechtswidrige Folgen nach sich zieht, können grundrechtswidrige Folgen zur Rechtswidrigkeit des Handelns führen. Für den Grundrechtsträger bewirkt es einen erweiterten Schutz, wenn auch solche Folgen im Einzelfall verfassungsrechtlich gerechtfertigt werden müssen.

(fff) Zwischenergebnis

Im Ergebnis ergibt sich damit aus der grundrechtlichen Herleitung des Folgenersatzanspruchs, dass grundsätzlich auch mittelbare Folgen zu ersetzen sind. Die Begrenzung der Haftung anhand des Schutzzwecks des verletzten Grundrechts ist zwar nicht grundsätzlich abzulehnen, sollte aber nur in Ausnahmefällen erfolgen, um nicht möglicherweise den negatorischen Schutz allein aufgrund einer Wertung zu verkürzen. Die Haftungsbegrenzung hat sich dabei am Schutzbereich des verletzten Grundrechts auszurichten.

(c) Methoden für die Berechnung der Geldsumme

Letztlich ist zur Widerlegung des Vorwurfs mangelnder Bestimmbarkeit des Folgenersatzanspruchs noch zu untersuchen, ob und wie der Schaden konkret in eine Geldsumme umgerechnet werden kann.

Im vermögenswerten Bereich ist insoweit die Berechnung der auszugleichenden Einbuße leichter, da ein vermögenswertes Gut einen grob bestimmbaren Wert hat, wie schon seine Rechtsnatur zeigt. Zudem stellt sich die Frage nach dem Wert des zu ersetzenden Rechtsguts auch bereits bei der Entschädigung sowie der Aufopferungshaftung. Auch dort ist es notwendig, wenn auch nach anderen Regeln, den Wert des entzogenen Rechtsguts zu bestimmen. Gegen einen Geldersatzanspruch wird hierbei eingewendet, dass seine fehlenden Konturen zu einer unbeherrschbaren Billigkeitsrechtsprechung führten, was nichts zur Verbesserung der Lage im Staatshaftungsrecht beitrüge[1202]. Dies kann somit mit dem Argument entkräftet werden, dass dies ein Charakteristikum nahezu aller Geldersatzansprüche ist, außer für verlorenes Geld selbst.

Daher ist die Bezifferung des Ersatzes dann ohne weiteres möglich, wenn sich der Schaden aus einer konkreten Zahlung ergibt. Dies ist beispielsweise der Fall bei den Zinsen für die Vorhaltung des Bardepots in Leitfall 2, der Wohnungsmiete für die Zeit, in der das Wohnhaus nicht fertiggestellt werden konnte in Leitfall 1, oder den Behandlungskosten in Leitfall 5, sowie den Kosten für den Druck der Plakate und Handzettel in Leitfall 4. Hier umfasst der Geldersatz schlicht die bereits aufgewendete konkrete Summe.

1202 Haack, DVBl. 2010, S. 1475(1481).

Fraglich ist aber, wie der Wert zu bestimmen ist, wenn die Vermögenseinbuße nicht aus einem bezifferbaren Geldabfluss besteht, wie beispielsweise in Leitfall 5 der verringerte Verkaufserlös wegen der Emissionen der Kläranlage. Dabei könnte der Wert einmal subjektiv bestimmt werden und sich am Nutzen der Sache für den betroffenen Bürger orientieren, oder objektiv, indem er überindividuelle Gesichtspunkte über einen längeren Zeitraum berücksichtigt[1203]. Ein individueller Gesichtspunkt könnte beispielsweise in Leitfall 5 eine besondere Ausstattung des Hauses sein, die teuer war, aber keinen hohen Wiederverkaufswert aufweist. Grundsätzlich soll der Wert im Haftungsrecht objektiv zu bestimmen sein. Er soll sich gerade nicht am individuellen Interesse des Bürgers oder gar des Staates an dem konkreten Gegenstand orientieren[1204]. Anderes gelte im Zivilrecht nur deshalb, weil der Schadensersatzanspruch hier als Folge einer verschuldeten Rechtsverletzung entstehe[1205]. Allerdings entspricht der Folgenersatzanspruch bei dieser Unterscheidung eher dem zivilrechtlichen Schadensersatzanspruch als der Enteignung, auf die sich die genannte Aussage zum Haftungsrecht im Wesentlichen bezog[1206]. Auch beim Folgenersatzanspruch handelt es sich um Unrechtshaftung, auch wenn es nicht darauf ankommt, ob der Staat den Eingriff subjektiv zu vertreten hat. Er fordert Schadensersatz, wobei der Schaden allgemein das Gegenteil des „Interesses“ sein soll, also eines subjektiv zu bestimmenden Wertes[1207]. Hinzu kommt, dass eine subjektive Bestimmung des Werts dem negatorischen Charakter des Folgenersatzanspruchs eher nahe kommt. Dessen Zweck ist die Wahrung bzw. Wiederherstellung der subjektivrechtlichen Grundrechte; im Focus des Anspruchs steht die verletzte Individualsphäre des Bürgers. Auch dies ähnelt dem zivilrechtlichen Deliktsrecht und spricht für einen subjektiven Wertansatz. Zudem soll ein objektiver Maßstab zur Bestimmung des Werts dann gewählt werden, wenn verschiedene Interessen an der Bestimmung des Wertes bestehen, wie beispielsweise bei der Abfindung eines ausscheidenden Gesellschafters[1208]. Dies überzeugt, da ein subjektiver Ansatz

1203 Freudling, DVBl. 1970, S. 308(309).

1204 Freudling, DVBl. 1970, S. 308(309, 310).

1205 Freudling, DVBl. 1970, S. 308(310).

1206 Insofern wird generell im Bereich der Entschädigung auf den objektiven Wert abgestellt, so auch bei Hofmann in: Schmidt-Bleibtreu/Hofmann/Hopfauf, Art. 14 GG, Rn 85 und Depenheuer in: v.Mangoldt/Klein/Starck, Art. 14 GG, Rn 445ff.

1207 Freudling, DVBl. 1970, S. 308(311). Die Definition des Interesses als subjektiver Wert erfolgt auf S. 309.

1208 Freudling, DVBl. 1970, S. 308(309f); ebenso Depenheuer in: v.Mangoldt/Klein/Starck, Art. 14 GG, Rn 447.

hier im Zweifel nicht den Interessen aller Beteiligten, sondern nur eines einzelnen gerecht werden könnte. Grundsätzlich bestünden zwar an der Bestimmung des Werts des zu ersetzenden Rechtsguts auch verschiedene Interessen: das des Staats und das des betroffenen Bürgers. Allerdings könnte man dies ebenso für den zivilrechtlichen Schadensersatz annehmen. Nicht zuletzt hieran zeigt sich, dass das Interesse eines Schädigers außen vor zu bleiben hat, wenn es um die Bestimmung der Höhe des Ersatzes geht. Außerdem sind fiskalische Interessen an einer möglichst geringen Haushaltsbelastung beim negatorischen Geldersatzanspruch unbeachtlich, wie bereits dargestellt wurde[1209]. Es sind daher keine Interessen außer denen des betroffenen Bürgers zu berücksichtigen, weshalb nichts dafür spricht, einen objektiven Wertansatz zu wählen.

Im Ergebnis ist daher der Wert nicht objektiv, sondern subjektiv zu bestimmen. Dabei gilt aber, dass der objektive Wert das Mindestmaß des Ersatzes bildet[1210]. Es kann daher in jedem Fall auf Methoden zur Bestimmung des objektiven Werts zurückgegriffen werden kann, der im Einzelfall durch eine subjektive Komponente zu ergänzen ist.

Der Wert kann dabei anhand unterschiedlicher Methoden berechnet werden, wie sie auch auch verschiedenen einzelnen Gesetzen zugrunde liegen. Häufig verwendet werden dabei die Methoden des Vergleichswerts, des Kostenwerts sowie des Ertragswerts[1211]. Bei der Entschädigung wird hauptsächlich auf einen potentiell am Markt zu erzielenden Betrag abgestellt[1212], dies entspricht dem Vergleichswert. Hier steht der Enteignungsbehörde sowie dem Tatrichter ein Auswahlermessen zwischen den Bewertungsmethoden zu, soweit das gewählte Verfahren dem Sachverhalt angemessen ist und das Wertbild nicht verzerrt[1213]. Es ergeben sich keine Gesichtspunkte dafür, dass dies nicht auch auf den Folgenersatzanspruch übertragen werden kann.

Zur Ermittlung des Werts könnte zudem ein Wertgutachten eingeholt werden, anhand dessen der Marktwert zumindestens annähernd bestimmbar ist[1214].

1209 S. oben D II) 3) c) (2). Dies bereits für die Entschädigung ablehnend Depenheuer in: v. Mangoldt/Klein/Starck, Art. 14 GG, Rn 444, 448; abwägend Dreier/Wieland, Art. 14 GG, Rn 118; ähnlich Opfermann, Enteignungsentschädigung, S. 103.

1210 MüKo/Oetker, § 249 BGB, Rn 25.

1211 Mit näherer Beschreibung der drei Bewertungsansätze Freudling, DVBl. 1970, S. 308(310); Aust/Jacobs, S. 396 für die Entschädigung.

1212 Papier in: Maunz/Dürig (59. EL), Art. 14 GG, Rn 614ff mwN; Depenheuer in: v. Mangoldt/Klein/Starck, Art. 14 GG, Rn 451.

1213 BGHZ 83, 61(69); 98, 341(344): Aust/Jacobs, S. 396.

1214 Ebenso Freudling, DVBl. 1970, S. 308(311).

Auch dies hätte zwar nicht stets eine auf den Punkt genaue Bestimmbarkeit zur Folge; jedoch kann der Rahmen noch so eng eingegrenzt werden, dass nicht mehr von einer mangelnden Bestimmbarkeit des Anspruchsumfangs gesprochen werden kann.

Hinzu kommt, dass die Verwaltungsgerichtsordnung auf die Zivilprozessordnung verweist, die in § 287 ZPO die Möglichkeit der Schätzung der Schadenshöhe eröffnet[1215]. Dies wurde für den Folgenersatzanspruch auch bereits vom VGH München praktiziert[1216]. Auch bei den salvatorischen Klauseln ausgleichspflichtiger Inhaltsbestimmungen war eine richterliche Schätzung bestimmt genug[1217]. Umstritten war lediglich, ob eine Schätzung auch bei der Entschädigung zulässig ist, da hier kein „Schaden" vorliegt[1218]. Im Vergleich hierzu erscheint es weniger problematisch, sie beim Folgenersatzanspruch, der einen Schadensersatz gewährt, anzuwenden.

Denkbar wäre auch, dass der Ersatzanspruch das umfasst, was Staat oder Bürger für Wiederherstellung hätten aufwenden müssen[1219]. Dabei spricht gegen eine solche Berechnung anhand der fiktiven Herstellungskosten insbesondere der Zweck des Folgenersatzanspruchs. Dieser dient der negatorischen Wiederherstellung des verletzten Rechtsguts, nicht der Kompensation dafür, dass der Folgenbeseitigungsanspruch nicht erfüllt worden ist. Er löst nicht die Wiederherstellungsverpflichtung des Staats ab, sondern sein Fokus liegt vielmehr auf der Rechtsverletzung, die zu Unrecht geschehen ist und daher ungeschehen gemacht werden soll. Hinzu kommt, dass bei tatsächlicher Unmöglichkeit der Wiederherstellung – der Konstellation, die die Entwicklung des Folgenersatzanspruchs im Wesentlichen angestoßen hat – problematisch ist, wie die fiktiven Herstellungskosten berechnet werden können. Es wären nämlich die Kosten für etwas, das, zum Beispiel aus technischen Gründen, gar nicht möglich ist.

Es führt auch, wenn man auf den Wert abstellt, nicht etwa zu einem Wertungswiderspruch, dass im Einzelfall die Kosten der Herstellung den Wert der Rechtsgutseinbuße übersteigen können. Denn hier ist die Wiederherstellung, deren Kosten der Staat als Schuldner zu tragen hat, noch möglich. Der Bürger

---

1215 Ebenso für eine, wenn auch subsidiäre, Schadensermittlung hiernach Röder, S. 259; allgemein für Entschädigungsfälle Rinne/Schlick, NVwZ 1997, S. 34(38).

1216 VGH München, NVwZ 1999, S. 1237(1238).

1217 Heinz/Schmitt, NVwZ 1992, S. 513(521); für die Entschädigung an sich Aust/Jacobs, S. 396.

1218 Aust/Jacobs, S. 398.

1219 So beispielsweise in VGH Kassel NJW 1998, S. 1683(1683) – Kosten für Veröffentlichung des Urteilstenors in einem Widerrufsfall.

kann dann – je nach Ausgestaltung des Verhältnisses zwischen beiden Ansprüchen – entweder die vorteilhaftere Folgenbeseitigung wählen, oder er ist ohnehin hierauf verwiesen, wenn der Folgenersatzanspruch subsidiär ist und mangels Unerfüllbarkeit der Folgenbeseitigung noch nicht besteht.

Auch der VGH München lehnte es daher ab, die fiktiven Beseitigungskosten als Ersatz zu gewähren: Für den Ausgleichsanspruch sei nicht das Interesse des Bürgers maßgeblich, von einer Beseitigung verschont zu bleiben, vielmehr sei nur der Wert der betroffenen Sache zugrunde zu legen[1220].

c) Zwischenergebnis

Der Folgenersatzanspruch ist somit aufgrund seiner ratio, dem negatorischen Grundrechtsschutz, hinreichend genau bestimmbar. Dem Grundrecht selbst lässt sich entnehmen, welchen konkreten Umfang die Ersatzsumme haben soll. Dies beruht auch darauf, dass der Folgenersatzanspruch keine Kommerzialisierung rein immaterieller Grundrechtsgehalte bewirkt, sondern lediglich Vermögenseinbußen ersetzt. Zudem ist die Summe auch wertmäßig berechenbar.

2) Konflikte mit der Haushaltsprärogative des Parlaments

Ein weiterer Punkt, der einem negatorischen Geldersatzanspruch entgegenstehen könnte, ist wie beim Folgenbeseitigungsanspruch die Haushaltsprärogative des Parlaments[1221].

Ebenso wie dort wird behauptet, dass die Begründung finanzieller Ansprüche gegen den Staat der Haushaltsprärogative des Parlaments unterliege, da die Finanzmittel des Staates nicht unbegrenzt sind. Gerade bei Geldansprüchen wie dem Folgenersatzanspruch liegt es durchaus nahe, dass sie im Haushaltsplan berücksichtigt werden müssen. Grundsätzlich ist nämlich das Parlament dafür zuständig, die verschiedenen Belange zu gewichten und dementsprechend die finanziellen Mittel zu verteilen. Die Gewährung eines finanziellen Ausgleichsanspruchs ohne parlamentarische Grundlegung könnte daher unzulässig sein, da die Haushaltsprärogative des Parlaments entgegensteht. Im Vergleich zu dem bereits behandelten Einwand, dass die Haushaltsprärogative des Parlaments jeglichen

---

1220 VGH München, NVwZ 1999, S. 1237(1238).

1221 So für einen finanziellen Ausgleichsanspruch aufgrund neuartiger Waldschäden BGH NJW 1988, S. 478(480f). Insofern wird dieses Argument auch gegen die Annahme von Ansprüchen aus enteignendem Eingriff bei gleichzeitiger Existenz einer normierten Ausgleichspflicht im Rahmen einer ausgleichspflichtigen Inhaltsbestimmung angeführt, so bei Kischel, VerwArch 2006, S. 450(471).

Leistungsansprüchen entgegenstehe, ist hier der Haushaltsbezug noch deutlicher. Es handelt sich nämlich um unmittelbare Geldleistungsansprüche, die nicht nur aufgrund einer verstärkten Verwaltungsaktivität die allgemeinen Verwaltungskosten erhöhen.

Dass sich negatorische Leistungsansprüche im Vergleich zu Unterlassungsansprüchen aber nur verstärkt, nicht erstmalig auf den Haushalt auswirken, wurde dabei bereits oben dargestellt. Ebenso wurde bereits für das aufgehobene Staatshaftungsgesetz nachgewiesen, dass die Existenz eines Geldersatzanspruchs für grundrechtswidriges Handeln keine wesentlichen, untragbaren finanziellen Folgen verursacht[1222]. Zudem wäre der Folgenersatzanspruch nicht der erste Schadensersatzanspruch für rechtswidriges hoheitliches Handeln. Entsprechende Haushaltsmittel müssen daher ohnehin bereitgestellt werden, die entsprechenden Ausgaben würden sich lediglich erhöhen. Zudem wurde oben bereits dargestellt, dass die eindeutig grundrechtlichen Wirkungen im Rang über der Haushaltsprärogative stehen, weshalb diesem Einwand keine wirkliche Relevanz zukommt.

Es finden sich damit keine Gesichtspunkte, die nicht bereits durch die bisherigen Argumente entkräftet worden wären. Damit ist es auch für den Geldersatzanspruch ebenso wie für den naturalen Wiederherstellungsanspruch nicht erforderlich, dass er durch ein einfaches Gesetz gewährt werden muss.

Vielmehr führt die Tatsache, dass der Folgenersatzanspruch durch die Zahlung von Geld zu erfüllen ist, sogar dazu, dass er leichter gewährt werden kann. Denn ein Anspruch auf Geld ist für den Staat bisweilen leichter zu erfüllen als einer, der sich auf eine konkrete Handlung bezieht. Finanzielle Verpflichtungen können aus irgendwelchen Mitteln erfüllt werden, die sich der Staat im Rahmen seiner Abgabenhoheit beschaffen kann[1223]. Gerade die leichte Möglichkeit einer unmittelbaren Refinanzierung, die ohne Veränderungen in der Verwaltungsstruktur möglich ist, spricht vor dem Hintergrund der Haushaltsprärogative sogar mehr *für* einen negatorischen Geldersatzanspruch als *gegen* einen solchen.

3) Drohende Wiederbelebung des „Dulde und Liquidiere"

Ein Argument gegen einen auf Geld gerichteten Folgenersatzanspruch könnte jedoch sein, dass eine Wiederbelebung des für die Enteignung verworfenen Grundsatzes „Dulde und Liquidiere" droht. Denn der Folgenersatzanspruch würde statt einer Naturalherstellung des verletzten Grundrechtsguts zu Geldersatz führen; der

1222 S. oben D) II) 3) b) (bb).
1223 Stern, Staatsrecht III/1, § 67, S. 719.

Bürger könnte den Eingriff möglicherweise dulden und stattdessen Geld verlangen. Damit könnte er sein Grundrecht „verkaufen“, in dem Sinne, dass er gegen Entgelt auf die natuale Wiederherstellung als Grundrechtsausübung verzichtet.

Dieser Einwand wird insbesondere in der Diskussion um das Mitverschulden beim Folgenbeseitigungsanspruch erhoben. Hier würde der Grundsatz des „Dulde und Liquidiere“ wiederbelebt, wenn der Bürger in dieser Situation Amtshaftungsansprüche und Ansprüche aus enteignungsgleichem Eingriff geltend mache[1224]. Aus diesem Grund wird es auch als bloße Pflicht des Gesetzgebers angesehen, bei der ausgleichspflichtigen Inhalts- und Schrankenbestimmung einen finanziellen Ausgleich zu normieren[1225]. Der Einwand des „Dulde und Liquidiere“ wird zudem bei der Frage, ob und wann es eine Amtshaftung wegen menschenunwürdiger Haftunterbringung gibt[1226], erhoben. Wenn jedoch selbst die Geltendmachung der Amtshaftung gegen das Verbot des „Dulde und Liquidiere“ verstoßen soll, würde ein nicht gesetzlich geregelter Folgenersatzanspruch erst recht hiergegen verstoßen.

Der Grundsatz, dass man zunächst gegen die rechtswidrige Maßnahme selbst vorgehen muss, bevor man einen Geldersatzanspruch geltend macht, ergibt sich zunächst aus der Rechtsprechung des Bundesverfassungsgerichts zur Enteignung nach Art. 14 GG[1227]. Hiernach steht dem Bürger kein Wahlrecht zu, ob er sich gegen eine rechtswidrige Enteignung wehrt oder Geldersatz verlangt. Wer von dem Recht auf Primärrechtsschutz gegen eine rechtswidrige Enteignungsmaßnahme keinen Gebrauch mache, und nicht die Herstellung des verfassungsmäßigen Zustandes verlange, könne auch nicht wegen des Rechtsverlusts Geld von der öffentlichen Hand verlangen[1228].

Insofern besagt das Verbot des „Dulde und Liquidiere“ im Bereich der Enteignung, dass der Bürger nur eine rechtmäßigen Enteignung dulden und hier mit der Geldentschädigung vorlieb nehmen muss; gegen einen rechtswidrigen

---

1224 Schenke, JuS 1990, S. 370(376); ebenso diskutiert Gallwas, Faktische Beeinträchtigungen, S. 133, ob in den Enteignungsregeln ein Argument gegen einen Geldersatz nach einem rechtswidrigen Grundrechtseingriff gesehen werden kann; eine Ausschließlichkeit der Enteignungsregeln bejaht Haack, DVBl. 2010, S. 1475(1480).

1225 Kischel, VerwArch. 2006, S. 450(453).

1226 OLG München, NJW 2007, S. 1986(1987); wobei dies hier einen normativen Anhaltspunkt in § 839 Abs. 3 BGB findet.

1227 BVerfGE 58, 300(324) – Nassauskiesung.

1228 Ähnlich auch BVerwG DVBl. 1984, S. 391(395): Es steht dem Bürger kein Ausgleichsanspruch für solche Nachteile zu, die er auch durch Anfechtung hätte verhindern können.

Enteignungsakt hat er sich jedoch zu wehren[1229]. Ob dieser Grundsatz auch außerhalb von Art. 14 GG gilt und alle Grundrechtseingriffe erfasst, also auch die, die dem Folgenbeseitigungsanspruch zugrunde liegen, wird jedoch nicht einheitlich beantwortet[1230]. In jedem Fall aber wäre es bei einem rechtswidrigen Eingriff in das Eigentumsgrundrecht vorrangig, gegen den Eingriff vorzugehen. Eine solche Situation kann der Folgenbeseitigung und dem Folgenersatz auch zugrunde liegen, da auch bei Unerfüllbarkeit der Folgenbeseitigung der Eingriff dadurch nicht rechtmäßig wird.

Das Verbot soll bei der Enteignungsentschädigung gewährleisten, dass eher der rechtswidrige Eingriff beseitigt als das Rechtsgut liquidiert wird und der Bürger statt Eigentumssubstanz Geld erhält. Es ist in dieser Situation aber noch möglich, die rechtswidrige Enteignung zu beseitigen, der Rechtsbehelf kann noch Erfolg haben. Dies ist allerdings nicht der Fall, wenn die Beseitigung unerfüllbar ist, wie es dem Folgenersatzanspruch – als Hypothese – zugrunde liegt. Die Beseitigung, die aus dieser Sicht primär geltend zu machen wäre, kann gerade nicht zu einem Erfolg führen. Einen unmöglichen Rechtsbehelf als vorrangig zu betrachten, würde jedoch den Rechtsschutz des Bürgers aushöhlen. Bereits aus diesem Grund kann das aus der Enteignung entnommene Verbot des „Dulde und Liquidiere" nicht auf das Verhältnis zwischen Folgenbeseitigung und Folgenersatz übertragen werden: Der mögliche Erfolg des abwehrenden Rechtsbehelfs ist die Prämisse für dessen Vorrang bei der Enteignung.

Dem Einwand, dass der Folgenersatzanspruch zu einer Wiederbelebung des „Dulde und Liquidiere" führt, liegt zudem ein Denkfehler zugrunde. Die primäre Eingriffsabwehr wäre es, den Folgenbeseitigungsanspruch geltend zu machen; die grundrechtsdogmatische Notwendigkeit des Folgenersatzanspruchs ergibt sich aber aus Situationen, in denen die Folgenbeseitigung nicht möglich oder nicht ausreichend ist. Ein Dulden und Liquidieren seitens des Bürgers läge jedoch erst vor, wenn dieser ein Wahlrecht zwischen Folgenbeseitigung und Folgenersatz hätte. Dies ist aber eine Frage der tatbestandlichen Ausgestaltung des Folgenersatzanspruchs[1231]. Daher kann dies kein genereller Einwand gegen seine Existenz sein.

1229 Kreft, Ersatzleistungen, Rn 53f; Papier in: Maunz/Dürig (59. EL), Art. 14 GG, Rn 648ff.

1230 Explizit BVerfG DVBl. 2000, S. 350(351); nach der Nassauskiesung bereits Ossenbühl, NJW 1983, S. 1(3f); dazu Götz, DVBl. 1984, S. 395(394); Hermes, NVwZ 1990, S. 733(733); Sass, Entschädigungserfordernis, S. 439; Axer, DVBl. 2001, S. 1322(1324); für den enteignungsgleichen Eingriff BVerwG DVBl. 1984, S. 391(395); anders aber Papier, NVwZ 1983, S. 258(260).

1231 Zu der Frage eines Wahlrechts s. unten 4. Teil A.

Zudem verhindert der Grundsatz „Dulde und Liquidiere" auch nicht, dass Geldersatzansprüche entstehen. Er begründet – lediglich – den Vorrang des Primär- vor dem Sekundärrechtsschutz, schließt Sekundärrechtsschutz aber nicht aus[1232].

Ob das Verbot des „Dulde und Liquidiere" einem Wahlrecht des Bürgers zwischen Folgenbeseitigung und Folgenersatz entgegensteht, ist daher bei der näheren Untersuchung des Tatbestands des Folgenersatzanspruchs[1233] zu erörtern.

4) Ausschluss einer negatorischen Geldersatzhaftung durch die Amtshaftung

Jedoch steht nach einer in der Literatur vertretenen Auffassung die Existenz der Amtshaftung gem. § 839 BGB iVm Art. 34 GG einer Haftung für jegliches rechtswidriges Handeln entgegen[1234].

Mit einem argumentum e contrario[1235] wird hier begründet, dass die Amtshaftung einen weitergehenden negatorischen Geldersatzanspruch verhindere, da Art. 34 GG eine bewusste Entscheidung des Verfassungsgebers dafür sei, eine Lücke im negatorischen Rechtsschutz zu belassen[1236]. Dies begrenze das grundsätzliche Gebot umfassenden negatorischen Schutzes. Dieses Argument geht weiter als die oben behandelte Frage, ob die Amtshaftung die Lücke im negatorischen Rechtsschutz füllt. Es ist vielmehr fraglich, ob die Lücke im negatorischen Rechtsschutz bewusst belassen wurde, was eine über die Amtshaftung hinausgehende negatorische Geldersatzhaftung ausschließen würde. Dazu muss man

---

1232 Ebenso Kreft, Ersatzleistungen, Rn 54, 55.

1233 S. dazu unten 4. Teil A.

1234 Bettermann DÖV 1955, S. 528(531): Eine Haftung für jegliches rechtswidriges Staatshandeln sei in Deutschland bisher noch nicht anerkannt und könne auch noch nicht anerkannt werden, solange § 839 BGB, Art. 34 GG die generelle Haftung für rechtswidriges staatliches Handeln auf die Fälle schuldhafter Verletzung einer einem Dritten gegenüber obliegenden Amtspflicht beschränkt sei; diese Erwägung erwähnt im Rahmen des enteignungsgleichen Eingriffs Brüning, JuS 2003, S. 2(5), allerdings sieht er auf S. 3 für den Folgenersatzanspruch ein Konkurrenzverhältnis; ebenso Kutschera, Bestandsschutz, S. 103; Sproll, JuS 1996, S. 313(320), was allerdings einen Widerspruch dazu aufwirft, dass er zuvor die Zuerkennung einer Ausgleichszahlung bzw. Entschädigung bei Unmöglichkeit oder Unzulänglichkeit einer Wiederherstellung des status quo ante für möglich erachtet (S. 320); Pietzko, S. 552; v. Danwitz in: v. Mangoldt/Klein/Starck, Art. 34 GG, Rn 44; ähnlich auch D. Ehlers, VVDStRL 51(1991), S. 211(243), der allerdings eine Regelungsbefugnis der Rechtsprechung aufgrund gesetzgeberischer Untätigkeit annimmt.

1235 Röder, S. 160.

1236 Dazu auch Röder, S. 170.

Art. 34 GG auslegen, insbesondere seine Entstehungsgeschichte und seine ratio legis betrachten.

So wird aus der Rechtsprechung des Bundesverfassungsgerichts gegen einen Geldersatzanspruch bei rechtswidrigen Grundrechtsverletzungen und Art. 34 GG hergeleitet, dass der Verfassungsgeber sich gegen eine Geldersatzhaftung, die über die Amtshaftung hinausgeht, entschieden habe[1237]. Der unverzichtbare Haftungskern des Staates sei Art. 34 GG iVm § 839 BGB[1238]. Hieraus könne im Gegenzug die Aussage abgeleitet werden, eine weitergehende unmittelbare Staatshaftung sei im gesamten Grundgesetz nicht gefordert; Schadensersatz sei von Verfassungs wegen nur im Rahmen der durch Art. 34 GG garantierten Amtshaftung zu gewähren[1239]. Die Amtshaftung soll damit also die interpretatorische Herleitung jeglicher weitergehenden Haftung ausschließen.

Allerdings sprach sich das Bundesverfassungsgericht noch in der Staatshaftungsentscheidung dafür aus, dass Art. 34 GG eine unmittelbare Staatshaftung zwar nicht stütze, aber auch nicht behindere[1240]. Gleichzeitig lehnte es jedoch auch die unmittelbare Staatshaftung ab[1241]. In dieser Aussage scheint daher ein innerer Widerspruch zu liegen. Bei genauem Lesen erschließt sich jedoch, dass sie sich auf die Möglichkeiten des einfachen Rechts bezog: Fordert die Verfassung eine unmittelbare Staatshaftung zwar nicht, steht sie ihr aber auch nicht entgegen, bleibt diese Frage dem Gesetzgeber überlassen[1242]. Bei der oben nachgewiesenen Herleitung einer Haftung aus den Grundrechten kann die Formulierung aber auch so gelesen werden, dass Art. 34 GG auch der interpretatorischen Herleitung einer unmittelbaren Staatshaftung nicht entgegensteht. Dies gilt umso mehr, als

---

1237 BVerfG NVwZ 1998, S. 271(272): Art. 34 GG fordere gerade keine unmittelbare Staatshaftung. Scharfe Kritik an dieser Rechtsprechung bei Höfling, VVDStRL 61(2001), S. 260(284).

1238 BVerfG NVwZ 1998, S. 271(272).

1239 BVerfG NVwZ 1998, S. 271(272). Insofern geht auch Gromitsaris, S. 94 davon aus, dass diese Rechtsprechung des BVerfG zu Art. 34 GG besagt, dass es einem negatorischen Geldersatzanspruch eine Absage erteilt.

1240 BVerfGE 61, 149(198f) – Staatshaftungsgesetz; ebenso BVerfG NJW 2006, S. 1580(1581); inhaltlich ähnlich Böß, Vergleich, S. 114; Leibholz/Rink, Art. 34 GG, Rn 11; Sachs/Bonk, Art. 34 GG, Rn 3.

1241 BVerfGE 61, 149(149, 198) – Staatshaftungsgesetz.

1242 Darauf deutet auch die Formulierung hin: „Art. 34 GG enthält nur eine „Mindestgarantie“, die der zuständige Gesetzgeber zwar nicht unterschreiten, über die er aber hinausgehen darf.“, BVerfGE 61, 149(199). Ebenso Höfling, VVDStRL 61(2001), S. 260(281); Gromitsaris, S. 91; Dreier/Wieland, Art. 34 GG, Rn 23; Leibholz/Rink, Art. 34 GG, Rn 11; Sachs/Bonk, Art. 34 GG, Rn 3.

die zitierte Formulierung aus der Entscheidung des Bundesverfassungsgerichts zum Staatshaftungsgesetz stammt, also zu einem einfachen Gesetz. Auch die dauerhafte Regelungsabstinenz des Gesetzgebers im Staatshaftungsrecht stützt die Annahme, dass Art. 34 GG einer grundrechtlichen unmittelbaren Verletzungsreaktionshaftung nicht entgegensteht[1243].

Weiterhin wird daran gezweifelt, dass das argumentum e contrario zwingend ist[1244]. Wie sich auch bei der Suche nach einer Rechtslücke im einfachen Recht für den Analogieschluss zeigt, kann eine Gesetzeslücke sowohl beabsichtigt als auch unbeabsichtigt sein[1245]. Dasselbe gilt für Lücken in der Verfassung. Daraus, dass eine explizite Regelung eines grundrechtlichen Geldersatzanspruchs fehlt, die Amtshaftung aber geregelt ist, kann noch nicht gefolgert werden, dass es keinen solchen grundrechtlichen Geldersatzanspruch geben soll. Hinzu kommt, dass sich im Grundgesetz ohnehin kaum ausdrückliche Regelungen zu Verletzungsreaktionen der Grundrechte finden.

Zudem wird die Amtshaftung – mit der primär zivilrechtlichen Haftung des Beamten und der grundgesetzlichen Überleitung auf den Staat – zunehmend als antiquiert und unzeitgemäß angesehen[1246]. Rechtshistorisch gesehen war die Haftungsüberleitung von Beginn an ein Kompromiss, der einem veralteten Staatsverständnis verhaftet blieb. Der Verfassungsgeber übernahm sie nicht aufgrund einer Entscheidung in der Sache ins Grundgesetz, sondern vielmehr, weil sie sich bereits in der Weimarer Reichsverfassung fand und man sich beim Erlass des Grundgesetzes darauf konzentrierte, eine demokratische, rechtsstaatliche, freiheitliche Verfassung zu gestalten. Der Staatshaftung galt jedoch kein besonderes Augenmerk. Die Übernahme der Amtshaftung entsprach damit vielmehr einem Kompromiss, weshalb sie nicht den Zweck einer abschließenden Regelung der Staatshaftung hatte[1247]. Es ist daher in der Tat „methodisch bereits im Ansatz

---

1243 So im Ergebnis auch D. Ehlers, VVDStRL 51(1991), S. 211(243); Bryde in: v. Münch/Kunig, Art. 34 GG, Rn 1: Mindestgarantie; Leibholz/Rink, Art. 34 GG, Rn 11; Papier, HStR VIII (3.A.), § 180, Rn 69.

1244 Janssen, Entschädigung, S. 118; Hermes, DV 31(1998), S. 371(386); Schoch, DV 34(2001), S. 261(280): Kann lege artis nicht der Anordnung der Haftungsüberleitung entnommen werden; ebenso Hösch, DÖV 1999, S. 192(197).

1245 Dazu Rüthers/Fischer/Birk, Rechtstheorie, Rn 835.

1246 M. Redeker, DÖV 1987, S. 194(199); Röder S. 170: Verfassungsgeber halte nur unreflektiert an einem Haftungsmodell fest, das eine Kompromisslösung aus einer Umbruchphase sei.

1247 Bachof S. 119; Röder, S. 170; tendenziell auch Grzeszick, S. 417; ders., HGR III, § 75, Rn 117.

bedenklich, einen Umkehrschluss gerade auf den zu reformierenden Teil einer Norm zu stützen."[1248].

Die Regelung der Amtshaftung im Grundgesetz sollte also nicht eine weitergehende Geldersatzhaftung ausschließen. Vielmehr ging es darum, wenigstens diese wichtige Haftungsform aufzunehmen, bzw. die Amtshaftung auf den Staat überzuleiten und sie zugleich verfassungsrechtlich abzusichern[1249]. Eine sachliche Beschränkung allein auf die Amtshaftung liegt damit gerade nicht vor. Zudem blieb ihre Erweiterung vorbehalten[1250].

Dass die Aufnahme von Art. 34 GG keine Beschränkung der möglichen Verletzungsersatzansprüche des Bürgers beabsichtigt haben kann, ergibt sich auch aus der grundsätzlich individualschützenden Funktion des Grundgesetzes und der Grundrechte. Im Vordergrund sollte das Individuum stehen, der Bürger, und nicht der Staat, die Gemeinschaft. Es entspricht dieser individualschützenden Grundtendenz des Grundgesetzes, wenn eine Regelung die Möglichkeit zulässt, die in ihr enthaltenen Rechte zugunsten des Bürgers zu erweitern.

Dabei kann bei der Frage, ob der Folgenersatzanspruch als negatorischer Abwehranspruch durch die Amtshaftung beschränkt wird, auch die Reihenfolge der Normen im Grundgesetz nicht unberücksichtigt bleiben. Die Grundrechte werden nämlich, nicht zuletzt durch ihre Stellung zu Beginn des Grundgesetzes, den anderen Normen erkennbar vorgeordnet. Dies bedeutet auch, dass grundrechtlichen Haftungsinstituten ein Vorrang gegenüber anderen zukommt, auch gegenüber solchen aus dem Grundgesetz[1251], und damit insbesondere gegenüber Art. 34 GG.

So wird auch zwischen der Amtshaftung und dem Entschädigungsanspruch aus enteignungsgleichem Eingriff keine Ausschließlichkeit im Sinne eines Vorrangs der Amtshaftung angenommen, sondern eine Konkurrenz[1252]. Es könnte

1248 Röder S. 173.

1249 Ebenso Böß, Vergleich, S. 115: Art. 34 GG sage über den eigentlichen Amtshaftungsanspruch nichts aus, sondern leite nur die Haftung auf den Staat über. Daher sage sie auch nichts über die Konkurrenz zu anderen Ansprüchen aus; in diese Richtung BK-Dagloglou (25.EL), Art. 34 GG, Rn 31, 55, 56; Grzeszick, S. 415; Leibholz/Rink, Art. 34 GG, Rn 11; Röder, S. 173f; Dreier/Wieland, Art. 34 GG, Rn 23.

1250 v. Doemming/Füsslein/Werner, JöR n.F. 1, S. 1(324ff); H.P. Schneider, Grundgesetz, Band 10, S. 511ff.

1251 Dazu M. Redeker, DÖV 1987, S. 194(199).

1252 BGH v. 11.1.2007, NJW 2007, S. 830(833); BGHZ 136, 182(184); 146, 365(371); Böß, Vergleich, S. 115; Brüning, JuS 2003, S. 2(3). Dies verwendet daher auch Schoch, DV 34(2001), S. 261(280) als Argument gegen eine Sperrung.

jedoch sein, dass die Rechtsprechung dies auch deswegen als so unproblematisch ansieht, weil sich der Inhalt beider Ansprüche durchaus voneinander unterscheidet: der Anspruch aus enteignungsgleichem Eingriff gewährt keinen vollen Schadensersatz wie der Folgenersatzanspruch, sondern nur eine „angemessene Entschädigung“[1253]. Jedoch wurde dieser Unterschied durch die Angleichung der Entschädigungshaftung marginalisiert, weshalb eine Konkurrenz beider Ansprüche nicht mehr aus diesem Grund abgelehnt werden kann.

Im Ergebnis verhindern also nicht die Amtshaftung sowie die darauf basierende Rechtsprechung des Bundesverfassungsgerichts die Entwicklung des Folgenersatzanspruchs[1254], sondern er flankiert den Amtshaftungsanspruch. Aufgrund der engeren Voraussetzungen könnte er diese vielmehr auf eine ergänzende Funktion in Randbereichen verweisen[1255], also überflüssig machen.

5) Erfordernis eines einfachen Gesetzes aufgrund der Junktimklausel in Art. 14 Abs. 3 GG

Ein weiteres Hindernis für einen originär grundrechtlichen Folgenersatzanspruch könnte es darstellen, dass der Bürger nach der Rechtsprechung des Bundesverfassungsgerichts, insbesondere der Nassauskiesungsentscheidung, nur dann eine Entschädigung einklagen kann, wenn ihm eine solche ausdrücklich durch ein einfaches Gesetz zugebilligt ist. Dies soll sich aus der Junktimklausel in Art. 14 Abs. 3 GG ergeben[1256]. Insbesondere für finanzielle Ausgleichsansprüche nach Eingriffen in das Eigentumsgrundrecht wird daher bisweilen eine einfachgesetzliche Rechtsgrundlage für notwendig erachtet[1257]. Damit könnte auch der

---

1253 BGH v. 11.1.2007, NJW 2007, S. 830(833).

1254 Ebenso Hösch, DÖV 1999, S. 192(197); Bleckmann, Staatsrecht II, § 11, Rn 23; Grzeszick, S. 415ff; ders. in: Erichsen/Ehlers (14.A.), § 45, Rn 117.

1255 So bereits Ossenbühl, S. 333f; Rüfner in: Erichsen/Ehlers (12.A.) § 49 Rn 30; Grzeszick in: Erichsen/Ehlers (14.A.), § 45, Rn 131; für eine teilweise Ersetzung des Anspruchs aus enteignungsgleichem Eingriff auch Wolff/Bachof/Stober/Kluth, Band 2, § 72 Rn 65ff; ähnlich M. Redeker, DÖV 1987, S. 194(199); Höfling, VVDStRL 61(2001), S. 260(284); Detterbeck/Windthorst/Sproll, § 18, Rn 20ff.

1256 BVerfGE 58, 300(324); so allerdings bereits schon BVerfGE 4, 219(235).

1257 Rupert Scholz, NVwZ 1982, S. 337(347); Schröer, NJW 1984, S. 1864(1864, 1865); Böhmer, NJW 1988, S. 2561(2565f); undeutlich ders. in Der Staat 24 (1985), S. 157(194f,), wo er von der Gesetzesmäßigkeit der Entschädigung spricht, aber scheinbar nur Enteignungen meint; ähnlich offen Kastner, VerwArch. 80(1989), S. 74(77): Gesetzgeber vornehmlich gefordert, es gebe aber auch Fälle, in denen auch bloß gerichtlich zugesprochene Entschädigung zufriedenstellend sei.

Folgenersatzanspruch, der ebenfalls bei einer Eigentumsverletzung entstehen kann, von einer einfachgesetzlichen Grundlage abhängen.

Den „Grundsatz der Gesetzesmäßigkeit der Entschädigung" leitet das Bundesverfassungsgericht allerdings explizit aus Art. 14 Abs. 3 S. 4 GG ab. Damit zeigt sich auch bereits, dass er zunächst nur für die in Art. 14 Abs. 3 GG angesprochenen Enteignungen gilt, also für Enteignungen im engeren Sinne[1258]. Dies setzt grundsätzlich die Rechtmäßigkeit der Enteignung voraus[1259]. Daher betrifft dieses spezielle Erfordernis einer einfachgesetzlichen Grundlage den Folgenersatzanspruch nicht, denn dieser gewährt Ersatz für rechtswidrige Grundrechtseingriffe. Nach einigen Stimmen in der Literatur erfasst die Junktimklausel jedoch auch Fälle, in denen die Enteignung deswegen rechtswidrig ist, weil es an der gesetzlichen Regelung einer Entschädigung fehlt[1260]. Doch dies würde allenfalls einen kleinen Ausschnitt des Anwendungsbereichs des Folgenbeseitigungs- und -ersatzanspruchs betreffen. Man könnte dieser nur punktuellen Problemlage – wenn man auch diese Fälle der Junktimklausel unterstellen will – dadurch begegnen, dass man Enteignungen im engeren Sinne aus dem Anwendungsbereich des Folgenbeseitigungsanspruchs ausklammert, anstelle ihn gänzlich dem Erfordernis eines einfachen Gesetzes zu unterwerfen[1261].

Gegen die Ansicht, dass ein einfaches Gesetz nur bei Enteignungen im Sinne des Art. 14 Abs. 3 GG erforderlich ist, soll jedoch folgender Erst-recht-Schluss sprechen: Wenn schon die Enteignung als denkbar intensivster Eigentumseingriff nur aufgrund eines einfachen Gesetzes entschädigt werden könne, so müsse dies um so mehr für die weniger intensiven Eingriffe gelten, die keine Enteignung

---

1258 BGHZ 91, 20(26ff); Bender, BauR 1983, S. 1(10, 11); Hendler, DVBl. 1983, S. 873(882); Goppert, Enteignungsgleicher Eingriff, S. 179; Götz, DVBl. 1984, S. 395(395); Schmitt-Kammler, FS E. Wolf, S. 595(607); ders. JuS 1995, S. 473(474f); Kreft, Ersatzleistungen, Rn 55; Osterloh, DVBl. 1991, S. 906(908); Scherzberg, DVBl. 1991, S. 84(87); Sass, Entschädigungserfordernis, S. 390; Ossenbühl, S. 228; Papier in: Maunz/Dürig (59. EL), Art. 14 GG, Rn 568; Röder, S. 243; Friauf/Höfling/Siekmann, Art. 14 GG, Rn 192; Depenheuer in: v.Mangoldt/Klein/Starck, Art. 14 GG, Rn 415; Maurer, Verwaltungsrecht, § 27, Rn 96.

1259 Götz, DVBl. 1984, S. 395(395); Maurer, Verwaltungsrecht, § 27, Rn 54.

1260 Bender, BauR 1983, S. 1(3, 9); Goppert, Enteignungsgleicher Eingriff, S. 162; Knauber, NVwZ 1984, S. 753(756); Schmitt-Kammler, FS E. Wolf, S. 595(604f); angedeutet bei Böhmer, NJW 1988, S. 1561(1565f); ders. Der Staat 24(1985), S. 157(195f); s. dazu auch Röder, S. 232; anderer Ansicht Götz, DVBl. 1984, S. 395(396).

1261 Im Ergebnis ebenso Schmitt-Kammler, JuS 1995, S. 473(478): „Vielmehr kann die eigentumsbezogene Rechtsprechung des BverfG keine unmittelbaren Folgen für die Unrechtshaftung auf nicht-eigentumsrechtlichem Gebiet haben."

seien[1262]. Dieser Ansicht können jedoch sowohl der Wortlaut als auch die ratio der Junktimklausel entgegengehalten werden. Dem Wortlaut des Art. 14 Abs. 3 GG zufolge erfasst die Junktimklausel nur Enteignungen im strengen Sinne, nicht aber auch sonstige Eingriffe, sofern sie grundrechtsdogmatisch durch eine Geldzahlung zu kompensieren sind. Anderenfalls hätte der Verfassungsgeber dies im Wortlaut ansprechen müssen. Zudem wäre eine solche „globale" Junktimklausel systematisch in Art. 14 Abs. 3 GG falsch aufgehoben[1263]. Darüber hinaus hat die Junktimklausel nicht etwa den Zweck, generell alle Geldzahlungen der Disposition des einfachen Gesetzgebers zu unterstellen. Vielmehr soll diese Norm den Eigentümer bei Enteignungen besonders schützen; insofern weist die Junktimklausel neben der Schutzfunktion eine Warnfunktion auf[1264]. Der zielgerichtet eingreifende Gesetzgeber soll sich darüber klar werden, dass und in welchem Umfang er final Eigentum entzieht. Dies bedeutet primär, dass der Gesetzgeber bereits bei der Enteignung selbst gezwungen wird, sich Gedanken über die Entschädigung zu machen, um Folgen und Reichweite der beabsichtigten Enteignung zu erfassen. Ein allgemeines „Geldzahlungsjunktim" kann daraus jedoch gerade nicht hergeleitet werden. Hinzu kommt, dass der Zweck dieser Junktimklausel nicht bei jedem Eigentumseingriff verwirklicht werden kann. So gibt es auch nichtfinale Eingriffe des Gesetzgebers oder Eingriffe seitens der Verwaltung. Bei diesen kann eine solche Warnfunktion nicht eingreifen[1265], da der vorherige Erlass eines Entschädigungsgesetzes nicht möglich ist. Würde man stets eine spezielle einfachgesetzliche Grundlage fordern, wäre der Bürger diesen Fällen schlechter gestellt. Ob der Eingriff seitens des Staates mit oder ohne gesetzliche Ersatzregelung erfolgt, ist zudem bei gleicher Eingriffsintensität aus der Sicht des Bürgers unerheblich[1266]. Insbesondere muss dies deshalb gelten, weil die Junktimklausel neben der Warnfunktion auch eine Schutzfunktion zugunsten des Bürgers aufweist. Diese fordert auch, dass die Höhe der Entschädigung explizit geregelt

---

1262 Schröer, NJW 1984, S. 1864(1865).

1263 Hinsichtlich des systematischen Arguments ebenfalls Sass, Entschädigungserfordernis, S. 390; Röder, S. 236; angedeutet bei Battis, NVwZ 1982, S. 585(587).

1264 BVerfGE 4, 219(235); 46, 268(287); Böhmer, NJW 1988, S. 2561(2565); Papier in: Maunz/Dürig (59. EL), Art. 14 GG, Rn 561; Scherzberg, DVBl. 1991, S. 84(86); Röder, S. 236; Dreier/Wieland, Art. 14 GG, Rn 108; Depenheuer in: v.Mangoldt/Klein/Starck, Art. 14 GG, Rn 437; Grzeszick, HGR III, § 75, Rn 16.

1265 Ebenso Scherzberg, DVBl. 1991, S. 84(87); Sass, Entschädigungserfordernis, S. 391; Röder S. 237.

1266 Ähnlich Sass, Entschädigungserfordernis, S. 391; Röder, S. 240.

wird[1267]. Dieser Schutz würde ausgehöhlt[1268], wenn man bei rechtswidrigem Handeln ohne einfachgesetzliche Grundlage jeglichen Geldersatz versagen würde. Der Bürger würde allein wegen der Nachlässigkeit des Gesetzgebers seinen Schutz einbüßen[1269]. Zudem würde eine detaillierte Regelung der Entschädigung nach Ausmaß und Höhe bei nicht-finalen Eingriffen auch daran scheitern, dass diese eine Vielzahl unterschiedlicher Situationen erfassen müsste. Es ist aber zweifelhaft, ob diese einer präventiven, genauen Regelung des Gesetzgebers zugänglich sind, ohne dass ohnehin später eine weitgehende Konkretisierung durch die Rechtsprechung erfolgen muss[1270]. Insofern droht die Gefahr, dass die gesetzliche Regelung hier zu einer Leerformel würde. Bei einem Anspruch wie dem Folgenersatzanspruch, der viele verschiedene Konstellationen erfasst, wäre genau dies der Fall.

Soweit die Junktimklausel auch der Sicherung der Haushaltsprärogative dient[1271], wurde bereits oben dargestellt[1272], dass der Folgenersatzanspruch hierdurch nicht beschränkt werden kann.

Auch dass der Bürger bei Eingriffen außerhalb des Art. 14 Abs. 3 GG die Möglichkeit hat, sich im Wege des Primärrechtsschutzes zu wehren und dann der Entschädigung nicht mehr bedarf, ist in diesem Zusammenhang irrelevant. Denn zum einen gibt es Folgen eines Eigentumseingriffs, die sich auch durch die Aufhebung der Primärmaßnahme nicht beheben lassen, insbesondere Folgeschäden durch Zeitablauf. Zudem ist zu berücksichtigen, dass diese Frage das Verhältnis von Primär- und Sekundärrechtsschutz betrifft. Die Überlegung, ob ein Sekundärrechtsschutz überhaupt existiert, ist hiervon zu unterscheiden. Daher kann die generelle Möglichkeit von Primärrechtsschutz auf die Existenz des Sekundärrechtsschutzes keinen Einfluss haben.

1267 BVerfGE 46, 268(287); Papier in: Maunz/Dürig (59. EL), Art. 14 GG, Rn 563; Depenheuer in: v.Mangoldt/Klein/Starck, Art. 14 GG, Rn 437; Dreier/Wieland, Art. 14 GG, Rn 108; s. hierzu näher Röder, S. 238.

1268 Papier, NVwZ 1983, S. 258(259); Sass, Entschädigungserfordernis, S. 391; Röder, S. 238.

1269 Maurer, FS Dürig, S. 293(317); Röder, S. 239.

1270 Kastner, VerwArch. 80(1989), S. 74(77); Röder, S. 237.

1271 BVerfGE 46, 268(287); Scherzberg, DVBl. 1991, S. 84(87); Papier in: Maunz/Dürig (59. EL), Art. 14 GG, Rn 562; Röder, S. 236; Depenheuer in: v.Mangoldt/Klein/Starck, Art. 14 GG, Rn 437; Dreier/Wieland, Art. 14 GG, Rn 108; Grzeszick, HGR III, § 75, Rn 16.

1272 S. oben D I) 3) b) (bb).

Letztlich muss in diesen Fällen auch beachtet werden, dass der Folgenersatzanspruch grundrechtlich geboten ist; der Gesetzgeber bekäme somit eine Dispositionsbefugnis über Verfassungsrecht. Im Falle seiner gegenwärtigen Regelungsabstinenz könnte dies sogar dazu führen, dass entsprechender Grundrechtsschutz vollständig ausgeschlossen wird. Daher wird es auch abgelehnt, die Junktimklausel auf den enteignungsgleichen Eingriff bzw. auf alle grundrechtlich determinierten Ersatzansprüche zu erstrecken[1273].

Nicht überzeugend ist hingegen das Argument, dass die Anwendbarkeit der Junktimklausel nur dazu führen würde, dass die ohnehin rechtswidrige Regelung aus einem weiteren Grund rechtswidrig wäre[1274]. Aus der Sicht des Staates mag dies stimmen. Für den Bürger allerdings macht es einen Unterschied, ob er trotz Rechtswidrigkeit einen Geldersatz verlangen kann, oder ob ihm dies aufgrund des Fehlens einer gesetzlichen Regelung verwehrt ist. Würde man die Junktimklausel auf alle Geldersatzansprüche wegen Verletzung des Art. 14 GG erstrecken und damit einen Geldersatz vom einfachen Gesetz abhängig machen, wäre dies die Folge.

Im Ergebnis bewirkt das Erfordernis eines einfachen Gesetzes für die Enteignungsentschädigung nicht, dass auch der Folgenersatzanspruch einer einfachgesetzlichen Grundlage bedarf. Kann dies schon bei Verletzung des Art. 14 Abs. 1 GG nicht verlangt werden, gilt es umso weniger für die Verletzung anderer Grundrechte, die von der Junktimklausel noch weniger erfasst werden.

6) Überschreitung der Grenzen richterlicher Rechtsfortbildung

Unabhängig von einzelnen Sachargumenten wendet schließlich der Bundesgerichtshof ein, eine allgemeine verschuldensunabhängige Rechtswidrigkeitshaftung würde die Grenzen richterlicher Rechtsfortbildung überschreiten[1275].

1273 Goppert, Enteignungsgleicher Eingriff, S. 179f; Böhmer, NJW 1988, S. 2561(2566); Röder, S. 241.

1274 Sass, Entschädigungserfordernis, S. 390; Röder, S. 237.

1275 BGHZ 136, 182(186); Kreft, Ersatzleistungen, Rn 90; Rinne, DVBl. 1993, S. 869(871); Sachs/Mann, Art. 12 GG, Rn 178; skeptisch dazu Brüning, JuS 2003, S. 2(8); abstrakt auch bei Schenke, NJW 1991, S. 1777(1785): sieht Probleme nur bei einem umfassenden Wiedergutmachungsanspruch im Verfassungsrang; ähnlich auch BGH NJW 1988, S. 478(479ff): Einführung einer Staatshaftung für neuartige Waldschäden obliege dem Gesetzgeber und kann danach also nicht im Weg der richterlichen Rechtsfortbildung herbeigeführt werden; ebenso Böhmer, NJW 1988, S. 2561(2566): Dem Richter sei es verwehrt, entgegen den grundgesetzlichen Vorschriften Anspruchsnormen zu erfinden.

Er verwendet dieses Argument vor allem hinsichtlich des Umfangs des Anspruchs aus enteignungsgleichem Eingriff und begründet hiermit, dass dieser keine hypothetischen Vermögensschäden erfasst, sondern sich auf unmittelbare Vermögenseinbußen beschränkt. Das gegen eine derartige allgemeine Rechtswidrigkeitshaftung gerichtete Argument könnte jedoch auch auf den Folgenersatzanspruch zutreffen.

Seine Herkunft aus der Diskussion zum aufopferungsgleichen Eingriff führt allerdings dazu, dass dieser Einwand für den Folgenersatzanspruch – als negatorischen Verletzungsanspruch von Verfassungsrang – nicht gelten kann: Einmal bezieht er sich mit dem enteignungsgleichen Eingriff auf ein einfachgesetzliches Haftungsinstitut; zudem ist der Folgenersatzanspruch nicht das Ergebnis richterlicher Rechtsfortbildung, sondern durch Auslegung der negatorischen Grundrechtsfunktion gewonnen[1276]. Allein aus diesem Grund kann der Folgenersatzanspruch die Grenzen richterlicher Rechtsfortbildung nicht überschreiten.

Insofern ist es kein Hindernis für die Begründung des Folgenersatzanspruchs, dass dieser ein verschuldensunabhängiger Geldersatzanspruch wäre[1277].

7) Ungewollte Verteilungseffekte negatorischer Geldersatzhaftung

Weiter erhebt *Gromitsaris* den Einwand, dass eine negatorische Geldersatzhaftung zu unerwünschten Verteilungseffekten zulasten oder zugunsten anderer Bürger führen könne[1278].

So wäre es möglich, dass sich Dritte an dem rechtswidrigen Zustand orientiert hätten und deren Interesse nunmehr Kontinuität fordere[1279]. Auf der anderen Seite könne es auch Fälle geben, in denen Private im Auftrag des Staates handeln bzw. privates Handeln dem Staat zugerechnet werde und dieser dann in die Haftung genommen würde. In diesen Fällen verschaffe die Staatshaftung dem Privaten auf Kosten der Allgemeinheit eine prämienfreie Haftpflichtversicherung, wenn der Staat den Privaten nicht in Regress nehme. Die Gewährung von Geldersatz stelle insgesamt eine staatliche Intervention dar, die in der Gesellschaft unerwünschte Nebenfolgen haben könne[1280]. Eine Orientierung der Rechtswidrigkeitshaftung am grundrechtlichen Eingriffsbegriff fokussiere zu sehr auf den individuellen, zweiseitigen Blickwinkel und sei somit zur Bewältigung multipolarer Verhältnisse

---

1276 Ebenso Röder, S. 243: „Es geht vielmehr nur um die richterrechtliche Umsetzung eines Verfassungsgebots"; ähnlich Goppert, Enteignungsgleicher Eingriff, S. 185.

1277 Ebenso Schoch, DV 34(2001), S. 261(284).

1278 Gromitsaris, DÖV 2006, S. 288(292ff).

1279 Gromitsaris, DÖV 2006, S. 288(293).

1280 Gromitsaris, DÖV 2006, S. 288(293).

nicht geeignet[1281]. Der Eingriffsbegriff sei zu einer „kaum handhabbaren Großformel geworden“ und könne die Bewältigung solcher Situationen nicht leisten. Daher liege das Problem eines grundrechtlichen negatorischen Haftungsanspruchs darin, dass er global an der Grundrechtsverletzung anknüpfe. Letzere sei zu weit, da lediglich „zur Anknüpfung differenzierter Rechtsfolgen diese oder jene besondere Bedingung hinzugefügt“ werde[1282]. Es könne sinnvoll sein, den Geldersatzanspruch in geringerem Umfang zu gewähren als den negatorischen Abwehranspruch[1283]. Daher sei es erforderlich, einen Ersatzanspruch durch das Kriterium eines spezifisch haftungsrechtlichen Schutzzwecks einzugrenzen, wie er in anderen Rechtsordnungen bekannt sei[1284].

Diese Argumentation verstärkt *Gromitsaris* rechtsvergleichend durch Beispiele von Haftungsregelungen aus anderen Rechtsordnungen. Zunächst führt er das Beispiel der amerikanischen Haftungsklage bei Verletzung der Menschenrechte an. Hier ergibt sich aus der richterrechtlichen Anwendung einer einfachgesetzlichen Grundlage, Section 1983, ein Geldersatzanspruch. Es soll aber nicht jede Menschenrechtsverletzung für eine verfassungsrechtliche Haftung ausreichen, sondern auf die Art und Weise der Pflichtverletzung ankommen[1285]. Bei Verletzung des 8. Zusatzartikels zur US-Verfassung (Verbot einer grausamen, unmenschlichen und außergewöhnlichen Bestrafung) sei eine vorsätzliche Gleichgültigkeit gegenüber dem Erfordernis ärztlicher Behandlung erforderlich; bei Verletzung des 14. Zusatzartikels (Verbot von Eingriffen in Leben, Freiheit und Eigentum ohne ordentliches Rechtsverfahren), dass sich der Eingriff als krasses, unerhörtes Staatsunrecht oder als empörendes und entrüstendes Beamtenverhalten darstelle[1286]. Somit gebe es „zusätzliche kontextabhängige haftungsspezifische Zusatzkriterien, die unabhängig sind von der Rechtswidrigkeit des Aufhebungsrechts und den Maßstäben des Deliktsrechts“ [1287]. Die Grundrechtsverletzung reiche zur Haftungsbegründung nicht aus[1288].

1281 Gromitsaris, DÖV 2006, S. 288(293). Wie so etwas aber bereits auf der Ebene des primären Rechts ausgeschlossen werden kann, so dass schon kein rechtswidriger Eingriff vorliegt, beschreibt er aber in Gromitsaris, S. 28.

1282 Gromitsaris, DÖV 2006, S. 288(292f). Die Behauptung, dass dieser Anspruch zu weit sei, erhebt er nicht ausdrücklich, sondern lediglich inzident.

1283 Gromitsaris, DÖV 2006, S. 288(293).

1284 Gromitsaris, DÖV 2006, S. 288(294).

1285 Gromitsaris, DÖV 2006, S. 288(291, rechte Spalte, insbes. 4 Absatz).

1286 Gromitsaris, DÖV 2006, S. 288(291, 292).

1287 Gromitsaris, DÖV 2006, S. 288(292, rechte Spalte).

1288 Gromitsaris, DÖV 2006, S. 288(292, rechte Spalte).

Diese Argumentation überzeugt jedoch nicht. Zunächst ist der dogmatische Ansatzpunkt seiner Einwände nicht klar; sie sind an keiner Norm festgemacht, sondern vielmehr rechtspolitische Gedanken. Sofern grundrechtliche Ansprüche zu ungewollten Verteilungseffekten führen, kann dies nur de lege ferenda geändert werden. Desweiteren besteht ein Widerspruch dazwischen, dass *Gromitsaris* einerseits meint, der Eingriffsbegriff sei als Anknüpfungspunkt für eine Haftung ungeeignet und zugleich ein spezifisches Zurechnungskriterium etabliert. Wenn bereits der Eingriff – als Synonym dafür, dass die Haftung durch einen *rechtswidrigen* Eingriff ausgelöst wird – konstruktiv ungeeignet sein soll, multipolare Verhältnisse zu bewältigen, wie soll dies dann ein noch unbestimmterer „spezifisch haftungsrechtlichen Schutzzweck"? Eine andere Haftungsgrundlage, auf die das Schutzzweckkriterium angewendet werden könnte, als die grundrechtliche – die er für ungeeignet erachtet – nennt *Gromitsaris* jedoch nicht. Darüber hinaus können die von ihm angeführten Nebenfolgen bereits auf der Grundlage der geltenden Dogmatik vermieden werden. Wenn sich ein Dritter auf die rechtswidrige Lage verlassen hat, kommt es ebenso wie bei dem unmittelbar betroffenen Bürger darauf an, ob dieses Vertrauen schutzwürdig ist. Hier können Rechtsfiguren wie die Bestandskraft des Verwaltungsakts oder Unmöglichkeit der Folgenbeseitigung sowie – mit allen Bedenken – auch die Unzumutbarkeit angewendet werden. Zudem ist auch nicht erkennbar, inwiefern das Vertrauen eines Dritten auf eine tatsächliche Situation einem Geldersatz im Verhältnis Staat-Bürger entgegenstehen kann, der den Dritten nicht betrifft. Unbeabsichtigte finanzielle Entlastungen einzelner Bürger treten nur dann ein, wenn der Staat den handelnden Bürger nicht in Regress nimmt. Das Unterlassen der Geltendmachung von Regressansprüchen würde jedoch haushaltsrechtlichen Anforderungen, wie dem für die Gemeindewirtschaft zentralen Gebot der sparsamen Haushaltsführung[1289], widersprechen, oder könnte sogar eine strafrechtliche Untreue darstellen.

Desweiteren befürchtet *Gromitsaris*, dass über einen weiten Eingriffsbegriff auch rein privatrechtliche Konstellationen einen Staatshaftungsanspruch auslösen können. Als Beispiele nennt er, dass der Staat Gefahren der Irreführung bei Vertragsschluss oder der Insolvenz eines Schuldners nicht ausreichend abwehrt. Hierbei handelt es sich jedoch um Fragen des Eingriffsbegriffs bzw. der Eingriffsrechtfertigung, die auch auf diesen Ebenen zu lösen sind[1290]. Er nennt

---

1289 Gern, Kommunalrecht, Rn 659; Geis, Kommunalrecht, § 12, Rn 1; Sachs/Siekmann, Art. 110 GG, Rn 67f; Heintzen, HStR V (3.A.), § 120, Rn 48.

1290 Ebenso Röder, S. 296, der dies explizit als eine Einschränkbarkeit grundrechtlicher Verletzungsreaktionsansprüche durch verfassungskonforme Ausgestaltung des einfachen Rechts bezeichnet.

zudem keinen Grund dafür, warum ein Bürger sowohl einen rechtswidrigen Eingriff als auch die vermögensrechtlichen Schäden dulden sollte.

Im Ergebnis kann somit festzuhalten werden, dass der negatorische Geldersatzanspruch auch nicht an der potentiellen Verursachung ungewollter Nebenfolgen scheitert oder aus diesem Grund einzuschränken ist.

8) Zwischenergebnis

Damit ist der Folgenersatzanspruch zunächst seinem Umfang nach bestimmbar, weshalb er nicht bereits aus diesem Grund einer einfachgesetzlichen Vermittlung bedarf. Aus dem Gebot, die Integrität der grundrechtlichen Sphäre zu schützen, lässt sich ableiten, dass er alle kausalen Folgen des rechtswidrigen Eingriffs erfasst. Dies beinhaltet auch vermögenswerte Folgeschäden in der Sphäre des Bürgers, also auch mittelbare Schäden, sowie hypothetische Entwicklungen. Somit ist nicht nur der status quo ante zu ersetzen, sondern darauf abzustellen, wie die Situation des Bürgers zur Zeit der Ersatzleistung ohne den Eingriff wäre. Einzuschränken ist der Folgenersatzanspruch lediglich dahingehend, dass nur adäquat-kausale Schäden zu ersetzen sind, wobei dies lediglich Einzelfälle betreffen sollte. Auch wenn sich Risiken verwirklichen, die allein aus der Sphäre des Bürgers stammen oder auf höhere Gewalt zurückgehen, ist der Anspruch anhand des Schutzzwecks der Grundrechte zu begrenzen.

Einwände gegen den Folgenersatzanspruch, die diesen unabhängig vom Erfordernis einer einfachgesetzlichen Grundlage vollständig ablehnen, sind nicht nur spärlich, sondern erwiesen sich auch als unzutreffend. Insbesondere droht keine Wiederbelebung des Grundsatzes „Dulde und Liquidiere“. Der Folgenersatzanspruch überschreitet auch nicht die Grenzen richterlicher Rechtsfortbildung. Ferner kann dem Folgenersatzanspruch nicht die Existenz der Amtshaftung entgegengehalten werden; diese ist, anders als bisweilen vertreten, keine abschließende Regelung. Darüber hinaus ergibt sich auch nicht aus der Junktimklausel des Art. 14 Abs. 3 GG, dass eine einfachgesetzliche Vermittlung notwenig ist.

H Zwischenergebnis

I) Existenz eines Folgenersatzanspruchs als negatorischer Leistungsanspruch

Der Folgenersatzanspruch ist damit Bestandteil einer umfassenden, liberal-negatorischen Abwehrfunktion der Freiheitsgrundrechte[1291].

1291 Für einen haftungsrechtlichen Schutz der auf die Abwehr staatlicher Eingriffe zielenden Grundrechte in vollem Umfang auch Schatzschneider, NVwZ 1995, S. 1196;

Wie sich aus einer näheren Untersuchung der liberalen Grundrechtstheorie sowie der darauf beruhenden Abwehrfunktion ergibt, besteht das System der negatorischen Abwehransprüche aus Unterlassung, Folgenbeseitigung und Folgenersatz[1292]. Sie können gleichermaßen als Bestandteile eines einheitlichen negatorischen Abwehranspruches angesehen werden[1293] und treten lediglich in unterschiedlichen Situationen und zu verschiedenen Zeitpunkten zutage.

Sie entspringen demselben Rechtsgrund, nämlich der Verletzung des Grundrechts, unterscheiden sich jedoch hinsichtlich Tatbestand und Anspruchsinhalt. Damit könnte der Folgenersatzanspruch zwar als ein vom Folgenbeseitigungsanspruch unterscheidbarer Anspruch angesehen werden. Damit träfe die oben angenommene Hypothese, es handele sich beim Folgenersatzanspruch um eine Frage des Anspruchsinhalts des Folgenbeseitigungsanspruchs, nicht zu. Allerdings ist der Folgenbeseitigungsanspruch hinsichtlich seines Tatbestands ein Minus gegenüber dem Folgenersatzanspruch. Ähnlich dem Schmerzensgeld im Zivilrecht kann der Folgenersatzanspruch damit als modifizierter Folgenbeseitigungsanspruch mit anderem Anspruchsinhalt angesehen werden. Der Anspruch bleibt im Kern derselbe, kann jedoch in zwei verschiedenen Gestalten auftreten.

Obwohl Folgenbeseitigungs- und Folgenersatzanspruch ihrer Gestalt nach Leistungsansprüche sind, sind sie aufgrund ihrer dogmatischen Begründung Abwehransprüche. Daher treffen auch die meisten Einwände gegen Leistungsansprüche nicht auf sie zu; insbesondere erweist sich der Folgenersatzanspruch auch als hinreichend bestimmbar.

T. Schneider, Folgenbeseitigung im Verwaltungsrecht, S. 193ff; Ossenbühl, S. 286, 292f, 298ff; Isensee, HStR IX, § 191, Rn 146; Grzeszick S. 263; Gallwas, FS Zacher, S. 185(185); anders im Detail Stelkens, DÖV 2006, S. 770(773), der auch einen aus Grundrechten zu begründenden Kompensationsanspruch anerkennt, diesem aber eine eigene, von der Abwehrfunktion zu unterscheidende „Kompensationsfunktion" zuweist.

1292 Ebenso Roth, Faktische Eingriffe, S. 87f; Sachs, HGR II, § 39 Rn 52f lehnt zwar einen Folgenersatzanspruch ab, fügt aber Unterlassung und Folgenbeseitigung noch einen sog. „Folgenabwendungsanspruch" hinzu, der eine Verpflichtung des Staates zur Abwendung drohender Grundrechtsverletzungen aus einer bereits erfolgten Handlung beinhaltet; ähnlich Böß, Vergleich, S. 130; einen solchen Dreiklang nimmt auch ohne explizite Nennung des Folgenersatzanspruchs Bethge, HGR III, § 58, Rn 10 an.

1293 Ebenso bei Henke, Recht und Staat, S. 613; Schoch, DV 34(2001), S. 261(262): allgemeiner Integritätsanspruch.

II) Rechtfertigung der Lücken im negatorischen Schutz durch den Folgenersatzanspruch

Bisweilen wird sogar angenommen, dass der Folgenersatzanspruch die Beschränkungen des Folgenbeseitigungsanspruchs verfassungsrechtlich rechtfertigen kann, da er die Funktion und Wirkung hat, die hierdurch bestehende Lücke im Grundrechtsschutz zu schließen[1294]. Bei der ausgleichspflichtigen Inhaltsbestimmung ist diese Wirkung auch anerkannt: Die Normierung der Geldentschädigung führt dazu, dass die Inhaltsbestimmung des Eigentumsgrundrechts verfassungsmäßig wird.

Andererseits würde eine „Rechtfertigung" der Lücke streng genommen dazu führen, dass kein Grundrechtseingriff mehr vorliegt. Damit ergäbe sich ein Zirkelschluss: der Anspruchsinhalt würde die Voraussetzungen seines Anspruchstatbestandes beseitigen.

Gegen eine Rechtfertigung der Lücken durch den Folgenersatzanspruch spricht auch, dass jeder Ersatz, wie schon der Wortsinn nahe legt, nur ein Surrogat für eine erlittene Einbuße ist, jedoch keine Rechtfertigung der Rechtsverletzung. Dies muss auch für einen negatorischen grundrechtlichen Ersatzanspruch gelten.

Es bleibt jedoch dabei, dass der Folgenersatzanspruch als lückenschließender Anspruch grundrechtlich geboten ist. Er ist somit ein weiterer Baustein für die faktische Wirksamkeit der Grundrechte und geeignet, Grundrechtsverletzungen „wiedergutzumachen" – wenn auch nicht zu rechtfertigen.

1294 Angedeutet bei Grzeszick, S. 386.

4. Teil: Tatbestand und Inhalt des Folgenersatzanspruchs

Damit konnte der Folgenersatzanspruch als grundrechtlich gebotener Abwehranspruch begründet werden. Nachfolgend sind noch einige Überlegungen hinsichtlich seines Inhalts und seines Verhältnisses zu den übrigen negatorischen Ansprüchen anzustellen, soweit sie nicht bereits bei der Untersuchung seiner Bestimmbarkeit erfolgt sind[1295].

Insbesondere ist zu untersuchen, in welchem Verhältnis er zum Folgenbeseitigungsanspruch steht. Dabei könnte könne einmal ein Wahlrecht des Bürgers zu bestehen. Ebenso ist es jedoch möglich, dass der Folgenersatzanspruch gegenüber dem Folgenbeseitigungsanspruch subsidiär ist und nur dann zu gewähren ist, wenn kein Folgenbeseitigungsanspruch besteht.

Daneben ist auch zu fragen, welchen Beschränkungen er unterworfen sein könnte. So könnte er in ähnlichen oder den gleichen Fallgruppen einzuschränken sein wie der Folgenbeseitigungsanspruch.

Und schließlich stellt sich noch die Frage, ob die Benennung als „Folgenersatzanspruch" dem nunmehr begründeten Anspruch gerecht wird.

A Folgenersatz als „Ersatz" oder als Alternative zur Folgenbeseitigung

Der Folgenersatzanspruch wird bisher stets als Surrogat für einen nicht mehr erfüllbaren Folgenbeseitigungsanspruch gewährt; es gibt also gerade kein Wahlrecht[1296]. Vielmehr soll der Folgenersatzanspruch gar nicht erst entstehen, soweit

---

1295 Oben 3. Teil G II) 1) b).

1296 So auch die grundlegende Konstruktion von Weyreuther, Gutachten B, S. 150; ebenso VGH München, NVwZ 1999, S. 1237(1238); BVerwG NJW 1989, S. 2484(2485); Böß, Vergleich, S. 119, 126; Schenke, JuS 1990, S. 370(376); T. Maurer, FS Dürig, S. 293(315, 316) sieht die gesamten Folgenbeseitigungsanspruchs-/Schadensersatz-/Entschädigungsansprüche in einem Stufenverhältnis zueinander. „Der folgende Anspruch kommt nur dann zum Zuge, wenn der vorhergehende Anspruch nicht greift."; ebenso ders. Verwaltungsrecht, § 25, Rn 9, 30 Rn 6, allerdings ohne Bekenntnis zum Folgenersatzanspruch; Schneider, Folgenbeseitigung im Verwaltungsrecht, S. 193ff; Ossenbühl, S. 320, 322, 324; wenn auch ablehnend, so in dieser Gestalt angesprochen bei Pietzko, S. 548; Schoch, DV 34(2001): Schadensausgleich als ultima ratio; ähnlich Brüning, JuS 2003, S. 2(3); differenziert Röder, S. 156, 297ff, der sich jedoch nicht direkt auf den Folgenersatzanspruch,

Folgenbeseitigung möglich und zur Restitution ausreichend ist[1297]. Fraglich ist jedoch, ob sich aus der Begründung des Folgenersatzanspruchs nicht möglicherweise ergibt, dass dem Betroffenen ein Wahlrecht zwischen Folgenersatz und Folgenbeseitigung eingeräumt werden muss[1298]. Dies wäre ein „weiter Folgenersatzanspruch".

Zu untersuchen ist also, ob aus der Begründung des Folgenersatzanspruchs ein solch weiter oder ein enger Folgenersatzanspruch, wie er bislang gewährt worden ist, folgt.

I) Verhältnis von Wertgarantie und Bestandsgarantie

Zunächst ist problematisch, ob der Folgenersatzanspruch ebenso gut wie der Folgenbeseitigungsanspruch geeignet ist, den grundrechtlichen Abwehrzweck zu verwirklichen, wenn die Wiederherstellung noch möglich ist. Schließlich besteht noch der Integritätsschutz des grundrechtlichen Schutzguts, der durch naturale Wiederherstellung besser verwirklicht werden kann als mit einer Geldzahlung. Zwar schützt auch diese die negatorische grundrechtliche Wertkomponente, naturale Wiederherstellung bewahrt jedoch daneben auch die Bestandsgarantie.

---

sondern einen Entschädigungsanspruch bezieht; Unterreitmeier, DVBl. 2005, S. 1235(1240); Bethge, HGR III, § 58, Rn 10.

Für das Verhältnis zwischen Folgenbeseitigung und Entschädigung für rechtswidrige Eigentumseingriffe, insoweit dem Folgenersatz vergleichbar Steinberg/Lubberger, Aufopferung - Enteignung und Staatshaftung, S. 343; ebenso grundsätzlich Sass, Entschädigungserfordernis, S. 397, der nur wegen der Rechtswegspaltung und daraus entstehender Gefahren ein Wahlrecht gewähren will.

Ähnlich wird dies auch für Amtshaftungsansprüche bei Verletzung immaterieller Rechtsgüter angenommen. Wenn hier durch die richterliche Feststellung der Grundrechtsverletzung (z.B. durch ein Strafurteil) bereits Genugtuung erfolgt sei, bedürfe es keiner Geldentschädigung mehr. Siehe dazu OLG Frankfurt a.M., NJW 2007, S. 2494(2494, 2497, 2498); ebenso BGH, DVBl. 2005, S. 503ff = NJW 2005, S. 58(59) = BGHZ 161, 33ff.

1297 Röder, S. 299, der sich jedoch nicht direkt auf den Folgenersatzanspruch, sondern eher einen Entschädigungsanspruch bezieht; ebenso Pietzko, S. 417; in diese Richtung auch schon Gallwas, Faktische Beeinträchtigungen, S. 132.

1298 Dies hatte schon bereits Bachof, S. 129–131 angedacht; in jüngerer Zeit Höfling VVDStRL 61(2001), S. 260(278); undeutlich Rüfner in: Erichsen/Ehlers, (12.A.), § 49, Rn 28; ebenso Gerhardt in: Schoch/Schmidt-Aßmann/Pietzner, Vorbemerkung § 113 VwGO, Rn 10, ob sich dieses Wahlrecht allerdings nur auf den Ausschluss des Folgenbeseitigungsanspruchs aufgrund von Unzumutbarkeit bezieht oder auch weitere Fälle einbezogen werden, geht aus den Ausführungen nicht klar hervor.

Diese wiederum könnte allein durch die Geldzahlung nicht wiederhergestellt werden[1299].

Damit stellt sich die Frage, ob es einen Vorrang der Bestands- vor der Wertgarantie gibt.

Der Rechtsprechung des Bundesverfassungsgerichts zum Eigentumsgrundrecht kann dabei grundsätzlich ein Vorrang der Bestands- vor der Wertgarantie entnommen werden[1300]. Dies würde dafür sprechen, Folgenersatz erst sekundär nach der Folgenbeseitigung zu gewähren.

Nach anderer Ansicht beinhaltet die grundrechtliche Ableitung allein kein Subsidiaritätsverhältnis zwischen den verschiedenen grundrechtlichen Verletzungsreaktionsansprüchen[1301]; hiernach kann auch kein solches zwischen Folgenbeseitigung und Folgenersatz bestehen. Anders als der Unterlassungsanspruch sei der Folgenbeseitigungsanspruch nicht auf den Erhalt der ursprünglichen Freiheit gerichtet, sondern auf die Beseitigung der Folgen durch Wiederherstellung der Freiheitsverteilung. Dem diene gleichfalls der Folgenersatzanspruch, nur in Form einer Ersatzleistung in Geld[1302]. Im Ergebnis besagt diese Auffassung damit, dass zwischen beiden Ansprüchen kein gestuftes, sondern vielmehr ein gleichrangiges Verhältnis besteht, weshalb kein Vorrang eines der beiden Ansprüche begründen werden könne. Der Wertschutz sei im Verhältnis zum Bestandsschutz kein minus, sondern ein aliud[1303]; die Wertgarantie stehe nicht hinter, sondern neben der Bestandsgarantie[1304].

Es darf jedoch nicht außer Betracht bleiben, dass – anders als beim Vorrang des Primärrechtsschutzes bei Amtshaftung und Aufopferung – nicht die Gefahr besteht, dass ein Verwaltungsakt in Bestandskraft erwächst. Denn bereits dem Folgenbeseitigungsanspruch ging ein Verwaltungsakt oder ein Realakt voran. Wäre der Folgenersatzanspruch subsidiär, wäre zwar eine Klage auf Folgenersatz unbegründet, der Bürger könnte jedoch nach wie vor Folgenbeseitigung einklagen oder sogar beide Ansprüche im Wege der Eventualklagehäufung miteinander verbinden.

Mithin stellt sich die Frage, ob Geldansprüche ausgeschlossen sind, wenn der Bürger es versäumt hat, sich gegen die verletzende Handlung zu wehren. Dies

1299 Ebenso Grzeszick, S. 396.

1300 BVerfGE 24, 367(397f); 58, 300(323, 336) – Nassauskiesung; ebenso Grzeszick in: Erichsen/Ehlers (14.A.), § 44, Rn 45, 47.

1301 Axer, DVBl. 2001, S. 1322(1328, 1330); Grzeszick, S. 392, 396f.

1302 Grzeszick, S. 396.

1303 Axer, DVBl. 2001, S. 1322(1327, 1329).

1304 Axer, DVBl. 2001, S. 1322(1327) für das Eigentum.

steht in inhaltlicher Nähe zu dem bereits oben angedeuteten Problem, ob die Gewährung des Folgenersatzanspruchs gegen das Verbot des „Dulde und Liquidiere" verstößt. Dies könnte damit zusammenhängen, ob der Folgenersatzanspruch im Sinne des Vorrangs des Primärrechtsschutzes als sekundär einzuordnen ist.

II) Verhältnis zum Vorrang des Primär- vor dem Sekundärrechtsschutz

Ein Argument, das gegen einen weiten Folgenersatzanspruch sprechen könnte, ist daher das vom Bundesverfassungsgericht für die Enteignung betonte Verbot des „Dulde und Liquidiere". Es kennzeichnet den Vorrang des Abwehrrechtsschutzes gegenüber der Geltendmachung von Geldansprüchen; hiernach besteht kein Wahlrecht zwischen Abwehr und Geldersatz[1305]. Dieser Grundsatz könnte auch hier auf den Folgenersatzanspruch anwendbar sein, so dass nur der enge Folgenersatzanspruch gewährt werden könnte, also ein bloßes Surrogat für einen Folgenbeseitigungsanspruch[1306].

Zunächst ist jedoch zu untersuchen, was das Verbot des „Dulde und Liquidiere" näher bedeutet, woraus es verfassungsrechtlich abgeleitet werden kann und ob es überhaupt auf die Situation des Folgenersatzanspruchs zutrifft.

1) Inhalt dieses Gebots

Der Vorrang des Primärrechtsschutzes vor dem Sekundärrechtsschutz, das „Verbot des Dulde und Liquidiere", bedeutet, dass der Betroffene vor der Geltendmachung von Geldersatz zunächst gegen den rechtswidrigen Akt selbst vorgehen muss[1307]. Wer sich nicht darum bemühe, den grundrechtlich gebotenen Zustand herzustellen, soll vom Staat keinen Geldersatz verlangen können[1308].

Dieser Vorrang spielt vor allem bei der Entschädigung von Eigentumseingriffen eine Rolle. Darüber hinaus kommt er auch bei der Amtshaftung in § 839 Abs. 3 BGB zum Ausdruck und wird auf den enteignungsgleichen Eingriff angewandt[1309]. Hier ist er jedoch dadurch modifiziert, als die Versäumung des Primärrechtsschutzes als Mitverschuldens berücksichtigt wird. Wenn es entschuldbar

1305 BVerfGE 58, 300(324) – Nassauskiesung; Jarass/Pieroth, Art. 14 GG, Rn 84; Pieroth/Schlink Rn 1018.

1306 So Pietzko, S. 417.

1307 BVerfGE 58, 300(324) – Nassauskiesung; ebenso Erbguth, VVDStRL 61(2001), S. 221(227).

1308 BVerfGE 58, 300(324) – Nassauskiesung; ebenso Erbguth, VVDStRL 61(2001), S. 221(227).

1309 BVerwG DVBl. 1984, S. 391(394).

ist, dass kein Primärrechtschutz ergriffen wurde, entfällt der Geldersatzanspruch nicht[1310].

2) Ableitung des Gebots aus der Verfassung

Häufig, gerade bei der Aufopferungshaftung, wird der Vorrang des Primärrechtsschutzes auch aus dem Mitverschulden nach § 254 BGB hergeleitet[1311]: Hat der Betroffene es versäumt, einen primären Rechtsbehelf einzulegen, obwohl dies zumutbar und möglich war und den Nachteil verhindert hätte, so ist der Nachteilseintritt ihm zumindest teilweise selbst zulasten zu legen und der Geldersatzanspruch insoweit zu kürzen. Dabei sei § 254 BGB Ausdruck eines allgemeinen Prinzips[1312]; insofern wird der Vorrang des Primärrechtsschutzes nicht originär verfassungsrechtlich abgeleitet.

Auch bei der primär einfachgesetzlichen Amtshaftung sieht der BGH § 839 Abs. 3 BGB als „besondere Ausprägung des § 254 BGB" an[1313]. Ohne sich explizit dafür zu entscheiden, erwägt das Bundesverfassungsgericht darüber hinaus, den generellen Vorrang des Primärrechtsschutzes aus einer Analogie zu § 839 Abs. 3 BGB herzuleiten[1314]. So könnten Friktionen zwischen der Amtshaftung und dem sonstigen Staatshaftungsrecht vermieden werden[1315]. Diesem Gedanken entspricht es, wenn § 839 Abs. 3 BGB die Ausprägung eines allgemeinen Rechtsgrundsatzes sein soll[1316]. Bei der klassischen Enteignungsentschädigung nach Art. 14 GG begründet man den Vorrang des Primärrechtsschutzes zudem mit der Haushaltshoheit des parlamentarischen Gesetzgebers[1317]. Hierbei soll eine Verweisung auf den Primärrechtsschutz nicht erfolgen, soweit der Eingriff unabwendbar war[1318].

1310 S. hierzu für den enteignungsgleichen Anspruch Grzeszick in: Erichsen/Ehlers (14.A.), § 45, Rn 84f.

1311 BGHZ 90, 17(32); 113, 17(22f); 140, 285(297); BGH DVBl. 1984, S. 391(394); BVerfG NJW 2000, S. 1402; Axer, DVBl. 2001, S. 1322(1325); Erbguth, VVDStRL 61(2001), S. 221(228); Brüning, JuS 2003, S. 2(8); Papier, HStR VIII (3.A.), § 180, Rn 69; Grzeszick in: Erichsen/Ehlers (14.A.), § 45, Rn 84; kritisch D. Ehlers, VVDStRL 51(1991), S. 211(245, 251).

1312 Götz, DVBl. 1984, S. 395(394); ähnlich Erbguth, VVDStRL 61(2001), S. 221(228).

1313 BGHZ 56, 57(63); H.-E. Henke, JuS 1988, S. 753(756); Ossenbühl, S. 92; Gromitsaris, S. 128; Grzeszick in: Erichsen/Ehlers (14.A.), § 44, Rn 36.

1314 BVerfG NJW 2000, S. 1402.

1315 BVerfG NJW 2000, S. 1402.

1316 Erbguth, VVDStRL 61(2001), S. 221(229).

1317 Pietzcker, NVwZ 1991, S. 418(426).

1318 Pietzcker, NVwZ 1991, S. 418(426).

Daneben soll die Aufhebung des rechtswidrigen Akts im Gegensatz zur Haftungsklage eine höhere „eingriffsbereinigende Kraft" haben, die dem Primärrechtsschutz einen höheren Stellenwert im System des Rechtsschutzes verschafft[1319]. Der Sekundärrechtsschutz ist hiernach ein „Minus" im Vergleich zum Primärrechtsschutz, kein aliud[1320]. Bei der Eigentumsentschädigung soll der Primärrechtsschutz die Integrität der Eigentumsordnung wahren; das Eigentum soll nicht durch einen Geldausgleich „abgelöst" werden[1321]. Die Geltendmachung von Geldersatz anstelle der Durchsetzung des verfassungsmäßigen Zustandes würde der Regelungs- und Steuerungsintention der Grundrechte widersprechen[1322]; dies würde in die Kommerzialisierung grundrechtlicher Schutzpositionen münden[1323]. Insofern verwirkliche der Vorrang durchgehend das Verbot des „Dulde und Liquidiere"[1324]. Dies ist eine originär grundrechtliche Begründung, die neben die zunächst dargestellten allgemeinen Rechtsgedanken des zivilrechtlichen Schadensrechts tritt. Sie entspricht inhaltlich der bereits oben diskutierten Frage, welches Verhältnis zwischen Bestands- und Wertgarantie besteht. Gerade das Bundesverfassungsgericht stützt den Vorrang des Primärrechtsschutzes wesentlich darauf, dass die Eigentumsgarantie eine Bestandsgarantie ist[1325]. Hier folge aus dem Recht zur Bestandswahrung zugleich die Obliegenheit zur Bestandswahrung[1326]. Es sei für den Bürger besser, sich gegen Beeinträchtigungen des Bestandes zur Wehr zu setzen, da andernfalls dessen wirtschaftlicher Wert vollständig verloren wäre.

1319 Erbguth, VVDStRL 61(2001), S. 221(229f, 231ff); Gromitsaris, S. 130; ähnlich Brüning, JuS 2003, S. 2(3).

1320 Röder, S. 298; P.M. Huber in: v. Mangoldt/Klein/Starck, Art. 19 Abs. 4, Rn 452.

1321 Robbers, JuS 1988, S. 723(724); Scherzberg, DVBl. 1991, S. 84(90); Heinz/Schmitt, NVwZ 1992, S. 513(516).

1322 Maurer, FS Dürig, S. 293(314f); Scherzberg, DVBl. 1991, S. 84(90); Steinberg/Lubberger, Aufopferung – Enteignung und Staatshaftung, S. 343; Heinz/Schmitt, NVwZ 1992, S. 513(519f); D. Ehlers, VVDStRL 51(1992), S. 211(244); Sass, Entschädigungserfordernis, S. 397; Röder, S. 298; inzident auch P.M. Huber in: v. Mangoldt/Klein/Starck, Art. 19 Abs. 4 GG, Rn 452.

1323 Scherzberg, DVBl. 1991, S. 84(90); Heinz/Schmitt, NVwZ 1992, S. 513(519); T. Schneider, Folgenbeseitigung im Verwaltungsrecht, S. 68.

1324 Erbguth, VVDStRL 61(2001), S. 221(229).

1325 BVerfGE 58, 300(323f) – Nassauskiesung; Schlichter, FS Sendler, S. 241(244); Axer, DVBl. 2001, S. 1322(1327).

1326 Auch wenn teilweise von einer Pflicht zur Bestandswahrung gesprochen wird, so bei BVerfGE 58, 300(324); Schlichter, FS Sendler, S. 241(244); Axer, DVBl. 2001, S. 1322(1327); Gromitsaris, S. 130.

Weiter wird argumentiert, es sei aufgrund des Rechtsstaatsprinzips geboten, geschehenes Unrecht zu beseitigen, statt es bestehen zu lassen und durch eine Geldzahlung abzufinden[1327].

Ein weiterer Grund, warum der Primärrechtsschutz gegenüber dem Sekundärrechtsschutz vorrangig sein soll, liegt in der zumeist richterrechtlichen Natur des letzteren. Es bestehe nicht die Gefahr, dass das positive Recht unterlaufen werde, wenn der sekundäre Rechtsschutz nachrangig ist[1328]. Dieses Argument betrifft vor allem den einfachgesetzlichen, richterrechtlichen enteignungsgleichen Eingriff.

Demgegenüber wird jedoch auch vorgebracht, der Vorrang des Primärrechtsschutzes sei nicht zwingend aus der Verfassung abzuleiten, erst recht nicht mit verfassungsrechtlicher Qualität[1329]. Vielmehr sei die Anwendung eines solchen Vorrangs ein Eingriff in Grundrechte, wobei jedoch eine Rechtfertigung durch einfaches Gesetz wie § 839 Abs. 3 BGB möglich sei[1330]. Im Zusammenhang mit dem einfachgesetzlichen enteignungsgleichen Eingriff sah das Bundesverfassungsgericht dies jedoch anders[1331].

3) Übertragbarkeit auf das Verhältnis zwischen Folgenbeseitigung und Folgenersatz

Unabhängig davon, ob der Vorrang des Primärrechtsschutzes tatsächlich so strikt gilt, stellt sich die Frage, ob er auch auf das Verhältnis von Folgenbeseitigungs- und Folgenersatzanspruch anzuwenden ist.

Zunächst befindet sich bereits der Folgenbeseitigungsanspruch auf der Ebene des Sekundärrechtsschutzes[1332], weshalb Folgenersatz einen tertiären Reaktionsanspruch darstellen könnte[1333].

1327 Morlok, DV 25(1992), S. 371(379); Axer, DVBl. 2001, S. 1322(1329).

1328 Scherzberg, DVBl. 1991, S. 84(89); Grzeszick, S. 395.

1329 Höfling, VVDStRL 61(2001), S. 260(279).

1330 Höfling, VVDStRL 61(2001), S. 260(279); Axer, DVBl. 2001, S. 1322(1329).

1331 BVerfG NJW 2000, S. 1402.

1332 Hierzu Schoch, VerwArch. 79(1988), S. 1 (61f).

1333 Morlok, DV 25(1992), S. 371(381f); Grzeszick, S. 362 Fn 89; tendenziell Höfling, VVDStRL 61(2001), S. 260(274), der aber den tertiären Kompensationsanspruch nur als grundrechtsmittelbar ansieht; auch Geldersatzansprüche, also auch den Folgenersatzanspruch, zum sekundären Rechtsschutz zählend, Schoch, DV 34(2001), S. 261(262); ebenso Erbguth, VVDStRL 61(2001), S. 221(224), der unter Sekundärrechtsschutz das Recht der staatlichen Entschädigungs- und Schadensersatzleistungen versteht; widersprüchlich Brüning, JuS 2003, S. 2(2, 5); differenzierend

Bisweilen wird der Folgenbeseitigungsanspruch hingegen auch als Bestandteil des Primärrechtsschutzes angesehen[1334], da der Primärrechtschutz die Kassation bezwecke, der Sekundärrechtsschutz hingegen die finanzielle Kompensation[1335]. Der Folgenbeseitigungsanspruch bewirkt jedoch keine Kassation, sondern dient der Wiederherstellung rechtmäßiger Zustände. Bereits aus diesem Grund erlaubt es diese Begründung nicht, den Folgenbeseitigungsanspruch als Anspruch des primären Rechtsschutzes anzusehen. Vielmehr teilt der Folgenbeseitigungsanspruch mit dem sekundären Geldersatzanspruch den nachfolgenden Charakter, beide verhindern nicht den Eingriff selbst. Ihnen wohnt ein wiederherstellendes, kein verhinderndes Element inne: einmal in tatsächlicher, einmal in vermögenswerter Form. Damit kann der Folgenbeseitigungsanspruch nicht als Bestandteil des Primärrechtsschutzes angesehen werden. Der ihn surrogierende Folgenersatzanspruch ist damit entweder auf „tertiärer" Ebene angesiedelt oder stellt einen weiteren sekundärrechtlichen Anspruch dar. Aus dieser begrifflichen Perspektive erscheint der Vorrang des Primärrechtsschutzes auf das Verhältnis von Folgenbeseitigung und Folgenersatz nicht anwendbar[1336].

Zudem wurde bereits oben[1337] dargestellt, dass aus der Haushaltshoheit des Parlaments weder Schlussfolgerungen zur Existenz des Folgenersatzanspruchs, noch bezüglich seiner Nach- oder Gleichrangigkeit abgeleitet werden können. Wenn der Staat grundrechtswidrig gehandelt hat, ist auch das Parlament trotz seiner Haushaltshoheit durch die höherrangigen Grundrechte gebunden. Dies gilt auch soweit daraus eine Verweisung auf eine andere, gleichwertige Form des Rechtsschutzes begründet wird.

Mit der Gleichwertigkeit von Bestands- und Wertschutz kann auch begründet werden, warum sich der Vorrang nicht aus dem Rechtsstaatsprinzip ergeben kann. Beinhalten die Grundrechte eine Wertgarantie, so dient auch die Zahlung von Geld der Beseitigung des rechtswidrigen Eingriffs. Daher kann mit dem

---

Baumeister, S. 34 mit Fn 43: Folgenbeseitigung sieht er als Sekundärrecht an, gleichwohl aber als Bestandteil des Primärrechtsschutzes, wohingegen Geldersatzansprüche tertiäre Ansprüche bilden, aber dem Sekundärrechtsschutz angehören.

1334 Soergel/Klein, § 839 BGB Anh. Rn 227, der aus der Verortung des Folgenbeseitigungsanspruchs als Primärrechtsschutz auch die Geltung des Verbots des Dulde und Liquidiere ableitet; ebenso Axer, DVBl. 2001, S. 1322(1322); P.M. Huber in: v. Mangoldt/Klein/Starck, Art. 19 Abs. 4 GG, Rn 455.

1335 Axer, DVBl. 2001, S. 1322(1322); ähnlich Erbguth, VVDStRL 61(2001), S. 221(224, insbes. 226).

1336 Ebenso Ossenbühl, S. 333.

1337 S. oben 3. Teil D II) 3) b).

Argument, dass die Beseitigung des Unrechts vorrangig vor einer Geldzahlung sei, nicht begründet werden, dass der Folgenersatzanspruch subsidiär ist.

Der Vorrang des Primärrechtsschutzes soll die präventive Abwehr eines Eingriffs vor die sekundäre Geldersatzpflicht stellen, weshalb man meinen könnte, das Verbot des „Dulde und Liquidiere" wäre im Verhältnis von Folgenbeseitigung und Folgenersatz nicht anwendbar. Unmittelbar gelten kann es jedenfalls nicht, da sich die Ansprüche auf der Ebene des Sekundär- und Tertiärrechtsschutzes befinden. Es droht keine Umgehung des Primärrechtsschutzes. Durch die Gewährung des Folgenbeseitigungsanspruchs wird auch der primäre Grundrechtseingriff nicht geheilt[1338].

Soweit der Vorrang des Primärrechtsschutzes jedoch darauf zurückgeht, dass ihm im Gegensatz zum Sekundärrechtsschutz eine höhere „eingriffsbereinigende Kraft" zukommt, gilt dies auch im Verhältnis von Folgenbeseitigung und Folgenersatz. Mit der Beseitigung der negativen Eingriffsfolgen wird auch dieser ein Stück weit selbst aufgehoben. Dies wirkt eingriffsbereinigend, wohingegen der Folgenersatz allenfalls eine vermögensmäßige Wiederherstellung leisten kann, also gegenüber der Beseitigung nur eine beschränkte Wirkung hat. Daher wird aus dem Nassauskiesungsbeschluss auch eine generelle Regel abgeleitet, nach der der Bürger primär auf Rechtsschutz gegen hoheitliche Rechtsverletzungen verwiesen wird und Geldersatzansprüche erst sekundär zu gewähren sind[1339]. Dies soll einen Verkauf von grundrechtlich geschützten Rechtsgütern verhindern, nicht die Inanspruchnahme von Sekundäransprüchen. Zum Ausdruck kommt dies insbesondere in der Aussage, es könne nur Geldersatz verlangen, wer sich zuvor um die Herstellung des verfassungsgemäßen Zustandes bemüht habe[1340]. Dieser Gedanke kann auch auf das Verhältnis von Folgenbeseitigung und Folgenersatz angewendet werden, dient doch der Folgenbeseitigungsanspruch der Wiederherstellung des grundrechtsgemäßen Zustandes.

Dies spräche also dafür, einen Vorrang der Folgenbeseitigung vor dem Folgenersatz auch auf das Verbot des „Dulde und Liquidiere" zu stützen. Allerdings muss hier auch beachtet werden, dass dieser Gedanke insbesondere in der Nassauskiesungsentscheidung unter der Prämisse steht, dass die Grundrechte grundsätzlich nur einen Bestandsschutz und nur ausnahmsweise einen Wertschutz enthalten. Nimmt man jedoch an, dass die Grundrechte auch den

---

1338 Grzeszick, S. 399.

1339 Schenke, JuS 1990, S. 370(376). Dies klingt insbesondere auch an in BVerfG NJW 2000, S. 1402; tendenziell auch Schoch, VerwArch. 79(1988), S. 1(47).

1340 BVerfGE 58, 300(324) – Nassauskiesung.

Vermögenswert schützen, bewirkt auch die Zahlung von Geldersatz eine Form von Wiederherstellung[1341].

Auch das Argument, es handele sich bei Geldersatzansprüchen nur um Richterrecht, weshalb sie subsidiär seien, trifft auf den Folgenersatzanspruch, der durch die Auslegung der Grundrechte hergeleitet wurde, nicht zu.

Ebenso kann der Vorrang nicht auf eine entsprechende Anwendung des § 254 BGB gestützt werden, da es sich um eine einfachgesetzliche Wirkung handelt, Folgenbeseitigung und Folgenersatz indes verfassungsrechtlich determiniert sind.

Zusammengefasst spricht die höhere eingriffsbereinigende Wirkung des Folgenbeseitigungsanspruchs, der unmittelbarer am rechtswidrigen Eingriff ansetzt, durchaus für einen Vorrang der Folgenbeseitigung gegenüber dem Folgenersatz. Allerdings berücksichtigt dies bislang nur die objektiven Wirkungen beider Ansprüche. Bei dem Folgenersatzanspruch handelt es sich jedoch um einen negatorischen Anspruch des Bürgers, so dass es nur ein Aspekt sein kann, welcher Anspruch eine höhere eingriffsbereinigende Wirkung hat. Letztlich steht der Freiheitsbereich des Bürgers im Mittelpunkt, weshalb neben der objektiven Wirkung auch zu fragen ist, ob die Wahl zwischen verschiedenen Arten der negatorischen Wiederherstellung nicht ihrerseits Ausdruck grundrechtlicher Freiheit sein könnte. Dies soll daher im folgenden Abschnitt untersucht werden.

III) Ein Wahlrecht als Ausprägung der grundrechtlichen Freiheit

Daher stellt sich die Frage, ob und inwiefern der Bürger bei der Wahl eines Geldersatzanspruchs – und damit der Wiederherstellung nur der Wertgarantie der Grundrechte – teilweise auf grundrechtliche Wirkungen verzichten würde.

Hier könnte zunächst die Möglichkeit des Grundrechtsverzichts ein Wahlrecht ermöglichen. Anschließend ist zu untersuchen, inwiefern sich eine Wahl als Ausübung der jeweils verletzten grundrechtlich geschützten Freiheit darstellt und ob daher das Wahlrecht grundrechtlich determiniert sein könnte.

1) Die Problematik des Grundrechtsverzichts

Die Annahme eines Wahlrechts zwischen Folgenbeseitigung und Folgenersatz würde dem Bürger hierbei die Möglichkeit eröffnen, seine Grundrechte in bares Geld umzuwandeln. Er könnte sie gegen Geldzahlung aufgeben, quasi, „verkaufen“. Dies könnte daher einem teilweisen Grundrechtsverzicht gegen Geld gleichgesetzt werden.

1341 P.M. Huber in: v. Mangoldt/Klein/Starck, Art. 19 Abs. 4 GG, Rn 456, 457.

Das Grundgesetz lässt einen Grundrechtsverzicht prinzipiell zu, allerdings nicht bei allen Grundrechten[1342]. Auch wenn er zulässig ist, ist er nicht unproblematisch. Seine Zulässigkeit hängt davon ab, ob man die Grundrechte als rein subjektive und damit grundsätzlich disponible[1343] Rechte des Bürgers ansieht oder, wie früher weiter verbreitet, als objektive – und damit tendenziell indisponible – Rechtspositionen[1344]. Zudem soll ein Verzicht auf den Menschenwürdekern, den Wesensgehalt des jeweiligen Grundrechts unzulässig sein[1345]. Generell ist die Zulässigkeit eines Verzichts für jedes Grundrecht und jeden Eingriff je nach Dauer und Schwere gesondert zu beurteilen[1346]. Eine Gesamtlösung hinsichtlich des Wahlrechts zwischen Folgenbeseitigung und Folgenersatz wäre also kaum möglich, sondern müsste für jeden einzelnen Fall geprüft werden und würde daher erhebliche praktische Probleme aufwerfen.

Die Problematik des Grundrechtsverzichts stellt sich zudem nur, wenn die Kompensationsfunktion nicht auch als Bestandteil jedes einzelnen Grundrechts angesehen werden kann. Da dies jedoch der Fall ist, ist die Wahl von Folgenersatz anstelle von Folgenbeseitigung eine Grundrechtsausübung. Wenn beide Ansprüche negatorische Bestandteile schützen, ist die Wahl des Folgenersatzanspruchs, der nur die Wertkomponente wiederherstellt, statt des Folgenbeseitigungsanspruchs, der auch die Bestandsgarantie erfasst, schon deswegen kein Grundrechtsverzicht, weil der Bürger sich lediglich entscheidet, das Grundrecht auf eine andere Weise auszuüben.

Daher stellt die Ausübung eines Wahlrechts keinen Grundrechtsverzicht dar.

1342 Unzulässig ist er nach Pieroth/Schlink Rn 149 beispielsweise bereits nach dem Grundrechtstext im Bereich der Koalitionsfreiheit. Hartleb, NJW 2005, S. 1397(1399) sieht Probleme hinsichtlich eines Verzichts auf das Recht auf Leben aus Art. 2 Abs. 2 GG im Hinblick auf objektive Grundrechtsgehalte; Fischinger, JuS 2007, S. 808(810) hinsichtlich des Erziehungsrechts.

1343 So grundsätzlich Dürig, AöR 81(1956), S. 117(152); Geiger, NVwZ 1989, S. 35(36); Fischinger, JuS 2007, S. 808(809): dies basiere auf dem Menschenbild, das aus der Aufklärung herrührt, S. 811.

1344 Bussfeld, DÖV 1976, S. 765(771); dazu Pieroth/Schlink, Rn 150. Solche Tendenzen finden sich nach Fischinger, JuS 2007, S. 808(811) auch in der Laserdrome-Entscheidung BVerwGE 115, 189(199): Würde des Menschen als Gattungswesen.

1345 Pietzcker, Der Staat 17(1978), S. 527(536); Robbers, JuS 1985, S. 925(929); Fischinger, JuS 2007, S. 808(811).

1346 Das Bundesverfassungsgericht beispielsweise unterscheidet nach der Gemeinwohlfunktion eines Grundrechts, s. dazu Stern, Staatsrecht III/2, § 86, S. 912ff; Fischinger, JuS 2007, S. 808(810, 811); Pieroth/Schlink, Rn 154f.

2) *Disposition über Rechtsgüter als Bestandteil der grundrechtlichen Freiheit*

Die Abwehrfunktion der Grundrechte schützt es, nicht zuletzt mit Art. 2 Abs. 1 GG, auch, dass der Bürger über seine Rechtsgüter frei disponieren kann[1347]. Damit ist bereits indiziert, dass der Inhalt der Abwehrrechte dem Verzicht auf die volle Restitution zugunsten einer wenigen umfangreichen Wiederherstellung nicht entgegensteht. Die Wahl eines weniger eingriffsbereinigenden negatorischen Anspruchs muss als Ausdruck dieser Dispositionsfreiheit genauso zulässig sein[1348] wie die Entscheidung, gegen eine Grundrechtsverletzung gar nicht vorzugehen[1349]. Den Grundrechten lässt sich keine Pflicht entnehmen, sie in einer bestimmten Art und Reihenfolge der Rechtsbehelfe zu verteidigen[1350]. Vielmehr sollen sie sowie die zu ihrer Verteidigung eingeräumten Rechtsschutzmöglichkeiten die Sphäre des Bürgers schützen[1351]. Die Aussage, dem Abwehrrecht entspreche auch eine Anfechtungslast[1352], ist insofern falsch[1353].

Hinzu kommt, dass dem Staat außerhalb der verfassungsgebenden Gewalt keine Definitionshoheit über den Inhalt des Freiheitsgebrauchs zugestanden wird[1354]. Zum Inhalt des Freiheitsgebrauchs gehört es jedoch auch, in welcher Weise der Bürger die Wiederherstellung seiner verletzten Freiheit begehrt, ob er dies in natura oder in Geld wünscht. Es besteht daher ein Wahlrecht des Bürgers,

1347 Geiger, NVwZ 1989, S. 35(36); Hartleb, NJW 2005, S. 1397(1399); Starck in: v. Mangoldt/Klein/Starck, Art. 1 Abs. 3 GG, Rn 183; damit gegen oktroyierte Schutzpflichten Isensee, Sicherheit, S. 48f.

1348 Ebenso Axer, DVBl. 2001, S. 1322(1328); Grzeszick, S. 396; ähnlicher Ansatz bei Unterreitmeier, DVBl. 2005, S. 1235(1238): „Sicherlich wären andere Formen der Kompensation als Geldersatz möglich, doch würde die Aufdrängung einer bestimmten Kompensationsform durch den ersatzpflichtigen Staat einen Eingriff in die ihrerseits grundrechtlich durch Art. 2 Abs.1 GG geschützte Entschließungsfreiheit des Bürgers bedeuten, der rechtfertigungsbedürftig ist. Nur der Geldersatz hält dem Bürger alle Kompensationsformen offen, da er sich selbst aussuchen kann, was er als ausreichendes Äquivalent seiner verletzten Freiheit gelten lassen will."

1349 So auch Dürig, AöR 81(1956), S. 117(152); Robbers, JuS 1985, S. 925(925).

1350 Axer, DVBl. 2001, S. 1322(1330); Röder, S. 302 mwN: Dem Bestehen von Primärrechtsbehelfen korrespondiert kein Zwang des Bürgers, diese auch wahrzunehmen.

1351 Röder, S. 302.

1352 Böhmer, NJW 1988, S. 2561(2564).

1353 Ebenso Scherzberg, DVBl. 1991, S. 84(89, 90).

1354 Böckenförde, NJW 1974, S. 1529(1530); ders. für die geltende Grundrechtsdogmatik Der Staat 42(2003), S. 165(168); Grimm, Die Zukunft der Verfassung, S. 227; Bethge, VVDStRL 57(1998), S. 7(11).

solange der Wahl keine Belange entgegenstehen, die auch eine Einschränkung des Freiheitsrechts rechtfertigen würden.

Eine Subsidiarität des Folgenersatzes würde vielmehr diese Freiheitsausübung beschränken und sich seinerseits wieder als Grundrechtseingriff darstellen[1355]. Diesen müsste der Gesetzgeber durch ein verfassungsgemäßes Gesetz rechtfertigen. Da jedoch bislang weder Folgenbeseitigung noch Folgenersatz gesetzlich geregelt sind, wäre es gegenwärtig ein nicht gerechtfertigter Eingriff in die grundrechtliche Freiheit, wenn dem Bürger ein Wahlrecht abgesprochen würde.

Zudem spricht gerade bei dem Eigentum, also im unmittelbaren Anwendungsbereich des Verbots des „Dulde und Liquidere“, gegen ein Wahlrecht, dass die Abwehr eines Eigentumsentzugs für den Staat aufwendiger sein kann als die stillschweigende „Liquidierung“ der Eigentumsposition.

3) Zwischenergebnis

Dem Bürger steht daher aufgrund der jeweils verletzten grundrechtlichen Freiheit ein Wahlrecht zwischen Folgenbeseitigung und Folgenersatz zu. Einen Grundrechtsverzicht stellt dies nicht dar, weshalb sich hieraus auch keine Probleme ergeben.

Der Staat darf den Bürger aber auch nicht auf Geldersatz statt naturaler Wiederherstellung verweisen. Die Wahlmöglichkeit muss allein dem Bürger belassen bleiben, sonst könnte sich der Staat sich seiner Verfassungs- und Gesetzesbindung freikaufen. Nur bei einer entsprechenden verfassungsrechtlichen Rechtfertigung kann das Wahlrecht eingeschränkt werden[1356].

IV) Schlussfolgerung

Damit steht zwar nicht aufgrund des originären Verhältnisses von Bestands- und Wertgarantie fest, dass beide gleichrangig sind und der Folgenersatzanspruch nicht subsidiär ist. Allein hiernach ginge die Bestandsgarantie als die umfassendere Garantie vor, der Folgenersatz wäre nachrangig.

Ausschlaggebend ist jedoch, dass auch die Wahl eines weniger eingriffsbereinigenden Anspruchs die Ausübung des Grundrechts ist. Zwar weist die tatsächliche Wiederherstellung eine höhere eingriffsbereinigende Kraft auf als die Geldersatzzahlung, doch dies ist eine objektive Grundrechtswirkung, wohingegen das Wahlrecht als Ausübung der allgemeinen Handlungsfreiheit eine individuelle

---

1355 Ebenso Axer, DVBl. 2001, S. 1322(1328, 1330); Grzeszick, S. 397.

1356 Dazu Grzeszick, S. 397.

Grundrechtswirkung ist. Es besteht somit eine Gemengelage, in der beide Wirkungen in einem Spannungsverhältnis zueinander stehen. Aufgrund des primär individuell- subjektivrechtlichen Charakters der negatorischen Rechte ist dieser der Vorzug zu geben und ein Wahlrecht zu bejahen.

So nahm auch bereits das Bundesverwaltungsgericht in einem Fall zum Widerruf ehrbeeinträchtigender Äußerungen durch einen Hoheitsträger ein Wahlrecht an[1357]; also in einer Konstellation, die bisweilen sogar explizit über den Folgenbeseitigungsanspruch gelöst wird[1358]. Das Bundesverwaltungsgericht begründete den Anspruch zwar aus § 1004 BGB analog, da es von einer noch fortdauernden Beeinträchtigung ausging. Je nach Begehren des Klägers gewährte es jedoch alternativ einen Anspruch auf Zahlung der Summe, die für die eigene Veröffentlichung des Widerrufs erforderlich ist[1359]. Damit diente die Geldzahlung sogar der Wiederherstellung, auch wenn diese nicht der haftende Rechtsträger, sondern der betroffene Bürger selbst vornahm. Auch wenn nicht begründet wird, woher diese Alternativität kommt, ergibt sich allerdings deutlich, dass ein Wahlrecht vorliegen soll.

In manchen Fällen der teilweisen Unmöglichkeit, wie beim Widerruf grundrechtswidriger Äußerungen, führt ein Wahlrecht damit auch zu dem praktikableren Ergebnis, dass anstelle zweier Ansprüche (einmal Folgenbeseitigung und einmal Folgenersatz) ein einheitlicher Folgenersatzanspruch verlangt werden kann.

Im Ergebnis ist damit ein Wahlrecht des Bürgers zwischen Folgenbeseitigung und Folgenersatz anzunehmen[1360]. Für die Amtshaftung oder den Vorrang der Anfechtung vor der Folgenbeseitigung kann dies nur deswegen anders beurteilt

---

1357 VGH Kassel, NJW 1988, S. 1683(1683); tendenziell ebenso für das Verhältnis Amtshaftung zum Primärrechtsschutz Ossenbühl, S. 93.

1358 S. dazu oben 3. Teil F II) 1).

1359 VGH Kassel, NJW 1988, S. 1683(1683): Zahlung der Kosten für die Veröffentlichung des Tenors des Urteils, durch das die Gemeinde zum Widerruf verurteilt wird.

1360 Ebenso Ossenbühl, S. 333 für den speziellen Fall, dass auch tatbestandlich ein Aufopferungsanspruch gegeben wäre; Axer, DVBl. 2001, S. 1322(1327f, 1330, 1332); Höfling, VVDStRL 61(2001), S. 260(280); Grzeszick, S. 396f; ders. HGR III, § 75, Rn 113; Rüfner in: Erichsen/Ehlers (12.A.), § 49, Rn 29; allgemein für das Verhältnis Folgenbeseitigung und Entschädigungsansprüche auf Geld Gerhardt in: Schoch/Schmidt-Aßmann/Pietzner, Vorbemerkung § 113 VwGO, Rn 12; hypothetisch bei Annahme eines Folgenersatzanspruchs für ein Wahlrecht Soergel/Klein, Anh. § 839 BGB, Rn 253; kritisch gegen den Vorrang des Primärrechtsschutzes auch Sass, Entschädigungserfordernis, S. 443.

werden, weil hier der Gesetzgeber von dem Schrankenvorbehalt aus Art. 2 Abs. 1 GG Gebrauch gemacht hat.

B Mögliche Beschränkungen des Umfangs

Letztlich ist noch zu untersuchen, ob und inwieweit der Folgenersatzanspruch in bestimmten Konstellationen einzuschränken ist.

I) Einschränkung durch eine „Erheblichkeitsschwelle"

So soll bei einer geringfügigen Grundrechtsverletzung nach teilweise vertretener Auffassung der Folgenersatzanspruch ausgeschlossen sein. Dadurch würden die finanziellen Mittel des Staates gebündelt und im Allgemeininteresse der Haushalt geschont[1361], es werde die finanzielle Handlungsfähigkeit des Staates bewahrt. Damit ist fraglich, ob unterhalb einer gewissen „Erheblichkeitsschwelle" die Kompensierbarkeit einer Grundrechtsverletzung eingeschränkt ist.

Ein solcher Ansatz kommt insbesondere in der jüngeren Rechtsprechung des Bundesgerichtshofs und des Bundesverfassungsgerichts zum Ausdruck. Dort wurde ein Amtshaftungsanspruch bei Verletzung der Menschenwürde abgelehnt, da die Verletzung nur unerheblich sei. Es bestehe kein zwingendes Junktim zwischen Grundrechtsverletzung und Geldentschädigung[1362], nicht jede Verletzung der Menschenwürde müsse in Geld entschädigt werden[1363]. Die gerichtliche Feststellung der Menschenwürdeverletzung könne auch ausreichend sein[1364]. Der Bundesgerichtshof begründet die Einschränkung durch eine Erheblichkeitsschwelle damit, dass dies die finanzielle Handlungsfähigkeit des Staates schone. Wo die Erheblichkeitsschwelle im konkreten Fall liegt, sei nur durch eine Gesamtabwägung der Umstände des Einzelfalls feststellbar[1365].

Da der Bundesgerichtshof in der Begründung jedoch nicht nur auf die Amtshaftung, sondern generell auf „Geldentschädigung" Bezug nimmt, könnte dies auch auf den Folgenersatzanspruch anzuwenden sein. Zu beachten ist aber auch, dass diese Rechtsprechung explizit vor dem Hintergrund zu sehen ist, dass die

1361 Unterreitmeier, DVBl. 2005, S. 1235(1240).
1362 BVerfG NJW 2006, S. 1580(1581); BGH, DVBl. 2005, S. 503ff = NJW 2005, S. 58ff = BGHZ 161, 33ff; ebenso OLG Frankfurt a.M., NJW 2007, S. 2494(2494, 2498).
1363 BVerfG NJW 2006, S. 1580(1581); BGH, DVBl. 2005, S. 503ff = NJW 2005, S. 58ff = BGHZ 161, 33ff.
1364 BVerfG NJW 2006, S. 1580(1581); OLG Frankfurt a.M., NJW 2007, S. 2494(2494, 2498).
1365 BGH, NJW 2006, S. 1289; Unterreitmeier, DVBl. 2005, S. 1235(1241).

Verletzung der Menschenwürde grundsätzlich nicht durch Abwägung mit anderen Verfassungsbelangen gerechtfertigt werden kann. Dafür soll sie dann auf Rechtsfolgenseite hinsichtlich der Höhe des Schadensersatzanspruchs abwägbar sein[1366].

In ähnlicher Weise wird auch bei den Schutzansprüchen bisweilen in einer Art umgekehrter Verhältnismäßigkeitsprüfung nach der Zumutbarkeit der Pflichterfüllung gefragt; danach stehen die Schutzansprüche unter dem Vorbehalt des Möglichen. Auch bei einer Erheblichkeitsschwelle wird aufgrund fiskalischer Gesichtspunkte in vermeintlich marginalen Fällen der Grundrechtsschutz eingeschränkt. Es soll dann das Interesse des Staates daran, die grundrechtliche Pflicht nicht zu erfüllen, überwiegen. Zudem ähneln diese Erwägungen der Unzumutbarkeit der Folgenbeseitigung. Damit treffen die oben genannten Argumente gegen eine Einschränkung infolge Unzumutbarkeit ebenso auf die Annahme einer Erheblichkeitsschwelle zu.

Ebenso soll der zivilrechtliche Schadensersatzanspruch bei Verletzung des allgemeinen Persönlichkeitsrechts, der auch grundrechtlich determiniert ist, nur bei einer erheblich ins Gewicht fallenden Verletzung entstehen[1367]. Auch hier werden Eingriffe unterhalb einer gewissen Schwelle von der Kompensierbarkeit ausgenommen. Bei dem Persönlichkeitsrecht ist jedoch die Erheblichkeitsschwelle schneller überschritten, wenn die Rechtsverletzung nicht mehr anders als durch Geldersatz abgewehrt werden kann[1368]. Auch das Bundesverfassungsgericht stellt wegen der grundrechtlichen Ableitung des Allgemeinen Persönlichkeitsrechts sehr strenge Anforderungen an einen Ausschluss wegen fehlender Erheblichkeit[1369]. Damit könnte der Folgenersatzanspruch aufgrund seiner grundrechtlichen Ableitung ohnehin nur ausnahmweise wegen Unerheblichkeit der Rechtsverletzung ausgeschlossen sein. Desweiteren wird keine Erheblichkeit gefordert, wenn das verletzte immaterielle Persönlichkeitsrecht vermögenswert war[1370]. Der Folgenersatzanspruch besteht jedoch nur bei vermögenswerten Folgen einer Verletzung immaterieller Rechtsgüter. Auch dies spricht dafür, dass er nicht durch eine Erheblichkeitsschwelle eingeschränkt ist.

1366 BGH v. 1.8.2007, III ZR 284/06, BeckRS 2007 13657.

1367 BGH NJW 1965, S. 685(686) – Soraya; gebilligt in BVerfGE 34, 269(286) – Soraya; BVerfG NJW 2004, 2371(2372); BGH NJW 1996, S. 985(986); BGH NJW 1981, S. 675(676); für die Amtshaftung BGH NJW 2003, S. 3693(3697).

1368 BGH NJW 1996, S. 985(986).

1369 BVerfG NJW 2004, S. 2371(2372).

1370 BGH NJW 2000, S. 2201(2202).

Gegen eine Erheblichkeitsschwelle spricht aber insbesondere, dass bereits ein Eingriff und damit eine Verletzung des Abwehrrechts bei faktischen Beeinträchtigungen nach teilweise vertretener Ansicht voraus setzt, dass eine gewisse Unerheblichkeitsschwelle überschritten worden ist[1371]. Würde auch der Geldersatz zur Kompensation einer Grundrechtsverletzung davon abhängig gemacht, dass die Folgen erheblich sind, wäre derjenige schlechter gestellt, der keine unmittelbar präventiven Maßnahmen zur Abwehr des Engriffs mehr geltend machen kann. Der Folgenersatzanspruch wäre ein grundrechtlicher Anspruch zweiter Klasse, abhängig von einem doppelten Erheblichkeitserfordernis: einmal davon, dass überhaupt der Grundrechtseingriff die Erheblichkeitsschwelle überschreitet und zudem, dass dieser seinerseits zu erheblichen Folgen führt. Wie schon oben bei der Haftung für mittelbare Schäden dargestellt, würde eine solche doppelte Wertungsprüfung (hier: hinsichtlich der „Erheblichkeit") zu einem Effekt führen, der ähnlich einem „Versickern" den Grundrechtsschutz einschränkt.

Wenn man einen Bagatellvorbehalt beim Grundrechtseingriff hingegen ablehnt[1372], stünde es hierzu im Widerspruch, dann im Bereich der grundrechtlichen Verletzungsreaktionsansprüche eine solche Eingrenzung vorzunehmen. Schließlich wird eine Bagatellschwelle beim Eingriff vor allem mit den Argumenten abgelehnt, sie sei zu schwammig, finde keine Grundlage im Verfassungstext oder sei im Eingriffsbereich dogmatisch nicht zu rechtfertigen, sondern allenfalls auf der Ebene der Schutzbereichsdefinition[1373]. Dies gilt ebenso im Bereich des Anspruchsinhalts.

Hinzu kommt, dass die Entscheidungen des Bundesverfassungsgerichts zu einer solchen Erheblichkeitsschwelle durchweg den Amtshaftungsanspruch betrafen[1374]. Für den Folgenersatzanspruch gilt diese Rechtsprechung daher nicht unmittelbar, obwohl er ebenso ein Geldersatzanspruch ist. Daher müsste ein Grund für die Übertragung auf den Folgenersatzanspruch vorliegen. Da es aber nur Gründe *gegen* eine Übertragung gibt, kann eine solche Erheblichkeitsschwelle für den Folgenersatzanspruch nicht angenommen werden. Auch wenn der Bundesgerichtshof, so wörtlich, ein Junktim zwischen „Grundrechtsverletzung und Geldentschädigung" ablehnt, fehlt es doch an einem Grund zur Übertragung auf den Folgenersatzanspruch, außer dass der Wortlaut eines Urteils dies erlauben würde.

1371 S. dazu oben 3. Teil D I) 2) c) (4) (b) (bb).

1372 S. dazu oben 3. Teil D I) 2) c) (4) (b) (bb).

1373 S. dazu oben 3. Teil D I) 2) c) (4) (b) (bb) sowie bei Stern, Staatsrecht III/2, § 78, S. 207.

1374 BGH DVBl. 2005, S. 503.

Im Ergebnis ist es daher abzulehnen, den Folgenersatzanspruch unterhalb einer Erheblichkeitsschwelle zu versagen. Dies wäre allenfalls durch ein Gesetz normierbar[1375].

II) Anwendung der Beschränkungen des Folgenbeseitigungsanspruchs

Weiterhin muss untersucht werden, ob die Restriktionen, die für den Umfang des Folgenbeseitigungsanspruchs gelten, auch auf den Folgenersatzanspruch anzuwenden sind. Dies erfordert es, den rechtlichen Grund für die Restriktionen darzulegen.

1) Unzumutbarkeit

Da der Folgenersatzanspruch nicht von einer „Erheblichkeitsschwelle" abhängt, wie soeben dargelegt, ist er auch nicht im Falle von Unzumutbarkeit ausgeschlossen, wie dies für den Folgenbeseitigungsanspruch vertreten wird.

Darüber hinaus kann der Folgenersatzanspruch auch unabhängig von einer „Erheblichkeitsschwelle" nicht unzumutbar sein. Die Unzumutbarkeit bezieht sich nämlich auf die Vornahme einer bestimmten Handlung, die im Verhältnis zum verfolgten Zweck als unverhältnismäßig angesehen wird. Die Erfüllung eines Geldersatzanspruchs wird in diesen Fällen jedoch ohne weiteres zumutbar sein[1376]. Nur bei der naturalen Wiederherstellung ist es möglich, dass den Belastungen des Staates kein adäquater Freiheitsvorteil auf Seiten des Bürgers korrespondiert. Bei Geldersatzansprüchen, die sich am Marktwert orientieren, entsprechen sich Aufwand des Staates und Vorteil des Bürgers hingegen grundsätzlich[1377].

Damit ist der Folgenersatzanspruch nicht bei Unzumutbarkeit ausgeschlossen. Vielmehr gibt es neben den allgemeinen Einwänden, wie bereits für den Folgenbeseitigungsanspruch dargestellt, sogar noch spezielle Argumente, die nur auf den Folgenersatzanspruch zutreffen.

2) Mitverschulden

Liegt hingegen ein Mitverschulden des Bürgers vor, kann der Folgenersatzanspruch jedoch leichter als der Folgenbeseitigungsanspruch entsprechend gekürzt werden. Der Folgenersatzanspruch ist unproblematisch teilbar, da sein Inhalt auf

1375 Grzeszick, HGR III, § 75, Rn 103, 113.

1376 Grzeszick, S. 388.

1377 Grzeszick, S. 388.

Geld gerichtet ist. Damit droht nicht der vollständige Ausschluss des Anspruchs, wenn die Quotelung der Wiederherstellung technisch undurchführbar ist.

Dass es grundsätzlich geboten ist, eine Mitverursachung zu berücksichtigen, wurde dabei bereits oben[1378] dargelegt: Die Haftungsbegründung sowie die Haftungsausfüllung dienen, auch beim negatorischen Geldersatzanspruch, der Abgrenzung von Risiken, die aus verschiedenen Sphären kommen. Soweit sich aber im konkreten Schaden ein Risiko realisiert hat, das nicht mehr auf dem rechtswidrigen Handeln des Staates beruht, sondern vielmehr aus der Sphäre des Bürgers resultiert, müssen die Folgen der Verwirklichung dieses Risikos auch dem Bürger zugewiesen werden.

Fraglich ist jedoch, ob ein Mitverschulden erforderlich ist oder ob bereits Mitverursachung ausreicht. Für die Berücksichtigung einer bloßen Mitverursachung würde dabei sprechen, dass auch Folgenbeseitigung und Folgenersatz selbst kein Verschulden des Staates voraussetzen. Andererseits beruht dies auch darauf, dass es schwer möglich ist, dem Staat im Ganzen ein Verschulden zuzurechnen, da anders als bei der Amtshaftung nicht auf einen individuellen Amtsträger abgestellt wird. Folgenbeseitigung und Folgenersatz folgen aus der Rechtsverletzung und erfordern nicht die konkrete Missachtung einer Pflicht. Auf der Ebene des Bürgers gibt es jedoch eine individuelle Person, auf die abgestellt werden kann. Hier steht die Position des Bürgers im Vordergrund, weshalb es auch möglich ist, auf eine Obliegenheitsverletzung des Bürgers abzustellen.

Dass eine Verschuldenszurechnung möglich ist, bedeutet andererseits noch nicht, dass dem Bürger die Verursachung auch vorwerfbar sein muss. Es muss hierbei auch berücksichtigt werden, dass ein Anspruch auf Wiederherstellung der grundrechtlichen Integrität gekürzt oder gar ganz ausgeschlossen werden soll. Es wäre nicht angemessen, den grundrechtlich determinierten Anspruch des Bürgers zu beschränken, ohne dem Bürger die Mitverursachung konkrete vorwerfen zu können.

Insofern ist es im Ergebnis geboten und auch möglich, beim Folgenersatzanspruch ein Mitverschulden zu berücksichtigen.

3) Unmöglichkeit

Dass die Erfüllung eines Geldersatzanspruchs kaum unmöglich werden wird, ergibt sich bei Geld als geschuldetem Gegenstand bereits aus der Natur der Sache. Gilt schon im Zivilrecht der Satz „Geld hat man zu haben", so ist dieser auf den Staat erst recht anzuwenden. Sonst wäre der Bürger trotz grundrechtlicher

---

1378 S. oben 3. Teil G II) 1) b) (2) (b) (dd).

Sicherung seines Status gegenüber dem Staat schlechter gestellt als im Verhältnis zu seinen Mitbürgern.

Zudem wurde dieses Problem bereits oben, im Rahmen der finanziellen Einwände gegenüber dem Folgenbeseitigungs- und dem Folgenersatzanspruch, dargestellt. Im Falle knapper Finanzmittel ist der Staat zunächst gehalten, sich über Umschichtung der vorhandenen Mittel oder Erschließung neuer Steuerquellen die notwendige Liquidität zu beschaffen. Aufgrund der Steuerhoheit müsste ihm dies in aller Regel auch möglich sein.

Obwohl der Folgenersatzanspruch damit nach der allgemeinen Rechtslehre tatsächlich unmöglich sein könnte, wird dies in der Rechtsrealität nicht eintreffen können.

4) Einschränkungen aufgrund der Bestandskraft eines zugrundeliegenden Verwaltungsakts

Problematischer ist hingegen, ob die Einschränkungen, denen der Folgenbeseitigungsanspruch aufgrund der allgemeinen Verwaltungsaktslehre unterliegt, auch auf den negatorischen Geldersatzanspruch übertragen werden können.

So soll nach einer Auffassung kein Folgenersatzanspruch entstehen, wenn die Handlung nur formell rechtswidrig ist[1379]: Die Ausschlussnorm des § 46 VwVfG bezwecke generell, dass dem Bürger aufgrund nur formeller Fehler dann kein Anspruch zusteht, wenn das Ergebnis in der Sache richtig war. Im Hinblick auf diese Zweckbestimmung kann diesem Gedanken zugestimmt werden.

Weiter ist fraglich, ob nicht nur der Folgenbeseitigungsanspruch, sondern auch der Folgenersatzanspruch ausgeschlossen ist, wenn der zugrunde liegende Verwaltungsakt bestandskräftig ist. Für die Enteignungsentschädigung nimmt dies die überwiegende Ansicht an[1380]. Auch im Bereich der Amtshaftung wird dies diskutiert, allerdings ohne eine eindeutig herrschende Meinung[1381]. Dies betrifft das Problem, ob ein Geldersatz ausgeschlossen ist, wenn es der Bürger versäumt hat, Maßnahmen des Primärrechtsschutzes zu ergreifen. Sie erfasst also die Zulässigkeit eines „Dulde und Liquidiere". Dabei stellt sich die Frage, ob Primärrechtsschutz vorrangig ist, am häufigsten bei der Anfechtung von Verwaltungsakten. Bei rechtswidrigen Realakten oder sich schnell erledigenden Verwaltungsakten

1379 Grzeszick, S. 374; Kopp/Ramsauer, § 46 VwVfG, Rn 47.

1380 BVerfGE 58, 300(322ff, insbes, 324).

1381 Gerhardt in: Schoch/Schmidt-Aßmann/Pietzner, Vorbemerkung § 113 VwGO, Rn 14ff; für einen Schadensersatzanspruch jedoch Ule/Laubinger, Verwaltungsverfahrensrecht, S. 584.

hätte Primärrechtsschutz hingegen allenfalls feststellende Wirkung, die jedoch gerade keine eingriffsbereinigende Funktion aufweist. Auch Verzögerungsschäden – wie oben dargestellt ebenfalls eine Fallgruppe des Folgenersatzanspruchs – können durch primäre Rechtsbehelfe nicht abgewendet werden[1382].

In den erfassten Konstellationen ist daher fraglich, ob auch der Folgenersatzanspruch ausgeschlossen ist, wenn der Bürger einen möglichen primären Rechtsbehelf nicht ergriffen hat.

Hierbei wird der Ausschluss sekundärer Ansprüche, wie bereits dargestellt, häufig auf ein Mitverschulden des Bürgers gestützt. Dieser habe den Schaden durch die Nichtanfechtung erst verfestigt[1383]. Beim Folgenersatzanspruch kann eine Mitverursachung berücksichtigt werden, weshalb er bei Bestandskraft des zugrunde liegenden Verwaltungsakts aus diesem Grund ausgeschlossen sein könnte. Problematisch ist jedoch, dass der Folgenersatzanspruch ein grundrechtlich determinierter Anspruch ist.

Die Amtshaftung entfällt dabei nach der Rechtsprechung des Bundesgerichtshofs nicht zwingend, wenn die Amtspflichtverletzung im Erlass eines nunmehr bestandskräftigen rechtswidrigen Verwaltungsakts besteht[1384]. Der Amtshaftungsanspruch kann jedoch aufgrund des Vorrangs des Primärrechtsschutzes ausgeschlossen sein, wenn es der Bürger entgegen § 839 Abs. 3 BGB vorwerfbar unterlassen hat, den Verwaltungsakt anzufechten. Damit ist nur eine „schuldhafte Bestandskraft" anspruchshindernd. Auch der Folgenersatzanspruch kann nur bei Mitverschulden, nicht allein bei Mitverursachung ausgeschlossen sein, wie soeben[1385] dargestellt.

Mit einer ähnlichen Argumentation spricht sich auch *Röder* gegen einen strikten Ausschluss des Geldersatzanspruchs aus, wenn es versäumt worden ist, die staatliche Maßnahme anzufechten, bejaht jedoch die Möglichkeit eines Ausschlusses oder einer Kürzung des Anspruchs bei Mitverschulden[1386]. Auch wenn der Bürger durch das Unterlassen der Anfechtung einen Verursachungsbeitrag für das Fortbestehen der rechtswidrigen Situation geleistet habe, ändere

1382 Dazu auch Schlichter, FS Sendler, S. 241(252); Hösch, DÖV 1999, S. 192(195); Gromitsaris, S. 129, 183.

1383 S. dazu oben A II) 2).

1384 BGHZ 9, 129(131ff); 112, 363(365); 113, 17(19) mwN; kritisch dazu Jeromin, NVwZ 1991, S. 543(543ff, insbes.); M. Schröder, DVBl. 1991, S. 751(752, 754); Broß, VerwArch. 82(1991), S. 593(595ff); Berkemann, JZ 1992, S. 209(209).

1385 S. dazu oben 2).

1386 Röder, S. 303f; zum selben Ergebnis kommt ohne spezifischen Bezug auf den Folgenersatzanspruch Gromitsaris, S. 183.

dies nichts an der materiellen Rechtswidrigkeit der Lage[1387]. Darüber hinaus sei in erster Linie der Staat für die rechtswidrige Lage verantwortlich, und nicht der Bürger, weder überwiegend oder zu gleichen Teilen[1388]. Dies könne einen vollen Anspruchsausschluss nicht tragen und werde der Reichweite des grundrechtlichen Schutzes nicht gerecht[1389]. Vielmehr trage eigentlich der Staat bei Erlass der Maßnahmen das Rechtsanwendungsrisiko[1390]. Den Anspruch auf null zu reduzieren, wenn es versäumt worden ist, die Maßnahme anzufechten, würde diesen Verursachungsbeitrag zulasten der Grundrechte ausblenden. Daher sei im Ergebnis ein Anspruchsausschluss nur rechtfertigbar, wenn sich das Verlangen des Bürgers nach Geldersatz als ein *venire contra factum proprium* darstelle, was nicht der Fall sei, wenn das Rechtsmittel nur fahrlässig nicht gebraucht worden sei[1391].

Noch weiter geht *Goppert.* Er wägt die unterlassene Anfechtung als Verursachungsbeitrag des Bürgers mit dem des Staates ab, der darin bestehe, dass der Verwaltungsakt nicht nach § 48 VwVfG zurückgenommen worden ist. Da die Folge ursprünglich durch den Staat verursacht worden ist, sei das Mitverschulden des Bürgers so gering, dass der Anspruch im Ergebnis nicht ausgeschlossen werden könne[1392].

Zudem wird vorgetragen, dass der Staat bei einem rechtswidrigen Eingriff nicht besser stehen dürfe als bei einem rechtmäßigen – enteignenden – Eingriff. Dies sei aber der Fall, wenn der von einem rechtmäßigen Eingriff betroffene Bürger Geldersatz bekommen würde, während der von einem rechtswidrigen Eingriff betroffene bei Unanfechtbarkeit der Maßnahme aufgrund Fristablaufs leer ausgehen würde[1393].

Die gesetzliche Regelung in § 839 Abs. 3 BGB selbst wird jedoch auch kritisiert, ebenso wie ihre unveränderte Anwendung durch des Bundesgerichtshof, wenn er den Anspruch nicht vollständig ausschließt. Gefordert wird ein vollständiger Anspruchsausschluss: durch die Möglichkeit, für bestandskräftige Verwaltungsakte Schadensersatz aus Amtshaftung zu gewähren, würde die von der Behörde konkret getroffene Regelung nicht beachtet, dem Gedanken der

1387 Goppert, enteignungsgleicher Eingriff, S. 201; ebenso Sass, Entschädigungserfordernis, S. 447; Röder, S. 301.

1388 Goppert, enteignungsgleicher Eingriff, S. 204; Röder, S. 302.

1389 Röder, S. 301.

1390 Röder, S. 303.

1391 Röder, S. 303 mit weiteren Beispielen dazu auf S. 303f.

1392 Goppert, enteignungsgleicher Eingriff, S. 204ff.

1393 Goppert, enteignungsgleicher Eingriff, S. 200f.

Rechtssicherheit nicht ausreichend Rechnung getragen. Ferner beruhe die Norm auf einer vorkonstitutionellen Trennung von Amtswalter und Behörde, was zu einem Vorrang des materiellen Rechts gegenüber verwaltungspolitischen Notwendigkeiten führe. Deswegen sei § 839 Abs. 3 BGB an die Verwaltungsverfahrensgesetze anzupassen[1394]. Aus ähnlichen Gründen wird es auch kritisiert, dass der enteignungsgleiche Anspruch nur nach § 254 BGB ausgeschlossen ist[1395].

Insgesamt fordert damit eine Auffassung eine differenzierte Lösung anhand der Ursachen und des Verschuldens, wenn primärer Rechtsschutz versäumt worden ist, wohingehend eine andere Ansicht eine solche differenzierte Lösung ausdrücklich ablehnt und den Anspruch vollständig ausschließt, insbesondere bei Bestandskraft eines legitimierenden Verwaltungsakts.

Dabei ergibt sich zunächst keine eindeutige Folge hinsichtlich des Geldersatzanspruchs aus dem Zweck der Regelungen über die Bestandskraft, nämlich Klarstellung und Stabilisierung[1396]. Die Geldzahlung würde die tatsächliche, durch die Bestandskraft zu bewahrende Lage nicht verändern[1397]. Dies würde dafür sprechen, die Rechtsprechung des BGH zum Amtshaftungsanspruch nicht auf den Folgenersatzanspruch anzuwenden[1398]. Es hätte auf die Unanfechtbarkeit des Verwaltungsakts keine Auswirkungen, wenn er für den Geldersatzanspruch inzident auf seine Rechtmäßigkeit überprüft wird. Durch die Geldersatzzahlung entspricht das wirtschaftliche Ergebnis jedoch der Situation, wie sie ohne Eintritt der Bestandskraft bestünde. Dies ist auch genau das Ziel des Folgenersatzanspruchs: der Bürger wird zumindest wirtschaftlich so gestellt, wie er ohne den rechtswidrigen Eingriff stünde. Dies zu verhindern ist der Zweck der Bestandskraft; die Lage soll, tatsächlich wie wirtschaftlich so zu belassen werden, wie sie ist. Dies widerspricht jedoch insofern der Gewährung eines Geldersatzanspruchs trotz Bestandskraft[1399]. Es bestünde vor allem ein Konflikt mit dem Ziel

---

1394 Alles Gerhardt in: Schoch/Schmidt-Aßmann/Pietzner, Vorbemerkung § 113 VwGO, Rn 16.

1395 Schlichter, FS Sendler, S. 241(248).

1396 BVerfGE 74, 129(152); Jeromin, NVwZ 1991, S. 543(544); Stelkens/Bonk/Sachs/Sachs, § 43 VwVfG, Rn 10; Maurer, Verwaltungsrecht, § 11, Rn 2; dazu auch Grzeszick S. 376.

1397 Ebenso Grzeszick, S. 376.

1398 Für den enteignungsgleichen Eingriff Scherzberg, DVBl. 1991, S. 84 (93); für die Amtshaftung Ule/Laubinger, Verwaltungsverfahrensrecht, S. 584; vermittelnd Grzeszick, S. 376f: Wertersatz ausgeschlossen, soweit Rechtsschutz möglich und zumutbar ist, wobei die Unzumutbarkeit die Ausnahme darstellt.

1399 So auch Berkemann, DVBl. 1986, S. 183(184); Ortloff, NJW 1987, S. 1665(1670); Broß, VerwArch. 82 (1991), S. 593(595ff): dient auch Prinzip der materiellen

der Rechtssicherheit, die bewirken soll, dass Sachverhalte rechtlich irgendwann einmal abgeschlossen sind.

Darüber hinaus müsste der Anspruch auch dann ausgeschlossen sein, wenn ein Urteil im Sinne von § 79 Abs. 2 BVerfGG bereits rechtskräftig, aber grundrechtswidrig ist[1400].

Fraglich aber ist, ein grundrechtlich begründeter Geldersatzanspruch mit Erwägungen der Rechtssicherheit, wie sie im Prinzip der Bestandskraft enthalten sind, vollständig ausgeschlossen werden kann. Das Prinzip der Bestandskraft ist in einem einfachen Gesetz – der VwGO sowie dem VwVfG – enthalten. Hierin liegt zunächst eine Verletzung der grundrechtlichen Freiheit, die nach dem Prinzip des Gesetzesvorbehalts nur durch eine entsprechende gesetzliche Regelung gerechtfertigt werden kann. Die vorhandenen Normen betreffen aber nur die Frage der primären Anfechtbarkeit des Verwaltungsakts, nicht seine sekundären oder gar tertiären Verletzungsreaktionen. Insofern lehnte es das Bundesverwaltungsgericht auch ab, Abwehrrechte aus Art. 14 GG gegen eine Baubeseitigungsanordnung auszuschließen, bloß weil der Bescheid, der den zu beseitigenden Bau als baurechtlich unzulässig ablehnte, bestandskräftig ist[1401]. Es widerspricht daher dem grundrechtlichen Rang des Folgenersatzanspruchs, ihn aufgrund Bestandskraft des zugrunde liegenden Verwaltungsakts vollständig auszuschließen[1402].

Anderes könnte gelten, soweit der Ausschluss darauf beruht, dass es der Bürger unterlassen hat, einen Verwaltungsakt rechtzeitig anzufechten und wenn ihm dies ohne weiteres möglich gewesen wäre. Insofern würde der Ausschluss nicht auf einer einseitigen Anordnung des Gesetzgebers beruhen. Vielmehr bestünde die Rechtsverletzung nur teilweise aufgrund des rechtswidrigen Verhaltens des Staates[1403], der durch die Anfechtbarkeit eine Möglichkeit vorgesehen hat, das Unrecht zu beseitigen. Diese bloße Mitverursachung wird jedoch angemessener berücksichtigt, wenn der Geldersatzanspruch bloß gekürzt und nicht vollständig ausgeschlossen wird[1404]. Der Staat sollte durch das Unterlassen des Bürgers nicht

---

Gerechtigkeit; für die Amtshaftung Gerhardt in: Schoch/Schmidt-Aßmann/Pietzner, Vorbemerkung § 113 VwGO, Rn 16.

1400 Dazu und zur Vergleichbarkeit mit der Behandlung bestandskräftiger Verwaltungsakte Grzeszick S. 377f.

1401 BVerwGE 48, 271(278).

1402 Ebenso Grzeszick, S. 376.

1403 Röder, S. 300.

1404 Papier, NVwZ 1983, S. 258(260); ebenso, wenn auch abstrakt und eher auf Enteignungsansprüche bezogen, Kreft, FS Geiger, S. 399(406); strenger Nüßgens/

ungerechtfertigterweise besser gestellt werden. Eine Alles-oder-nichts-Lösung würde ihn hingegen von einer Situation profitieren lassen, die nur teilweise kausal auf ein Verhalten des Bürgers zurückgeht.

Darüber hinaus kann es für die Kürzung des Anspruchs auch nicht ausreichen, dass eine bloße Mitverursachung vorliegt. Wie bei der Amtshaftung muss es dem Bürger vorwerfbar sein, nicht angefochten zu haben[1405]. Dies entspricht auch dem oben gefundenen Ergebnis, dass die Kürzung des Anspruchs Mitverschulden und nicht bloß Mitverursachung erfordert.

Nicht überzeugend ist es, den Anspruch mit der Begründung vollständig aufrechtzuerhalten, dass der Staat verpflichtet gewesen wäre, den rechtswidrigen Verwaltungsakt von sich aus aufzuheben[1406]. Eine solche Pflicht des Schädigers würde einmal begangenes Unrecht doppelt berücksichtigen, das Risiko der Schadensentwicklung wäre einseitig dem Schädiger auferlegt. Dieser muss den Schaden vielmehr nur auf eine Art und Weise ausgleichen, nämlich durch Schadensersatz.

III) Zwischenergebnis

Der Folgenersatzanspruch reicht somit faktisch weiter als der Folgenbeseitigungsanspruch; im Gegensatz zu letzterem ist er nicht bei Unzumutbarkeit oder Unmöglichkeit ausgeschlossen. Er ist hingegen zu kürzen, soweit dem beeinträchtigten Bürger ein Mitverschulden vorzuwerfen ist. Dies kann bereits die Folgenverursachung oder – beispielsweise bei Bestandskraft eines legitimierenden Verwaltungsakts – die Verfestigung der Folgen betreffen.

Damit gewährleistet der Folgenersatzanspruch tatsächlich einen umfassenden Rechtsschutz gegenüber rechtswidrigem Staatshandeln. Einschränkungen bestehen lediglich in den Fällen, in denen dies auf Versäumnisse des Bürgers zurückzuführen ist. Durch Gründe, die in der Sphäre des Staates oder keines Beteiligten liegen, ist er hingegen nicht beschränkbar; dies zeigt sich darin, dass er nicht bei Unmöglichkeit oder Unzumutbarkeit ausgeschlossen ist.

Boujong, Eigentum, Sozialbindung, Enteignung, S. 198: in der Regel vollständiger Anspruchsausschluss, da das Verschulden des Bürgers so schwer wiegt, allerdings schließen sie eine Quotelung nicht grundsätzlich aus; ebenso im Ergebnis Aust/Jacobs, S. 283.

1405 MüKo/Papier, § 839 BGB, Rn 333ff.

1406 Goppert, enteignungsgleicher Eingriff, S. 204ff.

C Benennung des Folgenersatzanspruchs

Die Benennung des Folgenersatzanspruchs erscheint zunächst irrelevant, ändert der Name doch nichts am Inhalt des Rechts. Jedoch hat sich immer wieder gezeigt, insbesondere bei der Berechnung und dem Anspruchsumfang, dass sich im Staatshaftungsrecht die Konzepte der „billigen Entschädigung" und des vollumfänglichen Schadensersatzes gegenüberstehen. Zudem gibt es eine Zweiteilung zwischen Ansprüchen wegen rechtswidrigem und wegen rechtmäßigem Handeln. Daher sollte der Folgenersatzanspruch systemkonform benannt werden, um Missverständnisse hinsichtlich seines Anspruchsinhalts und seiner Herkunft zu verhindern. Somit ist zu überprüfen, ob die Benennung des Anspruchs als „Folgenersatzanspruch" zweckmäßig[1407] ist.

Die Benennung des Folgenersatzanspruchs ist dabei uneinheitlich. So wird er vom Bundesverwaltungsgericht und in der neueren Aufsatz- sowie sonstigen Literatur zumeist „Folgenentschädigungsanspruch" genannt[1408], andere Autoren und das OVG Münster sprechen im selben Kontext von einem „Folgenersatzanspruch"[1409]. In der Rechtsprechung zeigt sich jedoch nach der Entscheidung des VGH München eine Tendenz zur Benennung als „Folgenen tschädigungsanspruch"[1410].

Allgemein wird unterschieden zwischen Entschädigungsansprüchen, die grundsätzlich ein rechtmäßiges Handeln kennzeichnen, und Haftungsansprüchen, die nach rechtswidrigem Handeln entstehen und einen Schadensersatzanspruch

---

1407 Bachof, GS W. Jellinek, S. 287(293): „...wie überhaupt Fragen der Terminologie weitgehend nicht mit „richtig" oder „falsch", sondern nur mit „zweckmäßig" oder „unzweckmäßig" beantwortet werden können."

1408 BVerwG NJW 1989, S. 2484(2485); BVerwGE 94, 100(117); statt vieler Schenke, JuS 1990, S. 370(376); T. Schneider, Folgenbeseitigung im Verwaltungsrecht, S. 194; Franckenstein, NVwZ 1999, S. 158f; Erbguth, JuS 2000, S. 336f; ders., VVDStRL 61(2001), S. 221(226); Battis, NJW 2003, S. 940(945); Seidel in: Seidel/Reimer/Möstl AT S. 78ff; Hain, VerwArch 2004, 498ff; Stein/Itzel/Schwall, Rn 413; Gromitsaris, S. 94; ders. DÖV 2006, S. 288(291); Maurer, Verwaltungsrecht, § 30, Rn 17; Gerhardt in: Schoch/Schmidt-Aßmann/Pietzner, Vorbemerkung § 113 VwGO, Rn 9; Haack, DVBl. 2010, S. 1475(1476); stellenweise Ossenbühl z.B. S. 322; inkonsistent Wolff/Bachof/Stober/Kluth, Band 1, § 52 Rn 29, 38ff sowie Band 2, § 72, Rn 63ff;.

1409 Statt vieler OVG Münster NVwZ 1994, S. 795(796); Haueisen, DVBl. 1973, 739 (743 Fn 28); Kopp/Schenke, § 113 VwGO, Rn 89; stellenweise Ossenbühl z.B. S. 320 und S. 334; inkonsistent Wolff/Bachof/Stober/Kluth, Band 1, § 52 Rn 29, 38ff.

1410 VG Frankfurt a.M. v. 22.11.2001, BeckRS 2002 20975; VGH Kassel v. 20.2.2006, BeckRS 2006, 22340; VGH Kassel v. 26.03.2003, BeckRS 2005, 26646.

auslösen[1411]. Letztere knüpfen zudem stärker an den Erfolg des staatlichen Handelns an[1412].

Zudem ist der Schadensersatz allgemein darauf gerichtet, die hypothetisch bestehende Vermögenslage herzustellen, während die Entschädigung nur die Einbuße ausgleichen soll, die zum Eingriffszeitpunkt unmittelbar entstanden ist[1413]. Eine solche Trennung zeigt sich bereits im Grundgesetz. So spricht Art. 14 Abs. 3 von einer Entschädigung bei rechtmäßigem Handeln, während in Art. 34 von Ersatz die Rede ist[1414].

Bei der Entschädigung geht es um die Frage, bis zu welchem Punkt der Bürger eigene Rechtsgüter zugunsten des Gemeinwohls opfern muss – wann also ein „Sonderopfer" vorliegt[1415]. Dieses soll aufgrund eines Billigkeitsgedankens durch eine Entschädigungszahlung ausgeglichen werden. Schadensersatz dient hingegen dem vollständigen Ausgleich einer rechtswidrigen Rechtsverletzung. Die Geldzahlung entspricht nicht der Billigkeit, sondern dem Gedanken der Unverletzbarkeit des jeweiligen Rechtsguts. Der Bürger hätte den Eingriff nicht hinnehmen müssen, sondern es bestanden vielmehr Abwehrrechte; einer Entschädigung geht hingegen kein Abwehrrecht voraus. Dieser Gedanke findet sich auch im Zivilrecht, wo der Schadensersatzentstehung ebenfalls ein Unterlassungsanspruch vorausgeht. Dieser kann geltend gemacht werden, solange und soweit die Schadensentstehung noch bevorsteht[1416]. Zudem hängt der Umfang der Wiedergutmachung bei Entschädigungsansprüchen von der individuellen Betroffenheit ab. Der Umfang des Schadensersatzanspruchs ist hingegen überindividuell

---

1411 Wolff/Bachof/Stober/Kluth, Band 2, § 66, Rn 3; Röder, S. 289f mwN in Fn 702; anders als Bachof S. 115, demzufolge dem damals geltenden Recht keine begriffliche Trennschärfe zwischen Schadensersatz und Entschädigung entnommen werden kann. Die von Bachof genannten Kriterien für die Unschärfe der Trennung zwischen beiden Begriffen wie beispielsweise die damals nur angedachte Existenz des enteignungsgleichen Eingriffs sind aber bis heute nicht beseitigt, sondern haben sich vielmehr verfestigt, weshalb die Bedenken von Bachof auch heute noch Geltung beanspruchen können. Die von Wolff/Bachof/Stober/Kluth benannte Grundregel erkennt er aber auch als solche; was ihn aber zum Ergebnis der fehlenden Trennschärfe gelangen lässt, sind die Ausnahmen von dieser Regel. Diese Unterscheidung findet sich auch bei Brüning, JuS 2003, S. 2(3).

1412 Weyreuther, Gutachten B, S. 59f.

1413 Röder, S. 155; dies kommt im Ergebnis auch bei Brüning, JuS 2003, S. 2(3, 8) zum Ausdruck.

1414 Röder, S. 290; aA Sass, Entschädigungserfordernis, S. 86.

1415 Brüning, JuS 2003, S. 2(3).

1416 Palandt/Bassenge (68. A.), § 1004 BGB, Rn 4, 32, 33.

dahingehend typisiert, dass der eigentliche Zustand wiederhergestellt werden muss, unabhängig von den Verhältnissen des Einzelfalls[1417].

Auch der Folgenersatzanspruch ist ein Anspruch der Rechtswidrigkeitshaftung; er soll kein Sonderopfer ausgleichen, keine Duldungspflicht entschädigen. Der Bürger musste den Eingriff nicht dulden, er konnte sich nur nicht rechtzeitig oder nicht ausreichend dagegen wehren. Der Anspruch bewirkt nicht bloß eine billige Entschädigung, sondern grundsätzlich vollen Schadensausgleich. Zudem ist er, da er die Herstellung des eigentlich gegebenen Zustands gebietet, als Ersatzanspruch zu qualifizieren.

Damit kann er nicht als Entschädigungsanspruch im oben bezeichneten Sinne angesehen werden.

Hinzu kommt, dass der Begriff „Folgenentschädigung" im Entschädigungsrecht bisweilen kennzeichnet, dass sich der Entschädigungsumfang auch auf Folgewirkungen erstreckt[1418]. Daher sollte ein Anspruch wegen rechtswidrigen Staatshandelns bereits aus dem Grund nicht mit dem Terminus „Entschädigung" bedacht werden, um Verwechslungen zu vermeiden.

Da der Folgenersatzanspruch teilweise auch nur ein Surrogat für einen untergegangenen Folgenbeseitigungsanspruch, also wirklich einen „Ersatz" darstellt, ist die Benennung als Ersatz am treffendsten[1419].

Die Benennung als Folgenersatzanspruch bewirkt auch eine deutliche Abgrenzung zu dem von *Franke* entwickelten Anspruch.

D Zusammenfassung: Äußere Gestalt des Folgenersatzanspruchs

Im Ergebnis hat der Bürger die Wahl zwischen Folgenersatzanspruch und Folgenbeseitigungsanspruch. Ein zwingender Vorrang des Folgenbeseitigungsanspruchs würde der Freiheit, von der Grundrechtsausübung abzusehen, widersprechen.

Dabei besteht die Möglichkeit, den Anspruch bei einem mitwirkenden Verschulden zu kürzen. Bei Unanfechtbarkeit eines zugrunde liegenden Verwaltungsakts kann er gekürzt oder in Ausnahmefällen sogar ganz abgelehnt werden.

1417 Böß, Vergleich, S. 127f.

1418 VG Köln v. 20.01.2009, Az. 14 K 5406/06; Schmidt-Aßmann, NJW 1974, S. 1265(1265).

1419 Zum selben Ergebnis gelangt Haueisen, DVBl. 1973, S. 739 (743 Fn 28).

5. Teil: Gesamtergebnis und Ausblick

Als Gesamtergebnis kann festgehalten werden, dass durch den Folgenersatzanspruch ein grundrechtlicher Wertschutz gewährt wird.

Folgenbeseitigung und Folgenersatzanspruch beruhen auf einer gemeinsamen dogmatischen Grundlage: sie können aus dem negatorischen Gehalt der Grundrechte, der auf der liberalen Grundrechtstheorie beruht, abgeleitet werden. Andere Ansätze, wie eine Ableitung aus dem Rechtsstaatsprinzip, sind abzulehnen oder waren, wie Anleihen aus dem Zivilrecht, nicht notwendig, da der Folgenersatzanspruch aus den Grundrechten abgeleitet werden konnte.

Der negatorische Gehalt der Grundrechte fordert dabei vom Staat nicht bloß ein Unterlassen, wie dies häufig bei der Darstellung negatorischer Ansprüche im Vordergrund steht. Vielmehr beinhalten negatorisch verstandene Grundrechte in Konkretisierung durch das rechtsstaatliche Verteilungsprinzip den Grundsatz, dass die Sphäre des Bürgers von jeglicher staatlichen Einwirkung frei bleiben soll. Liegt eine solche Einwirkung vor, widerspricht dies der liberalen Annahme einer staatsfreien Sphäre. Daraus ergeben sich Beseitigungsansprüche, die sich von den Unterlassungsansprüchen nur durch ein temporales Moment unterscheiden. In manchen Fällen, wie der Aufhebung eines noch nicht bestandskräftigen Verwaltungsakts, erscheinen beide Ansprüche sogar als zwei Seiten derselben Medaille: Die Beseitigung des noch nicht bestandskräftigen Verwaltungsakts kann dem gleichgesetzt werden, dass es unterlassen wird, den Verwaltungsakt bestandskräftig werden zu lassen. Insofern ist der Integritätsschutz durch die negatorischen Grundrechte umfassend: wenn es dem Staat nicht ausnahmsweise erlaubt ist, in die Sphäre des Bürgers einzudringen, stellt jeglicher Übergriff eine Grundrechtsverletzung dar.

Dabei kann dem Folgenbeseitigungsanspruch auch nicht sein Inhalt entgegengehalten werden, der vom Staat nicht bloß ein Untätigbleiben, sondern aktives Tätigwerden verlangt. Der Folgenbeseitigungsanspruch ist von den Teilhabeansprüchen als Leistungsansprüchen zu unterscheiden, soweit sie eine deutliche soziale Komponente enthalten und auf der sozialstaatlichen Grundrechtstheorie fußen. Diese sollen nach häufig vertretener Ansicht nicht in den Grundrechten enthalten sein. Anders als diese Teilhaberechte bewirkt der Folgenbeseitigungsanspruch aber keine Erweiterung, sondern nur die Wiederherstellung des Rechtskreises des Grundrechtsträgers. Vielmehr sind die beiden Anspruchsarten zugrunde liegenden Grundrechtstheorien, die negatorisch-liberale und die sozialstaatliche, miteinander unvereinbar. Die sozialstaatliche Theorie könnte nur durchgesetzt werden, wenn in die Freiheit anderer Bürger eingegriffen wird, was den Grundannahmen der liberalen Grundrechtstheorie widerspricht.

Desweiteren bedarf der Folgenbeseitigungsanspruch auch keiner vermittelnden einfachgesetzlichen Grundlage. Insbesondere können ihm nicht die „klassischen" Einwände gegen grundrechtliche Leistungsansprüche entgegengesetzt werden. Diese gehen dahin, dass Leistungsrechte ohne Dazwischentreten des parlamentarischen Gesetzgebers nicht hinreichend bestimmbar seien sowie dass sie mit der Gewaltenteilung und der Haushaltsprärogative in Konflikt stehen. Desweiteren könnten die Kostenfolgen ohne einfachgesetzliche Vermittlung und Schwerpunksetzung durch den Gesetzgeber die staatlichen Finanzen erschöpfen. Aus diesen Gründen könnten sie nicht mit derselben Verbindlichkeit wie die klassischen negatorischen Grundrechte gewährleistet werden. Anders als die übrigen Leistungsansprüche ist der Folgenbeseitigungsanspruch aber als das definite Gegenteil des vorangegangenen Grundrechtseingriffs hinreichend bestimmbar. Dies gilt selbst dann, wenn die Beeinträchtigung auf mehrere Arten beseitigt werden kann. Zudem steht er als grundrechtlich zwingender Anspruch im Rang über der Haushaltsprärogative des einfachen Gesetzgebers, der an jegliches Verfassungsrecht gebunden ist. Eine Erschöpfung der staatlichen Finanzen droht nicht, da die verursachten Kostenfolgen, zum einen im Bereich der Staatshaftung eher gering sein werden. Außerdem kann sich der Staat durch die Erhebung von Steuern refinanzieren.

Der Folgenbeseitigungsanspruch bedarf auch nicht aufgrund des Gesetzesvorbehalts einer einfachgesetzlichen Vermittlung. So ist bereits zweifelhaft, ob dieser auch auf begünstigendes Staatshandeln, wie den Folgenbeseitigungsanspruch, anwendbar ist. Selbst soweit auch hierfür, und nicht nur für Eingriffe, ein Gesetzesvorbehalt gefordert wird, trifft dies auf den Folgenbeseitigungsanspruch nicht zu. Dies gilt einmal wegen der grundrechtlichen Herkunft des Folgenbeseitigungsanspruchs, aber auch, weil er auch ohne ein einfaches Gesetz hinreichend bestimmt ist. Mögliche Dreieckskonstellationen können mittels der „Folgenbeseitigungslast" bewältigt werden.

Hierbei stellt es einen Eingriff in das Grundrecht selbst dar, wenn der Folgenbeseitigungsanspruch begrenzt wird; sei es bei Unmöglichkeit, Unzumutbarkeit der Wiederherstellung oder bei Mitverschulden des Bürgers. Neben der Frage, ob diese einschränkenden Kriterien zulässig sind, ist die restituierende Wirkung auch aufgrund der Natur eines Wiederherstellungsanspruchs beschränkt. Ein Beispiel ist der Anspruch auf Widerruf ehrverletzender Äußerungen: hier besteht auch nach dem Widerruf die Gefahr, dass die Reputation oder die Finanzen des Bürgers irreparable Schäden erlitten haben.

Diese Defizite im negatorischen Grundrechtsschutz können durch die bestehenden Staatshaftungsansprüche nicht abschließend aufgefangen werden. Amtshaftung und Ansprüche aus enteignungsgleichem und aufopferungsgleichem Eingriff enthalten hierfür zu viele einschränkende dogmatische Besonderheiten. Daher stellte sich die Frage, inwiefern ein Folgenersatzanspruch, ein Geldersatzanspruch den negatorischen Grundrechtsschutz vervollständigen könnte. Dabei liegt es durchaus nahe, dass ein Geldersatzanspruch eine potentielle Ergänzung wäre. Es war allerdings fraglich, ob Geldzahlungen überhaupt geeignet sind, die grundrechtliche Integrität wiederherzustellen; also inwiefern die Grundrechte „kommerzialisierbar" sind. Wenig problematisch ist hierbei die Kommerzialisierbarkeit von „vermögenswerten" Grundrechten wie beispielsweise dem Eigentum. Diese Rechtsgüter, die am Markt erhältlich sind, sind schon aus diesem Grund ohne weiteres in einem Geldersatzanspruch umrechenbar. Es kann auch durch Geldersatz ausgeglichen werden, wenn aufgrund der Verletzung immaterieller Grundrechte vermögenswerte Folgeschäden entstehen, da diese einen unmittelbaren Vermögensbezug aufweisen. Vertiefter Untersuchung bedurfte allerdings die Frage, inwiefern auch Verletzungen des immateriellen Grundrechts selbst kommerzialisierbar sind, ob den Grundrechten also eine generelle Haftungsfunktion zukommt. Das Bundesverfassungsgericht steht einer solchen umfassenden Haftungsfunktion der Grundrechte äußerst skeptisch gegenüber. Dabei sind in der Rechtsordnung durchaus Ausprägungen einer Kommerzialisierung immaterieller Grundrechte bekannt, wie bei der Amtshaftung oder den Aufopferungsansprüchen. Zwar sind diese Ansprüche nicht umfassend: die Amtshaftung ist von einem Verschulden abhängig, die Aufopferung auf wenige Rechtsgüter beschränkt. Hinzu kommt, dass es sich um einfachgesetzlich ausgestaltete Ansprüche handelt. Allerdings zeigt die Existenz dieser Ansprüche in jedem Fall, dass Grundrechte durchaus kommerzialisierbar sind.

Zusammen mit dem Postulat eines umfassenden negatorischen Grundrechtsschutzes könnte daraus der Schluss gezogen werden, dass ein Folgenersatzanspruch als negatorischer Geldersatzanspruch geboten ist, der auch immaterielle Grundrechtsverletzungen ersetzt. Jedoch müsste er dazu negatorischen Charakter aufweisen, er müsste die immateriellen Grundrechte wiederherstellen können. Genau dieser negatorische Charakter kann einem Geldersatzanspruch bei rein immateriellen Folgen jedoch nicht beigemessen werden. Den vom Grundrecht geschützten spezifischen Freiheitsbereich, die Integrität des konkreten Grundrechts, kann eine Geldzahlung nicht wiederherstellen. Er wäre vielmehr gegenüber der Freiheit, beispielsweise ohne staatliche Repressalien an einer Demonstration teilnehmen, in seiner Wohnung leben, seine Religion ausüben zu können, ein aliud. Die immaterielle Freiheit ist unwiederbringlich verletzt, und daran kann auch die Zahlung eines Geldersatzes nichts ändern. Damit kann zwar ein Folgenersatzanspruch, der immaterielle Grundrechtsverletzungen erfasst, nicht angenommen werden. Er besteht jedoch, wenn ein Grundrecht einen unmittelbaren Vermögenswert aufweist oder die Verletzung eines immateriellen Grundrechts materielle Folgeschäden nach sich zieht.

Ebenso wie der Folgenbeseitigungsanspruch ist er nicht von einer einfachgesetzlichen Vermittlung abhängig, sondern vielmehr ein originär negatorischer Anspruch. Der Umfang des Folgenersatzanspruchs ist entgegen anderslautender Einwände auch ohne einfachgesetzliche Bestimmung gut bestimmbar. Dabei reicht er weiter, als dies bislang in der Rechtsprechung für den Folgenbeseitigungsanspruch angenommen wird: aus seiner grundrechtlichen Ableitung ergibt sich, dass zum einen voller Schadensersatz hinsichtlich aller kausalen Folgen zu leisten ist und nicht bloß eine billige Entschädigung. Der Schadensersatz muss auch mittelbare und hypothetische Einbußen erfassen, ansonsten verblieben Folgen des ungerechtfertigten Eingriffs in der geschützten Freiheitssphäre. Nicht mehr erfasst sind lediglich solche Folgen, die nicht mehr als adäquat kausal angesehen werden können, wobei diese Einschränkung aufgrund des grundrechtsschützenden Charakters des Folgenersatzanspruchs restriktiv anzuwenden ist. Darüber hinaus sind auch solche Folgen auszuscheiden, die nicht mehr in dem vom verletzten Grundrecht geschützten Lebensbereich liegen. Konkret berechnet werden kann der Folgenersatzanspruch, indem man vom Wert des entzogenen Vermögenswerts ausgeht. Für die Wertbestimmung stehen hierbei verschiedene Methoden zur Verfügung, die grundsätzlich alternativ herangezogen werden können. Für Fälle mangelnder konkreter Bestimmbarkeit steht letztlich die Möglichkeit der richterlichen Schätzung nach § 287 ZPO zur Verfügung.

Dem Anspruch kann ferner nicht entgegengehalten werden, dass er gegen das Verbot des „Dulde und Liquidiere“ verstößt. Denn dieses besagt nicht, dass Geldersatzansprüche per se nicht existieren können, sondern nur, dass der Bürger vor einer Liquidierung der Einbuße zunächst gegen den Eingriffsakt selbst vorgehen muss. Ebenso wenig steht die Existenz der Amtshaftung der Annahme eines Folgenersatzanspruchs entgegen. Die Amtshaftung stellt vielmehr nur einen Kompromiss der Verfassungsgeber dar, mit dem die auf der Fiskustheorie beruhende Regelung der Weimarer Reichsverfassung übernommen wurde, da man sich nicht auf eine neue Haftung einigen konnte. Zudem sollte die Amtshaftung keinen ausschließlichen, sondern nur einen minimalen Haftungsanspruch darstellen.

Damit blieb noch die Gestaltung des Folgenersatzanspruchs zu untersuchen. Eine wesentliche Frage war hierbei, ob er zum Folgenbeseitigungsanspruch gleich- oder nachrangig ist. Zunächst könnte man dabei meinen, dass aufgrund des Vorrangs des Primärrechtsschutzes vor dem Sekundärrechtsschutz der Folgenersatzanspruch nur nachrangig sein kann. Allerdings ist bereits fraglich, ob der Folgenersatzanspruch noch dem Sekundärrechtsschutz zuzuordnen ist oder ob er nicht insofern einen „Tertiärrechtsschutz" darstellt; dann könnte von einem Vorrang des Primärrechtsschutzes ohnehin nicht die Rede sein. Allerdings kann ihm der Gedanke eines Vorrangs der Bestands- vor der Wertgarantie entnommen werden, was für einen Vorrang des Folgenbeseitigungsanspruchs spräche. Näher besehen zeigt sich aber, dass es auch zum Bereich der jeweils geschützten grundrechtlichen Freiheit gehört, dass der Bürger von ihrer Ausübung absehen kann und statt dem Bestandsschutz nur einen Wertschutz verlangt. Damit kann der Staat den Bürger zwar nicht auf den Folgenersatz verweisen, dem Bürger steht jedoch ein Wahlrecht zwischen beiden Ansprüchen zu.

Die Entwicklung des Folgenersatzanspruchs als weitere Ausdifferenzierung des allgemeinen Folgenbeseitigungsanspruchs ist damit ein Beitrag, die Dogmatik der grundrechtlichen Verletzungsfolgen vervollständigen. Die bisherige Grundrechtsdogmatik fragt weitgehend lediglich danach, ob eine Grundrechtsverletzung vorliegt oder nicht. In der verfassungsgerichtlichen Praxis, wo prozessual lediglich die Kassation des Staatsakts möglich ist[1420], mag dies auch genügen. Was dann geschieht, wird jedoch kaum gefragt; es erscheint beinahe, als ob es der Grundrechtslehre ausreicht, die Grundrechtswidrigkeit des staatlichen Handelns oder Unterlassens festzustellen. Dem betroffenen Bürger wird eine bloße Feststellung jedoch nichts bringen. Er wünscht eine Nichtexistenz des Eingriffs, sei es durch Unterlassung, wenn er noch nicht geschehen ist, durch Aufhebung des eingreifenden Rechtsakts oder durch Beseitigung tatsächlicher Eingriffsfolgen in Form der Folgenbeseitigung. Auch soweit eine Folgenbeseitigung aufgrund besonderer Umstände nicht möglich ist, wird sich der Bürger nicht damit zufrieden geben wollen – und müssen -, dass eine Rechtsverletzung festgestellt wird. Die Feststellung allein brächte ihm allenfalls mentale Satisfaktion. Die entgegenstehende Rechtsprechung des Bundesgerichtshofs und des Bundesverfassungsgerichts ist insofern abzulehnen. Insbesondere in den Fällen, in denen die Wiederherstellung der früheren Lage aufgrund des nicht umkehrbaren Zeitablaufs nicht möglich oder nicht ausreichend ist, wäre der Bürger ohne einen Folgenersatzanspruch rechtlos gestellt. Er müsste die Grundrechtsverletzung hinnehmen, die öffentliche Hand dürfte die Vorteile aus dem Eingriff behalten. Diese Lücke in der bisherigen

1420 Stern, Staatsrecht III/1, § 65, S. 556; Röder, S. 222.

Dogmatik der Folgen von Grundrechtsverletzungen schließt der Folgenersatzanspruch, da er – „Geld hat man zu haben" – außer in Fällen eines Staatsbankrotts stets erfüllbar sein wird.

Dass gerade im Bereich des Mitverschuldens eine differenzierte Lösung statt dem alten „Alles-oder-Nichts-Prinzip" zeitgemäß ist, zeigt sich auch daran, dass der Gesetzgeber zunehmend von letzterem abweicht. War es noch in § 61 VVG (a.F). enthalten, nehmen §§ 82 Abs. 3 S.2 und 28 Abs. 2 S. 2 VVG n.F. nunmehr eine Quotelung bei Verursachung vor[1421].

Auch im Bereich gemeinschaftsrechtlicher Einflüsse auf das deutsche Staatshaftungsrecht, insbesondere den Amtshaftungsanspruch, wird gefordert, die Trennung von Naturalrestitution und Geldersatzanspruch aufzuheben, da es sich um eine reine Verbandshaftung handele[1422].

Damit stellt der Folgenersatzanspruch den grundrechtlich geforderten umfassenden Grundrechtsschutz auch auf der Ebene der Verletzungsfolgen her.

Nicht zuletzt bewirkt dies auch eine Systematisierung des Staatshaftungsrechts, das durch vielfältige Ansprüche, die hinsichtlich ihrer Ableitung stark differenzieren, geprägt ist. Hier ist im Gegensatz zum übrigen Verwaltungsrecht „nicht selten „eine Verstrickung im Einzelfall" und eine in sich wenig stimmige Entwicklung der einzelnen Institute und Ansprüche"[1423] festzustellen. Die Ansprüche wegen rechtswidrigem Staatshandeln, bestehend aus Unterlassung, Folgenbeseitigung und Folgenersatz, aus den Grundrechten zu begründen, bedeutet hierbei einen nicht unerheblichen Schritt in Richtung eines stimmigen Staatshaftungsrechts, wie es eines fortentwickelten demokratischen Rechtsstaats würdig ist.

1421 Dazu Staudinger, NJW 2006, S. 2433(2438).

1422 Ossenbühl, S. 521; Gromitsaris, S. 59.

1423 Kahl, DV 42 (2009), S. 463(488).

Literaturverzeichnis

Albers, Marion — Faktische Grundrechtsbeeinträchtigungen als Schutzbereichsproblem
DVBl. 1996, S. 233–242.

Alexy, Robert — Theorie der Grundrechte
Baden-Baden 1994
(Zit.: Alexy, Theorie der Grundrechte)

Axer, Peter — Primär- und Sekundärrechtsschutz im öffentlichen Recht
DVBl. 2001, S. 1322–1332.

Aust, Manfred/ Jacobs, Rainer — Die Enteignungsentschädigung
4. Auflage
Berlin 1997
(Zit.: Aust/Jacobs)

Bachof, Otto — Die verwaltungsgerichtliche Klage auf Vornahme einer Amtshandlung
Zugleich eine Untersuchung über den öffentlich-rechtlichen Folgenbeseitigungsanspruch nach Aufhebung eines rechtswidrigen Verwaltungsaktes.
Tübingen 1961
(Zit.: Bachof)

2. Auflage
Tübingen 1968
(Zit.: Bachof 2.A.)

Anmerkung zu BVerwG v. 25.8.1971 - DVBl. 1971, 858ff = DÖV 1971, 857ff
DÖV 1971, S. 859–861.

Reflexwirkungen und subjektive Rechte im öffentlichen Recht

	In: Otto Bachof, Martin Drath u.a. (Hrsg.): Forschungen und Berichte aus dem öffentlichen Recht, Gedächtnisschrift für Walter Jellinek, München 1955, S. 287–307. (Zit.: Bachof, GS Jellinek)
	Die Dogmatik des Verwaltungsrechts vor den Gegenwartsaufgaben der Verwaltung VVDStRL 30(1971), S. 193–244.
Badura, Peter	Staatsrecht Systematische Erläuterung des Grundgesetzes 4. Auflage München 2010 (Zit.: Badura, Staatsrecht, *Rn*)
	Arten der Verfassungsrechtssätze In: Isensee/Kirchhof (Hrsg.), Handbuch des Staatsrechts der Bundesrepublik Deutschland Band VII: Normativität und Schutz der Verfassung - Internationale Beziehungen 1. Auflage Heidelberg 1992, § 159, S. 33–55 (Zit.: Badura, HStR VII (1.A.), § 159, *Rn*).
Bäumlin, Richard u.a. (Hrsg.)	Kommentar zum Grundgesetz für die Bundesrepublik Deutschland Reihe Alternativkommentare
	Band 1, Art. 1–37 2. Auflage Neuwied 1989 (Zit.: *Bearbeiter* in: AK-GG (2.A.))
Baumeister, Peter	Der Beseitigungsanspruch als Fehlerfolge des rechtswidrigen Verwaltungsakts Tübingen 2006 (Zit.: Baumeister)

Zum Rechtswidrigwerden von Normen
Berlin 1996
(Zit.: Baumeister, Rechtswidrigwerden von Normen)

Baur, Jürgen F./ Stürner, Rolf — Sachenrecht
18., neubearbeitete Auflage
München 2009
(Zit.: Baur/Stürner)

Battis, Ulrich — Entwicklung des Beamtenrechts im Jahre 2002
NJW 2003, S. 940–946.

Der Verfassungsverstoß und seine Rechtsfolgen
In: Isensee/Kirchhof (Hrsg.): Handbuch des Staatsrechts der BundesFrepublik Deutschland
Band VII: Normativität und Schutz der Verfassung - Internationale Beziehungen,
Heidelberg 1997,
§ 165, S. 231–270.
(Zit.: Battis, HStR VII (2.A.), § 165, *Rn*)

Eigentumsschutz und Entschädigung
Zur Eigentumsrechtsprechung des BverfG
NVwZ 1982, S. 585–590.

Bauer, Hartmut — Subjektiv-öffentliche Rechte des Staates
- Zugleich ein Beitrag zur Lehre vom subjektiven öffentlichen Recht -
DVBl. 1986, S. 208–219.

Beaucamp, Guy — Zum Analogieverbot im öffentlichen Recht
AöR 134(2009), S. 83–105.

Beljin, Saša/ Micker, Lars — Besonderes Verwaltungsrecht im ersten Staatsexamen
JuS 2003, S. 970–978.

Bender, Bernd — Zur staatshaftungsrechtlichen Problematik der Waldschäden
VerwArch. 77(1986), S. 335–371.

Zum Recht der Folgenbeseitigung
VBlBW 1985, S. 201–204.

Zur gegenwärtigen Situation des Staatshaftungsrechts
BauR 1983, S. 1–12.

Staatshaftungsrecht
Schadensersatz-, Entschädigungs- und Folgenbeseitigungspflichten aus hoheitlichem Unrecht
2. Auflage
Karlsruhe 1974
(Zit.: Bender).

Der Rechtsweg bei Klagen gegen Auftragssperren der öffentlichen Hand – BGHZ 14, 222 und BVerwGE 5, 325
JuS 1962, S. 178–184.

Berkemann, Jörg

Besprechung von BGH, JZ 1992, S. 206ff
JZ 1992, S. 209–211.

Besprechung von BGH, DVBl. 1986, S. 181ff
DVBl. 1986, S. 183f.

Bethge, Herbert

Mittelbare Grundrechtsbeeinträchtigungen
In: Merten/Papier, Handbuch der Grundrechte in Deutschland und Europa, Band III, Grundrechte in Deutschland: Allgemeine Lehren II, Heidelberg 2009, § 58, S. 113–160
(Zit.: Bethge, HGR III, § 58, Rn).

Der Grundrechtseingriff
VVDStRL 57(1998), S. 7–52.

Aktuelle Probleme der Grundrechtsdogmatik
Der Staat 24(1985), S. 351–382.

Zur Problematik von Grundrechtskollisionen
München 1977
(Zit.: Bethge, Grundrechtskollisionen).

Bethge, Herbert/
Detterbeck, Steffen
Das folgenschwere Bardepot
Examensklausur Öffentliches Recht
Jura 1991, S. 550–556.

Bettermann, Karl August
Zur Lehre vom Folgenbeseitigungsanspruch
DÖV 1955, S. 528–536.

Kein Folgenbeseitigungsanspruch bei Wiedereinweisung des Räumungsschuldners? Zu OVG Münster II A 397/55 vom 14.9.1956
MDR 1957, S. 130–134.

Bettermann, Karl August/
Nipperdey, Hans Carl/
Scheuner, Ulrich (Hrsg.)
Die Grundrechte
Handbuch der Theorie und Praxis der Grundrechte
2. unveränderte Auflage
Berlin 1972

Dritter Band
2. Halbband
Rechtspflege und Grundrechtsschutz
(Zit.: *Bearbeiter* in: Bettermann/Nipperdey/Scheuner, Grundrechte III/2)

Bickenbach, Christian
Grundfälle zu Art. 19 Abs. 4 GG
JuS 2007, S. 813–817.

Bleckmann, Albert
Zu den Methoden der Gesetzesauslegung in der Rechtsprechung des BVerfG
JuS 2002, S. 942–947.

Staatsrecht
Band 2: Die Grundrechte
4. neubearbeitete Auflage
Köln 1997
(Zit.: Bleckmann, Staatsrecht II, §, *Rn.*)

Bleckmann, Albert/
Eckhoff, Rolf
Der „mittelbare" Grundrechtseingriff
DVBl. 1988, S. 373–382.

Böckenförde, Ernst-Wolfgang
Wie werden in Deutschland die Grundrechte im Verfassungsrecht interpretiert?
EuGRZ 2004, S. 598–603.

Schutzbereich, Eingriff, verfassungsimmanente Schranken
Zur Kritik gegenwärtiger Grundrechtsdogmatik
Der Staat 42(2003), S. 165–192.

Die sozialen Grundrechte im Verfassungsgefüge
In: Staat, Verfassung, Demokratie
Frankfurt 1991, S. 146–158.

Grundrechte als Grundsatznormen
Zur gegenwärtigen Lage der Grundrechtsdogmatik
Der Staat 29(1990), S. 1–31.

Die Methoden der Verfassungsinterpretation – Bestandsaufnahme und Kritik
NJW 1976, S. 2089–2099.

Grundrechtstheorie und Grundrechtsinterpretation
NJW 1974, S. 1529–1538.

Die Bedeutung der Unterscheidung von Staat und Gesellschaft im demokratischen Sozialstaat der Gegenwart
In: Aus Politik und Zeitgeschichte, Beilage zur Wochenzeitung „das Parlament", Heft 49/1971, S. 3–17.

Böhmer, Werner

Grundfragen der verfassungsrechtlichen Gewährleistung des Eigentums in der Rechtsprechung des Bundesverfassungsgerichts
NJW 1988, S. 2561–2674.

Die rechtsgeschichtlichen Grundlagen der Abgrenzungsproblematik von Sozialbindung und Enteignung
Der Staat 24 (1985), S. 157–199.

Böß, Walter | Vergleich des Folgenbeseitigungsanspruchs mit dem Anspruch aus enteignungsgleichem Eingriff
Diss., Würzburg 1973
(Zit.: Böß, Vergleich).

Bonner Kommentar | Bonner Kommentar zum Grundgesetz

Herausgegeben von Rudolf Dolzer, Christian Waldhoff, Kain Graßhoff

Stand: 156. Ergänzungslieferung
Februar 2012

(Zit.: BK-*Bearbeiter* (*Ergänzungslieferung*)).

Breuer, Rüdiger | Grundrechte als Anspruchsnormen
Aus: Verwaltungsrecht zwischen Freiheit, Teilhabe und Bindung
Festgabe aus Anlass des 25jährigen Bestehens des Bundesverwaltungsgerichts; Herausgegeben von Otto Bachof, Ludwig Heigl, Konrad Redeker; München 1978, S. 89–119.
(Zit.: Breuer, FG 25 Jahre BVerwG)

Broß, Siegfried | Ausgewählte Probleme aus der Rechtsprechung des Bundesgerichtshofs zum Amtshaftungsanspruch
VerwArch. 82(1991), S. 593–603.

Brüning, Christoph | Die Aufopferung im Spannungsfeld von verfassungsrechtlicher Eigentumsgarantie und richterrechtlicher Ausgestaltung
JuS 2003, S. 2–8.

Voraussetzungen und Inhalt eines grundrechtlichen Schutzanspruchs – BVerwG, NVwZ 1999, 1234.
JuS 2000, S. 955–959.

Brugger, Winfried — Elemente verfassungsliberaler Grundrechtstheorie
JZ 1987, S. 633–640.

Radikaler und geläuterter Pluralismus
Der Staat 29(1990), S. 497–520.

Kommunitarismus als Verfassungstheorie
AöR 123 (1998), S. 337–374.

Gestalt und Begründung des Folgenbeseitigungsanspruchs
JuS 1999, S. 625–632.

Bryde, Brun-Otto — Programmatik und Normativität der Grundrechte
In: Merten/Papier (Hrsg.): Handbuch der Grundrechte in Deutschland und Europa
Band I: Entwicklung und Grundlagen
§ 17, S. 679–706
(Zit.: Bryde, HGR I, § 17 *Rn*).

Bull, Hans Peter — Vom Eigentums- zum Vermögensschutz – ein Irrweg – Zur Bewertung der Einheitswert-Beschlüsse des Bundesverfassungsgerichts
NJW 1996, S. 281–284.

Bull, Hans Peter/ Dammann, Ulrich — Wissenschaftliche Forschung und Datenschutz
DÖV 1982, S. 213–223.

Bull, Hans Peter/ Mehde, Veith — Allgemeines Verwaltungsrecht mit Verwaltungslehre
8., neu bearbeitete Auflage
Heidelberg 2009
(Zit.: Bull/Mehde).

Bumke, Christian — Der Folgenbeseitigungsanspruch
JuS 2005, S. 22–27.

Burgi, Martin — Das subjektive Recht im Energie – Regulierungsverwaltungsrecht
DVBl. 2006, S. 269–277.

Burghart, Axel — Das verfassungswidrige aber nicht nichtige Gesetz - ungültig aber wirksam?
NVwZ 1998, S. 1262–1265.

Bussfeld, Klaus — Zum Verzicht im öffentlichen Recht am Beispiel des Verzichts auf eine Fahrerlaubnis
DÖV 1976, S. 765–771.

Calliess, Christian — Die grundrechtliche Schutzpflicht im mehrpoligen Verfassungsrechtsverhältnis
JZ 2006, S. 321–330.

Cremer, Hans-Joachim — Der Osho-Beschluss des BVerfG – BVerfGE 105, 279
JuS 2003, S. 747–751.

Denninger, Erhard — Staatliche Hilfe zur Grundrechtsausübung durch Verfahren, Organisation und Finanzierung
In: Isensee/Kirchhof (Hrsg.): Handbuch des Staatsrechts der Bundesrepublik Deutschland
Band IX: Allgemeine Grundrechtslehren
3. Auflage Heidelberg 2011
§ 193, S. 621–663.
(Zit.: Denninger, HStR IX, § 193, *Rn*).

Freiheitsordnung – Wertordnung – Pflichtordnung
Zur Entwicklung der Grundrechtsjudikatur des Bundesverfassungsgerichts
JZ 1975, S. 545–550.

Detterbeck, Steffen/ Windthorst, Kay/ Sproll, Hans-Dieter — Staatshaftungsrecht
1. Auflage
München 2000
(Zit.: Detterbeck/Windthorst/Sproll)

Di Fabio, Udo — Grundrechte als Wertordnung
JZ 2004, S. 1–8.

Information als hoheitliches Gestaltungsmittel
JuS 1997, S. 1–7.

2. Bericht zum Thema „Verwaltung und Verwaltungsrecht zwischen gesellschaftlicher Selbstregulierung und staatlicher Steuerung
VVDStRL 56 (1996), S. 235–282.

Discher, Thomas — Mittelbarer Eingriff, Gesetzesvorbehalt, Verwaltungskompetenz: Die Jugendsekten-Entscheidungen
JuS 1993, S. 462–471.

Dreier, Horst — Grundgesetz
Kommentar
(Zit.: Dreier/*Bearbeiter*, GG)

Band 1: Präambel, Art. 1–19
2. Auflage
Tübingen 2004

Band 2: Art. 20–82
2. Auflage
Tübingen 2006

Subjektiv-rechtliche und objektiv-rechtliche Grundrechtsgehalte
Jura 1994, S. 505–513.

Dreier, Ralf — Zur Problematik und Situation der Verfassungsinterpretation
In: *ders.*/Schwegmann, Probleme der Verfassungsinterpretation, S. 13–47.

Dreier, Ralf/
Schwegmann, Friedrich (Hrsg.) — Probleme der Verfassungsinterpretation
Dokumentation einer Kontroverse
Baden-Baden 1976
(Zit.: *Bearbeiter* in: Dreier/Schwegmann, Probleme der Verfassungsinterpretation)

Dürig, Günther — Der Grundrechtssatz von der Menschenwürde
AöR 81(1956), S. 117–157.

Grundfragen des öffentlich-rechtlichen Entschädigungssystems
JZ 1955, S. 521–525.

Durner, Wolfgang — Grundfälle zum Staatshaftungsrecht
JuS 2005, S. 793–797; S. 900–904.

Ehlers, Arne — Grundlagen und Leitprinzipien des neuen Rechts der Staatshaftung
Eine rechtsvergleichende Würdigung des Staatshaftungsgesetzes und seiner Entwürfe auf der Grundlage des geltenden Staatshaftungsrechts
Hamburg 1983
(Zit.: A. Ehlers, Grundlagen und Leitprinzipien)

Ehlers, Dirk — Eigentumsschutz, Sozialbindung und Enteignung
VVDStRL 51(1991), S. 211–251.

Ehmke, Horst — Prinzipien der Verfassungsinterpretation
VVDStRL 20(1963), S. 53–102.

„Staat" und „Gesellschaft" als verfassungstheoretisches Problem
In: Konrad Hesse/Siegfried Reicke, Ulrich Scheuner (Hrsg.): Staatsverfassung und Kirchenordnung. Festgabe für Rudolf Smend zum 80. Geburtstag, Tübingen 1962
S. 23–49.
(Zit.: Ehmke, FG Smend (1962)).

Emmerich-Fritsche, Angelika — Kritische Thesen zur Legaldefinition des Verwaltungsakts
NVwZ 2006, S. 762–765.

Enders, Christoph — Die Exmittierung von Obdachlosen als Problem der Folgenbeseitigung?
DV 30(1997), S. 30–49.

Engelhardt, Hanns — Die neueste Entwicklung der Rechtsprechung zum Staatshaftungsrecht
NVwZ 1985, S. 621–628.

Epping, Volker/ Hillgruber, Christian — Grundgesetz
Kommentar
München 2009
(Zit.: *Bearbeiter* in: Epping/Hillgruber)

Erbguth, Wilfried — Allgemeines Verwaltungsrecht
mit Grundzügen des Verwaltungsprozessrechts
3. Auflage
Baden-Baden 2011.
(Zit.: Erbguth, Allg. Verwaltungsrecht)

Primär- und Sekundärrechtsschutz im öffentlichen Recht
VVDStRL 61(2001), S. 221–259.

Vom Folgenbeseitigungsanspruch zum Folgenentschädigungsanspruch? –
VGH München NVwZ 1999, 1237
JuS 2000, S. 336–338.

Erichsen, Hans-Uwe — Das Grundrecht aus Art. 2 Abs. 1 GG
Jura 1987, S. 367–373.

Rechtsfragen öffentlich-rechtlicher Folgenbeseitigung
VerwArch. 63(1972), S. 217–224.

Allgemeine Handlungsfreiheit
In: Isensee/Kirchhof, Handbuch des Staatsrechts der Bundesrepublik Deutschland
Band VI: Freiheitsrechte
2. Auflage Heidelberg 2001
§ 152, S. 1185–1220
(Zit.: Erichsen, HStR VI (2.A.), § 152 *Rn*).

Erichsen, Hans-Uwe/ Ehlers, Dirk — Allgemeines Verwaltungsrecht

Bearbeitet von Hans Badura, Hans-Uwe Erichsen, Martin Burgi, Fritz Ossenbühl, Dirk Ehlers, Hans-Jürgen Papier, Wolfgang Rüfner
12. Auflage
Berlin 2002
(Zit.: *Bearbeiter* in: Erichsen/Ehlers(12.A.))

Bearbeitet von Martin Burgi, Markus Möstl, Dirk Ehlers, Hans-Jürgen Papier, Bernd Grzeszick, Hermann Pünder, Elke Gurlit, Barbara Remmert, Matthias Jestaedt, Matthias Ruffert, Arno Scherzberg
14. Auflage
Berlin 2010
(Zit.: *Bearbeiter* in: Erichsen/Ehlers (14.A.)).

Eyermann, Erich | Verwaltungsgerichtsordnung
Kommentar
13., überarbeitete Auflage
Herausgegeben von Harald Geiger, Michael Happ, Ingo Kraft, Klaus Rennert, Jörg Schmidt
München 2010
(Zit.: Eyermann)

Eyermann, Erich/Fröhler, Ludwig | Verwaltungsgerichtsordnung
Kommentar
3. Auflage
München und Berlin 1962
(Zit.: Eyermann/Fröhler 3. A)

Faber, Angela | Gesundheitliche Gefahren des Tabakrauchens und staatliche Schutzpflichten
DVBl. 1998, S. 745–753.

Faber, Martina | Folgenbeseitigungsanspruch nach ehrverletzenden Meinungsäußerungen
NVwZ 2003, S. 159–164.

Fiedler, Wilfried | Der Folgenbeseitigungsanspruch – die „kleine Münze des Staatshaftungsrechts"?
NVwZ 1986, S. 969–977.

Fortbildung der Verfassung durch das Bundesverfassungsrecht
JZ 1979, S. 417–425.

Fischinger, Philipp S. | Der Grundrechtsverzicht
JuS 2007, S. 808–813.

Forsthoff, Ernst — Begriff und Wesen des sozialen Rechtsstaates
VVDStRL 12 (1954), S. 8–36.

Franke, Franz-Joseph — Der Folgenentschädigungsanspruch
- Folgenbeseitigung durch Folgenentschädigung -
Dissertation
Münster 1965
(Zit.: Franke)

Der Folgenentschädigungsanspruch - Folgenbeseitigung durch Folgenentschädigung -
Verwaltungsarchiv 57 (1966), S. 357–376.

Franzius, Claudio — Der „Gewährleistungsstaat" – ein neues Leitbild für den sich wandelnden Staat?
Der Staat 42(2003), S. 493–517.

Freudling, Fritz — Wert – Schaden – Entschädigung (insbesondere Enteignungsentschädigung)
DVBl. 1970, S. 308–314.

Friauf, Karl Heinrich — Eigentumsgarantie und Steuerrecht
- Zum zweiten Thema der Staatsrechtslehrertagung 1980 -
DÖV 1980, S. 480–488.

Zur Rolle der Grundrechte im Interventions- und Leistungsstaat
DVBl. 1971, S. 674–682.

Friauf, Karl/
Höfling, Wolfram — Berliner Kommentar zum Grundgesetz
Stand: 36. Ergänzungslieferung
Dezember 2011
(Zit.: Friauf/Höfling/*Bearbeiter*)

Frotscher, Werner — Ehrenschutz im öffentlichen Recht
JuS 1978, S. 505–512.

Gallwas, Hans-Ullrich — Dulden wider Willen als Problem der Grundrechtsdogmatik

In: Franz Ruland/Bernd Baron von Maydell/Hans-Jürgen Papier (Hrsg.): Verfassung, Theorie und Praxis des Sozialstaats, Festschrift für Hans F. Zacher, Heidelberg 1998, S. 185–199 (Zit.: Gallwas, FS Zacher).

Faktische Beeinträchtigungen im Bereich der Grundrechte
Ein Beitrag zum Begriff der Nebenwirkungen
Berlin 1970
(Zit.: Gallwas, Faktische Beeinträchtigungen).

Gassner, Erich — Zur Verwirklichung des Integritätsinteresses in der naturschutzrechtlichen Eingriffsregelung
NuR 1988, S. 67–71.

Geiger, Andreas — Die Einwilligung in die Verarbeitung von persönlichen Daten als Ausübung des Rechts auf informationelle Selbstbestimmung
NVwZ 1989, S. 35–38.

Geis, Max-Emanuel — Kommunalrecht
2. Auflage
München 2011
(Zit.: Geis, Kommunalrecht).

Gellermann, Martin — Grundrechte in einfachgesetzlichem Gewande
Tübingen 2000
(Zit.: Gellermann, Grundrechte in einfachgesetzlichem Gewande).

Gern, Alfons — Deutsches Kommunalrecht
3. Auflage
Baden-Baden 2003
(Zit.: Gern, Kommunalrecht).

Güterabwägung als Auslegungsprinzip des öffentlichen Rechts
DÖV 1986, S. 462–471.

Götz, Volkmar — Anmerkung zu BGH DVBl. 1984, S. 391ff
DVBl. 1984, S. 395–397.

Goppert, Thomas	Der enteignungsgleiche Eingriff Zugleich ein Beitrag zur Reform des Staatshaftungsrechts Nürnberg 1983 (Zit.: Goppert, enteignungsgleicher Eingriff).
Gostomzyk, Tobias	Grundrechte als objektiv-rechtliche Ordnungsidee JuS 2004, S. 949–954.
Grabitz, Eberhard	Freiheit als Verfassungsprinzip Rechtstheorie 8(1977), S. 1–18.
	Freiheit und Verfassungsrecht Tübingen 1976 (Zit.: Grabitz, Freiheit und Verfassungsrecht).
Graf Kielmansegg, Sebastian	Die Grundrechtsprüfung JuS 2008, S. 23–29.
Grave, Helmut	Erstattung der Kosten eines Bevollmächtigten im Vorverfahren, Anmerkung zu OVG Münster v. 19.10.1971 NJW 1972, S. 972f.
	Anmerkung zu BVerwG v. 25.8.1971, DVBl. 1971, 858ff DVBl. 1972, S. 231f.
Grimm, Dieter	Verfassungsfunktion und Grundgesetzreform AöR 97(1972), S. 489–537.
	Die Zukunft der Verfassung 2. Auflage Frankfurt am Main 1994 (Zit.: Grimm, Die Zukunft der Verfassung)
Gromitsaris, Athanasios	Rechtsgrund und Haftungsauslösung im Staatshaftungsrecht Eine Untersuchung auf europarechtlicher und rechtsvergleichender Grundlage Berlin 2006 (Zit.: Gromitsaris)

Die staatshaftungsrechtliche Dimension der Grundrechte
DÖV 2006, S. 288–294.

Grzeszick, Bernd — Rechte und Ansprüche
Eine Rekonstruktion des Staatshaftungsrechts aus den subjektiven öffentlichen Rechten
Tübingen 2002
(Zit.: Grzeszick)

Grundrechte und Staatshaftung
In: Merten/Papier, Handbuch der Grundrechte in Deutschland und Europa, Band III, Grundrechte in Deutschland: Allgemeine Lehren II, Heidelberg 2009, § 75, S. 781–827
(Zit.: Grzeszick, HGR III, § 75).

Haack, Stefan — Entschädigungspflichtige Grundrechtseingriffe außerhalb des Eigentumsschutzes
DVBl. 2010, S. 1475–1483.

Häberle, Peter — Grundrechte im Leistungsstaat
VVDStRL 30(1972), S. 43–141.

Zeit und Verfassung
Prolegomena zu einem „zeit-gerechten" Verfassungsverständnis
In: Dreier/Schwegmann (Hrsg.): Probleme der Verfassungsinterpretation, Baden-Baden 1976, S. 293–326
(Zit.: Häberle, Zeit und Verfassung, S.)

Verfassungstheorie zwischen Dialektik und Kritischem Rationalismus
In: ders. Verfassung als offener Prozess, Materialien zu einer Verfassungstheorie der offenen Gesellschaft, 3.A., Berlin 1998, S. 303–321
(Zit.: Häberle, Verfassungstheorie, Dialektik und kritischer Rationalismus, S.)

Die Wesensgehaltsgarantie des Art. 19 Abs. 2 GG
Zugleich ein Beitrag zum institutionellen Verständnis der Grundrechte und zur Lehre vom Gesetzesvorbehalt
3. Auflage
Heidelberg 1983
(Zit.: Häberle, Wesensgehaltsgarantie, S.)

Hain, Karl-E. — Folgenbeseitigung und Folgenentschädigung
VerwArch. 2004, S. 498–514.

Ockham's Razor – ein Instrument zur Rationalisierung der Grundrechtsdogmatik?
JZ 2002, S. 1036–1045.

Der Gesetzgeber in der Klemme zwischen Übermaß- und Untermaßverbot?
DVBl. 1993, S. 982–984.

Haltern, Ulrich R./ Mayer, Franz C./ Möllers, Christoph R. — Wesentlichkeitstheorie und Gerichtsbarkeit
DV 30(1997), S. 51–74.

Hartleb, Torsten — Der neue § 14 III LuftSiG und das Grundrecht auf Leben
NJW 2005, S. 1397–1401.

Haueisen, Fritz — Folgenbeseitigung und Amtshaftung
DVBl. 1973, S. 739–744.

Haverkate, Görg — Neues und Altes zum Staatshaftungsrecht
ZRP 1977, S. 73–40.

Heidenhain, Martin — Folgen rechtswidrigen hoheitlichen Verwaltungshandelns
JZ 1968, S. 487–494.

Amtshaftung und Entschädigung aus enteignungsgleichem Eingriff
Berlin 1965
(Zit.: Heidenhain, Amtshaftung und Entschädigung).

Heinz, Kersten/ Schmitt, Klaus — Vorrang des Primärrechtsschutzes und ausgleichspflichtige Inhaltsbestimmung des Eigentums – Tendenzen und Wandlungen des Eigentumsschutzes auf Grund der neueren Rechtsprechung
NVwZ 1992, S. 513–522.

Heintschel v. Heinegg, Wolff / Haltern, Ulrich R. — Grundrechte als Leistungsansprüche des Bürgers gegenüber dem Staat
JA 1995, S. 333–342.

Heintzen, Markus — Staatshaushalt
§ 120 in: Isensee/Kirchhof (Hrsg.): Handbuch des Staatsrechts der Bundesrepublik Deutschland, Band V: Rechtsquellen, Organisation, Finanzen, 3. Auflage, Heidelberg 2007, S. 1175–1225.
(Zit.: Heintzen, HStR V (3.A.), §, *Rn*).

Staatliche Warnungen als Grundrechtsproblem
VerwArch. 81(1990), S. 532–556.

Das grundrechtliche Eingriffskriterium bei Sachverhalten mit Auslandsberührung
DVBl. 1988, S. 621–627.

Hendler, Reinhard — Zur bundesverfassungsgerichtlichen Konzeption der grundgesetzlichen Eigentumsgarantie
DVBl. 1983, S. 873–883.

Henke, Horst-Eberhard — Mitverursachung und Mitverschulden – Wer den Schaden herausfordert, muss den Schädiger schonen
JuS 1988, S. 753–761.

Henke, Wilhelm — Recht und Staat
Grundlage der Jurisprudenz
Tübingen 1988
(Zit.: Henke, Recht und Staat).

Juristische Systematik der Grundrechte
DÖV 1984, S. 1–11.

Herdegen, Matthias | Verfassungsinterpretation als methodische Disziplin
JZ 2004, S. 873–879.

Hermes, Georg | Der Grundsatz der Staatshaftung für Gemeinschaftsrechtsverletzungen
Die Verwaltung (DV) 31(1998), S. 371–400.

Entschädigung und Vorrang verwaltungsrechtlichen Rechtsschutzes – Zum enteignungsgleichen Eingriff und salvatorischen Entschädigungsklauseln im Denkmalrecht
NVwZ 1990, S. 733f.

Hesse, Konrad | Grundzüge des Verfassungsrechts der Bundesrepublik Deutschland
20. Auflage
Heidelberg 1999
(Zit.: Hesse, Grundzüge des Verfassungsrechts)

Bedeutung der Grundrechte
In: Benda u.a.: Handbuch des Verfassungsrechts, 2. Auflage, Berlin, New York 1994; § 5 S. 127–160.
(Zit.: Hesse, HVerfR, § 5).

Bestand und Bedeutung der Grundrechte in der Bundesrepublik Deutschland
EuGRZ 1978, S. 427–438.

Der Rechtsstaat im Verfassungssystem ders Grundgesetzes
In: ders./Siegfried Reicke, Ulrich Scheuner (Hrsg.): Staatsverfassung und Kirchenordnung. Festgabe für Rudolf Smend zum 80. Geburtstag, Tübingen 1962
S. 71–95.
(Zit.: Hesse, FG Smend).

Hill, Hermann | Rechtsverhältnisse in der Leistungsverwaltung
NJW 1986, S. 2602–2612.

Hillgruber, Christian — Der Staat des Grundgesetzes – nur „bedingt abwehrbereit“
JZ 2007, S. 209–218.

Richterliche Rechtsfortbildung als Verfassungsproblem
JZ 1996, S. 118–125.

Höfling, Wolfram — Offene Grundrechtsinterpretation
Grundrechtsauslegung zwischen amtlichem Interpretationsmonopol und privater Konkretisierungskompetenz
Berlin 1987
(Zit.: Höfling, Grundrechtsinterpretation)

Primär- und Sekundärrechtsschutz im Öffentlichen Recht
VVDStRL 61(2001), S. 260–299.

Hösch, Ulrich — Staatshaftung und Aufopferung
DÖV 1999, S. 192–200.

Hoffmann, Michael — Der Abwehranspruch gegen rechtswidrige hoheitliche Rechtsakte
Berlin 1969
(Zit.: Hoffmann, Abwehranspruch).

Hoffmann-Becking, Michael — Folgenbeseitigung bei rechtswidrigen hoheitlichen Tathandlungen? – BVerwG DVBl. 1971, 858
JuS 1972, S. 509–514.

Hoffmann-Riem, Wolfgang — Grundrechtsanwendung unter Rationalitätsanspruch
Eine Erwiderung auf Kahls Kritik an neueren Ansätzen in der Grundrechtsdogmatik
Der Staat 43(2004), S. 203–233.

Hofmann, Hasso — Menschenrechtliche Autonomieansprüche
- Zum politischen Gehalt der Menschenrechtserklärungen-
JZ 1992, S. 165–173.

	Die Grundrechte 1789–1949–1989 NJW 1989, S. 3177–3187.
Hohmann-Dennhardt, Christine	Freiräume – zum Schutze der Privatheit NJW 2006, S. 545–549.
Horn, Thomas	Folgenbeseitigung bei aufgehobenem Verwaltungsakt mit Drittwirkung DÖV 1989, S. 976–986.
Hoven, Elisa	Jean Bodin (1530–1596) – Wegbereiter des modernen Staates JuS 2007, S. 10–14.
Huber, Ernst Rudolf	Bedeutungswandel der Grundrechte AöR 23(=62 nF)(1933), S. 1–98.
Huber, Peter M.	Das Menschenbild im Grundgesetz Jura 1998, S. 505–511.
Hufen, Friedhelm	Verwaltungsprozessrecht 8. Auflage München 2011 (Zit.: Hufen)
Ipsen, Jörn	Staatsrecht II Grundrechte 14. Auflage Köln 2011 (Zit.: Ipsen, Staatsrecht II)
	Allgemeines Verwaltungsrecht 7. Auflage Köln 2011 (Zit.: Ipsen, Verwaltungsrecht)
	Enteignung, enteignungsgleicher Eingriff und Staatshaftung - Zu den Auswirkungen der Eigentumsrechtsprechung des BVerfG auf die Haftung für staatliches Unrecht - DVBl. 1983, S. 1029–1038.

Isensee, Josef

Subsidiaritätsprinzip und Verfassungsrecht
Eine Studie über das Regulativ des Verhältnisses von Staat und Gesellschaft
Mit Nachtrag: Die Zeitperspektive 2001 Subsidiarität – das Prinzip und seine Prämissen
2. Auflage
Berlin 2001
(Zit.: Isensee, Subsidiaritätsprinzip und Verfassungsrecht)

Das Grundrecht als Abwehrrecht und als staatliche Schutzpflicht
in: ders./ Kirchhof, Handbuch des Staatsrechts der Bundesrepublik Deutschland
Band IX: Allgemeine Grundrechtslehren
3. Auflage, Heidelberg 2011
§ 191, S. 413–568.
(Zit.: Isensee, HStR IX, § 191)

Grundrechtsvoraussetzungen und Verfassungserwartungen
in: ders./ Kirchhof, Handbuch des Staatsrechts der Bundesrepublik Deutschland
Band IX: Allgemeine Grundrechtslehren
3. Auflage
Heidelberg 2011
§ 190, S. 265–411.
(Zit.: Isensee, HStR IX, § 190)

Das Grundrecht auf Sicherheit
Zu den Schutzpflichten des freiheitlichen Verfassungsstaates
Berlin 1983
(Zit.: Isensee, Sicherheit)

Verfassung ohne soziale Grundrechte
Ein Wesenszug des Grundgesetzes
Der Staat 19(1980), S. 367–384.

Jahn, Ralf — Zur Verfassungsmäßigkeit der Pflichtmitgliedschaft in öffentlich-rechtlichen Körperschaften – BVerwG NJW 1998, 3510
JuS 2000, S. 129–132.

Janssen, Günther — Entschädigungsrechtlicher Adhäsionsprozess in der Verwaltungsgerichtsbarkeit?
DVBl. 1967, S. 190–194

Der Anspruch auf Entschädigung bei Aufopferung und Enteignung
Stuttgart 1961
(Zit.: Janssen, Entschädigung).

Jarass, Hans D. — Bausteine einer umfassenden Grundrechtsdogmatik
AöR 120 (1995), S. 345–381.

Der Vorbehalt des Gesetzes bei Subventionen
NVwZ 1984, S. 473–480.

Jarass, Hans D./Pieroth, Bodo — Grundgesetz für die Bundesrepublik Deutschland
Kommentar
11. Auflage
München 2010
(Zit.: Jarass/Pieroth).

Jeand'Heur, Bernd — Grundrechte im Spannungsverhältnis zwischen subjektiven Freiheitsrechten und objektiven Grundsatznormen
JZ 1995, S. 161–167.

Jeromin, Curt M. — Die Bestandskraft von Verwaltungsakten im Amtshaftungsprozess
NVwZ 1991, S. 543–545.

Jestaedt, Matthias — Grundrechtsentfaltung im Gesetz
Tübingen 1999
(Zit.: Jestaedt)

Kahl, Wolfgang — Tendenzen in Verwaltungsrecht und Verwaltungsrechtswissenschaft
DV 42(2009), S. 463–500.

	Neuere Entwicklungslinien in der Grundrechtsdogmatik AöR 131(2006), S. 579–620.
	Die rechtliche Bedeutung der Unterscheidung von Staat und Gesellschaft Jura 2002, S. 721–729.
Kastner, Fritz	Die Eigentumsgarantie in der (fern-)straßenrechtlichen Planfeststellung VerwArch. 80(1989), S. 74–91.
Kelsen, Hans	Allgemeine Theorie der Normen Im Auftrag des Hans-Kelsen-Instituts aus dem Nachlaß herausgegeben von Kurt Ringhofer und Robert Walter Wien 1979 (Zit.: Kelsen, Allgemeine Theorie der Normen)
Kirchhof, Paul	Die Steuern In: Kirchhof/Isensee, Handbuch des Staatsrechts der Bundesrepublik Deutschland Band 5: Rechtsquellen, Organisation, Finanzen 3. Auflage, Heidelberg 2007 § 118, S. 959–1099 (Zit.: Kirchhof, HStR V (3.A.), § 118 *Rn*)
Kischel, Uwe	Entschädigungsansprüche für Eigentumsbeeinträchtigungen - Zur Systematik im Staatshaftungsrecht - VerwArch. 2006, S. 450–481.
Klein, Eckart	Grundrechtliche Schutzpflicht des Staates NJW 1989, S. 1633–1640.
Klein, Hans Hugo	Die grundrechtliche Schutzpflicht DVBl. 1994, S. 489–497.
	Die Grundrechte im demokratischen Staat Stuttgart 1972 (Zit.: H.H. Klein, Grundrechte)

Klement, Jan Henrik — Der Vorbehalt des Gesetzes für das Unvorhersehbare
- Argumente gegen zu viel Rücksicht auf den Gesetzgeber
DÖV 2005, S. 507–515.

Entschädigung für rechtswidrige Eingriffe und rechtswidrige Maßnahmen
Gegen eine Subjektivierung des Rechtswidrigkeitsbegriffs im Staatshaftungsrechts
DV 37(2004), S. 73–104.

Knack, Hans Joachim — Verwaltungsverfahrensgesetz (VwVfG)
Kommentar
Bearbeitet von Jost-Dietrich Busch, Wolfgang Clausen, Hansjochen Dürr, Hans-Günther Henneke, Hubert Meyer
9. Auflage
Köln 2009
(Zit.: Knack/*Bearbeiter*).

Knauber, Raffael — Die jüngste Entschädigungsrechtsprechung des BGH nach dem Nassauskiesungsbeschluss des BverfG
NVwZ 1984, S. 753–759.

Knemeyer, Franz-Ludwig — Folgenbeseitigungsanspruch oder Anspruch auf polizeiliches Einschreiten
JuS 1988, S. 696–699.

Koch, Thorsten — Der Grundrechtsschutz des Drittbetroffenen
Zur Rekonstruktion der Grundrechte als Abwehrrechte
Tübingen 2000
(Zit.: Koch, Grundrechtsschutz).

Köckerbauer, Hans Peter — Rechtsgrundlagen und Haftungsumfang des Folgenbeseitigungsanspruchs
JuS 1988, S. 782–787.

Konow, Karl-Otto — Zur Frage der Subsidiarität der Aufopferungsansprüche
DVBl. 1986, S. 205–209.

Kopp, Ferdinand O. — Verwaltungsgerichtsordnung mit Erläuterungen
6. Auflage
München 1984
(Zit.: Kopp, VwGO, 6. Auflage 1984).

Kopp, Ferdinand O./ Ramsauer, Ulrich — Verwaltungsverfahrensgesetz
Kommentar
12. Auflage
München 2011
(Zit.: Kopp/Ramsauer).

Kopp, Ferdinand O./ Schenke, Wolf-Rüdiger — Verwaltungsgerichtsordnung
Kommentar
17. Auflage
München 2011
(Zit.: Kopp/Schenke).

Kraft, Ingo — Folgenbeseitigung in dreipoligen Rechtsverhältnissen
BayVBl. 1992, S. 456–462.

Krebs, Walter — Subjektiver Rechtsschutz und objektive Rechtskontrolle
In: Erichsen/Hoppe/v. Mutius: System des verwaltungsgerichtlichen Rechtsschutzes, Festschrift für Christian-Friedrich Menger zum 70. Geburtstag, Köln 1985
S. 191–210.
(Zit.: Krebs, FS Menger).

Kompensation von Verwaltungsverfahrensfehlern durch gerichtlichen Rechtsschutz?
- Zur Problematik des § 46 VwVfG des Bundes und der Länder –
DVBl. 1984, S. 109–116.

Kreft, Friedrich | Öffentlich-rechtliche Ersatzleistungen
2. Auflage
Berlin 1998
(Zit.: Kreft, Ersatzleistungen).

Die Eigentumsgarantie und verfassungsrechtliche Entschädigungspflichten
In: Faller/Kirchhof/Träger, Verantwortlichkeit und Freiheit; Die Verfassung als wertbestimmte Ordnung, Festschrift für Willi Geiger zum 80. Geburtstag, Tübingen 1989, S. 399–416
(Zit.: Kreft, FS Geiger).

Krüger, Herbert | Verfassungsänderung und Verfassungsauslegung
DÖV 1961, S. 721–728.

Kube, Hanno | Der subjektive Abwehrgehalt der Grundrechte
Zur grundrechtlichen Rüge der Verletzung von Rechten Dritter
DVBl. 2005, S. 721–727.

Külpmann, Christoph | Enteignende Eingriffe?
Das Entschädigungsinstitut des enteignenden Eingriffs und die neuere verfassungsrechtliche Dogmatik der Eigentumsgarantie
Berlin 2000
(Zit.: Külpmann, Enteignende Eingriffe)

Kunig, Philip | Aufopferung
Jura 1992, S. 554–559.

Kutschera, Peter | Bestandsschutz im öffentlichen Recht
Zugleich ein Beitrag zur Dogmatik des Art. 14 GG
Heidelberg 1990
(Zit.: Kutschera, Bestandsschutz)

Lackner, Karl/ Kühl, Kristian | Strafgesetzbuch
Kommentar
27. Auflage
München 2010
(Zit.: Lackner/Kühl, § StGB)

Ladeur, Karl-Heinz	Die objektiv-rechtliche Dimension der wirtschaftlichen Grundrechte - Relativierung oder Abstützung der subjektiven Freiheitsrechte? - DÖV 2007, S. 1–10.
Larenz, Karl	Methodenlehre der Rechtswissenschaft 6. Auflage Berlin 1991 (Zit.: Larenz, Methodenlehre)
Laubinger, Hans-Werner	Der öffentlich-rechtliche Unterlassungsanspruch VerwArch. 80(1989), S. 261–301.
Lecheler, Helmut	„Funktion" als Rechtsbegriff NJW 1979, S. 2273–2277.
Leibholz, Gerhard/ Rinck, Hans-Justus/ Hesselberger, Dieter	Grundgesetz für die Bundesrepublik Deutschland Kommentar Rechtsprechung des Bundesverfassungsgerichts Bearb. Von Axel Burghart Stand: 57. EL, November 2011 (Zit.: Leibholz/Rinck)
Leisner, Anna	Die Leistungsfähigkeit des Staates Verfassungsrechtliche Grenze der Staatsleistungen? Berlin 1998 (Zit.: A. Leisner, Die Leistungsfähigkeit des Staates).
Leisner, Walter	Bestandsgarantie des Eigentums – vom Bergrecht unterminiert? DVBl. 1988, S. 555–562.

Der Eigentümer als Organ der Wirtschaftsverfassung
Gibt es ein „organisationsrechtliches Grundrechtsverständnis"?
DÖV 1975, S. 73–79.

Beobachtungen zur Verfassungsauslegung
DÖV 1961, S. 641–653.

Lenz, Sebastian/ Leydecker, Philipp — Kollidierendes Verfassungsrecht
- Verfassungsrechtliche Maßstäbe der Einschränkbarkeit vorbehaltloser Freiheitsrechte –
DÖV 2005, S. 841–850.

Lepsius, Oliver — Geld als Schutzgut der Eigentumsgarantie
JZ 2002, S. 313–321.

Lerche, Peter — Übermaß und Verfassungsrecht
Zur Bindung des Gesetzgebers an die Grundsätze der Verhältnismäßigkeit und der Erforderlichkeit
Köln 1961
(Zit.: Lerche, Übermaß und Verfassungsrecht)

Lindner, Franz Josef — Öffentlich-rechtliche Regelungsstrategien zur Bewältigung komplexer Schadensfälle
- Bestandsaufnahme und verfassungsrechtliche Rahmenbedingungen -
DVBl. 2005, S. 1227–1235.

„Grundrechtseingriff" oder „grundrechtswidriger Effekt"? – Plädoyer für einen grundrechtsdogmatischen Paradigmenwechsel
DÖV 2004, S. 765–774.

Lochte-Handjery, Karin — Das Verschulden im Rahmen des Amtshaftungsanspruchs – zeitgemäße Haftungsvoraussetzung oder Relikt vergangener Tage?
JuS 2001, S. 1186–1189.

Lübbe-Wolff, Gertrude | Die Dogmatik der Grundrechte als Eingriffsabwehrrechte: Struktur und Reichweite der Eingriffsdogmatik im Bereich staatlicher Leistungen
Baden-Baden 1988
(Zit.: Lübbe-Wolff)

Maaß, Rainald | Zur Rechtsgrundlage des Folgenbeseitigungsanspruchs
- Überlegungen aus Anlass von BVerwGE 60, 366 = BayVBl. 1985, 54 und BGHZ 83, 190
BayVBl. 1987, S. 520–527.

Von Mangoldt, Hans | Folgenbeseitigung und Störungsbeseitigung
DVBl. 1974, S. 825–832.

Martens, Wolfgang | Grundrechte im Leistungsstaat
VVDStRL 30(1972), S. 7–42.

Martins, Renata | Grundrechtsdogmatik im Gewährleistungsstaat: Rationalisierung der Grundrechtsanwendung?
DÖV 2007, S. 456–464.

Masing, Johannes | Vom Notstandspflichtigen zum Notstandsgewinnler
-Zivilrechtliche Verformungen im Folgenbeseitigungsrecht-
DÖV 1999, S. 573–581.

Maunz, Theodor/Dürig, Günther | Grundgesetz
Loseblatt-Kommentar
62. Ergänzungslieferung
München, Mai 2011
(Zit.: *Bearbeiter* in: Maunz/Dürig (*Ergänzungslieferung*)).

Maurer, Hartmut

Staatsrecht I
Grundlagen, Verfassungsorgane, Staatsfunktionen
6. Auflage
München 2010
(Zit.: Maurer, Staatsrecht I)

Allgemeines Verwaltungsrecht
18. Auflage
München 2011
(Zit.: Maurer, Verwaltungsrecht)

Urteilsanmerkung zu BGH v. 7.6.1990, JZ 1991, S. 36ff
JZ 1991, S. 38f.

Enteignungsbegriff und Eigentumsgarantie
In: Maurer (Hrsg.): Das akzeptierte Grundgesetz. Festschrift für Günther Dürig zum 70. Geburtstag, München 1990, S. 293–317.
(Zit.: Maurer, FS Dürig)

Mayen, Thomas

Der grundrechtliche Informationsanspruch des Forschers gegenüber dem Staat
Berlin 1992
(Zit.: Mayen, Der grundrechtliche Informationsanspruch)

Menger, Christian-Friedrich

Über die Identität des Rechtsgrundes der Staatshaftungsklagen und einiger Verwaltungsstreitsachen
Gedächtnisschrift für Walter Jellinek, München 1955, S. 347–359.
(Zit.: Menger, GS Jellinek)

Höchstrichterliche Rechtsprechung zum Verwaltungsrecht
VerwArch. 50(1959), S. 77–92.

Höchstrichterliche Rechtsprechung zum Verwaltungsrecht
VerwArch. 49(1958), S. 73–84.

Merten, Detlef — Handlungsgrundrechte als Verhaltensgarantien - zugleich ein Beitrag zur Funktion der Grundrechte -
VerwArch. 73 (1982), S. 103–121.

Mikat, Paul — Staat, Kirchen und Religionsgemeinschaften
In: In: Benda u.a.: Handbuch des Verfassungsrechts, 2. Auflage, Berlin, New York 1994; § 29, S. 1425–1455
(Zit.: Mikat, HVerfR, § 29, Rn).

Möstl, Markus — Probleme der verfassungsprozessualen Geltendmachung gesetzgeberischer Schutzpflichten
- Die Verfassungsbeschwerde gegen legislatives Unterlassen -
DÖV 1998, S. 1029–1039.

Morgenthaler, Gerd — Freiheit durch Gesetz
Der parlamentarische Gesetzgeber als Erstadressat der Freiheitsgrundrechte
Tübingen 1999
(Zit.: Morgenthaler, Freiheit durch Gesetz)

Morlok, Martin — Erstattung als Rechtmäßigkeitsrestitution
DV 25(1992), S. 371–399.

Müller, Friedrich — Arbeitsmethoden des Verfassungsrechts
In: Manfred Thiel (Hrsg.): Enzyklopädie der geisteswissenschaftlichen Arbeitsmethoden, 11. Lieferung, Methoden der Rechtswissenschaft, Teil I, München 1972, S. 123–190.
(Zit.: Müller, Arbeitsmethoden des Verfassungsrechts)

Müller, Friedrich/ Christensen, Ralph — Juristische Methodik
Band I
Grundlagen, Öffentliches Recht
9. Auflage
Berlin 2004
(Zit.: Müller/Christensen, Juristische Methodik I)

Murswiek, Dieter — Grundrechte als Teilhaberechte, soziale Grundrechte
In: Isensee/Kirchhof (Hrsg.),
Handbuch des Staatsrechts,
Band IX: Allgemeine Grundrechtslehren,
3. Auflage,
Heidelberg 2011
§ 192, S. 569–620
(Zit.: Murswiek, HStR IX, § 192).

Neumann, Volker — Sozialstaatsprinzip und Grundrechtsdogmatik
DVBl. 1997, S. 92–100.

Nixdorf, Wolfgang — Mysterium Schmerzensgeld – Was ist das Besondere an den Ansprüchen auf Ersatz immaterieller Schäden?
NZV 1996, S. 89–94.

Nüßgens, Karl/
Boujong, Karlheinz — Eigentum, Sozialbindung, Enteignung
München 1987
(Zit.: Nüßgens/Boujong, Eigentum, Sozialbindung, Enteignung).

Nußberger, Angelika — Soziale Gleichheit – Voraussetzung oder Aufgabe des Staates?
DVBl. 2008, S. 1081–1089.

Obermayer, Klaus — Zur Rechtsstellung des Nachbarn im Baurecht und zum Folgenbeseitigungsanspruch – OVG Lüneburg, DÖV 1962, 467
JuS 1963, S. 110–116.

Oldiges, Martin — Staatshaftung für den Vollzug verfassungswidriger Gesetze durch die Verwaltung
DÖV 1977, S. 75–81.

Olivet, Peter — Die Haftungszurechnung beim Rechtsinstitut des enteignungsgleichen Eingriffs
NVwZ 1986, S. 431–441.

Opfermann, Wilhelm — Die Enteignungsentschädigung nach dem Grundgesetz
Grundprobleme der Entschädigungsflexbilität des Grundgesetzes bei Eingriffen in das Eigentum bei besonderer Berücksichtigung der Baulandbeschaffungsfrage
Berlin 1974
(Zit.: Opfermann, Enteignungsentschädigung).

Oppermann, Thomas — Schule und berufliche Ausbildung
In: Isensee/Kirchhof (Hrsg.): Handbuch des Staatsrechts der Bundesrepublik Deutschland
Band VI: Freiheitsrechte,
2. Auflage
Heidelberg 2011, § 135, S. 329–368
(Zit.: HStR VI (2.A.), § 135, Rn).

Ortloff, Karsten-Michael — Inhalt und Bindungswirkungen der Baugenehmigung
NJW 1987, S. 1665–1670.

Ossenbühl, Fritz — Gesetz und Recht – Die Rechtsquellen im demokratischen Rechtsstaat
In: Isensee/Kirchhof (Hrsg.), Handbuch des Staatsrechts der Bundesrepublik Deutschland
Band V: Rechtsquellen, Organisation, Finanzen
3. Auflage, Heidelberg 2007
§ 100, S. 135–182.
(Zit.: Ossenbühl, HStR V (3.A.), § 100 *Rn*).

Grundsätze der Grundrechtsinterpretation
In: Merten/Papier (Hrsg.), Handbuch der Grundrechte in Deutschland und Europa
Band I: Entwicklung und Grundlagen
Heidelberg 2004
§ 15, S. 595–630
(Zit.: Ossenbühl, HGR I, § 15 *Rn*).

Öffentliches Recht in der Rechtsprechung des BGH
NJW 2000, S. 2945–2953.

Der Anspruch wegen rechtswidriger Eigentumsverletzung
In: Faller/Kirchhof/Träger, Verantwortlichkeit und Freiheit; Die Verfassung als wertbestimmte Ordnung, Festschrift für Willi Geiger zum 80. Geburtstag, Tübingen 1989, S. 475–497
(Zit.: Ossenbühl, FS Geiger).

Staatshaftungsrecht
5. Auflage
München 1998
(Zit.: Ossenbühl)

Abschied vom enteignungsgleichen Eingriff?
NJW 1983, S. 1–6.

Die Interpretation der Grundrechte in der Rechtsprechung des Bundesverfassungsgerichts
NJW 1976, S. 2100–2107.

Probleme und Wege der Verfassungsauslegung
DÖV 1965, S. 649–661.

Osterloh, Lerke — Eigentumsschutz, Sozialbindung und Enteignung bei der Nutzung von Boden und Umwelt
DVBl. 1991, S. 906–914.

Palandt — Bürgerliches Gesetzbuch
Bearbeitet von Bassenge, Brudermüller, Diederichsen, Ellenberger, Grüneberg, Sprau, Thorn, Weidenkaff, Weidlich
71. Auflage
München 2012
(Zit.: Palandt/*Bearbeiter*).

68. Auflage
München 2009
(Zit.: Palandt/*Bearbeiter* (68.A.)).

Papier, Hans-Jürgen — Staatshaftung
In: Josef Isensee/Paul Kirchhof (Hrsg.): Handbuch des Staatsrechts der Bundesrepublik Deutschland, Band VIII: Grundrechte: Wirtschaft, Verfahren, Gleichheit; 3. Auflage, Heidelberg 2010
(Zit.: Papier, HStR VIII (3.A.), § 80, Rn).

Enteignungsgleicher und enteignender Eingriff nach der Nassauskiesungs-Entscheidung
JuS 1985, S. 184–188.

Zum Schicksal des enteignungsgleichen Eingriffs
NVwZ 1983, S. 258–261.

Das neue Staatshaftungsrecht
NJW 1981, S. 2321–2327.

Immissionen durch Betriebe der öffentlichen Hand
NJW 1974, S. 1797–1802.

Eigentumsgarantie und Geldentwertung
AöR 98 (1973), S. 528–567.

Öffentlich-rechtlicher Folgenbeseitigungsanspruch bei Nichterfüllung?
DÖV 1972, S. 845–851.

Peine, Franz-Joseph — Der Grundrechtseingriff
In: Merten/Papier, Handbuch der Grundrechte in Deutschland und Europa, Band III, Grundrechte in Deutschland: Allgemeine Lehren II, Heidelberg 2009, § 57, S. 87–111.
(Zit.: Peine, HGR III, § 57, Rn)

Pieroth, Bodo/
Schlink, Bernhard — Grundrechte
27. Auflage
Heidelberg 2011
(Zit.: Pieroth/Schlink).

Pietzcker, Jost | Zur Entwicklung des öffentlichrechtlichen Entschädigungsrechts - insbesondere am Beispiel der Entschädigung von Beschränkungen der landwirtschaftlichen Produktion
NVwZ 1991, S. 416–427.

„Grundrechtsbetroffenheit“ in der verwaltungsgerichtlichen Dogmatik
In: Püttner (Hrsg.): Festschrift für Otto Bachof zum 70. Geburtstag, München 1984, S. 131–149
(Zit.: Pietzcker, FS Bachof 1984).

Die Rechtsfigur des Grundrechtsverzichts
Der Staat 17(1978), S. 527–551.

Pietzko, Gabriele | Der materiell-rechtliche Folgenbeseitigungsanspruch
Köln 1994
(Zit.: Pietzko)

Pietzner, Rainer/ Müller, Judith | Herstellungsanspruch und Verwaltungsgerichtsbarkeit
VerwArch. 85(1994), S. 603–621.

Poscher, Ralf | Grundrechte als Abwehrrechte
Reflexive Regelung rechtlich geordneter Freiheit
Tübingen 2003
(Zit.: Poscher, Abwehrrechte)

Posser, Herbert/ Wolff, Heinrich Amadeus | Verwaltungsgerichtsordnung
München 2008
(Zit.: Posser/Wolff/*Bearbeiter*, VwGO)

Prümm, Hans-Paul | Verfassung und Methodik
Beiträge zu verfassungskonformer Auslegung, Lückenergänzung und Gesetzeskorrektur unter besonderer Berücksichtigung des vierten Änderungsgesetzes zum Bundesverfassungsgerichtsgesetz
Berlin 1976
(Zit.: Prümm, Verfassung und Methodik)

Ramsauer, Ulrich — Die Assessorprüfung im öffentlichen Recht
7. Auflage
München 2010
(Zit.: Ramsauer)

Die Bestimmung des Schutzbereichs von Grundrechten nach dem Normzweck
VerwArch. 72(1981), S. 89–106.

Rebmann, Kurt/
Säcker, Franz-Jürgen/
Rixecker, Roland — Münchner Kommentar zum Bürgerlichen Gesetzbuch
(Zit.: MüKo/*Bearbeiter*)

Band 2
Schuldrecht Allgemeiner Teil
§§ 241–432
5. Auflage
München 2007

Band 5
Schuldrecht Besonderer Teil III
§§ 705–853
Partnerschaftsgesellschaftsgesetz Produkthaftungsgesetz
5. Auflage
München 2009

Band 6
§§ 854–1269 BGB
Sachenrecht, Wohnungseigentumsgesetz, Erbbaurechtsgesetz
5. Auflage
München 2009

Redeker, Konrad — Anmerkung zu BVerwG DVBl. 1963, 507ff
DVBl. 1963, S. 509–511.

Redeker, Martin — Was beseitigt der Folgenbeseitigungsanspruch?
DÖV 1987, S. 194–200.

Redeker, Konrad/ Von Oertzen, Hans-Joachim | Verwaltungsgerichtsordnung Kommentar
Fortgeführt von Martin Redeker, Peter Kothe, Helmuth von Nicolai
15. Auflage
Stuttgart 2010
(Zit.: Redeker/von Oertzen)

Rehbinder, Eckard | Ersatz ökologischer Schäden – Begriff, Anspruchsberechtigung und Umfang des Ersatzes unter Berücksichtigung rechtsvergleichender Erfahrungen
NuR 1988, S. 105–115.

Ringe, Karl | Zur Unterlassungs- und Beseitigungsklage bei Verwaltungsakten und einfachen Verwaltungshandlungen
DVBl. 1958, S. 378–381.

Rinne, Eberhard | Entschädigungsfragen beim eingerichteten und ausgeübten Gewerbebetrieb
DVBl. 1993, S. 869–872.

Rinne, Eberhard/ Schlick, Wolfgang | Die Rechtsprechung des BGH zu den öffentlich- rechtlichen Ersatzleistungen

Teil 1: Öffentlich-rechtliche Entschädigung
NJW 2005, S. 3330–3336.

Die Rechtsprechung des BGH zu den öffentlichrechtlichen Ersatzleistungen
NVwZ 1997, S. 34–43.

Robbers, Gerhard | Öffentliches Recht: Der Prüfungsbericht des Bundesrechnungshofes
Der praktische Fall – öffentliches Recht
JuS 1988, S. 723–726.

Der Grundrechtsverzicht
JuS 1985, S. 925–931.

Röder, Daniel	Die Haftungsfunktion der Grundrechte: Eine Untersuchung zum anspruchsbewehrten „status negativus compensationis“ Berlin 2002 (Zit.: Röder).
Roellecke, Gerd	Prinzipien der Verfassungsinterpretation in der Rechtsprechung des Bundesverfassungsgerichts In: Bundesverfassungsgericht und Grundgesetz Festgabe aus Anlass des 25jährigen Bestehens des Bundesverfassungsgerichts, Heidelberg 1976, 2. Band Verfassungsauslegung, S. 22–49 (Zit.: Roellecke, FG BVerfG (1976)).
Rösslein, Thomas	Der Folgenbeseitigungsanspruch Berlin 1968 (Zit.: Rösslein, Folgenbeseitigungsanspruch).
Roller, Gerhard	Enteignung, ausgleichspflichtige Inhaltsbestimmung und salvatorische Klauseln - Eine Bestandsaufnahme im Lichte der neuen Judikatur des BVerfG NJW 2001, S. 1003–1009.
Roßnagel, Alexander	Verfahrensfehler ohne Sanktion? JuS 1994, S. 927–932.
Roth, Wolfgang	Faktische Eingriffe in Freiheit und Eigentum Struktur und Dogmatik des Grundrechtstatbestandes und der Eingriffsrechtfertigung Berlin 1994 (Zit.: Roth, Faktische Eingriffe).
Rüfner, Wolfgang	Leistungsrechte In: Merten/Papier (Hrsg.), Handbuch der Grundrechte in Deutschland und Europa Band II: Grundrechte in Deutschland: Allgemeine Lehren I Heidelberg 2006 § 40, S. 679–708. (Zit.: Rüfner, HGR II, § 40, *Rn*)

Der personale Grundzug der Grundrechte und der Grundrechtsschutz juristischer Personen
In: FS BVerfG Band. 2 (2001), S. 55–76.

Grundrechtliche Leistungsansprüche
In: Wolfgang Gitter/ Werner Thieme/ Hans F. Zacher (Hrsg.): Im Dienst des Sozialrechts, Festschrift für Georg Wannagat, Köln 1981, S. 379–390.
(Zit.: Rüfner, FS Wannagat).

Rüthers, Bernd/ Fischer, Christian/ Birk, Axel
Rechtstheorie
Mit juristischer Methodenlehre
6. Auflage
München 2011
(Zit.: Rüthers/Fischer/Birk, Rechtstheorie).

Rupp, Hans Heinrich
Die Beseitigungs- und Unterlassungsklage gegen Träger hoheitlicher Gewalt
Eine Untersuchung zur prozessrechtlichen Behandlung des schlichten Verwaltungshandelns insbesondere im Bereich der staatlichen Daseinsvorsorge
DVBl. 1958, S. 113–120.

Grundfragen der heutigen Verwaltungsrechtslehre
Verwaltungsnorm und Verwaltungsrechtsverhältnis
Tübingen 1965
(Zit.: Rupp, Grundfragen).

Die verfassungsrechtliche Seite des Umweltschutzes
JZ 1971, S. 401–404.

Diskussionsbeitrag zur Aussprache „Grundrechte im Leistungsstaat“
VVDStRL 30(1972), S. 180(181).

Vom Wandel der Grundrechte
AöR 101(1976), S. 161–201.

Der verwaltungsrechtliche (Folgen-) Beseitigungsanspruch
JA 1979, S. 506–512.

Die Unterscheidung von Staat und Gesellschaft
In: Isensee/Kirchhof (Hrsg:), Handbuch des Staatsrechts der Bundesrepublik Deutschland
Band II: Verfassungsstaat
3. Auflage, Heidelberg 2004
§ 31, S. 879–928
(Zit.: Rupp, HStR II (3.A.), § 31 *Rn*).

Ungeschriebene Grundrechte unter dem Grundgesetz
JZ 2005, S. 157–160.

Sachs, Michael | Grundgesetz
Kommentar
6. Auflage
München 2011
(Zit.: Sachs/*Bearbeiter*)

3. Auflage
München 2003
(Zit.: Sachs/*Bearbeiter* (3.A.)).

Verfassungsrecht II
Grundrechte
2. Auflage
Berlin 2002
(Zit.: Sachs, Verfassungsrecht II)

Abwehrrechte
In: Merten/Papier (Hrsg.), Handbuch der Grundrechte in Deutschland und Europa
Band II: Grundrechte in Deutschland: Allgemeine Lehren I
§ 39, S. 655–677
(Zit.: Sachs, HGR II, § 39 *Rn*).

	Zur dogmatischen Struktur der Gleichheitsrechte als Abwehrrechte DÖV 1984, S. 411–419.
Sass, Wolfgang	Art. 14 GG und das Entschädigungserfordernis Heidelberg 1992 (Zit.: Sass, Entschädigungserfordernis).
Schachtschneider, Wolfgang	Diskussionsbeitrag in: Aussprache zum 2. Beratungsgegenstand der Staatsrechtslehrertagung 1996 VVDStRL 56 (1996), S. 310f
Schatzschneider, Wolfgang	Besprechung von: Tobias Schneider, Folgenbeseitigung im Verwaltungsrecht. Eine Untersuchung zu Rechtsgrund, Tatbestand und Rechtsfolgen des öffentlich-rechtlichen Folgenbeseitigungsanspruchs NVwZ 1995, S. 1996.
Schätzel, Walter	Der internationale Schutz der Menschenrechte In: Festschrift für Friedrich Giese, Frankfurt 1953, S. 215–230 (Zit.: Schätzel, FS Giese)
Schenke, Wolf-Rüdiger	Verfassungsrechtliche Garantie eines Rechtsschutzes gegen Rechtsprechungsakte? JZ 2005, S. 116–120.
	Staatshaftung und Aufopferung – der Anwendungsbereich des Aufopferungsanspruchs NJW 1991, S. 1777–1789.
	Folgenbeseitigungsanspruch und mitwirkendes Verschulden – BVerwG NJW 1989, 2484 JuS 1990, S. 370–377.
	Der Folgenbeseitigungsanspruch bei Verwaltungshandeln mit Drittwirkung DVBl. 1990, S. 328–338.
	Der verfahrensfehlerhafte Verwaltungsakt gemäß § 46 VwVfG DÖV 1986, S. 305–321.

Schenke, Wolf-Rüdiger/ Guttenberg, Ulrich — Rechtsprobleme einer Haftung bei normativem Unrecht
- Bemerkungen zu BGH, DÖV 1990, S. 1065ff -
DÖV 1991, S. 945–955.

Scherzberg, Arno — Die Subsidiarität des enteignungsgleichen Eingriffs
DVBl. 1991, S. 84–93.

„Objektiver“ Grundrechtsschutz und subjektives Grundrecht
- Überlegungen zur Neukonzeption des grundrechtlichen Abwehrrechts –
DVBl. 1989, S. 1128–1136

Grundlagen und Typologie des subjektiv-öffentlichen Rechts
DVBl. 1988, S. 129–134.

Scheuner, Ulrich — Die Funktion der Grundrechte im Sozialstaat Die Grundrechte als Richtlinie und Rahmen der Staatstätigkeit
DÖV 1971, S. 505–512.

Die neuere Entwicklung des Rechtsstaats in Deutschland
In: v. Caemmerer/Friesenhahn/Lange (Hrsg.): Hundert Jahre deutsches Rechtsleben; Festschrift zum hundertjährigen Bestehen des deutschen Juristentages, Band II, Karlsruhe 1960
S. 229–262
(Zit.: Scheuner, DJT-FS (1960), Band 2).

Probleme der staatlichen Schadenshaftung nach deutschem Recht
DÖV 1955, S. 545–550.

Grundfragen der Staatshaftung für schädigende Eingriffe
Gedächtnisschrift für Walter Jellinek, München 1955, S. 331–345.
(Zit.: Scheuner, GS Jellinek)

	Pressefreiheit In: VVDStRL 22(1965), S. 1–100.
Schleeh, Jörg	Zur Dogmatik der öffentlich-rechtlichen Folgenbeseitigung AöR 92(1976), S. 58–98.
Schlichter, Otto	Primärrechtsschutz – Ende der Diskussion oder Diskussion ohne Ende? In: Franßen/Redeker/Schlichter/Wilke (Hrsg.): Bürger – Richter – Staat, Festschrift für Horst Sendler, München 1991, S. 241–257. (Zit.: Schlichter, FS Sendler).
Schlink, Bernhard	Freiheit durch Eingriffsabwehr: Rekonstruktion der klassischen Grundrechtsfunktion EuGRZ 1984, S. 457–468.
	Bemerkungen zum Stand der Methodendiskussion in der Verfassungsrechtswissenschaft Der Staat 19(1980), S. 73–107.
Schloer, Bernhard	Der Folgenbeseitigungsanspruch JA 1992, S. 39–45.
Schmidt-Aßmann, Eberhard	Der Rechtsstaat In: Isensee/Kirchhof (Hrsg.): Handbuch des Staatsrechts der Bundesrepublik Deutschland Band II: Verfassungsstaat 3. Auflage Heidelberg 2004 § 26, S. 541–612 (Zit.: Schmidt-Aßmann, HStR II (3.A.), § 26, *Rn*).
	Die enteignungsrechtliche Folgenentschädigung NJW 1974, S. 1265–1270.
Schmidt-Bleibtreu, Bruno/ Hofmann, Hans/ Hopfauf, Axel	Kommentar zum Grundgesetz 11. Auflage München 2008 (Zit.: *Bearbeiter* in: Schmidt-Bleibtreu/Hofmann/Hopfauf).

Schmidt-Preuß, Matthias — Verwaltung und Verwaltungsrecht zwischen gesellschaftlicher Selbstregulierung und staatlicher Steuerung
VVDStRL 56 (1996), S. 160–234.

Schmitt, Carl — Verfassungslehre
8. Auflage (Nachdruck der 1. Auflage von 1928)
Berlin 1993
(Zit.: Schmitt, Verfassungslehre)

Freiheitsrechte und institutionelle Garantien (1931)
In: ders., Verfassungsrechtliche Aufsätze aus den Jahren 1924–1954, Materialien zu einer Verfassungslehre, 4. Auflage, Berlin 2003, S. 140–173
(Zit.: Schmitt, Freiheitsrechte und institutionelle Garantien)

Grundrechte und Grundpflichten (1932)
In: ders., Verfassungsrechtliche Aufsätze aus den Jahren 1924–1954, Materialien zu einer Verfassungslehre, 4. Auflage, Berlin 2003, S. 181–230.
(Zit.: Schmitt, Grundrechte und Grundpflichten)

Schmitt Glaeser, Walter — Planung und Grundrechte
DÖV 1980, S. 1–6.

Schmitt-Kammler, Arnulf — Der Aufopferungsgedanke
JuS 1995, S. 473–480.

Enteignungsentschädigung und staatliche Unrechtshaftung
In: Bickel/Hadding/Jahnke/Lüke (Hrsg.): Recht und Rechtserkenntnis. Festschrift für Ernst Wolf, Köln 1985, S. 595–616.
(Zit.: Schmidt-Kammler, FS E. Wolf).

Schneider, Hans-Peter — Das Grundgesetz
Dokumentation seiner Entstehung
Band 10: Artikel 30 bis 37
Bearbeitet von Ulrich Bachmann und Jutta Kramer
Frankfurt am Main 1996
(Zit.: H.P.Schneider, Grundgesetz, Band 10)

Artikel 12 GG - Freiheit des Berufs und Grundrecht der Arbeit
In: VVDStRL 43 (1985), S. 7–47.

Schneider, Jens-Peter — Staatshaftung für verzögertes Amtshandeln
Köln 2001
(Zit.: J.P. Schneider)

Schneider, Tobias — Folgenbeseitigung im Verwaltungsrecht
Eine Untersuchung zu Rechtsgrund, Tatbestand und Rechtsfolgen des öffentlich-rechtlichen Folgenbeseitigungsanspruchs
Baden-Baden 1994
(Zit.: T. Schneider, Folgenbeseitigung im Verwaltungsrecht)

Schnöckel, Stefan — Die gerechte Entschädigung für Enteignungen - Oder: weshalb eine Entschädigung in Höhe des Verkehrswerts auch im Interesse der Allgemeinheit ist -
DÖV 2009, S. 703–708.

Schoch, Friedrich — Folgenbeseitigung und Wiedergutmachung im Öffentlichen Recht
VerwArch. 79 (1988), S. 1–67.

Rechtsprechungsanalyse
Effektuierung des Sekundärrechtsschutzes
Zur Überwindung des Entwicklungsrückstandes des deutschen Staatshaftungsrechts
DV 34 (2001), S. 261–290.

Der Folgenbeseitigungsanspruch
Jura 1993, S. 478–486.

Schoch, Friedrich/Schmidt-Aßmann, Eberhardt/Pietzner, Rainer — Verwaltungsgerichtsordnung
Kommentar
20. Ergänzungslieferung
München 2010
(Zit.: *Bearbeiter in:* Schoch/Schmidt-Aßmann/Pietzner).

Schönke, Adolf/Schröder, Horst — Strafgesetzbuch
Kommentar
28. Auflage
München 2010
(Zit.: Schönke/Schröder/*Bearbeiter*).

Scholz, Rainer — „Neue Jugendreligionen" und Äußerungsrecht - Zur Zulässigkeit privater und behördlicher Äußerungen zur Förderung „sektenkritischer" Organisationen
NVwZ 1994, S. 127–133.

Scholz, Rupert — Identitätsprobleme der verfassungsrechtlichen Eigentumsgarantie
NVwZ 1982, S. 337–349.

Schröder, Meinhard — Anmerkung zu BGH v. 15.11.1990, DVBl. 1991, S. 751
DVBl. 1991, S. 751–754.

Schröder, Ulrich Jan — Wovon der Staat lebt
JZ 2010, S. 869–875.

Schröer, Hans-Hermann — Wiederbelebungsversuche des enteignungsgleichen Eingriffs
NJW 1984, S. 1864–1866.

Schullan, Rudolf — Zur Reform der Staatshaftung
BayVBl. 1990, S. 360–367.

Schulte, Martin — Informales Verwaltungshandeln als Mittel staatlicher Umwelt- und Gesundheitspflege
DVBl. 1988, S. 512–520.

Schulze-Osterloh, Lerke — Entschädigungspflichtige Inhalts- und Schrankenbestimmung des Eigentums und Enteignung

Tendenzen in de neueren Rechtsprechung des Bundesverfassungsgerichts
NJW 1981, S. 2537–2545.

Schuppert, Gunnar Folke — Zur Anatomie und Analyse des Dritten Sektors
DV 28(1995), S. 137–200.

Schwabe, Jürgen — Grundkurs Staatsrecht
5. Auflage
Berlin 1995
(Zit.: Schwabe, Grundkurs Staatsrecht)

Probleme der Grundrechtsdogmatik
Darmstadt, 1977
(Zit.: Schwabe, Probleme der Grundrechtsdogmatik)

Missdeutungen um das „Elfes-Urteil" des BVerfG und ihre Folgen
Zugleich eine Anmerkung zum subjektiven öffentlichen Recht
DÖV 1973, S. 623–630.

Schwarz, Kyrill-A. — Das Postulat lückenlosen Grundrechtsschutzes und das System grundgesetzlicher Freiheitsgewährung
JZ 2000, S. 126–131.

Wiedergutmachung und die „exceptio pecuniam non habendi"
DÖV 2000, S. 721–729.

Seidel, Achim/
Reimer, Ekkehart/
Möstl, Markus — Allgemeines Verwaltungsrecht
Mit Kommunalrecht
Mit Bezügen zum Verwaltungsprozessrecht sowie zum Staatshaftungsrecht
Beck'sches Examinatorium Öffentliches Recht
München 2003
(zit.: *Bearbeiter* in: Seidel/Reimer/Möstl AT)

Smend, Rudolf — Verfassung und Verfassungsrecht
In: ders. Staatsrechtliche Abhandlungen und andere Aufsätze, 3. Auflage, Berlin 1994
S. 119–276
(Zit.: Smend, Verfassung und Verfassungsrecht)

Bürger und Bourgeois im deutschen Staatsrecht
In: ders. Staatsrechtliche Abhandlungen und andere Aufsätze, 3. Auflage, Berlin 1994
S. 309–323
(Zit.: Smend, Bürger und Bourgeois).

Sodan, Helge — Der Anspruch auf Rechtssetzung und seine prozessuale Durchsetzbarkeit
NVwZ 2000, S. 601–609.

Gesundheitsbehördliche Informationstätigkeit und Grundrechtsschutz
DÖV 1987, S. 858–866.

Sodan, Helge/ Ziekow, Jan — Grundkurs Öffentliches Recht
4. Auflage
München 2010
(Zit.: Sodan/Ziekow, Grundkurs)

Soergel, Hs. Th. — Bürgerliches Gesetzbuch
Mit Einführungsgesetz und Nebengesetzen

Band 5/2
Schuldrecht IV/2, §§ 823 bis 853, Produkthaftungsgesetz, Umwelthaftungsgesetz
Wissenschaftliche Redaktion: Otto Mühl, Walter Hadding
Stuttgart 1998

(Zit.: Soergel/*Bearbeiter*).

Spanner, Hans — Gesetzliche Regelung des Folgenbeseitigungsanspruchs?
DVBl. 1968, S. 618–625.

Sproll, Hans-Dieter
Staatshaftungsrecht
JuS 1996, S. 125–131; 219–225; 313–320.

Stangl, Josef
Der Folgenbeseitigungsanspruch
JA 1997, S. 138–140.

Starck, Christian
Staatliche Organisation und staatliche Finanzierung als Hilfen zu Grundrechtsverwirklichungen
In: Bundesverfassungsgericht und Grundgesetz
Festgabe aus Anlass des 25jährigen Bestehens des Bundesverfassungsgerichts, Heidelberg 1976, 2. Band Verfassungsauslegung, S. 480–526.
(Zit.: Starck, FG BVerfG II, S.).

Grundrechtliche und demokratische Freiheitsidee
In: Isensee/Kirchhof, Handbuch des Staatsrechts, Band 3, 3. Auflage Heidelberg 2005
§ 33, S. 3–29.
(Zit.: Starck, HStR III (3.A.), §, Rn).

Die Verfassungsauslegung
In: Isensee/Kirchhof, Handbuch des Staatsrechts, Band 7, 2. Auflage Heidelberg 2001
§ 164, S. 189–229.
(Zit.: Starck, HStR VII (2.A.), §, Rn)

Die Grundrechte des Grundgesetzes–zugleich ein Beitrag zu den Grenzen der Verfassungsauslegung
JuS 1981, S. 237–246.

Staudinger, Ansgar
Schadensersatzrecht–Wettbewerb der Ideen und Rechtsordnungen
NJW 2006, S. 2433–2439.

Stein, Christoph/
Itzel, Peter/
Schwall, Karin
Praxishandbuch des Amts- und Staatshaftungsrechts
1. Auflage
Berlin 2005
(Zit.: Stein/Itzel/Schwall)

Steinberg, Rudolf/ Lubberger, Andreas | Aufopferung – Enteignung und Staatshaftung
1. Auflage
Baden-Baden 1991
(Zit.: Steinberg/Lubberger, Aufopferung – Enteignung und Staatshaftung)

Steinberg, Rudolf/ Müller, Henrik | Art. 12 GG, Numerus clausus und die neue Hochschule
NVwZ 2006, S. 1113–1119.

Stelkens, Ulrich | Staatshaftungsreform im Mehrebenensystem
DÖV 2006, S. 770–779.

Stelkens, Paul/ Bonk, Heinz-Joachim/ Sachs, Michael | Verwaltungsverfahrensgesetz VwVfG
7. Auflage
München 2008
(Zit.: Stelkens/Bonk/Sachs/*Bearbeiter*)

Stern, Klaus | Das Staatsrecht der Bundesrepublik Deutschland
(Zit.: Stern, Staatsrecht *Band*).

Band I
Grundbegriffe und Grundlagen des Staatsrechts, Strukturprinzipien der Verfassung
1. Auflage
München 1977

Band II
Staatsorgane, Staatsfunktionen, Finanz- und Haushaltsverfassung, Notstandsverfassung
1. Auflage
München 1980

Band III/1
Allgemeine Lehren der Grundrechte
1. Auflage
München 1988

Band III/2
Allgemeine Lehren der Grundrechte
1. Auflage
München 1994

Idee und Elemente eines Systems der Grundrechte
In: Josef Isensee/Paul Kirchhof,
Handbuch des Staatsrechts der Bundesrepublik Deutschland,
Band IX: Allgemeine Grundrechtslehren,
3. Auflage,
Heidelberg 2011,
§ 185, S. 57–120.
(Zit.: HStR IX, § 185, Rn).

Suhr, Dieter | Freiheit durch Geselligkeit
Institut, Teilhabe, Verfahren und Organisation im systematischen Raster eines neuen Paradigmas
EuGRZ 1984, S. 529–546.

Eine grundrechtsdogmatisch aufschlussreiche Zwangsversteigerung
NJW 1979, S. 145f.

Rechtsstaatlichkeit und Sozialstaatlichkeit
Der Staat 9(1970), S. 67–93.

Thieme, Werner | Liberalismus und Grundgesetz
- Nach fünfzig Jahren -
DÖV 2006, S. 401–408

Thüsing, Gregor/ Von Hoff, Konrad | Vertragsschluss als Folgenbeseitigung: Kontrahierungszwang im zivilrechtlichen Teil des Allgemeinen Gleichbehandlungsgesetzes
NJW 2007, S. 21–26.

Treffer, Christian | Staatshaftung im Polizeirecht
Berlin 1993
(Zit.: Treffer)

Trute, Hans-Heinrich | Die Verwaltung und das Verwaltungsrecht zwischen gesellschaftlicher Selbstregulierung und staatlicher Steuerung
DVBl. 1996, S. 950–964.

Ule, Carl Hermann — Anmerkung zu BVerwG, Urteil vom 17.4.1959, DVBl. 1959, S. 582
DVBl. 1959, S. 583.

Ule, Carl Hermann/ Laubinger, Hans-Werner — Verwaltungsverfahrensrecht
Ein Lehrbuch für Studium und Praxis
4. Auflage
Köln 1995
(Zit.: Ule/Laubinger, Verwaltungsverfahrensrecht)

Umbach, Dieter C./ Clemens, Thomas — Grundgesetz
Mitarbeiterkommentar und Handbuch

Band I
Art. 1–37 GG
Heidelberg 2002
(Zit.: *Bearbeiter* in: Umbach/Clemens)

Unterreitmeier, Johannes — Grundrechtsverletzung und Geldentschädigung - kein zwingendes Junktim?
DVBl. 2005, S. 1235–1241.

Geldentschädigung bei menschenunwürdiger Unterbringung
NJW 2005, S. 475–477.

Vesting, Thomas — Von der liberalen Grundrechtstheorie zum Grundrechtspluralismus
In: Christoph Grabenwarter, Stefan Hammer, Alexander Pelzl, Eva Schulev-Steindl, Ewald Wiederin: Allgemeinheit der Grundrechte und Vielfalt der Gesellschaft, Stuttgart 1994, S. 9–24
(Zit.: Vesting, Von der liberalen Grundrechtstheorie zum Grundrechtspluralismus).

Volkmann, Uwe — Veränderungen der Grundrechtsdogmatik
JZ 2005, S. 261–271.

Von Doemming, Klaus-Berto/ Füsslein, Rudolf Werner/ Matz, Werner	Entstehungsgeschichte der Artikel des Grundgesetzes Im Auftrage der Abwicklungsstelle des Parlamentarischen Rates und des Bundesministers des Inneren Auf Grund der Verhandlungen des Parlamentarischen Rates JöR n.F 1(1951) (Zit.: v. Doemming/Füsslein, Werner, JöR n.F. 1, S.).
von und zu Franckenstein, Georg Freiherr	Der Folgenentschädigungsanspruch – in der verwaltungsgerichtlichen Praxis nur noch eine Frage der Zeit? NVwZ 1999, S. 158f.
von Mangoldt, Hans/ Klein, Friedrich/ Starck, Christian (Hrsg.)	Kommentar zum Grundgesetz Band 1: Präambel, Artikel 1 bis 19 6. Auflage München 2010 Band 2: Art. 20–80 6. Auflage München 2010 (Zit.: Bearbeiter in: v. Mangoldt/Klein/Starck)
von Mangoldt, Hans	Das Bonner Grundgesetz 1. Auflage Berlin 1953 (Zit.: v. Mangoldt, Bonner GG (1.A.))
von Münch, Ingo	Staatsrecht Band 2 Staatsangehörigkeit; Allgemeine Grundrechtlehren; die einzelnen Grundrechte; Wirtschaftsverfassung; Internationaler Schutz der Menschenrechte; Europäische Union und Europäische Gemeinschaft 5. Auflage Stuttgart 2002 (Zit.: v. Münch, Staatsrecht II)

von Münch, Ingo/ Kunig, Philip — Grundgesetz-Kommentar
Band 1 (Präambel bis Art. 19)
5. Auflage
München 2000
Band 2 (Art. 20 bis Art. 69)
5. neubearbeitete Auflage
München 2001
(Zit.: *Bearbeiter* in: v.Münch/Kunig)

von Mutius, Albert — Grundrechte als „Teilhaberechte" – zu den verfassungsrechtlichen Aspekten des „numerus clausus"
VerwArch. 64(1973), S. 183–195.

von Pestalozza, Christian Graf — Kritische Bemerkungen zu Methoden und Prinzipien der Grundrechtsauslegung in der Bundesrepublik Deutschland
Der Staat 2 (1963), S. 425–449.

von der Pfordten, Dietmar — Was ist und wozu Rechtsphilosophie?
JZ 2004, S. 157–166.

Von Staudinger, J. — Kommentar zum Bürgerlichen Gesetzbuch mit Einführungsgesetz und Nebengesetzen
Buch 2 - Recht der Schuldverhältnisse
§§ 249–254 (Schadensersatzrecht)
Neubearbeitung 2005 von Gottfried Schiemann
Buch 3 – Sachenrecht
§§ 985–1011
Neubearbeitung 2006
(Zit.: Staudinger/*Bearbeiter*).

Voßkuhle, Andreas — Grundwissen – Öffentliches Recht: Der Grundsatz der Verhältnismäßigkeit
JuS 2007, S. 429–431.
Grundwissen – Öffentliches Recht: Der Grundsatz des Vorbehalts des Gesetzes
JuS 2007, S. 118f

Wahl, Rainer — Elemente der Verfassungsstaatlichkeit
JuS 2001, S. 1041–1048.

Die bürokratischen Kosten des Rechts- und Sozialstaats
DV 13(1980), S. 273–296.

Entwicklung des Fachplanungsrechts
NVwZ 1990. S. 426–440.

Wahl, Rainer/ Masing, Johannes — Schutz durch Eingriff
JZ 1990, S. 553–563.

Wallerath, Maximilian — Zur Dogmatik eines Rechts auf Sicherung des Existenzminimums
JZ 2008, S. 157–168.

Herstellung und Folgenbeseitigung im Recht der Leistungsverwaltung
DÖV 1987, S. 505–515.

Wasmuth, Johannes — Verfassungsrechtliche Notwendigkeit der Rehabilitierung Homosexueller wegen strafrechtlicher Verfolgung durch die bundesdeutsche Justiz
In: Becker/Hilty/Stöckli/Würtenberger, Recht im Wandel seines sozialen und technologischen Umfeldes, Festschrift für Manfred Rehbinder, München/Bern 2002, S. 777–817
(Zit.: Wasmuth, FS Rehbinder).

Weber, Hermann — Subventionierungspflicht des Staates zugunsten privater Schulen?
Anmerkung zu BVerwG v. 11.3.1966, NJW 1966, 1236.
NJW 1966, S. 1798–1800.

Weber-Dürler, Beatrice — Der Grundrechtseingriff
VVDStR 57(1998), S. 57–99.

Wernsmann, Rainer — Die Steuer als Eigentumsbeeinträchtigung
NJW 2006, S. 1169–1174.

Weyreuther, Felix — Empfiehlt es sich, die Folgen rechtswidrigen hoheitlichen Verwaltungshandelns gesetzlich zu regeln
(Folgenbeseitigung, Folgenentschädigung)
Gutachten B für den 47. Deutschen Juristentag
München 1968
(Zit.: Weyreuther, Gutachten B).

Wolff, Hans J./ Bachof, Otto — Verwaltungsrecht I
Ein Studienbuch
9. Auflage
München 1974
(Zit.: Wolff/Bachof, Verwaltungsrecht I, 9. Auflage 1974)

Wolff, Hans J./ Bachof, Otto/ Stober, Rolf/ Kluth, Winfried — Verwaltungsrecht
Ein Studienbuch

Band 1
Von Rolf Stober und Winfried Kluth
In Zusammenarbeit mit Martin Müller und Andreas Peilert
12., neubearbeitete Auflage
München 2007
(Zit.: Wolff/Bachof/Stober/Kluth, Band 1)

Band 2
Von Rolf Stober und Winfried Kluth
In Zusammenarbeit mit Martin Müller und Andreas Peilert
7., neubearbeitete Auflage
München 2010
(Zit.: Wolff/Bachof/Stober/Kluth, Band 2)

Zippelius, Reinhold — Juristische Methodenlehre
10. Auflage
München 2006
(Zit.: Zippelius)

Zippelius, Reinhold/ Würtenberger, Thomas — Deutsches Staatsrecht
32. Auflage
München 2008
(Zit.: Zippelius/Würtenberger)

Zuck, Rüdiger — Die Eingriffswarnung
MDR 1988, S. 1020–1022.

Zuleeg, Manfred — Hat das subjektiv öffentliche Recht noch eine Daseinsberechtigung?
DVBl. 1976, S. 509–521.

www.ingramcontent.com/pod-product-compliance
Ingram Content Group UK Ltd.
Pitfield, Milton Keynes, MK11 3LW, UK
UKHW021918290926
8980IPUK00015B/1332

9 783631 656327